哀歌集·黑海书简·伊比斯

P. OVIDII NASONIS
TRISTIA,
EX PONTO,
ET IBIS

[古罗马] 奥维德 ——————————— 著

李永毅 ——————————— 译注

中国青年出版社

目录

《黑海书简》第一部　213-256

《黑海书简》第二部　257-298

《黑海书简》第三部　299-336

《黑海书简》第四部　337-390

拉丁语原诗 ——————— TRISTIVM LIBER I　441-476

TRISTIVM LIBER II 477-504

TRISTIVM LIBER III 505-542

TRISTIVM LIBER IV 543-576

CONSPECTVS CONTENTORVM

EX PONTO IV **727-770**

IBIS **771-801**

引 言

PROLEGOMENA

奥维德（Publius Ovidius Naso，公元前 43—公元 17）是古罗马文学黄金时代的最后一位大诗人和集大成者，与维吉尔、贺拉斯、卢克莱修和卡图卢斯同为古罗马诗歌的杰出代表，在中世纪，他在诗人中的地位仅次于维吉尔，到了文艺复兴之后他甚至有取代维吉尔的趋势。两千年来，奥维德的作品始终是西方文学正典的核心部分，直到今天他在世界文学中仍有广泛的影响力。研究奥维德对于理解古罗马诗歌、文艺复兴诗歌乃至整部欧美诗歌史都具有重要意义。相对于更具纯正古典特征的维吉尔等人，奥维德的诗歌更加复杂，与奥古斯都时期的文化秩序和政治秩序的关系更加微妙，所体现的诗学和文化观念更加丰富，所以尤其值得深入挖掘。

按照古典学者哈尔迪的说法，奥维德堪称"西方整个古典时代最重要的诗人"，虽然论名气和水平，希腊的荷马、埃斯库罗斯、索福克勒斯，罗马的维吉尔、贺拉斯等人都不在他之下，但论对欧美文学实际影响的广度、深度和持久度，奥维德是无与伦比的。在近代的神话研究学兴起之前，他的《变形记》（*Metamorphoses*）几乎是后世了解古希腊罗马神话的唯一权威，《岁时记》（*Fasti*）是古罗马历法文化的指南，他的爱情哀歌集古罗马爱情哀歌的大成，是文艺复兴以来众多爱情诗人效法的对象。就史诗而言，《变形记》为后世诗人如何摆脱荷马、维吉尔等人的经典史诗的重负展示了结构、技法、策略的多种可能性。《女杰书简》（*Heroides*）对欧美书信体虚构文学影响巨大，《黑海书简》（*Epistulae ex Ponto*）、《哀歌集》（*Tristia*）等作品成了后世流放文学的原型。奥维德的精致措辞受到古典主义者和新古典主义者的推崇，他的游戏性、颠覆性又受到现代主义者、后现代主义者的热捧。在文学之外，他对西方艺术的发展亦有重大影响，为无数绘画作品提供了素材，古希腊罗马神话通过他的作品的传播，渗透到西方文化的方方面面，在相当程度上塑造了今日西方的语言样态和思维习惯。

生平与作品

我们从奥维德的自传诗（*Tristia* 4.10）得知，他出生在公元前43年3月20日，比上一代大诗人维吉尔和贺拉斯分别小二十七岁和二十二岁。此前一年，恺撒遇刺身亡，标志着罗马共和国进入了最后的挣扎期。公元前31年，屋大维决定性地战胜安东尼之时，奥维德还是十二岁的孩子。因此，他人生的黄金时期基本上与屋大维统治下的"罗马和平"（*Pax Romana*）时期重合，这也决定了他没有经历过共和国晚期血腥内战的贺拉斯那样的复杂心态，在相当长的时间里不仅过着衣食无忧的生活，也甚少直接关注政治。他的出身和卡图卢斯一样优越，虽非贵族，但也是显赫的骑士阶层。和获释奴隶之子贺拉斯需要力争上游不同，奥维德引以为豪的是，他的骑士身份可以往前追溯到很多代，绝非靠钱财换来的"伪骑士"。所以，从他出生起，父亲就为他设计了骑士阶层典型的人生道路，先向罗马的名师学习雄辩术，然后靠口才从政。虽然奥维德天生的兴趣不在此，而且按照他自己的说法，无论写什么，不知不觉就变成了诗，他最开始还是听从功利的父亲的意见，朝着进入元老院的目标步步前进。他年纪轻轻就进入了百人团

（centumviri，协助司法官处理公民之间的财产纠纷的机构）和监督刑狱的三人团（triumviri capitales），在眼看就能获得财务官（quaestor）职位从而进入元老院（也意味着晋升贵族）的时候，他放弃了政治生涯，专心做一位诗人。

　　奥维德的家乡是离罗马约 140 公里的苏尔摩（Sulmo），很小父亲就携全家来到罗马，让他和哥哥接受最好的教育。他的青少年时代正是奥古斯都诗歌的全盛期。不必提史诗和田园诗的巨擘维吉尔、抒情诗和讽刺诗的天才贺拉斯，单就他钟情的爱情哀歌而言，就有加卢斯、提布卢斯和普洛佩提乌斯这些足以傲视后世的一流诗人。奥维德在回忆中提到名字的还有史诗作家瓦里乌斯、马凯尔、庞提库，悲剧作家图拉尼乌斯，喜剧作家梅里苏斯，以及马尔苏斯、拉比里乌斯、裴多、加茹斯、塞维鲁斯、蒙塔努斯、卡梅里努斯等一长串名字。虽然作为古罗马诗歌黄金时代的迟到者，奥维德登上诗坛时，罗马文学的几乎每个领域都已有独擅胜场的人，缪斯对他却分外垂青。二十岁左右，他已经成为最负盛名的诗人之一。如同屋大维的权臣麦凯纳斯成就了贺拉斯，集将军、政客和文人于一身的梅萨拉（Messalla Corvinus）也充当了奥维德的文学恩主。

　　奥维德早期诗作的发表时间无法精确知悉。他最早结集发表的作品可能是五部《情诗集》（Amores），大约作于公元前 25—公元前 21 年之间，最初分成五部发表，公元前 12—公元前 7 年之间重新发表时编辑为三部。这些情爱诗的对象是一位化名科琳娜（Corinna）的女人。奥维德后来不无得意地回忆，这些哀歌体的诗作立刻"轰动了京城"。在两版《情诗集》之间，他创作了悲剧《美狄亚》（Medea），在古典时代曾获得盛赞，可惜已经失传。接下来的第一部《女杰书简》展现了奥维德惊人的心理洞察力和艺术想象力，一位男诗人以女性的口吻细致入微地表达了古希腊神话故事中十五位女主人公复杂的内心世界。该书大约发表于公元前 15 年，公元前 2—公元 2 年之间，奥维德发表了第二部《女杰书简》，这次他选择了古希腊传说中的三对情侣，让每对情侣互相写信。虽然此前贺拉斯的书信体诗歌已经取得极高的成就，但与那些应景式、说教式的书信不同，《女杰书简》是高度戏剧化、虚构化的书信，所以奥维德认为自己创造了一种全新的体裁。大约在同一时期，他还发表了《女人面妆》（Medicamina Faciei Femineae）、三部《爱的艺术》（Ars amatoria）和《爱的药方》（Remedia amoris）。这些作品都继承了古希腊罗马的说教诗传统，但却戏仿这种传统，充满了奥维德特有的戏谑与幽默，诗中寻欢作乐的偷情场面无疑让屋大维统治下的罗马既觉刺激，也深感震撼。然而，它们并非奥维德真实生活的反映。虽然在作品中一副轻浮放纵的花花公子形象，奥维德却是古罗马主要诗人中唯一走入婚姻殿堂的诗人，而且并无丑闻缠身。他曾有三段婚姻，前两段都很短暂，第三位妻子与他相伴几十年，同甘共苦，两人有很深的感情。

与此同时，在艺术雄心的驱动下，奥维德已经在创作两部长诗。一部是以古罗马历法文化和宗教传统为基础的《岁时记》，一部是集古希腊罗马神话诗歌之大成的《变形记》。眼看他就要平静地迎来老年，并确保自己不朽的文学地位，灾难却突然降临了。公元 8 年，皇帝屋大维决定，将奥维德放逐到黑海之滨的托密斯（今天罗马尼亚的康斯坦察），在当时托密斯位于罗马帝国的边缘，是蛮族和帝国的交界地带，所以放逐托密斯是一个可怕的惩罚。奥维德于当年 12 月被迫离开罗马，次年春夏之交到达放逐地。他原本以为，通过妻子（与皇族女性成员关系密切）和朋友（其中不乏高官）的游说，自己能够最终返回罗马，至少能改判到离罗马更近的地方，然而他的希望被一次次击碎，最终在托密斯度过了生命的最后十年，于公元 17 年（一说 18 年）病逝。但置身异域，他并未搁笔。公元 9—12 年之间，他创作并发表了五部《哀歌集》和长诗《伊比斯》（*Ibis*），公元 13 年发表了《黑海书简》的前三部，第四部在他死后才发表。或许在罗马之时，奥维德从未梦想过，自己会写出这样的作品，但这些诗歌却为他塑造了"情爱游戏者"之外的另一个形象——放逐者。他的放逐诗歌影响深远，从古罗马的塞涅卡、中世纪的但丁一直延续到 20 世纪的曼德尔施塔姆、布罗茨基等人。

奥维德为古罗马诗歌乃至世界文学留下了丰厚的遗产。从技巧上说，他将拉丁语与希腊的长短格诗律完美地融合起来，将六音步史诗体（《变形记》的格律）和哀歌双行体（其他所有作品的格律）发展成两种成熟完美、适应各种题材和体裁的诗歌形式。他的诗句以轻快、流畅和平衡著称，这种行云流水般的优雅风格掩饰了他惨淡经营的艺术。他将感觉真实转化为语言真实的高超才华让 20 世纪知音、诺贝尔桂冠诗人布罗茨基由衷赞叹，他称奥维德《变形记》中那喀索斯和厄科的场景描绘（*Metamorphoses* 3.339-401）几乎实现了画面和声音、意义和语言的彻底合一，差点让此后两千年间的诗人"全都失业"。在古典诗人中，奥维德的创造力也无与伦比，他总能通过逼真传神的细节，将一个想法、一个情境用到极致。虽然他诙谐的修辞天分常给人狡黠甚至轻浮的感觉，似乎缺乏深沉的情感和宗教的虔诚，但他描摹世界尤其是描摹想象的能力恐怕在任何时代都罕有对手。

奥维德最大的优点或许是他对艺术的诚实，一个例子足以说明问题。他在《女杰书简》中的做法与维吉尔形成了鲜明对照。他没有被任何政治考量迷住双眼，而是在忠实于生活经验的基础上充分发挥了艺术想象。在维吉尔版本的迦太基女王狄多和特洛伊王子埃涅阿斯的爱情故事中，埃涅阿斯抛弃狄多是因为"听从他神祇母亲的召唤"，听从到意大利重新建国的天命，按照罗马帝国的政治标准，这是完全正确的。相比之下，奥维德的版本远更可信。他笔下的狄多断言，埃涅阿斯如此急于离开她和迦太基是因为狄多怀上了他的孩子。正是出于这个原因她才决定自杀，因为她的名声被败坏了，她毕竟是一位女王。如果说这样的想象只是符合人性常理和当时的社会环境，那么堪称离经叛道的是，奥维德甚至让他的狄多发出疑问，质疑维纳斯是否的确是埃涅阿斯的母亲，因为她是爱情之神，而用离去来表露情感实在是太古怪了。埃涅阿斯是罗马人公认的祖先，屋大维所在的尤利亚家族也声称，他们是埃涅阿斯之子尤卢斯的后代，奥维德公然挑战埃涅阿斯的神族背景，也是对当时罗马皇族的大不敬。但他遵从的不是政治逻辑，而是艺术逻辑，而他这里的艺术逻辑的确难以辩驳。

这个艺术上的优点在奥古斯都晚期的罗马帝国却是致命的政治缺陷。要理解奥维德为何被放逐，放逐之后为何一直不能获赦免，我们需要先关注一下这个时期的罗马政局，尤其是在政局影响下皇室政治的诡谲情势。

帝国政治与奥维德的"罪"

贺拉斯的四部《颂诗集》见证了屋大维登上权力和声望顶峰的过程，到了奥维德创作《爱的艺术》的时期，这位罗马皇帝的统治已经危机四伏，不安全感时时萦绕着他。

首先，是他整肃道德的立法努力受挫。公元前18年，在屋大维的努力下，罗马元老院通过了鼓励生育的《关于各阶层婚姻之尤利亚法》，然而在拥有巨大地产的罗马人看来，增加子女、扩大家庭规模无非是增加生活成本，对此颇有非议。在持续的抗议下，公元9年，屋大维被迫用一个软弱得多的法律替换了原来的《尤利亚法》。在此之前，罗马的骑士阶层曾多次示威（甚至当着皇帝的面）。其次，"罗马和平"已经受到威胁。公元6—9年东北疆的伊利里亚大叛乱已经让罗马陷入兵源荒和征兵危机，帝国在北疆的扩张也频频遭到重创，公元9年瓦卢斯率领的罗马军团在条顿森林被日耳曼军队屠戮，全军覆没，尤其震动了罗马。为了吸引人们参军，屋大维不得不屡次提高士兵待遇，为此他频繁提高税率，引发了贵族和骑士阶层的不满。这段时间罗马还发生了大饥荒，社会秩序动荡，刺杀屋大维和挟持皇族的阴谋也多次被发现。

然而，最让屋大维忧心的还是皇室内部事务。公元前17年，他曾让元老院通过《关于遏制通奸之尤利亚法》，却没有想到两位皇族女性、他自己的骨肉后来都成了这部法律的牺牲品。公元前2年，他以通奸的罪名逮捕了自己的亲生女儿大尤利娅，又不忍判她死刑，只好终生流放她。大尤利娅是屋大维和第二任妻子斯克利波尼娅的女儿。她一直是皇室政治的玩物，两岁时与安东尼的儿子订婚（因为内战未成），十四岁时嫁给自己的表兄马凯卢斯，他死后嫁给屋大维的大将阿格里帕，他死后又嫁给自己的继兄提比略。三段无爱情的政治婚姻让她向陌生人寻求慰藉，成为当时罗马人传言中的荡妇。公元8年，故事重演，大尤利娅的女儿、屋大维的外孙女小尤利娅也因为通奸罪被放逐。她此前和表兄保卢斯结婚，但他因为叛逆罪被杀。

整肃道德是屋大维让罗马人转移注意力、为帝制打掩护的障眼法，但此时这番努力已经陷入内外交困的境地，既遭到罗马实权阶层的强力抵制，也被皇室内部的丑闻一再羞辱，正苦于愤怒和沮丧之情无处发泄，奥维德偏偏不识时务，发表了公然鼓励偷情的《爱的艺术》，且书中多有揶揄皇帝政策的语句。在《哀歌集》第二部中，奥维德声称："相信我，我的品德迥异于我的诗歌，/我的缪斯放纵，生活却纯洁"。如果此言发自内心，那么他之所以写可能忤逆屋大维的《爱的艺术》，是因为他认为艺术是独立自足的，不是生活的一部分，艺术的"冒犯"只是追求审美效果的手段，并非真的冒犯；屋大维对他的惩罚则如他在诗中所暗示，是不理解艺术的自治，是缺乏艺术教养的误读。从旁观者的角度看，或许屋大维并非不了解奥维德的诗学观，但他却要确立自己的诗学观：基于道德功用的文学教化观。换言之，文学是维护帝国意识形态的手段，不容艺术家挪作他用。屋大维隐忍了几年，终于忍不住爆发了。奥维德事后自己也认为，《爱的艺术》是他被放逐的两个原因之一。但正如奥维德在《哀歌集》第二部中所说，情色在古希腊罗马文化中极为普遍，即使在屋大维统治下，剧场也一直表演着充满此类情节的戏剧，其他哀歌体诗人如提布卢斯、普洛佩提乌斯的作品论主题与《爱的艺术》也相去不远，所以这部作品可能并非他被放逐的主要原因，即使是，它也需要一个导火索。

按照《哀歌集》第二部的说法，奥维德被放逐的另一个原因是"错误"，一个他必须永远埋葬、永远不能向任何人透露的"错误"，正是这个错误使得屋大维龙颜大怒，决心旧账新账一起算。然而，如果奥维德真想埋葬这个秘密，就不应该在作品里不停地影射它，而且留下了相当多的线索供读者推测。最重要的线索在他的自辩诗（即《哀歌集》第二部）中："我为何要看见什么？为何让眼睛招是非？／为何如此不小心，撞破这宗罪？／阿克泰昂无意中看见赤裸的狄安娜，／却仍然被自己的猎犬啃成了骨架。／显然，在天神那里，没什么无心之过，／偶然的冒犯也必遭严厉惩戒。"从这几行诗可以看出：（1）他的罪名是"看见"，也即是目击，而非参与。在《哀歌集》第三部第五首里，他也说："我受罚，是因为无意间目睹一宗罪行，／我有罪，是因为长了一双眼睛。"在接下来的一首诗里，他再次说："我的眼如何碰巧见证了可怕的灾难，／事关重大，向人透露太危险。／我的心恐惧那个瞬间，如同恐惧／伤口，／一提起，便复活当时的痛苦。／任何东西，如果能引发如此的羞耻感，／都应藏好，埋进长夜的黑暗。"有人因为奥维德和小尤利娅在同一年被放逐，推测两人之间有私情，似乎与此不符。阿克泰昂的典故对事件的性质有所暗示。他因为无意中看见狄安娜沐浴，被女神变成一只鹿，然后被自己的猎犬咬死。奥维德用他做比较，一是想说明自己和他一样是无辜的，二是想透露两件事的相似之处。（2）奥维德看见的是隐私，如同狄安娜的裸体，狄安娜是女神，奥维德在诗中常将屋大维比作朱庇特，由此推断，他看见的应是某位皇室女性成员，场景涉及裸体甚至性行为。（3）奥维德将看见的场景称为"罪"，可以想见应当不是沐浴之类的无涉道德的裸体行为，很可能是通奸行为。（4）事发后屋大维极其震怒，并下了封口令，说明此事很可能严重损害皇室颜面。

结合奥维德的交际圈和当年发生的事情，最大的可能是奥维德无意中发现了小尤利娅与别人偷情，地点可能在奥维德自己的住所。奥维德的第三位妻子闺名叫法比娅，是他好友法比乌斯的亲戚。法比乌斯的妻子玛尔奇娅是小阿提娅的女儿，小阿提娅的姐姐大阿提娅是屋大维的母亲。因此，奥维德的妻子跟皇室女性成员有渊源。奥维德年少成名，在罗马贵族圈中有很高的人气，屋大维的女儿大尤利娅爱好文艺，所以奥维德也经常与皇室成员，尤其是女性成员相交往。在这种情形下，如学者亚历山大猜测，奥维德的住所很可能为这个圈子的人提供了一个舒适、方便也比皇宫安全的聚会场所。或许某天旅游归来，他惊愕地发现，皇帝的外孙女、公主小尤利娅竟然趁自己不在，与自己的某位朋友在床上云雨。

震惊之余，奥维德必须考虑下一步如何做。在《哀歌集》第三部第六首里，他说："所以我只能说：我的确犯了错，但我未曾 / 因为这个错寻求任何报偿，/ 如果想给我的罪恰如其分的名，/ 你就应该把它叫作愚蠢。"在《哀歌集》第四部第四首里，他对朋友声称："即使毁我的这一件，你也会说我无罪，/ 如果你得知祸殃的来龙去脉。/ 不是胆怯就是错误害了我——是错误。"没有寻求"报偿"似乎暗示，他没有去告密。按照《关于遏制通奸之尤利亚法》，通奸不再仅仅是道德事件，而且是法律事件，事关皇室，更是如此，即使仅仅是出于维护皇室尊严的考虑，奥维德也应该在第一时间向屋大维报告。但一贯缺乏政治敏感性（在这个方面他与贺拉斯形成了鲜明对照）的奥维德还有一个性格上的弱点——胆怯。他或许害怕皇帝怀疑自己与此事有关——甚至是自己主动为公主提供了通奸的场所。另一方面，他或许也心存侥幸，以为此事只有自己知道，不会张扬出去。事后他才意识到自己的"愚蠢"。当消息最终传到皇帝耳朵里的时候，整件事情的性质就完全变了。从屋大维的角度来理解此事，或者奥维德一直知情，甚至是可耻的皮条客，或者他发现秘密后知情不报，故意让皇室出丑。联系到奥维德在诗歌中的桀骜态度，更可怕的推断是，他有政治目的。此前罗马已经有贵族企图利用大尤利娅的众多婚外关系来控制她，进而左右皇室继承的方向，屋大维对此极为警惕。无论真相如何，对屋大维来说，最安全的解决办法就是让奥维德迅速地、永远地离开罗马。

为了低调却高效地驱逐奥维德，屋大维采用了非常规的手段，却被奥维德解读为皇帝的仁慈："你没用元老院的决议谴责我的行径，/ 也未派法官宣布放逐的决定；/ 只以与君威相称的冷峻言辞斥责我，/ 自己为自己报了仇，适得其所。"《哀歌集》第二部的这段话表明，奥维德完全没有理解皇帝的用意。整件事情牵扯到太多皇室不可告人的秘密，也牵扯到诛心的猜测，实在不宜通过公开的法律或政治途径来张扬，所以皇帝口谕是最便捷的方式。奥维德在政治上的迟钝延续到他的放逐时期。他开始以为，只要向皇帝本人求情，就有可能获得宽赦，并未注意到屋大维执政晚期，大权已经旁落，皇子提比略和皇后利维娅才是实权人物。他尤其没有意识到，皇室中存在两支皇族的激烈争斗。

屋大维一生只有一个孩子，就是女儿大尤利娅，但罗马也一直有传言，他的继子大德鲁苏是他和第三任妻子、皇后利维娅的儿子。因为当时的情境非常蹊跷。第二任妻子生下大尤利娅当天，屋大维就和她离婚了，为的是马上和利维娅结婚，利维娅当时已经怀孕三个月，她也需马上和原来的丈夫尼禄离婚。此时她已经和尼禄有一子，就是提比略，她和屋大维结婚数月后产下了大德鲁苏。大尤利娅的三任丈夫都被屋大维当作皇位继承人来培养，马凯卢斯和阿格里帕已死，提比略自然就是未来的皇帝。然而，无论就能力、人品和声望而言，他都遇到了弟弟大德鲁苏的挑战。大德鲁苏在日耳曼取得了一系列大捷，但公元前9年意外从马上跌落，一个月后去世。他的儿子日耳曼尼库斯同样有英俊的外表、出色的军事才能和崇高的声望，甚至被罗马人视为亚历山大大帝一样的人物。迫于屋大维的压力，提比略将这位侄子过继成了自己的养子，但心里一直惧怕和仇视他，担心他夺走自己的亲生儿子小德鲁苏的皇位继承权。

屋大维去世前的几年，罗马权贵在提比略分支和大德鲁苏分支之间开始选边站队。不幸的是，奥维德站在了大德鲁苏的儿子日耳曼尼库斯一边，而他的大多数朋友都选择了提比略。所以，他们都有意冷落他，与他拉开了距离。他在诗中不合时宜地极力赞美日耳曼尼库斯，让他的风头盖过了皇储提比略。当屋大维对奥维德的怒气渐消，这位皇帝却突然宾天，留下奥维德面对充满敌意的利维娅母子。甚至当提比略继任皇位之后，奥维德还在诗中宣称，希望日耳曼尼库斯未来执掌江山。他或许以为，既然日耳曼尼库斯已经被提比略收养，他和小德鲁苏就该公平竞争，而他显然比后者优秀，哪里知道提比略心里早做了选择。当奥维德开始创作第四部《黑海书简》时，他已经意识到，自己深深地得罪了皇帝，绝无返回罗马的可能了。

放逐时期的诗歌

如果说屈原的《离骚》开辟了中国的流放诗传统，那么开辟西方流放诗传统的就是奥维德的《哀歌集》《黑海书简》和《伊比斯》。这是西方文学史上第一次成系列的以流放生活为题材的诗歌作品，它对后世的深远影响早在古罗马的白银时代就体现出来。奥维德被放逐之后不到四十年，古罗马白银文学的代表人物塞涅卡也被放逐到当时还是蛮荒之地的科西嘉岛，相似的经历促使他写出了明显呼应奥维德黑海诗歌的作品。到了中世纪，诗人们也反复与流放的奥维德发生共鸣，例如莫杜因（Modoin）在820年的诗中就提到"忍受了长久痛苦的奥维德"，11世纪的鲍德利（Baudri）在自己的书信体诗作里想象与流放的奥维德通信。但丁虽然把维吉尔视为自己的第一典范，但政治流亡者的身份也让他与奥维德发生了联系，《神曲》的结构上受惠于《变形记》甚多，其中一些主题却与奥维德的流放诗歌有关。在薄伽丘看来，但丁和奥维德的一生都可概括为爱、变形和放逐。文艺复兴以来的诗人中，受到奥维德流放诗歌影响的更多。弥尔顿被称为"流放诗人"，流放也是《失乐园》的核心主题之一，除了《变形记》，奥维德的黑海诗歌也是它的重要来源。20世纪的曼德尔施塔姆、布罗茨基等大诗人也明显将自己视为奥维德流放诗歌的继承人。流放意味着远离文化中心，意味着中心与边缘的对峙、忠诚与背叛的对峙，也经常意味着文明与野蛮的对峙，它迫使诗人重新思考自己在世界上和文学史上的位置。在这方面，奥维德的流放诗歌尤其具有原型意义。

屋大维为《爱的艺术》的作者精心选择了一处放逐地——托密斯。这里曾经是古希腊的米利都人的殖民地，到奥维德的时代，这些希腊移民的后代已经说一种混杂了盖塔语和希腊语的方言，这里几乎没有文化可言，时时面临多个游牧部落的入侵，如奥维德对屋大维所说，"这里是意大利法律所及的最远边疆，/勉强附着在你的帝国肌体上。"这位对罗马帝国的军国主义不以为然、将战争仅仅当作风流韵事的比喻、一贯逃避军事训练的诗人，在危机四伏的边境地带，却要体验真正的军人生活（《哀歌集》第四部第一首）："如今我老了，却腰间佩剑，左手持盾，/还用铜盔罩着我花白的头顶。/因为瞭望塔的卫兵一发出袭击的讯号，/我颤抖的手就赶紧将甲胄穿好。/敌人拿着弓，挎着浸毒的箭，骑着/快马，狰狞地扫视我们的城垛。"这位醉心于上流社会文化气息的生活赏鉴者被扔进了一个好战粗人聚居的穷乡僻壤；这位整日游戏语言的艺术家突然失去了用语言和周遭世界交流的能力；这位罗马首屈一指的诗人成了被众人讪笑、无力回嘴的野蛮人；这位古希腊神话的汇编者到了一个神话都失去意义的地方……

在奥维德眼里，托密斯不仅没有文化，而且没有真正意义上的自然。罗马人习惯的自然元素——葡萄、苹果、橄榄、树林、清泉……——这里都没有。这里没有绿树，只有苦艾，这里的鸟声音沙哑，这里的水苦涩混浊，这里的冬天漫长寒冷。奥维德一再向我们描绘冰冷的星空、常年不化的积雪、结冰的多瑙河和黑海。在这样的地方，他的健康自然恶化，他抱怨浑身的病痛，抱怨肢体的衰颓，毫无食欲，失眠，精神恍惚……这里的居民与文明绝缘，以强力取代法律。然而，最可怕的是战争威胁，游牧部落随时可能发动突袭，脆弱的城防不堪一击。奥维德一再请求罗马的皇族，不要在剥夺他故土的同时，一并剥夺了和平，不要让流着拉丁血的他沦为蛮族的俘虏。奥维德成功地渲染了一个蛮荒的异域世界，将自己的苦痛经历变成了一种神话，让放逐生活成了一种精神状态的象征。

事实上，托密斯或者今日的康斯坦察绝非极北之地，它的纬度和罗马相差无几，一千八百年后流放这里的普希金便觉得这里相对莫斯科是阳光明媚的南国。这里的气候介于温带大陆性气候和地中海式气候之间，虽然冬天的确有些寒冷，黑海的确有时会结冰，但夏天其实很炎热，秋天气候凉爽宜人。即使在两千年前，这里也不会没有绿树、水果和庄稼。此外，这里也并非彻底的文化荒漠，当地居民对奥维德也颇为友好，甚至给了他免税的特权（《黑海书简》第四部第九首）。诗人也适应得不错，不仅学会了盖塔话和萨尔马特话（《哀歌集》第五部第十二首），还能用盖塔语写符合罗马格律的诗（《黑海书简》第四部第十三首）。奥维德所描绘的托密斯虽有真实的成分，但更多的是一个心理感受的镜像。

　　《哀歌集》第一部作于奥维德离开罗马去托密斯的旅途中，它作为诗人的使者向熟悉他的罗马读者传话。在这十一首诗里，虽然我们能感受到意外打击之下诗人的惊愕与痛苦，但此时他仍然充满希望，相信只要妻子和朋友为自己奔走，他不久就能回到罗马。这部诗集中有对别离场景的动人回忆（第三首），有对妻子的赞美（第六首），对忠诚朋友的感激（第五首和第九首），对背叛友谊之人的谴责（第八首），对海上风暴的描绘（第二首和第四首），还有一首讨论《变形记》的诗。从主题的多样性而言，它在奥维德的放逐诗歌中最突出。令人惊讶的是，奥维德迅速地适应了新的主题，将自己在爱情哀歌和神话史诗写作中积累的经验迁移到新的领域。《情诗集》中的自传式手法、《女杰书简》中的书信体技巧、《变形记》中的神话素材都被他巧妙地融入这些新作里。将自己比作尤利西斯，将妻子比作珀涅罗珀，将屋大维比作朱庇特，奥维德在《哀歌集》第一部里便确立了全部放逐诗歌的基本神话框架，并会在后面的作品中将这个框架的艺术潜力挖掘到极致。

　　一到达托密斯，奥维德便集中精力写了一部接近六百行的长诗——《哀歌集》第二部，这是《哀歌集》和《黑海书简》中唯一独立成部的作品。这首诗名义上是写给屋大维的，奥维德一方面为《爱的艺术》做了辩护，一方面请求皇帝宽恕自己，减轻惩罚。情境的弱势和修辞的强势在这首诗里形成了令人震惊的反差。按照正常的理解，在帝制之下，奥维德唯有谦恭地哀求屋大维才有希望获得赦免，他心里当然也明白这一点。但是艺术家的倔强和对艺术逻辑的执着却让他情不自禁地触龙鳞，犯忌讳。他不仅挪揄了从荷马到维吉尔的经典"严肃"作品，更直言不讳地指出，屋大维和罗马政府通过赞助剧场和图书馆比自己更卖力地在传播色情。当任何一位皇帝读到"你用给全世界带来福泽的那双眼睛 / 凝神观看舞台上通奸的场景"这样的句子，他还能宽恕诗人吗？不仅如此，他还影射了皇帝与皇后奉子成婚、双双离婚再结婚的丑闻，以及痴迷赌博（在罗马是违法行为）、好色淫乱的行为。虽然在字面上一再称赞他仁慈，所有的意象却指向反面。屋大维至死也未宽恕奥维德，完全在情理之中。在文学史上，这首诗是艺术自治思想最早、最雄辩的宣言。

从《哀歌集》第三部开始，奥维德真正进入了放逐者的世界和心境。在序诗里，他再次以隐晦的方式否定了屋大维以个人崇拜取代罗马传统宗教的努力，也侧面抨击了他的残忍。放逐生活的痛苦（第十首）让初到托密斯的诗人深受折磨，哭泣"成了唯一的快乐"，他觉得自己还不如当初死在路上，这是第二首所表达的情绪。这种对死的渴望甚至吞没了生日的庆祝（第十三首）。甚至托密斯的地名都让他产生了阴郁的联想，认为这个地名的意思就是"撕成碎片"（第九首）。他无限怀念罗马，怀念亲人和友人。第三首写给妻子，是一封动人的情书，而在第十二首中，记忆中触手可及的罗马的春天让诗人不胜怅惘。这部诗集中最温暖的作品是第七首，写给一位名叫裴丽拉的擅长写诗的女孩，奥维德对她有父亲般的呵护，更有对一位异性同行的尊重和欣赏。第十一首则是对一位私敌的严厉斥责和警告。整部诗集充满了情感的拉锯和挣扎，在孤绝的状态中，写诗成为诗人唯一的自由和权利，唯一的慰藉。

到写第四部《哀歌集》时，奥维德在托密斯已经度过两年，返回罗马的希望日益渺茫，他对朋友和家人感到不满，心境越发压抑，也越发焦虑地寻求帮助。提比略集团成了他尝试拉近关系的对象。他通过描绘想象的凯旋场景讨好提比略（第二首），也努力修复他与朋友科塔的关系，并试图说服他位高权重的哥哥梅萨里努斯为自己呼吁，因为两人都是提比略的忠诚支持者。长久的抑郁和孤独让他失去了对人的信任，此时写给妻子的信（第三首）虽不乏深情，却多了某种猜忌和埋怨的情绪。放逐岁月的种种磨难（第九首）让他感到，据说能冲淡一切的时间对于自己已经失去了效力（第六首）。他也感觉到自己的放逐诗歌在主题上越来越单调，但受制于环境，他无能为力。他为自己的作品辩护，即便如此，自我厌恶的情绪仍时时袭来，让他烧掉了自己的很多作品（第一首）。第十首既是他的诗体自传，也像是《哀歌集》前四部的跋诗，似乎他有意盖棺定论了。整部诗集的情绪都很悲观。

写第五部《哀歌集》时，又一年过去了。奥维德在序诗里再次为自己的放逐诗做了辩护。他将这些诗比作天鹅临死前的歌，"用渐灭的歌音哀泣自己的死亡"，"不肯让我的葬礼一片喑哑"。至于有人指责它们的艺术性不够高，他坦然承认，却反问说："谁强迫你读？"甚至自我解嘲地说："罗马也不该用自己的大师与我比较，/ 我只是扫罗马泰人中间的诗豪！"第十二首也用放逐生活为自己作品的质量开脱。对于未来，他此时似乎已经失去了耐心，陷入绝望的情绪中了。三封写给妻子的信（第五首、第十一首和第十四首）除了庆祝妻子生日的那首（第五首）前半段洋溢着温情，其余部分都充斥着冰冷的说教，让妻子别辜负自己的期望，继续为自己奔走。他也开始向罗马的诗人同行求助（第三首）。第十首再次详细描摹了他所受的折磨，尤其令他沮丧的是无法与周围的人交流："这里我反是野蛮人，我的话没人能懂，/ 拉丁语只招来盖塔人愚蠢的讪讽。/ 他们时常当着面毫无顾忌地谤毁我，/ 或许在讥笑我的放逐与沦落。"

在《哀歌集》中，奥维德曾多次警告自己的私敌，不要得意忘形，欺人太甚，无论这些收信人是否是同一位，与《哀歌集》大体同时创作的六百余行的《伊比斯》证明，诗人的警告并非虚言。"伊比斯"（Ibis）本指朱鹭，亚历山大诗人卡利马科斯在一首已经失传的同名诟詈诗里，用它来指自己的某位敌人。奥维德模仿了他的做法。在很长的引入部分（1—250 行）之后，奥维德从神话、历史和传说中选择了许多种怪异的死法，威胁用它们置敌人于死地（251—638 行）。泛希腊时期的诟詈诗都有这样的列举，但奥维德开出的死法清单的长度却前无古人。到了作品末尾（639—644 行），我们却得知敌人安然无恙，奥维德只好继续威胁要用诗歌攻击他。在奥维德的所有作品中，《伊比斯》是研究得最不充分的，学者们一般认为它只是奥维德用来排遣苦闷心情的游戏之作，并无深意。但这样的评判似乎过于武断，即使纯粹从心理学的角度看，它也是有价值的，诗中几乎疯狂的愤怒和《哀歌集》《黑海书简》中的凄凉心情共同构成了奥维德流放时期的完整心理图景。

在放逐生活的初期，奥维德非常谨慎，《哀歌集》中的书信除了给妻子的之外，都没有写上对方的姓名，以免给他们惹来麻烦。到了创作《黑海书简》的时候，他已觉得没必要如此，除了极少数坚持隐身的朋友，他都在诗中提到了收信人的名字。《黑海书简》前三部都作于公元 12—13 年，这是奥维德创作生涯的又一个多产期，学界也普遍认为，这三部诗集是作为一个整体设计的。在这段时间里，在朋友马克西姆斯的调解下，屋大维对奥维德的态度有所松动，然而公元 14 年马克西姆斯和屋大维先后去世，彻底砸碎了奥维德的梦想，因为继任的皇帝提比略和他母亲利维娅都憎恶奥维德。除了马克西姆斯，奥维德求助的对象还包括布鲁图斯（他的文学代理人）、阿提库斯（评论家）、梅萨里努斯和科塔兄弟及其他一些朋友，甚至还有皇子日耳曼尼库斯和色雷斯国王柯蒂斯。可以看出，奥维德的确在积极地为改变自己的处境而努力，然而这样的努力屡屡受挫，他也在希望和绝望之间沉浮。

短暂的乐观情绪反映在他对妻子的态度上，《黑海书简》第一部第四首重新表达了他对妻子的眷恋："即使你老了，也求神让我重新见到你，/ 热切地吻你失去光泽的发丝。"但当希望再次破灭，他对妻子就变得异乎寻常地严厉。在第三部第一首里，他写道："奇怪的是你竟然没做成此事，我的妻，/ 知道我的苦，竟还能忍住泪滴。/ 你该如何做？问你自己吧，你会找到 / 答案，只要你真的愿意知道。"这是他给妻子的最后一封信。学界猜测，马克西姆斯和屋大维死后，奥维德认为妻子留在罗马已无益，于是让她到托密斯与自己会合。最悲观的情绪出现在第三部第七首里，诗人觉得所有的朋友可能都已厌倦自己的哀诉与请求，并且任何努力都不会有结果："为何要奢望获得某种更仁慈的待遇？/ 我就是这样理解自己的命数？/ 看吧，我反而更受折磨，一遍遍描述 / 此地，就一遍遍唤醒凄惨的放逐。"

与《哀歌集》相比，《黑海书简》的用意更为单纯，心情更为迫切，其中一些收信人与奥维德之间的关系或者冷淡，或者尴尬，在此情形下，要追求这些书信的艺术性难度很大。然而，奥维德仍写出了不少很值得玩味的作品。在第一部第三首里，奥维德回顾了文学作品中和历史上的许多著名放逐者，与自己相比，他们的放逐几乎是度假。在第四首里，伊阿宋取代了他惯用的尤利西斯，为奥维德的经历提供了另一个神话的参照。在给塞维鲁斯的信（第八首）里，奥维德则描绘了自己的田园梦。第二部第七首生动地刻画了长久受难者的宿命心理："所以我恐惧，不是因为你让我恐惧，/ 你对我的情谊早已有上千条证据，/ 而是因为所有的可怜人都是胆小鬼，／因为我已太久被快乐拒于门外。"在第八首里，奥维德感谢朋友科塔给自己寄来了屋大维、利维娅和提比略的像章，借此机会，诗人狡黠地玩起了关于像章与本人、真身与替身的文字游戏，用表面阿谀实则讽刺的语调揭穿了皇室伪神的面目，并用一种修辞的逻辑向皇室施压，让他们改变自己的放逐地。第九首是写给色雷斯国王的信，作为弱者的奥维德再次占据了修辞的强势，用柯蒂斯攀附的神话祖先对他进行道德说教，以文明人身份居高临下地赞美这位蛮族诗人，又用诗人同盟的关系劝诱他帮助自己。给马凯尔的信（第十首）不仅是深厚友谊的动人回忆，也将两人的远游路线和他们的文学道路巧妙地合二为一。第三部第三首以诗人和丘比特的对话幻象来表现放逐的心境，也让人耳目一新。在第九首里，诗人再次为自己的放逐诗歌做了辩护。针对它们抑郁的情调，奥维德说："快乐时我的诗快乐，悲伤时我的诗悲伤，／时节不一样，作品自然也不一样。／我应该写什么，除了这可怕土地的苦楚？／除了祈求我死在更文明的地域？"针对它们单调的主题，他说："虽然我重复许多遍，可是有谁真听见？／被人冷落的话语全部是徒然。／再说，内容虽不变，每次的收信人却在变，／我一个声音是向许多人求援。"

当奥维德开始写《黑海书简》第四部的时候，屋大维已经去世，奥维德获得赦免的机会已经极其渺茫，他现在唯一的希望是皇子日耳曼尼库斯。这部诗集有一些与众不同之处，一是诗的篇幅较长，二是诗的数目最多，三是出现了一些新面孔，这些人不但位高权重（有多位执政官），而且不少人都属于日耳曼尼库斯的阵营（尤其是四封信的收信人庞佩乌斯），四是没有一首写给妻子（她很可能已经来到奥维德这里）。前三部中多次出现的科塔和梅萨里努斯没有再出现，很可能因为他们属于提比略阵营。这部诗集的编排没有明显的结构原则，应当是诗人去世后朋友为他编辑的。第十首有两点值得关注，一是对《奥德赛》情节的戏谑解读，与《哀歌集》第二部相映成趣，说明奥维德直到诗歌生涯末期仍未失去幽默感；二是其中对黑海结冰现象的科学解释，如果说他的地理知识常有意无意误导读者，他在这首诗中对物理的理解完全像受过科学教育的现代人。第十二首再次体现了奥维德的幽默感，可怜的图提卡努斯因为名字不符合哀歌双行体的格律而无法获得诗人的赞美，奥维德一本正经的挪揄让人忍俊不禁。在第十三首里，奥维德以看似羞愧其实自豪的语气声称自己用盖塔语完成了一首符合拉丁格律的诗，此时他在语言上也已经完全适应托密斯了。然而，他多年来在拉丁语诗歌里对托密斯的抱怨和谴责终于被当地人知晓，引发了众怒，他被迫在第十四首中全力为自己辩白。在诗集的最后一首诗里，奥维德提到了众多奥古斯都时代的同行，其中绝大多数都已经被人遗忘，他自己的名声却长盛不衰。

奥维德自己在放逐诗歌中反复声明，这些诗只是为了排遣苦闷而写，而且从未修改过，还受到了蛮族语言的"污染"，所以质量无法与以前的作品相比。长期以来，学界也认同这种观点，相信他在晚期诗歌里，创造力明显下降，也正因为如此，相对于其他作品，这些诗歌的研究者也寥寥。但近七十年来，这种观点遭到了普遍挑战，越来越多的学者为它们平反，并用细致的分析揭示了它们高超的艺术性。和《变形记》《岁时记》《女杰书简》《爱的艺术》等作品相比，《哀歌集》和《黑海书简》这样的诗歌极其难写，因为它们有非常实际的目的——请求皇室宽赦自己，或劝说朋友甚至从无交往的人帮助自己，以便自己能回到罗马，至少更换放逐地。在这样预先给定的人际关系和权力关系的框架里，奥维德难以施展天马行空的想象力和穷形尽相的描摹手段，只能在一个非常狭窄的主题范围和情感范围内挖掘有限的可能性。另一个不利的因素是，他脱离了罗马极度繁荣的文化圈的滋养，被斩断了与诗人同行和评论家的联系，又被一个陌生的语言环境包围，这对任何诗人来说都是可怕的处境。更重要的是，长期生活在艰苦的环境中，身心饱受折磨，心境极度压抑，他的性格不可避免地受到了影响，他变得自怨自怜，猜忌多疑，反复无常。根据我们对人性的了解，这种心理因素是最难克服的，它往往会在不知不觉中改变作品的样貌。

然而，奥维德毕竟是一位天生的诗人和天才的艺术家，这一切并没难倒他，更未把他摧垮。他充分调动了一切艺术资源和创作经验，为单调的主题注入了丰富的多样性。以前的所有作品都在不同程度上成为了这些新作的源泉。不仅如此，永远忠于艺术而不是忠于权力的他即使在最艰难的处境中、在最卑微的地位里也不忘以艺术的手段反击他的迫害者。虽然从政治上说，这种反击是幼稚的、情绪化的，丝毫不能改变他的处境，但从读者的角度说，它却让这些作品的主题得以深化，并让旁观者洞察到罗马政治和罗马掌权者的性质。他的艺术直觉往往超越了他的政治直觉，他的作品比他自己更具透视的本领。正如布罗茨基所说，维吉尔的作品总是摆脱不了命题作文的腔调，贺拉斯虽更狡猾，仍近于他的路数，但奥维德从未给罗马帝国"添砖加瓦"。

换一个角度看，放逐对于奥维德甚至是一种幸事。当然，生活的不幸转化为艺术的幸运是文学史的常态，但如同我们在中国文学史中看到的那样，放逐（或者贬谪）生活可以激荡出极其复杂的情感涟漪。正因如此，《哀歌集》《黑海书简》和《伊比斯》在吸引研究者的目光之前，早已感动了无数的文学家。通过它们，我们能够体会到困扰一位不情愿的放逐者的全部幻想、全部偏执：对故土和家园的眷恋，故地重游和故人重温的想象，对苦难的反复列举和夸张，物是人非的感慨，今昔乐苦的对照，慢慢生长的妄想症，对朋友的癔症般的纠缠，度日如年的煎熬感，对死亡的恐惧与盼望……一部一部、一首一首读下来，我们和奥维德一起挣扎，一起沉浮，虽然许多细节是虚构的，情绪却是真实的。这种深刻的情感体验在西方古典诗歌中，除了萨福和卡图卢斯的诗，在奥维德之前几乎没有先例。

更重要的是，放逐给了奥维德一个角度，甚至可以说是一个制高点，来重新审视他熟悉的罗马帝国。爱尔兰诗人希尼曾声称诗歌具备"矫正和疗治苦难"的力量，研究奥维德放逐诗歌的麦克戈万认为，《哀歌集》和《黑海书简》也有这样的作用。他指出，奥维德在流放期间，无论在空间上还是地位上都处于帝国边缘，这使得他成了屋大维及其政策的独特评论者和批评者。对他而言，写诗具备了一种与政治迫害相抗衡的力量。流放诗歌不仅让诗人自己变得不朽，也提供了帝国意识形态的另一种阐释。在近几十年的学术争论中，这恰好是一个焦点。一派学者相信奥维德是奥古斯都帝国秩序的维护者，另一派相信他是颠覆者，还有一些学者则持折中态度。我倾向于认为，就政治立场本身而言，奥维德并无鲜明的态度，但一旦进入艺术创作的过程中，艺术家的诚实和对艺术逻辑的忠诚往往将他拉向皇权的对立面。

另一个问题是他对待异族的态度。哈比奈克在1998年用时髦的后殖民主义理论为依据重申了一个古老的观点：奥维德是罗马帝国的支持者，他在托密斯所做的是帮助罗马实现文化扩张。这个论断立刻招致了多位学者的反驳，对此我只简要地表达我的看法。和那时绝大多数罗马人一样，奥维德自然相信罗马文化和罗马民族的先进性，他面对所谓蛮族时的那种优越感是根深蒂固的，然而他并无维吉尔那种罗马民族应当征服万族的天命观，也没有贺拉斯那样浓烈的帝国意识，如果说罗马帝国面对异族有某种殖民心态，奥维德只是这种心态的果，绝非它的因——或者说一个动力。哪怕他只是在想象中从异族的眼光出发，称自己为蛮族，这种姿态本身已经指出了帝国意识形态的武断性和根本上的非理性，从而为敏感的罗马读者重新理解本族与他族的关系提供了可能。这并非一种政治立场，他服从的是艺术想象力（想象力没有天然的民族界限）的逻辑，但当艺术的考虑压倒政治的考虑时，艺术就具备了政治的力量。

翻译说明

本书主要依据的是 Owen（1922 年）的版本，并参考了多个其他版本，选择了自己认为最合理的原文。如前所述，《哀歌集》《黑海书简》和《伊比斯》的格律都是古罗马爱情哀歌体的典型格律——哀歌双行体，其具体的音节长短分布如下（∨代表一个短音节，—代表一个长音节，+代表一个可长可短的音节，×代表一个长音节或者两个短音节可以互换，‖代表大节奏单元的分界）：

第一行 — ∨ ∨ — ∨ ∨ — ‖ ∨ ∨ — ∨ ∨ — ∨ ∨ — +
第二行 — × — × — ‖ — ∨ ∨ — ∨ ∨ +

译诗采用以顿代步的原则，单行六顿，双行五顿，以每两行换韵的方式押韵。为了方便读者理解，译者撰写了十万字的注释，着重解释了诗作涉及的神话和历史典故，并概述了学术界的一些观点。

本书的研究和翻译工作受到了教育部人文社科基金项目"奥维德晚期诗歌翻译与研究"（项目号：15YJA752006）的资助，出版则获得了中央高校基本科研业务费项目"奥维德全集译注"（项目号：106112016-CDJSK-04-PY-10）的资助，在此一并表示感谢。另外，也要感谢杜海燕老师和出版社其他老师的大力支持。

李永毅
2017 年 12 月

汉译及注释

《哀歌集》

第一部

TRISTIVM LIBER I

第一首（诗人致诗集）¹

小书，我并不妒忌，你就要独自去罗马，
　　而我，你的主人，却不许再见它！
走吧，衣着寒碜，但放逐者还能怎样？
　　就穿这身晦暗却当季的衣裳。
5　你可不要用玉簪花²的绛紫装扮自己——
　　那样的色调不适合伤心的遭际，

1　这首诗是《哀歌集》第一部的序诗。它确立了《哀歌集》和《黑海书简》的一
　　个重要主题，就是将诗人与诗集的关系比作父亲与孩子。就拟人手法而言，它
　　让人联想起卡图卢斯（C. Valerius Catullus，公元前 84—公元前 54）《歌集》
　　（Carmina）第三十五首和第四十二首，尤其是贺拉斯（Q. Horatius Flaccus，
　　公元前 65—公元前 8）《书信集》（Epistulae）第一部第二十首，但奥维德
　　诗作的情感色彩更为浓烈。他建议诗集穿着黯淡的衣裳去罗马，并嘱咐它如
　　何应对读者的诘问，并特别让它避开奥古斯都的住所。详细解读可以参考：
　　M. H. T. Davisson, "Parents and Children in Ovid's Poems from Exile", The
　　Classical World, 78.2 (1984): 111-4。从体裁而言，它沿袭了古希腊的送别诗
　　（propemptikon）传统。诗中提到的几位神话人物将在奥维德的放逐诗歌反复
　　出现，例如帕厄同、伊卡洛斯、尤利西斯、泰勒普斯等，将屋大维比作神的说
　　法也将贯穿五部《哀歌集》和四部《黑海书简》。
2　"玉簪花"对应的原文为 vaccinium，也有人认为可能是燕草。

标题别用朱红，纸草别浸泡雪松油 [1]，

　　也别为黯然的书页配皓白的卷轴 [2]。

且让这些饰物去点缀幸福的作品，

10　　你还是应该纪念我的命运。

不要用易碎的浮石 [3] 磨光你的双颊，

　　这样正好，披散着凌乱的头发。

不要为点点污渍羞惭，看到的人

　　会明白，它们都是我的泪痕 [4]。

15　走吧，代我向那些美好的地方致意：

　　我也会去的，乘着格律和诗。

倘若如云的人群里还有一人记得我，

　　倘若他碰巧问我过得如何，

你会说我还活着，但已经没有活气，

20　　就连这残生都是神 [5] 的恩赐。

除此之外请沉默，答案让读者自寻：

　　别乱开口，透露了秘密的事情。

1　西方古人喜欢用各种颜色装饰手稿，尤其喜欢用朱红色。普林尼（C. Plinius
　　Secundus，23—79）告诉我们，罗马人用雪松油浸泡纸草，既是为了防虫蛀，
　　也是为了给书一种芳香的味道，参考贺拉斯《诗艺》（Ars Poetica）第 332 行。

2　在古罗马，白色是喜庆的颜色。古罗马的书籍多是卷轴，轴的两端露在外面，
　　会用小球等形状加以装饰，被称为 cornua（角）。

3　古罗马的书是写在一卷一卷的羊皮纸或纸草上，写完后需要用浮石把每卷首尾
　　的位置磨光滑。参考卡图卢斯《歌集》（Carmina 1.2）。

4　或许影射普洛佩提乌斯（S. Propertius，约公元前 50—公元前 15）《哀歌》
　　（Elegiae 4.3.4）中的说法。

5　"神"指屋大维，这个用法贯穿《哀歌集》和《黑海书简》始终。这既是奥古
　　斯都时代罗马人的普遍做法，也方便奥维德将屋大维与诸神做艺术化的比较。

一得到提示，他就会记起我的过犯 [1]，

　　我又将被公众的嘴追逼审判。

25　别贸然反驳，无论攻讦多么伤你：

　　本不是好事，越辩越招人怀疑。

你也会发现，有人叹息我被流放，

　　浏览这些诗句时泪湿脸庞，

他唯恐被恶人偷听，在心里默祷，恺撒 [2]

30　哪日能消气，减轻我的惩罚。

无论他是谁，既然肯祈愿诸神垂怜我

　　我也会祝福他永不陷入困厄，

祝他万事遂心，祝君上散尽怒气，

　　让我能够在先祖的土地辞世。

35　书啊，你听从我的吩咐，却可能遭责怪，

　　说你配不上我惯受夸赞的天才。

法官的职司是断案，自然应查清原委：

　　原委查清了，你就无可羞愧。

诗句可以从宁静的胸中源源涌出，

40　我受尽打击的心却暗云密布。

写诗之人总是寻求安谧与闲适，

　　我却被海浪、暴风和严冬催逼。

万般恐惧下，何来诗兴？落魄的我

　　每刻都担心喉咙被利刃刺破。

1　关于奥维德的"过犯"，参考引言的讨论。

2　在奥维德诗中，绝大部分情况下，"恺撒"指屋大维（比如这里），但也有少
　　数地方指屋大维的养子提比略（Tiberius Caesar）或者其他皇子、皇孙。

45　公平的裁判会惊讶，我竟能写出这些，
　　　　阅读时他也不会过于严苛。
　　即使换了荷马 [1]，被如此的灾殃包围，
　　　　他的天才也会在苦难中枯萎。
　　最后记住，书啊，别顾忌名声，也别为
50　　　冒犯某位读者而自惭形秽。
　　时运女神并未给我如此的青眼，
　　　　需要你一一统计别人的夸赞。
　　从前未落难的时候，我的确在意虚名，
　　　　胸中燃烧着让世人知晓的热情；
55　而如今，让我不憎恶诗歌已经足够：
　　　　我的才华就是我放逐的祸首。
　　但你走吧，只有你能替我将罗马凝视。
　　　　神啊，我多想和这书交换位置！
　　别以为从遥远的异域进入宏伟的都城 [2]，
60　　　就不会有人认出你的身份。
　　虽然没有签名，颜色已把你揭穿；
　　　　再掩饰，你我的关联也一目了然。
　　但还是悄悄潜入吧，别受我的诗拖累，
　　　　它们早不像当年，人见人爱。
65　若有人不屑一顾，因为你是我所作，
　　　　将你径直从胸前扔回来，你就说：

1　"荷马"对应的原文是 Maeoniden（迈奥尼亚人），因为荷马的出生地通常认
　　为是斯密尔纳，该城属于吕底亚（古名迈奥尼亚）地区。

2　"都城"对应的原文是 urbem，这个词在奥维德诗中一般都指罗马城。

"看看标题，我已经不是风月专家，

　　该受惩罚的那本书已受够惩罚。"

或许你想知道，我是否会遣你攀登

70　　巍峨的帕拉丁，拜谒恺撒的皇宫。

愿威严殿宇和威严诸神 [1] 饶恕我！雷霆

　　就是从那里降下，落在我头顶。

我记得，居住圣所的诸神都分外仁慈，

　　但受过他们伤害，我难免怵惕。

75　鹰啊，你翅翼的微小振动都会惊吓

　　鸽子，若它曾伤于你的利爪；

羊羔也不敢远离围栏，如果它曾经

　　从野狼贪婪的牙齿间死里逃生；

帕厄同 [2] 即使没死，也会避开天空，

80　　愚蠢渴望的马车，绝不肯再碰。

领教过他的武器，我自然也畏惧朱庇特，

　　听到霹雳，就觉得天火要追逐我。

逃离欧卑亚海岬的每一位希腊水手

　　驶过故地时必定会全速掉头 [3]；

1　　"诸神"指屋大维、提比略、日耳曼尼库斯（Germanicus Iulius Caesar）和德
　　鲁苏（Nero Claudius Drusus II）。

2　　帕厄同（Phaethon）是老太阳神赫利俄斯（Helios）的儿子，因为他驾驶父亲
　　的太阳车失控被烧，为避免造成大祸，朱庇特用闪电击中了他，他燃烧着从天
　　空坠入埃利达努斯河中。

3　　欧卑亚（Euboea）国王瑙普里俄斯（Nauplius）的儿子帕拉墨得斯（Palamedes）
　　被希腊人所杀，为了报仇，他在海岬上点满火炬，从特洛伊回来的希腊人以为是
　　港口，纷纷靠岸，结果许多船撞礁沉没。原文 Argolica classe 指希腊舰队，Argolis
　　是伯罗奔尼撒半岛的一个地区。Caphereus（卡佩柔斯）是欧卑亚的一个海岬。

85　我的小舟既然已遭过风暴的摧残，

　　　　再靠近遇袭的地方就心惊胆战。

　　所以书啊，一定要谨慎地四下打量，

　　　　有庸人阅读足矣，别存奢望。

　　翅膀本脆弱，却竭力高飞，伊卡洛斯[1]

90　　　只在海里留下自己的名字。

　　我这里很难预测，你该划桨或张帆[2]，

　　　　具体的情势和处境会给你答案。

　　若你能在他空闲时觐见，若你感觉

　　　　气氛适宜，他的怒气已退却，

95　若你犹疑胆怯时有人在现场陪伴，

　　　　并为你铺垫几句，你就可上前。

　　愿你在吉日到达，愿你比主人有福，

　　　　愿你能减轻我的这身痛苦，

　　因为除了击伤我的他，再无人能像

100　　阿喀琉斯那样治好我的伤[3]。

　　只是要小心，别为了帮我，反而害我——

　　　　我虽存希望，心里的恐惧倒更多。

　　千万别再煽起他已趋熄灭的愤恨，

1　伊卡洛斯（Icarus）是巧匠代达罗斯（Daedalus）的儿子，在逃离克里特时，
　　由于他飞得太高，父亲为他做的翅膀被太阳晒化，坠海而死。

2　"划桨或张帆"比喻不同的策略。"划桨"更依赖单方面的努力，"张帆"则
　　要观察风向（屋大维的状态）。

3　奥维德此处自比泰勒普斯（Telephus），他曾被阿喀琉斯（Achilles）的长矛刺伤，
　　后来两人和解，阿喀琉斯又用长矛的锈治好了他的伤口（神谕说他只能被伤他
　　的人治好）。

再给我添加新的罪名，小心！

105　当我把你带进这幽深隐秘的殿堂，

　　　当你迁入这个圆柱形的书箱，

你会看见兄弟们早已经列队相迎，

　　　他们都是我辗转思量的结晶。

其中多数都坦然展示着他们的标题，

110　　名字印在前额，一看便知；

有三卷在暗处躲躲藏藏，即使这样，

　　　仍在讲人天生便懂的爱之秘方[1]。

你可以逃开，如果有勇气，也可以呵斥

　　　这些俄狄浦斯、忒勒戈诺斯[2]。

115　警告你，若你还敬重父亲分毫，就不可

　　　爱他们，虽然他们如此教唆。

还有十五卷记述了种种变形的故事，

　　　他们在最近的葬礼上逃过一死[3]。

我请你对他们说，我的运气的这张脸

120　　也和书里的人物一样善变，

眨眼之间，它就抹去了从前的模样，

　　　昔日的欢颜现在却徒添悲伤。

如果你问起，其实我还有更多的嘱咐，

1　指三部《爱的艺术》（*Ars Amatoria*）。

2　俄狄浦斯（Oedipus）无意中杀死父亲拉伊俄斯（Laius），忒勒戈诺斯（Telegonus）误杀父亲奥德修斯（Odysseus），《爱的艺术》也害了"父亲"奥维德。

3　奥维德在离开罗马前，曾将十五卷《变形记》付之一炬，但由于事先朋友手中已经有复本，这部巨著得以幸存。

可是我害怕耽误你的旅途；

125　书啊，你若要装走我心里的全部诗行，

　　　信使一定会埋怨你的重量。

前路漫漫，赶紧走！而我将身处天涯，

　　　遥不可触，远离我的故家。

第二首（风暴与祈祷）[1]

海神与天神（除了祷告我还有什么？），

　　　别让我备受颠簸的小船碎裂，

我也求你们，别煽动强大恺撒的愤怒！

　　　时常一位神逼迫，另一位佑护。

5　伏尔甘[2]反对特洛伊，阿波罗支持特洛伊，

　　　维纳斯襄助，帕拉斯[3]却充满敌意。

朱诺为图尔努斯[4]而憎恶埃涅阿斯，

1　这首诗的戏剧场景是海上风暴，Evans（1983）、Gonzalez-Vazquez（1993）、Hardie（2002）都强调了奥维德对《埃涅阿斯纪》和《奥德赛》类似场景的借鉴。Ingleheart（2006）特别指出这首诗在《哀歌集》第一部中的路标地位，诗集里的众多主题初次汇聚于此：神的愤怒、妻子的忠贞、奥维德境遇与神话人物的相似……相对于埃涅阿斯和尤利西斯这两位史诗人物，奥维德突出了自己罗马哀歌诗人的身份。

2　原文为 Mulciber（伏尔甘的另一个名字）。

3　原文的 Teucris 指特洛伊人，因为特洛伊第一任国王是 Teucer（透克罗斯）。帕拉斯即雅典娜（密涅瓦）。

4　朱诺原文为 Saturnia，意为"萨图尔努斯的女儿"。图尔努斯（Turnus）是《埃涅阿斯纪》中鲁图里亚人（Rutuli）的国王、埃涅阿斯（Aeneas）的主要敌人。

他却平安无虞，因为有维纳斯。

凶狠的涅普顿数度向尤利西斯[1]索命，

10   密涅瓦却一再相救，与叔父抗衡。

尽管我远不如这些英雄，可谁能阻止

       某位神为我抵挡另一位[2]的恨意？

可怜的我，徒然浪费了无用的言语：

       就连嘴都被沉重的浪头封堵，

15   骇人的南风卷走了我的祷告，严禁

       它们飞向我心中祈求的慈神。

为了给我更多的磨难，这些风又将

       我的船和祈愿运到未知的地方。

可悲啊，多么巨大的涛峰在周遭翻滚，

20   仿佛一转眼就会撞到星辰，

而当海水跌落，波峰又多么陡峻，

       仿佛刹那间就要刺破幽冥[3]！

无论往何处骋目，都只有海天无垠，

       只有蒸腾的浪花，狰狞的墨云，

25   咆哮其间的则是震耳欲聋的风。

       海水不知道应臣服哪位主人：

忽而东风从紫红的日升处获得力量，

       忽而日落处的西风后来居上，

---

1   即奥德修斯。

2   "另一位"指屋大维。

3   原文中的 Tartara 是古希腊神话中冥府的最深处。

忽而凛冽的北风自冰冻的极地赶至，

30　　　忽而南风又迎面摆开阵势。

舵手已茫然，不知什么该躲避，什么

　　　该追逐：面对此乱象，"技艺"[1]也无措。

我们随时会毁灭，没有脱险的希望，

　　　我说话的此刻，浪花正溅满脸庞。

35　波涛将碾碎生命，祈祷将全部落空，

　　　咸水终将灌进我们的喉咙。

可是，深情的妻子只挂念我的放逐，

　　　她为我哀伤，却不知我别的苦楚，

不知我的肉身在茫茫大海中抛掷，

40　　　不知暴风催迫，死近在咫尺。

幸好，我没允许她和我一起登船，

　　　否则我此时得忍受双份的灾难！

虽然我将丧命，但既然她安然无虞，

　　　我一半的生命至少还可延续。

45　唉，多么迅疾的闪电照亮了云阵！

　　　多么可怕的雷声在天穹轰鸣！

波浪猛烈地冲撞两侧的舷木，就像

　　　战时巨大的投石机轰击城墙。

此刻涌来的浪峰盖过所有波浪，

50　　　传言不虚，第十浪真是浪王[2]。

1　引号表示拟人。

2　原文为"第九个浪之后、第十一个浪之前的浪"。古罗马人普遍相信每十个浪
　就会出现一个超级大浪。

我并不怕死，但这种死法却太痛苦；

　　若无须沉船，死对我就是礼物。

无论是天寿已终，还是因剑身亡，

　　人都会盼望临死前回到故乡，

55　有人可以托付后事，有坟墓可以

　　栖身，不致沦为海里的鱼食。

就算我罪有应得，可还有众人在船，

　　他们既然无辜，为何受牵连？

天界的诸神，掌管海洋的蓝色诸神，

60　　别再威胁我，你们这两大阵营！

允许我去指定的地方，恺撒最仁慈的怒火

　　为我设计的生活，也允许我去过。

你们若想给我应得的惩罚，别忘记，

　　即使他本人也相信，我罪不至死。

65　假如当初恺撒真希望送我下冥府[1]，

　　此事他完全不需要你们的帮助。

他可以让我流血，无人能够阻拦，

　　决定的事，他也可随时推翻。

既然我从未伤害过你们，我只祈求

70　　你们相信我的苦难已足够！

但即使你们都愿意庇佑不幸的我，

　　死去的人又如何平安地活？

即使海浪会止息，航程会一路顺风，

1　"冥府"原文是 Stygias...undas（斯堤克斯河的波浪），斯堤克斯河是地府之河。

即使你们放过我，我仍在流亡。

75　我并非贪婪之人，无休止追求钱财，

　　　为了获利穿越辽阔的大海；

　　我也再不像求学时代，梦想回雅典，

　　　或者如昔日，在亚细亚都市[1]流连；

　　也不奢望去名满世界的亚历山大城[2]，

80　　欣赏快乐尼罗河的美妙风景：

　　我祈求好风，（谁会相信？）只为了驶向

　　　萨尔马特人[3]居住的那片地方。

　　我不得不去庞图斯左侧[4]的蛮荒海岸，

　　　我哀叹的竟是离开故国太慢。

85　为了见到栖居天涯海角的托密斯人，

　　　我居然祷告神加快我的旅程。

　　倘若你们爱我，就撤去这些巨浪，

　　　拯救我的船，让它免于灭亡；

　　倘若你们更恨我，就助我早些抵达

90　　目的地：那就是我的部分惩罚。

　　奔驰的风啊，快催动我的帆！留下何益？

1　关于"亚细亚都市"，参考卡图卢斯《歌集》（*Carmina* 46.6）和贺拉斯《书信集》（*Epistulae* 1.11.1-5）。

2　亚历山大大帝所建，当时地中海世界的文化中心。

3　萨尔马特人（Sarmati）属于古代伊朗族，曾建立萨尔马提亚国（Sarmatia），兴盛期在公元前5世纪到公元4世纪，公元1世纪左右极盛，势力范围在多瑙河口至伏尔加河的黑海北岸一带，说斯基泰语。

4　"左侧"（laevi）或许双关，也有"不祥"之意。

为何还不舍下意大利的土地[1]？

恺撒不许可：他驱逐的人为何不放？

　　就让我面对庞图斯之滨的边疆！

95　他如此命令，我活该；反驳他定的罪名，

　　我认为既不合法，也不合情。

但如果人的行为从不可能欺骗神，

　　请相信，我的过犯绝非有心。

相反，你们若知情，我若仅仅被错误

100　迷惑，心无邪念，只是痴愚，

若我虽身份卑微，却也拥戴皇族，

　　一直谨遵奥古斯都的上谕，

若我曾公开赞美君上的贤明统治，

　　并为恺撒和家人焚香献祭，

105　若我所言非虚，就请诸神宽恕我，

　　否则，就让狂涛把我吞没！

这是幻觉吗，还是风暴云已开始消散，

　　大海的怒气已退，心意已回转？

这不是偶然，不可欺骗的诸神，我呼求

110　如此诚挚，终于得你们相救。

1　"意大利的土地"原文是 Ausonios fines，奥索尼亚（Ausonia）是古希腊人给
　　意大利起的名字。

第三首（**别离之夜**）¹

那个夜晚悲伤的一幕幽灵般闪现，
　　啊，我在罗马最后的时间，
多少挚爱之物被抛下，只要一回忆，
　　即使现在我都止不住泪滴。
5　天色已近黎明，按照恺撒的命令，
　　当日我必须离开意大利的边境。
我既没时间，也没情绪准备旅途：
　　一再延搁，我的灵魂已麻木。
顾不上挑选仆人和同伴，也没仔细
10　　准备放逐的衣服和各种物资。
痴痴地飘荡，如同遭了朱庇特的雷霆，
　　我虽然活着，却感知不到生命。
然而，痛苦本身驱走了心灵的迷雾，
　　我的感官也终于开始复苏，
15　即将出发，我向忧郁的朋友告辞，
　　不过两三位前来，更多的已消失。
至情的妻子紧紧拥着我，我在哭泣，
　　她那无辜的脸庞也泪雨淅沥。

1　这是《哀歌集》中情感最深挚的作品之一，奥维德从海上现实的危险回到了记忆中的离别场景。它对后世流放诗影响很大。俄国诗人曼德尔施塔姆同名诗集的代表作《哀歌》就从此诗汲取了灵感。诗人在第一节里声称自己掌握了"别离的科学"，作品中的"夜之怨诉""最后一刻"和"女人之泪"分别呼应着奥维德诗中的 tristissima noctis（1 行）、supremum tempus（2 行）和 uxor flens（17 行）。

女儿还在遥不可及的利比亚海岸，

20 　　不可能得知我的命运已改变。

家里目光所及，都是哀叹和哭声，

　　仿佛在举行葬礼，只少了肃静。

我们夫妻，我的奴仆，都为我伤心，

　　每个角落都有人泣下沾襟。

25 若可用高贵的传说比拟卑微的事情，

　　眼前就像特洛伊陷落的场景。

说话声和犬吠声渐渐消散，唯余一轮

　　高月指引夜晚车马的行进。

我举头望它，又将视线移向卡皮托山

30 　　（圣地与我家相邻，却是枉然 [1]），

祈求道："栖居附近的仙灵 [2]，我此世不能

　　再目睹的神殿，奎里努斯大城

供奉的我被迫抛于身后的诸位天神，

　　永别了！这次离别便是一生。

35 虽然我受伤后才拿盾牌，已经太晚，

　　但请你们化解放逐里的仇怨，

告诉那位神裔，是怎样的错误害了我，

　　以免他把过失理解成了罪孽，

你们所知的，也请让惩罚我的人知晓：

1　卡皮托山（Capitolium）是罗马传统宗教的圣地，尤其是朱庇特神庙所在地，
　　然而他们并未庇佑住在附近的奥维德，所以是"枉然"。

2　这里奥维德似乎在"仙灵"（numina）和"天神"（di）之间做了区别，前者
　　指一切灵界之物，后者指朱庇特等主神。

40　　　他的气消了，我才能勉强过得好。"

我如此向诸神祈祷，妻子也难忍哀诉，

　　　哽咽声一再噎住了她的话语。

她甚至披头散发在家神牌位前匍匐，

　　　用颤抖的唇亲吻熄灭的火炉，

45　向已经抛弃我们的神灵喋喋不休，

　　　徒劳地要把落难的丈夫挽留。

时间飞逝，夜将尽，已不容我再迁延，

　　　大熊座 [1] 绕着北极星默默旋转。

我能做什么？对故国的柔情牵绊着我，

50　　　但这已是放逐令的最后一夜。

啊，我曾多少次诘问朋友："催促

　　　干什么？想想我是去哪里，从哪里去？"

啊，我曾多少次骗他们，说早已选定

　　　某个时辰，开始计划的旅程。

55　我三次踩到门槛，三次被唤回，我的足

　　　犹豫不前，也迁就我的心绪。

时常我说了再见，却又关不上话匣，

　　　重新和大家吻别，重新出发。

时常我忘了刚才的嘱咐，再次絮叨，

60　　　回首凝望留在身后的珍宝 [2]。

1　原文在"大熊座"（Arctos）前加了形容词 Parrhasis，因为传说卡里斯托（Callisto）化身为大熊座，她的故乡是帕拉西亚（Parrhasia）。

2　从诗中可知，奥维德只有一个女儿，当时不在身边，所以"珍宝"很可能指他的外孙或外孙女。

最后我说："我是去斯基泰[1]，还要抛舍

　　罗马，这两条都是拖延的理由，为何

如此匆忙？夫妻从此要生生分开，

　　亲爱的家永不能迎接我归来，

65　还有我视为兄弟的挚友，虽有忒修斯

　　一般的情谊[2]，却只能遥遥惦记！

赶紧拥抱他们吧：或许再没有机会；

　　赐我的最后时刻是多么珍贵。"

我却没有拖延，咽下未说完的句子，

70　　将我最亲近的人搂入怀里。

趁着说话和流泪的间隙，夺目的启明星

　　——我们的灾星已经升上高空。

我被迫和他们分开，就像和肢体分割，

　　就像一只手臂从躯干断裂。

75　当年被马车撕成碎片的叛徒梅图斯[3]

　　忍受的痛苦大概莫过于此。

这时，家人们终于忍不住大声地哭嚷，

　　悲伤的拳头捶打着赤裸的胸膛。

1　斯基泰（Scythia）是一个松散的游牧部落联盟，属于古代东伊朗族，兴盛期在
　　公元前 11 世纪到公元 2 世纪，势力范围在黑海和里海北岸到中亚一带。

2　奥维德指的是忒修斯（Theseus）和庇里托俄斯（Pirithous）的著名友谊。

3　梅图斯指罗马王制时期阿尔巴国王 Mettus Fufetius，在与罗马结成联盟对抗外
　　敌的战争中，骑墙观望，甚至逃离战场，险些造成罗马溃败，后被罗马国王
　　Tullus Hostilius 处以四马分尸的极刑。事见李维《罗马史》（Ab Urbe Condita
　　1.28）。Green（2005）敏锐地指出，奥维德的错误或许与梅图斯相似，他发
　　现了一个重大的秘密（参考引言的讨论），却不肯立刻向屋大维汇报，寄希望
　　于皇帝自己发现，结果他的拖延被皇帝理解为共谋，导致了他最终被放逐。

这时，妻子紧拽着我挪开的双肩，泪滴

80　　　　和这些凄凉的话全混在一起：

"你不能离开我，一起，我们一起走！你放逐，

　　　　我也放逐，妻子永远陪着丈夫。

这条路也是我的，世界的尽头也等着我：

　　　　添了我，远航的小船也不会沉没。

85　恺撒的愤怒驱使你离开家乡，牵挂

　　　　驱使我：牵挂就是我的恺撒。"

她以前也曾如此劝说，但最后她只能

　　　　忍痛放手，面对现实的处境。

我走出家门（还是说，仿佛直接下葬？），

90　　　　未剃须，未梳头，一身凌乱凄惶。

后来才知道，她当时伤心得几欲发狂，

　　　　顿然晕厥，瘫倒在房子中央，

等到她苏醒过来，头发沾满了尘泥，

　　　　才缓缓从地面撑起冰冷的肢体，

95　时而为自己，时而为被弃的家神哀泣，

　　　　反复念叨被夺走的丈夫的名字。

她呻吟的样子，仿佛看见火葬的柴堆上

　　　　女儿或者我的尸体正横躺。

她只求死去，好从此不再感知痛苦，

100　　　却不能死去，因为我的缘故。

既然命运如此安排，就让她活着，

　　　　活着，兴许能救助远方的我。

第四首（海上风暴）[1]

大熊的守护人 [2] 此刻浸没在海中，凭借
　　星座的力量搅动无垠的涛波，
而我，不情愿的旅人，正穿越伊奥尼亚海 [3]，
　　恐惧居然催生了我的气概。
5 可怜！暴风呼啸，水面骤然变得阴森，
　　海底犁起的泥沙如沸液蒸腾！
如山的浪头撞击船头和弯曲的船尾，
　　反复抽打五彩装饰的神位。
缆绳在嘶嘶作响，松木船板在呻吟，
10 　　连龙骨也在哀叹我的厄运 [4]。
惨白的脸色泄露冰冷的恐惧，水手
　　被风暴摧垮，茫然任小船漂流。
就像疲弱的骑手松开无用的缰绳，
　　不再试图控制烈马的驰骋，
15 我发现舵手也不是朝着预定的目标
　　调整船帆，而是听命于波涛。

1　这首诗作于奥维德放逐途中经过伊奥尼亚海（Ionium aequor）之时。Green
　　（2005）认为，它和第二首共同构成了第三首的"画框"。

2　"大熊的守护人"指牧夫座（Bootes）。Erymanthidos（厄里曼托斯人）指化
　　为大熊星座的卡里斯托，她是阿卡迪亚人，厄里曼托斯（Erymanthus）是阿
　　卡迪亚的一座山。

3　在希腊以西、西西里岛以东和意大利东南之间。

4　参考贺拉斯描写海上风暴的《颂诗集》（Carmina 1.14.5-12）。

倘若埃俄洛斯 [1] 再不改变风向，

　　　　我就将漂到禁止踏足的地方，

　　因为船已远离伊利里亚 [2] 所在的左岸，

20　　　　拒我于门外的意大利隐然可见 [3]。

　　我求风别再刮向禁地，和我一起

　　　　服从那位强力之神 [4] 的旨意。

　　我正祷告着，盼望又害怕自己回转，

　　　　狂暴的巨浪突然轰击了船舷！

25　你们蔚蓝海洋的诸神，请高抬贵手，

　　　　单单朱庇特 [5] 的仇怨已够我消受。

　　拯救这条命（残忍的死已将它耗尽），

　　　　倘若已死的人竟还能幸存。

1　　埃俄洛斯（Aeolus）是古希腊神话中的风神。

2　　伊利里亚（Illyria）在巴尔干半岛西部。

3　　奥维德显然是从北向南航行，遇上东风，船被刮往意大利一侧。

4　　指屋大维。

5　　也指屋大维。

第五首（致一位忠诚的朋友）[1]

你啊，所有伙伴里我最应称颂的益友，

  我的厄运，是你最感同身受，

我没忘记，我五雷轰顶、不知所措时，

  你最先勇敢地送来劝慰的言辞，

5 当满腹忧惧的我几乎迷上死亡，

  你又赠给我活下去的温和药方：

你会明白我暗指谁，虽然隐去了名字，

  也知道我未辜负你深重的情谊。

这一切我将永远种植于我的骨髓，

10 我也会牢记，我的命是欠你的债：

即使我的这颗灵魂在虚空中消散，

  即使尸骸焚于柴堆的烈焰，

我也不会忘记你对我的诸般恩情，

  你的友谊也不会随岁月隐沦。

15 愿神善待你，愿他们赐你福气，无须

  像我这样，需要别人救助！

然而，倘若此时这艘船有顺风相送，

  或许我反而会忽略你的忠诚。

庇里托俄斯不会如此珍视忒修斯，

---

1 这首诗在结构上明显分成两部分，1—44 行的主题是友谊与忠诚，在 45—88
  行奥维德则将自己的遭遇与尤利西斯做比较。《黑海书简》第四部第十首延续
  了第二部分的比较。Claassen（1989）认为，奥维德将自己与尤利西斯——经
  典的史诗受难者——做比较，赋予了这首诗史诗的高贵感，但这种比较多少又
  有些反讽的味道。

20   如果他不曾活着闯冥河禁地 [1]；

不幸的俄瑞斯忒斯，是因为复仇女神

     追逼你，彼拉得才成为友谊化身 [2]；

欧律阿罗斯若不曾在鲁图里亚战死，

     尼索斯可会成为光荣的名字 [3]？

25   正如纯金在火焰中熠熠闪光，忠诚

     也在艰难的时刻才会显明。

当时运顺遂，宁谧的脸上挂着笑容，

     圆满的财富身后万事跟从：

可一声惊雷，便四散奔逃，半刻之前

30   被友伴簇拥的人已遭冷眼。

这些古人的例子，我早已熟知，但如今

     亲身罹祸，才理解所言为真。

昔日我多少朋友，现在只剩两三人，

     其余都对时运不对我忠心。

35   唯其如此，挚友们，我更需你们救援，

     为我的残舟铺开平安的沙岸，

---

1   庇里托俄斯曾和忒修斯一起到地府，试图劫走冥后，被擒后绑在一块岩石上，
     后来海格力斯救走了忒修斯，但庇里托俄斯没能逃脱。

2   俄瑞斯忒斯（Orestes）和彼拉得（Pylades）也是古代神话中著名的友谊范例，
     参考《哀歌集》第四部第四首和《黑海书简》第三部第二首的详细叙述。彼拉
     得的原文是 Phoceus（福基斯人），因为彼拉得是福基斯（Phocis）国王斯托
     洛庇俄斯（Strophius）的儿子。

3   特洛伊少年尼索斯（Nisus）与欧律阿罗斯（Euryalus）同赴敌营，朋友战死后，
     他也战死相殉。详情参考维吉尔（P. Vergilius Maro，公元前 70—公元前 19）《埃
     涅阿斯纪》（Aeneid 9.168ff）。尼索斯被称为 Hyrtacidae（许尔塔科斯之子），
     因为他父亲是 Hyrtacus（许尔塔科斯）。

别为无来由的恐惧逡巡不前，担心

　　　你们的真情冒犯了那位天神！

即使对手的忠勇，恺撒也时常称赞，

40　　是敌是友，不影响他的判断。

我的处境还好些，我并未兴兵抗拒[1]，

　　　只不过因为坦率而招致放逐。

所以我求你，继续关注我的困厄，

　　　看是否可以浇灭神的怒火。

45　如果有人想知道我经历的全部变故，

　　　答案太长了，我无法一直讲下去。

那么多灾祸，堪比天空闪烁的星辰，

　　　堪比埃土里数不尽的细小微尘；

我的种种遭遇都超出了常人的想象，

50　　虽然都非虚构，听起来却虚妄。

其中一部分应该与我一同湮灭，

　　　但愿我隐藏时它能被真正掩盖。

即使嗓音永不竭，即使胸膛坚胜铜，

　　　即使变出更多的舌头和喉咙[2]，

55　我也无法用言语囊括所有的故事，

　　　因为这题材超越了我的能力。

1　可对比诗人贺拉斯，贺拉斯曾在腓立比战役中担任共和派高级军官，与屋大维
　　作战，后来被赦免，并获得认可。

2　列举 Adynata（不可能之事）是奥维德特别喜欢的修辞手法。

博学的诗人，吟咏我，别吟咏尤利西斯[1]：

　　他何曾遭受如此多不幸的经历？

他虽然漂泊多年，但游踪甚是有限，

60　　无非在伊塔卡和特洛伊两地之间；

我却须穿越陌生星座照耀的海域，

　　被恺撒的怒气赶至盖塔人[2]的国度。

他和忠顺的手下、忠诚的朋友一起；

　　我这个放逐者却被友伴抛弃。

65　他得胜归来，意气风发返回故乡；

　　我却遭羞辱，离开故乡去流亡。

杜里齐文、伊塔卡、萨梅[3]都不是我的家，

　　舍下这些地方也远非重罚，

我的家是罗马，帝国首都，众神居所，

70　　从七丘之巅俯瞰整个世界。

他身强体健，禁得起种种艰辛与折磨；

　　我生来养尊处优，体质羸弱。

他在残酷的军旅生涯中不断淬炼；

　　我却沉溺于文雅的技艺与书卷。

75　一位神碾碎了我，无人纾解困苦；

1　原文 duce Neritio（内里托斯的统治者）指尤利西斯，内里托斯（Neritus）是
　　尤利西斯故乡伊塔卡附近的一个小岛，借指伊塔卡。

2　盖塔人（Getae）是色雷斯部落，主要居住在多瑙河入海口附近，今天的保加
　　利亚南部和罗马尼亚北部。

3　杜里齐文（Dulichium）是伊塔卡附近的一个岛。萨梅（Same）是伊奥尼亚海
　　里的一个岛。

他却有善战的女神密涅瓦襄助。

催迫他的只是海神涅普顿的怒火，

　　终归比不上恼恨我的朱庇特 [1]。

还有，他的磨难大半是诗人的杜撰；

　　我的灾祸却没有半句虚言。

80

最后，他毕竟回到了念念不忘的家里，

　　毕竟抵达了他魂牵梦绕的土地；

可是我呢？眼看要一生远离故土，

　　除非我冒犯的神怒气能平复。

第六首（致妻子）[2]

无论安提马科斯多么钟爱吕得 [3]，

1　　指屋大维。

2　　这是奥维德写给妻子的一系列书信的第一首，赞美了她的忠贞和坚定，允诺用诗歌给她不朽的名声。将妻子与神话中的著名女性相比，是奥维德常用的手法。从诗歌的语气看，这并非私人化的书信，而更像一封公开信，有着非常明确的自我辩护的用意。奥维德的妻子闺名叫法比娅（Fabia），是他好友法比乌斯（Paullus Fabius Maximus）的亲戚。法比乌斯的妻子玛尔奇娅（Marcia）是小阿提娅（Atia）的女儿，小阿提娅的姐姐大阿提娅是屋大维的母亲。因此，奥维德的妻子跟皇室女性成员有渊源。

3　　安提马科斯（Antimachus，约公元前 5 世纪末）的原文是 Clario poetae（克拉洛斯的诗人），小镇克拉洛斯（Claros）靠近古希腊诗人安提马科斯的故乡克罗丰（Colophon）。吕得（Lyde）是他情人的名字。

腓列塔斯多么为碧提丝着魔 [1]，

我的妻，他们都难比我心中的这份眷恋，

我虽珍惜你，却无福护你周全。

5　我摇摇欲坠时，你像梁柱般挺立：

我若还有所保存，都是因为你。

他们想洗劫我沉船的残骸，你却决不许

我沦为恶棍的战利品，毫无防御。

如同嗜血的野狼已经被饥渴点燃，

10　贪婪地袭击无人看护的羊圈，

又如饕餮成性的秃鹫四下张望，

看是否有尸体未被泥土埋藏，

你若未阻拦，某位趁火打劫的小人

肯定早已将我的财产鲸吞。

15　你的坚定让他无机可乘，挚友们

也来相助，我难谢他们的大恩。

所以，不幸却正直的我可为你做证，

唯愿这位证人的分量不算轻。

论美德，赫克托耳的妻子 [2] 无法胜过你，

1　腓列塔斯（Philetas，约公元前 340—公元前 285）的原文是 Coo（科斯人），
　　科斯是爱琴海上的一个小岛，腓列塔斯的故乡。腓列塔斯擅长哀歌体，碧提丝
　　（Bittis）是他情人的名字。

2　赫克托耳（Hector）的妻子是安德洛玛刻（Andromache），在古典时代被视为
　　妻子的典范。

20 　　　生死不渝的拉俄达弥娅 [1] 也如此。

　　倘若你有幸选择荷马做你的歌者，

　　　珀涅罗珀 [2] 的名声都会逊色。

33 你当在史诗的女性人物中占据首席 [3]：

　　　你心灵的美善周遭无人能及。

23 你究竟是天性如此纯良，非后天培育，

　　　呱呱坠地时已有这样的禀赋，

25 还是你终生敬重崇拜的皇后 [4] 教导你，

　　　要尽心成为一位贤惠的妻子，

　　耳濡目染，让你习得她的精神

　　　（倘若卑微与高贵可相提并论）？

　　可惜啊，我的作品没有伟大的力量，

30 　　　吟诵不出与你相配的诗行！

　　即使从前我曾有活力与灵感的火苗，

　　　也已在长久的灾厄中彻底熄掉！

35 然而，若我的赞美还有任何反响，

　　　我的诗歌便永远是你的故乡。

1　拉俄达弥娅（Laodamia）是普罗特西拉俄斯（Protesilaus）的妻子，普罗特西拉俄斯是特洛伊战争中最先登岸的希腊人，也是第一个战死的希腊人。他死后拉俄达弥娅自杀殉情。

2　珀涅罗珀（Penelope）是尤利西斯的妻子，古典时代妻子的典范。

3　33—34 行手稿的顺序不妥，这里根据语义做了调整。

4　指屋大维的妻子利维娅（Livia）。事实上，古罗马人对利维娅的"美德"多有怀疑。利维娅与提比略的父亲尼禄（Ti. Claudius Nero）离婚后嫁给了屋大维，三个月后便诞下了大德鲁苏。罗马人传言大德鲁苏并非尼禄的儿子、屋大维的继子，而是后者的亲生儿子。

第七首（关于《变形记》）¹

你们中若有谁存着我的肖像，请挪去
　　头上的常青藤，酒神巴克斯的饰物²，
那种喜庆的标志只适合幸运的诗人，
　　我若此时戴花冠，就失了分寸。
5　朋友³，你知道我指谁，尽管你会伪装：
　　你来去总是把我戴在手指上，
闪亮的黄金镂刻这位放逐者的面容，
　　时时端详，仿佛与挚友又相逢。
每次你看我，或许都会忍不住感叹：
10　　"亲爱的纳索离我们实在太远！"
谢谢你的友情，但诗歌是更好的画像，
　　请你读吧，就按照现在的模样⁴，
它们的主题是人类的变形：不幸的作品，
　　因为主人流亡而中断了歌吟。
15　凄惶逃离时，连同许多诗篇，我亲手

1　在这首诗里，奥维德嘱咐朋友善待侥幸"复生"的《变形记》，并请他添上六行序诗，说明作品只是草稿，没有经过自己的修订。Davisson（1984）指出，和《哀歌集》第一部第一首一样，奥维德仍把自己和诗集的关系比作父子关系。不过，奥维德刻意强调《变形记》未经修改，更像是一种修辞策略，也是一位诗人对摧毁他正常创作生涯的皇权提出的隐晦抗议。

2　hederae 是一种偏黑的常春藤，酒神巴克斯的圣物。古罗马注者 Servius 说，因为诗人灵感来临时的状态与追随巴克斯的狂女相似，所以给诗人戴常春藤冠。

3　可能指布鲁图斯（Brutus），奥维德的好友，参考《黑海书简》第一部第一首。

4　"按照现在的模样"，因为奥维德还没有机会修改《变形记》，它就已经流传开来。

将它们付之一炬，化为乌有。

就像传说的阿尔泰娅，用木柴烧死

　　儿子，残忍的母亲，却无愧于兄弟 [1]，

我也将无辜的诗卷，我的骨肉，投入

20　　熊熊的火焰，与我一起死去：

或者是因为憎恨给我招灾的缪斯，

　　或者因为它们仍浅薄幼稚。

既然它们并没有毁掉，竟然能幸存

　　（我猜或许有人誊写了多份），

25　我宁愿它们活下去，愉悦闲暇的读者，

　　既不虚度光阴，也不忘记我。

可是，任何人都会失去阅读的耐心，

　　如果不知道这诗卷并未完成。

作品还在砧板上，就被突然抢夺，

30　　我的书自然还缺最后的打磨。

读者啊，我寻求宽恕，而非赞美，只要

　　你不厌恶，我便觉十分荣耀。

还请在书的开始添上这里的六行诗，

　　如果你认为做序言恰好合适：

35　"无论你是谁，都请设法在你的城市

　　为这些丧父的书卷觅一处栖身地。

1　阿尔泰娅（Althaea）的原文是 Thestias（泰斯提俄斯的女儿），她是墨勒阿革洛斯（Meleager）的母亲。墨勒阿革洛斯出生时，命运女神预言，只有家里的某条木板被烧，他才会死。后来，他杀死了自己的两位舅舅，阿尔泰娅为了替哥哥报仇，找出那条木板，放在火上烧，墨勒阿革洛斯便死了。所以她是"残忍的母亲，却无愧于兄弟"。事见《变形记》（*Metamorphoses* 8.260-546）。

请多多体谅，它们并非主人编定，

　　几乎是从葬礼火堆死里逃生。

所以，这篇诗稿不管有什么差错，

40　　当时若可能，作者定不会放过。"

第八首（致一位无信的朋友）[1]

深河将向着源头奔流，背对海洋，

　　太阳将掉转马车，驰归东方，

大地将背负星辰，犁铧将划破穹苍，

　　波浪将燃烧，火将涌起波浪，

5　自然的法则将被万物彻底颠倒，

　　世界处处都将要脱离轨道。

我曾声称不可能，但一切都将发生，

　　再没有什么无法让人相信。

这一切的预言都因为某人竟然骗了我，

10　　而我曾以为他会救我于困厄。

无信的人啊，我如此彻底地被你遗忘，

　　你如此害怕出现在受难者身旁，

竟不肯回头看一眼，安慰瘫倒的兄弟，

　　甚至冷酷到不参加我的葬礼？

1　　这首诗谴责了一位朋友的背叛与冷漠。Davisson（1981）将它视为奥维德使用"不可能之事"（adynata）修辞手法的范例，1—6 行是极其有力的开头。

15　友谊那神圣尊崇的名字就这样被你

　　　　碾碎在脚下，仿佛一文不值？

　　这能有多难：探望受到重创的伙伴，

　　　　用你的些许话减轻他的忧烦，

　　即使没法为我的遭际落几滴眼泪，

20　　　　总可以用某些言辞伪装伤悲，

　　至少像陌生人一样，说句"真是糟糕"，

　　　　模仿大家常用的陈词滥调，

　　还有，临走那天，你难道不该来看

　　　　我忧郁的面容，既然永难再见，

25　来听我道一声别，既然此生不再道，

　　　　并用同样的语调祝我安好？

　　而与我并无金兰契的人们却做了这些，

　　　　他们为我洒泪，从心底同情我。

　　为何如此，除非不曾有多年的情谊

30　　　　和充分的理由将你我连在一起？

　　为何如此，除非你我从不曾了解

　　　　彼此每个轻松与严肃的时刻？

　　为何如此，除非你我未四处游历，

　　　　仅仅曾在罗马城相交相识？

35　难道一切皆虚幻，都已飘散在风里？

　　　　难道一切已永沉忘川之底？

我不信你生在奎里努斯的温和城市 [1]

    （罗马，我再不能踏上你的土地），

而是生于遭诅咒的庞图斯之滨的崖岸，

40   斯基泰和萨尔马提亚的蛮野高山。

环绕你心脏的是燧石的血脉，而你

    坚硬的胸膛埋着黑铁的种子，

你幼时用柔嫩嘴唇吮吸的那些营养，

    来自一只母虎丰沛的乳房 [2]：

45   否则你不会对我的苦难如此漠然，

    我也不会指控你冷酷冥顽。

但既然我注定还要添上这一种折磨，

    昔日的友谊如今变得残缺，

就别让我记住你的过错，而让我赞美

50   你的忠诚，用这张怨责的嘴 [3]。

第九首（致一位忠诚的朋友）[4]

愿你平安地抵达生命的终点，如果你

---

1   "奎里努斯的温和城市"指罗马城，奎里努斯（Quirinus）即罗马创建者罗慕路斯（Romulus）。

2   这是西方古典时代谴责人野蛮的常用程式，参考卡图卢斯《歌集》（*Carmina* 60, 64.154-7）。

3   这个结尾表现了奥维德待人一贯的宽厚。

4   这首诗和上一首诗形成了有趣的对照。

对我的这首诗不怀任何敌意，

也愿我给你的祷告都应验，尽管诸神

对我给自己的祈求充耳不闻！

5　只要平安顺遂，你身边就友伴如云；

一旦乌云笼罩，你就变孤身。

你看，鸽子如何聚向明亮的屋顶，

肮脏的塔楼却没有一只鸟栖停。

蚂蚁从来不赶往空空如也的谷仓，

10　败落的世家哪有宾朋拜望？

就像影子，此刻紧跟阳光下的行人，

等密云遮住天空，它便会逃遁。

善变的庸众也如此追逐好运的明灯，

暗影刚落下，他们已无处可寻。

15　我祈祷这一切在你眼中永远是幻象，

可我的经历只证明，它是真相。

我的家也算名门，但并无权势的野心，

落难前，有不少与我交游的人。

可我一朝被放逐，所有人便害怕灾殃，

20　警惕地转过身去，争相逃亡。

我并不惊讶，若他们畏惧残酷的闪电，

毕竟火总是先往近处蔓延，

但如果有人危难中也陪在朋友身旁，

即使是敌人，恺撒也会欣赏，

25　他不会发怒（事实上没人比他更仁慈），

若从前所爱，逆境中你仍能坚持。

据说托阿斯 [1] 听完彼拉得的故事，曾称赞

      希腊人俄瑞斯忒斯的这位伙伴；

帕特洛克罗斯和阿喀琉斯一生的挚情 [2]，

30   赫克托耳也曾经反复称颂 [3]；

人们说，因为忠诚的忒修斯陪朋友 [4] 下幽冥，

      黑暗地府的神也一起悲痛 [5]；

我相信，欧律阿罗斯和尼索斯的那段佳话 [6]，

      曾让你，图尔努斯 [7]，泪湿双颊。

35 不幸者也可享至诚，即使敌人也崇敬，

      可是我，这番话却打动不了什么人！

我现在的处境，我如今的命运，多少眼泪

      都难以抒发其中的辛酸滋味；

可是我的心，无论为自己的遭遇多哀恸，

40   因为你的成就却恢复了安宁。

---

1   托阿斯（Thoas）是叨立斯（Tauris）国王，他是酒神狄俄尼索斯和阿里亚德涅的儿子（在另一个版本里，他是忒修斯的儿子）。当地有向狄安娜献祭人牲的传统，参考《哀歌集》第四部第四首。托阿斯的称赞是奥维德的杜撰。

2   帕特洛克罗斯（Patroclus）的原文是 Actoridae（阿克托尔的孙子），他是阿喀琉斯（Achilles）的挚友。阿喀琉斯不在希腊军营时，特洛伊人攻了进来，他穿上阿喀琉斯的甲胄抵抗，被赫克托耳所杀（《伊利亚特》第十六卷），后来阿喀琉斯杀死赫克托耳，为他报了仇（《伊利亚特》第二十二卷）。

3   赫克托耳的称颂是奥维德的杜撰。

4   指庇里托俄斯。

5   此情节也是奥维德的杜撰。

6   参考《哀歌集》第一部第五首第 24 行的注释。

7   这里是呼告（apostrophe）手法，这封信的收信人并非图尔努斯，关于图尔努斯，参考《哀歌集》第一部第二首第 7 行的注释。

以前还没有劲风推送你的小船，

　　　亲爱的朋友，我就已预见到今天。

如果无瑕的生活或者美好的情操

　　　可以估价，你的价一定最高；

45　如果人可以通过高雅的技艺扬名，

　　　谁的口才能如你，战无不胜？

被这些想法触动，我当时就对你感慨：

　　　"你的天赋将有广阔的舞台。"

我下此结论，没看羊内脏，没听雷霆，

50　　也没辨识鸟的叫声和飞行[1]；

是理性教我预言未来，教我占卜，

　　　它和观察的经验是我的依据。

既然我的话已应验，你的才华未埋没，

　　　我怎能不全心全意祝贺你，祝贺我！

55　可我的才华为何不隐匿在黑暗深处？

　　　它若从未见天日，反而是幸福。

雄辩的你啊，严肃的技艺给了你成功，

　　　我的技艺却不同，无非祸种。

你熟悉我的生活，知道我始终远离

60　　我的诗歌所传授的那些技艺；

也知道这篇旧作[2]是年轻的游戏，虽不当

1　奥维德在此影射了古罗马的多种占卜术（auspicium），"看羊内脏"是畜占（ex quadrupedibus），"听雷霆"是天占（ex caelo），"辨识鸟的叫声和飞行"是鸟占（ex avibus），其中"叫声"被称为 oscines，"飞行"被称为 alites。

2　"我的诗歌"和"这篇旧作"都指《爱的艺术》。

称赞，但至少也不必严加提防。

所以，固然不可能撤销我的罪名，

我想多少还是可以减轻。

65　请尽你所能帮我，别停止为朋友呼吁；

也祝你起步的事业永不止步。

第十首（放逐之旅）[1]

金发的密涅瓦（愿永远如此）将佑我前行[2]，

我的船画着她的盔，也与她同名。

如果需扬帆，轻风就足以助它疾驰，

如果要划桨，桨手会给它动力。

5　速度如飞，超越同伴，它并不罢休，

先出发再久的舟楫也被甩身后[3]，

波涛汹涌，波平如镜，于它无分别，

巨浪拍击，它也不会碎裂。

自从在科林斯港口初识[4]，它每时每刻

10　都引导陪伴这位惊恐的放逐者，

1　这首诗对船和航程的描绘明显受到了卡图卢斯《歌集》第四首的影响。它的乐观情绪与同样描写海上航行的《哀歌集》第一部第二首和第四首形成了鲜明对照。

2　原文中的 tutela 不仅意味着密涅瓦的保护，也是直接指供奉在船尾的密涅瓦神像。

3　3—6 行呼应了卡图卢斯《歌集》（*Carmina* 4.2-5）的措辞。

4　奥维德先乘船从意大利到达希腊的科林斯，然后在那里换船。科林斯地峡连接西边的伊奥尼亚海和东边的爱琴海，在此处换船可以大幅缩短旅程。肯克雷埃（Cenchreae）是科林斯东侧的港口。

多少凶险，多少恶风作祟的大海，

　　　　托帕拉斯 [1] 庇护，它始终未受伤害。

祝它也平安穿过广阔庞图斯的窄门 [2]，

　　　　抵达它所期待的盖塔人的水滨。

15　一旦它将我载到属于赫勒的海域 [3]，

　　　　在促狭水道上 [4] 继续漫长的旅途，

我们就要向左行，从赫克托耳的城市 [5]

　　　　去印布罗斯 [6] 的港口暂时歇息。

然后，借着和风去泽伦托斯的土地，

20　　　　一番倦旅后驶入色雷斯的萨摩斯 [7]。

1　帕拉斯即密涅瓦。

2　窄门即今日的达达尼尔海峡、马尔马拉海和博斯普鲁斯海峡，它们连接了爱琴海和黑海。

3　"赫勒的海域"即 Hellepontus，今天的达达尼尔海峡，连接爱琴海和马尔马拉海。原文用 Aeoliae 修饰赫勒（Helle），因为赫勒是风神埃俄洛斯的孙女。她和哥哥为了摆脱继母的迫害，乘公羊逃走，途经达达尼尔海峡时从羊背跌下，坠海而死，参考本诗第 28 行。

4　达达尼尔海峡地形狭长。

5　指特洛伊。

6　印布罗斯（Imbros）是达达尼尔海峡入口左侧的一个岛。从下面描述的路线看，奥维德没有选择从达达尼尔海峡去黑海，而折向西北的色雷斯，从陆路去了目的地托密斯。

7　"色雷斯的萨摩斯"指萨摩色雷斯（Samothrace，这个名字由"萨摩斯"和"色雷斯"构成），是爱琴海东北部的一个岛，靠近达达尼尔海峡西侧。泽伦托斯（Zerynthus）在萨摩色雷斯岛以北。

而从这里到下站坦普拉[1]，路程并不远，

　　　　船和主人在这里却要说再见。

　　在比斯托尼亚平原[2]，我更愿意走陆路，

　　　　它却再次选择了赫勒的水域，

25　去以创建者命名的达尔达尼亚之地[3]

　　　　和乡野神庇佑的兰普萨科斯[4]，

　　以及塞斯托斯和阿布多斯的对峙处[5]

　　　　（那片海曾目睹从羊背跌落的少女[6]），

　　然后驶向普罗庞提斯[7]的库奇科斯，

30　海摩尼亚族建造的著名城市[8]，

　　然后到达扼守庞图斯海岸的拜占庭[9]，

1　坦普拉（Tempyra）位于今天的亚历山德罗波利斯（Alexandropolis）。Barney McCullagh认为奥维德称自己在此上岸，选择走陆路到达托密斯是杜撰。在当时，这400多公里的路程是嗜血蛮族统治的区域，文弱的奥维德不可能顺利穿过，更大的可能是艺术虚构。他指出Tempyra这个词在古希腊语里有特殊含义，tem让人联想起τέμνω（切，砍），pyra则是火葬的柴堆。这个地名暗示奥维德将放逐视为自己的葬礼，这个意象在《哀歌集》和《黑海书简》中反复出现。参考 http://www.tempyra.com。

2　比斯托尼亚（Bistonia）位于色雷斯境内。

3　达尔达尼亚（Dardania）的名称来自创建者达尔达诺斯（Dardanus）。

4　兰普萨科斯（Lampsacus）位于达达尼尔海峡东侧，以丰饶神普里阿波斯（Priapus）的崇拜而闻名，据说也是他的出生地。

5　塞斯托斯（Sextus）和阿布多斯（Abydos）分别在达达尼尔海峡东西两侧。

6　参考本诗第15行的注释。

7　普罗庞提斯（Propontis）即马尔马拉海。

8　库奇科斯（Cyzicos）是阿尔戈号英雄埃纽斯所建，他的故乡是海摩尼亚（即希腊的贴撒利亚）。

9　即后来的君士坦丁堡和伊斯坦布尔，扼守黑海入口的博斯普鲁斯海峡。

这里是两片孪生海[1]互通的大门。

愿它一路顺利，然后乘强劲的南风，

奋力穿越库阿奈漂移的陷阱[2]

35 和图尼亚海湾，然后经过阿波罗的城市[3]，

在安齐阿洛斯[4]的高墙下继续行驶。

接下来，愿它路过奥德索和梅森布莱[5]，

还有以你，巴克斯，命名的要塞[6]，

以及来自阿尔卡托乌故乡的逃亡者

40 传说在异域重新建立的城郭[7]。

愿它从那里平安抵达米利都的城市[8]——

惹怒的天神为我安排的放逐地。

若一切应验，我就以羊羔向密涅瓦还愿，

更大的祭品我实在无力负担。

---

1 指爱琴海和黑海。

2 库阿奈（Cyaneae）又名"漂移岛"（Symplegadae），是黑海入口的两处相对的巨岩，传说会移动位置，挤碎经过的船只。合理的解释是，由于它们之间的水域狭窄，正对着看，感觉是分开的；斜着看，又变成了一体。

3 图尼亚（Thynia）在古代指马尔马拉海北岸的狭长地区。"阿波罗的城市"指阿波罗尼亚（Apollonia），在黑海西岸。

4 安齐阿洛斯（Anchialus），黑海西岸的城市，今天保加利亚的波摩莱。

5 奥德索（Odesos），黑海西岸的城市，在今天保加利亚境内。梅森布莱（Mesembria），色雷斯的一个城市。

6 可能指狄俄尼索波利斯（Dionysopolis），巴克斯是酒神狄俄尼索斯的罗马名字。

7 这个城市指毕佐涅（Bizone），位于狄俄尼索波利斯和托密斯之间。阿尔卡托乌（Alcathous）是阿伽门农祖父佩洛普斯的儿子。

8 指托密斯，传说它是小亚细亚的米利都人在黑海西岸建立的众多殖民地之一。参考《哀歌集》第三部第九首第3行。

45   也求你们，此岛敬拜的廷达瑞的孪生子[1]，

        为我们双重的旅程赐下福气！

一艘船要穿过辛普列加达的狭窄水道[2]，

        另一艘要划破比斯托尼亚的波涛。

虽然我们驶往不同的方向，请你们

50   保佑两边的帆都灌满好风。

第十一首（跋诗）[3]

你在整本小书里读到的任何一封信，

        都写于这段忧惧交加的旅程。

或者亚得里亚海看波浪包围的我

        一边在十二月寒气里哆嗦，一边写；

5   或者，当我抵达双海间的地峡[4]，换乘

        另外一艘船继续流亡的旅行，

---

1   指水手保护神珀鲁克斯（Pollux）和卡斯托尔（Castor），他们都是廷达瑞（Tyndareus）妻子丽达（Leda）与朱庇特的孩子，但名义上是廷达瑞的儿子，所以原文称他们是 Tyndaridae。萨摩色雷斯崇拜珀鲁克斯和卡斯托尔。

2   辛普加达（Symplegadae），见本诗第 34 行的注释。

3   这首诗是《哀歌集》第一部的跋诗，它开启了奥维德放逐诗歌的一个主题：一面为诗的质量道歉，一面请读者宽容，因为创作条件恶劣。Wilkinson（1955）等人认可奥维德对自己的评价，这也是《哀歌集》和《黑海书简》长期被学者忽视的原因，但 Claassen（2008）在专著中为奥维德做了辩护，用大量例证说明奥维德在诗歌生涯晚期创造力并未下降。

4   指连接伊奥尼亚海和爱琴海的科林斯地峡。

爱琴海的环形岛 [1]（我想象）对我惊诧不已，

　　竟能伴庞图斯蛮野的呻吟写诗。

我自己回头都难信，任心绪和大海如何

10　　　翻腾，我的才华都没有沉没。

这份偏执，无论叫呆痴，还是叫疯癫，

　　溺陷其间，才不致在苦痛中溺陷。

时常星座 [2] 掀起风暴，海一片狰狞，

　　我在浪涛中颠簸，惊魂难定，

15 或者牧夫座 [3] 在天空布满阴云，或者

　　南风从毕星团 [4] 吸出晚秋的雨河。

时常船舱里都是海，然而我颤抖的手

　　依然在写诗，不顾及是劣是优。

此刻，绷紧的缆绳都在北风里嘶鸣，

20　　　弧形的巨浪如排排山头翻涌。

连舵手自己也朝星辰举起了手掌，

　　求神保佑，早忘了如何领航。

无论我望向何处，都只见死亡的幻影，

　　它令我惊惧，在惊惧中祷告神灵。

1　环形岛（Cycladae）位于爱琴海，卡图卢斯《歌集》第四首和贺拉斯《颂诗集》
　　第一部第十四首都曾提及。

2　"星座"原文为 Haedis（小山羊星）和 Sterope（斯泰罗佩星）。小山羊星每年
　　9 月下旬出现，带来多风暴的天气，参考维吉尔《埃涅阿斯纪》第九卷第 668 行。
　　斯泰罗佩星属于昴星团（Pleiades）。

3　"牧夫座"原文为 custos Atlantidos Ursae（阿特拉斯的熊的守护人）。"熊"
　　指牧夫座附近的大熊星座。

4　毕星团（Hyades）每年 11 月初沉落，是地中海的风暴季节。

25　等到达港口，港口又会把我惊吓：

　　　陆地比敌意的大海更加可怕，

因为人将与海合谋，一起让我受苦，

　　　利刃与狂涛将制造双重恐惧。

我唯恐这位流我的血，夺我的财物，

30　　　那位更要杀死我，换取荣誉。

左岸是蛮族的国度，习惯了贪婪的抢掠，

　　　拼斗、屠杀和战争从不停歇，

虽然大海肆意翻卷着冬季的波浪，

　　　我胸中的世界却更加狂乱动荡。

35　所以，好心的读者请体谅，倘若这些诗

　　　现在的样子达不到你的预期。

它们不像从前，诞生于我的花园，

　　　昔日的小床啊，你也再与我无缘。

我正在冬天桀骜的深渊里不停摇晃，

40　　　连手边的纸草都溅满湛蓝的海浪。

挥舞严酷的武器，邪恶的风暴在进攻，

　　　见我胆敢不辍笔，它忿恨难平。

且让它击败我！不过我祈求，这首诗

　　　我一旦写完，它也能同时停止。

《哀歌集》

第二部

TRISTIVM LIBER II

我与你有何孽缘，诗啊，我痴迷的祸害[1]，

　　不幸的我，竟毁于自己的天才？

缪斯刚给我添了罪，我为何又去招惹她？

　　难道我没受够这场活该的惩罚？

5　是我的诗歌让世间男女争相结识我，

　　何曾想这并非吉兆，暗藏险恶；

1　这首诗单独构成了《哀歌集》第二部，是奥维德放逐诗歌中最重要的作品，它
　　不仅为《爱的艺术》做了无罪辩护，也系统阐发了奥维德艺术自治的观点。《爱
　　的艺术》之所以被屋大维敌视，是因为奥古斯都时期国内政策的一个重点就是
　　整肃婚姻道德，而奥维德却宣扬婚外恋情，不仅如此，如 Wiedemann（1975）
　　所说，在屋大维统治晚期，政治反对之声越来越难压制，罗马的军事失利日益
　　增多，屋大维的不安全感越来越明显。关于奥维德对屋大维的态度，学术界主
　　要分成两派，一派认为他随波逐流，阿谀皇帝，如 Millar（1993）、Williams（1994），
　　另一派认为他以艺术的独立姿态挑衅皇帝，例如 Evans（1983）。Wilkinson（1955）
　　指出，这首诗表面上写给屋大维，其实是"越过他的头顶向公众呼吁"。这首
　　诗最有意思的地方在于，帝制下的奥维德要摆脱放逐的命运，只能求助于皇
　　帝，但他忠于艺术的态度让他在诗中情不自禁地多次刺激皇帝（见后面相关注
　　释），从而犯下了 Scott（1931）和 Maurice（1936）所称的"又一个错误"。
　　Stabryla（1994）细致梳理了奥维德为艺术自治辩护的逻辑。Gibson（1999）
　　注意到，奥维德的论述主要是从读者反应的角度出发的，体现了文学接受和阐
　　释的开放性。Owen（1924）认为，全诗的结构与古罗马的法庭演说相仿：1—
　　26 行是开场白（exordium），试图与法官沟通；27—28 行是立论（propositio）；
　　29—578 行是论证（tractatio）。其中论证部分又可细分为：证明（probatio，
　　29—154 行）；总结一（epilogus I，155—206 行）；反驳（refutatio，207—
　　572 行）；总结二（epilogus II，573—578 行）。

是我的诗歌让恺撒瞄准了我的人和生活，

    虽然《爱的艺术》其实是旧作[1]。

拿走这爱好，就拿走了对我生活的指控，

10   我承认，我若有罪，诗就是罪证。

我惨淡经营，夙夜推敲，得到了什么？

    世界为我的天才发明了刑责。

我若明智，就理当憎恶博学的九姐妹[2]，

    信徒跟从她们，只会遭罪！

15   可现在，我的病又多了一种难遏的疯癫，

    我正转身去当初遭雷击的巉岩[3]：

难道战败的角斗士不会重回赛场，

    劫后余生的小船不再迎风浪？

或许像昔日透特兰托的统治者一样，

20   什么让我受伤，就也能治伤[4]；

缪斯引发了愤怒，就也能平复愤怒，

    既然诸神常被诗歌安抚。

恺撒自己就曾让意大利的妇人与少女

---

1   《爱的艺术》大约发表于公元 2 年，奥维德放逐托密斯发生在公元 8 年。

2   指缪斯。

3   "遭雷击的巉岩"让人联想起著名的雷霆岩（Acroceraunia），参考贺拉斯《颂诗集》（*Carmina* 1.3.20）。

4   "透特兰托的统治者"指泰勒普斯，参考《哀歌集》第一部第一首第 100 行的注释。透特兰托（Teuthrantus）的国王无子嗣，便将女儿嫁给了泰勒普斯，让他做继承人。

向戴着塔冠的奥普斯颂唱诗句 [1]；

25　在举行一世纪仅见一次的盛大庆典时，

　　　　他也曾下令为阿波罗吟诵赞美诗 [2]。

我用这些先例祈愿，最仁慈的恺撒 [3]，

　　　　我的才华将你的敌意融化。

你确应生气，我也承认咎由自取

30　　　（我的羞耻感不容我狡辩歪曲），

但倘若我不曾犯错，你又有什么可赦免？

　　　　我的命运给了你仁慈的机缘。[4]

每次人犯错，如果朱庇特都降下闪电，

　　　　用不了多久他就会赤手空拳。

35　事实上，他总是先用雷声震慑世界，

　　　　再用暴雨还天空干净的颜色。

所以他理当被尊为诸神的父亲和君王，

　　　　理当在广阔的宇宙里至高无上。

既然你也是罗马国家的君王和父亲，

40　　　就应该效法有相同头衔的神 [5]。

1　奥普斯（Ops）即瑞娅（Rhea），又名库柏勒（Cybele），被尊称为神母或地母，
　　塔冠是她惯常的装扮。这次献祭仪式发生在公元 7 年。

2　指屋大维在公元前 17 年举行的世纪庆典，向阿波罗和狄安娜感恩，贺拉斯代
　　表罗马国家创作了《世纪之歌》。

3　这里的"恺撒"是呼格，从上文的第三人称转向第二人称。

4　在这两行里，奥维德将自己的弱势地位变成了某种强势地位，从两人的地位看，
　　这些话显然是不得体的。奥维德一贯缺乏贺拉斯那种游刃有余的社交技巧，是
　　一位不太理解或者不太顾忌人情世故的诗痴。

5　奥维德经常直截了当地给尊长这样的指示。

你的确如此，从没有任何人能与你相比，

　　手握如此大权，却如此节制。

对于击败的对手，你经常予以宽恕，

　　他们若胜你，却不会同样大度。

45　我曾目睹许多人，原与你刀兵相见，

　　你却给他们许多荣誉和财产。

对于你，战争结束，战争的仇恨也结束，

　　双方都向神庙敬献了礼物；

你的士兵高兴，因为征服了对手，

50　　敌人虽战败，同样有高兴的理由。

我的处境更有利，没人指控我武装

　　反叛，或者加入敌军的阵营。[1]

我以海洋、大地和天空的诸神[2]起誓，

　　也以你这位尘世活神的名义，

55　至伟之人，我的心一直忠诚于你，

　　这份忠诚也只能植根于心里。

我曾祈愿，你晚些飞向星辰与穹苍，

　　许多人和卑微的我有相同的盼望，

我为你虔诚地献过香，也曾与大家一起

60　　用自己的祝福为公共的祈祷助力。

我为何要说，我的书，甚至那几本罪书[3]，

1　奥维德在 31—52 行给出的理由是：君主必须仁慈，屋大维也曾体现出仁慈。

2　"天空的诸神"原文是"第三类神"（tertia numina），与海洋神、大地神相对。

3　指《爱的艺术》。

都反复提及你的名，不下千百处 [1] ？

请看我尚未完工的大作品 [2]（它的主题

　　是发生了奇妙变化的种种形体），

65　你会在里面找到称颂你的诗句，

　　你会发现我忠心的确凿证据 [3]。

当然，诗歌本身并不能增加你的荣耀，

　　也没有空间供它再长分毫。

朱庇特名声无限，却仍然喜欢人类

70　　讲述他的故事，喜欢诗歌赞美，

如果描绘他与巨人族的战斗 [4]，我相信，

　　这样的恭维一定会让他开心。

别的诗人赞颂你，他们的风格高贵 [5]，

　　吟咏你的功勋，须天才丰沛。

75　然而，神固然悦纳百头公牛的血祭，

　　微不足道的乳香他也不嫌弃。

无论他是谁，我的仇敌都太凶狠，

　　非用我的戏作污你的天听，

1　这一事实不足以证明奥维德对屋大维的崇拜。在西方古典时代，对君主滥用赞美之词（adulatio）是非常普遍的行为，罗马元老院在这方面更为谄媚。

2　指《变形记》。

3　《变形记》第十五卷固然有赞美恺撒和屋大维的"固定程序"，但在描绘恺撒之死后，压轴的却是奥维德对自己的赞美，与被凡人杀死的恺撒相比，他的诗即使"愤怒的朱庇特"也不能摧毁。如此看来，奥维德的"忠心"只是表面文章。

4　巨人族战争（Gigantomachy）是以阿尔库纽斯为首的巨人挑战朱庇特权威的战争。

5　指维吉尔、瓦里乌斯等史诗诗人。

却不给你读那些诚心敬拜的诗篇，

80   生怕你能清醒公平地判断！ [1]

可是，一旦你震怒，谁还敢与我亲近？

   那时我几乎都成了自己的敌人。

当受创的房子开始坍塌，全部重量

   都落在最先倾颓的断柱残垣上，

85 厄运一撕开窄缝，四壁就开始崩裂，

   建筑不堪拖拽，轰然瓦解。

所以，是我的诗招致人们的憎恨，大众

   也理所当然追踪你的表情。

可是我记得，你认可我的生活和道德，

90 我曾骑你赐的马受你检阅 [2]；

即使这无益，我的正直并未获认可，

   至少那时也没有罪名指责我；

我也并非无端地成为百人团的一员，

   审核诉讼，处置被告人的财产 [3]。

95 裁决私人的纠纷，我也有无瑕的名声，

---

1 奥维德在 53—80 行给出的理由是：自己的诗作可以证明自己忠于屋大维，但有好人阻挠，不让皇帝读到这些作品。

2 奥维德出身骑士阶层（古罗马自由民分为贵族、骑士、平民三个阶层），检阅骑士在共和国时代是审查官（censor）的职责，帝制时代屋大维自封为"教化总监"（praefectus morum），每年 7 月中旬检阅骑士游行（transvectio equitum）。

3 百人团（centumviri）一共一百零五人，由罗马三十五个部落各选出三人，协助司法官（praetor）处理公民之间的财产纠纷。

连败诉的一方都承认我的公正。[1]

可悲！若不是最近的灾祸，我本可以

　　受到你的称许，且不止一次。

最后的事情毁了我：向来幸运的小船

100　　终于被最后的风暴埋入深渊。

伤害我的不是小漩涡，所有波浪

　　和整个大海都盖在我的头上。

我为何要看见什么？为何让眼睛招是非？

　　为何如此不小心，撞破这宗罪？[2]

105　阿克泰昂无意中看见赤裸的狄安娜，

　　却仍然被自己的猎犬啃成了骨架[3]。

显然，在天神那里，没什么无心之过，

　　偶然的冒犯也必遭严厉惩戒。

那一天，当致命的错误[4]导致我的放逐，

110　　我卑微却无辜的家也从此倾覆。

虽卑微，它在我父亲的时代却享有盛名，

　　若论地位，也不逊于任何人，

1　89—96 行指出屋大维对待自己的态度前后不一致，《爱的艺术》早已发表，
　　皇帝以前却并未表示出不满。

2　对于直接引发奥维德放逐的事件，104—108 行已经给出足够多的暗示：（1）他
　　的罪名是"看见"，也即是目击，而非参与；（2）看见的是"罪"，不可说的
　　一件事；（3）看见的是隐私，如同狄安娜的裸体，或许与性行为有关；（4）屋
　　大维震怒，说明此事很可能与皇室成员有关。

3　阿克泰昂（Actaeon）因为无意中看见狄安娜沐浴，被女神变成一只鹿，然后
　　被自己的猎犬咬死。

4　错误（error）成为奥维德指代这一事件的标准词语。

它既不富贵奢华，也不拮据贫困，

　　归入骑士阶层，恰如其分。

115　即使我家的财产或门第都不显赫，

　　有我的天才，它也难以隐没。

尽管我过于轻浮地挥霍自己的诗才，

　　我的名声仍然传遍了世界，

博学的文人都熟悉纳索的名字，与我

120　结交也断然不会令他们惭怍。

所以，这个缪斯喜爱的庭户沉沦，

　　只因一个罪名，不小的罪名。

沉沦之后，它若要复兴，唯有指望

　　恺撒的怒气能消，旧怨能忘。

125　我的此番惩罚其实已极其仁慈，

　　甚至还不如我恐惧的那般严厉。

我的命还在，你的怒火在死亡这边

　　止了步，君上，你多么节制地用权！

而且，你没剥夺我父亲留下的财富，

130　仿佛免我一死仍不够大度[1]。

你没用元老院的决议谴责我的行径，

　　也未派法官宣布放逐的决定[2]；

只以与君威相称的冷峻言辞斥责我，

　　自己为自己报了仇，适得其所。

1　奥维德的财产未被没收。

2　这是古罗马两种常见的宣判方式。

135 还有，你的谕令虽然强硬、严厉，

　　　　我受处罚的措辞却留有余地：

　　我不是被"流放"，而是被"贬逐"[1]，你也不肯

　　　　用太多言语宣告我的命运。[2]

　　事实上，人只要心智健全，就会觉得，

140　　　触怒君上已经是极致的折磨。

　　然而，即使神灵有时也平心静气，

　　　　阴天有时也可以拨云见日。

　　我曾见，朱庇特狂暴闪电击中的榆树

　　　　后来也爬满了葡萄茂盛的藤束[3]。

145 虽然你禁止我希望，我却忍不住希望，

　　　　只有这一项自由你无法阻挡。

　　当我想到你，最温和的君主，希望就生长；

　　　　回头看我的过错，希望就消亡。

　　可是就像搅动海面的飓风，并不是

150　　　每时每处都同样狂野迅疾，

　　而是偶尔会减弱力量，偶尔会平静，

　　　　让你误以为它已经彻底消停，

　　我的恐惧也去而复来，变幻无定，

1　在古罗马，流放（exilium）意味着失去公民权和财产权，贬逐（relegatio）只
　是强令离开罗马。贬逐又分两种，一种是禁止在某个特定地点居住，一种是禁
　止离开某个特定地点，奥维德接受的惩罚是第二种。

2　125—138 行再次强调了屋大维的仁慈，从旁观者的角度看，如此处理或许说明，
　屋大维惩罚奥维德主要是为了皇家颜面，他也清楚奥维德在此事上无罪。

3　古罗马人常用榆树做葡萄藤的支撑。

勾起或浇灭我获你宽恕的憧憬。[1]

155　以神的名义（只要他们爱罗马民族[2]，

　　　　就会长久如一地保你无虞），

　　以祖国的名义（你佑护，她就和平安宁，

　　　　我也曾是她和这个民族的一部分），

　　我祝愿，感恩的城市献上你应得的爱，

160　　　赞美你长久以来的功勋和气概；

　　祝愿利维娅此生始终与你相守

　　　　（除了你，再无人堪做她的佳偶，

　　倘若她不曾出现，你不如孤单一世，

　　　　只有她才是你唯一心仪的妻子[3]）；

165　祝愿你和皇子[4]都健康，祝他将来

　　　　接掌帝国，与你共享安泰；

　　祝愿两位皇孙[5]，年轻的星辰，继续

　　　　追随你和他们父亲的脚步；

　　祝愿常伴你军营左右的胜利女神

170　　　此时现身，紧跟军旗的指引，

　　和平日一样，翼翅遮护意大利的统帅[6]，

1　140—154 行描绘奥维德残存的希望。

2　Claassen（1989）指出，155—182 行的拉丁文是一个长句，这在奥维德作品
　中极其罕见。

3　考虑到利维娅改嫁屋大维前后的传言，这样的溢美之词或许会让皇帝难堪。

4　指提比略。

5　指日耳曼尼库斯和小德鲁苏。

6　指正在日耳曼作战的提比略。

在他闪亮的头发上装饰月桂

（你以他为将，以他为你战斗的身体，

把你的神灵和福泽交到他手里，

175　你化身为二，一半看顾我们的都城，

一半在远方指挥激烈的战争 [1]）；

祝愿他征服敌人，大捷归来，在缀满

花环的高头大马上，神采斐然；

我也求你，收起闪电，你残忍的投枪，

180　它们的滋味，我可不想再尝！

祖国之父 [2] 啊，饶恕我，别忘记这个称号，

将我消除你积怨的希望毁掉！

我并非请求召回，虽然诸神的礼包

确乎经常超出我们的祈祷。

185　如果你给我一处更近更温和的放逐地，

我的大半刑罚就已经废止 [3]。

我如今被扔到敌族中间，受尽磨难，

没有任何人比我离故土更远。

独自放逐到分作七脉的希斯特 [4] 尽头，

1　"一半……一半"分别指屋大维和提比略。

2　"祖国之父"（pater patriae）是公元前 2 年罗马元老院授予屋大维的称号。

3　奥维德在放逐诗歌中的祷告通常都包含两部分，一部分是对另一方的祝愿，另一部分是对另一方的要求，两部分之间暗含交换关系。奥维德对屋大维的要求只是更换放逐地，不是召回罗马。

4　多瑙河（Danuvium）在下游入海口附近被称作希斯特（Hister），两个名字均见于奥维德的诗中。多瑙河注入黑海前分作了七条河道。

190   在冰冷的大熊星座 [1] 下一层层冻透。

   齐兹吉、科尔基、马特瑞亚 [2] 和盖塔部落

      根本无视多瑙河的天然边界。

   虽然其他流放者犯的罪比我更重，

      直接发配天涯，我却是头一宗。

195 从这里再往前，只剩下寒冷、敌人和海，

      所谓海，一半是水，一半是冰盖 [3]。

   庞图斯左岸的罗马领土就到此，旁边

      是巴斯塔尔奈和扫罗马泰 [4] 的家园。

   这里是意大利法律所及的最远边疆，

200   勉强附着在你的帝国肌体上。[5]

   我哀切地求你，给我一处安全的栖身所，

      别夺了我祖国，又夺和平的生活，

   别让我恐惧希斯特无法阻挡的异族，

      别让你的公民做敌人的俘虏。

205 神也不允许在恺撒家族的统治下，任何

---

1   因为大熊星座在北极星附近，对应着地上的北方，所以用"冰冷"形容。

2   齐兹吉（Ciziges）是生活在萨尔马提亚的一个民族。科尔基（Colchi）可能指从科尔基斯（Colchis）追赶美狄亚（Medea）到托密斯附近定居的人。马特瑞亚（Materea turba）是住在第聂伯河附近的一个民族。

3   参考《哀歌集》第三部第十首对黑海结冰的描绘。

4   巴斯塔尔奈（Bastarnae）是居住在多瑙河入海口附近的日耳曼部落。扫罗马泰人（Sauromatae）就是萨尔马特人。

5   这两行诗消解了罗马帝国声威远播的形象。

流着拉丁血的人戴蛮族的枷锁。[1]

虽然两宗罪毁了我——诗歌和一个过错[2]，

　　但对于后者我只能选择沉默：

因为我不配再撕开你的伤口，恺撒，

210　　只冒犯你一次，代价已经太大。

另一宗仍需解释：说我用淫邪之诗[3]

　　教唆人们通奸，甚是可耻。

这样看来，天上的神也会被蒙骗？

　　许多事太琐屑，你本该视而不见，

215　正如朱庇特，同时看管诸神与穹苍，

　　不会在无聊的小事上浪费时光，

当你环视这个系于你一身的世界，

　　也自然不去关注凡庸的细节。

你这位帝国的君主在日理万机之余，

220　　竟会有兴致读起我的长短句[4]？

整个罗马民族的命运落在你肩上，

1　187—206 行描绘奥维德在托密斯的悲惨处境。"流着拉丁血的人戴蛮族的枷
　　锁"，罗马公民是古代地中海世界的一等公民，罗马人被蛮族俘虏是奇耻大辱。
　　这样的价值观在古罗马占统治地位。例如在西塞罗指控维瑞斯的演说中，最具
　　煽动性的部分无疑是有关加维乌斯事件的叙述。西塞罗认为，在加维乌斯一再
　　声明自己是罗马公民的情况下，维瑞斯仍将用他用十字架钉死，是犯了弥天大罪。
　　在西塞罗眼里，杀人本身并不是严重的罪行，但杀罗马公民则是与整个罗马国
　　家为敌，因为它动摇了罗马公民在世界范围内神圣不可侵犯的地位。

2　"诗歌"（carmen，指《爱的艺术》）和"过错"（error）是奥维德概括的自
　　己受罚的两个原因。"过错"无法辩白，因为奥维德不敢详谈屋大维的隐私，
　　所以只能为"诗歌"开脱。

3　奥维德从这里开始为《爱的艺术》辩护。

4　指长短行交错的哀歌体，《爱的艺术》也用哀歌体写成。

这副担子绝不会如此轻省，

许你将神圣的心思转向我愚蠢的游戏，

检视我闲时随手写下的诗。

225　忽而潘诺尼亚，忽而伊利里亚[1]需征服，

忽而莱提亚、色雷斯[2]的战争陷僵局，

或亚美尼亚来求和，或帕提亚[3]战战兢兢

献上抢夺的军旗和他们的弓[4]，

而此刻，皇子[5]如年轻的你，正教训日耳曼，

230　一位恺撒替伟大的恺撒[6]征战。

总之，如此辽阔的帝国虽亘古未有，

任何部分却都无安全之忧[7]。

你还要忙于管理城市，制定法律[8]，

净化道德（你希望以你为尺度）。

235　你也无福享用你带给万族的闲逸，

1　潘诺尼亚（Pannonia）是罗马边疆行省，东边和北边以多瑙河为界。伊利里亚
　　在巴尔干半岛西部。公元 6 年，潘诺尼亚人、代马提亚（Dalmatia）人和其他
　　伊利里亚部落发动了所谓的"伊利里亚大叛乱"，罗马花了三年时间才将其镇
　　压下去。

2　莱提亚（Raetia）是罗马帝国北疆中部的行省。色雷斯（Thracia）在公元前 20
　　年左右成为罗马附庸，公元 46 年正式并入罗马。

3　公元前 20 年左右提比略的远征让亚美尼亚屈服，并迫使帕提亚国王归还了克
　　拉苏兵败时从罗马人手中夺得的军旗。

4　帕提亚人擅长弓箭。

5　指提比略。

6　前一个"恺撒"指提比略，后一个"恺撒"指屋大维。

7　上文提及的叛乱和战争已经削弱了此话的效力。

8　尤其指公元前 18 年和公元前 17 年针对婚姻道德通过的两部《尤利亚法》。

你与邪行的战争从不停息。

所以，在军国大事的重压下，若你从未

读过我的戏作，有何奇怪？

但你此前若碰巧有暇（我真愿如此！），

240　　你在我的《艺术》里读不到"淫"字。

我承认，那本书不适合正襟危坐之人，

也不值得伟大的君主分神；

但它并不因此与法律的规定相抵牾，

反而还可启迪罗马的少女。[1]

245　若你怀疑我究竟为谁而写，不妨读

其中一卷里的这四行诗句[2]：

"请你们离我远些，细发带[3]，矜持的标志，

还有遮住足背的长裙褶底[4]！

我只歌吟正当的恋爱，许可的偷情[5]，

250　　我的诗里没有可定罪的邪行。"

难道我没严厉阻止她们所有人读《艺术》——

那些被长裙和发带约束的妇女？

"但已婚的女人可能借用别人的技艺，

1　关于《爱的艺术》奥维德说了四层意思：（1）它不值得君主关心；（2）它没有违反法律；（3）它不适合"正经人"（上流社会的妇女）；（4）它对少女有教育意义。

2　基本重复了《爱的艺术》第一部第31—34行。

3　"细发带"暗示了性态度的保守矜持。

4　这是古罗马端庄妇人的典型打扮。

5　"许可的偷情"指不破坏婚姻关系的偷情。

你虽然不教她，她仍有办法学习。"

255　那就什么也别读，因为从每首诗里

　　　她都能学到教她失足的东西。

　　无论读到什么，若她只渴望堕落，

　　　就总能汲取养料，培育恶德[1]。

　　比如拿起《编年史》（最难以卒读的书）[2]，

260　伊利娅因为谁怀孕[3]，赫然在目。

　　一翻开《埃涅阿斯的母亲》[4]，她立刻会问，

　　　维纳斯因为谁成了慈爱的母亲。

　　若许我按序展开论述，我将会证明，

　　　每一类诗歌都能够伤害灵魂。

265　我们却不能因此指控每一本书：

　　　无用之物才无任何害处。

　　火最有用吧？然而若有人准备烧房，

　　　在胆大妄为的手里，火就是帮凶；

　　医术可夺走健康，也可恢复健康，

270　它说明哪些药有害，哪些药有用；

1　奥维德的这一说法与 20 世纪文论家 Stanley Fish 意义是读者"读入"的而非"读出"的观点相合。

2　《编年史》指罗马官方历史记录，语言佶屈聱牙，内容枯燥。Wheeler（1939）认为指古罗马诗人恩尼乌斯的长诗《编年史》，但奥维德不大可能称恩尼乌斯的诗"难以卒读"。

3　传说伊利娅（Ilia）被战神马尔斯强奸，生下了罗马创建者罗慕路斯和雷穆斯。

4　西方古人喜欢用诗集或长诗开头的几个词代表整部作品，"埃涅阿斯的母亲"（Aeneadum genetrix）是卢克莱修哲学长诗《物性论》（De Rerum Natura）的开头两个词，《物性论》开篇是一首献给维纳斯的颂诗。埃涅阿斯是维纳斯和特洛伊王子安喀塞斯（Anchises）的儿子。

强盗和警惕的旅人都随身带着刀剑，

 前者为伏击，后者为防身脱险；

学习雄辩术的本意是为正直者辩护，

 可它却包庇恶棍，欺压无辜。

275 因此，显而易见，用正确的态度去读，

 我的诗就不再是伤人的"毒物"[1]。

任何人相信"我败坏了某些东西"都不对，

 我的作品怎会有如此神威？

但我若认罪，谁敢说那些公共表演

280 不同样邪恶：关掉所有的剧院[2]！

它们多少次给了众人犯罪的刺激，

 当战神的细沙铺上坚硬的泥地[3]！

推倒赛车场！那里的乱象多么危险：

 陌生的男人就坐在女孩旁边[4]。

285 既然某些女人在那些柱廊下盘桓，

 等着与情夫幽会，为何不遮掩[5]？

什么地方比神庙更庄严？但某位女人

 若天性易堕落，也应避开它们。

1　奥维德指出，就道德意义而言，文学是中性的，其影响取决于读者的态度。

2　古罗马剧院有很多淫秽的表演。

3　影射血腥的角斗士表演。

4　马车比赛在古罗马受欢迎的程度不亚于今天的汽车比赛。这里奥维德指出了观众席上"有伤风化"的乱象。

5　罗马帝国时期道德堕落，偷情已成公开的风气，参考贺拉斯《颂诗集》第三部第六首，当时有些妻子当着丈夫的面就与别人达成性交易。

当她站在朱庇特的神祠里，神祠本身

290　　　却让她想起这位神的许多绯闻[1]。

敬拜毗邻的朱诺神庙时，她又会想到，

　　　多少情敌让神后痛苦煎熬。

看见帕拉斯，她会问处女神，为何抚育

　　　厄里克托尼俄斯，不掩盖耻辱[2]。

295　来到你捐建的马尔斯神庙[3]，她立刻看见

　　　男装的维纳斯和复仇神并立门前[4]。

在伊西斯神祠，她会问，朱诺为何驱赶她，

　　　越过博斯普鲁斯和伊奥尼亚[5]。

维纳斯与安喀塞斯，月神与恩迪米昂[6]，

1　Green（2005）提醒我们，这里奥维德或许也在影射屋大维的淫乱。考虑到《哀歌集》和《黑海书简》一直将屋大维比作朱庇特，这样的联想是自然的。

2　厄里克托尼俄斯（Erichthonius）是有父无母的孩子。雅典娜（帕拉斯）一次到火神赫菲斯托斯（Hephaestus）的冶炼铺取武器，赫菲斯托斯企图强奸她，在争斗中他的精液掉到她腿上。雅典娜厌恶地将它扔到地上，它却变成了一个婴儿，就是厄里克托尼俄斯。雅典娜将他交给雅典的三位公主抚养。

3　公元前31年阿克提翁战役获胜后，屋大维在罗马修建了马尔斯神庙。

4　复仇神指战神马尔斯。美神维纳斯被朱庇特嫁给丑陋的伏尔甘（即赫菲斯托斯），她与战神马尔斯私通。参见本诗第378行的注释。

5　古罗马人将埃及神伊西斯（Isis）等同于古希腊神话中的伊俄（Io），伊俄是朱庇特的众多情人之一，朱庇特为了保护她，将她变成母牛，但朱诺派了一只牛虻，将她从欧洲赶到了亚洲。"博斯普鲁斯和伊奥尼亚"指出了她被追逐的路线。

6　关于维纳斯与安喀塞斯，参考本诗第261行的注释。恩迪米昂（Endymion）是月神塞勒涅（Selene）的情人，朱庇特给了他永生，但让他长睡不醒。月神原文是Lunam（拉丁语的月亮），恩迪米昂的原文是Latmius heros（拉特莫斯的英雄），因为恩迪米昂住在拉特莫斯山。

300   刻瑞斯与伊阿西翁 [1]，永远被一起吟唱。

　　所有这些都能够败坏扭曲的心灵，

　　　　但它们都各居其位，安然不动。

　　《艺术》的首页就已经警告上流的贵妇，

　　　　绝不可触碰这风月女子的宝书，

305 无论谁非要闯入祭司禁止的地方，

　　　　祭司就无责，罪在她自己身上。

　　然而，翻阅香艳的情诗并不算失足，

　　　　许多事，贞洁的女人不可做，却可读。

　　正经的冷眉妇也时常观看裸女的表演，

310 　　尽管她们的淫姿那么不堪 [2]。

　　神庙里的维斯塔贞女也见过娼妓的身体 [3]，

　　　　主人却不觉得她们该惩治。[4]

　　可是我的缪斯为什么如此轻浮？

　　　　我的书为什么劝人们追求欢愉？

315 我只能承认这个错，这个明显的过失，

　　　　为我的天性和判断忏悔反思。

　　被希腊武器攻陷的特洛伊，我为何不肯

1　　谷神刻瑞斯（Ceres）在卡德摩斯的婚礼上，引诱伊阿西翁（Iasion）野合，朱
　　庇特发现后，用雷霆击杀了伊阿西翁。

2　　奥维德可能指古罗马道德许可的花神节色情表演，即使严苛如老加图，也不敢
　　冒犯众怒，反对这样的活动。

3　　或许指在神庙里公开揽客的娼妓。

4　　279—312 行用大量的例证表明，色情淫秽的现象在古罗马随处可见。下面奥
　　维德从诗歌创作的角度为自己辩护。

用我的诗歌将它再一次围困[1]？

我为何不吟咏忒拜城和兄弟之间的血拼，

320　　还有七将守卫的七座城门[2]？

尚武的罗马并非没给我素材，歌咏

　　祖国的历史也是虔敬的事功。

你的泽勋，恺撒，更是充塞天地，

　　任一件功劳本都可做我的主题，

325　就像太阳璀璨的光芒吸引眼睛，

　　你的成就也本该激发我的热情。

但你们不该责备我：我的田野很贫瘠，

　　那种诗却需强大丰饶的创造力[3]。

小船虽敢在促狭的池塘里嬉戏，却不该

330　　莽撞地将自己交给茫茫大海。

或许（这一点我都怀疑）我能应付

　　琐屑的诗歌，也擅长卑微的格律；

可你若命令我歌唱朱庇特用雷火降服

　　巨人族，我就无法撑起重负。

1　奥维德指古希腊、泛希腊、古罗马诗人大量续写或改写荷马史诗的作品。亚历山大诗派非常瞧不起这类诗歌。

2　影射索福克勒斯的悲剧《安提戈涅》和埃斯库罗斯的悲剧《七将攻忒拜》。"兄弟之间的血拼"指波吕尼刻斯（Polyneices）和厄忒俄克勒斯（Eteocles）的自相残杀。他们是俄狄浦斯的儿子，父亲死后决定轮流执掌忒拜城，但后来厄忒俄克勒斯拒绝分权，波吕尼刻斯出走后组织一支军队，由七位大将率领，进攻忒拜。厄忒俄克勒斯派出包括自己在内的七位将领守卫七座城门，他正好与波吕尼刻斯对阵，在战斗中杀死了他，应验了父亲临终的诅咒。

3　奥维德拒绝为屋大维写长诗的理由与贺拉斯如出一辙：自己没有那样的天才。参考贺拉斯《书信集》第二部第一首。

335　记述恺撒非凡的功业需富赡的才华，

　　　否则作品就会被题材压垮 [1]。

但我的确尝试过，可结果难以饶恕，

　　　损害了你的德威，仿佛在亵渎。

我只好回归青年时代的轻浮作品，

340　　用虚构的情爱搅动自己的心 [2]。

我并不甘心，但命运牵引着我的脚步，

　　　用我的天赋铺就毁灭之路。

我为何要求学？父母为何要给我教育？

　　　我的眼为何要留恋任何字母？

345　你憎恶我的轻浮，你认为《艺术》尤其

　　　破坏了神圣不可侵的婚姻关系。

可是没有妻子因为我学会了偷欢，

　　　自己都不谙的东西，如何能示范？

我虽创作风月之诗，却格外谨慎，

350　　决意不让我的名沾上丑闻。

罗马的骑士阶层里，没有谁因我的缘故

　　　怀疑自己不是孩子的生父。

相信我，我的品德迥异于我的诗歌，

1　Green（2005）指出奥维德在这行诗里用了两个意义暧昧的词："非凡"的原
　　文是 immania，这个词既有"巨大"也有"残忍"之意；"记述"的原文是
　　condere，它的另一个意思是"隐藏"。屋大维会如何理解这两行诗？

2　选择创作爱情诗的理由是才力不逮。

我的缪斯放纵，生活却纯洁 [1]，

355　　我写的大部分内容都是虚构和想象，

　　　所以难免比作者放肆轻狂。

　　书并非心灵的写照，而是高尚的娱乐，

　　　穷形尽相，愉悦大众的耳朵。[2]

　　否则，阿基乌斯是石头心，泰伦斯是饕餮客 [3]，

360　　　描绘血战的作者都穷凶极恶。

　　而且，情爱诗的作者不止我一人，因为

　　　创作情爱诗受罚，却只有我一位。

　　除了醇酒与妇人，泰俄斯的年迈诗翁 [4]

　　　可有过别的宝训，抒过别的情？

1　这两行诗无疑呼应着卡图卢斯《歌集》第十六首 5—6 行"虔诚的诗人自己是该无邪，/ 但他的作品却根本不必"。奥维德指出，生活中的自己在道德上无可指责，并不像诗中的形象，但从下面的阐述可以看出，这并非他的重点。他想说明的是：根据诗歌判断生活，或者反过来，都是错误的思路，生活与艺术是两个彼此独立的领域，具有本质的不同。

2　这两行可以说是唯美主义最早的宣言，足以与王尔德《道林·格雷的画像》序言相呼应。奥维德提出，诗歌的功能并非道德的教化，而是"高尚的娱乐"，用生花之笔"穷形尽相"。用王尔德的说法，书没有道德与不道德之分，只有写得好和写得坏之分。

3　阿基乌斯（L. Accius，公元前 170—公元前 86）是古罗马著名的悲剧作家，如果从悲剧的残忍情节来推测他的性格，就会得出"石头心"的结论。泰伦斯（P. Terentius Afer，公元前 195—公元前 159）是古罗马著名的喜剧作家，如果把剧中人物和作者混为一谈，就会说他是"饕餮客"。

4　指古希腊诗人阿那克里翁（Anacreon，公元前 582—公元前 485），泰俄斯是他的故乡。

365　莱斯博斯的萨福教女孩什么，除了爱？ [1]

　　　　但她无人责怪，他 [2] 也无人害。

　　还有你，巴托斯的后裔 [3]，你常在诗里分享

　　　　你的韵事，还不是安然无恙？

　　迷人的米南德 [4] 没有一部剧缺少情事，

370　　　少男少女却经常捧在手里。

　　《伊利亚特》不就写一位出轨的女人，

　　　　还有情夫和丈夫之间的战争 [5]？

　　开篇是什么？对女奴布里塞伊斯的欲火

　　　　引发了两位首领狂暴的争夺 [6]！

375　《奥德赛》是不是讲述独守空闺的少妇

　　　　被一群垂涎美色的男人追逐 [7]？

　　除了荷马，还有谁描绘维纳斯和马尔斯

1　　Green（2005）指出，历代注者和译者忽略了这行拉丁语的另一种语义："除了教人爱女孩，莱斯博斯的萨福还教过什么？"萨福是著名的女同性恋，奥维德本人似乎是反对同性恋的，这样理解的话，这行诗的锋芒就更刺人。莱斯博斯是萨福的出生地。

2　　回指阿那克里翁。

3　　指亚历山大诗派代表人物卡利马科斯（Callimachus，公元前 310—公元前 240）。他自称是居雷奈（Cyrene）创建者巴托斯（Battus）的后裔。

4　　米南德（Menander，公元前 342—公元前 290），古希腊新喜剧代表人物。

5　　"出轨的女人""情夫"和"丈夫"分别指海伦（Helena）、帕里斯（Paris）和墨涅拉俄斯（Menelaus）。

6　　"两位首领"分别指阿伽门农和阿喀琉斯。

7　　"少妇"指珀涅罗珀，"男人"指趁奥德修斯不在向她求婚的人。

在淫乱的床上双双绑在一起 [1]？

若不是伟大的他，我们从何处知晓

380 　　有两位女神为远客迷了心窍 [2]？

各种体裁中，悲剧的地位最为高贵，

　　但它也总是脱不了色情的气味。

《希波吕托斯》无非继母的盲目痴心 [3]，

　　卡那刻为何留名？兄妹乱伦 [4]。

385 象牙肩的佩洛普斯 [5] 是在欲望煽动下，

　　用两匹良骥驮走了希波达弥娅 [6]。

美狄亚的剑滴着自己孩子的鲜血，

1　维纳斯和马尔斯的奸情被维纳斯丈夫伏尔甘识破，他设计用一张大网抓住了
　　他们。

2　"两位女神"指卡吕普索（Calypso）和喀耳刻（Circe），"远客"指奥德修斯。

3　《希波吕托斯》（*Hippolytus*）是欧里庇得斯的悲剧。忒修斯的儿子希波吕托
　　斯被继母淮德拉（Phaedra）爱上，但他坚决拒绝，后被继母诬告非礼，遭到
　　父亲诅咒，马车失控摔死。

4　卡那刻（Canace）与哥哥玛卡柔斯（Macareus）有不伦之恋，生下孩子后被父
　　亲发现，父亲命令她自杀。

5　阿伽门农的祖父佩洛普斯有一个肩膀是象牙做的。佩洛普斯的原文是 Tan-
　　talides（坦塔罗斯之子）。

6　"良骥"原文是 Phrygiis equis（佛里吉亚的马），佛里吉亚是小亚细亚的一个地区。
　　希波达弥娅（Hippodamia）的原文是 Pisaeam（皮萨女子），因为希波达弥娅
　　是皮萨的公主。国王俄诺马俄斯（Oenomaus）听说一个神谕，自己将被女婿
　　杀死，便下令向希波达弥娅求婚的人必须在马车比赛中击败自己，否则就会被
　　杀死。十八个求婚者先后死去。佩洛普斯以半个王国的允诺为交换，说服国王
　　马车手米尔提罗斯在国王的马车上做手脚，好让自己在与国王的马车比赛中胜
　　出，从而获得与公主结婚的权利。结果国王在比赛中被马车抛出摔死，佩洛普
　　斯得以和公主成亲，并继承王位，但他却食言，不仅没将王国分一半给米尔提
　　罗斯，反而将他推入海中淹死。

是因为爱情遭背叛，痛苦太炽烈 [1]。

情欲骤然将国王和妾奴变成了飞鸟，

390   这位伊堤斯的母亲至今仍悲悼 [2]。

倘若邪恶的夫弟未曾爱上埃罗佩，

我们就不会读到太阳的倒退 [3]，

悲剧舞台上也不会出现悖逆的斯库拉，

若爱情从未剪断她父亲的头发 [4]。

395   谁读到厄勒克特拉和发疯的俄瑞斯忒斯 [5]，

自然就读到通奸和杀夫的恶事。

喀迈拉的冷峻征服者如何？女主人勾引

---

1   原文没提美狄亚的名字，但显然指她。美狄亚为了伊阿宋（Iason）背叛父亲，
　　 一路追随，伊阿宋却与科林斯公主成亲，并赶她走，她一气之下，杀死了自己
　　 和伊阿宋生的两个儿子。参考欧里庇得斯的悲剧《美狄亚》（Medea）。

2   "国王和妾奴"分别指色雷斯国王特柔斯（Tereus）和雅典公主菲洛墨拉
　　 （Philomela），"母亲"指普洛克涅（Procne）。菲洛墨拉被姐夫特柔斯强奸
　　 并割掉舌头，她将自己的遭遇织成图案，捎给姐姐普洛克涅，普洛克涅为替妹
　　 妹报仇，杀死了自己和特柔斯的儿子伊堤斯（Itys），做成菜肴给丈夫吃，吃
　　 完后才告诉他真相。特柔斯持斧头追砍两姐妹的过程中，神把他们都变成了鸟，
　　 其中一个版本说菲洛墨拉变成了夜莺，普洛克涅变成了燕子，特柔斯变成了鹰。

3   "邪恶的夫弟"指图埃斯特（Thyestes），他是阿特柔斯（Atreus）的弟弟，
　　 与嫂嫂埃罗佩（Aerope）通奸。阿特柔斯为了报复，将图埃斯特的儿子做成菜
　　 肴给弟弟吃。惊愕于他的暴行，太阳掉转马车，在东方沉落。

4   原文中的cothurnos是悲剧演员穿的高底靴。斯库拉（Scylla，不是那位水妖）
　　 是梅加拉（Megara）国王尼索斯（Nisus）的女儿，因为爱上米诺斯（Minos），
　　 剪断了父亲性命所系的一绺头发。因为她弑父，所以奥维德形容她"悖逆"
　　 （impia）。

5   厄勒克特拉（Electra）和俄瑞斯忒斯（Orestes）分别是阿伽门农的女儿和儿子。
　　 特洛伊战争后，阿伽门农妻子克吕泰墨斯特拉（Clytemnestra）和情夫合谋，
　　 害死了丈夫，厄勒克特拉和俄瑞斯忒斯为了替父亲报仇，杀死了母亲和继父。
　　 原文中的Tyndaridos（廷达瑞之女）指克吕泰墨斯特拉。

不成，却差点用诡计害了他性命 [1]。

赫尔米厄涅如何？还有你，阿塔兰忒 [2]？

还有你，阿伽门农钟情的女祭司 [3]？

达那厄如何？还有她儿媳？还有塞墨勒 [4]、

海蒙和让双夜相连的阿尔克梅娜 [5]？

1　"喀迈拉的冷峻征服者"指柏勒洛丰（Bellerophon）。柏勒洛丰在流亡提林斯期间，王后安泰娅（Anteia）勾引柏勒洛丰遭到拒绝，恼羞成怒，向丈夫普洛托斯（Proetus）指控柏勒洛丰企图强奸自己，普洛托斯于是让柏勒洛丰捎一封信给安德娅的父亲，信中秘密指示他杀死柏勒洛丰，结果柏勒洛丰被派去对付怪兽喀迈拉（Chimera）。喀迈拉是会喷火的女妖，狮头、羊身、蛇尾。柏勒洛丰在赫拉赠送的飞马帮助下，杀死了她。

2　赫尔米厄涅（Hermione）是墨涅拉俄斯和海伦的女儿，特洛伊战争后嫁给阿喀琉斯的儿子尼奥普托列墨斯（Neoptolemus），因为不孕怪罪尼奥普托列墨斯的小妾安德洛玛刻（原赫克托耳之妻），并试图让父亲杀死她，遭拒后逃亡，后来与俄瑞斯忒斯结婚。阿塔兰忒（Atalante）善于奔跑，当父亲斯科埃纽斯（Schoeneus）强迫她结婚时，她就决定以赛跑的方式除掉众多的求婚者。比赛失败的人都被她杀掉了，但其中一位求婚者 Milanion（一说 Hippomenes）得到了维纳斯的帮助。女神给了他三只金苹果，逐一扔在路上，让她分神，结果 Milanion 获胜，与她结为伉俪。阿塔兰忒的原文为 Schoeneïa virgo（斯科埃纽斯的处女）。

3　"阿伽门农钟情的女祭司"指卡珊德拉（Cassandra），她是特洛伊公主、阿波罗的祭司，特洛伊陷落后，先被小埃阿斯从雅典娜神庙拖走强奸，后来成为阿伽门农的小妾。阿伽门农的原文是 Mycenaeo duci（迈锡尼的统帅）。

4　达那厄（Danaë）是阿戈斯国王阿克里西俄斯（Acrisius）之女，因为神谕说她的儿子会害死她的父亲，阿克里西俄斯将她囚禁在一青铜密室中，朱庇特化成金雨与她相会，她怀孕后生下了著名的珀尔修斯。"儿媳"指珀尔修斯从海怪手里拯救的埃塞俄比亚公主安德墨达（Andromeda）。塞墨勒（Semele）是忒拜公主，与朱庇特生下了酒神巴克斯，因要求朱庇特现出真身，被雷霆杀死。塞墨勒的原文是 matremque Lyaei（酒神之母）。

5　海蒙（Haemon）是忒拜国王克瑞翁（Creon）的儿子，与俄狄浦斯的女儿安提戈涅（Antigone）订婚。安提戈涅不顾国王禁令，埋葬了与忒拜为敌的哥哥波吕尼刻斯（参考本诗 320 行的注释），被克瑞翁判处死刑。海蒙无法说服父亲改变心意，选择了自杀。阿尔克梅娜（Alcmena，原文未点出她的名）和朱庇特的儿子就是大名鼎鼎的海格力斯（Hercules）。双夜相连是因为朱诺为了阻挠她生产，让掌管分娩的卢契娜（Lucina，同时也是月神）寸步不离地施法。

阿德墨托斯如何？忒修斯？最先从船里

　　跳上特洛伊土地的皮拉基勇士 [1] ？

405　再加上伊俄勒、得伊达弥娅、蒂雅妮拉 [2] ，

　　加上海拉斯和特洛伊的盖尼米得 [3] 。

悲剧中的爱情我没有时间一一列举，

　　恋人的姓名就足以装满我的书。

甚至有一种悲剧也混杂淫秽的玩笑，

410　许多语汇都不顾羞耻与格调 [4] 。

有作者扭曲阿喀琉斯英武的形象，

　　渲染他的柔情 [5] ，也无人议谤。

1　阿德墨托斯（Admetus）原文是 Peliae generum（柏利阿斯的女婿），阿德墨
　　托斯的妻子是阿尔刻提斯（Alcestis）——伊俄尔科斯国王柏利阿斯的女儿。
　　阿德墨托斯本该夭亡，但命运女神允许别人代替他死，阿尔刻提斯主动替丈夫
　　下了地府。这里提到忒修斯，主要应该指他与阿里亚德涅（Ariadne）和淮德
　　拉等人的爱情纠葛。"皮拉基勇士"指普罗特西拉俄斯，参考《哀歌集》第一
　　部第六首第 20 行的注释。

2　伊俄勒（Iole）是海格力斯的最后一位情人。得伊达弥娅（Deidamia）是斯库
　　罗斯（Scyros）国王吕科梅迪斯（Lycodemes）的女儿，阿喀琉斯在特洛伊战
　　争爆发前在斯库罗斯逗留，与她产生了爱情。蒂雅妮拉（Deianira）是海格力
　　斯的妻子（所以原文是 Herculis uxor），她用毒箭射中了企图强奸自己的半人
　　马涅索斯（Nessus），临死前涅索斯把用自己的血制成的药送给她，谎称是春药。
　　后来她把这种药抹在海格力斯的袍子上，他穿上后就燃烧起来，痛苦地死去。

3　海拉斯（Hylas）是海格力斯的好朋友，在阿尔戈号寻找金羊毛的远航中，他
　　上岸取水时被一群水泽仙女拖入水里，从此失踪。盖尼米得（Ganymedes）原
　　文是 Iliacus puer（伊里昂男孩），他是特洛伊（伊里昂是其别称）王子，以俊
　　美著称，被朱庇特抢去做情人和斟酒者。

4　Green（2005）认为，奥维德可能指的是融合了喜剧和悲剧元素的萨梯羊人剧
　　（satyric drama），参考贺拉斯《诗艺》220—250 行的讨论。

5　"作者"所指不详，"柔情"应当指阿喀琉斯与帕特洛克罗斯的同性恋关系（埃
　　斯库罗斯和索福克勒斯等古代部分作家如此理解他们两人的友谊）。

雅里斯底德与米利都的邪行 [1] 绑在一起，

　　可是他未被逐出自己的城市。

415　欧比乌斯也如此，虽然他写了一篇

　　肮脏的作品，描绘堕胎的场面 [2]。

刚完成《叙巴里斯纪》的人 [3] 没有逃走，

　　炫耀情夫的女人们 [4] 也安然无忧。

博学之士的传记中也不乏此等佐料，

420　托政府之福，人人皆可读到 [5]。

我不只会用外国的武器保卫自己，

　　罗马的作品也有轻浮的战斗力。

虽然严肃的恩尼乌斯 [6] 歌唱战争

　　（天才卓越、技巧粗砺的诗人），

425　卢克莱修解释火的成因，并且

　　预言海洋、大地、天空的毁灭 [7]，

1　雅里斯底德（Aristides）是公元前 2 世纪的希腊作家，他创作的《米利都故事集》（Milesiae Fabulae）风格如薄伽丘的《十日谈》，内容多涉色情，影响了古罗马白银时代作家佩特罗尼乌斯的《萨蒂利孔》（Satyricon）。

2　欧比乌斯（Eubius），所指不详。

3　这位作者名叫赫米忒昂（Hemitheon）。《叙巴里斯纪》（Sybaritica）也是情色作品，书名取自希腊城市叙巴里斯（Sybaris），直到今天，英文单词 sybarite 意思仍是"追逐声色享乐的人"。

4　可能指当时的女性色情文学作家。

5　意为进入了当时的公共图书馆，罗马城最大的公共图书馆附属于帕拉丁的阿波罗神庙。奥维德等于在指控屋大维纵容色情文学。

6　恩尼乌斯（Q. Ennius，公元前 239—公元前 169），古罗马诗歌之父，擅长史诗。

7　卢克莱修（T. Lucretius Carus，公元前 99—公元前 55）在《物性论》（De Rerum Natura）中根据原子论的观点预言了"海洋、大地、天空的毁灭"。

卡图卢斯却反复吟咏放纵的情人，

　　为她起了莱斯比娅的化名，

她并非唯一，他还记录了许多孽缘，

430　　　并坦然承认这些就是通奸[1]。

袖珍的卡尔乌斯几乎是他的镜像，

　　总在诗里写自己窃玉偷香[2]。

提齐达斯和孟米乌斯的诗作如何[3]

　　（里面的事情和名称实在不可说）？

435　钦纳和更放肆的安塞尔[4]也属于他们一路，

　　还有科尔尼菲奇乌斯和加图[5]，

还有那些人，他们诗里的女主角裴丽拉

　　今日读者才知道就是梅特拉[6]，

带领阿尔戈水手去帕西斯海域的诗人

440　　　也无法将自己的韵事深埋于心[7]。

1　卡图卢斯诗歌中最重要的人物是化名莱斯比娅（Lesbia）的克劳迪娅（Clodia），
　　但也涉及不少其他男女情人，参考他的《歌集》。

2　卡尔乌斯（C. Licinius Macer Calvus，公元前82—公元前47），古罗马演说家、
　　诗人，和卡图卢斯同为新诗派代表诗人。

3　提齐达斯（Ticidas）和孟米乌斯（Memmius）都是与卡图卢斯同时代的罗马诗人。

4　钦纳（C. Helvius Cinna），新诗派诗人，卡图卢斯的朋友。安塞尔（Anser），
　　公元前1世纪后半期的罗马诗人。

5　科尔尼菲奇乌斯（Q. Cornificius），新诗派诗人，卡图卢斯的朋友。加图（M.
　　Porcius Cato Uticensis，公元前95—公元前46），古罗马政治家、演说家、诗人。

6　裴丽拉（Perilla）和梅特拉（Metella）之间的替换符合古罗马诗歌的化名原则，
　　字母数相同，格律特征相同。原文的Metellus应该指梅特拉的兄长。

7　"诗人"指瓦罗（Varro of Atax），他写过《阿尔戈号的远航》（Argonautica）。
　　帕西斯（Phasis）就是金羊毛所在的科尔基斯。

霍尔腾西乌斯和塞尔维乌斯的诗作同样 [1]

不纯洁。谁不愿效法这等巨匠？

西塞纳译了雅里斯底德，他在史书里

插入淫邪的笑话，却依然无事 [2]。

445　加卢斯并未因咏叹吕柯丽丝蒙羞，

但醉后管不住舌头，才栽跟头。[3]

提布卢斯 [4] 认为，不可信情妇的誓言，

她否认丈夫的指控时也呼神唤天。

他坦承教过她如何欺骗周围的监护人，

450　还说自己可怜，被"还治其身"。

他回忆，他常装作在鉴定印章或戒指，

借机抚摸那位女人的柔荑；

多少次，他挪动手指或点头，与她暗语，

在桌面上书写心照不宣的秘符，

455　他还教读者，怎样的汁液可以洗净

激烈的吻留在身体上的瘀痕。

1　霍尔腾西乌斯（Q. Hortensius Hortalus，公元前 114—公元前 50）和塞尔维乌斯（Servius Sulpicius Rufus，公元前 106—公元前 43）都是古罗马著名演说家、诗人。

2　西塞纳（L. Cornelius Sisenna，公元前 120—公元前 67），古罗马史家，翻译了雅里斯底德的《米利都故事集》（见本诗 413 行的注释）。

3　445—466 行讨论了奥维德效法的三位古罗马爱情哀歌诗人。加卢斯（C. Cornelius Gallus，约公元前 70—公元前 26）诗歌咏叹的情人是吕柯丽丝（Lycoris），他因为酒后失言，被人举报并被召回罗马，深感羞辱，于是自杀了。他在同时代诗人中享有很高的声望。

4　提布卢斯（Albius Tibullus，公元前 55—公元前 19）是奥维德最欣赏的罗马哀歌体诗人。447—462 行是奥维德对他作品的俏皮改写，主要根据其《歌集》（Carmina）第一部第六首 5—32 行，也借用了第二首第 15 行和第五首第 73 行。

他甚至请求那位太粗心的丈夫监视他，

　　　这样妻子出轨的机会才不大。

他知道狗冲谁吠叫，当有人独自徘徊，

460　　　为何他不停咳嗽，在紧闭的门外。

他传授偷情的许多诀窍，向我们透露，

　　　何种艺术助妻子蒙蔽丈夫。

提布卢斯没因此获罪，人人都读他，

　　　喜欢他，你[1]登位时，他已红遍天下。

465　悦心的普洛佩提乌斯[2]也诲淫不倦，

　　　但他却没被丝毫的耻辱沾染。

我就是效法这些人（善意不许我提及

　　　当今某些如雷贯耳的名字），

我承认并未担心过，在万船竞驶之处，

470　　　别人都平安，独独我将倾覆。

也有人专门写书传授赌博的精髓[3]

　　　（这可是我们先祖眼中的重罪）：

掷距骨[4]如何计分，如何扔才能获得

　　　最高值，如何避开"倒霉犬"[5]的结果；

1　指屋大维。

2　普洛佩提乌斯（S. Propertius，约公元前 50—公元前 15），古罗马著名哀歌体
　诗人，著有《哀歌》（*Elegiae*），他是奥维德好朋友，参考《哀歌集》第四部
　第十首 45—46 行。

3　471—484 行提到了古罗马的各种博戏。

4　动物的距骨（talus）是较为原始的掷子赌博工具。

5　四个 1 的数字组合是分值最低的结果，被罗马人称为"犬"（canis）；1—3—
　4—6 的组合分值最高，叫作"维纳斯"（Venus）。

475　骰子[1]的数字如何算，如果缺某个数字，

　　　应该如何扔，如何去想去的位置；

棋盘上杂色的兵卒如何沿直线推进，

　　　当一颗棋子在两颗敌子间殒命，

何时追击，何时召回进攻的棋子，

480　　并且撤退也不能孤单无依[2]；

每边三颗棋子如何摆在棋盘上，

　　　肩并肩成一线才能胜利收场[3]。

还有另外的博戏（我此处无法细言）

　　　也毁掉最宝贵的财富——我们的时间。

485　看吧，有人在诗里讲各种球戏的规则，

　　　有人教滚铜环[4]，有人教游泳的秘诀。

有人传授让肤色变得诱人的技巧[5]，

　　　有人归纳宴饮宾客的门道[6]，

还有人详述如何用泥土制作杯盏，

490　　美酒适合贮藏于何种陶罐[7]。

每到雾霭沉沉的十二月，诗人就都玩

1　骰子（tessera）是人工制作的正方体掷子赌博工具。这里的骰子似乎用于某种
　　棋类游戏，决定走多少步。

2　477—480 行描绘的是古罗马的海盗战棋（ludus latrunculorum），类似国际象
　　棋，棋盘分为两半，双方对峙，每方三十个棋子。

3　这种棋类似国际跳棋（draught）。

4　古罗马游戏，与中国的滚铁环基本相似。

5　即化妆技巧，如奥维德自己写的《女人面妆》（Medicamina Faciei Femineae）。

6　即烹饪书，参考贺拉斯《闲谈集》（Sermones）第二部第四首。

7　制陶与酿酒的技艺。

这样的作品，但没谁因此遭难。

受它们的骗，我也不写冷峻的诗，

　　但冷峻的惩罚紧跟我轻松的游戏！

495　数不胜数的诗人里，我实在找不到一个

　　是被自己的诗歌毁掉的——除了我。

我写的若是下流的闹剧[1]，又该如何？

　　禁恋就是它们的当行本色，

里面衣着光鲜的淫贼总畅行无阻，

500　巧嘴的女人总欺瞒愚笨的丈夫。

观众有宜婚的少女、妇人、男人和孩子，

　　甚至大半个元老院也在那里。

不只他们的耳朵被龌龊的语言污染，

　　眼睛也逐渐习惯了可耻的场面。

505　每当丈夫中了女人新奇的诡计，

　　全场就鼓掌欢呼，兴奋不已；

情节越伤风败俗，诗人越有利可图：

　　如此的罪孽有官方高价赞助。

查一查公共表演的账本，奥古斯都：

510　你重金支持过许多此类节目。

你不仅自己观看，也出资邀民众欣赏

　　（你的慷慨体现在每件事上），

你用给全世界带来福泽的那双眼睛

1　闹剧（mimus）相当于英文的 farce，而非 mime（哑剧）。

凝神观看舞台上通奸的场景。[1]

515　如果创作模仿邪行的闹剧不犯忌，

　　　　我的题材就不应受严厉处置。

又或许剧场是一种庇佑，只要在舞台上，

　　　　无论闹剧演什么，结果都无妨？

但我的诗作也经常配舞，公开演出，

520　　　甚至也经常吸引你的关注。

我想，你的宫殿里，虽然有古代英雄

　　　　在出自名家的画像中闪耀光芒，

但在某个角落里一定能找到展现

　　　　各种性爱姿势的袖珍画片[2]。

525　那里，不仅坐着满脸怒容的埃阿斯[3]，

　　　　野蛮的美狄亚[4]，眼透复仇的杀气，

也有出浴的维纳斯用手指拧着湿发，

　　　　只有孕育她的海水遮挡她[5]。

其他人歌吟战争，歌吟染血的长矛，

530　　　或赞美皇族，或赞美你的功劳。

自然太吝啬，将我困在狭小的空间里，

1　这两行诗讽刺的杀伤力是惊人的，任何认为奥维德崇拜屋大维的人都难以绕过
　　这样的反证。

2　如同中国古代的春宫图。

3　埃阿斯（Aias）的原文是 Telamonius（特拉蒙之子）。

4　美狄亚的原文是 barbara mater（野蛮的母亲）。

5　奥维德描绘的可能是公元前 4 世纪希腊著名画家阿佩利斯（Apelles）的维纳斯
　　画像。

不肯赐给我雄健伟岸的笔力。

然而，称述你先祖埃涅阿斯的作家

也将"武器和人"送上推罗的床榻 [1]，

535　若问整首诗哪个段落最脍炙人口，

必定是这段婚姻之外的邂逅 [2]。

年轻时，他 [3] 也曾在田园诗中吟咏

裴丽斯与阿玛卢丽斯的双女恋情 [4]。

至于我，很久以前也犯过同样的错

540　（今日的我竟要为昔日受过），

你整顿刑律时，我已发表那些诗，但每次

我参加骑士检阅，你都未禁止 [5]。

我少时以为不会伤害我的率性之作

在暮年的今天竟然能够害了我？

545　对旧书的报复太过激烈，也来得太晚，

谁料到错误与惩罚相隔这么远？

但你别以为我所有的诗都如此闲散，

我也曾给我的小船装上大帆。

1　"作家"指维吉尔，"武器和人"（Arma virumque）是《埃涅阿斯纪》开篇
的两个词，既代表整首史诗，也和这行诗完美融合。推罗是腓尼基人的著名港
口，这里借指迦太基（因为迦太基也是腓尼基人所建）。"推罗的床榻"指埃
涅阿斯和迦太基女王狄多（Dido）的性邂逅，"人"指埃涅阿斯，"武器"上
床则让人感觉到埃涅阿斯迫不及待的情欲。

2　奥维德的阐释消解了《埃涅阿斯纪》作为民族史诗的神圣性。

3　仍指维吉尔。

4　裴丽斯（Phyllis）与阿玛卢丽斯（Amaryllis）都是维吉尔早期田园诗《牧歌》
（Eclogae）中的人物。

5　参考本诗第 90 行的注释。

我为六个月的罗马历书创作了六卷诗，

　　一卷一月，覆盖所有的日子，

这部近期的作品是题献给你的，恺撒，

　　我的命运却打断了我的计划 [1]；

我也为国王与僭主写过一部悲剧，

　　风格符合要求，高贵肃穆 [2]；

我还吟咏过（虽然还缺最后的润色）

　　各种身体幻化新形状的情节 [3]。

多希望你能稍稍压制一下怒气，

　　闲暇时让人给你读几行我的诗，

就从这本书选几行，我从宇宙的初始

　　一直写到你，恺撒，统治的盛世！

你会发现，你给了我多少情感与灵感，

　　我对你和皇族如何热切地颂赞 [4]。

我一生从未用刻薄的诗句伤过任何人，

　　我的作品也从不安置罪名。

我总是纯真地远离一切阴狠的智巧，

　　没有一个字沾上恶毒的讥诮。

我写了无数的诗，身边无数的罗马人，

1　指他的六卷长诗《岁时记》（*Fasti*），传下来的版本献给屋大维孙子日耳曼尼库斯（Germanicus Iulius Caesar，公元前 15—公元 19）。

2　指他的悲剧《美狄亚》，已经失传。

3　指《变形记》。

4　指《变形记》第十五卷 745—870 行描绘恺撒之死和借神之口预言罗马盛世的部分。

我却是自己的缪斯唯一的牺牲品。

所以我敢说，没有人为我的厄运欢庆，

570　　　　许多人反而抱有真心的同情；

我也不信，我落难，任何人会羞辱嘲讽，

　　　　若他们还记得我一贯的真诚。

我祈愿，念及种种，你能熄灭怒火，

　　　　祖国之父啊，罗马伟大的守护者！

575　我并不奢望返回意大利，除非有一天

　　　　我长久的放逐让你都觉得厌倦：

我只求一个更安全，也稍微宁静的去处，

　　　　这样我的过犯和惩罚正相符。

《哀歌集》

第三部

TRISTIVM LIBER III

第一首（序诗）¹

"放逐者²差遣我，忐忑的小书，来到罗马。

　　朋友，我累了，能否搀扶我一下？

别后退，唯恐不小心我会带给你耻辱：

　　这首诗没有一行讲爱的艺术³。

5　我的主人遭遇那么惨，他哪有兴致

　　给它蒙上一层戏谑的文字？

再说，年轻时他游戏玩过头，写了那本书，

　　如今（太迟了）他只剩憎恨和厌恶！

你看看里面：都是些悲伤抑郁的诗，

1　这首诗是《哀歌集》第三部的序诗，此时奥维德已经到达托密斯。这首诗的写法和《哀歌集》第一部第一首相仿，也是用拟人手法将诗集比作自己的孩子，措辞上也与那首诗有许多呼应。奥维德借导游之口，让读者和他的诗集一起游历了罗马，但熟悉公元前1世纪罗马的人很快会发现，诗中遗漏了一些重要的地方，而且奥维德似乎是故意的，并隐约表达了对屋大维的不满。对此诗分析最深刻的文章是：Samuel J. Huskey, "Ovid's (Mis)Guided Tour of Rome: Some Purposeful Omissions in 'Tr.' 3.1," *The Classical Journal*, 102.1 (2006): 17-39。

2　指奥维德。

3　意为这些作品与《爱的艺术》差别很大。

10　　跟他现在的处境倒很合适。

　　如果你觉得诗句有点跛，或者是因为

　　　　音步的缘故 [1]，或者是旅途太疲惫；

　　我没用雪松油泡金黄，也没用浮石磨光滑，

　　　　因为我羞于装扮得比主人奢华；

15　有些字母看不清，好像染了污迹，

　　　　那是掉在纸草上的诗人的泪滴 [2]；

　　如果有些地方不像是纯正的拉丁语，

　　　　别忘了创作的地点是蛮荒异域。

　　读者们，麻烦告诉我，远道而来的小书

20　　该去哪里，罗马有什么好去处。"

　　当我怯生生嗫嚅完这番话，费尽功夫

　　　　才找到一人愿意为我引路。

　　"愿神赐给你我主人无福享受的好运，

　　　　在自己的故乡度过宁谧的一生。

25　出发吧！我会跟着你，尽管我已经很困，

　　　　毕竟从遥远的海外来，水陆兼程。"

　　他在前面走，告诉我："这是恺撒广场 [3]，

1　哀歌体的基本单位是对句，上句六音步，下句五音步，就像一条腿跛了一样。

2　参考《哀歌集》第一部第一首 6—14 行。

3　"恺撒广场"所指不明，或者仅指恺撒广场，或者仅指奥古斯都广场，或者都
　　包括。Huskey（2006）注意到，奥维德在介绍罗马城的广场时，没有提到任
　　何一座恺撒或屋大维修建的公共建筑物。例如，公元前 29 年竣工的元老院大
　　厦（Curia Iulia），屋大维修复的埃米利亚会堂（Basilica Aemilia），公元前 46
　　年完成的尤利亚会堂（Basilica Iulia），公元前 44 年完成的大讲坛（Rostra），
　　以及公元前 29 年竣工的恺撒神庙（Templum Divi Iulii）。

这是圣道[1]，举行圣礼的地方，

这是维斯塔神庙，守护帕拉斯和圣火[2]，

30　　　这里曾是古代努玛的住所[3]。”

然后向右转，他说：“那是帕拉丁的大门，

这里是朱庇特神庙，罗马城的根[4]。”

我发现那些建筑中有一座，闪亮的武器

装饰着门柱，仿佛是神的府邸[5]，

35　便问：“这是朱庇特的家吧？”因为我看见

1　圣道（Via Sacra），罗马城的中枢，连接了众多重要地点。

2　维斯塔神庙里面供奉着灶神维斯塔（Vesta，即希腊神话中的 Hestia）和象征着罗马国运的圣火。这里的“帕拉斯”指密涅瓦（雅典娜）神像。据说神像在特洛伊建城时从天而降，特洛伊战争中被狄俄墨得斯（Diomedes）和奥德修斯偷走，但罗马人认为，偷走的神像是假的，真的神像被埃涅阿斯带到了意大利。

3　“努玛的住所”被称为 Regia，是罗马第二代国王努玛（Numa）的官殿。Huskey（2006）指出，公元前 29 年后，沿圣道向东走的人无法直接看到奥维德这里介绍的维斯塔神庙和努玛官殿，因为恺撒神庙挡住了视线。要看到这两处景点，需要沿着恺撒神庙南面的一条支路走，并穿过奥古斯都拱廊，然后右边才是维斯塔神庙，左边是恺撒神庙背后的努玛官殿。奥维德完全不提必经的恺撒神庙和奥古斯都拱廊，应当不是无心的。维斯塔神庙和努玛官殿这两处地标代表了比恺撒和屋大维古老得多的罗马宗教传统。

4　“朱庇特神庙”原文是 Stator（拯救者，朱庇特的众多称号之一），这座神庙据说建于公元前 8 世纪的罗慕路斯（Romulus）时期，所以说是“罗马城的根”。但也有人认为，它实际建于公元前 296 年。Huskey（2006）认为，奥维德此处影射了罗慕路斯，让读者联想到王权和兄弟相残，而这些都是屋大维很不愿罗马人提及的。

5　指帕拉丁山上的屋大维府邸，屋大维继任大祭司（Pontifex Maximus）之后，没有按传统在卡皮托山上安居，而在帕拉丁山建了官殿，将帕拉丁变成了新的宗教中心，但奥维德的姿态似乎暗示，罗马的传统是屋大维抹不掉的。特别值得注意的是，向导没有提屋大维府邸旁边的新维斯塔神庙，表明了罗马普通人对屋大维宗教努力的漠视。

神王的标志，一个橡树叶环[1]。

当我得知它的主人，仍然说："我没错，

这是朱庇特的家，千真万确[2]。

可是它的入口处为什么种着月桂，

40　幽暗的枝叶遮住庄严的门楣？

是因为这样的庭户配得上永远的凯旋礼，

还是因为它一直令阿波罗心仪[3]？

是因为它本身喜庆，还是让周围喜庆？

还是象征它带给世界的和平？

45　正如月桂常青，树叶也不枯凋，

它也同样拥有恒久的荣耀？[4]

一行铭文解释了悬挂叶冠的理由：

国家的公民曾经蒙他拯救。

请多拯救一位公民吧，仁慈的君上，

50　他被放逐至天涯，被世人遗忘，

虽然他承认自己理应受罚，但缘起

不是一宗罪，而是一桩过失。

可怜的我害怕这地方，害怕这位神，

我的文字在颤抖，惊恐难忍。

1　"橡树叶环"是朱庇特的标志。

2　拟人的诗集已经知道这是屋大维的府邸，仍执意将它称为"朱庇特的家"，与奥维德其他放逐诗歌中的做法是一致的。

3　屋大维一直视阿波罗为恺撒家族的守护神，月桂是阿波罗的圣物。阿波罗的原文是 Leucadio deo（琉卡迪亚的神），因为琉卡迪亚有一处著名的阿波罗神庙，屋大维在阿克提翁战役胜利后曾在此向阿波罗致谢。

4　一系列的疑问句或许表达了奥维德对屋大维治下"罗马盛世"的怀疑。

　看见我苍白的书页如何失去了血色？

　　　看见我交替的音步如何哆嗦？

　　宫殿啊，我祈祷某日你能与我的父亲 [1]

　　　和解，愿那时仍住着这些主人！"

　　然后，向导领我沿高峻的台阶缓步

　　登上长发阿波罗皓白的殿宇 [2]，

　　大理石柱间矗立着达那俄斯的女儿们，

　　　还有她们拔剑怒视的父亲 [3]，

　　古今博学之士思考过的一切话题

　　　全都陈列在那里，供读者检视 [4]。

　我寻找我的兄弟，当然除开那几位 [5]，

　　　因为连父亲都不愿他们存在，

　　却徒劳无功，掌管这处圣地的守卫

　　　也不许我在书籍间继续徘徊 [6]。

　　我只好转向另一处殿堂，它靠近剧场 [7]：

1　指奥维德。

2　原文未出现阿波罗的名字，只以 intonsi dei（长发神）指代。"皓白的殿宇"指帕拉丁山的阿波罗神庙。

3　"达那俄斯的女儿们"被统称为 Belides 或 Danaides，因为这五十位女人的祖父是 Belus（贝罗斯），父亲是 Danaus（达那俄斯）。这里奥维德描绘的是图书馆的雕塑。

4　阿波罗神庙有一个附属的图书馆，屋大维所建，是罗马城最大的公共图书馆。

5　"兄弟"指奥维德的其他诗集，"那几位"指三部《爱的艺术》。

6　这意味着奥维德的诗集未被这个图书馆收录。

7　"剧场"指马凯卢斯剧场（Theatrum Marcelli），"殿堂"指屋大维娅柱廊（Porticus Octaviae）附近的图书馆。

70　　　　然而这里也禁止我踏足观赏。

连最先收藏经典著作的自由神庙，

　　　　也不能容忍我一窥它的堂奥[1]。

悲惨作者的命运已株连他的孩子，

　　　　我们也必须和他一起流离。

75　　或许有一天，恺撒对我们不再严酷，

　　　　也终于厌倦了他的长久放逐。

众神啊——毋宁你，恺撒（何必向一群神求助），

　　　　至高之神，请垂听我的呼吁！

而现在，既然公共场所都向我关闭，

80　　　　就姑且藏身于某位私人的宅邸。

你们这些平民，如果这不算忤逆，

　　　　请接过这些因被拒而蒙羞的诗。

第二首（呼求死亡）[2]

看来我命中注定要远赴斯基泰，这片

　　　　躺在北极星轴下的冰冷荒原[3]，

1　波利欧（Asinius Pollio）在自由神庙（Atrium Libertatis）里创办了古罗马第一
　　家公共图书馆。

2　在这首诗里，奥维德表达了《哀歌集》和《黑海书简》里反复出现的一个主题：
　　放逐生活比死亡还悲惨。"哭泣却成了唯一的快乐"是他此时生活最有力的概括。

3　"北极星轴"原文是 Lycaonio axe（吕卡翁的星轴），因为靠近北极星的大熊
　　星座是卡里斯托所变，她是阿卡迪亚国王吕卡翁的女儿。

你们缪斯，还有你阿波罗，虽掌管文艺[1]，

  却都没伸手帮助你们的祭司。

5 我只是游戏，并非犯罪，轻浮的只是

  诗歌，不是生活，但这有何益？

我刚忍受了海上和陆上无数的艰险，

  又进了寒冷噬骨的庞图斯的囚圈。

昔日，我悠闲无事，生于安乐之中，

10 身体娇弱，难经受任何劳动，

如今却忍耐着极限，没有港口的海，

  野僻的路，都没能把我摧毁。

灵魂没臣服于逆境，肉身向它借勇力，

  竟也扛住了几乎无法扛的打击。

15 然而，当我尚在惊惧颠沛的旅途，

  磨难反而转移了忧虑与痛苦；

当路已走完，仆仆的风尘已消散，终于

  到达目的地，我的放逐之处，

哭泣却成了唯一的快乐，泪不住地涌，

20 仿佛在春天，冬雪全都消融。

我想起罗马，家，常去的地方，还有

  留在我失去的城市的一切故旧。

可悲，我曾多少次敲自己坟墓的门扉，

  但它从来不曾吱嘎打开？

---

1 缪斯原文是 Pierides（皮埃里亚人），因为色雷斯的皮埃里亚（Pieria）据说是
  缪斯最初的居处。阿波罗的原文是 stirps Letoia（列托的后代），列托（Leto）
  即罗马神话的拉托娜（Latona），是阿波罗和狄安娜的母亲。

25　为何刀剑总放过我，为何恐怖的风暴

　　　一直没落在我受诅咒的头上？

　　众神啊，既然你们一贯都过于残忍，

　　　既然你们和某位神[1]同感忿恨，

　　我就求你们鞭策我犹疑不前的命运，

30　　　决不许关闭我的死亡之门[2]！

第三首（致妻子）[3]

　　如果你奇怪，我的这封信为何是别人的

　　　笔迹，那是因为我病了，病了，

　　在一个不为人知的世界最遥远的角落，

　　　我几乎不相信这病还能有起色。

5　　躺在扫罗马泰和盖塔间的可怕国度，

　　　你觉得我现在会有怎样的心绪？

　　我受不了这里的气候，不习惯这里的水，

　　　就连土地我也无来由地憎恚。

1　　指屋大维。

2　　Green（2005）认为，奥维德在这里颠覆了古希腊和古罗马诗歌"吃闭门羹的
　　情人"（paraclauthyron）这一传统，将诗人拒之门外的不再是狠心的情人，
　　而是更残忍的死。

3　　这首诗和《哀歌集》第一部第三首一样，表达了奥维德对妻子的深情。《哀歌
　　集》和《黑海书简》中写给妻子的其他信件则多少包含了某种责怪和猜忌的情
　　绪，不如这两首情感纯粹。从写法看，它可能受到了提布卢斯《歌集》第一部
　　第三首的影响。Maguinness（1958）高度赞扬了这首诗的情感。

这里没有适合病人的房子和食物，

10 　　也没人懂医术 [1]，能减轻我的痛苦，

也没有朋友在身边，安慰我，和我闲谈，

　　一起打发缓缓流逝的时间。

疲惫地置身天涯的异域和异族，一切

　　不在这里的东西都会触动我。

15 我想念所有人与事，尤其是你，我的妻，

　　这颗心超过一半的地方属于你。

我对着空中的你说话，只唤你的名，

　　无日无夜眼前没有你的影。

他们说，我甚至会莫名地呓语，神思错乱，

20 　　但你仍不会离开我疯痴的唇边。

倘若我舌头不能言语，紧黏着上颚，

　　即使滴酒也失去任何效果，

只要有人宣告你来了，我立刻会跃起，

　　见你的希望就是我的气力。

25 所以我对生活才有所疑虑：你在那边，

　　或许忘了我，过着幸福的每一天？

不会的，我劝慰自己。亲爱的，我很清楚，

　　没有我，你的日子一定不幸福。

然而，如果我已经走完命定的旅程，

30 　　生命的终点很快就会来临，

众神啊，饶恕一位将死的人有何难？

1　　"医术"原文为 Apollinea arte（阿波罗的技艺）。

至少让我埋故乡的泥土下面！

真希望放逐的惩罚推迟到我死的那刻，

　　或者死神来太快，将先机抢夺！

35　保留过去的权利，我愿欣然放弃生；

　　在放逐中死去，却是我现在的命运。

很快，远远地，我将在陌生的地域亡故，

　　这样的背景让结局更加阴郁。

我枯萎的身体不会躺在从前的床上，

40　　也不会有人哀哭，当我下葬；

没有妻子的眼泪滴落我的脸庞，

　　为我的生命添些许短暂的时光；

我没有临终的嘱托，伴着最后的哭声，

　　也没挚友合上我熄灭的眼睛；

45　这颗头颅，没有葬礼，也没有墓园，

　　将长眠蛮荒之地，无人悼念！

听闻这消息，难道你不会五内俱狂，

　　用惊恐的手捶打忠诚的胸膛？

难道你不会徒劳地向这里伸出手臂，

50　　呼唤可怜的丈夫空洞的名字？

但是别抓破脸颊，扯断头发，我的爱，

　　那不是你我第一次惨怛分开。

你该相信，我失去祖国时，就已经离世，

　　于我那才是更早、更可怕的死。

55　而现在，若你能做到（可你不能，好伴侣），

　　就该庆祝死终结了我的痛苦。

你可以做的，是勇敢承受长久以来

　　已习惯的灾难，这才能减轻伤害。

让我的灵魂和身体一起毁灭，我不愿

60　　任何部分逃离贪婪的火焰！

因为，若灵魂不死，飘荡在空茫的天宇，

　　若毕达哥拉斯[1]所言竟然不虚，

罗马亡灵就将在萨尔马提亚的鬼魂中

　　浪游，永远困于蛮族的异乡。

65　但你一定要用小瓮载回我的遗骸，

　　别让我死后继续流浪在外

（无人能阻拦：尽管忒拜的国王禁止，

　　安提戈涅仍安葬了被杀的弟弟[2]），

请将我的骨灰与叶子和甘松粉[3]混合，

70　　盛好后，葬在城郊的某个角落，

在我坟头的大理石用大字刻几行诗句，

　　供往来行人匆匆的目光扫读[4]：

"长眠于此的人曾以情诗为游戏，

　　我，诗人纳索，因天才而死，

1　毕达哥拉斯（Pythagoras）原文是 Samii senis（萨摩斯老者），因为萨摩斯（Samos）
　　是毕达哥拉斯的出生地。他宣扬灵魂转世说，这里灵魂在死后脱离身体，永久
　　飘荡的说法似乎与他的观点不符。Green（2005）认为，奥维德可能受到亚里
　　士多德《论灵魂》（De Anima 404a 17）的影响。

2　安提戈涅的原文是 Thebana soror（忒拜的妹妹），关于这个故事，参考《哀歌集》
　　第二部第 402 行注释。

3　甘松粉（amomum）是古罗马人常用的香料。

4　下面四行是奥维德自拟的墓志铭。

知晓情为何物的行客，请不吝赏赐

　　　　一句祷告：'愿纳索的尸骨安息！'"

这几句铭文已足够，因为我的诗书

　　　　才是更重要，也更长久的遗物，

我毫不怀疑，它们虽然害了我，却注定

　　　　为作者带来名声和永恒的生命。

然而，你给死者的祭礼请不要中断，

　　　　还请放上你的泪沾湿的花环。

虽然火已经把我的身体化作了尘灰，

　　　　悲伤的余烬仍能感知你的爱。

我还会给你写信，但我的嗓子已倦，

　　　　舌头发干，没法给执笔人继续念。

请收下或许是我吐出的最后一个词，

　　　　"平安"，虽然它于我并不合适[1]。

第四首（对一位好友的告诫）[2]

我一直珍视的伙伴，在世界轰然倾塌、

　　　　我深陷困厄时，你的情谊更无价。

如果你多少相信朋友的亲身体悟，

　　　　就为自己而活吧，远离大人物。

1　因为诗人自己并不平安。

2　在这首诗里，奥维德以亲身经历和神话故事为例，劝告好友远离大人物，过与世无争的生活。

5　　为自己而活，尽可能避开最耀眼的声名，

　　　　　残酷的闪电就降自绚烂的天庭。

　　虽然唯有掌权者能对你有所助益，

　　　　　可他们若能害你，难道会帮你？ ¹

　　收低的桁端才能躲过冬天的暴风，

10　　　　满张的船帆更容易带来惊恐。²

　　你看，轻木塞如何在波浪之巅停泊，

　　　　　重物却拽着织网一起沉没。

　　警示你的我倘若也曾经有人警示，

　　　　　或许就能留在我该留的城市 ³。

15　　当我生活在自己的圈子，当和风吹拂，

　　　　　我的船一直行驶在平静的水域。

　　人若在平地摔跤（很少发生这种事），

　　　　　摔倒了，一触地立刻就能站起；

　　可是厄尔佩诺耳跌下高高的房顶，

20　　　　再见国王时已是跛脚的幽灵 ⁴。

　　为何代达罗斯的翅膀能平安飞行，

　　　　　伊卡洛斯却只在大海留名 ⁵？

1　　这行诗体现了奥维德对掌权者的深刻认识。

2　　这些话也让人联想起贺拉斯的"黄金中道"哲学。

3　　指罗马。如果当初有人告诫，或许他就不会遭受放逐之灾。

4　　厄尔佩诺耳（Elpenor）是尤利西斯的同伴，在逃离喀耳刻的岛屿时，他正喝
　　得大醉，躺在房顶上，匆忙中跌下，摔断脖子死了。后来尤利西斯下冥府时，
　　最先见他的幽灵就是厄尔佩诺耳。"国王"指尤利西斯（伊塔卡国王）。

5　　参考《哀歌集》第一部第一首第 89 行的注释。"大海"指伊卡里亚海。

既然羽翼都不是自己的，原因只能是

　　这位飞得太高，那位却飞得低。

25　相信我，谁越潜藏就活得越好，人人

　　都不该逾越命运规定的本分。

欧墨得斯的儿子不会死，假如他不曾

　　愚蠢地觊觎阿喀琉斯的神骏[1]；

墨洛普斯若止住帕厄同，就不会目睹

30　　儿子死于大火，女儿们变成树[2]。

你也要永远警惕高不可攀的东西，

　　有任何计划，都将你的帆收起。

你理应毫无颠仆地跑完一生的历程，

　　也该享受比我幸福的天命。

35　我的这些祈愿你完全配得上，你始终

　　都对我如此温情，如此忠诚。

我曾见你哀叹我的际遇，那种表情

　　我相信和我的表情没有不同。

我曾见你的眼泪落在我的脸颊，

40　　将它们和你的话一同饮下。

此刻你仍在为放逐的朋友热情辩护，

　　减轻我几乎无计可减轻的痛苦。

1　"欧墨得斯（Eumedes）的儿子"指特洛伊人多隆（Dolon），他为了得到阿喀
琉斯的战马，独自潜入希腊军营，结果被狄俄墨得斯和奥德修斯杀死。事见《伊
利亚特》第十卷。

2　墨洛普斯（Merops）是埃塞俄比亚国王，帕厄同名义上的父亲（因为帕厄同是
他妻子和太阳神赫利俄斯的儿子）。关于帕厄同的遭遇，参考《哀歌集》第一
部第一首第79行的注释。帕厄同死后，他的姐姐们（Heliades）变成了白杨树。

愿无人妒忌你，愿你宁谧地幽居世间，

　　愿你有志气相投的朋友做伴，

45　愿你爱纳索的名字（现在只有它未被

　　放逐，其余的都归庞图斯支配）。

第四首（b）¹

囚禁我的是靠近大熊星座的土地，

　　这里的一切都被冰霜咬噬。

更远是博斯普鲁斯、顿河²、斯基泰的沼泽

50　和一些几乎无人知晓的地界。

再远些，就只剩下无人可居的冰原：

　　啊，世界的尽头就在我身边！

但故乡太遥远，亲爱的妻子太遥远，昔日

　　所有甜美的东西都遥不可及。

55　但这些又在身边，虽然我触摸不到，

　　却能在心里端详它们的纤毫。

家，罗马，各个地方的轮廓，在眼前

　　浮现，还有一桩桩旧事的画面。

妻子的面容在眼前，仿佛没有隔阻，

1　在一些版本中，这首诗和前一首诗被合并为一首，但 Miller（1987）认为，两
　　首诗主题完全不同，而且 45—46 行有强烈的完结感。

2　顿河原文是 Tanais（塔纳伊斯河），流经俄国南部的草原，注入亚速海。出于
　　节奏的考虑，本行诗用了塔纳伊斯河的现代名称。

60　　　　于我，她加重痛苦，也减轻痛苦。

加重，是因为我想她；减轻，是因为她爱我，

　　　　因为她坚忍地承受肩上的重荷。

朋友们，你们也在我心头，片刻未离，

　　　　我真想一一叫出你们的名字。

65　但是谨慎抑制了亏欠感，你们自己

　　　　恐怕也不愿名字出现在这里。

以前你们却希望在我的作品中读到

　　　　自己的名字，那是我回赠的荣耀。

既然现在有风险，我就在心里与你们

70　　　逐个交谈，这样就不用担心，

我的诗也没有暴露朋友行藏的线索，

　　　　谁愿在暗中爱我，就这样爱我。

但请记住，我与你们虽相距千万里，

　　　　你们始终与我的心在一起。

75　请以各自的方式减轻我的苦楚，

　　　　不要拒绝一位放逐者的求助。

愿好运继续伴随你们，愿你们永不

　　　　遭我的厄运，如我这般呼吁。

第五首（致一位忠诚的朋友）[1]

我与你的交往并不密切，你不必费力
　　就可掩饰我与你的任何关系，
即使我的航船碰巧遇上了好风，
　　你或许也不会与我走得更近。
5　但当我跌倒，所有人唯恐避之不及，
　　纷纷转身，背弃我的友谊，
你却敢触碰朱庇特的闪电击中的肉身，
　　却敢走进忽罹大祸的家门：
你给我如此的支持，却并非我的故友，
10　　所谓故友，只有两三位残留。
你惊愕的表情，我看在眼里，记在心里，
　　你哭着，脸色比我还苍白惨凄。
几乎每说一个词，你就掉一颗眼泪，
　　你的话我都纳入耳，你的泪吸入嘴。
15　我感觉你伸长手臂，紧搂我的脖子，
　　你在脸畔的吻都伴着啜泣[2]。
我不在的时候，你也全力为我辩护，
　　至友[3]啊，这就是我对你的称呼，
此前你的善言善行，种种的热忱，

1　这位朋友与奥维德并无深交，但在患难时却比好友更可靠。

2　古罗马同性友谊的表达方式远比后世热烈。参考卡图卢斯《歌集》第九首，按照今天的标准，卡图卢斯是双性恋，但他对同性朋友和同性伴侣区分非常清楚。

3　"至善"之"至"，而非一般意义上的"挚友"。

20　　　我都没忘却，并将铭记于心。

愿神赐给你永远能保护亲友的力量，

　　　愿他们获助时都有更好的境况！

但你如果问我（我相信你一定会问我），

　　　落难后在这片海岸过得如何，

25　我会说，我尚怀一线希望（千万别夺走），

　　　严酷的神意或许能变得和柔。

无论这只是幻想，还是有实现的可能，

　　　都请你证明，我所欲并非泡影，

求你施展雄辩的口才，向世界显示，

30　　　我的祷告能够变成现实[1]。

地位越尊显的人，怒气越容易平息，

　　　大度的胸怀必不会缺少善意。

对于高贵的狮子，击败对方已足够，

　　　敌手一臣服，他便结束战斗[2]；

35　但是狼和可耻的熊却不放过垂死者，

　　　低贱的野兽都是如此的货色。

特洛伊战场上，谁比阿喀琉斯更勇武？

　　　他却被衰老国王的眼泪征服[3]。

1　奥维德委婉地请求对方为自己的处境向屋大维呼吁。31—54 行给出了几条理由：
　（1）地位尊贵的人应该是大度之人；（2）自己没有反叛过屋大维；（3）自
　己也没犯任何真正意义上的罪。

2　关于这种说法，参考普林尼《自然史》（*Naturalis Historia* 8.48）。

3　"衰老国王"指特洛伊国王普里阿摩斯（Priamus），原文是 Dardanii senis（达
　尔达尼亚的老人）。阿喀琉斯杀死赫克托耳后，被普里阿摩斯的丧子之痛打动，
　同意归还尸首。

波鲁士的复国和大流士的葬礼告诉我们，

40 　　艾玛提亚的统帅如何宽仁 [1]。

如果不再举人类化解怨怒的例子，

　　不妨看朱诺的女婿，她从前的仇敌 [2]。

总之，我没法不怀有赦免的希望，毕竟

　　我虽被处置，手上并无血腥。

45 我从未试图袭击恺撒，搅乱一切，

　　因为恺撒的生命属于世界；

我也不曾说什么，舌头不曾泄密，

　　也不曾醉酒说出亵渎之词。

我受罚，是因为无意间目睹一宗罪行，

50 　　我有罪，是因为长了一双眼睛 [3]。

我的确不能全盘为自己的过失辩护，

　　但我的部分罪其实只是错误。

所以我仍存希望，将来他或许更改

　　放逐地，给我一个温和的安排。

55 我祈祷，耀眼太阳的使者——璀璨的晨星——

　　催动骏马，快带来这样的黎明！

1　　"艾玛提亚的统帅"指亚历山大大帝，艾玛提亚（Emathia）包括马其顿和贴
　　撒利亚。波鲁士（Porus）是印度的一个国王，亚历山大征服他之后被他的英
　　武气质打动，不仅帮他复国，还帮他扩大了领土。大流士（Darius III）是波斯
　　帝国最后一个皇帝，两次在战场上被亚历山大击败，逃亡途中被手下谋杀，亚
　　历山大找到他尸体后，为他举行了隆重的葬礼。

2　　指海格力斯（Hercules，即赫拉克勒斯），他活着时朱诺一直是他最大的敌人，
　　但他死后封了神，朱诺将自己的女儿青春女神赫柏（Hebe）嫁给了他。

3　　如同《哀歌集》第二部，这里奥维德再次强调，自己被放逐是因为看到了不该
　　看的事情。

第六首（致一位故人）[1]

亲爱的朋友，你不愿掩饰我们的友谊，
　　　　即使你愿意，你也无法掩饰。
我尚有自由时，无人比你更被我珍视，
　　　　罗马也无人超过我与你的亲密，
5　我们的情分所有人皆可做证，论名气，
　　　　无论你我，都难与它匹敌，
就连你崇拜的那位大人物[2]都已知晓，
　　　　对所有挚爱的朋友，你是多么好。
你从不隐瞒什么，总是与我分享，
10　　　你把许多秘密托付我保藏，
我有任何秘密，也只对你唠叨，
　　　　当然除开毁掉我的那一条[3]。
当初如果告诉你，现在我就该平安，
　　　　因为你的建议必保我周全，
15　可是天命显然要将我拽向灾殃，
　　　　关闭了一切通向好运的路径。
然而，无论谨慎本可以避免祸事，
　　　　还是命运绝非筹谋能阻止，
你都要记着我，既然我们心心相印，

1　这位朋友显然一直与奥维德保持着亲密的友谊，危难时也未背叛他。

2　指屋大维。

3　指他发现的屋大维家族的秘密。

20   你也几乎是我最思念的人；

倘若君主的恩遇 [1] 给了你任何影响力，

就请你为我的处境做一番尝试，

好让被冒犯的神渐渐熄灭怒火，

换一处放逐地，减轻我的折磨，

25   他这样做的前提是我心无罪念，

是某个错误导致了我的过犯。

我的眼如何碰巧见证了可怕的灾难，

事关重大，向人透露太危险。

我的心恐惧那个瞬间，如同恐惧

30   伤口，一提起，便复活当时的痛苦。

任何东西，如果能引发如此的羞耻感，

都应藏好，埋进长夜的黑暗。

所以我只能说：我的确犯了错，但我未曾

因为这个错寻求任何报偿，

35   如果想给我的罪恰如其分的名，

你就应该把它叫作愚蠢。

倘若我说谎，请将我放逐到更远的去处，

让这片土地成为罗马的郊区 [2]！

---

1   这位朋友似乎很受屋大维器重。

2   意为：让这片土地与罗马的距离都显得微不足道。

第七首（致裴丽拉）[1]

仓促写就的信，我言谈忠实的仆人[2]，

    赶紧出发，向裴丽拉致敬。

你会看见她或者在温柔的母亲身边，

    或者与自己的书和诗为伴。

5   无论做什么，她得知你来，都不会耽搁，

    立刻问你为何来，我过得如何。

你就说我还活着，却不愿活着，苦难

    并未随时间的流逝变得和缓；

虽然受了诗的害，我又重新拿起笔，

10   用长短交错的格律驱遣文字。

对她说："你不也痴迷于我们共同的兴趣，

    用希腊的方式吟唱优雅的诗句？

因为自然不仅赐给你容貌和人品，

    还有最珍贵的礼物——你的天分。

---

1   这首诗写给一位名叫裴丽拉(Perilla)的后辈女诗人。首先很容易判断，她不是《哀歌集》第二部提到的化名梅特拉（Metella ）的女人。Wheeler（1939）等人认为她是奥维德的继女（第三位妻子的女儿）。Riley（1881）等人却相信，这种看法没有任何旁证，而且诗中热情却有距离的语气不像父女之间的交谈，倘若她真是奥维德的继女，诗人也不大可能在这封信里完全不对自己的妻子说话，仅含混地提到"温柔的母亲"（第 3 行）。从诗中的情境看，裴丽拉很可能是奥维德好友的女儿，从小体现出诗才，所以被奥维德费心调教，奥维德担心自己的遭遇对她的诗歌创作有不利影响，写了这封信开导她。如 Maguinness（1958）所说，这是西方古代最温暖的诗之一。传统上（直至 19 世纪）西方男性作家对女性同行的态度都是傲慢的蔑视，即使态度友好，也多半是因为对方地位尊贵或者外貌姣好，并非基于同行的共鸣。这首诗却极为真挚、和蔼，既有长辈的关怀之情，也有同行的欣赏之心。

2   这首诗仍然用了拟人手法，如同《哀歌集》第一部和第三部的序诗。

15　是我最先将它引向缪斯的圣泉 [1]，

　　　　唯恐丰饶的水脉不幸流干。

　　你还是女童时，我就发现了你的禀赋，

　　　　像父亲一样启发你，与你共处。

　　所以，你心中灵感的火焰如果还未灭，

20　　　　你的作品就只有萨福 [2] 能超越。

　　但我担心，我现在的处境可能耽误你，

　　　　怕我出事之后你情绪低迷。

　　以前，我们常给对方朗诵自己的诗，

　　　　我是你的评论者，也是老师。

25　我或者侧耳倾听你的新作，或者

　　　　在你懈怠时，催出红晕一朵。

　　也许因为诗集害了我，让你恐惧

　　　　步我后尘，遭遇相似的结局。

　　放下恐惧，裴丽拉，只是别让任何人

30　　　　从你的诗中学会爱的秘辛。

　　所以，多才的女孩，抛掉怠惰的说辞，

　　　　回归崇高的艺术，神圣的祭礼。

　　你那娇丽的容颜终将被岁月侵蚀 [3]，

　　　　衰老的皱纹也会爬上额际，

1　"缪斯的圣泉"原文为 Pegasidas undas（珀加索斯之水），因为缪斯的圣泉希波克里尼（Hippocrene，意为马之泉）是飞马珀加索斯在赫利孔山上踩出来的。

2　萨福的原文是 vates Lesbia（莱斯博斯的诗人）。

3　奥维德对红颜易逝的警示是充满温情的，不像贺拉斯对韶华已逝的女人那样肆意羞辱。

35　　迈着无声的脚步，老年悄然到来，

　　　　　你的美终将难逃那只手的残害。

　　当你听人说'她过去很美'，你会哀戚，

　　　　　埋怨你的镜子不再诚实。

　　你不算富有（虽然你配得上公主的宝藏），

40　　　　但即使你的财产多至无穷，

　　时运仍可随意赠予或抢夺财物，

　　　　　此刻的伊洛斯刚才还是克娄苏[1]。

　　简言之，我们拥有的一切都不会长久，

　　　　　除了才华，除了胸中的锦绣。

45　　看看我，虽然失去了你们、家园和故土，

　　　　　失去了能够夺走的每一件事物，

　　但我的才华仍然相伴，仍给我快乐，

　　　　　这一点即使恺撒也无法褫夺[2]。

　　即使谁用残酷的剑终结了我的性命，

50　　　　我虽陨灭，名声却会永存，

　　只要战神的罗马仍从七丘之巅俯瞰

　　　　　征服的世界，就有人读我的书卷。

　　也愿你磨砺技艺，写出传世的诗篇，

　　　　　尽你所能，逃脱葬礼的火焰！"

1　伊洛斯（Irus）是《奥德赛》里出现的伊塔卡的一位乞丐。克娄苏（Croesus）是公元前 6 世纪吕底亚的国王，以富有闻名，后被波斯皇帝居鲁士（Cyrus the Great）俘虏。

2　这是奥维德以诗人身份向皇权提出的挑战，就如同在《变形记》结尾向神权挑战一样。

第八首（**放逐者的祷告**）[1]

此刻，我想乘特里普托勒摩斯的车骑，

　　当他向大地播撒陌生的种子[2]；

此刻，我愿驾驭美狄亚召唤的魔龙，

　　当她逃离科林斯的巍峨王宫[3]；

5　此刻，我祈愿拥有一双翻飞的翼翅，

　　就像珀尔修斯或代达罗斯[4]：

这样，我就能飞翔着穿越轻柔的空气，

　　突然瞥见故乡甜蜜的土地，

瞥见抛弃的家宅，记挂我的友朋，

10　尤其是魂牵梦绕的妻子的面容。

愚人[5]啊，你为何怀着这些幼稚的妄念，

　　没一天实现过，永远也不会实现？

非祷告不可，你就向奥古斯都祷告，

　　虔诚祷告，他的威力你知晓。

15　唯有他能给你翅膀，给你飞翔的车马，

1　这首诗似乎不是写给某位具体的收信人的，只是表达了奥维德的心愿。

2　特里普托勒摩斯（Triptolemus）是雅典国王凯琉斯（Celeus）的儿子，谷神刻瑞斯（Ceres）传给他农业的技艺，为了方便他在世界各地传播耕种知识，还把自己的马车送给他。

3　美狄亚在除掉科林斯公主、杀死自己的两个儿子之后，坐着龙车从空中逃离科林斯。

4　在珀尔修斯（Perseus）出发去杀梅杜萨（Medusa）之前，密涅瓦送给他一双带翼的飞鞋。代达罗斯在逃离克里特时，给自己造了翅膀。

5　诗人自指。

你立刻就能飞，只要他允你返家 [1]。

如果我祈求这个（它已是我极致的祈求），

我害怕，这样的祷告有些过头。

或许将来可以，等他的怒气散尽，

20   即使到那时，我也仍胆战心惊。

现在，我只求（这于我仍是慷慨的恩赐）

他更换放逐地，去哪里我都可以。

气候、水、土地、空气都不适合我，

可怜的我，身体总是很虚弱！

25   无论是因为情绪感染，肢体才颓唐，

还是这个地方不利于健康，

自从我到了庞图斯，就一直失眠，只剩

皮包骨头，饭食也让我厌憎。

如果树叶被深秋初次的霜冻刺破，

30   又被冬日的寒风击中，颜色

就会像我现在肢体的肤色。我没有力气，

各种病痛却与我片刻不离。

我的心情也不比身体好，两边都难过，

我左右抵挡，忍受双份的折磨。

35   命运的可憎形状也执拗地黏在眼前，

仿佛一具身体，强迫我观看；

当我面对这里的景致、服饰、风俗、

语言，想到我的现在和过去，

---

1   在罗马帝制下，唯一能改变奥维德命运的人就是皇帝屋大维。

就会热切地期盼死，抱怨恺撒的怒气，

40　　　　因为他没有用剑为自己雪耻[1]。

可是，既然他曾温和地发泄恨意，

　　　　就请他给我一处温和的放逐地。

第九首（托密斯的由来）[2]

这里竟然也有希腊城市（谁相信？），

　　　　四周环绕着蛮野怪乱的地名；

这里竟然也有米利都迁来的拓殖者，

　　　　在盖塔人中间筑起希腊的房舍[3]。

5　　但此地古老的名字可以追溯到建城前，

　　　　而且显然与阿布绪托斯有关[4]。

那时，狠毒的美狄亚抛弃了父亲逃窜[5]，

　　　　乘着善战的密涅瓦监制的那艘船[6]，

当人类舟楫的始祖第一次划破海面，

1　奥维德抱怨屋大维没有处死自己。参考《哀歌集》第三部第二首的情绪。

2　在这首诗里，奥维德试图从希腊语的词源来推测托密斯地名的由来。

3　传说托密斯曾是米利都（Miletus）人的殖民地。

4　阿布绪托斯（Absyrtus）是美狄亚的弟弟。

5　"父亲"指科尔基斯国王埃厄忒斯（Aeetes），美狄亚帮助伊阿宋夺取了金羊毛，背叛了父亲，于是和伊阿宋一起离开故乡。

6　指阿尔戈号（Argo）船，根据古希腊神话，它是雅典娜（密涅瓦）亲自督造，是人类第一艘船，所以是"人类舟楫的始祖"，它的航行也标志着黄金时代的终结。

10 　　　据说曾经暂泊在这片浅滩。

　　哨兵从高丘远远地望见国王，大喊：

　　　　"科尔基斯人来了，我认得那帆！"

　　惊慌的阿尔戈水手们[1]赶紧松开船缆，

　　　　锚也随麻利的手臂浮出水面，

15 　　深知自己罪孽的美狄亚却捶打着胸膛

　　　　（那双妄为的手将颠覆伦常[2]），

　　虽然她俨如平素，似乎无所忌惮，

　　　　但突受惊吓，脸色仍然一变。

　　看见迫近的帆，她也禁不住叹道：

20 　　　　"我们被擒了！必须拖住他才好！"

　　她正盘算如何做，正在四下打量，

　　　　弟弟碰巧映入她回转的目光。

　　意识到他的存在，她难忍欣喜："我赢了！

　　　　只要他一死，我们就能逃脱。"

25 　　无辜的孩子毫不知情，也毫无恐惧，

　　　　转眼间已经被锐利的剑钉住。

　　她把肢体撕成碎片，在邻近的原野

　　　　分散抛撒，任谁也无法聚合

　　　　（唯恐父亲不知，她还把苍白的双手

30 　　　　置于高岩上，连同血淋淋的头），

1　　"阿尔戈水手"的原文是 Minyae（米尼亚人），米尼亚人是生活在爱琴海的古老民族，此处借指希腊人。

2　　颠覆伦常（nefanda）不仅指马上就要发生的杀弟行为，也包括她以后一系列的暴行，包括杀死自己的孩子，害死伊阿宋的妻子，烹死伊阿宋的叔叔珀利阿斯。

这样，新痛就能让父亲驻足，旅途

　　也将在搜集残体的哀伤中延续。

此地叫作托密斯，据说就是因为

　　姐姐曾将弟弟的身体切碎[1]。

第十首（放逐地的境况）[2]

若那边至今还有人记得放逐的纳索，

　　若我虽不在罗马，名声却活着，

请告诉他们，顶着永不落海的星辰[3]，

　　我就住在蛮荒世界的中心。

5　凶残的民族，扫罗马泰、贝西[4]、盖塔，

　　提这些名字都辱没我的才华！

天气和暖时，我们尚有希斯特的保护，

1　按照奥维德的推断，托密斯（Tomis）源于古希腊语动词 τέμνω（切）和派生名词 τόμος（碎片）。

2　这首诗是《哀歌集》第三部里很著名的一首，在古罗马时代它就引起了争议，如奥维德在《黑海书简》中所说，他的罗马读者不相信他对托密斯冬天的描写。后世的评论者也常怀疑诗中细节的真实性，Martin（1966）等人特别指出奥维德可能受到了维吉尔《农事诗》（*Georgics*）第三部 349—383 行（所谓的斯基泰离题部分）的影响。但 Evans（1975）相信，诗中对冬天和战争的描写基本上是真实的，Gahan（1978）也认为，奥维德的描写大体上是可信的。在《黑海书简》第四部第七首和第九首里，奥维德提供了两位人证，声称自己没有夸张，在第十首里他还给出了一段黑海结冰的科学解释（39—64 行）。这首诗对俄国诗人普希金的《致奥维德》一诗影响较大。

3　指大熊星座。

4　贝西（Bessi）是色雷斯的一个部落，公元前 168 年被罗马征服。

流动的河水足以将战争隔阻 [1]。

可是当严酷的冬天现出它阴郁的脸，

10　　　大地被寒霜凝封，大理石一般，

当朔风大雪已不许任何人在极北居住，

　　　这些部族就沦为苦寒的囚奴。

雪绵延无际，阳光雨水都不能融化，

　　　风给它续命，让它硬如盔甲。

15　所以，先前的雪还未消，新雪又来，

　　　许多地方雪可以积上两载。

呼啸的北风威力惊人，将高塔夷为

　　　平地，将屋顶卷得凌空乱飞。

他们用兽皮和缝制的马裤抵御严寒，

20　　　全副武装，只有脸露在外面。

头发间悬挂的冰经常吱嘎作响，

　　　胡须也蒙上白霜，闪闪发光；

敞放的酒已凝固，保持罐的形状，

　　　他们只能饮酒块，而非酒浆。

25　我又何必谈溪流怎样在寒冷中封冻，

　　　池塘里怎样凿出水结成的脆冰？

就连河道宽阔如盛产纸草的尼罗河、

　　　从多处汇入无边海洋的希斯特，

蔚蓝的河水也在透骨的风中凝滞，

30　　　顶一层冰盖，缓缓爬进海里。

1　　多瑙河是罗马帝国北疆的天然边界。

曾经行船处，如今已可步行，寒气

　　冻彻的波浪甚至可踏马蹄；

牛拖着萨尔马特蛮族的篷车，穿过

　　这些新"桥"，轮下是流动的水波。

35　你们或许不会信，但说谎又有何益？

　　所以不应该怀疑我的证词：

我曾亲见巨大的海面全部冻成冰，

　　漂浮的白壳镇住了水的汹涌。

不只是看见，我还在坚硬的冰盖上踩过，

40　大海在我未湿的鞋下安卧[1]。

利安得，倘若你当日泅渡如此的海峡，

　　狭窄的水道就不会将你溺杀[2]。

此时，弧形的海豚也无法跃入空中，

　　冬日的坚顶遏止了它们的冲动；

45　无论北风的翅膀扇起如何的喧嚣，

　　被围困的深渊都没有任何浪涛；

船只同样陷于寒冰的大理石阵里，

　　桨在坚硬的水中划不出涟漪。

我曾亲见一些鱼被冰块透明地囚禁，

1　2012 年东欧遭遇寒流，黑海的确结冰了，游人们可以直接在冰上走，印证了
　　奥维德的说法。

2　利安得（Leander）和希洛（Hero）分别住在达达尼尔海峡两岸的阿布多斯和
　　塞斯托斯，利安得每晚都要泅渡海峡去和希洛相会，一个暴风雨之夜他在海中
　　淹死，希洛得知后也投海自尽。Evans（1975）指出，奥维德在这里用呼告手
　　法引入利安得的故事，或许有严肃的目的，就是告诉读者：在托密斯这样的绝
　　域，即使神话传说都失去了意义。

50   即使如此，部分仍有生命。

所以，无论凶悍的北风是冻住了大海，

        还是凝固了丰沛漫溢的河水，

一旦寒流在希斯特河上吹出冰盖，

        蛮族的敌人就骑着快马攻来——

55 这些敌人精于马术，善射远箭，

        所到之处只留下废墟一片 [1]。

一些居民逃走了，田地没人保护，

        无人看管的财产全便宜了恶徒，

所谓财产，不过是可怜的收成、牛羊、

60   破旧的篷车和穷苦农民的家当。

一些人双手绑在身后，做了俘虏，

        徒然回头望自己的房舍和田亩；

另一些中了带钩的箭，痛苦地死去，

        因为飞镝的铁头都曾浸过毒。

65 不能扛走或运走的东西，敌人都毁掉，

        无辜的棚舍也全部放火焚烧。

就算和平时，人们也活在战争的恐惧里，

        没人会专注地深耕自己的土地。

或者被敌人侵袭，或者害怕侵袭，

70   只能任凭田野荒芜、冷寂。

这里没有藏在叶荫下的甜美葡萄，

---

1   不少历史学家相信，匈奴人与斯基泰人有血缘关系，从我们对匈奴人的了解来
    判断，奥维德对黑海附近游牧部落的描写并非杜撰。

也没有酒沫在深坛边沿闪耀。

这里果树无法生长，阿孔提俄斯

　　也没有苹果刻写给恋人的讯息 [1]。

75　满眼赤裸的原野，没有任何草树，

　　幸福的人怎能在此地驻足！

世界如此广阔，有无数的地方可选，

　　我偏偏在此放逐，在此度余年！

第十一首（致一位私敌）[2]

恶徒，无论你是谁，竟奚落我的遭遇，

　　不停地控告我，吸血鬼一般残酷，

你一定是巉岩所生，野兽的奶所养，

　　我敢说，燧石塞满了你的胸膛 [3]。

5　你的怒焰还能蔓延到多远的何方？

　　你觉得我还有什么痛苦未尝？

蛮族的土地，庞图斯严酷的海岸，大熊

1　阿孔提俄斯(Acontius)在提洛岛爱上了少女库迪佩(Cydippe)，由于无法得到她，便在苹果上刻了两行诗——"Iuro tibi sanctae per mystica sacra Dianae / Me tibi venturam comitem, sponsamque futuram"（我以神圣狄安娜的神圣仪式发誓 / 我将做你的同伴，与你相守一世），然后将苹果扔到她胸前，她捡起来大声读，便不自觉发了一个必须遵守的重誓。

2　奥维德在这首诗中不仅谴责了对方背信弃义的行为，而且警告他世事难测，人有旦夕祸福。

3　参考《哀歌集》第一部第八首 41—44 行的说法。

星座，北风，这就是我的处境。

我无法用语言与这些化外之民交流，

10 　　所有地方都充满恐惧和担忧。[1]

犹如奔逃的小鹿被凶熊捕获，小羊

　　被山狼包围，我也一样惊恐，

环伺周遭的好战部族总让我战栗，

　　敌人几乎紧贴着我的躯体。

15 难道这惩罚太轻，远离亲爱的妻子，

　　远离故土和念念不忘的孩子？

难道我忍受的仅是恺撒赤裸的恨意，

　　难道他赤裸的恨意竟不值一提？

然而，某人[2]却撕扯我尚未愈合的伤口，

20 　　鼓动如簧舌，要我的名声蒙垢！

轻松的案子任谁都可以装得雄辩，

　　已裂开的东西一点力就可崩断。

攻克要塞和坚固的城墙才是勇敢，

　　最卑劣的懦夫却冲击断壁残垣。

25 我已非昨日之我，为何踩空虚的鬼魂？

　　为何要砸我的骨灰，我的坟？

搏杀中才有赫克托耳，一旦身死，

　　绑在战马后，他就不再是自己[3]。

1　Davis（2002）指出这两行揭示了不安全感和语言隔膜之间的关系。

2　即诗中的"你"。

3　阿喀琉斯杀死赫克托耳后，将他绑在战车（或战马）后面，绕着特洛伊城示威。
　　见《伊利亚特》（*Iliad* 22.395ff）。

我也是，记住，你认识的我早已消隐，

30 　　　只有那人的一个幻影留存。

凶徒，为何用冷酷的言辞攻击幻影？

　　　求你别再袭扰我的亡灵！

姑且相信我的罪全是真的，没什么

　　　说服你我不曾犯罪，只是犯错，

35 瞧，我被放逐，在受罪——你满意了吧？

　　　这处放逐地更加重了放逐的惩罚。

即使刽子手都会怜悯我的遭际，

　　　有一位法官却觉得不够悲凄。

你比布西里斯还残忍，比佩里罗斯 [1]

40 　　　还残忍，他发明了铜牛，用慢火烤炙，

传说他还将此牛献给西西里的僭主 [2]，

　　　并用这番话夸赞自己的艺术：

"君上，此礼物有大用，但并不容易看出，

　　　外观不是我作品的唯一妙处。

45 你看见了吗，牛的右侧藏着开口？

　　　你想除掉谁，就从这边往里投。

然后，用慢慢燃烧的木炭烤关着的囚犯，

　　　他就会发出与牛无异的叫喊。

1　布西里斯（Busiris），埃及国王，将异乡人作为牺牲杀死，后被海格力斯除掉。
　　佩里罗斯（Perillus）的名字没在原文出现，但可推知。他发明了烤炙犯人的铜
　　牛刑具。

2　"西西里的僭主"指帕拉里斯（Phalaris，约公元前 570—公元前 554 在位），
　　他用铜牛刑具处死的第一个人就是佩里罗斯。

礼尚往来，为感谢这项天才的发明，

50   请你给我一份慷慨的奖赏。"

可是帕拉里斯说："卓越的酷刑设计师，

        既然你在场，何不第一个尝试？"

他冷酷描绘的那种火立刻用在他身上，

        呻吟的嘴发出了双重声响。

55 我在斯基泰和盖塔之间，与西西里何干？

        无论你是谁，你都难挡我的怨言。

愿你痛饮我的血，直至浇灭你的渴，

        愿你贪婪的心里载满快乐：

我跋山越海的途中忍受了多少艰辛，

60   竟以为你若听闻也会同情。

倘若将尤利西斯与我相比，相信我，

        涅普顿的怒气毕竟不如朱庇特。

所以，无论你是谁，别再提那些罪名，

        也别残忍地碰我溃烂的创伤，

65 让遗忘渐渐淡化关于我过犯的传言，

        让愈合的痂将我的往事遮掩；

记住人类的命运，今日升难免明日沉，

        未来难测，你也该替自己忧心。

既然你对我的事怀有如此的热情

70   （我做梦也未想过这样的场景），

我就告诉你，别害怕：我的处境很悲惨，

        恺撒的怒火带来了每一样灾难。

为了证明这一点，以免你觉得我说谎，

121

我祝愿，我的这一切你来亲身尝！

第十二首（罗马的春天）[1]

西风已吹淡寒气，一年将尽，今年

　　迈欧泰[2]的冬天似乎比以往更沉绵，

曾驮着赫勒公主却让她跌下的白羊

　　正将白昼变得和夜晚一样长[3]。

5　欣悦的少男少女已把紫罗兰采撷，

　　无人播种，它们却开遍原野；

草地上绽放着五彩缤纷的花朵，舒展

　　天生的歌喉，小鸟喧嚷着春天；

燕子为避免先祖的恶名，正在屋梁下

10　　建造它们的巢，它们的小家[4]；

一直藏在犁沟下的小麦，趁泥土回暖，

　　也终于从地里探出柔嫩的尖；

1　Green（2005）提醒我们，虽然这首诗开头两行的确是描绘托密斯的春天，但在3—4行的普遍化叙述后，画面已经暗转到记忆中罗马的春天，而非眼前托密斯春天的实景（否则《哀歌集》和《黑海书简》里的抱怨都失去了效力），直到第17行这一点才被点明。

2　迈欧泰（Maeotae）是居住在迈欧提斯湖（Maeotis，即今天的亚速海）附近的斯基泰部落。

3　赫勒（Helle）是忒拜国王阿塔玛斯（Athamas）的女儿，一只金羊驮着她逃跑，她在今天的达达尼尔海峡掉下羊背，坠入海里淹死。由于诗中的羊其实指星座，所以译成汉语中通行的"白羊"。白羊座从春分日3月21日开始，至4月20日。

4　"先祖"指变成燕子的普洛克涅，参考《哀歌集》第二部第390行的注释。

能种葡萄的地方，藤枝的芽已萌动

　　（但远离盖塔海岸才有影踪）；

15　能生长树的地方，枝条开始长叶

　　（但树林远离盖塔人生活的地界）。

你们那边[1]正值闲暇，次第的节庆

　　驱逐了法庭唇枪舌剑的战争[2]。

现在可以骑马，可以用标枪掷远，

20　　可以玩球，可以滚轻快的铜环；

现在青年人浑身抹着光滑的油膏，

　　用引来的山泉将疲惫的肢体浸泡[3]。

舞台正活跃，观众为各自的偶像沸腾，

　　剧场取代了广场，欢声雷动。

25　啊，谁能自由地享受罗马的一切，

　　谁就有四倍、无数倍幸福的生活！

可是我只能感觉春阳融化了积雪，

　　池塘无须凿冰，水不再冻结；

海不再封冻，扫罗马泰的车夫也不再

30　　赶着吱嘎的篷车碾过冰盖。[4]

然而，一些船已开始出发，往这里行驶，

1　　指罗马。

2　　古罗马春分前后有一系列节庆，所以法庭休庭。

3　　"引来的山泉"原文是 Virgine aqua（处女泉），"处女"（Aqua Virgo）是古罗马一座高架引水桥的名字，公元前 19 年 6 月 9 日建成，主要用于罗马人的沐浴，6 月 9 日是灶神维斯塔的节庆，所以可能因为维斯塔贞女的缘故起了这个名字。

4　　27—30 行呼应着《哀歌集》第三部第十首 25—26 行、33—34 行。

友好的远客很快会到达庞图斯。

我会殷勤地迎接水手，向他致意，

问他为何来，是谁，来自哪里。

如果他不是附近来，不是无忧地尝试

周边的水域，就真是一件奇迹。

极少有人从大海那头的意大利远航，

拜访这个连港口都没有的地方。

然而，如果他会说希腊语或者拉丁语

（后一种情形当然更是机遇，

因为从海峡入口和遥远的普罗庞提斯，

稳定的南风能助人航行到此），

无论他是谁，都能凭记忆讲述传闻，

与我分享消息，传递音讯。

我祈愿，他能向我描绘恺撒的凯旋 [1]，

罗马人如何向朱庇特感恩还愿，

还有你，反叛不止的日耳曼 [2]，如何最终

绝望地俯首，臣服于我们的统领。

我虽恨未能亲见，但谁若告诉我这些，

他立刻就会成为我家的贵客。

可悲啊，纳索竟已在斯基泰的世界安家？

我的家竟已让位于放逐的判罚？

众神啊，改变恺撒的决心，别让我永远

---

1   triumphus（凯旋）是古罗马专门为取得重大胜利的将领举行的庆祝游行，此时皇子提比略（即这里的恺撒）正在日耳曼征战。

2   日耳曼诸部落在公元前 1 世纪到公元 1 世纪与罗马进行了多次战争。

定居于此，只当它是赎罪的客栈！

第十三首（**放逐者的生日**）[1]

看吧，我的生日已如期而至，却是

　　多余——因为我的出生有何益？

残忍的家伙，为何要增添放逐者的年岁？

　　你早该掐断它们的这列长队。

5　如果你还顾念我，或还有任何羞耻，

　　就不该跟随我离开故乡的土地，

你初识褪褓中的我既已见厄运的端倪[2]，

　　何不在那里就终结我的日子？

或者在我离开罗马时，和我的那些

10　　朋友一样，你也该悲伤地说"永别"。

你与庞图斯何干？难道恺撒的怒火

　　也将你送至天涯的苦寒世界？

我猜你是在期盼你常得到的荣耀[3]：

　　从我肩头披垂的雪白托加袍，

1　这是奥维德写于自己生日的诗，可对比《哀歌集》第五部第五首写于他妻子生日的诗。这首诗也用了拟人手法，从第 3 行起切换到第二人称，"你"指生日。Cairns（1971）指出，生日诗（genethliakon）是古罗马诗歌的重要类别，但奥维德在这首诗里颠覆了传统，他不是庆祝生，而是祈祷死。

2　奥维德赋予了他的生日预见未来的能力。

3　"常得到的荣耀"指下文描述的生日庆祝仪式。

15　袅袅青烟的祭坛，装饰着鲜丽的花环，

　　　　小块乳香在圣火中噼啪轻燃，

　　而我则恭敬地献上标志生日的脆饼[1]，

　　　　用虔诚的唇念出吉祥的祷文。

　　可我的处境已不同，那样的时日已不再，

20　　　　我已经无法庆祝你的到来。

　　死亡的祭坛，阴森的柏阵，垒起的柴堆，

　　　　点燃的火把，这些才与我相配。

　　不应焚香，因为它求不来神的庇佑，

　　　　如此的灾厄里我也无言祈求。

25　然而，如果今天我非得求点什么，

　　　　我就求你再也别回这个角落，

　　只要大地尽头的庞图斯，希腊人所谓的

　　　　"好客之地"[2]，仍然囚禁着我。

第十四首（跋诗）[3]

饱学之士的崇拜者，广受敬重的翼护者，

1　"脆饼"指献祭的小盐饼，用谷物制成。

2　庞图斯（πόντος，拉丁语 pontus）在古希腊语中又名 εύξεινος（拉丁文 Euxinus），意为"好客的"。

3　这首诗写给一位替诗人保存和整理作品的朋友，如 Davisson（1984）所说，它延续了奥维德将诗集比作孩子的主题。Green（2005）认为，这位朋友应当是帕拉丁图书馆馆长 C. Iulius Hyginus，他是众多诗人的赞助人，奥维德年轻时的好友。

珍爱我才华的朋友，你正做什么？

平安时我总承蒙你传扬名声，现在你

　　也应在运筹，不让我彻底消失？

5　你在编纂我的诗歌，只排除《爱的艺术》，

　　那部害苦了作者的灾难之书？

我求你这么做，新诗人的伯乐，尽你所能，

　　在罗马保存我的另一具尸身。

放逐的是我，放逐的不是我的书卷，

10　它们不应承受主人的罪愆。

时常父亲流放至遥远的海外，儿女

　　却依然可以在我们的都城安居。

帕拉斯一般[1]，我生出的诗也没有母亲，

　　这些就是我的子嗣和家人。

15　我将它们交给你，它们越孤苦伶仃，

　　你这监护人身上的担子就越沉。

有三个孩子[2]不幸感染了我的病，其余

　　那些，你大可坦然地公开照顾。

还有十五卷诗歌讲述变形的故事[3]，

20　最后一刻才逃脱主人的葬礼。

那部作品，当初若不是我先死，定能

　　臻于完美，确保永久的名声；

1　帕拉斯（密涅瓦）没有母亲，诞生时直接从朱庇特头脑中蹦出。

2　指三部《爱的艺术》。

3　指《变形记》。

现在它未经修改就要被大众诵读——

      如果大众还诵读我的任何书。

25 再加上这些不知如何描述的诗卷 [1]，

      它们从遥远的世界来到你身边。

无论谁读——若还有人读——请先想想

      创作的时间，还有创作的地方。

如果他知道这些诗写于放逐期间，

30   写于蛮荒之地，就不会太苛严，

而且会惊讶，面对诸多的磨难，我竟能

      用悲伤的手写下任何诗行。

灾厄毁掉了我的才华，即使在往日，

      它的水脉也狭窄，源头也枯瘠。

35 但不管它原来如何，长久无人取用，

      凝滞的溪流已经干涸、消亡。

这里没有多少书，可给我鼓励和滋养，

      取代书的是羽箭和刀枪的嘶鸣。

即使我朗诵，这片土地上也没人倾听，

40   没有给我慰藉的诗歌的知音，

也没有安静的场所。为驱走侵犯的盖塔人，

      城门紧闭，城头也驻有守军。

我常想不起某个词、某个人、某个地名，

      但身边没有谁能够给我提醒。

45 我常试图表达什么（真羞于承认！），

---

1   指此时已经完成的《哀歌集》前三部。

却一片茫然，失去了说话的本领。

我的周遭都萦绕着色雷斯、斯基泰的蛮语，

　　我似乎已经掌握盖塔人的格律。

相信我，我好害怕我的拉丁文不再纯粹，

50　　你在诗里读到庞图斯的词汇。

所以，无论怎样，请宽容地对待这本书，

　　原谅它，因为我的处境和遭遇。

《哀歌集》

第四部

TRISTIVM LIBER IV

第一首（诗人致读者）[1]

如果我的诗歌有任何瑕疵（当然有），

　　读者啊，请把时间当作借口。

我在放逐中，不求名声，只求安宁，

　　以免我的心一直陷在灾厄中。

5　所以，戴着脚镣的矿工也会唱歌，

　　用糙陋的旋律减轻劳役的折磨；

泥泞河滩边，弯腰的纤夫也一边哼唱，

　　一边奋力拽着船逆流而上；

把一对柔韧木桨抵在胸前的舟子，

10　　也伴着击水的节奏挥舞手臂；

当牧人困倦地倚着手杖或坐于石上，

　　他会用芦管的音乐抚慰绵羊；

一边唱着曲儿，一边纺分给她的纱，

1　这首诗是《哀歌集》第四部的序诗，与第一部和第三部的序诗相比，它的情绪更悲观，或许因为诗人的前三部诗集未能产生他预期的效果，他仍然困在放逐地，处境没有任何改变的希望。诗中的核心悖论是：诗歌导致了他的放逐，但诗歌却是他放逐生活的唯一安慰。

女仆如此把干活的时间打发；

　据说布里塞伊斯被夺走，阿喀琉斯

　　　以海摩尼亚的里拉琴纾解忧思[1]；

当俄耳甫斯用歌声移动森林和岩石，

　　　他正为两度失去的妻子而悲戚[2]。

我放逐庞图斯途中，缪斯也一直是慰藉，

20　　　只有她始终不渝地陪我漂泊，

不惧伏击，也不惧辛图斯[3]士兵的利剑，

　　　海浪、狂风、蛮域都视若等闲。

她也知，我遭难是被什么错误欺骗，

　　　我的行为不是罪，只是过犯。

25　她如今对我好，或许正因她曾害过我，

　　　当她和我被控告，被指为同伙。

既然缪斯的圣礼注定带来祸患，

　　　我真希望从未与它们有沾染。

可我现在能如何？被它们的力量控制，

30　　　疯癫的我毁于诗，却仍然爱诗。

1　阿喀琉斯因为女战俘布里塞伊斯（Briseis）被阿伽门农抢夺，愤而离开军营，使者找他时发现这位将军正在弹里拉琴，见《伊利亚特》（*Iliad* 9.186）。

2　"妻子"指欧律狄刻（Eurydice），她新婚后被毒蛇咬死，俄耳甫斯（Orpheus）为她下地府，用琴声感动了冥王，在她返回阳间的途中，由于俄耳甫斯违反与冥王的约定，回头看她，导致她二度死亡。极度悲痛的俄耳甫斯弹琴歌唱，森林和岩石也跟着他移动。参考维吉尔《农事诗》（*Georgics* 4.454ff）和奥维德《变形记》（*Metamorphoses* 10.8ff）。

3　辛图斯（Sintus）所指不详，这个民族的名称只在奥维德诗中出现过一次。

奇特的忘忧莲也如此，尝过味道的人

　　虽被它害，却总是欲罢不能[1]。

恋人明知爱下去有危险，却依然执拗，

　　追逐预见的恶果，不毁灭不罢休。

35　我也痴迷这些伤害过自己的诗，

　　爱这些给我留下伤口的武器。

或许这种癖好看起来与疯病太相似，

　　但这种疯病却有某种裨益：

它阻止心灵一直沉浸于那些苦楚，

40　　让它暂时忘却眼前的遭遇。

正如恍惚的酒神狂女在伊达山上

　　如野狼尖叫，浑不知自己受伤[2]，

每当青翠的藤杖[3]激荡我胸中的热情，

　　我的灵魂也超越了人世的苦痛。

45　它已不记得放逐，不记得身边的异域，

　　也不再记得什么神的愤怒，

恰似正饮着冥府忘川的催眠之杯，

　　我也感知不到忧郁的年岁。

所以，我理应敬拜减轻我不幸的女神，

1　　"忘忧莲"指《奥德赛》中"食莲者"部分（*Odyssey* 9.82ff）。奥维德用这个
　　比喻表明，写诗也能让人上瘾。

2　　"酒神狂女"（Bacche）指追随酒神巴克斯的狂热女信徒，伊达山（Ida）本是
　　地母库柏勒的圣山，因为这两位神的敬拜中心都在希腊人眼中的东方，敬拜群
　　体都是女性，敬拜仪式都有狂热的自戕举动，所以常被混淆。

3　　"青翠的藤杖"（thyrsus）指酒神权杖，顶端覆盖着松果或葡萄叶子。

50　　　　从赫利孔远来，伴我忧惧的旅程 [1]，

　　时而在海上，时而在陆上，或者乘船，

　　　　或者步行，屈尊随我辗转。

　　我祈求，至少她们能温存待我！至于其他神，

　　　　都已加入强大恺撒的阵营，

55　他们强加给我一个又一个灾难，

　　　　多如岸边沙，海里鱼，鱼腹中的卵 [2]，

　　你即使能数完春天的花、夏天的麦穗、

　　　　深秋的果子、隆冬的雪，我遭的罪

　　也仍数不完，当我在全世界颠沛流离，

60　　　　凄凉地奔向欧克辛 [3] 左岸的土地。

　　我到达之后，境遇也不比路上好分毫：

　　　　命运追到了这里，不许我脱逃；

　　即使在这里我也辨识出诞生时的纱线，

　　　　黑羊毛纺出的纱线，专为我而选 [4]。

65　姑且不提敌人的伏击、性命的危险

　　　　（都是真实的，听起来却像奇谈），

　　对曾在罗马家喻户晓的人来说，

　　　　与贝西人、盖塔人为伍已是折磨！

　　依靠铁门和城墙的保护，自己的地位

1　　"女神"指缪斯，赫利孔（Helicon）是缪斯的圣山。

2　　这是西方古典诗歌中形容多的一个程式，在奥维德诗中多次出现。

3　　"欧克辛"（Euxinus）是庞图斯的别名，参考《哀歌集》第三部第十三首第 28
　　　行的注释。

4　　指命运三女神的纱线，黑色暗示命运多舛。

70　　　　却不能保证安全，多么可悲！

即使年轻时，我也躲开艰苦的军训，

　　　　除非游戏，武器我绝对不碰，

如今我老了，却腰间佩剑，左手持盾，

　　　　还用铜盔罩着我花白的头顶。

75　因为瞭望塔的卫兵一发出袭击的讯号，

　　　　我颤抖的手就赶紧将甲胄穿好。

敌人拿着弓，挎着浸毒的箭，骑着

　　　　快马，狰狞地扫视我们的城垛。

就像来不及入圈的羊被凶狼擒获，

80　　　　一路颠簸，拖过树林和田野，

谁若还未进入栅门，在郊原遇见

　　　　蛮族的敌人，结局也同样悲惨：

或者脖子套上绳索，沦为俘虏，

　　　　或者死于毒箭，啃食埃土。

85　一位新居民，我就躺在这动荡的地方：

　　　　命运派给我的时间太过漫长！

然而，远来的缪斯不顾诸多的困苦，

　　　　勇敢地回归从前的圣礼与格律。

可是这里没有人听我朗诵作品，

90　　　　没有人懂得拉丁词语的意蕴。

我还能怎样？写给自己，念给自己，

　　　　自己评价自己，无人挑刺。

但我也经常自问："这番辛劳是为谁？

　　　　我的诗扫罗马泰人、盖塔人能品味？"

95　我甚至经常一边写，一边痛哭流涕，

　　　　任凭泪水打湿我的文字，

　　我的心感受着旧痛，仿佛它们是新伤，

　　　　凄凉的泪雨一直落到胸膛。

　　而当我想起境遇的逆转，我的今与昔，

100　　　我从何处来，被命运卷到了何地，

　　癫狂的手就憎恨这嗜好，憎恨它自己，

　　　　将我的诗稿扔进燃烧的炉火里。

　　既然如此多的作品只有些许幸存，

　　　　无论谁读到，都请口下留情。

105　禁止我踏足的罗马，你也不要苛责

　　　　这些不比我处境更好的诗歌。

第二首（想象的凯旋）[1]

　　或许凶悍的日耳曼和整个世界一样，

　　　　已经被征服，向恺撒们屈膝投降。

　　或许巍峨的帕拉丁正缀满花环，乳香

　　　　在火里燃烧，青烟遮挡了天光。

5　斧头砍向牺牲，嵌在雪白的颈项中，

1　这首诗并非庆祝真正的凯旋，此时提比略尚未获得凯旋资格，它表明，奥维德
　　试图通过奉承皇子提比略来改变自己的处境，所以他放下了对政治的轻蔑态度，
　　很认真地赞颂了提比略的军事成就。按照 Green（2005）的分析，这首诗有一
　　个对称的结构，核心部分是 19—56 行想象的凯旋游行，序曲（1—18 行）和
　　尾声（57—74 行）各十八行。

血铿然溅落大地，一片殷红。

两位得胜的恺撒[1]正在准备庙宇里

　　向佑护的诸神还愿的种种祭礼，

还有皇族的年轻人[2]（在恺撒的名下成长，

10　　要让这个家永远统治四方）。

利维娅正和两位好孙媳[3]为儿子祈福，

　　如平素向眷顾的诸神献上礼物，

还有罗马的贵妇和永远将圣火守护、

　　永远白璧无瑕的维斯塔贞女。

15 虔敬的民众、虔敬的元老院都在欢庆，

　　还有骑士（这是我不久前的身份）。

我放逐远地，无法分享公共的喜悦，

　　这里得到的消息都飘忽隐约。

所以，全城的民众都能够观赏凯旋，

20　　念出攻占的敌城、战俘的头衔，

看着蛮夷的首领脖子套着铁链，

　　走在缀满花环的战马前面，

发现他们有的因被俘而凄惶颓丧，

　　有的依旧威严，忘了在何方。

1　　指屋大维和提比略。

2　　"年轻人"指提比略弟弟大德鲁苏（Nero Claudius Drusus Germanicus，公元前38—公元前9）的儿子日耳曼尼库斯和提比略的儿子小德鲁苏（Drusus Iulius Caesar，公元前13—公元23）。

3　　"两位好孙媳"指日耳曼尼库斯的妻子大阿格里皮娜（Iulia Vipsania Agrippina，公元前13—公元33）和小德鲁苏的妻子利维拉（Livilla是其小名，大名Claudia Livia Iulia，公元前13—公元31）。

25　　一些人打听战事的因果、敌酋的名字；

　　　　一些人回答，虽然自己也不知：

　　　　"身穿紫袍、在高处威风凛凛的这位

　　　　　地位仅次于元首，是战争的总指挥[1]。

　　　　那位虽然现在可怜兮兮瞅着地，

30　　　　他拿着武器时可不是这番神气。

　　　　这位至今还野性难驯，怒目圆睁，

　　　　　就是他出谋划策，挑起了战争。

　　　　那个披散头发、遮住脏脸的坏蛋，

　　　　　用阴谋诡计引我军进了伏击圈[2]。

35　　他们说，后面的那位祭司常把俘虏

　　　　　杀掉，献给残忍的神做礼物[3]。

　　　　这个湖，这些山，这么多堡垒，这么多条河，

　　　　　都是酷烈的战场，都流满了血[4]。

　　　　德鲁苏曾在这些地方赢得了盛名，

40　　　　优秀的儿子未辜负卓越的父亲[5]。

1　　"元首"指屋大维，"总指挥"指提比略。

2　　或许影射公元前9年罗马军队在条顿森林的惨败，当时罗马统帅是瓦卢斯（P. Quinctilius Varus，公元前46—公元9），日耳曼统帅是阿尔米纽斯（Arminius）。参考塔西佗《编年史》（*Annales* 1.60-61）和苏埃托尼乌斯《屋大维传》（*Div. Aug.* 23.1）。

3　　日耳曼人曾将罗马军官作为人牲献祭，参考塔西佗《编年史》（*Annales* 1.61.3）。

4　　指罗马凯旋仪式上的缩微模型。

5　　大德鲁苏因为在日耳曼多次大捷，获得"日耳曼尼库斯"的称号。"优秀的儿子"指他，"卓越的父亲"指屋大维。利维娅改嫁屋大维时已怀上大德鲁苏，他究竟是第一任丈夫尼禄的孩子，还是屋大维的孩子，罗马人颇多猜测。所以这行诗或许也暗含讽刺，即使奥维德无此心，读者也会有此联想。

双角折断的莱茵河已无法藏身莎草丛，

　　　它已变色，被自己的血染红。

甚至日耳曼都被拖来，一头乱发，

　　　阴郁地坐在无敌的元首座下，

45　将它倔强的颈背交给罗马的斧头，

　　　让镣铐套住昔日战斗的手[1]。"

恺撒[2]，你将身披紫袍，高立于彩车上，

　　　民众将夹道迎接你的仪仗，

无论到哪里，臣民的掌声都将你环绕，

50　　　四面飞来的鲜花覆满街道。

士兵的双鬓将戴着阿波罗的月桂叶冠，

　　　他们将齐声高唱"凯旋！凯旋！"

你会发现，因为喝彩和喧嚷而兴奋，

　　　拉车的驷马也时常停止前进。

55　然后你登上应许你祷告的朱庇特神庙，

　　　向祂献上应得的月桂与荣耀。

我身虽放逐，心却可尽情想象这一切，

　　　身失去罗马，总应允许心复得，

它可以无拘地飞越无边无际的地域，

60　　　疾风闪电般，将自己放逐至天宇。

它把我的眼睛引向罗马城的中心，

　　　不许它们无缘如此的盛景。

1　在条顿森林战役后，罗马已经失去对莱茵河东岸的控制，这样的奉承只能令皇
　　室尴尬。

2　指提比略。

我的心将找到观看象牙战车[1]的好地方，

　　　　片刻间我至少能如此神游故乡。

65　　幸运的民众却能看见真实的场面，

　　　　人群和元首一起同乐共欢。

可我却只能用想象，用山海阻隔的耳朵

　　　　去看，去听，去感受这种欢乐，

甚至罕有使者从罗马来世界的此极，

70　　　向期盼的我描绘所有的经历。

他也会讲述早已过去的凯旋，虽太迟，

　　　　但当我终于听见，仍会欣喜。

那天若到来，我将放下私己的哀恸，

　　　　加入远更重要的公共欢庆。

第三首（致妻子）[2]

大熊与小熊，你们两位分别引导

1　　凯旋战车有象牙和黄金装饰。

2　　这首诗最集中地表现了奥维德对妻子的态度。一方面，奥维德对妻子有很深的
　　感情，依恋、怜惜、愧疚混杂在一起；另一方面，按照现代的标准，他仍显得
　　自私冷漠，他对妻子的关心最终让位于对自己的关心，他对妻子的要求是做美
　　德的典范，而报偿则是自己诗歌带给她的不朽声名，但对于她作为一个有血有
　　肉的人所忍受的痛苦和艰辛，这样的报偿或许是虚无缥缈的。然而，对比同时
　　代其他诗人（例如贺拉斯、维吉尔），奥维德对妻子的复杂情感已经体现出人
　　性的挣扎，而且饱受放逐生活（在古代人们心中，它的痛苦仅次于死刑）折磨，
　　他的情绪多少也有些扭曲。Maguinness（1958）认为，这首诗复杂细腻的情
　　感融合了普洛佩提乌斯、提布卢斯和奥维德的优点。

希腊和推罗的船只，永远闪耀¹，

因为你们从星轴的顶端俯视一切，

从不落入西方大海的涛波，

5　你们周行的轨道也拥着天穹之巅，

永不触碰大地，高卓超然：

我祈求你们看看传说中那不祥的城堞

（伊利娅之子雷穆斯曾将它跨越）²，

将你们明亮的脸庞转向我的妻子，

10　告诉我，我是否还在她的心里？

我这是怎么了，为何问显而易见的事？

希望为何被莫名的恐惧挟持？

相信现实和期盼，别在无忧处寻忧，

对坚守的信心，信心亦要坚守。

15　天极的星火不能告诉你的那些话，

用诚实无欺的声音告诉自己吧：

你最在意的人记着你，你的名字——

唯一能保留的物事，她始终珍惜。

她紧依你的面容，仿佛它还在身边，

20　她活着，就一直爱你，无论多远。

1　古代希腊水手一般用大熊星座导航，腓尼基水手（推罗是腓尼基港口）一般用小熊星座（北极星属于这个星座）导航。Nisbet（1982）认为，奥维德选择这两个星座有两个原因：一是它们代表了极北，二是它们永不沉落，象征着永恒的宁静心态。

2　"不祥的城堞"指罗马城，因为它在建立之初就目睹了兄弟相残的悲剧。罗慕路斯以雷穆斯（Remus）跨越了自己修建的城堞为借口杀死了他，其实只是为了王权。

当你受伤的心呆卧在真切的痛苦上[1]，

　　温柔的睡眠能留存你忧惧的胸膛？

当我的床、我的枕席碰到你，不许你

　　忘了我，怅惘是否又会来袭？

25　当情欲涌起，长夜无尽，小窗难明，

　　你是否辗转反侧，疲惫酸疼？

我毫不怀疑，这样的一幕幕都会发生，

　　你的爱化作悲伤的一言一行，

你的苦也不输忒拜的公主，当她亲见

30　染血的赫克托耳拖战车后面[2]。

但我却不知祷告什么，我也说不清

　　我究竟希望你有怎样的感情。

你伤心？我怨恨自己，是我让你伤心；

　　不伤心？我又不甘你如此绝情[3]。

35　还是为你的损失伤心吧，最温柔的妻，

　　也为我的苦过一段凄凉的日子，

为我的命运哭泣吧，哭泣也是一种快乐，

　　泪水让痛苦得到满足和宣泄。

可是我宁愿你悲悼的不是我的生，而是

1　从这里开始，对妻子的称呼从第三人称切换到第二人称。Claassen（2008）注意到奥维德的妻子在这里扮演了古罗马爱情哀歌中男性常扮演的角色：追求女性情人不得，辗转反侧。这里的语言也充满了性暗示。

2　"忒拜的公主"指赫克托耳的妻子安德洛玛刻，她是小亚细亚奇里基亚（Cilicia）地区忒拜城的公主。

3　奥维德的矛盾表述让人想起卡图卢斯的莱斯比娅系列爱情诗。

40   我的死，我死后你的形单影只！
通过你，这颗心本该飘向故国的清风，
        深情的泪水本该洒在我胸膛，
临终之日我本该凝望熟悉的天空，
        你的手指本该合上我的眼睛，
45 我的骨灰本该安息于祖先的坟岗，
        生我的土地本该将我埋葬。
我死了，正如我活着，本该有无瑕的口碑；
        可现在，我的生命因受罚而羞愧。
我将多凄惨，如果"流放者之妻"的称号
50   让你躲开目光，赧颜而逃！
我将多凄惨，如果你认为嫁我太屈尊，
        如果你耻于承认是我的女人！
那样的时光去了哪里，人前你总是
        炫赞丈夫，不掩饰我的名字？
55 那样的时光何在——除非你不愿回想，
        我记得，称作我的妻，你心花怒放！
贤淑的你欣赏夫君的每一种才能，
        又偏心为我找到了许多"本领"。
除了我，你不钟情任何男子，不屑
60   嫁给任何人——仿佛我就是一切。
即使现在，也不要因为我而愧怍，我给你
        带来了痛苦，但绝没给你羞耻。
当莽撞的卡帕纽斯突然遭雷击身亡，

难道厄瓦德涅为丈夫脸红[1]？

65　众神之王用大火熄灭了世界的大火，

　　　　帕厄同并未因此被亲人拒绝[2]。

卡德摩斯仍然愿意做塞墨勒的父亲，

　　　　虽然她因为非分的祷告而殒命[3]。

朱庇特野蛮的雷霆击中我，你也不应

70　　　让娇嫩的脸蒙上羞惭的红晕，

而要勇敢地站起来，为我的罪名辩护，

　　　　为我做一位典范的妻子和伴侣，

让这悲哀的题材蕴满你的美德。

　　　　荣光的峰顶下，山径陡峭曲折。

75　谁知道赫克托耳，如果特洛伊无虞？

　　　　公共的危难才能为卓行铺路。

提菲斯[4]，若无海浪，你的本领便落空，

　　　　如果人健康，福玻斯的技艺[5]也无用。

美德在顺境中怠惰地隐藏，无人识得，

1　卡帕纽斯（Capaneus）是俄狄浦斯死后进攻忒拜的七位将领之一，他在攻城时夸口朱庇特都无法阻止他，立刻被朱庇特的雷霆击中，身体燃烧之时，妻子厄瓦德涅（Evadne）直接扑在他身上，和他一起烧死。

2　帕厄同的故事，参考《哀歌集》第一部第一首第 79 行和第三部第四首第 30 行的注释。

3　塞墨勒是忒拜国王卡德摩斯（Cadmus）的女儿，关于她的死，参考《哀歌集》第二部第 401 行的注释。

4　提菲斯（Tiphys）是寻找金羊毛的阿尔戈号航船的舵手。

5　"福玻斯（阿波罗）的技艺"指医术。

80　　　困厄之时却显明，无可辩驳 [1]。

我的境遇给了你扬名的机会，给了你

　　　空间，让你的至情傲然卓立。

抓住它，通过它的馈赠，广阔的空间

　　　已经打开，盛满对你的夸赞。

第四首（致一位高贵的朋友）[2]

朋友，你有高贵的血脉、显赫的门楣，

　　　但比起出身，你的人品更高贵，

你的心灵继承了父亲诚挚的性情，

　　　却又不缺你自己独特的烙印，

5　　　你的天分集聚了父亲雄辩的口才，

　　　在罗马的法庭无人有他的风采。

不称呼名字，而用这些暗示，绝非

　　　我本意，请原谅这些属于你的赞美。

我没有犯错，是尽人皆知的优点出卖你，

10　　　如果你难藏本色，就不是我泄密。

1　　对比贺拉斯《闲谈集》（*Sermones* 2.8.73-74）："主人的天才和将军一样，/ 逆境时方能显示，顺境时总是隐藏。"

2　　对比这首诗和《黑海书简》第一部第七首和第二部第二首，可以确定无疑地知道收信人是梅萨里努斯（M. Valerius Corvinus Messalinus，公元前 39—公元 21），他的父亲曾是奥维德的文学赞助人，弟弟科塔跟奥维德关系也较亲密，但他本人与奥维德交往较浅。奥维德需要他这样的重要人物为自己说情，但从字里行间可以看出两人关系的生疏和奥维德的尴尬。

然而，我通过诗歌向你表达的情谊

　　　当不会让如此正直的君主伤害你。

就连祖国之父[1]（谁能比他更仁慈？）

　　　都容忍自己频繁出现在我诗里；

15　他也没办法禁止，因为恺撒就是

　　　国家，我可以享受的公共福祉。

朱庇特也允许诗人描绘自己的神性，

　　　任凭他们以千万种方式吟咏。

两位神[2]的先例确保你的处境安全，

20　　　一位在人们心中，一位在眼前。

虽然我本不必如此，但我却愿犯此错：

　　　我给你写信，并未获你许可。

我与你交谈，这样的错已不是初犯，

　　　我平安之时就经常与你聊天。

25　所以你更不必害怕与我为友的罪责，

　　　既然是我发起，自当承受后果。

因为自从年少时我就崇敬你父亲[3]——

　　　至少这一点你不要试图否认，

他也赞赏（你应当记得）我的才华，

30　　　甚至超过我对自己的评价；

他用给自己带来部分盛名的嘴唇

1　　"正直的君主"和"祖国之父"都指屋大维。

2　　朱庇特和屋大维。

3　　指科尔维努斯（M. Valerius Messalla Corvinus，公元前64—公元8），古罗马将军、
　　　文学赞助人。

反复在人前谈论我的作品。

所以受欺骗的不是在家接待我的你，

　　在你之前，你父亲就已如此。

35 可是相信我，我没欺骗谁，我所有的事

　　（除开最后这一件？）都无可非议。

即使毁我的这一件，你也会说我无罪，

　　如果你得知祸殃的来龙去脉。

不是胆怯就是错误害了我——是错误 [1]。

40 　　啊！别让我回忆我的宿命，

也别让我挠破尚未愈合的伤口：

　　它们仍无起色，虽已养这么久。

所以，我虽然应该受罚，但我的过失

　　没有丝毫阴谋和邪恶的用意。

45 那位神也知情，因此既没取我性命，

　　也没剥夺财产，供别人享用。

或许，只要我活着，这放逐某天也会停，

　　当时间终于冲淡了他的愤恨。

现在我只祷告他命我去别处，如果

50 　　这个请求还算恭敬谦和。

我想去一个更温和也稍近的地方受罚，

　　别让野蛮的敌人紧邻我的家。

奥古斯都胸怀广阔，如果能有人

1　　奥维德没有及时向屋大维汇报他的惊人发现，是出于"胆怯"，回头看，这是
严重的"错误"。

　　　　替我向他求情，他兴许会答应。

55　如今我受困于"好客之地"的苦寒地带，

　　　　古人曾将它称为"逐客之海"[1]，

　　因为这里狂风翻卷着怒涛，没有

　　　　任何平静的港口迎接远舟。

　　环伺的部族都热衷杀伐与劫掠，内陆

60　　　和阴险的大海同样令人恐惧。

　　你常听闻的那些嗜好人血的蛮族[2]

　　　　几乎和我是同一星座下的邻居，

　　离这里不远有叨立克族的狄安娜祭坛，

　　　　残杀的人牲留下血迹斑斑[3]。

65　他们说此地曾是托阿斯[4]统治的国土，

　　　　恶人不觊觎，善人也不羡慕。

　　为替罪的鹿，伊菲革涅娅守于此处[5]，

　　　　向女神献上各式各样的祭物。

1　在希腊人定居黑海沿岸之前，这里被称为 ἄξεινος（对异乡人不友好的）。关于"好客之地"，参考《哀歌集》第三部第十三首第 28 行的注释。

2　指下文提到的叨立克族。

3　叨立克族的狄安娜（Taurica Diana）崇拜有献祭人牲的习惯，叨立克族居住在叨立斯（今天的克里米亚）。

4　托阿斯是叨立斯国王。

5　伊菲革涅娅（Iphigeneia）的原文是 virgo Pelopeïa（佩洛普斯家的处女），因为她是阿伽门农的女儿，佩洛普斯的曾孙女。在希腊联军远航前，阿伽门农冒犯了狄安娜，狄安娜施法使得联军舰队无法驶离港口，作为交换，她要求阿伽门农献祭伊菲革涅娅。在最后关头，她用一只鹿换下了伊菲革涅娅，并将她带到叨立斯，做自己的祭司。本诗描述的情节大体基于欧里庇得斯的悲剧《伊菲革涅娅在叨立斯》（Iphigenia in Tauris）。

后来，俄瑞斯忒斯（是孝子还是逆子？）[1]

70　　　　被自己的复仇女神追到这里，

还有他的同伴彼拉得，友谊的化身，

　　　　二人身体虽分，心却不可分。

他们被捆绑着径直带到可怕的祭坛，

　　　　它犹滴着血，立在神庙的门前。

75　然而，他们都毫不畏惧自己的死，

　　　　却为对方的毁灭伤痛不已。

女祭司希腊的头发梳成蛮族的式样，

　　　　已经拔出刀，站在两人身旁，

却从话里认出了哥哥——结局很美妙，

80　　　　死神的拥抱变成了妹妹的拥抱。

她欣喜若狂，将神像迁至开化的土地，

　　　　因为女神憎恶残忍的祭祀。

因此，辽阔世界这个遥远的角落，

　　　　人神皆躲避，与我却咫尺之隔[2]，

85　死亡的仪式如此靠近我的居所，

　　　　如果野蛮的居所真属于纳索。

唯愿某神[3]让卷走俄瑞斯忒斯的好风

　　　　也将我的船一路吹回故乡！

1　俄瑞斯忒斯忠诚于父亲阿伽门农，可以称为"孝子"（pius）；但他为父报仇，杀死了母亲，又可称为"逆子"（sceleratus）。

2　托密斯和克里米亚相距 300 多英里，"咫尺之隔"是诗人的夸张。

3　指屋大维。

第五首（致一位忠诚的朋友）[1]

我挚爱伙伴中最挚爱的人，命运沉浮间

　　　　唯有你是我屹立不倒的圣坛，

我这颗将死的灵魂因你的鼓励而重生，

　　　　就像火苗添了油便立刻苏醒。

5　你毫不畏惧地向我敞开忠诚的港口，

　　　　保护一只被雷电劈中的小舟；

有你的资助，我永远不会忍受饥寒，

　　　　即使恺撒剥夺了我的家产。

当强烈的冲动催促我忘记眼下的一切，

10　　　你的名字也险些被我抛却！

但你知道这个名，你或许渴望公开

　　　　宣布"我就是这人"，接受赞美。

如果你允许，我当然愿意给你这荣誉，

　　　　让你忠贞的友谊声名永驻，

15　可是我担心感激的诗歌反而是伤害，

　　　　不合时宜的荣耀或许是阻碍。

你可以（这样也安全）在心里暗自庆幸，

　　　　我没忘朋友，你也一直忠诚，

1　这位朋友很可能是梅萨里努斯的弟弟科塔（M. Aurelius Cotta Maximus Messalinus），《黑海书简》里有六封信写给他。作品对科塔的热情称赞与上一首诗的僵硬奉承形成了对照。然而，古罗马人对科塔评价不高，他和哥哥都是提比略的拥趸，普林尼《自然史》（*Naturalis Historia* 10.52）和塔西佗《编年史》（*Annales* 6.5-7）表明，他贪图享受，待人残忍。但白银时代的诗人尤文纳利斯（*Saturae* 5.109, 7.94）指出，他至少是一位慷慨的文学赞助人。

并且继续奋力划桨，继续帮助我，

20   直到神平息怒气，风变得柔和；

拯救一个无人能拯救的人，除非

        投他入冥河的神自己发慈悲；

始终为这段坚不可摧的友谊奉献

        你的心血（这样的品质多罕见）。

25 如此，愿你的运势随年月增长，自己

        不缺资源，也能给亲友福祉；

愿你的妻子永远仁善，与丈夫相配，

        婚姻没有风波，和和美美；

愿你的同胞兄弟永远敬爱你，堪比

30   珀鲁克斯对卡斯托尔的情谊[1]；

愿你年轻的儿子与你相仿，品质

        让世人知晓他是你的后嗣；

愿你的女儿早日迎来婚礼的火炬，

        让你尚在壮年就荣升祖父。

第六首（时间也不能战胜）[2]

终有一天，农夫的公牛会忍受耕犁，

        伸长脖子，任弯曲的轭压制；

---

1   珀鲁克斯和卡斯托尔是丽达为朱庇特生下的孪生兄弟。

2   这首诗反驳了时间疗治一切创伤的流行观点，结构紧凑，情感深沉，是《哀歌
    集》第四部中的佳作。

终有一天，烈马会服从柔韧的缰绳，

　　　　将坚硬的嚼子温顺地衔在口中；

5　终有一天，北非狮子的愤怒会平息，

　　　　昔日的野性从它们心中消失；

印度的巨兽[1]遵行主人的指令，有一日

　　　　也终将被时间征服，接受奴役。

时间催动蔓延的葡萄串不断膨胀，

10　　　　果皮几乎裹不住里面的蜜浆；

时间领着种子潜入白色的麦穗，

　　　　又渐渐驱逐了果子刺舌的酸味。

它会不断磨损翻耕泥土的犁头，

　　　　它让坚硬的燧石和钻石消瘦；

15　它甚至能够逐渐缓和狂乱的愤恨，

　　　　减轻痛苦，安抚悲伤的心灵。

如此看，悄然流逝的时间可以耗空

　　　　任何东西，除了我的苦痛。

自从我去国，打谷场已两次迎来收获，

20　　　　葡萄已两次被赤足碾出汁液[2]。

然而，如此长的时间并未教会我忍耐，

　　　　我的心仍旧感觉刚受了伤害。

的确，老牛时常也逃避残忍的轭，

1　　指大象。

2　　奥维德离开罗马是在公元 8 年末，到达托密斯是在公元 9 年春末或夏初。从这
　　里可以明确推断，他此时在放逐地已经度过两个秋天，因此这首诗应作于公元
　　10 年冬和公元 11 年秋之间。

　　　　驯服的马时常也反抗套索。

25　我如今的苦难甚至超过了当初，因为
　　　　内容虽相似，分量随时间却加倍。
　　而且以前我对它们的体会不够深，
　　　　现在既然更熟悉，负担就更沉。
　　再说，用新鲜力气去承受当然轻松些，
30　　　毕竟还未被长期的艰辛损折。
　　刚跃上铺满黄沙的赛场，摔跤手最勇猛，
　　　　若等待太久，手臂就变得酸疼；
　　盔甲闪亮、毫发无伤的角斗士也好过
　　　　长矛沾着自己鲜血的战败者；
35　新下水的船更容易抵御劈面的狂飙，
　　　　旧舟崩裂却只需一场小风暴。
　　我曾经坚强地忍受，但几乎难再忍受，
　　　　时间越长久，苦难堆积得越厚。
　　相信我，这具衰弱的身体让我断言，
40　　　我的折磨已经剩不了几天。
　　我已没力气，也不再有我从前的肤色，
　　　　我这层瘦皮已难把骨头包裹。
　　我的心甚至比身体病得更重，整日
　　　　无休无止地环顾周遭的苦事。
45　远离罗马的景致，远离挚爱的朋友，
　　　　我最珍惜的妻子也不能相守，
　　身边只有斯基泰和盖塔的蛮夷部落：
　　　　能见不能见的一切就这样触动我。

困厄中却有一个希望令我宽慰，

50　　死亡将很快把痛苦化作尘灰。

第七首（对一位朋友的责备）[1]

太阳已两次在冰冷的冬天过后探望我，

　　两次走完旅程，到达双鱼座[2]。

时间这么久，你的手为何没有履行

　　义务，哪怕只是写几行短信？

5　你的情分为何不见，而那些平素

　　交游甚浅的人却不忘传书？

为何每次我打开某封远方的来信，

　　总是期待里面藏着你的名？

愿诸神保佑，你能经常为我提笔，

10　　可这么多信里你不曾出现一次。

我的祷告当然是真的。我宁可相信

　　毒蛇的头发盘在梅杜萨的双鬓[3]；

处女的腰间有狗环绕；喀迈拉存在[4]，

　　由母狮和凶蛇组成，被火焰隔开；

1　在这首诗里，奥维德责备朋友一直未给自己写信，但又给他提供了开脱的理由。

2　太阳 2 月 19 日到达双鱼座（Pisces），3 月 20 日离开。

3　梅杜萨是著名的蛇发女怪，凝视她的眼睛可以让人变成石头。后来她被珀尔修斯所杀，最后她的头成了密涅瓦盾牌的装饰。

4　"处女"指女妖斯库拉。喀迈拉见《哀歌集》第二部第 398 行的注释。

15　有四足怪物，胸膛与人的胸膛相连 [1]；

　　　有三具身体的人，也有三头犬 [2]；

　　有斯芬克斯、蛇足巨人、鸟身女妖 [3]，

　　　也有百臂的古阿斯、人牛米诺陶 [4]。

　　我宁可相信所有这些，也不信你变了，

20　　亲爱的朋友，再也不肯关心我。

　　你我之间隔着数不尽的高山长路，

　　　横着河流原野和大海的险阻，

　　即使你经常写信，也有一千种可能

　　　让它们难以到达我的手中，

25　但你更应该多写，战胜这千条理由，

　　　别让我永远为亲爱的你找借口。

1　　指半人马族（centauri）。

2　　"三具身体的人"指巨人革律翁（Geryon），这是埃斯库罗斯剧作《阿伽门农》
　　（*Agamemnon*）中的说法，赫希俄德《神谱》（*Theogeny*）说他是一个身子
　　三个头。"三头犬"指冥犬刻耳柏洛斯（Cerberus）。

3　　斯芬克斯（Sphinx）是狮身人面的女妖。蛇足巨人指古希腊神话中的巨人族，
　　传统形象是蛇足。鸟身女妖指哈耳庇埃（Harpyiae）。

4　　传说古阿斯（Gyas）有百条臂膀，他因为反叛奥林匹斯诸神，被压在埃特纳火
　　山下。米诺陶（Minotaurus）是克里特国王米诺斯妻子帕西法厄（Pasiphaë）
　　与公牛生下的半人半牛的怪兽。

第八首（放逐的岁月）[1]

我的双鬓已开始模仿天鹅的羽毛，

　　青丝已被老年的霜雪侵扰。

衰颓的岁月、倦怠的时日悄然来临，

　　疲弱的我已几乎难以起身。

5　现在我本该宁静地生活，不再奔忙，

　　也没有恐惧搅乱我的胸膛，

本该采撷我的心一直喜好的闲暇，

　　沉浸在各种兴趣里，从容优雅，

专心照料我的蜗居、古老的家神

10　　和祖传的田地（如今已失去主人），

本该有妻子相拥，有一群挚友相交，

　　在我的故土无忧无虑地变老。

年轻的我曾希望这一切都会兑现，

　　我也有资格如此安度余年。

15　诸神却另有打算[2]，他们驱赶我翻山

　　越海，直至萨尔马特人的地盘。

残破的舟楫被人领进空荡的船坞，

　　以免它们无端在波浪中倾覆；

1　Kenney（1965）形容这首诗表达了奥维德"对神灵无常性格的愤懑"，而"神灵"其实是人——屋大维，诗歌的最后八行尤其充满了反讽味道。Miller（1987）也认同这种看法。

2　Green（2005）认为，"诸神却另有打算"呼应了维吉尔《埃涅阿斯纪》中的著名说法（Aeneid 2.246-8），尤其表现了奥维德的愤怒。

为了不跌倒，毁掉以前的许多荣耀，

20
　　　　龙钟的老马便退回牧场吃草；

服役太久的士兵已无法驰骋沙场，

　　　　就在故里将昔日的武器收藏。

所以，既然迟钝的老年减了我气力，

　　　　我也该学习领赠木剑的角斗士[1]。

25
此时，我既不该呼吸异国的空气，

　　　　也不该用盖塔的泉水浇灭渴意，

而应时而幽居在我自己的闲散花园，

　　　　时而与大家见面，在罗马游玩。

从前我的心还未预见到将来的命运时，

30
　　　　就梦想老年能如此宁谧度日。

可是命运不同意，它虽然赐给我无忧的

　　　　青年，却让晚年充满折磨。

我已经毫无污点地度过五十个春秋，

　　　　靠近生命的尽头却忍辱蒙羞；

35
就在终点线似乎触手可及的地方，

　　　　我的马车却发生了可怕的碰撞。

难道是我发了疯，强迫他痛下重手

　　　　（整个世界没有人比他更仁厚）？

难道我的错越过了他忍耐的极限，

40
　　　　可是为何生命依然能保全？

可这是怎样的生命，远离故国，在北极

1　　古罗马角斗士退休时会获赠一把木头的钝剑（rudis）。

星轴下，在欧克辛海左岸的土地？

即使德尔斐和多多纳的神谕都曾如此说[1]，

　　我也会觉得它们都在骗我。

45　无物如此坚固，即使绑满了钻石[2]，

　　能抵抗朱庇特[3]极速闪电的威力；

无物如此尊崇，高蹈于危险之上，

　　能超越这位神，蔑视他的权杖。

虽然我受这些苦，部分是因为我的错，

50　更多的灾难却由于神的怒火。

但是你要从我的遭遇中汲取教训，

　　恭敬侍奉与天神同等的人。

第九首（对某人的警告）[4]

倘若我可以，你允许，我就隐去你的罪，

　　你的名，将你所行全抛进忘川水。

时间虽晚，你仍可用眼泪赢得我宽容，

　　只要你显示出真正的懊悔之情，

1　德尔斐（Delphi）是阿波罗神庙所在地，多多纳（Dodona）是宙斯神庙所在地，
　　两处地方在古代都因为灵验的神谕而闻名。

2　钻石（adamas）在古希腊语中意为"不可征服"，是古希腊人想象的一种最
　　为坚硬的物质，有人说是钻石，有人说是金属。

3　本诗最后八行提到的神都指屋大维。

4　Fränkel（1945）认为，这首诗的收信人应当就是奥维德长诗《伊比斯》攻击
　　的对象。

₅ 只要你谴责自己，并渴望剜去生命中

　　（如果这可能）献给复仇神的时光¹。

但你若不肯，胸中仍燃烧着对我的愤恨，

　　不幸的痛苦就只能武装抗争。

没错，我的确已经放逐到世界的尽头，

₁₀ 　　但从这里愤怒也能伸出手。

知道吗？恺撒没剥夺我的任何权利，

　　唯一的惩罚就是离开故地，

而且只要他无恙，我仍可获赦返京，

　　闪电焚过的橡树也常能再青。

₁₅ 再说，即使我没有任何报复的手段，

　　缪斯也会给我力量和刀剑。

虽然我已流落到遥远的斯基泰海岸，

　　永不沉海的星座就在我眼前，

但我的呼声足以穿越无数的民族，

₂₀ 　　全世界都会听到我的控诉。

我的一切言辞将从东到西畅行，

　　日升之处将见证日落处的声音。

越过大地，越过深海，人人都倾听，

　　我发出的悲声必将震耳欲聋。

₂₅ 不只你的时代将知晓你的罪孽，

1　"复仇神"的原文是 Tisiphonaea，这个形容词从 Tisiphone（提西丰涅，复仇
　三女神之一）变来。

你的恶名将永远在后世传播。[1]

战斗已在召唤我，但我还未备好角，

　　我也不希望有使用它们的必要。

搏斗场仍然安静，但凶狠的公牛已开始

30　　　刨沙，愤怒的蹄已开始敲地[2]。

甚至这也非我所愿：吹响撤退号，缪斯，

　　趁此人还有机会隐藏名字。

1　这一段警告让人联想起卡图卢斯《歌集》中对私敌的警告（*Carmina* 40.5-8,
　78b.3-4）。

2　参考维吉尔《牧歌》（*Eclogae* 3.87）和《埃涅阿斯纪》（*Aeneid* 9.629）。

第十首（诗人自传）[1]

后世的读者，若想知书中这位我（缱绻

　　情爱的游戏者[2]）是谁，请继续往下念。

1　这是《哀歌集》第四部的跋诗，但与第一部和第三部的跋诗不同，它明显有总结一生创作、盖棺论定的味道，似乎奥维德从此就将搁笔，所以他可能原本只打算写四部《哀歌集》。这首诗的写法有些像贺拉斯《书信集》第一部的跋诗，诗歌前半段的语气似乎有奥维德年少时的轻快与幽默，写到自己的放逐生活，语气渐渐变得沉痛，但结尾部分仍体现出他作为艺术家的坚定与执拗。Green（2005）分析了此诗的结构，认为 1—2 行和 131—132 行分别是简短的首尾，中间部分分为两个板块，3—64 行回顾了从出生到青年时代的经历以及自己的公共生活，65—66 行是过渡，67—130 行着重描绘自己的私人生活，并指出生活与艺术的差别。这是奥维德晚期诗歌中最著名的作品，因为它带有自传性质，后世对他的一手了解源自此诗，但它也是精巧的艺术品。从体裁看，它属于西方古典时代的所谓"签名诗"（sphragis），在这种诗里，诗人点明自己的身份，陈述自己的生平和诗观。它的写法与普洛佩提乌斯《哀歌》第四部第十一首有相似之处，都是将自辩与自传结合起来。另一方面，这首诗在措辞上似乎是《哀歌集》第三部第三首中诗人墓志铭（73—76 行）的放大版。在这个方向上，Fairweather（1987）独具慧眼，发现了奥维德隐藏的用意。她指出，奥维德非常巧妙地模仿了屋大维的自传。这位罗马皇帝流传至今的自传《功德录》（*Res Gestae Divi Augusti*）作于公元 13 年，晚于这首诗，所以奥维德模仿的可能是屋大维已经失传的早期自传《生平述略》（*Commentarii de Vita Sua*，记载了截至公元前 25 年的事），从残篇和苏埃托尼乌斯的《屋大维传》中我们可以得知一些重要事实。Fairweather 列举了诸多显然不是无心为之的平行之处：（1）屋大维强调自己十九岁成为执政官和三巨头（triumviri）之一，奥维德也将十九岁视为人生的一个转折点，而且也进入了另一种"三人团"；（2）屋大维十九岁失去了母亲，奥维德十九岁失去了哥哥，两人都深受打击；（3）屋大维与第二任妻子离婚的理由是她"品行不好"，这与奥维德对第一任妻子的指责相同；（4）两人都有两次失败的婚姻，一次成功的婚姻；（5）两人都有一位女儿，女儿都结婚一次以上，两人都已经是祖父。奥维德非常可能是故意选择并突出了这些与屋大维相似的生活细节，其用意也不难揣测，他仿佛是对皇帝说："我和你其实很相像。"

2　Fairweather 指出，本诗开头的三个词 Ille ego qui 明显呼应着诗人自拟墓志铭开头的 Hic ego qui，"缱绻情爱的游戏者"（tenerorum lusor amorum）的自我标签也复制了那首诗（出于格律的考虑，两处译文不同）。

苏尔摩[1]是我故乡，有许多清凉的小溪，

    距离罗马城大约是九个十哩[2]。

5   我生在这里，至于年份嘛，给个提示：

    两位执政官被相似的命运杀死[3]。

或许值得提，我的骑士头衔是承袭

    古代的先祖，不是拜财物所赐[4]。

我不是家里的长子，有一位哥哥先于我，

10   他的生日比我早三乘四个月。

同一颗晨星见证了我们两人的诞生，

    两人的脆饼祭礼在同一天供奉；

它是戎装密涅瓦五天节庆的一天，

    那日通常有血腥的角斗士初演[5]。

15   年少时我们被精心栽培，父亲刻意

    让我们结交罗马文坛的名士。

哥哥从小就显出雄辩的才华，天生

---

1   苏尔摩（Sulmo）即今天的苏尔莫纳，意大利中部城市，位于亚平宁山脉中部、群山环绕的佩斯卡拉河上游谷地。提及家乡是古代诗人的传统。

2   古罗马人喜欢用乘法表达数字，例如贺拉斯说"十二月我已过了四乘十一遍"（*Epistulae* 1.20.27）。

3   公元前 43 年，罗马两位执政官赫尔提乌斯（A. Hirtius）和潘萨（C. Vibius Pansa）在穆提纳战胜了安东尼（M. Antonius，公元前 83—公元前 30），但双双阵亡，参考塔西佗《编年史》（*Annales* 1.10）。

4   奥维德对自己的家世非常自豪，刻意将自己与共和国末期用钱财换取身份的新贵分开。

5   这个节庆叫"五日节"（quinquatrus，3 月 19 日至 23 日），后四天有角斗士表演，因此可以推知奥维德的生日是 3 月 20 日。3 月 19 日原来是战神的一个节庆，但因为密涅瓦神庙也在某个 3 月 19 日落成，所以这个节日也被说成密涅瓦的节日，她的传统形象常一身戎装。

适合法庭唇枪舌剑的战争；

可我还是孩子时，就迷恋天界的圣礼，

20 缪斯也悄悄拽着我做她的职司。

父亲经常说："为何学习无用的技艺？

就连荷马都只能受穷一辈子。"[1]

我被他的话打动，完全抛弃了赫利孔[2]，

尝试写一些没有格律的文章。

25 可不知不觉，诗的节奏去而复至，

我无论写什么，最后总会变成诗[3]。

就这样，岁月无声无息从身边溜掉，

哥哥和我都换了成年的托加袍，

肩上添了紫色的宽边[4]，但分别吸引

30 我们的志趣依然深植于心。

哥哥去世时已经走完了两个十年，

从此我便失去了自己的一半[5]。

然后我获得了年轻人难得的初阶官职，

曾经占据三人团的三分之一[6]。

---

1 自古以来，功利的父母都是如此阻拦追求文艺的孩子。

2 缪斯圣山，代指诗歌。

3 这行诗以无奈的语气表达了奥维德的自负。

4 添了紫色宽边的托加袍叫 tunica laticlavia，只有贵族和骑士子弟才能穿，并且表明了他们从政的愿望。

5 由此可知，奥维德这时十九岁。

6 在拉丁语里，"三人团"和屋大维、安东尼、雷必达组成的三巨头都用 triumviri 表示。奥维德所说的三人团可能是监督刑狱的 triumviri capitales 或者监督造币的 triumviri monetales。

35　下一步就是元老院，但我只愿做骑士，

　　　　那样的重担超出了我的能力 [1]。

　　我没有坚忍的身体，也没有坚强的心灵，

　　　　总是逃避风险重重的官场，

　　阿欧尼亚的姐妹 [2] 也劝诱我追求闲逸的

40　　　　生活，这也是我自己深爱的选择。

　　我崇拜那个时期的诗人，在我心里

　　　　这些大师就是现世的神祇。

　　年老的马凯尔 [3] 常给我念他笔下的飞鸟，

　　　　还有伤人的蛇，治病的药草。

45　普洛佩提乌斯喜欢背诵柔情的诗句，

　　　　因为我和他有着相同的兴趣。

　　庞提库以史诗闻名，巴苏斯擅长短长格 [4]，

　　　　都是我的圈子里受欢迎的佳客。

　　贺拉斯用多变的音律迷住我们的耳朵，

50　　　　在拉丁的竖琴上弹奏精致的诗歌 [5]。

1　在古罗马，成为元老院议员（pater），就自动成为贵族阶层（patricius）的一员。
　　"只愿做骑士"原文是 clavi mensura coacta est（限制托加的边），意思是穿
　　紫色窄边托加袍（tunica angusticlavia），这是甘于做庶民的骑士的衣着。

2　"阿欧尼亚的姐妹"指缪斯，因为她们的圣山赫利孔在阿欧尼亚（Aonia）地区。

3　马凯尔（Aemilius Macer，？—公元前16），古罗马诗人，翻译过希腊诗人博
　　伊尔斯（Boios）的关于飞鸟的一首诗（Ornithogonia），写了一首讨论毒蛇和
　　解药的诗（Theriaca）。

4　庞提库（Ponticus）写过史诗《忒拜纪》（Thebaid）。巴苏斯（Bassus）所指不详，
　　可能是普洛佩提乌斯提到的一位不知名的诗人（Elegiae 1.4）。

5　在古罗马诗人中，贺拉斯最精于格律和抒情诗。奥维德流传下来的作品只有两
　　种格律（哀歌体和史诗体），贺拉斯却用过二十种格律。

维吉尔我只见过，吝啬的命运也没有

　　给我时间和提布卢斯交朋友[1]。

加卢斯、提布卢斯、普洛佩提乌斯，

　　然后就是我，按先后顺序排第四[2]。

55　我崇拜年长的诗人，年轻的诗人崇拜我，

　　我的缪斯也很快声名远播。

我初次向公众朗读我的青春之作时，

　　髭须不过才剪掉一次或两次。

因为我诗中化名科琳娜的那位女人[3]，

60　我的才华轰动了整个京城。

我写过很多诗，可是觉得它们有缺陷，

　　就亲手扔进了焚灭错误的火焰。

逃离罗马时，我也曾烧毁某些佳作，

　　只因恼恨自己的爱好和诗歌。

65　我的心很柔软，抵抗不了丘比特的飞箭，

　　轻微的搅动都会激起它的波澜。

虽然我天性如此，容易被火花点燃，

　　但从无丑闻与我的名字粘连。

我几乎还未成年时，有一段短暂的姻缘，

70　那女人的品行不好，也不勤勉。

第二位新娘虽然无可挑剔，可是

1　维吉尔和提布卢斯都于公元前 19 年去世。

2　这是奥维德建立的古罗马爱情哀歌的诗人谱系。

3　科琳娜（Corinna）出现在奥维德《情诗集》（*Amores*）多首作品中，包括 1.5、
　1.11、2.6、2.8、2.11、2.12、2.13、2.14、2.15、2.17、2.19、3.7 和 3.12。

命定不能与我长久在一起。

最后这位陪伴我一直到了暮年，

　　忍受了丈夫放逐异域的磨难[1]。

75　我的女儿很早就让我做了外祖父，

　　她先后有两个孩子，两位丈夫。

那时我的父亲已走完一生的旅途，

　　他的寿数是四十五加上四十五[2]。

我为他哀哭，倘若我先他而去，他也当

80　　如此哀哭；再后来，我给母亲送了葬。

二老啊，你们都幸运，都能及时入土，

　　去世之日，儿子我尚未放逐！

我也幸运，因为你们并没有亲见

　　我遭此惨祸，不用痛摧心肝！

85　然而，如果死者并非只留下一个名，

　　清瘦的鬼魂能逃脱火葬的灰烬，

父母的魂灵啊，若我的消息你们已听闻，

　　若我的罪名已进入冥府的法庭[3]，

求你们相信（我如果欺骗就是亵渎），

90　　我放逐的原因不是罪，而是错误。

1　这第三位妻子就是《哀歌集》和《黑海书简》中奥维德的妻子。

2　奥维德父亲在九十岁的高寿离世。"四十五"的原文是 lustra novem（九个净化礼），在古罗马净化礼五年一次，贺拉斯曾用"第八个净化礼"表示自己四十岁（*Carmina* 4.2.23-24）。

3　奥维德对死后的世界是怀疑的，所以总用条件句表示。在古希腊神话中，冥府法庭的三位法官是米诺斯（Minos）、埃阿科斯（Aeacus）和拉达曼托斯（Rhadamanthus）。

对亡灵这些话已足够，我还是继续回应

　　你们热情的问询，讲我的人生。

如今，鬓边的霜雪已驱走更好的年华，

　　我已垂垂迟暮，满头华发，

95　从我出生到受冒犯的元首愤然下旨，

　　逐我到欧克辛海左岸的托密斯，

在此期间，奥林匹克的赛车手已经

　　十次头戴橄榄冠，夺走奖品[1]。

我遭逢大难的原因，虽然所有人都清楚，

100　　但我本人绝不可提供证据。

何必讲述伙伴的背叛、奴隶的荼毒？

　　我忍受的其他折磨也堪比放逐[2]。

但我的灵魂不屑于向不幸臣服，凭借

　　自己的力量，它终究不可击破。

105　忘记了身份，忘记了过去的闲逸，我的手

　　拿起陌生的武器，随情势战斗；

我在海陆经历的艰险，多到数不清，

　　如同南北天极之间的星辰。

漫长的漂泊后，被逐的我终于抵达终点，

110　　与萨尔马特人和盖塔人为邻的海岸。

尽管在这里被刀剑之声包围，我仍然

1　　这里的"奥林匹克"运动会指的是在古希腊皮萨附近五年举行一次的奥运会，
　　获胜者头戴橄榄冠。"十次"意味着五十年，奥维德大约在五十一岁时被放逐。

2　　可能他指放逐途中遭受的欺辱。"伙伴"可能是屋大维指派陪同奥维德的人，
　　他们和他的奴隶一起合谋害他。

尽力用诗歌减轻命运的苦难。

虽然没有人能侧耳倾听我的吟诵，

如此却可打发难熬的时光。

115　所以，我还活着，还能承受苦役，

还没有被忧惧岁月的疲惫吞噬，

都应感谢你，缪斯：因为你给我慰藉，

你让我忧愁止息，病痛缓解。

你是引路人和同伴，你带我离开希斯特，

120　在赫利孔山间给我栖身的角落；

你在我生前就赐我崇高的名声，这是

罕有的荣耀——它通常从葬礼开始[1]。

"妒忌"——在世之人的诋毁者——也从来不曾

用恶意的牙咬我的任何作品[2]。

125　虽然我们的时代产生了不少大诗人，

"声名"却慷慨地对待我的天分；

我认为自己不如许多人，但我的口碑

却并不逊色，也最受世界青睐。

因此，如果诗人的预言有任何效力，

130　虽离死不远，我却不归你，大地。

无论这声名是由于偏爱或诗作的水准，

热忱的读者，我都应感谢你们。

1　贺拉斯在《颂诗集》中也说他死后，妒忌无法再伤害他（*Carmina* 2.20.4 ）。

2　奥维德在这方面的确是幸运的，贺拉斯时常在诗歌中抱怨同行的敌意。

《哀歌集》

第五部

TRISTIVM LIBER V

第一首（辩护词）[1]

将这卷小书，忠诚的朋友，和其他四卷
　　放一起（它们先离开盖塔的海岸）。
这卷新作也将与诗人的命运相似，
　　从头到尾找不到一丝甜蜜。
5　我的处境既堪怜，我的诗歌便忧郁，
　　基调当然应该与题材相符。
平安快乐时，我挥洒快乐青春的作品，
　　现在它们却只能让我悔恨。
遭难以来，我自己就是这灾变的信使，
10　　我自己的境遇就是诗的主题。
据说卡伊斯特的天鹅会躺在河岸上[2]，
　　用渐灭的歌音哀泣自己的死亡，

1　这是《哀歌集》第五部的序诗，奥维德在这里为自己的放逐诗歌做了两方面的
　　辩护，一是局限于悲伤的题材，二是质量不如从前，两者他都归结于凄惨的放
　　逐生活。从写法上说，此诗的对答体可能受到了贺拉斯《闲谈集》的影响，特
　　别是 *Sermones* 1.10 和 2.1。

2　卡伊斯特河（Cayster）在小亚细亚，离以弗所不远，据说这里的天鹅在临死
　　前会给自己唱挽歌，所以英语中 swan song 意为"最后的作品"。

我不也如此？弃置在遥远的萨尔马提亚，

  不肯让我的葬礼一片喑哑。

15 若有人希望读到柔美绮靡的东西，

  我提前警告他，那种诗不该在这里。

加卢斯，蜜语的普洛佩提乌斯，还有

  更迷人的提布卢斯才合他胃口[1]。

可是我宁愿不曾与这群诗人为伍！

20 为何我的缪斯要如此轻浮？

但我已受罚，那位情爱的游戏者已放逐

  希斯特河边，斯基泰人的蛮域。

而且，我已经转向公共题材的作品[2]，

  告诫它们在意自己的名声。

25 但或许你们有人问，为何我要歌吟

  如此多伤心事？太多事让我伤心。

我写这些，既非靠天才，也非靠技艺，

  而是被自己真实的苦难驱使。

我的命运有多少比例出现在诗里？

30 幸运儿才能记得灾殃的数字！

台伯河有多少沙砾，森林有多少枝条，

  战神广场[3]有多少柔软的细草，

我就受过多少苦，只有在专心写诗时，

---

1 参考《哀歌集》第四部第十首53—54行。

2 指《岁时记》等作品。

3 战神广场（Martius campus）是罗马青年钟爱的锻炼身体的地方。

才有所缓解，我才能得片刻休息。

35　　“纳索，你何时才停止悲伤的呻吟？”你问。

要等到我不再忍受这样的命运。

是命运为我的哀歌提供了不尽的源泉，

不是我说这些话，是她为我选。

可是你若能让我与故土和妻子重逢，

40　　我就会如从前，绽放喜悦的笑容。

如果无敌恺撒对我的怒气能和缓，

我立刻就能吟出欢乐的诗篇。

但我的文字再不会像昔日那般放肆：

对于我，戏谑放肆不会有下次！

45　　我会写他赞许的诗，只要我的惩罚

能减轻，离开蛮野严酷的天涯。

但此时，我的书除了悲伤，能写什么？

我的葬礼吹这样的笛声最适合。

“但是更好的做法是默默忍耐苦难，

50　　藏起自己的伤痛，缄口不言。”

你是说，囚徒受酷刑，不能发出惨呼，

人即使受了重伤，也不可哀哭？

被烤的佩里罗斯透过铜牛嘴苦嚎，

帕拉里斯[1] 也未下令阻挠[2]。

1　　Claassen（1989）指出，从音律上说，帕拉里斯这位暴君的名字（Phalaris）与
　　　奥古斯都（Augustus）等效。

2　　参考《哀歌集》第三部第十一首第 41 行的注释。

55　普里阿摩斯的眼泪未触怒阿喀琉斯[1]，

　　　你却不许我流泪，狠心胜仇敌？

　　阿波罗虽然毁灭了尼俄柏的所有孩子[2]，

　　　但没禁止她的脸让泪水沾湿。

　　用言辞纾缓命运的重创绝对必要，

60　　　普洛克涅和哈尔库俄涅当知晓[3]。

　　所以波亚斯的儿子才会在冰冷的洞穴里

　　　一遍遍呼喊莱姆诺斯岛的巉岩[4]。

　　禁锢的痛苦更令人窒息，当它在心里

　　　沸腾，更被催生出多倍的威力。

65　你要么迁就我，读者啊，要么扔掉

　　　这些诗，若我的解药是你的毒药。

　　但它们伤害不了你，我的全部作品

　　　只害过一人，就是作者本人。

1　参考《哀歌集》第三部第五首第 38 行的注释。

2　尼俄柏（Niobe）是坦塔罗斯（Tantalus）的女儿，她夸口自己比女神拉托娜
　　（Latona）幸福，因为她有七男七女，而拉托娜只有阿波罗和狄安娜两位孩子。
　　于是拉托娜派阿波罗杀死了她的所有孩子，尼俄柏本人也变成了石头。故事见
　　《变形记》（Metamorphoses 6.146ff）。

3　普洛克涅的故事参考《哀歌集》第二部第 390 行的注释。哈尔库俄涅（Halcyone）
　　和丈夫刻宇克斯（Ceyx）都变成了翠鸟，故事见《变形记》（Metamorphoses
　　11.410ff）。奥维德的意思是，这两位女性变成鸟，至少可以通过歌唱来减轻
　　痛苦。

4　"波亚斯的儿子"指菲罗克忒特斯（Philoctetes），他的父亲是莫里卑亚（Moliboea）
　　国王波亚斯（Poeas）。菲罗克忒特斯被希腊同伴抛弃在莱姆诺斯岛（Lemnos），
　　他在那里被毒蛇咬伤，十年不愈，后来医神埃斯库拉庇乌斯（Aesculapius）的
　　儿子玛卡翁（Machaon）或者波达利里俄斯（Podalirius）治好了他。古希腊三
　　大悲剧家都写过以他为题的悲剧。

“可是它们太拙劣。”我承认。谁强迫你读？

70　　　　谁规定，你即使上当，也不能退出？

　　我甚至没修改，以便纪念这个诞生地，

　　　　它们再糙野，也不会超过这里。

　　罗马也不该用自己的大师与我比较，

　　　　我只是扫罗马泰人中间的诗豪！ [1]

75　　再说，我所追求的并非荣耀和声名，

　　　　它们总是驱策天才们前行。

　　我只是不愿心灵被持续的苦痛侵蚀，

　　　　可它们总是闯入我设立的禁地。

　　为何写？我已回答。为何寄给你们？

80　　　　我想到你们身边，怎样都行。

第二首（致妻子）[2]

　　当新的书信从庞图斯抵达，你的脸是否

　　　　变苍白？打开它，你的手可会颤抖？

　　别害怕，我很好。我的身体以前无法

1　　Miller（1987）认为，69—74 行有奥维德惯常的幽默（哪怕带着苦涩）。

2　　在这首诗里（或者整个《哀歌集》第五部里），奥维德越来越绝望，对朋友和
　　妻子越来越不满，他对屋大维也越来越失去了讽刺的锋芒，几乎变为毫无保留
　　的奉承，他似乎觉得，只有直接求助于皇帝本人或许才不会失望。在诗的后半
　　段，奥维德绕开妻子，直接向屋大维祷告，表达了他对妻子救助无力的强烈反
　　感。但由于和其他给妻子的诗不同，这首诗里没有对妻子的直接称呼，而且别
　　的诗中奥维德似乎从未对她如此严厉，所以有研究者怀疑收信人未必是他的妻
　　子，而是奥维德的某位朋友。

忍受辛劳，总是感觉疲乏，

5　　现在能应付了，受惯了折磨，反而变硬朗：

还是因为我没空一直病怏怏？

但我的情绪仍低落，这么久也无起色，

精神状态和前些时候没分别。

我以为随时间流逝，创口终究会愈合，

10　　却如同刚刚受伤，疼痛仍剧烈。

对于小痛苦，时间的确是一剂好药方；

至于大灾难，越往后杀伤力越强[1]。

波亚斯的儿子花了几乎十年来护养

剧毒之蛇留在他身上的创伤[2]；

15　　泰勒普斯早死于那永不愈合的伤口，

倘若刺伤他的人未施以援手[3]。

我祈求给我伤口的人[4]（如果我并未

犯下任何罪）也愿意给我抚慰；

愿我的这份苦终于消了他的怨恚，

20　　他肯从满溢的海中抽去少许水。

无论他抽去多少水，大半苦味还留存，

剩余的就是全部惩罚的替身。

海滩有多少贝壳，玫瑰园有多少花枝，

1　　相对于《哀歌集》第四部第六首时间也不能疗治创伤的主题，这里奥维德更进
　　了一步。

2　　参考《哀歌集》第五部第一首第 62 行的注释。

3　　参考《哀歌集》第一部第一首第 100 行的注释。

4　　指屋大维。

让人昏睡的罂粟有多少种子，

25　森林养多少野兽，大海游多少鱼鳖，

轻柔空气中的飞鸟有多少羽毛，

我就有多少灾厄。若要把它们都囊括，

不如去数伊卡里亚海的水波。

且略过陆路的恐惧、大海的惊心动魄，

30　略过与偷袭恶徒的性命相搏，

现在我被困于广阔世界的蛮荒边境，

这里四面环伺着凶残的敌人。

我可以改判到别处（我手上并未沾血腥），

如果你担起为我奔走的责任。

35　那位神，那位罗马帝国英明的守护者，

即使对敌人，经常都很宽和。

你为何犹疑，害怕不存在的危险？去求他！

全世界没人比他的心胸更广大。

可怜的我！怎么办，如果至亲都抛下我？

40　难道你也缩回脖子，挣断了轭？

我该去哪里？谁能照亮我困顿的处境？

我的小船已经没有锚固定。

他或许可以：虽然他恼恨我，我却要投靠

他的圣坛，那里不禁止祷告。

45　不在场的我哀求不在场的神，倘若 [1]

人能与朱庇特交谈而不算僭越。

1　45—78 行是奥维德对屋大维的祷告。

帝国的主宰，只要你平安，所有的神

　　便都会保护奥索尼亚的人民。

啊，祖国的化身，你给她荣耀与繁华，

50　　你与你统治的世界同样伟大，

愿你长居这人间，长久不返回天国，

　　愿你晚些飞向你命定的星座。

求你宽恕，从雷霆中撤去极小的部分，

　　对于我，剩下的惩罚足以胜任。

55　你的愤怒已经很节制，你没取性命，

　　没剥夺我公民的权利和名称，

我的财产没判给别人，你在谕令里

　　也没有对我使用"流放"这个词。[1]

我害怕所有这些，总感觉罪当至此，

60　　但你的怒火比我的过错仁慈。

你只是"贬逐"我，命我远赴庞图斯的国度，

　　乘船逃离，穿过斯基泰水域。

我奉旨来到欧克辛海丑陋的岸边，

　　冰冷的天极正俯瞰这片荒原。

65　最折磨我的不是永远苦寒的天气，

　　不是始终被白霜冻透的泥地，

或者蛮族的舌头不会说一句拉丁语，

　　或者希腊语被盖塔口音征服——

而是战火从四面把我紧紧地包围，

1　参考《哀歌集》第二部 129—138 行。

70　　敌人随时可攻破矮城的防卫。

但和平偶尔会降临，和约却无人遵行，

　　此地不忍受战争，就担心战争。

只要能更改放逐地，我宁愿被卡律布狄斯 [1]

　　吞噬，让它的漩涡卷到冥河底，

75　或者耐心忍受埃特纳烈焰的焚烧 [2]，

　　或者扔进阿波罗神庙旁的海涛 [3]。

我所求的是惩罚：受苦我并不抗拒，

　　我只期盼到安全的地方受苦。

第三首（酒神节日） [4]

如果我没有记错，巴克斯，今天是好日子，

　　诗人们总在今天一起赞美你 [5]，

1　卡律布狄斯（Charybdis）是古希腊神话中的海妖，据说一天三次吸入再吐出
　　大量海水，无数水手葬身她口中，理性的解释是，这是一个漩涡。卡律布狄斯
　　在原文中被形容为 Zanclaea，是因为它在梅萨纳（今天的梅西纳）海峡附近，
　　梅萨纳古名赞科勒（Zancle）。卡律布狄斯与冥河并无关联，只不过因为她造
　　成人的死亡，所以原文提到斯提克斯河。

2　埃特纳火山在神话中远比造成现实灾难的维苏威火山著名。

3　指琉卡斯（Leucas）附近的一处海岬，传说是萨福自杀的地方。当地有一个避
　　邪仪式，将罪犯从崖顶扔下去，但周围会挂上各种鸟类的翅膀来阻止他下坠，
　　参考斯特拉波（Strabo，公元前 64—公元 24）的《地理志》（Geographica
　　10.2.9）。

4　这首诗不同于通常的赞美酒神的诗（例如贺拉斯 Carmina 2.19 或者普洛佩提乌
　　斯 Elegiae 3.17），奥维德借酒神庆典向诗人共同体寻求帮助。

5　古罗马的酒神节（Liberalia）在 3 月 17 日。

他们在额头戴上节日的芳香花环，

　　饮着你的葡萄酒，将你颂赞。

5　我记得，命运还许可的时候，我也在其间，

　　我的角色还经常招你喜欢。

如今，我却被禁锢在小熊星座的下面[1]，

　　萨尔马特人和粗野盖塔人的海岸。

我曾过着安逸的生活，远离艰辛，

10　专心研习缪斯的舞蹈与歌音，

现在却忍受了海上和陆上的无数磨难，

　　远离故土，听惯了周遭的刀剑。

无论这出于偶然，还是诸神的愤恨，

　　还是我出生时隐身到临的命运[2]，

15　至少你，酒神，应该用你的神力保护

　　一位崇拜常青藤的虔诚信徒。

还是说一旦进入命运三姐妹的预言，

　　任何东西就彻底脱离神的掌管？

你自己也曾因功绩擢升至天界的高处，

20　但是这条路也充满艰难险阻。

你并未留居故乡，而是浪游到融雪

　　滋育的斯特律蒙河[3]、敬拜战神的

1　原文 Cynosuridos Vrsae（狗尾熊）指小熊星座。

2　命运被形容为 nubila（被云笼罩的），古希腊神话中神常用云遮住自己的光芒，装扮成凡人出现。

3　斯特律蒙河（Strymon）发源于海默斯山（在今天的保加利亚境内），流经希腊，注入爱琴海。

盖塔 [1]、波斯、水面宽阔的恒河和黑肤

　　　　印度人聚居的任何一片水域。

25　既然你两次出生 [2]，编织纱线的女神

　　　　无疑也两次吟唱这番命运。

我也同样（倘若可以与神做比较）

　　　　被残忍的宿命碾压，受尽煎熬。

我也悲惨地坠落，如狂言的卡帕纽斯

30　　　未攻入忒拜，却遭朱庇特的雷击 [3]。

然而，当你听闻诗人被闪电劈中，

　　　　你应该记起母亲，心生同情，

你应该环顾身边侍奉圣礼的诗人们，

　　　　说："我的敬拜者好像缺一人。"

35　善心的酒神，快救我！我祝榆树上压着

　　　　两倍葡萄藤，浆果都胀满汁液；

祝狂女信徒和洋溢着青春的森林神 [4]

　　　　常伴你左右，热切呼喊你的名；

愿手持双刃斧的吕库古被碾碎骨头 [5]，

1　　意为盖塔人好战。

2　　酒神"两次出生"是因为他在塞墨勒腹中时，母亲死于朱庇特的闪电，朱庇特
　　于是将他的胚胎缝在自己的大腿里，足月后才出生。参考《变形记》（*Meta-
　　morphoses* 3.310-12）。

3　　关于卡帕纽斯，参考《哀歌集》第四部第三首第 64 行的注释。

4　　森林神（Satyri）经常陪伴在酒神身边。

5　　吕库古（Lycurgus）是色雷斯埃多尼（Edoni）国王，因为反对酒神，巴克斯
　　让他精神失常，将儿子德鲁阿斯（Dryas）当作葡萄枝砍死了。参考伪阿波罗
　　多洛斯的《神话汇编》（*Bibliotheca* 3.5.1）。

40 彭透斯邪恶的鬼魂永不得救[1]；

愿夜空永远闪耀你妻子明亮的冠冕[2]，

 比周围的所有星座都更璀璨！

最俊美的神，快来减轻我的苦楚，

 别忘了我也是你的忠诚信徒。

45 神与神之间可以沟通，巴克斯，请尝试

 用你的神意改变恺撒的神意。

还有你们，虔诚的诗人，我的同道，

 大家都饮下此酒，为我祝祷，

请其中一位诵念纳索的名字，然后

50 为我奠一碗掺入了泪水的酒。

当他扫视所有人，想起了我，请他说：

 "纳索在哪里，刚才还一起唱歌？"

请如此待我，若你们喜爱我的诚挚，

 若我的判决没有伤害任何诗，

55 若我虽理所应当地尊崇诗坛的前辈，

 却也从不曾轻看如今的新锐。

因此，当我祝愿阿波罗[3]庇佑你们时，

 请你们坦然留住我的名字。

---

1 彭透斯（Pentheus）是忒拜国王，因为反对酒神崇拜，巴克斯让他的母亲和其他信徒发疯，将跟踪的他当作狮子撕成碎片。事见欧里庇得斯悲剧《酒神狂女》（*Bacchae*）。

2 酒神妻子是阿里亚德涅，她变成了天上的北冕座（Corona Borealis）。

3 因为阿波罗是文艺神。

第四首（致一位真诚的朋友）[1]

　　我，纳索的书简，来自欧克辛海岸，

　　　　翻山越海，已经疲惫不堪。

　　他哭着对我说："既然你可以，就看看罗马，

　　　　唉，你的命运比我好多啦！"

5　　写我时他也流泪，他不是先把印章

　　　　凑到嘴边，而是碰沾湿的脸庞。

　　如果谁非想探询这份悲伤的来源，

　　　　就是要求把太阳指给他看，

　　却注意不到林间的树叶、旷野上的柔草

10　　　　和溪里丰盈的流水；他会想知道，

　　赫克托耳被劫走，父亲为何伤心[2]，

　　　　菲罗克忒特斯被蛇咬，为何呻吟[3]。

　　啊，愿神赐给我主人这样的好运，

　　　　让他没有任何悲伤的原因！

15　　然而他理所应当地担起这些苦痛，

　　　　不学未驯服的马，拒绝缰绳。

　　他希望，神对自己的怒气不会长久，

1　　在这首诗里，奥维德又用了拟人手法，让书简以第一人称的方式说话，这样他
　　可以更无顾忌地抒发情感，也更容易向对方提出要求。诗的内容完全符合奥维
　　德后期诗歌的程式：放逐的痛苦；屋大维的仁慈；自己有错却无罪；自己与对
　　方的情谊；回忆；自己的承诺和对朋友的要求。

2　　参考《哀歌集》第三部第五首第 38 行的注释。

3　　参考《哀歌集》第五部第一首第 62 行的注释。

他知道，自己有过失，却无罪咎。

他经常回忆那位神是如何地仁慈，

20 每次举例，他总不忘提自己。

他依然拥有父亲的遗产，公民的名字，

尤其是还活着，这都是神的恩赐。

但是你（你若相信我）是他最珍视的朋友，

时时刻刻都放在他的心头。

25 他说你是彼拉得、帕特洛克罗斯 [1]，

也是他的忒修斯和欧律阿罗斯 [2]。

在他所有的思念和牵挂中，无论故土

还是故土的无数事物，都不如

你的脸，你的眼睛，啊，对他而言，

30 你比阿提卡蜂蜡里的蜜还甜 [3]。

他也经常悲伤地回忆起那段时间，

痛惜自己没有死在它之前，

当他突然遭难，别人都唯恐受牵连，

不肯跨进祸患之家的门槛，

35 你和几位朋友却依然忠诚相待，

如果"几位"的意思就是两三位。

虽然受重创，他仍洞悉一切，知道你

1　彼拉得的原文是 qui comitatus Oresten（陪伴俄瑞斯忒斯的人），帕特洛克罗斯的原文是 Menoetiaden（墨诺提俄斯之子）。

2　忒修斯的原文是 Aegiden（埃勾斯之子），因为他的父亲是雅典国王埃勾斯（Aegeus）。

3　许梅托斯山（Hymettus）在雅典（阿提卡半岛）附近，以产蜂蜜闻名。

为他的厄运和他一样哀戚。

他经常描绘你当时的言语、叹息和表情，

40   泪水如何打湿了你的衣襟。

你如何支持他，如何想尽办法安慰

          朋友，虽然你自己也需要关怀。

因为这些，他承诺始终守护这情谊，

          无论他活着还是葬在土里，

45   他常用自己的生命和你的生命发誓，

          我知道两者对他有同样的价值。

他欠你太多的恩情，必定会全力补偿，

          不会让你的牛在海岸空耕[1]。

但别忘保护放逐的他，我如此请求，

50   他太了解你，不会向你开口[2]。

第五首（妻子的生日）[3]

又逢女主人的生日，它要求惯常的荣礼，

          我的手，快去准备爱的仪式。

---

1   "牛在海岸空耕"（litus arare boves）是古罗马表示徒劳无功的谚语。

2   然而，奥维德借助这封信还是开了口。

3   这首诗与《哀歌集》第三部第十三首形成了对照。作品前半段的情感还是令人
     感动的，但后半段的说教又让现代读者感到不快，但这种态度却代表了西方古
     典时代男性社会对女性的典型要求：对妻子而言，美德与忠诚远比情感的满足
     重要。

往昔，在世界的尽头，或许尤利西斯 [1]

　　　也如此庆祝过妻子 [2] 的幸福节日。

5　给我讨喜的舌头，忘掉眼前的苦难，

　　　我想它已不会说吉祥的语言；

再换上那件白色长袍，整年只穿过

　　　它一次，因为与我的境遇不合；

快搭起祭坛，铺好草皮，青翠新鲜，

10　　给温暖的壁炉披上编织的花环。

小奴，给我火焰最明亮的乳香，还有

　　　浇在香火上嗞嗞作响的酒。

最美好的生日！我虽远在天涯，却愿你

　　　灿烂地到来，不同于我的生日。

15　若还有任何伤害可能威胁女主人，

　　　愿我的苦难已永远将它赎清；

也愿最近几乎被风暴肢解的小船

　　　未来在海上能够一路平安。

愿她享有家、女儿和故土的幸福，

20　　只让我一人承受失去的痛苦；

既然亲爱的伴侣未能带给她好运，

　　　愿她在其余的方面再无阴云。

愿她好好活，在远方（既然无选择）爱丈夫，

　　　平安圆满地过完命定的寿数。

1　尤利西斯的原文是 Laërtius heros（拉厄耳忒斯的英雄），因为他的父亲是拉
　厄耳忒斯。

2　珀涅罗珀。

25　我也愿加上自己的寿数，只是害怕

　　　　我的坏运会污染她的年华。

　　人生难测，谁能够料到会有今日，

　　　　我竟在盖塔人中间举行这仪式？

　　可是，瞧，风怎样将乳香燃起的烟

30　　　　吹向意大利的那边，吉祥的那边！

　　这样看来，火喷出的云竟也有感觉，

　　　　故意从这庞图斯的天空逃脱。

　　人们在祭坛上举行联合的丧礼，追忆

　　　　那对自相残杀而殒命的兄弟，

35　黑色的余烬却仿佛受了两人的指令，

　　　　起了争执，故意分裂成两份。

　　我记得自己说过，此事不可能出现，

　　　　相信卡利马科斯一定是杜撰[1]。

　　现在我什么都信了，既然你，烟雾，都不傻，

40　　　　也抛弃这北方，飞向奥索尼亚[2]。

　　所以，如果这个黎明从不曾诞生，

　　　　不幸的我就无法在此欢庆。

　　就是这一天诞生了那么卓越的品格，

　　　　堪比安德洛玛刻和珀涅罗珀，

1　　自相残杀的兄弟指俄狄浦斯的儿子波吕尼刻斯和厄忒俄克勒斯，参考《哀歌集》
　　第二部第 320 行的注释。这个祭坛上的故事出自亚历山大诗人卡利马科斯的
　　《起源书》（*Aitia*），但原文已经失传，古罗马白银时代诗人斯塔提乌斯（P.
　　Papinius Statius，45—96）的《忒拜纪》（*Thebaid* 429-32）中有较为详细的
　　描述。

2　　意大利古称。

45　誕生了贞洁、正直与忠诚，可是这一天

　　　　却没有诞生欢乐，只有忧患、

　　操劳，只有与品格不相称的厄运，只有

　　　　无计可消的几近丧偶的哀愁。

　　的确，伤痛之时被逆境磨砺的美德

50　　　　向来都受人称颂，弦歌不辍。

　　倘若坚忍的尤利西斯从未受苦，

　　　　珀涅罗珀虽幸福，却无人赞誉；

　　倘若丈夫胜利地攻入了忒拜的城墙，

　　　　厄瓦德涅或许难扬名家乡[1]。

55　珀利阿斯的女儿中为何只一位著名？

　　　　自然因为她丈夫遭遇不幸[2]。

　　如果另一位抢先到达伊利昂的沙滩，

　　　　拉俄达弥娅又怎会被人纪念[3]？

　　你的至情（你宁愿如此）将永远隐踪，

60　　　　如果我的船帆鼓满了好风。

　　然而众神啊，还有恺撒（你终将成神，

　　　　但会先活完涅斯托尔的寿命[4]），

　　别饶恕自认该受罚的我，但请你们

　　　　饶恕她，她不应伤心，却在伤心！

1　参考《哀歌集》第四部第三首第 64 行的注释。

2　"珀利阿斯的女儿"指阿尔刻提斯，参考《哀歌集》第二部第 404 行的注释。
　　珀利阿斯有九位女儿。

3　参考《哀歌集》第一部第六首第 20 行的注释。

4　涅斯托尔（Nestor）是荷马史诗中著名的长寿者。

第六首（对朋友的请求）[1]

你曾经是我升沉运气中不变的信仰，
　　我的避难之处，我的安全港，
你竟然也不再关爱你曾关爱的朋友，
　　转眼将责任的重担弃置身后？
5　我承认自己是拖累，但你若有意随时
　　舍弃我，当初就不该将我扛起。
难道你不再管波浪间的船，帕里努鲁斯[2]？
　　别逃走，别失去信心，徒留技艺！
难道忠诚的奥托墨冬在鏖战中变了卦，
10　突然抛下阿喀琉斯的骏马[3]？
一旦接受了病人，波达利里俄斯就永远
　　不会背诺，拒绝用医术救援[4]。
撵走客人太可耻，还不如当初不收留；
　　敞开的祭坛，请永远支撑我的手。
15　原来你只需捍卫我而已，可是如今
　　请同时捍卫我和你对我的品评，

1　Némethy（1913）推测这首诗可能写给科塔，参考《哀歌集》第四部第五首标题的注释。科塔与皇储提比略关系亲近，而奥维德始终与提比略关系疏远，这或许是科塔有意与奥维德拉开距离的政治原因。

2　帕里努鲁斯（Palinurus）是埃涅阿斯的舵手，因为掌舵时睡着被大浪卷下船，见《埃涅阿斯纪》（Aeneid 5.843-71）。

3　奥托墨冬（Automedon）是阿喀琉斯的马车夫。

4　波达利里俄斯（Podalirius）是特洛伊战争中希腊的军医，医神埃斯库拉庇乌斯的儿子。

只要我没增添新的过失，你也没有

　　突然相信我罪名成立的理由 [1]。

我宁愿斯基泰空气里我这苟延的残喘

20　　赶紧离开我的肢体，也不愿

你的心因为我的罪过而受到伤害，

　　觉得我理所当然不配敬爱。

我虽然命运多舛，但并未被摧垮，我的心

　　没有因长久的苦痛而失去清明。

25　就算我疯了，那你想想，俄瑞斯忒斯

　　曾经多少次对彼拉得恶语相斥 [2]？

即使他打过这位朋友，也合乎情理，

　　但对方的情谊始终坚定如一。

可怜人与幸运儿的唯一共同点在于，

30　　两者都常受到特别的关注。

我们既为盲人让道，也为那些披紫袍、

　　执权杖、有随从吆喝的贵人让道 [3]。

你若不原谅我，总该体谅我的境遇，

　　你不应对我感到丝毫的愤怒。

35　从我的经历中挑出最微不足道的一件，

1　奥维德有时的劝说方式几乎像道德绑架。

2　俄瑞斯忒斯的原文为 Agamemnone natum（阿伽门农的儿子）。这样的情节
　　不见于现存的古希腊剧作中，但贺拉斯诗中的俄瑞斯忒斯是这样的形象（Ser-
　　mones 2.3.137-41）。

3　这里的"贵人"指古罗马官阶最高的执政官（consul）和司法官（praetor），"紫
　　袍"指他们的紫边托加袍，"权杖"指法西斯（fasces）。

都会超出你想象的任何磨难。

潮湿的河渠两边掩映着多少芦苇丛，

　　希伯拉的花海看护着多少蜜蜂[1]，

多少蚂蚁习惯于将它们寻得的谷物

40　　　沿狭窄的甬道送入地下的仓库，

将我重重围困的灾殃就能有多少。

　　相信我，现实比我的抱怨更糟糕。

谁如果还嫌不够，就请他往田里倒麦穗，

　　往岸边倒沙，再往海里倒水。

45　所以，请抑制你这不合时宜的怒气[2]，

　　别将我的船抛在茫茫大海里。

第七首（蛮族的世界）[3]

你正读的这封信，来自遥远的地方，

　　宽阔的希斯特在那里汇入海洋。

如果你的生命还享有甜美的平安，

　　至少我部分的命运依旧灿烂。

1　希伯拉（Hybla）在西西里的叙拉古附近，以蜂蜜和百里香闻名。

2　"怒气"（tumores）也有"傲慢"之意。

3　深陷在放逐生活中的奥维德越来越绝望，在这首诗里，"野蛮世界"的现实和
　　"文明世界"的回忆形成了诸多对照，罗马的大诗人被迫开始学习萨尔马特语
　　是奥维德尴尬处境最突出的体现。这篇作品也是《哀歌集》中少有的对盖塔人
　　的直接描绘。

5　一如平素，朋友，你当然会问我近况，
　　　　　但即使我不说，你也能够想象。
　　我很凄惨，这就是全部苦难的概括，
　　　　　任何人开罪了恺撒都不会好过。
　　托密斯这个地方的居民什么样，我周遭
10　　　　是怎样的风俗，你是否有兴趣知晓？
　　虽然这片海岸杂居着希腊人和盖塔人，
　　　　　但野性难驯的盖塔人渊源更深。
　　萨尔马特人和盖塔人数量占了上风，
　　　　　他们骑着马在路上来回穿行，
15　箭囊、长弓和浸过蛇毒的泛黄镞头[1]
　　　　　总是不离他们每一位左右。
　　声音严厉，表情凶狠，马尔斯的形象，
　　　　　任凭头发和胡须恣意生长。
　　右手持刀捅人的时候没丝毫迟疑，
20　　　　所有野蛮人腰上都挂着武器。
　　生活在这些人中间，整日耳濡目染，
　　　　　你的诗翁早忘了爱的诗篇！
　　我宁愿不再活着，宁愿死了，即使死，
　　　　　灵魂也要离开这可憎之地。
25　朋友，你在信中说，我的诗被配舞朗诵，
　　　　　座无虚席的剧场里掌声雷动；
　　其实你自己也知道，我不曾瞄准剧场，

1　奥维德在诗集中反复提到盖塔人浸毒的箭头。

我的诗从未奢望观众鼓掌 [1]。

但只要不让世界忘了我，让人们记起

　　放逐者的名字，就是可庆的事。

尽管我经常诅咒我的诗和缪斯女神，

　　因为我记得她们伤我多深，

但每次诅咒完，我还是割舍不下，又拿起

　　仍然沾着我鲜血的可怕武器，

刚惨遭欧卑亚波浪袭击的希腊小船

　　竟敢再穿越卡佩柔斯的险滩 [2]。

然而，我这番辛劳并非为赞美，或为

　　本不该显露的名声确保未来。

我让心灵沉浸于兴趣里，忘却痛苦，

　　试图用言辞欺骗我的忧虑。

独自在荒凉的海岸，我还能做些什么？

　　有什么别的法子减轻折磨？

如果我看景致，根本没有所谓的景致，

　　全世界都找不到更阴郁的土地。

如果我看人，他们几乎不能称作人，

　　甚至狼都比不上他们的凶狠，

公平让位于强力，对法律毫无惧怕，

　　战败的正义趴伏在残忍的剑下。

他们用兽皮和松垮的马裤抵御严寒，

1　让演员在剧场朗读诗歌，将诗歌变成某种戏剧（fabula），似乎是让古罗马诗
　　人丢脸的事。

2　参考《哀歌集》第一部第一首第 84 行的注释。

50   一头长发遮掩着糙野的脸。

只有极少人还能勉强说些希腊语，

但也被盖塔的野蛮口音征服。

至于拉丁语，整个民族里更无一人

能用它翻译最简单不过的名称。

55   我，著名的罗马诗人（饶恕我，缪斯！），

被迫用萨尔马特语说许多东西。

承认这一点更难堪：因为太久不用，

拉丁词已经很难浮现在脑海中。

我相信，即使在这卷诗里蛮族的印记

60   也不少，不要怪我，怪这片土地。

然而，为了不忘记奥索尼亚的语言，

陷入无法用母语交流的深渊，

我就与自己对话，回忆弃置的词语，

追寻曾给我带来不幸的艺术。

65   我就这样消磨时间，转移注意力，

让心灵远离那些痛苦的沉思。

如今我写诗是为了忘记所有的伤口，

若获得如此的报偿，便已足够。

第八首（致一位私敌）[1]

虽然我已沦落，再如何沦落，也不会

  落得比你低，没人能夺走你的位。

为何如此憎恨我，恶棍？为何羞辱

  我的不幸，你就能永远幸福？

5 连野兽都会为我的痛苦流泪，你的心

  竟不能对我的困厄生丝毫怜悯？

难道你不怕站在旋转轮子上的时运[2]

  和憎恶狂妄言辞的那位女神？

但愤怒的涅墨西斯将给你恰当的惩罚[3]：

10 你为何将我的命运踩在脚下？

我曾见嘲笑沉船的人在海中丧生，

  叹道："从没有波浪如此公正。"

有人拒绝给穷汉一小碗粗陋的饭食，

  如今自己却为了果腹而行乞。

15 迈着暧昧的步子，"时运"总蜿蜒而行，

  不会在一处停留，永远固定，

而是有时候粲笑，有时候面色阴冷，

  唯一恒常的便是她的无常。

---

1 这首诗的主题和写法都与《哀歌集》第三部第十一首有相似之处。

2 这是古罗马时运女神（Fortuna）的通常形象。

3 涅墨西斯（Nemesis）即上一行的"女神"，她是保持平衡的女神，尤其憎恶
  骄傲（hubris）。涅墨西斯的原文是 ultrix Rhamnusia（朗努索斯的复仇者），
  因为在朗努索斯有著名的涅墨西斯神庙。

我也曾盛开，可是那花朵很快便凋落，

20 　　茎上的火焰不过燃烧了片刻。

但你别一门心思享受这残忍的乐趣，

　　那位神我并非绝无希望安抚。

因为我的过失不是罪，虽然有羞耻

　　牵涉其中，但绝对没有敌意；

25 或者因为他统治的广大世界，从西

　　到东，没有任何人比他仁慈。

的确，武力绝对不可能把他征服，

　　但他的柔心却愿听谦卑的哀诉。

就像诸神（他自己也将与诸神为俦），

30 　　他会赦免我，答应许多请求。

如果你数数每年有多少晴天和阴天，

　　会发现明亮的日子更常出现。

所以，别因为我遭难而过度兴奋，焉知

　　某天我也能重回昔日的位置？

35 焉知元首不会消了气，我的这张脸

　　出现在罗马，在凄惨的你面前？

焉知你不会因为更重的罪名被流放？

　　知道吗？这是我的第二个愿望。

第九首（对一位朋友的谢意）[1]

倘若你允许我的诗提及你的名字，

　　我会多少次将你放在这里！

我会记述你的仁德，只赞美你一人，

　　没有一页诗离开你单独萌生。

5　　我亏欠你的，整个罗马都会知晓，

　　若失去的罗马仍读迁客的诗稿。

现在和未来的世代都会听闻你的慈悲，

　　若我的作品有幸活许多年岁。

博学的读者不会停止颂赞你，因为

10　　你拯救了诗人，这份荣耀将永垂。[2]

最大的礼物来自恺撒——我还能呼吸；

　　诸神之后，我最应感谢的是你。

他留下我的生命，你却看护这生命，

　　是你让这份礼物变得温情。

15　　许多人因为我的命运噤若寒蝉，

　　一些甚至只是装作被吓瘫，

从高高的山顶观看我的船渐渐沉没，

　　却不肯伸手给狂涛中挣扎的我；

生死之际，唯有你将我从冥河唤回，

20　　也是因为你，我才有感谢的机会。

1　这位朋友很可能是科塔。

2　这段文字可与卡图卢斯《歌集》中感谢阿里乌斯的诗句（*Carmina* 68.41-50）
　做比较。

愿众神和恺撒永远像朋友一样待你，

　　　这是我能说出的最完满的祷词。

如果你允许，我会精心将这些织入

　　　优美的诗歌，在明亮天光下展出；

25　即使现在，虽然你不愿，她也被禁止，

　　　我的缪斯都难以忍住不提你。

就像猎犬发现了惊恐小鹿的行踪，

　　　竭力挣扎，随时可挣脱硬绳，

急于求胜的马被关在起跑线后面，

30　　时而用蹄，时而用头撞栅栏，

我的塔利娅[1]，被你的律令绑缚和围困，

　　　也渴望冲入禁地，赞美你的名。

但你感激的朋友不会因忠诚而害你，

　　　放下恐惧，我服从你的意志。

35　但你若不信我记得一切，我就不服从；

　　　不许我感激——你可没下此命令。

只要我还看见（恐怕不久了！）生命之光，

　　　我的心就会忠诚地为你守望。

1　　塔利娅（Thalia），九缪斯之一。

第十首（托密斯的折磨）[1]

自从我到庞图斯，希斯特已三次结冰，
　　欧克辛海的波浪已三次封冻。[2]
可是我觉得仿佛已离开故土许多年，
　　堪比特洛伊被希腊围困的时间[3]。
5　　时间过得如此缓慢，几乎已停止，
　　所谓流年都迈着细碎的步子；
夏至并没有从我的夜晚减去一分，
　　隆冬也没有缩短白昼的光阴。
显然，我的世界里，自然规则已走样[4]，
10　　万物都随我的痛苦变漫长。
抑或公共的时间仍循着原来的轨道，
　　唯有我的时间须慢慢煎熬？

1　这是《哀歌集》第五部中的著名诗篇。作品中最震撼人的一句是"这里我反是野蛮人"（barbarus hic ego sum），这句话几乎是为罗马人带来境外政治特权的语言通行证"我是罗马公民"（civis Romanus sum）的反讽式翻版。从帝国中心来到帝国边缘，以文明人眼光蔑视蛮族的诗人遭到了蛮族的蔑视，这是一个典型的反向"东方主义"情境，而关键因素在于语言，蛮族因为拥有共通的语言形成了共同体，奥维德则被排除在外，如 Hauben（1975）所说，就连点头和摇头这样的身体语言都成了意义阐释的难题。Davis（2002）认为，这句话具有重大的意义，因为古希腊文化的"野蛮人"概念是全然建立在民族界限基础上的。对古希腊人而言，非希腊人就是野蛮人；对古罗马人而言，非罗马人就是野蛮人。奥维德在托密斯的语言困境却迫使他以异族的眼光来反观自己，将自己定义为野蛮人，因为"野蛮"（barbarus）的本义就是语言表达不清。

2　从这两行可推知，这首诗大约作于公元 11—12 年之间的冬天。

3　十年。

4　这也是奥维德放逐诗歌的一个主题：在极端的处境中，一切规则皆已失效。

名不副实的"好客之地"[1]正禁锢着我，

　　这片斯基泰海边的不祥[2]之国。

15　无数蛮族在周围，叫嚣着残酷的战争，

　　深信不劫掠就是可耻的人生。

外面到处是危险，只有低矮的城墙

　　和地势本身护卫着这处山冈。

最意想不到的时候，敌人像密匝匝的鸟群

20　　飞来，未及看清，已抢走战利品。

即使城门紧闭时，我们也经常在街衢

　　捡拾飞入城墙的致命箭镞。

因此，很少人敢住在郊野，非得如此，

　　便只能一手耕地，一手拿武器。

25　牧人戴着头盔，吹沥青粘连的芦管，

　　这里的羊群不怕狼，而怕刀剑。

堡垒也很难保护我们，而且在城内[3]，

　　与希腊人混居的蛮族也令人生畏，

因为野蛮人毫无界限地和我们住一起，

30　　喧宾夺主，占据了大半的房子。

即使你不害怕，见他们胸前裹着兽皮，

　　披着长发，也难免心生憎意。

那些据信有希腊血统的居民也身穿

1　参考《哀歌集》第三部第十三首第 28 行的注释。

2　"不祥"（sinistra）也是"左边"的意思。

3　Davis 指出，27—40 行的描写突出了托密斯的多文化杂糅特征。

波斯马裤，早无祖先的装扮。
35 他们之间有共同的语言可以沟通，
　　而对我，事事都须用手势表明。
这里我反是野蛮人，我的话没人能懂，
　　拉丁语只招来盖塔人愚蠢的讪讽。
他们时常当着面毫无顾忌地谤毁我，
40 　　或许在讥笑我的放逐与沦落。
事实上，他们说话时我无论摇头或点头，
　　他们都觉得我心里有所保留。
而且，正义是由不义的利剑来衡量，
　　法庭上经常有人被公然捅伤。
45 残忍的拉刻西斯[1]！我的星如此悲惨，
　　为何不给我一条更短的纱线？
朋友们，我既悲叹见不到祖国和你们，
　　也厌倦在这里，与斯基泰部族为邻。
两种惩罚都严厉，不过我只该逐出
50 　　罗马，或许不该流放此处。
我在说什么，难道疯了吗？触怒了恺撒，
　　即使丢了命，也是正当的惩罚！

1　拉刻西斯（Lachesis），命运三女神之一。

第十一首（致妻子）[1]

某个不知名的家伙辱骂你，把你称作

　　流放者的妻子——你在信中抱怨说。

我难过，不是因为他诋毁我的遭遇

　　（我早已习惯勇敢地承受痛苦），

5　是因为我给最珍爱的人带来了耻名，

　　而且你也愧怍于我的厄运。

坚强些，勇敢些！更大的打击你都挺过来[2]，

　　当元首的怒气将你我生生分开。

那人称我为"流放者"，其实并不准确，

10　我的过失招致的惩罚更温和。

我最严厉的惩罚就是触怒了恺撒，

　　我宁愿在那之前就葬身地下。

我的船虽备受摧残，但并未彻底倾覆，

　　虽远离港口，但还在水上漂浮。

15　他没有剥夺我的生命、财产和公民权，

　　尽管我失去一切也理所当然，

但因为我只有过失，并无罪孽，恺撒

1　有人以奥维德被流放为由头辱骂他的妻子，奥维德用这封信安慰她，他只有两条理由，一是他告别罗马时妻子忍受的痛苦更大，二是辱骂者的说法不准确，自己只是"放逐"，不是"流放"。这样的安慰能有什么作用，值得怀疑。Montiglio（2008）认为，奥维德暗中否定了古典传统中对尤利西斯的正面评价——"坚忍"。

2　这行诗几乎是直译尤利西斯的著名自语（*Odyssey* 20.18），也让人联想起卡图卢斯《歌集》（*Carmina* 8.11）中的自我鼓励。

仅下了一道旨令，命我离开家。

正如其他数不清的人曾蒙他宽恕，

20　　　我也得到了恺撒仁慈的礼物。

对我，他只用"贬逐"，而未用"流放"的名称，

　　　有了这个定性，我不应忧心。

因此，无论我的诗多卑微，都应尽情

　　　称赞你[1]，你也配得上这样的热忱；

25　我也应求诸神仍然向你关闭天界，

　　　盼望你为神，却要与你暂别。

罗马民族也如此祷告，但大海纳百川，

　　　也不拒绝小溪的细弱奉献。

可是称我为流放者的人啊，别再用

30　　　错误的名字加重我的苦痛！

第十二首（诗才已逝）[2]

你来信劝我用诗歌抚慰痛苦的时光，

　　　别让才华在可憎的麻木中消亡。

你的建议，朋友，很难做到，诗歌

1　　指屋大维。

2　　这首诗是两个主题的结合，一个主题是奥维德曾经反复抱怨的——放逐生活损
　　害了自己的诗才，另一个主题是《哀歌集》第五部序诗的说法——哀伤的处境
　　只能写哀伤的诗。所以，虽然他仍情不自禁地写诗，他却写不出这位朋友所要
　　求的那种诗（很可能是他早年擅长的那种诗，参考本诗7—8行）。

是快乐的产物，需要内心平和。

5　我的命运正在敌对的暴风中穿行，

谁也难有比我更可悲的处境。

你是要普里阿摩斯在孩子[1]的葬礼上嬉闹，

丧亲的尼俄柏[2]领头跳喜庆的舞蹈？

你觉得，独自被放逐至盖塔的遥远角落，

10　我该沉浸于悲痛还是诗歌？

即使你给我一颗最有勇气的心灵，

不亚于被阿尼托斯控告的哲人[3]，

在如此的废墟重压下，智慧也将崩溃，

人的力量怎敌得过神的愤恚？

15　被阿波罗称为智者的那位老人[4]，倘若

与我换，恐怕写不出一篇著作。

即使我终于忘记了故土，忘记了你们，

即使失去的一切已不再留痕，

恐惧本身仍将阻止我安静地写诗：

20　这里四面都是数不清的蛮敌。

再说，我的才华早已被铁锈蚀伤，

早已失去昔日的大半锋芒。

肥沃的田野，如果没有不懈的耕犁，

1　指赫克托耳。

2　参考《哀歌集》第五部第一首第 57 行的注释。

3　指苏格拉底（Socrates），他被阿尼托斯（Anytus）控告。

4　德尔斐神谕称苏格拉底为希腊最有智慧的人。

最后也只能剩下杂草和荆棘；

25　在马厩里闲逸太久，良骏也没了速度，

招致最后到达终点的耻辱；

船只会逐渐朽烂，四处都崩出裂缝，

如果它远离江海，弃置不用。

我同样绝望，虽然我原来的才华也不高，

30　但现在连回归从前都无法做到。

长期忍受苦难，我的天赋已磨钝，

旧日的活力没有一丝留存。

然而，如果我拿起蜡板，就像此刻，

强迫词语遵守格律的规则，

35　最多也只能写出你眼前的这种诗歌，

但与我的状态和地点却相合。

还有，雄心会给心灵充沛的力量，

多产往往是因为追求荣光。

我也曾经被璀璨的声名吸引，可那时

40　我的船帆仍然有好风助力。

如今我身陷逆境，对荣名已无羡意，

即便能得，我宁可不为人知。

或许因为我此前的作品大受欢迎，

所以你劝我写，继续收获掌声？

45　缪斯九姐妹，能否容我斗胆说一句：

就是你们导致了我的放逐。

正如铜牛的设计者受到了恰当的惩罚，

我也为自己的《艺术》付出了代价。

我不该与诗歌再有瓜葛，沉船逃生者

    50   当然应躲开所有大海的涛波。

可就算疯狂的我重操致命的旧业，

        这个地方能为我提供什么？

这里没有书，没有听我朗诵的耳朵，

        我说的任何话，也没有一人理解。

    55   到处充斥着野蛮的言语、野兽的叫声，

        到处弥漫着对喧嚣敌人的惊恐。

在我的感觉里，拉丁语已经被我抛下，

        我已经学会盖塔话和萨尔马特话。

然而，我向你吐露实情，我的缪斯

    60   直到今天仍会忍不住写诗。

我写诗，然后又将自己的诗稿烧掉，

        少许余烬终结了我的辛劳。

我已写不出好诗，但又不愿停笔，

        所以只能将作品扔进火里。

    65   只有很少一部分或者我忘了烧掉，

        或者被人骗出来，被你们读到。

我真希望将我的《艺术》也化为灰烬，

        谁让它毁灭了毫无提防的主人！

第十三首（病中的信）[1]

纳索从盖塔海岸送给你一声"安康"

　　（若自己没有的东西也可以送上）。

我病了，心灵的顽症已经感染了身体，

　　我的全境都已被痛苦辖制。

5　很多天以来，我的腰都疼得难忍，冬天

　　酷烈的严寒就这样把我摧残。

然而，如果你无恙，我也就部分无恙，

　　因为是你肩负了我危难的重量。

既然你曾表现出如此深厚的友情，

10　在各种处境中保护我的生命，

为何犯此小错，很少写信安慰我，

　　行为慷慨，言辞却如此吝啬？

我求你改掉这一点，只要这一点不再错，

　　你的人格就堪称完美无缺。

15　我本会继续责怪你，却又怕冤枉了你：

　　或许你发了信，却没到我手里。

众神啊，愿我的这番怨言太过草率，

　　我说你已经忘了我，都是错怪。

我的祷告显然是真的，我不该相信

20　你会改变那颗坚定的心灵。

1　Davisson（1985）指出，这是《哀歌集》中最具书信体特征的诗歌，已经开始
　　向《黑海书简》的写法过渡。

即使寒冷的庞图斯不再生长苦艾，

希伯拉甜美的百里香[1]不复存在，

也无人能够证明，你对朋友已冷淡。

我命运的纱线不会如此晦暗。

25 可你还是要小心，别让旁人被假象

迷惑，这才能驱散虚假的指控。

过去我们在悠长的时日里从容交谈，

不觉白昼已尽，天光已暗[2]，

现在何不让书信传递沉默的声音，

30 让纸草和手承担舌头的责任？

为免我显得太缺乏信心（姑且就此

打住，这封短笺已能提醒你），

请接受书信永久不变的结束语——我愿

你的命运与我迥异——"平安"。

第十四首（致妻子）[3]

比我自己还宝贵的妻，你亲眼目睹

1　参考《哀歌集》第五部第六首第 38 行的注释。

2　Williams（1991）指出，这两行和奥维德诗中其他两处（《黑海书简》2.4.11-12 和 2.10.37-38）谈话到日落后的意象可能都受到了卡利马科斯（*Anthologia Palatina* 7.80）的影响。

3　奥维德的妻子在《哀歌集》第五部中居于中心地位，然而悖论在于，虽然奥维德一再声称妻子对他太重要，但他给妻子的只有空洞的名声；他对妻子虽不乏真情，但对她的道德要求总是一贯地僵硬。

我的诗为你造了多宏伟的殿宇。

时运自然能夺走作者的许多东西，

　　你却将因我的才华流芳后世。

5　只要还有人读我，你的名声就活着，

　　你不会全部在悲悼的柴堆中焚灭。

因为丈夫的劫难，你的遭际也堪怜，

　　有些女人却愿意与你对换，

虽然你分担了我的痛苦，她们却相信

10　　你是幸福的，羡慕你的好运。

没有给你财富，我却给了你更多，

　　富豪的鬼魂也只能空手进冥国。

我让你享有永久的名声，普天之下，

　　我还能找到什么礼物超越它？

15　再说，你须独自把我的家产守护，

　　这里面已有一份沉甸甸的荣誉，

因为你始终不会从我的声音里消失，

　　你也应骄傲于丈夫赞许的证词。

为免有人说它无依据，请一如既往，

20　　守护我，也守护你的情义与忠诚。

在我无虞的时候，你的品行虽相同，

　　却只是无人置喙，更无人指控，

但我突然的厄运却为你打开了空间。

　　让你的美德立起醒目的圣坛！

25　当阻止行善的力量已清除，你的前面

　　没什么妨碍你，做贤妻又有何难？

可当神劈下闪电，却敢不避开雷云，

  这才是真正忠贞不渝的爱情。

不受时运管辖的美德的确很罕见，

30 当时运溃逃，它仍坚守不迁。

但如果美德就是它自己追求的报偿，

  身处逆境却依然斗志昂扬，

它就绝不会被任何时代和地域忽略，

  即使你囊括全部时间、全世界。

35 你可见漫长的历史中，珀涅罗珀的坚贞

  如何被赞美，她的名字也永存？

阿尔刻提斯、安德洛玛刻，还有英勇[1]

  赴死的厄瓦德涅如何被称颂[2]？

拉俄达弥娅如何不朽（她的丈夫

40 神行如飞，最先在特洛伊登陆）[3]？

我并不需要你的死，只需要爱和忠诚，

  你不用走艰险之路追求名声。

你也别觉得，我是责怪你无所表现，

  你已在划桨，我只是装上风帆[4]。

45 提醒你做你已做的事，这种提醒

  其实是称赞，这种催促是肯定。

---

1 阿尔刻提斯参考《哀歌集》第二部第 404 行的注释，安德洛玛刻参考《哀歌集》第一部第六首第 19 行的注释。

2 厄瓦德涅参考《哀歌集》第四部第三首第 64 行的注释。

3 拉俄达弥娅参考《哀歌集》第一部第六首第 20 行的注释。

4 参考《哀歌集》第一部第一首第 91 行的注释。

《黑海书简》

第一部

EX PONTO I

第一首（致布鲁图斯）[1]

纳索从盖塔海岸给你寄来这些诗，
　　如今他俨然已经长居托密斯[2]。
如果有闲，请接待这些异域的小书，
　　布鲁图斯，为它们觅藏身之处。
它们可不敢进入公共图书馆，唯恐
　　因为主人的缘故，此路已不通。[3]
我说过多少次："你们当然没教唆什么，
　　去吧，那里欢迎纯洁的诗歌！"
但它们没去，而是如你所见，觉得
　　藏在私人的家里应当更稳妥。
你问，放在哪里才不会伤害任何人？
　　《艺术》空出的位置就可栖身。
趁着新鲜你或许会问，它们为何来？

5

10

1　在这首诗里，奥维德请求朋友布鲁图斯（Brutus）善待自己的作品，然后解释
　　了《黑海书简》不同于《哀歌集》的地方，最后让他不要担心触怒屋大维。

2　此时奥维德已经放逐四年。

3　呼应《哀歌集》第三部第一首。

尽管收下，只要里面没有"爱"。

15　你会发现，虽然标题看不出哀伤，

它们和前一部诗集 [1] 却同样凄凉。

主题相同，标题不同，也不再隐匿

收信人的身份，直接写出名字 [2]。

你们都不情愿，但你们无法阻止，

20　执拗的缪斯非如此表达敬意。

无论如何，把新作加进去。只要守法，

放逐者的子嗣也有权享受罗马。

你何必害怕？仍有人读安东尼的文章，

博学的布鲁图斯也不缺书箱 [3]。

25　我并非癫狂，拿自己与这些大人物相比，

但我至少没凶狠地侵犯神祇 [4]。

再说，虽然恺撒并没有这样的愿望，

我的每本书都不乏对他的颂扬。

如果我让你不放心，赞美神总没问题；

30　请抹掉我的名字，收下我的诗 [5]。

如果在战时和平的橄榄枝都有用，难道

1　指《哀歌集》。

2　这是最重要的区别，也正因如此，《黑海书简》的书信特征比《哀歌集》明显。

3　安东尼在恺撒死后，曾与屋大维结盟，但最终因权力斗争爆发内战，战败自杀。
　　布鲁图斯（M. Iunius Brutus，公元前 85—公元前 42），恺撒最著名的刺客，
　　共和派领袖，腓立比战役失败后自杀。如果读屋大维的这两位死敌的著作都没
　　有危险，奥维德的作品更不待言。

4　指恺撒和屋大维。

5　在《哀歌集》中抹掉的是对方的名字。

歌咏和平的创建者只是徒劳[1]？

当埃涅阿斯用双肩驮着父亲的重量，

据说火焰都自动闪避两旁[2]。

35 背负着他的后裔[3]，我的书更应无阻？

那只是人父，这却是祖国之父[4]。

若有人手摇清脆的西斯铃[5]站在门口，

谁会如此狂妄，将他赶走？

若有人在神母[6]前吹奏弯曲的角管，

40 谁会拒绝施舍他几枚铜钱？

我们知道狄安娜[7]不允许这样的行为，

但她的先知也不缺生活的花费。

天神的力量总是能搅动我们的灵魂，

1　屋大维在自传（*Res Gestae* 13）里夸耀，在自己统治期间，曾三次关闭雅努斯之门（象征和平），而从罗马建国到他登基之前，这样的事只发生过两次。

2　埃涅阿斯用双肩驮着父亲穿过燃烧的特洛伊，见《埃涅阿斯纪》（*Aeneid* 2.707ff），火焰为他让道的情节见 *Aeneid* 2.631-2。

3　恺撒自称是埃涅阿斯的后裔，屋大维是恺撒的甥外孙和养子，所以也可以称为埃涅阿斯的后裔。

4　参考《哀歌集》第二部第 181 行的注释。

5　西斯铃（sistrum）是古埃及人的一种手摇的宗教乐器，主要用在伊西斯女神的敬拜仪式上。原文用 Pharia（帕洛斯的）形容西斯铃，是因为帕洛斯岛在埃及亚历山大城附近。

6　神母指库柏勒。

7　狄安娜出现在这里令人惊讶，但 Green（2005）提醒我们注意这段文字的宗教背景。根据 Witt 的专著《古希腊罗马世界的伊西斯》（*Isis in the Graceo-Roman World*, 1971），伊西斯于公元前 3 世纪进入罗马宗教后，迅速与多位神（包括库柏勒和狄安娜）融合，神庙遍及帝国各地。所以 39—42 行描绘的神庙内外的宗教敛财行为没有区分伊西斯、"神母"和狄安娜。Green 甚至认为，这里的伊西斯影射已经自杀的埃及女王克里奥帕特拉。

即使轻易被蛊惑，也不丢人。[1]

瞧，我没有西斯铃或佛里吉亚的木笛[2]，

却举着尤利亚家族神圣的名字[3]。

我预言，我警告，给圣物使者一席之地！

这非我而是一位大神[4]的旨意。

不要因为我招致或领教了元首的怒火，

50 就猜测本人不愿做他的敬拜者。

我曾见某人坐在伊西斯的神祠前，忏悔

自己冒犯穿亚麻的伊西斯[5]的天威；

另一人因相似的过错而失明，站在路中央，

高喊自己就该有如此的下场。

55 天神喜欢这样的告白，证人如道具，

正可以显示他们的法力非虚。

他们常减轻责罚，恢复夺走的视力，

当他们看见真心悔罪的例子[6]。

1　如果按照《哀歌集》和《黑海书简》的套路，将恺撒和屋大维也看作神，那么他们"蛊惑"人们"轻信"他们编造的各种神谱世系，不过靠的是"力量"。这两行的颠覆性呼之欲出。

2　木笛是库柏勒敬拜仪式的乐器。

3　尤利亚家族（gens Iulia）指恺撒家族。恺撒声称他的家族渊源可以追溯到尤卢斯（Iulus），后者是埃涅阿斯和原配妻子克鲁莎（Creusa）的儿子，另一种版本说他是埃涅阿斯和拉丁妻子拉维尼娅（Lavinia）的儿子。无论如何，通过埃涅阿斯这条线，这个家族都与维纳斯建立了联系，因而是"神圣"的。

4　指屋大维。

5　伊西斯被形容为"穿亚麻的"（linigerae），是因为敬拜仪式上祭司和信徒都必须穿亚麻。

6　用这种街头骗局做例子，无疑消解了神圣性。

悔罪！如果可怜人还有什么让人信，

60　　　我悔罪，我的错让我如受酷刑！

放逐虽痛苦，更大的痛苦是过失本身，

　　　招致惩罚比忍受惩罚更伤人。

即使众神和比神更耀眼的恺撒对我好，

　　　惩罚可撤销，过失却永不可勾销。

65　至少死亡降临时，我的放逐便终结；

　　　但死亡也无法抹掉我的过错。

所以毫不奇怪，我的心渐渐朽烂，

　　　就像积雪融化，水开始蜿蜒。

仿佛一艘船被隐藏的蛀虫偷偷啃噬，

70　　　又如巉岩被海水不断侵蚀，

仿佛贮藏的铁器印上了斑斑锈迹，

　　　又如旧书做了蠹虫的美食，

我的胸膛也每时每刻被忧虑咬啮，

　　　而且这是无休无止的折磨。

75　生命抛下我的心，它们也不会离开；

　　　等到痛苦者倒下，痛苦仍存在。

如果我完全顺服的天神相信这哀诉，

　　　或许会认为我值得一点帮助，

将我改判到远离斯基泰弓箭的地方。

80　　　若再多求，我的嘴就太悖妄。

第二首（致马克西姆斯）[1]

马克西姆斯，你未辜负伟大的名字，

    有高贵的血统，更有高贵的品质[2]，

为了你能出生，虽然法比乌斯家门

    一天战死三百人，一人仍幸存[3]。

5 或许你会问，这封信究竟何人寄来，

    也很想知道，跟你絮叨的是谁。

我该怎么办？一旦你读到名字，我真怕

    你硬了心肠，厌弃我下面的话。

你看吧，我斗胆承认自己给你写过信，

10   承认为自己的遭遇流泪伤心[4]，

我虽然声称自己应接受更严厉的惩罚，

    但再添一点惩罚，我就会坍塌。

我住在敌人中间，被各种危险围困，

---

1   马克西姆斯（Paullus Fabius Maximus，公元前46—公元14）是奥维德所有朋友中地位最高、权势最大的，他出生于古老的贵族家庭，妻子玛尔奇娅是屋大维的姨表妹，他自己曾于公元前11年担任执政官，一直是屋大维的心腹。在他的调解下，在奥维德创作《黑海书简》一至三部这段时间，屋大维对奥维德的态度有所松动，然而公元14年他和屋大维先后去世，彻底砸碎了奥维德改判他处至回归罗马的梦想，因为继任的皇帝提比略和他母亲利维娅都憎恶奥维德。

2   这个家族曾出现过让迦太基大将汉尼拔无可奈何的"拖延者法比乌斯"（Q. Fabius Maximus Verrucosus，公元前280—公元前203），以及与汉尼拔血战到最后、死于坎奈战役的保卢斯（L. Aemilius Paullus，？—公元前216）。

3   根据李维《罗马史》（*Ab Urbe Condita* 2.48），由三百零六位法比乌斯家族成员组成的一支罗马军队遭到维埃人（Veientes）伏击，除一人突围外，全部阵亡。

4   原文第10行缺失，为了译文的完整性，根据上下文添加了这行中文。

不仅失去了故土，也失去了和平。

15　　嫌死法不够多，他们制造残忍的伤口，
　　　　蝰蛇的毒液抹过所有的箭头。
　　　带着毒箭的骑兵队环绕惊恐的城墙，
　　　　犹如饿狼紧逼圈里的羔羊。
　　　但一旦绷紧了马毛制成的弦，轻弓
20　　　和它的弦就始终如此紧绷。
　　　屋顶插满了箭枝，仿佛蒙一层纱帐，
　　　　城门坚固的木闩也难抵挡。
　　　而且，没有草木的土地光秃一片，
　　　　沉闷的冬天连着沉闷的冬天。
25　　我就在这里抗击严寒和飞箭，抗击
　　　　命运，疲惫地迎来第四个冬季 [1]。
　　　眼泪长流不止，除非我陷入恍惚，
　　　　死一般的困顿让我心神麻木。
　　　幸福的尼俄柏，虽然目击那么多死亡，
30　　　却变成石头，不再感觉灾殃 [2]！
　　　你们也幸福，当你们呼喊哥哥的名字，
　　　　白杨为嘴唇覆盖了新的树皮 [3]！
　　　我却没好运，无法变成树的模样，
　　　　我渴望变成石头，也只是空想。

1　从这行可以推知，本诗作于公元 12—13 年之间的冬天。

2　参考《哀歌集》第五部第一首第 57 行的注释。

3　指帕厄同的姐姐们，参考《哀歌集》第三部第四首第 30 行的注释。

35　即使让梅杜萨本人站在我的眼前，

　　　　梅杜萨的神通也会消失不见 [1]。

　　我活着，没有一刻远离痛苦的感觉，

　　　　时日越长，惩罚反而越酷烈。

　　提堤俄斯的肝永远重生，永不能

40　　　啄尽，好永远忍受毁灭的过程 [2]。

　　可我想，夜晚来临，休憩和世人的良药——

　　　　睡眠——总能平息习惯的煎熬，

　　然而，梦却模仿真实的危险，惊吓我，

　　　　让我不停回归生活的折磨。

45　梦见自己躲避萨尔马特人的飞羽，

　　　　或手戴残酷的镣铐，做了俘虏；

　　或者，当我偶尔流连于某个好梦，

　　　　看见故乡那些久违的街景，

　　忽而与我敬重的你们，诚挚的友伴，

50　　　忽而与深爱的妻娓娓长谈。

　　这样，当我从短暂虚幻的快乐中醒来，

　　　　幸福的记忆让我的处境更难挨。

　　所以，无论是白昼看见我这个落魄者，

　　　　还是夜晚驱赶着踏霜的马车，

55　我的胸膛总是被无尽的忧患熔化，

1　参考《哀歌集》第四部第七首第 12 行的注释。

2　提堤俄斯（Tityus）是地母之子，他企图强奸拉托娜，被她的孩子阿波罗和狄安娜杀死（一说被朱庇特的闪电击杀），死后在冥府中天天被秃鹫啄肝，但肝总是重新长出。

就像被挪近的火烤炙的新蜡。

我经常祈求死，但又祷告自己不死，

　　怕遗骨长埋萨尔马提亚的土地。

当我想起奥古斯都的仁慈，又相信

60　　会有温和的海岸给沉船者容身。

可当我看到命运多顽固，微弱的希望

　　就崩溃，因为巨大的恐惧而沦亡。

然而，我所希望和祷告的仅此而已：

　　去恶地也无妨，只要离开这里。

65　节制地使用影响力，你或许能为我争取

　　这一点，而不危及你自己的荣誉。

马克西姆斯，罗马雄辩家的典范，请你

　　仁慈地担起这宗棘手的案子。[1]

我承认案情不利，但你若辩护就有利，

70　　只为不幸的放逐说劝解之词。

因为恺撒不知道，虽然神知道一切，

　　这处极远地的情况究竟如何。[2]

军国大事占据了这位神的全部心思，

　　天界的目光怎关注此等琐事？

75　他无暇探究托密斯的具体位置——即使

　　邻近的盖塔人都极少听闻这里——

---

[1]　贺拉斯如此描绘马克西姆斯："他出身名门，长相英俊，/ 热心为身处困境的被告辩护，/ 而且拥有一百种才能"（*Carmina* 4.1.13-15）。

[2]　神应当是全知的，既然屋大维不知道托密斯的情况，他就不是神，无论奥维德接下来如何为他开脱，他已经戳穿神的假象。

或者扫罗马泰人、凶残的亚兹格人[1]、叨立克

  狄安娜[2]看护的土地正在做什么，

每当希斯特封冻，踏着坚硬的冰盖，

80 那些部落就骑快马蜿蜒而来。

他们多数人既不在乎你，最美的罗马，

  也不害怕奥索尼亚的征伐。[3]

他们的勇气来自强弓和充足的箭矢，

  战马也胜任无论多远的奔袭，

85 而且他们学会了长时间忍受饥渴，

  知道追击的敌军将无水可喝。[4]

仁慈者即使盛怒，也不会遣我来这里，

  如果他知悉这是怎样的土地，

也不愿我或者任何罗马人沦为俘虏，

90 尤其是我，既然已被他饶恕。

他只需点头就可杀我，但他却没有，

  既如此，又何必再借盖塔人之手？

然而，他没有发现可判我死罪的情形，

  他对我的敌意或许已经减轻。

95 当初他所做是我迫使他不得不做，

---

1 亚兹格人（Iazyges），居住在多瑙河流域的一个萨尔马特部落。

2 关于叨立克狄安娜，参考《哀歌集》第四部第四首第 64 行的注释。

3 "你"指罗马，奥索尼亚即意大利，这两行再次对屋大维声威远播四方的宣传
  提出了反驳。

4 这里对游牧部落的描绘让人想起中国史书中的匈奴。塔西佗也曾如此描绘萨尔
  马特人的战斗（*Historiae* 1.79）。

那惩罚几乎比我应得的还温和。

因此，愿众神（他自己就是最公正的一位）

　　让恺撒在地上永保至尊的声威，

愿世界如此前一样继续接受恺撒的统治，

100　　愿国祚沿家族的血脉代代相袭。

但你要趁他平静（我也曾感受）的时候

　　代表我的眼泪张开你的口。

不要为我求安逸，我只需安全非安逸，

　　唯愿放逐地远离残忍的蛮敌，

105　这条命乃是现世的活神赏赐给我，

　　别让污秽的盖塔人拔剑屠灭。

总之，即使死，我也愿死在更和平的地界，

　　以免尸骸被斯基泰的泥土压迫，

别把我的骨灰像放逐者一样打发，

110　　让比斯托尼亚[1]的马蹄肆意践踏，

也别让萨尔马特人的幽灵惊吓我的

　　鬼魂，倘若人死后还有知觉。

这些细节应该能打动恺撒那颗心，

　　但首先需要赢得你的同情。

115　求你为了我，用你的话语安抚恺撒，

　　他惯于帮助惊惧服罪的臣下，

施展你向来纯熟甜美的口才，改变

　　这位与天神同尊者对我的怨念。

1　　比斯托尼亚在色雷斯境内。

你不是求忒洛墨冬、残忍的阿特柔斯[1]，

120　　　也不是用人肉饲马的狄俄墨得斯[2]，

而是不喜欢惩罚却乐于奖赏的君主，

　　　每次被迫下狠手，他都会痛苦，

他总是战胜者，却总能宽恕他的敌人，

　　　他的闩永远关闭了内战之门，

125　他用对惩罚的恐惧而非惩罚来统治，

　　　极少劈下雷霆，不忍心如此。

所以倾听你论说的是如此慈悲的耳朵，

　　　所求不过是放逐地更接近祖国。

昔日我是你的追随者，你喜庆的餐桌

130　　　常在满座的宾客朋友间看见我，

是我领许墨奈俄斯参加你的婚礼，

　　　为吉祥的姻缘颂唱祝福的诗[3]。

我记得，你时常称赞我的书卷，除了

　　　给主人招来灾祸的几部孽作[4]，

135　你知我崇拜你，多次朗读你的作品。

　　　我的新娘也娶于你的家门[5]，

1　忒洛墨冬（Theromedon），一说忒洛达玛斯（Therodamas），是利比亚国王，常将人扔给野狮。关于阿特柔斯，参考《哀歌集》第二部第 392 行的注释。

2　狄俄墨得斯（Diomedes），色雷斯国王，养有四匹吃人肉的母马。

3　许墨奈俄斯（Hymenaeus）又名许门（Hymen），是婚神，这两行意味着奥维德为马克西姆斯创作并表演了婚歌（epithalamium），其体裁可参考卡图卢斯《歌集》第六十一首。

4　指《爱的艺术》。

5　奥维德的第三任妻子原是法比乌斯家族的一位寡妇，有一位女儿。

玛尔奇娅[1]称许她，从她少时就喜欢，

　　后来还让她陪在自己身边。

此前，恺撒的姨母[2]也曾经如此待她，

140　　她们的肯定就是权威的评价。

甚至实胜其名的克劳迪娅，若曾有

　　她们称赞，又何须神灵庇佑[3]？

我自己从前的岁月同样没有污点，

　　暂且略过我生活的最后一段。

145　但不提自己，只请你保护我的妻子，

　　你若不管她，就难免陷于不义。

她逃向你们的港湾，拥抱你们的祭坛——

　　每人都有权向敬拜的神求援——

她哭着祈求你们向恺撒呼吁，劝服他，

150　　让丈夫的坟更靠近自己的家。

1　　马克西姆斯的妻子。

2　　指小阿提娅，屋大维母亲的妹妹。

3　　克劳迪娅（Claudia Quintia）是一位维斯塔贞女，公元前 204 年，当她的贞节
　　遭到怀疑时，她靠一人之力拖动了载有库柏勒神像的驳船（陷在台伯河口的
　　淤泥里），这个近乎神迹的结果证明了她的清白。事见李维《罗马史》（Ab
　　Urbe Condita 29.14.11-14）。但在同时代和后世的读者心中，名声最遭到质疑
　　的克劳迪娅显然是 Q. Metellus Celer 之妻，这位克劳迪娅就是卡图卢斯的情人
　　莱斯比娅，曾被西塞罗猛烈抨击（Pro Caelio），当时罗马还风传她与哥哥 P.
　　Clodius Pulcher 乱伦。

第三首（致卢费努斯）[1]

卢费努斯，你的纳索给你这问候，
　　倘若可怜人还能做谁的朋友。
在种种困厄中，我的心本已一片迷茫，
　　你最近的安慰却给我力量和希望。
5　正如波亚斯的儿子通过玛卡翁之手，
　　感觉神奇的医术抚慰了伤口[2]，
我的心受了重创，在地上奄奄一息，
　　也因为你的鼓舞恢复了勇气，
仿佛将昏迷，听到你的话却顿然苏醒，
10　正如灌了酒，脉搏就变得强劲。
然而，雄辩的力量毕竟比不上医术，
　　我的心仍未被你的言辞治愈。
无论你从我忧患的深渊吸走多少水，
　　剩下的部分都比排掉的充沛。
15　许久之后，或许这伤口终会结痂，
　　但现在，手的触碰叫我害怕。
医生并不是总能把病人治好，有时
　　无论多高超的技艺也无济于事。
你看，从脆弱的肺里咳出的血多么

1　卢费努斯（C. Vibius Rufinus）曾与提比略一起在公元 12 年参加凯旋仪式，在
　　奥维德死后担任过亚细亚总督。Davisson（1993）认为，奥维德在这首诗里拒
　　绝了古典传统中对放逐者的标准安慰套路，先发制人地堵住了朋友的嘴。

2　参考《哀歌集》第五部第一首第 62 行的注释。

20 　　　　坚定不移地流向斯堤克斯河。

　　即使有埃斯库拉庇乌斯和圣草相助，

　　　　受伤的心脏恐怕也回天乏术 [1]。

　　医学也不知如何祛除恼人的痛风，

　　　　或者如何对付恐水的狂犬病 [2]。

25 　　焦虑时常也没有任何药方能治疗，

　　　　即使能，也须靠时间慢慢消耗。

　　当你的建议已经振作了我疲弱的灵魂，

　　　　当你精神的盔甲已穿在我身，

　　对故土的思念又一次压倒所有理智，

30 　　　　摧毁了你的文字构筑的工事。

　　这是忠诚 [3] 或阴柔的情绪？任你评判，

　　　　我承认逆境中的我多愁善感。

　　尤利西斯是公认的智者，但他也期盼

　　　　早日见到伊塔卡故园的炊烟。

35 　　我不知道家乡的土地有怎样的魅力，

　　　　牵引所有人，不允许我们忘记。

　　哪里能比罗马好？或不如寒冷的斯基泰？

　　　　蛮族却逃离罗马，欣然回来。[4]

1　埃斯库拉庇乌斯是古希腊罗马神话中的医神，原文是 Epidaurius（厄庇道鲁斯
　　人），因为厄庇道鲁斯有一座埃斯库拉庇乌斯的神庙。

2　痛风（podagra）是难治之症，狂犬病（hydrophobia）在现代的疫苗出现之前
　　没有任何办法对付。

3　忠诚（pium）指对家国的眷恋。这一段思乡之情的理性论证和情感抒发很动人。

4　在奥维德反复渲染托密斯的可怕环境之后，斯基泰人的选择充分证明了家乡的
　　吸引力。

菲洛墨拉[1]或许在鸟笼里过得很好，

40 　　　却竭力挣扎，要回森林的怀抱；

公牛追寻熟悉的草场，野性也不能

　　　阻止狮子追寻熟悉的穴洞。

你却希望，放逐生活这噬髓的哀伤

　　　因你的安慰能离开我的胸膛。

45 小心，你们别对我太好，太让我惦记，

　　　这样远离你们才不会太悲戚。[2]

可是，我以为自己虽失去出生的故土，

　　　至少会有幸放逐到人住的地域，

如今却被弃置在世界尽头的沙岸，

50 　　　这里永久的积雪埋葬着荒原。

田野里没有瓜果，也不产甜美的葡萄，

　　　山间无橡树，河堤无柳树垂条。

大海也不比陆地更值得称赞，永远

　　　照不到阳光的波浪在狂风里翻卷。

55 无论往哪边看，都是无人耕作的原野，

　　　荒地向八方延伸，茫茫无界。

左右两边可怕的敌人都近在咫尺，

　　　随时恐吓，威胁我们的侧翼；

一边即将领教比斯托尼亚的长矛，

60 　　　一边有萨尔马特人射出的飞镖。

1　指夜莺，参考《哀歌集》第二部第 390 行的注释。

2　放逐生活的又一个悖论：需要安慰，但安慰让人更悲伤。

来吧，给我讲述古人的例子，讲述

　　他们如何勇敢地忍受痛苦，

你也可钦佩卢提留斯坚强的气魄，

　　宁愿选择放逐地，也不肯归国 [1]。

65　他留在斯密尔纳，不是蛮夷的庞图斯，

　　斯密尔纳可是最诱人的城市。

锡诺帕的犬儒之所以舍得离开故土，

　　那是因为他选择在阿提卡定居 [2]；

击败波斯军队的特米斯托克力

70　最初是流放到美丽的阿尔戈斯 [3]；

阿里斯提德被逐出家乡，逃到斯巴达 [4]，

　　它和雅典谁更强，却难回答；

帕特洛克罗斯年少时杀了人，离开奥普斯，

1　卢提留斯（P. Rutilius Rufus，公元前 158—公元前 78），担任执政官期间，因
　　为反对骑士阶层掠夺小亚细亚，被诬告敛财，要么支付巨额罚款，要么放逐，
　　他选择放逐到小亚细亚的斯密尔纳（希腊人建立的富庶城市）。

2　锡诺帕的犬儒（Cynicus Sinopeus）指著名犬儒哲学家第欧根尼（Diogenes），
　　他出生在黑海南岸的锡诺帕（Sinope）。"阿提卡"代指雅典。

3　特米斯托克力（Themistocles）是雅典将军，他一直力主发展海军，并在公元
　　前 480 年的萨拉米斯海战中决定性地击败波斯军队，但后来他却被雅典人放
　　逐到阿尔戈斯（Argos），阿尔戈斯以风景优美著称，是古希腊罗马田园诗的
　　常见背景。特米斯托克力的原文是 Neoclides（涅奥克利斯之子），因为他父
　　亲是 Neocles（涅奥克利斯）。

4　阿里斯提德（Aristides）也是希波战争中雅典的著名将领，后被雅典人放逐，
　　但根据希罗多德的记载（*Histories* 8.79），他的放逐地不是斯巴达，而是埃吉
　　纳（Aegina）。斯巴达原文为 Lacedaemona（斯巴达的别名）。

在异乡却收获了阿喀琉斯的友谊[1]；

75 指挥圣船航行至科尔基斯的勇士

也从海摩尼亚逃到科林斯[2]；

阿革诺耳的儿子抛下西顿的墙垛，

却找到一处更好的筑城之所[3]；

堤丢斯曾从卡吕冬逃至阿德拉斯托[4]，

80 爱神岛结束了透克罗斯的漂泊[5]。

我又何必提及古代的罗马人？那时

提布尔已算是他们最远的流放地[6]。

即使翻遍所有时代，也没谁离家

这么远，居处比这里更可怕。

1　帕特洛克罗斯（Patroclus）在赌博时杀死了克勒托努穆斯（Cleitonymus），事
　　见《伊利亚特》（*Iliad* 23.85-88）。后来他逃到佩琉斯（Peleus，阿喀琉斯之父）
　　家，在那里结识了阿喀琉斯，并成为好友。

2　"圣船"指阿尔戈号，"勇士"指伊阿宋。海摩尼亚（Haemonia）是贴撒利亚
　　的古名，在美狄亚害死贴撒利亚国王珀利阿斯后，伊阿宋和她逃到了科林斯。

3　"阿革诺耳的儿子"指卡德摩斯（Cadmus），他的妹妹欧罗巴（Europa）被朱
　　庇特化身为牛驮到克里特岛，他奉父亲腓尼基国王阿革诺耳（Agenor）之命
　　去寻找妹妹，离开西顿，一路到了欧洲，最后在忒拜建城。参考《变形记》
　　（*Metamorphoses* 3.1-130）。

4　堤丢斯（Tydeus）是七将攻忒拜的其中一位大将。他的故乡是卡吕冬（希腊埃
　　托利亚的一个城市），因为杀人逃到阿德拉斯托（阿尔戈斯的一个城市）。

5　特拉蒙（Telamon）是萨拉米斯国王，特洛伊战争中，他让自己的两个儿子埃
　　阿斯（Aias）和透克罗斯（Teucer）参加了希腊联军，事先要求兄弟俩必须一
　　起回来。埃阿斯被雅典娜逼疯后，屈辱自尽。战争结束后，特拉蒙坚决不允许
　　透克罗斯单独回来，并将他流放。透克罗斯后来在塞浦路斯定居，并创建了一
　　个新的萨拉米斯城。塞浦路斯因为敬拜阿佛洛狄忒而出名，所以这里被称为"爱
　　神岛"。

6　提布尔（Tibur）位于罗马东边的郊区，风景怡人，卡图卢斯和贺拉斯诗中都多
　　次赞美过那里的景色。罗马早期只是个城邦，面积很小，所以提布尔都是流放地。

85　所以，你的智慧对伤心者应该更宽容，

　　　你的规诫虽有理，他却难遵从。

　　但我不否认，倘若我的伤口能愈合，

　　　它们愈合应感谢你的规诫。

　　可我害怕，你努力救我全都是徒劳，

90　　我已病入膏肓，再没有灵药。

　　我如此断言，并非因为我更明智，

　　　而是我比医生更了解自己。

　　尽管这样，你的好意仍然是一份

　　　厚重的礼物，我已铭记于心。

第四首（致妻子）[1]

　　青丝已染霜，颓丧的年纪已来侵袭，

　　　岁月之犁已耕过我脸上的土地，

　　破败的身体失去了活力，只觉萎靡，

　　　年轻时喜欢的游戏也已厌弃。[2]

5　　如果突然看见我，你恐怕认不出我，

1　《哀歌集》里有七首诗是奥维德写给妻子的（第一部第六首，第三部第三首，第四部第三首，第五部第二、五、十一、十四首），但在《黑海书简》中只有两首写给她，其中可能在奥维德死后才发表的第四部中则完全没提到她。所以学者们推测在公元14年马克西姆斯(她娘家最有影响的人物)和屋大维去世后，她留在罗马已无用，可能也来到了托密斯。这首诗与其他作品不同的是，在别处奥维德常将自己与尤利西斯相比，而这里的比较对象则换成了伊阿宋。

2　苏轼《江城子》："纵使相逢应不识，尘满面，鬓如霜。"

我的生命竟已被如此摧折。

的确有年龄的因素，但还有别的缘故，

那就是心灵持续的忧虑和痛苦。

倘若有人把我的折磨均摊到一生，

10　　　相信我，涅斯托尔都比我年轻[1]。

你看，强壮的公牛在荒瘠的田野里劳作，

也终会累垮，可谁比它们更健硕？

土地如果从来不休耕，一年又一年

出产庄稼，也将会疲惫不堪；

15　如果一匹马永远都在赛道上奔驰，

没有恢复的间隙，就一定会死；

一艘船再坚固，也会在海里分崩离析，

若从不离开航道，到岸上休憩。

我也一样，被连绵不绝的苦难消耗，

20　　　还未到衰老的时候就已经衰老。

闲暇滋养身体，心灵也需要其滋养，

两者都被过度的忧劳损伤。

你看，埃宋的儿子因为到过我这里，

在遥远的未来依然会颂歌不止[2]。

25　可是他经受的考验比我轻得多，小得多，

1　涅斯托尔是荷马史诗中最年长的人，原文用 Pylio 形容他，是因为他是皮洛斯（Pylos，位于伯罗奔尼撒半岛的城邦）的国王。

2　"埃宋的儿子"指寻找金羊毛的伊阿宋，因为他父亲是埃宋（Aeson）。"这里"指托密斯一带，因为金羊毛所在地科尔基斯也在黑海之滨，所以奥维德有此说。23—46 行是奥维德与伊阿宋的比较（这种手法被称为 synkrisis），可以参考《哀歌集》第一部第五首 57—84 行他与尤利西斯的比较。

只要真相没有被荣名掩没。

珀利阿斯派遣他到庞图斯，那位君主

　　即使在贴撒利亚也无须畏惧[1]；

伤害我的却是恺撒的怒火，从东到西，

30　　全世界谁不震恐于他的权力？

距离不祥的庞图斯，海摩尼亚比罗马近，

　　和我比，他只走了很短的旅程[2]。

他有众多的同伴，皆是希腊的俊杰[3]，

　　我却被放逐，更被所有人冷落。

35　我穿越茫茫大海，唯有脆弱的小舟，

　　伊阿宋的那艘大船却坚固无俦。

没有提菲斯为我领航，也没有裴纽斯[4]

　　告诉我沿途的危险，给我建议。

他有神后朱诺和帕拉斯一路庇佑[5]，

40　　却无任何神看护我的这颗头。

1　珀利阿斯，伊阿宋的叔叔，伊俄尔科斯（Iolcus，贴撒利亚的城邦）的国王。

2　海摩尼亚即贴撒利亚。Green（2005）指出，伊阿宋的起点贴撒利亚固然离托密斯近，然而伊阿宋的终点科尔基斯却在黑海东岸，在托密斯以东 800 英里，从贴撒利亚到科尔基斯约 1100 英里，从罗马到托密斯约 1500 英里，实际相差并不大。奥维德一贯喜欢夸张，如同他将几百英里外的叨立斯称为"咫尺之隔"一样。

3　包括海格力斯、佩琉斯、俄耳甫斯等许多耳熟能详的古希腊神话人物都参与了这次远航。

4　提菲斯是阿尔戈号的舵手。裴纽斯（Phineus）被与伊阿宋同行的泽特斯（Zetes）和卡莱斯（Calais）兄弟拯救，出于感激，告诉他们剩下的旅程如何走。

5　参考阿波罗尼乌斯《阿尔戈号远航纪》（*Argonautica*）第二卷和第三卷。

他还有丘比特隐秘的艺术相助[1]——真后悔

　　向爱神传授这门艺术的精髓[2]！

他最终回了家，我却将死在这片异域，

　　如果被冒犯的神永不肯宽恕。

45　所以，忠贞的妻啊，我忍受了如此艰辛，

　　埃宋的儿子怎么可能相提并论？

我离开罗马时，你还是如花的年华，多年来

　　被我拖累，你大概也青春不再。

即使你老了[3]，也求神让我重新见到你，

50　　热切地吻你失去光泽的发丝，

用臂膀搂紧你消瘦的身体，一边感慨，

　　"是因为担心我，你才变这么憔悴。"

我会流着泪，向流泪的你讲述诸般

　　遭遇，享受从不敢奢望的交谈，

55　为两位恺撒和恺撒高贵的妻子虔诚

　　焚香，感谢这些尘世的真神！

愿门农的母亲[4]用玫瑰的嘴唇尽早

1　参考阿波罗尼乌斯《阿尔戈号远航纪》（*Argonautica* 3.85-166, 275-98）。赫拉（朱诺）让阿佛洛狄忒（维纳斯）贿赂儿子小爱神用箭射中美狄亚，以使她爱上伊阿宋。

2　因为写过《情诗集》和《爱的艺术》，奥维德常自命为爱的老师，"爱"既可指爱情（amor），也可指小爱神（Amor）。"后悔"是因为《爱的艺术》导致了他的放逐。

3　此时她大约四十岁。

4　"门农的母亲"指黎明女神奥罗拉（Aurora），门农（Memnon）是埃塞俄比亚国王，奥罗拉和提托诺斯（Tithonus）的儿子。

唤来这一天，当君上的怒气已消！

第五首（致科塔）[1]

马克西姆斯，曾是你不会忽视的友伴——
　　纳索——求你读他写下的诗篇。
不要在里面寻找我以前的那种天赋，
　　好像你不知道我已被放逐。
5　你看，闲逸如何败坏怠惰的身体，
　　池塘如何变污秽，若永远凝滞。
即使我曾经有过作诗的娴熟才能，
　　长久废置，它也已枯涩迟钝。
你若相信我的话，你眼前的这些文字
10　　也是勉强拼凑出的违心之诗。
我并不愿意心灵专注于这样的兴趣，
　　受邀的缪斯也不愿与盖塔人为伍。
然而，如你所见，我仍挣扎着写一些，
　　但它们如我的处境一般糙劣。
15　读的时候，我这位作者会脸红心跳，
　　自己都看出，大半应该抹掉。
但我不修改，因为改比写更耗精神，

1　这首诗的收信人马克西姆斯不是《黑海书简》第一部第二首那位马克西姆斯，
　　而是梅萨里努斯的弟弟科塔·马克西姆斯（M. Aurelius Cotta Maximus Messali-
　　nus）。

生病的心难忍受任何艰辛。

难道我要开始用严刑峻法，传唤

20　　　诗里的每个词出庭，接受审判？

命运的折磨还不够，非要尼罗河流进

　　　赫布鲁，阿托斯与阿尔卑斯相邻[1]？

我们不应太苛责惨遭重创的心灵，

　　　让耕牛从重轭下抽回磨破的脖颈。

25　然而，辛劳最充分的理由就是收获，

　　　耕耘的土地会献出成倍的蔬果。

以前的作品没有一部曾于我有益——

　　　只希望它们从未招来祸事！

那我为何写？你会问。我自己也很迷惑，

30　　　经常自问，所求的究竟是什么？

人们说诗人是疯子，此言果真不虚？

　　　我自己就是这句话最好的证据，

已经一遍遍被贫瘠的土壤欺骗，却执意

　　　在饱受其害的田地里播撒种子。

35　当然，每个人都热切追逐自己所长，

　　　欣然为习惯的技艺耗费时光。

受伤的角斗士发誓退出赛场，转眼

　　　就忘了旧痛，拿起武器再战；

沉船的幸存者声称断了与大海的来往，

1　　赫布鲁（Hebrum）是色雷斯的主要河流，注入爱琴海。阿托斯（Athos 或
　　Atho）是希腊卡尔齐迪克半岛（Chalcidice）的一座山。

40 　　　　立刻在刚才逃生的水域划桨。

我也是如此，继续操持无益的营生，

　　　追寻我宁愿不曾敬拜的女神。

可我还能做什么？我无法忍受无事

　　　可做，虚度光阴于我就是死。

45 我不肯通宵豪饮，醉成一摊烂泥，

　　　也不愿颤抖地拿起诱惑的骰子。

当我已经睡完了身体要求的时间，

　　　漫长的白昼又该如何消遣？

难道忘记故国的风俗，学萨尔马特人

50 　　　挽弓射箭，被当地的技艺吸引？

这样的爱好我的力气也不会容忍，

　　　我的心比瘦弱的身体毕竟强几分。

你仔细想想我的处境，自然会懂，

　　　无用的技艺其实反而最有用。

55 写诗的时候，我可以忘记自己的遭际，

　　　若这是土地的收成，我已经满意。

激励你们的是荣名，盯紧缪斯的合唱队 [1]，

　　　确保朗诵的诗歌赢得赞美。

而我，记下自然流出的诗句就足够，

60 　　　无须反复推敲，苦吟白头。

我为何要殚精竭虑打磨我的作品，

1　"缪斯的合唱队"原文是 Pieriis choris（皮埃里亚的合唱队），关于皮埃里亚，
　　参考《哀歌集》第三部第二首第 3 行的注释。

难道害怕盖塔人不认可它们？

或许我太狂妄，但我相信，希斯特沿岸

  没有谁的天才比我更璀璨。

65 如果我必须在此终老，在野蛮的盖塔人

  中间做一位诗翁，已堪慰我心。

何必让我的名声远播世界的另一端？

  除非罗马是命运安排的地点。

我不幸的缪斯满足于这个僻远的剧院，

70 这是我的报应，大神的意愿。

而且，我的诗也无路从这里去你那里，

  到了罗马，北风也只能垂翼。

我们的星野各异，奎里努斯的城市 [1]

  远离大熊座，盖塔人却触手可及 [2]。

75 两地之间有如此众多的山海阻隔，

  我很难相信我的任何诗能穿越。

即使有人读，甚至竟然还有人喜欢，

  对我这个作者，不也是枉然？

名声有何用，如果你置身炎热的赛伊尼 [3]，

---

1 指罗马。

2 虽然罗马属于地中海式气候，托密斯属于温带大陆性气候，的确比罗马冷，但两地纬度相差不多，罗马是北纬 41 度，托密斯是 43 度，"星野"应该是差不多的。

3 赛伊尼（Syene），上埃及城市，即今天的阿斯旺，代表了罗马人所知世界的最南端。

80   或者印度海浸润的锡兰之地[1]？

还想走得更远吗？如果天边的昴星团[2]

        赞美你，你可觉得满足了心愿？

但我这些平庸的作品到不了你那边，

        名声和主人早一起从罗马逃窜，

85   当名声被埋葬，我在你们眼中便消失，

        直到今天，你们都避谈我的死。

第六首（**致格莱齐努斯**）[3]

当你听说我突遭祸事（你当时在异地），

        你的心难道没有一丝悲戚？

格莱齐努斯，你尽可掩饰，害怕承认，

        但我若了解你，你当时一定伤心。

5   对朋友无动于衷不符合你一贯的品格，

        你的修养也不容如此的冷漠。

---

1   锡兰原文为 Taprobanen，这是罗马人为斯里兰卡起的名字，代表了罗马世界的最东端。

2   Green（2005）认为，奥维德之所以用昴星团（Pleiades）来赞美马克西姆斯，应当因为这个名字与亚历山大著名的悲剧诗人群体有关，他们一共七位，统称"七星"（Pleiades）。由此推断，马克西姆斯可能创作过戏剧。我们还可补充一个事实：16 世纪法国以龙沙（Pierre de Ronsard，1524—1585）为代表的诗人们也自称"七星诗派"（La Pléiade）。

3   格莱齐努斯（C. Pomponius Graecinus），公元 16 年曾担任执政官，他是奥维德早年的好朋友，但因为他在政治上亲近提比略，所以逐渐对奥维德有所疏远。从这封信也可看出，两人之间已有相当的心理距离。

你致力追求的博雅学问足以让人心
　　变得温和，驱走一切残忍。
没有任何人比你更真诚地研习它们，
10　　虽然你时常被政事和军务缠身。
当我刚清醒过来，意识到自己的处境
　　（我恍惚很久，如同遭了雷霆），
便察觉又一种厄运：朋友你不在身边，
　　而你本可以给我保护和安全。
15那时没了你，我病痛的心便没了安慰，
　　我大半的灵魂和思想也一同缺位。
可现在，只剩一种办法能帮我，在远方
　　我求你用话语温暖我的胸膛，
如果你相信朋友并没有说谎，那么
20　　告诉你，我只是愚蠢，绝非邪恶。[1]
来龙去脉太复杂，我不敢在此谈论，
　　而且我的伤口也害怕触碰。
不要问我如何受的伤，别再搅扰，
　　如果你还希望它们能长好。
25无论怎样，我没有犯罪，但的确犯了错，
　　还是说，冒犯大神[2]必然算罪过？
所以，格莱齐努斯，我的心仍存希望，
　　或许我的惩罚还可以减轻？

1　在放逐原因的问题上，奥维德的一贯立场是，自己只有错，没有罪。

2　"大神"指屋大维、提比略、利维娅。

当众神逃离邪恶的大地，这位女神 [1]

30　　独自留在被天界厌弃的凡尘。

她让戴着镣铐的矿工勇敢活下去，

　　相信腿终会摆脱铁的禁锢；

她让沉船者四面看不到任何陆地时

　　都能在波浪中奋力挥臂。

35　高明的医生时常都已经放弃救治，

　　但病人脉搏虽渐弱，希望仍未死。

狱中的囚犯据说希望自己能安好，

　　挂上十字架的人也不忘祷告。

这位女神曾让多少人在行刑前一瞬

40　　摆脱了被绳索绞断脖子的命运。

当我拔出剑，试图终结一切痛苦时，

　　她也伸手制止我，大声呵斥：

"你要干什么？你可以流泪，不可以流血，

　　泪水经常能浇灭君主的怒火。"

45　所以，虽然我咎由自取，不配有希望，

　　但神的仁慈却让我充满念想。

请你求他别再敌视我，格莱齐努斯，

　　为我进言，让我的梦想变现实。

让我葬身托密斯的沙土下，如果我不信

50　　你也有相同的愿望，相同的心 [2]。

1　这里的"女神"是"希望"（Spes）的拟人表达。

2　"让我死……如果"是古罗马人常见的发誓方式。

即使鸽子不再爱高塔，野兽恨巢穴，

　　羊群恨草地，鸥鸟不再爱水波，

格莱齐努斯也不会背弃他的故交。

　　绝非一切都已被命运颠倒。[1]

第七首（致梅萨里努斯）[2]

你读的这封信，梅萨里努斯，代表我的口，

　　从蛮远的盖塔来，向你献上问候。

地名透露了作者？还是看到我的名

　　你才知道是纳索在给你写信？

5　你的朋友中可有谁困在世界的尽头，

　　除了我（我祈求被你视为朋友）？

愿众神保佑，所有敬你爱你的伙伴

　　都不要与这个部落有任何牵连，

只让我一人生活在冰原与斯基泰箭矢

10　之间，如果生活意味着某种死。

让地上的战争、空中的寒气、盖塔人的劫掠

1　这里的语气似乎是自我安慰，掩饰不住绝望和恐慌。Davisson（1981）指出，奥维德在别的诗中，已经反复表明了命运对自己的残酷折磨。49—54 行的"不可能之事"（adynata）并非完全不可能，这就让"格莱齐努斯也不会背弃他的故交"的断言显得不那么自信。

2　关于梅萨里努斯，参考《哀歌集》第四部第四首标题的注释。梅萨里努斯是提比略的铁杆拥趸，在后者登基之日，他甚至提出应该在马尔斯神庙里供奉一座新皇帝的金像。

催迫我，让冬天的雪雹肆意击打我，

　　让我永远滞留在这片既没有苹果

　　　　也没有葡萄、被外敌包围的地界，

15　但我祝你的其他追随者全都平安，

　　　　在这个群体，我只是不起眼的一员。

如果我这些话冒犯了你，你断然否认

　　　　我与你有任何关系，我该多伤心！

即使真如此，你也该饶恕我的虚辞，

20　　　　我夸口，你的荣誉并无损失。

与恺撒相识，谁不会想象自己受青睐？

　　　　你就是我眼里的恺撒——原谅这告白。

但我绝不会闯入禁止的地方，只要你

　　　　不拒绝向我开放中庭就足矣。[1]

25　虽然你不肯与我再有瓜葛，但至少

　　　　比起从前，缺一人向你问好。

你父亲当年没排斥我的友谊，他是我

　　　　诗歌创作的启蒙者、鼓励者、指引者[2]。

我为他哀泣，这是葬礼最后的礼物，

30　　　　我为他写下在广场吟唱的诗句。

你还有一位弟弟[3]，你们的情谊堪比

1　从这些话可以看出，奥维德被放逐后，对方有意冷落他。

2　梅萨里努斯的父亲梅萨拉（M. Valerius Messalla Corvinus，公元前 64—公元 8）
　　是古罗马将军、文人和著名的文学赞助人，除了奥维德，提布卢斯、瓦尔鸠
　　（Valgius Rufus）和马凯尔等人都曾受他提携。

3　即科塔·马克西姆斯。

阿伽门农兄弟和卡斯托尔兄弟[1]，

他并没低看我，愿意让我做伙伴和友人，

但愿你不觉得这些话于他有损，

否则，我只好承认这一点也不可信——

干脆让整个家族都向我闭门。

但你们不应该闭门，没有任何权力

能确保一位朋友毫无过失。

然而，尽管我渴望否认这一桩是非，

至少无人不晓我没有犯罪。

倘若我这宗案子真的是罪无可赦，

放逐就实在只算轻微的判决。

洞悉一切的恺撒自己也看见了这点：

我的罪名应由愚蠢来承担。

根据案情和形势的许可，他宽恕了我，

只是稍稍使用了他可怖的雷火。

他没有剥夺生命、财产和返家的可能——

若你的呼吁能改变他的厌憎[2]。

但我已惨坠。这有何奇怪？被朱庇特击中，

哪位凡人的肉身能只受轻伤？

即使阿喀琉斯不允许自己用全力，

掷出的长矛也足以重创强敌。

35
40
45
50

因此，既然复仇者 [1] 的判决都有意宽赦我，

　　你的大门又有何理由拒绝？

55　我承认，我以前对你的态度不够殷勤，

　　但我相信，这也有命运的原因。

然而，我对你弟弟并无如此的敬重——

　　再说，你们的家神难道不同？

手足情深，虽然我没有亲身侍奉你，

60　　但弟弟的朋友自然与你有关系。

既然行善者总应该收获感激，如今

　　你赢得了感激，岂非一种好运？

但你若允许我给你建议，请向神祷告，

　　让你施予更多，而不仅是回报。

65　你本是如此行事，至少在我的记忆里，

　　你对许多人都是乐善好施。

梅萨里努斯，接纳我，无论排什么位次，

　　只要别视我为陌路，将大门紧闭。

你若不肯为我遭罪而痛心，认为纳索

70　　是罪有应得，就痛心我的堕落。 [2]

1　指屋大维。

2　到这里，奥维德几乎是在哀求，但也是一种修辞的绑架。

第八首（致塞维鲁斯）[1]

塞维鲁斯，我大半的灵魂[2]，请接受这问候，
　　它来自纳索，你一向挚爱的朋友。
别问我过得怎样。如果细述，你一定
　　会掉泪，所以只概说我的惨景。
5　我被剥夺了和平，活在永远的兵革中，
　　持弓的盖塔人总挑起残酷的战争。
众多的放逐者中间，只有我兼任兵卒[3]，
　　别人都藏身安全处，但我不羡慕。
你不应对我的诗太苛刻，我要提醒你，
10　眼前的作品都写于备战之时。
有一座古老的城市，在双名的希斯特[4]之滨，
　　城高地险，几乎没办法靠近。
当地人传说，是卡斯比亚的埃吉索斯[5]
　　建立了这个和他同名的城市。
15　凶悍的盖塔人袭杀了奥德鲁西人[6]，

1　这位塞维鲁斯所指不详，似乎不是《黑海书简》第四部第二首里的那位诗人。

2　贺拉斯曾将维吉尔称为自己"灵魂的一半"（Carmina 1.3.8）。

3　参考《哀歌集》第四部第一首 73—76 行的描绘。

4　希斯特河又名多瑙河。

5　人物埃吉索斯（Aegisos）所指不详，他来自卡斯比亚（今天的里海），他建立的同名城市位于今天罗马尼亚的图尔恰（Tulcea），距托密斯约 70 英里。

6　奥德鲁西人（Odrysii）是色雷斯的一个部落，罗马人的朋友。

夺去了此地，向国王 [1] 武装挑衅。

他没忘高贵的血统，以勇武为祖先增光，

　　立刻率无数士兵赶赴战场，

直到理所当然地屠灭侵略者，碾碎

20　　此民族的悖逆之心，他才撤退。[2]

我们时代最英勇的国王，愿你 [3] 能始终

　　将权杖紧握在赢得荣耀的手中，

愿战神的民族和罗马的恺撒都能认可你——

　　有什么祝愿比这更好，更吉利？

25 亲爱的友伴，我知道自己离了题，刚才

　　我抱怨，处境已困顿，还添了兵灾。

从离开你们，放逐到这斯堤克斯 [4] 岸边，

　　升起的昴星团已领来四个秋天。

别以为纳索怀念的是城市舒适的生活——

30　　不过他的确忍不住怀念这些——

有时我会回忆起你们，甜蜜的伙伴，

　　有时爱妻和女儿又浮现在眼前。

然后我又从家里转向美丽的罗马城，

　　用心灵的眼睛扫视所有的街景，

35 时而是广场 [5]、神庙，时而是大理石的剧场，

1　指奥德鲁西国王瑞梅塔尔科斯（Rhoemetalces）。

2　这场埃吉索斯战役在《黑海书简》第四部第七首 19—54 行有生动的描绘。

3　"你"指瑞梅塔尔科斯。

4　既然放逐等于死亡，希斯特河就等于斯堤克斯河。

5　著名的三个广场：罗马广场、恺撒广场和奥古斯都广场。

时而是地平如镜的一座座柱廊，

时而是战神广场的草坪，美丽的花园[1]、

池塘和处女引水桥[2]在对面铺展。

可我想，城市的欢愉虽已不再属于我，

40　　困厄中总能享受乡村的快乐！

我的心渴望的不是已经失去的田亩[3]

（那些农场远在佩利尼[4]的沃土），

也不是长满苹果的山丘上那些花园[5]

（克劳迪亚道和弗拉米尼亚道在对面[6]）。

45　过去的打理究竟为了谁？我常常亲自

引水灌溉我的树——我不觉羞耻，

我亲手种了一些，不知道是否还活着，

但树上的果子我注定无法采撷。

但愿失去的这些能换来一小片土地，

50　　让放逐的我还可享耕耘的情致！

若可能，我愿意亲自放牧悬崖上的山羊，

也放牧绵羊，倚着我的木杖。

为了让心思不沉溺于忧愁，我要自己

领着肩负曲轭的公牛耕地，

1　可能指阿格里帕花园和庞培花园。

2　"处女引水桥"参考《哀歌集》第三部第十二首第 22 行的注释。

3　指奥维德在家乡苏尔摩的土地。

4　佩利尼（Paeligni）是意大利的一个部落，生活在苏尔摩一带。

5　指奥维德在罗马北边米尔维安大桥附近的花园地产。

6　克劳迪亚道（Via Clodia）和弗拉米尼亚道（Via Flaminia）都是罗马城的交通要道。

　我要学习盖塔的牲口能听懂的词语，

　　　　熟悉的威胁也可以用上几句。

我要自己操控已切入泥土中的犁，

　　　　尝试在翻耕的田野里播撒种子。

我会毫不迟疑地用长锄头清除杂草，

　　　　浇灌缺水的花园，让植物喝饱。

可是这一切怎可能实现，既然我与敌人

　　　　只隔着一道城墙和紧闭的城门？

而你（我衷心为你高兴），在出生那天，

　　　　命运女神已织了牢固的纱线。

　你时而在草坪徜徉，时而在柱廊乘凉，

　　　　时而去你不常光顾的广场；

此刻翁布里亚召唤你，下一刻阿匹亚[1]

　　　　又用飞速的车轮载你去阿尔巴[2]。

或许你希望恺撒能平息他正当的愤怒，

　　　　你此处的别墅能够邀请我入住。

你的这个目标太奢侈，克制地祈求，

　　　　收起你心愿的帆，我的朋友。

我只是希望离故土近些，离可恶的战火

　　　　远些，如此便除去了大半的折磨。

1　翁布里亚（Vmbria）在意大利中部，因为翁布里人而得名。"阿匹亚"指罗马
　交通大动脉阿匹亚道（Via Appia）。

2　阿尔巴（Alba Longa）是罗马最古老的城市，是罗马城的母城。

第九首（致科塔）¹

你来信提到凯尔苏²已去世，那些文字
　　立刻被我滴落的泪水沾湿。
这话几乎像冒犯——我也觉得不可能——
　　但我的确不愿看你的这封信。

5　我到达庞图斯以来，这是最悲惨的消息，
　　唯愿我的耳朵只听到这一次。
此刻他仿佛就在我这里，看得如此
　　真切，他还活着，在友谊的想象里。
我心中经常回想起他轻松无拘的游戏，

10　或者他做正事时透明的诚挚。³
但最频繁闪现的无疑是那段时间——
　　真希望当时就是我生命的终点——
我的家遭到可怕的轰击，坍塌殆尽，
　　所有的废墟都压在我一人头顶。

15　当世界抛下我，马克西姆斯，他⁴却在身边，
　　尽管他与我的命运并无关联。
我看见他为我的死哀哭，好像他即将

1　这首诗里的马克西姆斯也是科塔·马克西姆斯。

2　凯尔苏可能指 Albinovanus Celsus，贺拉斯《书信集》第一部第八首就是写给他。

3　Williams 认为 7—10 行呼应着亚历山大诗人卡利马科斯怀念亡友赫拉克利托斯的一首诗（*Anthologia Palatina* 7.80）。在那首诗里，卡利马科斯也是通过另一位朋友意外得知好友去世的消息，也是禁不住流泪，并回想起过去的场景。

4　即凯尔苏。

把自己的兄长放到柴堆上火葬。

他和我紧紧拥抱，安慰绝望中的我，

20 　　我流泪，他也流泪，彼此应和。

那时，我多么恨他守卫我痛苦的残生，

　　他曾多少次阻止我自取性命！

他反复念叨："神的怒气一定能安抚。

　　活下去，别说你不会得到宽恕！"

25 但他最常说的是："想想吧，马克西姆斯 [1]

　　可以给你多大的帮助，他对你

那么真诚，一定会想尽办法，他会劝

　　恺撒早消气，别始终与你为难。

除了自己，他还会动用兄长 [2] 的影响

30 　　和一切资源来减轻你的苦痛。"

听到这些话，我不再厌弃不幸的处境，

　　也请你别让这些期许落了空。

他也常发誓到这里来看我，还说你会

　　资助他这段遥远行程的旅费。

35 因为他虔诚地崇拜你的家族，如同

　　你自己崇拜主宰世界的神灵。

相信我，你虽然有许多朋友，也当之无愧，

　　他却不逊于其中任何一位，

如果判断人伟大与否，不是看财产

1　奥维德一贯的曲线施压策略，借凯尔苏之口敦促科塔为自己奔走。

2　即梅萨里努斯。

40　　和先祖的姓名，而是看品行和才干。

　　所以我理当洒泪，祭奠去世的凯尔苏，

　　　　他生前也为我哭泣，当我被放逐；

　　我理当用诗歌纪念一位罕见的君子，

　　　　好让后世读到你——凯尔苏的名字。

45　　这是我从盖塔之国能送你的唯一祭礼，

　　　　这是此地唯一属于我的东西。

　　我无法为你送葬，给你的身体抹香膏，

　　　　你的柴堆有整个世界之遥。

　　但你在世时奉为神明的马克西姆斯

50　　　　已经为你献上完备的仪式，

　　他为你举办了盛大风光的葬礼，在你

　　　　冰冷的胸膛倒上芳香的树脂，

　　他为你伤心，眼泪和香膏淌在一起，

　　　　他将你骸骨葬于邻近的土地。

55　　既然他能对死去的朋友履行义务，

　　　　就完全可以认为，我已经亡故。[1]

1　奥维德进一步向朋友施压：如果你不能帮助一个活人，至少可以像帮助死人那样帮我。

第十首（致弗拉库斯）[1]

放逐的纳索送给你"健康"，弗拉库斯，
　　若人们能赠送自己没有的东西。
忧虑与折磨毁了我身体，长久的萎靡
　　已不允许它拥有从前的力气。
5　　我没有感觉疼痛，也没有发烧、气喘，
　　脉搏也如常，没有明显的改变。
但味觉已麻木，面前的食物令我憎厌，
　　每次用餐，都对着饭菜抱怨。
无论是山珍海味，还是飞禽走兽，
10　　都无法勾起我的一丝胃口。
即使赫柏[2]用纤巧的手殷勤地献上
　　天神们吃的仙果，喝的琼浆[3]，
那样的味道也刺激不了沉睡的食欲，
　　沉闷的感觉总是在腹中盘踞。
15　　这些虽然是真的，我却不敢告诉人，
　　唯恐他们说我的痛苦是矫情。
哈！我现在是什么状况，什么处境，

1　弗拉库斯（L. Pomponius Flaccus）是格莱齐努斯（见前面第六首）的弟弟。弗
　拉库斯以贪食闻名，是提比略酒宴上的陪客，苏埃托尼乌斯甚至在《提比略传》
　里说，他的叙利亚总督之职就是靠与提比略喝酒喝来的（*Tib.* 42.1）。如此看来，
　奥维德在这首诗中极力抱怨自己无食欲，不是偶然的。

2　赫柏（Hebe）是奥林匹斯山的青春女神，原文用 Iuventa（青春）指代她。

3　仙果（ambrosia）和琼浆（nectar）是奥林匹斯诸神的标准食物。

竟然还有挑三拣四的可能！

愿众神让那些生怕恺撒宽宥我的人

20 　　　也来尝尝我这矫情的福分！

甚至睡眠，虽然是疲弱身体的食物，

　　　对我掏空的躯壳却没有帮助，

我总睡不着，无尽的痛苦也总睡不着，

　　　此地总在为它们提供材料。

25 所以，你如果看见我，几乎不会认出我，

　　　你会问我为何没原来的气色？

我消瘦的关节少有活力的汁液灌溉，

　　　四肢的颜色比新造的蜡还苍白。

这些症状并不是过度酗酒的恶果，

30 　　　你知道除了水，我几乎什么都不喝。

我也没放纵口腹，即使我犯了馋瘾，

　　　盖塔这地方食物也不丰盈。

也并非伤身的情欲耗掉了我的精力，

　　　悲哀的人对此事没有兴致。[1]

35 这里的水土害了我，还有更强大的因素，

　　　那就是无法驱逐的心灵的焦虑。

倘若没有你们兄弟俩对我的帮助，

　　　我早就承受不住这沉重的痛苦。

就像友好的陆地庇护劫后的残舟，

40 　　　许多人拒绝我，你们却伸出援手。

1　　这几行诗似乎暗示，格莱齐努斯也是纵情声色之徒。

求你们一直帮助我，因为我一直需要，

　　倘若恺撒的怒火一直不消。

为减轻（而非终结）我应得的惩罚，请你们

　　各自谦卑恳切地劝说那位神。

《黑海书简》

第二部

EX PONTO II

第一首（致日耳曼尼库斯）[1]

恺撒[2]凯旋的音讯甚至传到了这里——

　　　连疲惫的南风至此也奄奄一息。

我从未指望斯基泰的土地能有喜庆，

　　　可现在它已经不再那么可憎。

5　忧患的阴云终于驱散，我得以瞥见

　　　一角蓝天，命运也被我欺骗。

即使恺撒[3]不愿意我享受任何快乐，

　　　这份快乐他总肯赐遍全国。

1　这首诗写给日耳曼尼库斯。奥维德在《哀歌集》第四部第二首想象的提比略凯旋在公元 12 年 10 月 23 日成为现实，但凯旋的理由并非提比略征服了日耳曼，而是他在潘诺尼亚取得了大捷。奥维德想趁此机会献诗，赢得提比略的好感，然而一贯缺乏政治敏感的他，在这首诗里又犯了忌讳。他不直接向提比略献诗已是不妥，浓墨重彩赞美提比略的侄子（已死去的皇位竞争者大德鲁苏的儿子）更无疑会引起提比略的猜忌，让本来就冷淡的关系更趋恶化。大德鲁苏活着时很得人心，年轻英俊骁勇的日耳曼尼库斯更是当时罗马政坛和军界最夺目的明星，许多人相信他就是罗马的亚历山大。奥维德献诗给他，或许是想乘上自己想象的东风。

2　这里的恺撒指提比略。从下文可以推知，从罗马来的某人详细讲述了这次凯旋，否则奥维德不可能知道如此多的细节（包括当天的天气）。

3　指屋大维。

甚至诸神，为了所有人欣悦地敬拜，

10   也命令人们在节日放下悲哀。

总之，敢于承认这一点简直是犯疯：

        他亲自阻止，我也决心要欢庆。

每次朱庇特降下甘霖，滋润土壤，

        顽固的芒刺也会随庄稼生长。

15 我这棵杂草也沾到育化蔬果的神恩，

        经常连带受益，逆他的本心。

我尽可将恺撒的欣喜当作我的欣喜，

        他的家族不可能有任何私密。

感谢你，消息女神[1]，你让囚禁在盖塔人

20   中间的我也见到凯旋的盛景！

通过你，我得知无数的民族会聚京都，

        都渴望一睹他们统帅[2]的面目，

无垠的世界都涌入罗马宏伟的城墙，

        客人们几乎已没有立足的地方。

25 你[3]说，虽然此前许多日乌云密布，

        南风带来连绵不断的大雨，

神意却让天空放了晴，灿烂的太阳

        恰好与人们的表情相互辉映。

凯旋的统帅高声称赞英雄的将士，

---

1   "消息女神"原文是 Fama，大写表示拟人，拉丁语的 fama 可以指名声、传闻等。

2   指提比略。

3   仍指消息女神。

30　　　　赏赐他们与勇者相称的殊礼。

在即将披上锦袍——荣耀的标志——之前，

　　　　他先把乳香放上神圣的祭坛，

虔诚地敬拜属于他父亲的正义女神[1]，

　　　　她永远的神祠就是他的心灵。

35　　无论行进到哪里，都有欢呼的吉兆，

　　　　带露的玫瑰给大理石添了妖娆。

他身后紧跟着蛮族城镇的白银模型，

　　　　上面还绘制了形形色色的居民，

还有河流、峰岭，密林深处的争战，

40　　　　缴获的盔甲和刀枪堆成的小山。

当阳光点亮战利品中间的黄金，罗马

　　　　广场的楼群便映出道道金霞。

如此多的敌酋颈上套着俘虏的锁链，

　　　　几乎可以拼凑出一个军团。

45　　他们中大多数都被宽恕，保住了性命，

　　　　甚至巴托，战争的策划者和首领[2]。

为何我要说，神不能平复对我的怒气，

　　　　既然他对敌人都如此仁慈？

同一则消息告诉我，日耳曼尼库斯，城镇

1　　指当时罗马的"奥古斯都正义女神"（Iustitia Augusta）崇拜，Iustitia（正义）
　　被尊为女神，屋大维为她建了神庙。

2　　巴托（Bato）是潘诺尼亚部落代斯提阿泰人的酋长，成为俘虏后被释放，到罗
　　马城市拉维纳（Ravenna）安度晚年。奥维德的说法得到了苏埃托尼乌斯《提
　　比略传》（Tib. 20）和卡西乌斯《罗马史》（Historia Romana 55.23）的印证。

　　　　因为你移动，上面写着你的名[1]，

面对你，无论高墙深垒、强弓利剑，

　　　　还是险要的地势，都难保安全。

愿诸神佑你长寿！余下的你都靠自己，

　　　　只要有时间，你必将彪炳后世[2]。

55　我的预言会应验——诗人常说出神谕——

　　　　祈祷时，神也给了我吉祥的证据。

你也将征服归来，登上山顶的神殿[3]，

　　　　罗马将欢迎你，马车缀满花环，

父亲将观赏儿子终成大器的盛景[4]，

60　　　　体会到自己曾给家人的喜庆。

论军事和政治才华，你都是青年之典范，

　　　　请记住刚才我对你的这番预言[5]。

或许我也会用诗歌吟唱你未来的凯旋，

　　　　倘若生命能熬过这种种苦难——

65　我没有先用鲜血染红斯基泰的箭镞，

1　指为日耳曼尼库斯夺取的城镇而制作的模型。

2　这也是当时罗马大众的共识。

3　"山顶的神殿"原文是 Tarpeias arces（塔尔皮亚的堡垒），塔尔皮亚是卡皮托山南顶峰的一块陡峭岩石，因为罗马早期叛国的维斯塔贞女塔尔皮娅而得名，这里后来成为处决犯人的地方。公元前 500 年，罗马国王塔克文（L. Tarquinius Superbus）在它顶上建了朱庇特神庙。

4　这样的场景不会让提比略高兴。他虽然在屋大维的压力下，收养了这位侄子，但在提比略和大德鲁苏这两个家族分支之间始终存在激烈的皇位之争，延续数代。

5　这个预言的确应验了，由于日耳曼尼库斯在日耳曼的一系列胜利，公元 17 年 5 月 26 日他享受了凯旋的待遇，参考塔西佗《编年史》（*Annales* 2.41）。

也没让凶残的盖塔人砍下头颅。

你向神庙敬献月桂时，若我还活着 [1]，

  你就应该说，预言双倍地准确。

第二首（致梅萨里努斯） [2]

梅萨里努斯，纳索从少年起就崇拜你们家，

  如今他放逐欧克辛阴郁的天涯，

只能从野蛮的盖塔人中间向你问安，

  没办法亲自致意，就像从前。

5 如果你读到我的名字便勃然变色，

  犹豫是否读下去，我又该如何？

读到底，别把我的言和人一起放逐，

  我的诗总可以在你的城市居住。

我可没想过，如果奥萨驮起佩里昂，

10 我的手就能摸到灿烂的星穹 [3]。

也不曾追随恩刻拉多疯狂的阵营，

---

1 那时奥维德还活着，但已经不再写诗，下一个冬天他就去世了。

2 这首诗再次印证了奥维德和梅萨里努斯之间冷淡的关系。

3 在巨人族反对朱庇特的战争中，奥托斯（Otus）和厄菲阿特斯（Ephialtes）兄弟试图把奥萨山、佩里昂山和奥林匹斯山堆在一起（具体顺序有不同说法），以便攀上天界。参考贺拉斯《颂诗集》（*Carmina* 3.4.51-52）和奥维德《变形记》（*Metamorphoses* 1.151-62）。

武装反叛主宰万物的诸神 [1]，

也不曾仿效莽撞动手的狄俄墨得斯，

没有一位神伤于我的兵器 [2]。

15　我的过失很严重，但只敢毁灭我自己，

并未策划任何邪恶的诡计。

只能形容我做事不周详，性情怯懦，

这两点的确是我一贯的性格。

我承认，在恺撒理所当然地震怒之后，

20　你也有理由拒斥我的请求，

你对整个尤利亚家族都虔诚敬仰，

他们有谁受伤害，你也觉受伤。

但即使你挥舞武器，威胁要给我重创，

我也不会退缩，不会惊惶。

25　希腊的阿凯美尼得斯被特洛伊的船救起 [3]，

佩琉斯的矛帮助了泰勒普斯 [4]。

亵渎神庙者时常在里面的祭坛避难，

不害怕向自己触怒的神求援。

1　恩刻拉多（Enceladus）也是巨人族的一员，参考贺拉斯《颂诗集》（*Carmina* 3.4.56）。

2　狄俄墨得斯（Diomedes）在战场上击伤了战神和爱神，事见《伊利亚特》（*Iliad* 5.329-51）。狄俄墨得斯的原文是 Tydidae（堤丢斯之子）。

3　阿凯美尼得斯（Achaemenides）是尤利西斯的同伴，被遗弃在西西里，后来埃涅阿斯一行发现了他，并救了他的命。参考《变形记》（*Metamorphoses* 14.154-222）。

4　泰勒普斯的原文是 Myso duci（米西亚的国王）。"佩琉斯的矛"实际指阿喀琉斯的矛，因为阿喀琉斯是佩琉斯的儿子，参考《哀歌集》第一部第一首第100 行的注释。

有人说这样做并不安全，我也承认，

30　　　　可是我的船本就在恶浪中穿行。

让别人去追求安全，最悲惨的处境最安全，

　　　　因为再不用恐惧更大的灾难。

在翻涌的浪花中挣扎的人会伸长手臂，

　　　　竭力抓住荆棘和扎手的岩石；

35　躲避鹰的鸟精疲力尽，翅翼颤抖，

　　　　也会冒险来寻求人类的庇佑；

被紧追不舍的猎犬惊吓，奔逃的小鹿

　　　　会毫不迟疑地躲进旁边的茅屋。

我求你，温情的朋友，别拒绝我的眼泪，

40　　　　别紧闭大门，将胆怯的求告拦回，

帮助我，把话带到罗马诸神的宝座

　　　　（你敬拜他们如同掌雷霆的朱庇特[1]），

请你做我的特使，为我的案子呼吁，

　　　　虽然我的名下已没有荣誉。

45　我已经入土，至少我的病躯已凉透，

　　　　若我还有救，就只能被你拯救。

现在，请借用永恒君主赐你的恩宠

　　　　为我疲惫的命运努力抗争；

现在请发挥你祖传的出众口才，它曾

50　　　　为许多惊恐的被告带来光明。

1　指屋大维。"掌雷霆的朱庇特"的原文是 Tarpeio Tonante（塔尔皮亚的轰雷者），
　　参考《黑海书简》第二部第一首第 57 行的注释。

父亲¹雄辩的舌头活在兄弟俩身上，
　　这门技艺尤其等着你发扬。
我赞美这一点，不是要用它为我辩解，
　　已经认罪的被告不应该开脱。

55　然而，从错误的源头说明它情有可原，
　　这样做是否合适，需要你判断。
我的伤如此严重，已没有希望治愈，
　　我想，不去碰它或许才无虞。

沉默吧，舌头！再没有什么可以透露，
60　　愿我将自己的尸灰埋进泥土！
算了，就当我不是无心之失，就这么
　　进言，让我享受他赐我的生活：
等到他心平如镜，等到他牵动帝国
　　与世界的眼神与面容变得慈和，

65　再求他，别叫我做了盖塔人卑贱的猎物，
　　放逐虽凄惨，也该有安静的居处。
说情的时机已出现，他自己无恙，也看见
　　亲手缔造的罗马国力强健，
他的皇后平安守护着神圣的婚床，
70　　皇子正拓展奥索尼亚的边疆。

日耳曼尼库斯展示出超越年龄的智慧，
　　德鲁苏²的心气也无愧高贵的门楣；

1　指梅萨拉，参考《黑海书简》第一部第七首第 28 行的注释。

2　指小德鲁苏，提比略的儿子。

还有他贤淑的儿媳、孙媳，还有曾孙[1]，

　　奥古斯都的家族一片兴盛[2]。

75　派奥尼亚刚大捷，代马提亚的山区

　　也恢复和平，敌人全部被制伏。

伊利里亚驯顺地放下了武器，允许

　　恺撒的足踩上它臣虏的头颅[3]。

而统帅自己赫然坐在马车上，神情

80　安详，月桂花环装饰着双鬓。

忠诚的皇孙在你们簇拥下随侍身旁[4]，

　　配得上尊贵的父亲和荣耀的名望，

就像供奉在邻近庙宇里的孪生兄弟[5]

　　（神圣的尤里乌[6]正可从高处俯视）。

85　最有权庆祝的是这些凡事占先的贵胄[7]，

1　"儿媳"包括大德鲁苏的遗孀安托妮娅（Antonia）和提比略的妻子大尤利娅
　　［Iulia，屋大维和第二位妻子斯克利波尼娅（Scribonia）生下的女儿，她出生
　　当天屋大维就和她母亲离婚了］。"孙媳"包括小德鲁苏的妻子利维拉和日耳
　　曼尼库斯的妻子大阿格里皮娜。"曾孙"包括尼禄（Nero，不是那位皇帝）、
　　德鲁苏三世（Drusus III）和盖乌斯（Gaius，即后来的皇帝卡里古拉）。

2　然而利维娅和屋大维的漫长婚姻却没有任何子嗣，除非死去的大德鲁苏真如传
　　言所说是屋大维的孩子。

3　指公元6—9年的伊利里亚大叛乱和罗马的军事行动。奥维德的地理似乎不好，
　　派奥尼亚（Paeonia）在马其顿附近，伊利里亚却在罗马北疆多瑙河一带。罗
　　马获胜后将伊利里亚分成了潘诺尼亚和代马提亚两个行省。

4　"皇孙"指日耳曼尼库斯和小德鲁苏，"你们"尤其指梅萨里努斯和科塔兄弟。

5　指卡斯托尔和珀鲁克斯兄弟。

6　"神圣的尤里乌"指屋大维的养父恺撒（Iulius Caesar），他的神庙与卡斯托尔
　　和珀鲁克斯神庙相去不远。

7　指日耳曼尼库斯等皇室成员。

梅萨里努斯不会抢他们的风头。

他们放弃的东西就须靠忠心来争夺，

这方面他绝对不比任何人逊色。

他尤其会敬拜这个日子，皇帝的谕令

90　　让光荣的月桂戴在了光荣的头顶。

幸福的人们，能够在现场观看凯旋，

欣赏统帅天神一般的容颜！

可是我看不见恺撒[1]，只看见扫罗马泰人、

战乱的土地和囚禁江海的寒冰。

95　但如果我遥远的声音能抵达你的耳朵，

请施展影响，为我换一处居所。

你雄辩的父亲若地下有知（他是我少时

就崇拜的偶像），也会有如此心意。

你弟弟也是一样，虽然他或许担心

100　　你如果救我，可能会惹祸上身。

这是你整个家族的愿望，你无法否认，

我曾是你的追随者，你的友人。

至少我的才华（我感觉它用错了方向）

除了《艺术》，常赢得你的赞扬，

105　我的生活，只要你除开最后的过失，

也不会让你的家族蒙受羞耻。

所以，我祝你的庭户兴旺发达，愿天神

和诸位恺撒始终看护你们。

1　　"恺撒"和上一行的"天神"都指提比略。

向仁慈的君上求告（他恨我理所应当），

110   让我离开斯基泰这片蛮荒。

这很难，我承认，但勇敢喜欢追求艰险，

　　　如此的功劳有更深的感激相伴。

而且，并非埃特纳荒穴里的波吕斐摩斯[1]

　　　或者安提法忒斯[2]听你的说辞，

115 而是一位父亲，和蔼，仁慈，宽容，

　　　他时常不动电火，只响雷霆，

做出严酷的决定，他自己也会悲伤，

　　　惩罚别人时，他时常把自己捎上。[3]

我的过失却超出了他仁慈容忍的边界，

120   他的这番盛怒其实是被迫。

但既然我在世界的尽头，远离故土，

　　　就无法跪在神的面前求宽恕，

你敬拜他们，请做我祭司，替我传讯息，

　　　在我的言辞外添上你的言辞。

125 但不要尝试，除非你觉得不会招灾。[4]

　　　原谅我，沉船的人怕所有的海。

1　波吕斐摩斯（Polyphemus）是西西里岛上著名的食人独眼巨人，见《奥德赛》
　　（*Odyssey* 9.216-542）。

2　安提法忒斯（Antiphates）是食人族的国王，见《奥德赛》（*Odyssey* 10.114-
　　32）。

3　我们很难不从这段文字中读出反讽。

4　这行诗或许是减轻给对方的压力，或许也是因为奥维德日益迷信，觉得任何努
　　力都只能适得其反。

第三首（致科塔）[1]

马克西姆斯，你卓越的品格与名字相配，
　　你的天赋也堪与门第媲美，
我一直崇拜你，到我生命的最后一刻——
　　我现在的状态与死有任何分别？
5　在你的这个时代，你没有背弃遭受
　　打击的朋友，如此的行为多稀有。
说出来的确羞耻——但我们若承认事实——
　　大众只凭得失来评判友谊。
他们首先关注的问题是利，不是义，
10　情谊沉浮，全跟随变换的运气。
你在千万人里面不容易找到一位
　　相信美德就是自身的回馈。
若没有报偿，一件事情再光荣，都不能
　　打动他，他懊悔任何无收益的善行。
15　没有好处就弃如敝屣，贪心若不见
　　回报的希望，众人立刻鸟兽散。
可人人都已经爱上利益，人人都琢磨，
　　用焦虑的指头算计能得到什么。
昔日，友谊曾经有多么尊崇的声誉，
20　现在却沦落为妓女，待价而沽。
所以，我对你更加敬仰，这蔓延的恶德

1　这首诗是奥维德对世态炎凉最严厉最愤懑的抨击。

并未像激流一般将你裹挟。

无人有朋友，除非时运女神能垂青，

　　她一响雷霆，身边的人都逃遁。

25　看看我吧！周围也曾经朋伴如云，

　　那时有和风相送，帆满舟轻，

可狂飙骤雨一来，掀起如山的波浪，

　　他们便将我和破船弃在海中央。

其他人甚至装作从不认识我，只有

30　你们两三位向我伸出援手。

你是领头的，因为你从不跟别人后面，

　　你无须追随典范，你就是典范。

你承认，放逐的我未犯罪，只是犯错，

　　是正直和忠诚让你欣然帮我。

35　你相信，美德与利益无关，应该摒弃

　　现实的好处，只为了它本身而努力。

因为朋友处境太凄惨，失去了运气，

　　就驱逐，就断绝友谊，你认为太可耻。

仁慈的做法是用手托起他疲惫的下巴，

40　而不是将他摁入水中，任他挣扎。

想想阿喀琉斯在朋友 [1] 死后是怎样做的——

　　我现在虽然活着，和死也差不多。

忒修斯陪伴庇里托俄斯一直到阴间，

1　指帕特洛克罗斯，参考《哀歌集》第一部第九首第 29 行的注释。阿喀琉斯的
　　原文是 Aeacides（埃阿科斯的后代）。

我的死离斯堤克斯河又有多远？

45　彼拉得始终在发疯的俄瑞斯忒斯身边，

　　　我的过失里也丝毫不缺疯癫[1]。

也请你接受与这些英雄一样的称赞，

　　　继续尽全力帮助落难的友伴。

若我算深知你，若你仍是从前的你，

50　　若你现在也未丢一贯的勇气，

时运女神越凶狠，你的反抗便越顽强，

　　　你会竭力保尊严，决不投降，

敌人越善于战斗，你的战斗越精彩，

　　　但这样，我虽能获益，却也受伤害：

55　亲爱的后生[2]，你理当觉得有辱身份——

　　　缠斗这位站在轮上的女神[3]。

你性格坚定，如果船帆不合你心意，

　　　你便会调整它，即使舟已残破支离。

虽然我的船几乎已到了倾覆的边缘，

60　　它仍未失坠，因为你的双肩。

最初你感到愤怒是应该的，你的愤怒

　　　甚至不亚于理应恼恨我的君主，

任何痛苦一触及高贵恺撒的胸口，

　　　（你时常发誓）你立刻感同身受。

1　这些形象已经反复出现在奥维德放逐诗中了。

2　奥维德比科塔大了近三十岁。

3　即时运女神。

　可是当你听闻我遭遇祸事的原因，

　　　　据说对我的过失分外伤心。

然后，你开始写信安慰我，让我憧憬

　　　　冒犯的神有回心转意的可能。

你也逐渐念及我长久不渝的友谊，

70　　　　它在你出生之前就已经开始。

你成为别人的朋友，却生来就是我朋友，

　　　　你还在摇篮里我就已亲吻问候，

从少年时代起，我就敬重你的家族，

　　　　这反而让我成了你长久的包袱。

75　你的父亲，拉丁雄辩术的著名代表，

　　　　用技艺为显赫的出身增添了荣耀，

他最先鼓励我勇敢地将诗歌呈给世界，

　　　　我虽有才华，他却是才华的引导者。

我还可证明，你的兄长已经记不清

80　　　　我与他何时开始漫长的交情。

然而，在所有人中我如此拥抱的只有你，

　　　　在任何困厄里只有你给我欣喜。

在埃尔巴岛[1]上，你和我最后道别，是它

　　　　见证了泪水淌下悲伤的脸颊。

85　你问我，关于我的过失的种种流言里，

　　　　那一则消息到底是不是事实[2]，

1　埃尔巴岛（Elba）是意大利中部西海岸附近的一个岛。

2　当时传言奥维德卷入了与皇室有关的某件丑闻或某个阴谋，这是他迟迟不向屋大维汇报他看见的那件事情的后果。

我顿时慌了神，不知该承认还是否认，

    惊恐的神情藏不住动荡的内心，

犹如湿润的南风融化了积雪，眼泪

90   源源涌出，从苍白的双颊滴坠。

你记起这些，意识到宽恕我最初的错误，

    我真正的罪名就会无人关注，

于是便细心看护陷入灾难的故友，

    用你的温情抚慰我的伤口。

95 为了这一切，如果我有机会痛快祷告，

    我真想为你祈求一千种福报。

可是，如果我只能顺你的心意，我就祝

    恺撒和你的母亲安康无虞。

我记得以前，每次在祭坛上奉上乳香，

100   这是你求神满足的第一个愿望。

第四首（致阿提库斯）[1]

请让纳索从寒冷的希斯特与你聊天，

---

1   阿提库斯（Atticus）所指不详，《黑海书简》第二部第七首也是写给他的。从诗里提供的信息看，他似乎是奥维德年轻时的好友，所以当他疏于给放逐中的朋友写信时，奥维德忍不住提出了抗议。Williams（1991）在 11—12 行日落后的谈话这个意象中发现了亚历山大诗人卡利马科斯（*Anthologia Palatina* 7.80）的影响，正如卡利马科斯通过第二人称的召唤，与已经去世的朋友赫拉克利托斯（Heraclitus）交谈，奥维德也通过诗歌克服了他与阿提库斯在空间上的遥远距离。

阿提库斯，我最可信赖的伙伴。

你是否仍然记得你遭遇不幸的朋友，

    还是疏懒的情谊已擅离职守？

5 诸神对我没这么严酷，我不能相信，

    也不该相信，你已经忘了故人。

你的样子就在我眼前，一直在那里，

    你的面容和表情都那么清晰。

我想起，你我讨论过许多严肃的话题，

10   也有不少的时光轻松惬意。

时常我们觉得话太多，怎么谈都不够，

    时常未尽兴，已经耗尽了白昼。

时常我的诗刚写完，就立刻念给你听 [1]，

    新生的缪斯交给你，任你品评。

15 凡你称赞的，我相信大家一定喜欢，

18   我也常遵从你提出的修改意见。

17 我的诗能被朋友的锉刀磨得光滑，

16   这就是你辛勤鉴判的甜美酬答。 [2]

广场、柱廊和街衢见我们一起盘桓，

20   圆形剧院里我们的座位也相连。

事实上，我的至友，我们的情谊一直

    不逊于阿喀琉斯和帕特洛克罗斯。

即使你饮下消忧解愁的忘川水，我也不

---

1 13—18 行突出了阿提库斯敏锐的艺术判断力，可以参考贺拉斯在《诗艺》中
   对昆提琉（Quintilius）的称赞（*Ars Poetica* 438-52）。

2 我同意 Green（2005）对 15—18 行的重新排列。

相信你能将这一切从心中抹去。

25　就算隆冬的星座下太阳迟迟不落，

　　　夏至的夜晚比冬天更难挨过[1]，

就算巴比伦无酷热，庞图斯也无寒霜，

　　　万寿菊比派斯图姆[2]的玫瑰更芬芳，

你也断不会忘记我们之间的情分：

30　　　我的命运不至于如此阴森。

但你也要谨慎，别让我的信心不可信，

　　　让我的信任被人称为愚蠢，

请尽你所能，坚定地保护昔日的伙伴，

　　　但也别让我成了你的负担。

第五首（致萨拉努斯）[3]

我纳索，向朋友萨拉努斯献上一首

　　　长短句的诗[4]，以我的问候开头。

愿祝愿成真，愿事实应验征兆，我祈祷，

　　　朋友，读信的你一切安好。

1　Williams 指出，25—26 行呼应着 11—12 行，表明时间对于两人的友谊来说是
　　无足轻重的。

2　派斯图姆（Paestum）是意大利卢卡尼亚地区的一个城镇，以玫瑰闻名。

3　对萨拉努斯（Cassius Salanus）我们所知甚少，但从诗中可知，他是日耳曼尼
　　库斯的雄辩术老师，或许这是奥维德给他写信的重要原因。

4　奥维德在这里强调"长短句"，突出了自己哀歌体诗人的身份（尤其是年轻时
　　的爱情哀歌）。

⁵ 是你的纯真，这时代几乎灭绝的品质，

　　　让我甘心说出这样的祷词。

因为我们虽然并没有深交，他们却

　　　告诉我，你也为我的放逐难过，

当你读到我从庞图斯寄去的诗篇，

¹⁰ 　　　虽未必是佳作，你却肯助它们流传。

你希望恺撒的怒气会很快平复，他若

　　　知悉了你的心愿，也不会拒绝。

这样温良的愿望完全出于你本性，

　　　但我的感激并不因此少一分。

¹⁵ 多才的你啊，我觉得，是此地恶劣的环境

　　　让你对我的遭遇有更深的同情，

相信我，全世界几乎没一个地方像这里，

　　　难享受和平，奥古斯都的厚礼。

但你读的这些诗，却是在野蛮的战争中

²⁰ 　　　写就，你一边吟诵，一边称赏。

我的才华不过是涓涓细流，却赢得

　　　你的喝彩，从小溪变成了大河。

你能认可我，我的心确实感到振奋，

　　　虽然不幸者很难让自己欢欣。

²⁵ 然而，如果我只写琐碎的事情，诗才

　　　尚足以胜任这些卑微的题材。

前不久，当盛大凯旋的消息传到这里，

我犯险写了一首高难度的诗 [1]。

庄严辉煌的主题压得我无法喘气，

30   承受不了那重量，难以立起。

那首诗你能称赞的是我尽忠的意愿，

        其余方面都已被题材压扁。

如果它碰巧已经有人朗诵给你听，

        我请你留意记下，替我保存。

35   即使我不开口，你也会如此，但我何不

        用自己的感激给你些微的督促？

我不配你的称赞，但你的心灵太纯洁，

        胜过牛奶和未踩积雪的白色；

你敬佩别人，其实你自己才值得敬佩，

40   艺术和口才都无法藏匿光辉。

青年的领袖、顶着日耳曼荣名的恺撒 [2]

        研习技艺时总喜欢让你伴驾，

你很早就在他身边，与他有深厚的感情，

        他欣赏你堪与品德媲美的才能。

45   他掌握沛然的辩术，是跟随你的示范，

        你的言辞总激发他的灵感。

当你停下来，众人也全部合上嘴唇，

        当整个房间暂时寂然无声，

---

1   可能指《黑海书简》第二部第一首。

2   青年的领袖（iuvenum princeps）原本是罗马共和国时代的一个荣誉称号，屋大维把它变成了皇室继承人的身份标志，小德鲁苏和日耳曼尼库斯同时得到了这个称号。"恺撒"指日耳曼尼库斯。

无愧于尤利亚之名 [1] 的青年便站起身来，

50　　　犹如启明星升起，在东方的大海。

他沉默地立着，姿势和表情与宗师无异，

　　　优雅的长袍预示着精妙的言辞。

很快，他不再等待，发出如天界的声音，

　　　你会发誓说，神就应如此辩论，

55　　并且感叹："这才是与君主相称的口才！" [2]

　　　他滔滔的话语就有这般气派。

虽然你获他青睐，头已经触到星辰 [3]，

　　　却能欣赏放逐诗人的作品。

看来相似的灵魂间的确有某种共鸣，

60　　　每人都守着各自的志趣之盟。

乡民爱耕夫，士兵爱发动血战的将军，

　　　水手爱惊险驾驭舟楫的掌舵人。

热情的歌者，你也对缪斯热情满怀，

　　　多才的你也眷顾我的诗才。

65　　我们各有所擅长，却出自同一个源头，

　　　文雅的技艺是我们共同的追求。

1　奥维德总在诗里极力称赞尤利亚家族也是犯忌讳的事，因为屋大维的继承人提比略事实上是另一个古老家族克劳迪亚家族（Gens Claudia）的成员，只是因为他被屋大维收养，才成为名义上的尤利亚家族成员。日耳曼尼库斯又被提比略收养，才与尤利亚家族发生关联（除非大德鲁苏真是屋大维的儿子）。

2　这行诗和 75—76 行直接表明了奥维德对皇位继承人的态度，更是有极大政治风险的。

3　参考贺拉斯《歌集》（Carmina 1.1.36）的类似说法。

不错，我佩戴月桂，你则手持藤杖 [1]，

　　但我们心中都应有火焰与光芒。

正如你的雄辩术赋予我的诗以力量，

70　　　我的诗也馈赠你的语言以华裳。

所以你理当认为，诗歌与雄辩术接壤，

　　我们应共护圣礼，共守边疆。

为了这一切，我祝愿给你荣耀的贵胄 [2]

　　直到你生命尽头都做你朋友，

75　祝愿他继承皇位，用自己的缰绳统御

　　世界，这是我和所有人的祈福。

第六首（致格莱齐努斯）[3]

格莱齐努斯，昔日常当面问候的纳索

　　从欧克辛海边送给你一曲哀歌。

这是放逐者的声音，文字就是我的舌，

　　如果连写作都不许，我只好沉默。

5　你出于义务，责备我这位愚蠢的伙伴，

　　指出我遭受的痛苦还小于罪愆。

你说得不错，可你的指摘来得太迟：

1　月桂代表诗歌，酒神的藤杖（thyrsus）代表雄辩术。

2　指日耳曼尼库斯。

3　奥维德的《黑海书简》第一部第六首也是写给格莱齐努斯，似乎格莱齐努斯在
　　回信中严厉批评了奥维德，诗人写了这封信作为回应。

对忏悔的被告，请别再如此严厉。

当我还能张着帆经过雷霆岩[1]之际，

10　　　你就该警告我，避开可怕的礁石。

如今，我的船已沉，此时才知道当初

　　　该选择怎样的航道，又有何益处？

你不如向疲惫挣扎的幸存者伸出臂膀，

　　　别吝于用手托起他的脸庞。

15　你如此做了，求你继续；愿你的母亲、

　　　妻子、兄弟和全家都康健安平，

还有你总是虔诚祈求的内容——愿你

　　　所行的一切合诸位恺撒的意。

倘若你此前不曾给陷入困厄的故友

20　　　任何帮助，你一定会因此蒙羞。

倘若你退缩，不能坚定地站在他身边，

　　　倘若你抛弃风浪中颠簸的船，

跟随运气的浮沉，任朋友自生自灭，

　　　遭遇不幸就拒斥，也同样卑劣。

25　难道彼拉得和俄瑞斯忒斯会如此做人，

　　　忒修斯和庇里托俄斯会如此薄情？

过去和未来的世代都永远景仰他们，

　　　他们的故事总收获满场的掌声。

你保护朋友渡过难关，你的名字

1　雷霆岩（Acroceraunia）是伊庇鲁斯（在今阿尔巴尼亚境内）西北的一处狭长海岬，据说能吸引雷霆，附近发生过无数的沉船事故，屋大维在阿克提翁战役胜利后返航时也险些丧命于此。

30　　　　也应在这些英雄中间占一席，

　　　你当之无愧。既然你的忠诚该称赞，

　　　　我的感激绝不会缄口不言。

　　　相信我，如果我的诗歌能永久流传，

　　　　你必定成为未来人们的美谈。

35　　　只是别放弃疲惫的朋友，格莱齐努斯，

　　　　一直保持你对他的深挚情谊。

　　　虽然你已给了"风"，我仍要奋力划"桨"，

　　　　鞭策已飞驰的骏马又有何妨？ ¹

第七首（致阿提库斯） ²

　　　这封信从凶顽的盖塔人中间发出，首先

　　　　向你，阿提库斯，道一声平安，

　　　然后我想知道，你现在过得怎么样，

　　　　我是否——无论你怎样——还在你心上。

5　　　我并非怀疑你，但是对各种厄运的恐惧

　　　　时常给我灌输无来由的忧虑。 ³

　　　我求你原谅我，宽恕我这般疑神疑鬼。

　　　　海难幸存者甚至怕无波的水；

1　　奥维德的信总是软硬兼施。

2　　这是《黑海书简》中给阿提库斯的第二封信。

3　　虽然这里的解释更多的是修辞手段，但奥维德对猜忌（paranoia）的心理分析
　　是合理的。

鱼一旦被狡诈的钓钩所伤，从此便觉得

10　　　所有的食物都藏着铜环的折磨；

时常有羊羔远远望见狗，却认定它是狼，

　　　躲开护佑的朋友，无知地逃亡；

受伤的肢体甚至会拒绝温柔的抚摸，

　　　虚幻的影子都会惊吓焦虑者。

15　我也是如此，被时运敌意的投枪刺穿，

　　　心中只能想象出悲伤的画面。

我已经了然，天命会坚守初始的轨道，

　　　永远沿着它习惯的路径往前跑。

诸神在监控，不允许任何有利的转机，

20　　　我想时运也极难中我的诡计。

她一心一意摧毁我，反复无常的女神

　　　竟变得坚定，伤害竟成了座右铭。[1]

相信我，如果你熟知我从不撒谎，

　　　我对处境的描绘没丝毫夸张。

25　你即使能数完利比亚[2]田野的麦穗，数完

　　　希伯拉高山上无尽的百里香花瓣，

数完在空中奋力扇动翅膀的小鸟，

　　　数完在大海波涛里游泳的鱼鳖，

你也不可能数清我在陆地上、在海上

1　这个悖论很有感染力。长久陷于厄运中的人很容易迷信厄运本身，从而加剧厄运的自我实现。

2　利比亚是罗马帝国的谷仓，利比亚的原文是 Cinyphiae（齐努普斯的），因为齐努普斯（Cinyps）是利比亚的一条河。

30　　　忍受过的种种磨难与创伤。

　　整个世界没有比盖塔人更残忍的民族，

　　　　但就连他们也哀叹我的遭遇。

　　如果我尝试用诗歌向你详细描摹，

　　　　就将是记述我命运的《伊利亚特》。

35　　所以我恐惧，不是因为你让我恐惧，

　　　　你对我的情谊早已有上千条证据，

　　而是因为所有的可怜人都是胆小鬼，

　　　　因为我已太久被快乐拒于门外。

　　痛苦于我已成了习惯，就像石头

40　　　　被持续滴落的水逐渐凿透，

　　我也因命运的不断鞭击而遍体鳞伤，

　　　　新的抽打已没有可落下的地方。

　　耕地的犁铧虽也在磨损，阿匹亚大道

　　　　虽也被旋转的车轮不断消耗，

45　　但都比不上苦难铁蹄对我的蹂躏，

　　　　已经找不到办法救治这颗心。

　　许多人借助博雅的技艺获得荣耀，

　　　　我却不幸被自己的天分毁掉。

　　我从前的生活毫无瑕疵，无可指责，

50　　　　却无法帮助深陷泥潭的我。

　　因朋友求情，严重的过失常获得宽恕，

　　　　我的案子却无人奔走呼吁。

　　有些人可以在现场为自己的困境抗辩，

　　　　风暴席卷我，我却被缺席审判。

谁不恐惧恺撒的愤怒，即使他不说话？

　　　　而我，不仅受惩罚，也受责骂。

季节可以让放逐变温和，我却被抛向

　　　　大海，忍受大角星[1]和昴星团的暴政。

许多船都常经历平静的冬天，可是我

60　　　遭遇的狂涛尤利西斯未见过。

同伴的正直与忠诚本可以减轻痛苦，

　　　　奸诈的同行者却榨干我的财富。

地方好，放逐便不太难熬，可是南北

　　　　天极下再没有土地比这里更暗晦。

65　若能靠近故土的边界，也让人心宽，

　　　　我却困在世界最遥远的边缘。

恺撒，你的月桂也赐给放逐者和平，

　　　　庞图斯的土地却与敌人紧邻。

耕种土地来打发时日，或许算惬意，

70　　　蛮族的军队不允许如此的情致。

适宜的气候可以让人的身心都舒畅，

　　　　萨尔马提亚的海岸却长年封冻。

清甜的水也是快乐，人人都不缺，

　　　　我喝的却半是咸水，半是沼泽。

75　我一无所有，然而勇气却战胜一切，

　　　　它甚至能让身体的筋力复活。

为了扛起那重量，你必须伸长了头颅，

1　　大角星（Arcturus）是牧夫座最亮的一颗星。

如果让肌腱松懈，你便会失足。

我尚存的希望——时间会冲淡君主的忿恨——

80　　　也阻止我厌弃生命，不许我沉沦。

你们几位也给我很大的安慰，我的不幸

　　　已经印证了你们对友谊的忠诚。

我求你坚持下去，别抛弃海上的小船，

　　　保护我，也保护你向来对我的评判。

第八首（致科塔）[1]

马克西姆斯，我最近收到你寄来的像章，

　　　你给我的神，恺撒在恺撒身旁[2]，

为了让你的礼物有一个完满的数字，

　　　利维娅也和恺撒出现在一起。

5　幸运的白银，比所有的黄金更有福分，

1　这首诗对皇权的阿谀令评论者震惊，似乎也与此前奥维德的姿态不符。Evans
　　（1983）称，奥维德似乎"将所有对皇权的常规奉承元素聚合、重组，造出
　　了他放逐诗歌中最周详的一首赞美屋大维和皇室成员的诗，甚至在整个奥古斯
　　都文学也独一无二"。一种可能的解读是，这是奥维德的"捧杀"策略，在很
　　多作品里，当他极力赞美屋大维或利维娅时，总是暗藏讽刺。但另一方面，奥
　　维德始终清楚，要改变自己悲惨的处境，在皇权政治下，唯一的途径是求助于
　　屋大维或者他的继承人，当他的努力一再受挫、希望越来越渺茫时，也不排除
　　他用极度的奉承来换取皇帝的宽赦。如果是后一种情况，我们则要考虑奥古斯
　　都时代普遍的献媚风气，甚至自古希腊以来的将君主奉为神的传统。如 Dodds
　　（1951）在专著《希腊人与非理性》（*The Greeks and the Irrational*）中指出
　　的那样，将对方升为神，将自己降至动物或小孩的地位，这是古人在无助状态
　　下的常见姿态。

2　两位恺撒指提比略和屋大维。

原是粗糙的钱币，现在已通神！

即使你给我一堆财宝，也不如这厚礼——

你送至这片海岸的三位神祇。

能够看见神，感觉他们的存在，仿佛

10 　　与真神一起交谈，的确很幸福[1]。

你的努力有回报，我不再流落天涯，

一如从前，平安地生活在罗马。

我看见诸位恺撒的脸，就如同当初，

我从未奢望这个心愿能满足。

15 我和原来一样，向天上的神明致意，

就算我回去，你也没更好的赠礼。

除了帕拉丁神庙，我的眼有什么缺憾[2]？

可恺撒若不在，神庙也变得轻贱。

我凝望他的肖像，仿佛在凝望都城，

20 　　因为他就是这个国家的化身。

这是错觉吗，还是他真的透出愤怒，

表情隐隐有一种严厉和冷酷？

饶恕我，德行胜过这无垠世界的人[3]，

请按住你对我正当报复的缰绳。

25 饶恕我，这个时代不可磨灭的荣光——

你励精图治，才成为万国的君王。

1　"仿佛"（quasi）一词无论是否有讽刺意味，都多少消解了皇室"神"的地位。

2　罗马宗教的中心原本在卡皮托山，屋大维当政后将自己的府邸所在的帕拉丁山
变成了另一个宗教中心。

3　指屋大维。

以祖国的名义——你爱她胜过爱你自己，

　　以从不拒绝你祷告的诸神的名义，

以皇后的名义——你在世上完美的伴侣，

30　　　　只有她不感觉你的至尊是重负，

以皇子的名义——他和你同为美德的典范，

　　他的品格显然是你的翻版[1]，

以皇孙的名义——他们无愧于祖父和父亲，

　　谨遵你的命令，正阔步前进，

35　求你从我的惩罚里减去最小的部分，

　　让我的放逐地远离斯基泰的敌人。

最接近恺撒的恺撒[2]，请别让——如果可以——

　　你的神意与我的祷告为敌！

愿凶悍的日耳曼尽早换一张惊恐的脸，

40　　　沦为战俘，绑在你凯旋的车驾前；

愿你的父亲与涅斯托尔比寿，母亲

　　与西比尔[3]齐龄，让你长久侍奉。

还有你，与伟大君主相配的伟大女性[4]，

　　我这哀求者的话，请温柔垂听：

1　提比略无论在他的时代还是后世都遭人憎恨，绝无美德可言，古罗马大规模的告密政治也从他开始。如果他是屋大维的翻版，屋大维的"美德"也可想而知。

2　指提比略。

3　据说涅斯托尔活了三代人的寿命，参考《伊利亚特》（Iliad 1.250-2），罗马先知西比尔活了不少于一千年，参考《变形记》（Metamorphoses 14.130-53）。如果皇帝和皇后真活这么长，就是人中之妖了，作为皇位继承人的提比略也绝不会高兴。

4　指利维娅。

45　愿你的丈夫、儿子、孙子、贤淑的媳妇

　　　　和她们的后代都永远平安幸福；

　　愿残酷的日耳曼从你身边夺走的德鲁苏

　　　　成为你此生中丧子的唯一悲剧 [1]；

　　愿你的儿子尽快为弟弟 [2] 复仇，凯旋

50　　　　归来，披紫袍，骑白马，威风八面。

　　求你们赞同我胆怯的祷告，最仁慈的神！

　　　　希望有神在身边能帮我一分。

　　恺撒驾到，角斗士便平安离开赛场，

　　　　他的表情就是最高的赦免状。[3]

55　看见你们的面容，我多少也觉得心安，

　　　　因为三位神一起住在家里面。

　　幸福的是无须借像章寻求慰藉的人们，

　　　　能够面对面看见诸神的真身。

　　既然命运决不肯给我这样的机会，

60　　　　我只好拿工匠制造的肖像来敬拜。

　　人们也这样认识高天隐匿的诸神，

　　　　膜拜的不是朱庇特，是他的替身。

　　最后，求你们关注，别让这些我永远

1　大德鲁苏于公元 9 年死在日耳曼前线，一说是病死，一说是从马上跌落后身亡。
　　这句话固然可以理解为祝愿，但也是用旧痛刺激皇后，甚至隐隐有不祥之意：
　　利维娅一共两个儿子，如果再一次丧子，就绝后了。

2　"儿子"指提比略，"弟弟"指大德鲁苏。

3　苏埃托尼乌斯在《屋大维传》（Div. Aug. 45）中说，屋大维废止了角斗士对战
　　至死的规矩。

珍藏的形象留在可憎的地点。[1]

65　我宁可这颗头离开我的躯干，宁可

　　　从我的脸上剜去这一对星火，

也不愿你们，罗马的神明，离开我身边！

　　　你们将是我流放的港口和祭坛。

我会拥抱你们，如果被盖塔军包围，

70　　跟随你们，我的军旗和鹰徽！

或者我在骗自己，被过度的渴望戏弄，

　　　或者真有改变放逐地的希望，

因为恺撒严厉的表情正一点点消失，

　　　嘴唇似乎在赞同我的言辞。

75　但愿我惊惧之心的这些预感能应验，

　　　神的愤怒虽正当，也终会变淡。

第九首（致柯蒂斯国王）[2]

柯蒂斯，国王的后裔，你尊贵的家族一直

1　　奥维德再次使出逻辑绑架的手段：要么你们不是真神，如果是真神，既然和我一起，就能感受到托密斯的可怕，就不会愿意留在这里——既然如此，让保管你们神像的我离开此地，就是自然的选择。

2　　柯蒂斯国王指柯蒂斯四世（Cotys IV）。公元 12 年，屋大维将附庸国色雷斯分为两个王国，一个由柯蒂斯统治，一个由他叔叔瑞斯库波利斯（Rhescuporis）统治，事见塔西佗《编年史》（Annales 2.64-6）。奥维德此诗可能是庆祝柯蒂斯登基。柯蒂斯很有文化，能用希腊语写诗，受到希腊诗人安提帕特尔（Antipater）的称赞（Anthologia Palatina 16.75）。公元 19 年，奥维德死后一年，柯蒂斯的王国被他叔叔灭掉，他自己也被杀。

延伸到遥远古代的欧摩尔波斯 [1]，

饶舌的传言若已经抵达你的耳朵——

我正在与你相邻的土地上栖泊，

5   请垂听我的哀求，仁慈的年轻人，尽你

所能，帮助放逐者——你有此能力。

时运把我——只有这件事我不怨诉——

交给你，这是她对我的唯一善举。

用你温柔的沙岸接纳我凋残的小船，

10   别让这陆地倒不如大海安全。

相信我，帮助落难者能体现国王的尊严，

正是你这种大人物的恰当风范。

这符合你的地位，虽然它已经很高贵，

但还是无法与你的灵魂媲美。

15   权力在这样的时候最向世人显光芒——

当它不肯让求助的人失望。

这是你荣耀血统的要求，这是源于

诸神的崇高精神应尽的义务。

欧摩尔波斯，你著名的先祖，以及更早的

20   厄里克托尼俄斯 [2] 都如此劝说。

你与神的共同之处就是有人求告时，

总愿意提供帮助，不会拒斥。

---

1   欧摩尔波斯（Eumolpus）是海神涅普顿的儿子，他的儿子伊斯马鲁斯（Ismarus）
    娶了色雷斯国王特古里俄斯（Tegyrius）的女儿，在儿子和儿媳死后，他成了
    色雷斯国王。所以柯蒂斯会将家谱扯到他身上。

2   厄里克托尼俄斯（Erichthonius）是欧摩尔波斯的母系先祖。

如果去掉神庇佑人的善心，我们可还会

　　献给祂们惯常的荣耀与敬畏？ [1]

25　倘若朱庇特对人的祷告充耳不闻，

　　为何要在祂庙前宰杀牺牲？

倘若我航行，大海却涌起滔天巨浪，

　　我何必为涅普顿燃起无用的乳香？

如果刻瑞斯欺骗了劳碌农夫的愿望，

30　　她怎配享用怀孕母猪的内脏？

山羊也不会将喉咙交给长发的巴克斯，

　　如果葡萄踩不出甜美的果汁。

我祈愿恺撒一直掌握帝国的缰绳，

　　因为他为祖国的谋划太英明。

35　所以，是事功造就了伟大的人物和神祇，

　　他们各自贡献独特的一份力。

也请你，柯蒂斯，无愧于父亲的儿子，让躺在

　　你营中的我也能有所期待。

拯救他人是符合道义的快乐，人若要

40　　赢得善意，这是最好的诀窍。

谁不诅咒吃人的安提法忒斯 [2]？谁谴责

　　阿尔喀诺俄斯 [3] 慷慨热情的品格？

1　奥维德明确指出宗教敬拜的基础是人与神的利益交换。

2　关于安提法忒斯，参考《黑海书简》第二部第二首第114行的注释。

3　阿尔喀诺俄斯（Alcinous）是斯凯里亚岛（Scheria）的国王，热情接待了尤利西斯，赠给他许多礼物，并派船送他回家。

你父亲不是阿波罗多洛斯，不是佩莱人[1]，

　　或者用铜牛烤死设计者的暴君[2]，

45　而是英勇善战、未尝败绩的国王，

　　和平时却从来没有嗜血的欲望。

再说，尽心追求博雅的学问，也让人

　　变得文雅，不再凶蛮难驯。

没有哪位国王受过你这么好的教育，

50　或者花更多的时间研习雅术。

你的诗就是证明，如果抹掉你的名，

　　我会说作者不是色雷斯的年轻人[3]；

在这片星野下，俄耳甫斯[4]不再寂寥，

　　比斯托尼亚因你的天才而骄傲。

55　情势要求时，你可以勇敢地身披甲胄，

　　用敌人的血染红你的双手；

你也习过武，能挥舞手臂投掷长枪，

　　也能娴熟控制快马的颈项，

当你已经为父亲的志趣付出了时间，

60　考验力量的任务也挪下你的肩，

为了不在无聊的睡眠中浪费清闲，

1　阿波罗多洛斯（Apollodorus）是一位暴君，原文是 Cassandreus（卡珊德里亚人），
　　因为他是卡珊德里亚人。佩莱人（gentis Pheraeae）意为佩莱的暴君亚历山大
　　的后代。

2　指帕拉里斯，参考《哀歌集》第三部第十一首第 41 行的注释。

3　奥维德不自觉地流露出对包括色雷斯人在内的"蛮族"的蔑视。

4　俄耳甫斯是西方文化中诗人的原型，他的父亲是色雷斯国王俄阿格罗斯（Oea-
　　grus），所以他被视为色雷斯人。

你沿着缪斯的路向星辰登攀。

这也在你我之间建立了某种联盟：

我们都在同一座神祠里侍奉。

65　从诗人到诗人，我向你伸出求援的手臂，

愿放逐的我能依靠你的土地。

我来到庞图斯海岸，身上并没有血罪，

我的手也不曾把致命的毒药准备，

也无人指控我曾用私章在固定任何

70　文书的线绳上留下虚假的印戳。

我也没有犯法律禁止的其他罪行，

但我承认，我的过失更严重。

别问它是什么，总之我写了愚蠢的《艺术》，

所以我的手从此不再无辜。

75　我是否还有别的错误？不要追问，

就让《艺术》掩盖另一个罪名。

无论它是什么，复仇者的愤怒都不算严厉，

唯一剥夺的是生养我的土地。

既然失去了故乡，唯愿毗邻的你确保

80　在这片可憎的土地我也能安好。

第十首（致马凯尔）¹

难道印在蜡板上的形象没有告诉你，
　　马凯尔，是纳索写下了这些文字？
如果这指环没有揭示主人的身份，
　　我的笔迹你是否觉得熟稔？
5　还是时间的流逝已抹去你的记忆，
　　古老的符号你的眼已不再认识？
不记得印章，不记得笔迹，都没关系，
　　只要对我的关切还在你心里。
你欠我这份情，因为我们已交往多年，
10　因为我的妻是你们家族的一员，
因为我们都写诗，只不过你比我明智，
　　自然也没有《艺术》招来祸事。
你歌咏的是永恒荷马未曾歌咏的一切，
　　以免特洛伊的战争仍有欠缺。²
15　纳索却不知分寸，非传授爱的艺术，
　　好为人师的代价是严厉的放逐。
然而，所有的诗人都守护共同的圣礼——
　　尽管各自遵循不同的轨迹——
我觉得你仍没忘记这些——虽然我们

1　这里的马凯尔不是《哀歌集》第四部第十首提到的那位，而是另一位绰号为"伊利昂"的马凯尔。

2　以史诗体续写、补写、改写荷马史诗在古希腊、泛希腊和古罗马一直很流行，马凯尔也致力于此。

20 　　　　相隔万里——愿减轻我的不幸。

　　在你带领下，我领略了亚细亚名城的壮丽[1]，

　　　　在你带领下，我亲眼见识了西西里[2]；

　　我们一起看埃特纳的火焰映红天空，

　　　　它们从山底巨人的口中喷涌[3]；

25 　游历亨纳湖和刺鼻的帕里库斯硫黄池[4]，

　　　　还有阿那普斯和库阿尼的交汇地[5]。

　　不远处就是躲避埃里斯河神的仙女[6]，

　　　　今日她仍悄悄奔流，以海水为掩护。

　　我就是在这里度过了倏然飘逝的大半年，

1　　小亚细亚西海岸有众多古希腊名城，参考贺拉斯《书信集》（*Epistulae* 1.11.1-
　　5）。Williams（1991）指出，马凯尔之所以能"带领"奥维德游览小亚细亚，
　　因为这里是他的文学家园（史诗体裁和题材的源头），从小亚细亚到西西里的
　　旅程也复制了埃涅阿斯离开特洛伊到达意大利的路线。

2　　西西里的原文是 Trinacris（三角之地，因为西西里岛轮廓如三角形）。

3　　奥维德的时代埃特纳火山处于活跃期，"山底巨人"根据不同的神话版本指堤
　　丰（Typhoeus）或者恩刻拉多（Enceladus），他们因为反抗朱庇特，被囚禁
　　在埃特纳火山里。

4　　亨纳湖（Henna）传说是冥王普鲁托劫走普洛塞庇娜（Proserpina，后来的冥后）
　　的地方。帕里库斯（Palicus）硫黄池即今天的纳弗提亚（Lago di Naftia），
　　以硫黄蒸汽和喷泉闻名。Williams 提醒我们，从这里开始，奥维德提及的景点
　　与他自己的作品有关联，措辞上也多次呼应《岁时记》和《变形记》。普洛
　　塞庇娜被劫的情节出现在《岁时记》（*Fasti* 4.417-620）和《变形记》（*Meta-*
　　morphoses 5.341-571）中。

5　　阿那普斯（Anapus）和库阿尼（Cyane）是西西里的两条河，在叙拉古以南交汇，
　　库阿尼也是普洛塞庇娜的侍女，在主人遇劫时，被普鲁托变成了一股泉水。这
　　两个地点在《岁时记》（*Fasti* 4.469）也是并提的。

6　　"仙女"指 Arethusa（阿莱图萨），她被河神埃里斯（Elis）苦苦纠缠，狄安娜
　　怜悯她，将她变成了泉水，从海面下流到了奥尔图吉亚岛。参考《变形记》
　　（*Metamorphoses* 5.487-508, 572-641）。

30 那里和盖塔的差异真若天渊！

这些不过是我们所见的极小部分，

和你一起，每条路都那么舒心！

无论是坐着画船穿行在碧蓝的波间，

还是乘着马车，任木轮飞旋，

35 常因为谈兴太浓，我们觉路程太短，

说的话比走的步还多，不断绵延 [1]，

我们的闲聊不止一次耗尽了白昼，

即使绵长的夏日也远远不够。

这岂是等闲情谊？一起在惊涛骇浪里

40 浮沉，一起向海神献上祷词，

有时一起做事情，有时一起享清闲，

调笑戏谑，但绝无出格的污言。

所有的年月里，当你想到这些，我虽远，

也将出现你眼前，如新近看见。

45 至少我自己，虽然头顶着永远高悬于

清澈海波之上的星宇中枢 [2]，

总在心里看见你——除此我别无他途——

经常在寒冷的天极下与你絮语。

你在这里不知道，你虽不在却常在，

50 受我的召唤，从罗马一路到盖塔来。

请补偿我吧，既然你的土地更幸运，

---

1   对比《黑海书简》第二部第四首 11—12 行。Williams 认为，有了前面的铺垫，
     这里的"路程"也多了一层象征意义——文学之路。

2   指大熊和小熊星座。

你就在那里让我常驻你的心。

第十一首（致鲁弗斯）[1]

鲁弗斯，这首匆忙间写就的诗，纳索

　　送给你，纳索，不祥《艺术》的作者，

好让你知道，我与你虽隔了整个世界，

　　但在我心里，你的记忆仍无缺。

5　我宁可先让自己的名字从脑海消失，

　　也不愿忘记你对我的深情厚谊；

宁可将我的生命交还给缥缈的空气，

　　也不愿抹掉我对你恩情的感激。

你的眼泪是大恩：那时你泪流满面，

10　　而我，泪已流干，痛苦已木然。

你安慰我痛苦的心灵也是大恩，那时，

　　你既是安慰我，也是安慰自己。

我妻子的意志和行为本已经值得称赞，

　　但你的劝诫让她的美德更完全。

15　我欣慰，卡斯托尔如何对赫耳弥俄涅，

　　赫克托耳对尤卢斯，你对她也如何[2]。

在正直的品格上，她努力追踵你的典范，

1　鲁弗斯（Rufus）所指不详，但从这首诗看，他应当是奥维德妻子那个家族的人，很可能是她舅舅。

2　卡斯托尔是赫耳弥俄涅（Hermione）的舅舅，赫克托耳也是尤卢斯的舅舅。

用她的人生证明她与你有血缘。

所以，无须任何督促她也会做的事，

20
　　　　因为你的勉励，她做得更彻底。

骏马自己也会去争取棕榈的荣耀，

　　　　但你若鼓舞，它的斗志就更高。

远方的我有任何嘱咐，你总是尽心做，

　　　　任何麻烦事你都不曾拒绝。

25
愿诸神给你回报（我自己没这个能力）！

　　　　他们一定会，看见你有情有义。

愿你永远有健康，做你美德的保障，

　　　　鲁弗斯，故乡芬迪灿烂的荣光！

《黑海书简》

第三部

EX PONTO III

第一首（致妻子）[1]

你们，伊阿宋的船桨最先划破的海波，
　　永远被悍敌和冰雪纠缠的荒国[2]，
我纳索究竟有没有一天能离开这里，
　　迁往一处稍享和平的土地？
5　还是我注定在这样的蛮域终此一生，
　　只该在托密斯的原野葬入孤坟？
无意扰你的和平，若你有任何和平[3]，
　　庞图斯，邻敌快马蹂躏的边境，

1　这首诗不仅是奥维德写给妻子的最长的书信体诗歌，也是《黑海书简》前三部
　　最长的作品，因而值得关注。而且，这也是他给妻子的多首诗作中语气最为严
　　厉的一首，反映了他在希望反复受挫之后对她的强烈不满（尽管诗中仍有不少
　　表面的赞美之词）。另外，Colakis（1987）注意到，奥维德有意戏仿了自己
　　的早年诗歌，假装扮演情爱导师（praeceptor amoris）的角色，他给妻子提的
　　如何向皇后说情的建议几乎是他年轻时教人如何勾引女人的那些窍门的翻版。
　　这就不得不让我们重新审视他的动机。所以不排除他对妻子的严责其实曲折表
　　达了他对屋大维和皇室成员铁石心肠的愤懑。

2　指黑海沿岸地区。

3　这里奥维德用拉丁语惯用语 pace tua 玩了一个双关，整个短语的通常意思是"无
　　意冒犯你"，但字面意思是"你的和平"。奥维德感慨：庞图斯，你哪有什么
　　和平？

《黑海书简》

第三部

EX PONTO III

第一首（致妻子）[1]

你们，伊阿宋的船桨最先划破的海波，
　　永远被悍敌和冰雪纠缠的荒国[2]，
我纳索究竟有没有一天能离开这里，
　　迁往一处稍享和平的土地？
5　还是我注定在这样的蛮域终此一生，
　　只该在托密斯的原野葬入孤坟？
无意扰你的和平，若你有任何和平[3]，
　　庞图斯，邻敌快马蹂躏的边境，

1　这首诗不仅是奥维德写给妻子的最长的书信体诗歌，也是《黑海书简》前三部
　　最长的作品，因而值得关注。而且，这也是他给妻子的多首诗作中语气最为严
　　厉的一首，反映了他在希望反复受挫之后对她的强烈不满（尽管诗中仍有不少
　　表面的赞美之词）。另外，Colakis（1987）注意到，奥维德有意戏仿了自己
　　的早年诗歌，假装扮演情爱导师（praeceptor amoris）的角色，他给妻子提的
　　如何向皇后说情的建议几乎是他年轻时教人如何勾引女人的那些窍门的翻版。
　　这就不得不让我们重新审视他的动机。所以不排除他对妻子的严责其实曲折表
　　达了他对屋大维和皇室成员铁石心肠的愤懑。

2　指黑海沿岸地区。

3　这里奥维德用拉丁语惯用语 pace tua 玩了一个双关，整个短语的通常意思是"无
　　意冒犯你"，但字面意思是"你的和平"。奥维德感慨：庞图斯，你哪有什么
　　和平？

《黑海书简》

第三部

EX PONTO III

第一首（致妻子）[1]

你们，伊阿宋的船桨最先划破的海波，

　　永远被悍敌和冰雪纠缠的荒国[2]，

我纳索究竟有没有一天能离开这里，

　　迁往一处稍享和平的土地？

5　还是我注定在这样的蛮域终此一生，

　　只该在托密斯的原野葬入孤坟？

无意扰你的和平，若你有任何和平[3]，

　　庞图斯，邻敌快马蹂躏的边境，

1　这首诗不仅是奥维德写给妻子的最长的书信体诗歌，也是《黑海书简》前三部
　　最长的作品，因而值得关注。而且，这也是他给妻子的多首诗作中语气最为严
　　厉的一首，反映了他在希望反复受挫之后对她的强烈不满（尽管诗中仍有不少
　　表面的赞美之词）。另外，Colakis（1987）注意到，奥维德有意戏仿了自己
　　的早年诗歌，假装扮演情爱导师（praeceptor amoris）的角色，他给妻子提的
　　如何向皇后说情的建议几乎是他年轻时教人如何勾引女人的那些窍门的翻版。
　　这就不得不让我们重新审视他的动机。所以不排除他对妻子的严责其实曲折表
　　达了他对屋大维和皇室成员铁石心肠的愤懑。

2　指黑海沿岸地区。

3　这里奥维德用拉丁语惯用语 pace tua 玩了一个双关，整个短语的通常意思是"无
　　意冒犯你"，但字面意思是"你的和平"。奥维德感慨：庞图斯，你哪有什么
　　和平？

《黑海书简》

第三部

EX PONTO III

第一首（致妻子）[1]

你们，伊阿宋的船桨最先划破的海波，
　　永远被悍敌和冰雪纠缠的荒国[2]，
我纳索究竟有没有一天能离开这里，
　　迁往一处稍享和平的土地？
5　还是我注定在这样的蛮域终此一生，
　　只该在托密斯的原野葬入孤坟？
无意扰你的和平，若你有任何和平[3]，
　　庞图斯，邻敌快马蹂躏的边境，

1　这首诗不仅是奥维德写给妻子的最长的书信体诗歌，也是《黑海书简》前三部
　　最长的作品，因而值得关注。而且，这也是他给妻子的多首诗作中语气最为严
　　厉的一首，反映了他在希望反复受挫之后对她的强烈不满（尽管诗中仍有不少
　　表面的赞美之词）。另外，Colakis（1987）注意到，奥维德有意戏仿了自己
　　的早年诗歌，假装扮演情爱导师（praeceptor amoris）的角色，他给妻子提的
　　如何向皇后说情的建议几乎是他年轻时教人如何勾引女人的那些窍门的翻版。
　　这就不得不让我们重新审视他的动机。所以不排除他对妻子的严责其实曲折表
　　达了他对屋大维和皇室成员铁石心肠的愤懑。

2　指黑海沿岸地区。

3　这里奥维德用拉丁语惯用语 pace tua 玩了一个双关，整个短语的通常意思是"无
　　意冒犯你"，但字面意思是"你的和平"。奥维德感慨：庞图斯，你哪有什么
　　和平？

第一首（致妻子）[1]

你们，伊阿宋的船桨最先划破的海波，

    永远被悍敌和冰雪纠缠的荒国[2]，

我纳索究竟有没有一天能离开这里，

    迁往一处稍享和平的土地？

5 还是我注定在这样的蛮域终此一生，

    只该在托密斯的原野葬入孤坟？

无意扰你的和平，若你有任何和平[3]，

    庞图斯，邻敌快马蹂躏的边境，

---

1 这首诗不仅是奥维德写给妻子的最长的书信体诗歌，也是《黑海书简》前三部最长的作品，因而值得关注。而且，这也是他给妻子的多首诗作中语气最为严厉的一首，反映了他在希望反复受挫之后对她的强烈不满（尽管诗中仍有不少表面的赞美之词）。另外，Colakis（1987）注意到，奥维德有意戏仿了自己的早年诗歌，假装扮演情爱导师（praeceptor amoris）的角色，他给妻子提的如何向皇后说情的建议几乎是他年轻时教人如何勾引女人的那些窍门的翻版。这就不得不让我们重新审视他的动机。所以不排除他对妻子的严责其实曲折表达了他对屋大维和皇室成员铁石心肠的愤懑。

2 指黑海沿岸地区。

3 这里奥维德用拉丁语惯用语 pace tua 玩了一个双关，整个短语的通常意思是"无意冒犯你"，但字面意思是"你的和平"。奥维德感慨：庞图斯，你哪有什么和平？

我想对你说，你是我痛苦的放逐时光

10　　　最悲惨的部分，你就是雪上的霜。

你从来感觉不到花环簇拥的春日，

　　　也从未见过收割者赤裸的身体，

秋天从未献给你缀满葡萄的枝条，

　　　所有的季节都难逃严寒的魔爪。

15　你常用坚冰禁锢大海，鱼在波浪里

　　　游泳，头顶的厚盖却如囚室。

你没有泉眼，除非涌出咸水的也算，

　　　喝它是浇灭渴意，还是点燃？

旷野上难得升起一棵树，也没有花果，

20　　　陆地不过是大海换了颜色。

听不到鸟鸣，只在遥远的森林里才有，

　　　但它们喝咸水，绝无悦耳的歌喉。

空荡的平原上，阴郁的苦艾密如毫刺，

　　　唯有这苦味的植物适合这土地。

25　再加上恐惧，敌军时常攻击城楼，

　　　浸毒的箭矢散发死亡的腐臭，

这片区域也远离所有的交通要道，

　　　步行或乘船都无法安全逃掉。[1]

所以不奇怪，我总想这一切早日终止，

30　　　总在祈求为我换一处放逐地。

奇怪的是你竟然没做成此事，我的妻，

1　奥维德列举的托密斯的种种缺点，前面的诗集都有涉及。

知道我的苦，竟还能忍住泪滴。

你该如何做？问你自己吧，你会找到

答案，只要你真的愿意知道。[1]

35 有意愿还不够，要有实现目标的渴念，

孜孜以求，你便不可能安眠。

许多人都该有意愿：谁会如此仇恨我，

希望我不仅被放逐，还要遭兵火？

你应当投入全部的心神、所有的力量，

40 日以继夜为我的命运奔忙。

为赢得别人的帮助，你应该打动朋友，

我的妻，履行义务要在最前头。

我在诗集里赋予你一个伟大的角色，

你被称为所有好妻子的楷模。

45 别愧对这个名号，别让我自信的宣告

落了空，千万把名声的作品守护好。

虽然我不抱怨，但我沉默时名声会抱怨[2]，

这理所当然，若你对我太冷淡。

时运女神已将我挂好，向世人展览，

50 我吸引的目光甚至超过了从前。

卡帕纽斯[3]被雷霆击中，名声反更盛，

---

1 这里的指责已经非常严厉了。

2 然而奥维德的确在抱怨。

3 参考《哀歌集》第四部第三首第64行的注释。

安菲阿剌俄斯乘战车陷没才闻名 [1]；

不漂泊那么久，尤利西斯怎尽人皆知？

伤口让菲罗克忒特斯 [2] 之名传世。

55　　倘若这些英杰中也有卑微者的席位，

我的不幸也给我增添了光辉。

我的诗页不许你在世间隐沦，昔日

科斯岛的碧提丝 [3] 声名也未必如你。

所以你一举一动都是在巨大的舞台上，

60　　许多观众将见证你忠诚的形象。

相信我，每当读到我诗里的那些赞美，

人们都会问，你是否当之无愧？

我想，正如许多人认可你的美德，

不少女性也会寻理由指责。

65　　你要确保她们的嫉妒无法挑剔你：

"她对丈夫的境遇太不在意！"

既然我已经衰弱，再无力拉动马车，

你就应独自撑起松弛的轭。

我望着医生，病势已沉，脉搏渐微弱，

70　　趁我还有一丝活气，照料我，

我能给你的帮助——若我的身体比你强——

1　安菲阿剌俄斯（Amphiaraus）是七将攻忒拜中的一位将领，他是先知，预见到
　　自己的死亡，但被妻子逼迫，只好参战。最后他的战车被开裂的大地吞没。

2　参考《哀歌集》第五部第一首第 62 行的注释。

3　参考《哀歌集》第一部第六首第 2 行的注释。碧提丝以风流闻名，奥维德用她
　　作比，难道是戏谑？

请你给我，既然你现在更健康。

这是连理之爱与婚姻之约的条款，

　　也是你，我的贤妻，自己的心愿。

75　这也是给你荣耀的家族所要求，为了你

　　用德行而非义务将它护持。

你什么都可做，但除非你的淑德堪夸，

　　人们便不信，你崇拜玛尔奇娅[1]。

我的行为也无亏，你若肯说出真相，

80　我的付出的确应获得报偿。

当然，你给了我报偿，甚至有高额的利息，

　　流言即使有心，也无法伤到你。

但请给你以前做的事添上这一件：

　　为改变我的厄运游说、进言。

85　尽力让我转移到一个稍安宁的角落，

　　你的忠诚就不再有任何欠缺。

我求的是大事，但说情者不会招来憎厌，

　　即使达不到目的，失败也安全。

别冲我发火，如果我在诗里一次又一次

90　求你做已在做的事，模仿你自己。

号角手经常也能为勇者助阵，将军

　　亲自呐喊，也鼓舞善战的士兵。

你的正直已载入文字，将流传万世；

　　让你的勇敢也不逊于正直。

1　梅萨里努斯的妻子。

95 你无须拿起亚马逊的战斧，为我辩白，

　　　　无须用纤手握住新月形的盾牌，

你哀求那位神就成，不求他对我温和，

　　　　只求他别再像原来那样恨我。

若你没有影响力，眼泪就是影响力，

100　　　它不能，便无计可能，打动神祇。

你不会缺这种武器，我的不幸能制造，

　　　　为丈夫哭泣，你的库存绝不少；

既然我处境悲惨，你的泪便无中断，

　　　　我的命运就是你的军需官。

105 倘若我的命能用你的命赎回（天禁止！），

　　　　你模仿的就是阿德墨托斯的妻 [1]；

你当与珀涅罗珀媲美，倘若你打算

　　　　用贞洁的诡计摆脱求婚者的纠缠；

倘若你愿意跟随死去的丈夫去冥府，

110　　　拉俄达弥娅就是你的先驱；

厄瓦德涅的形象该放你眼前，若你想

　　　　将你的活躯置于燃烧的柴堆上。[2]

但你不用死，不用珀涅罗珀的纱线，

　　　　你只需亲口向恺撒的妻子求援，

115 她的美德确保了我们时代的纯洁

　　　　不会被任何古代的世界超过；

1　指阿尔刻提斯，参考《哀歌集》第二部第 404 行的注释。

2　四个例子中有三个都是妻子为丈夫而死或与丈夫同死，无疑体现了男权中心，
　　这样的"典范"难免让现代读者不寒而栗。

她有维纳斯的美貌，朱诺的品格，天底下

　　配与恺撒同享圣床的只有她[1]。

你为何害怕靠近她？既不是普洛克涅[2]，

120　　　也不是美狄亚，等待你的劝说。

她不是埃及王的儿媳，或阿伽门农的恶妻[3]，

　　或者斯库拉，西西里海域的妖异[4]，

或者喀耳刻，生来能让人形幻化[5]，

　　或者用毒蛇盘绕头发的梅杜萨，

125　而是最杰出的女人，她证明时运女神

　　也能看见，误担了眼盲的罪名。

除了恺撒，整个世界，从最东到最西，

　　没有谁的光芒能与她相比。

选择好祈求的时机（你经常都在等待）[6]，

130　　　别让船一离港就逆着潮水。

1　利维娅的"美德"，罗马人最熟悉不过。说一位七十一岁的老妇人有"维纳斯的美貌"，只能引发讪笑。至于"朱诺的品格"，朱诺以妒忌闻名。Davisson（1984）注意到，奥维德这里对利维娅的描写可能暗藏颠覆性因素。朱诺在整个奥古斯都时期的诗歌中形象都比较负面，嫉妒心强，性格残忍。此外，奥维德虽然一再称赞利维娅，却将她与神话中七位可怕的女人并列。

2　参考《哀歌集》第二部第 390 行的注释。

3　"埃及王的儿媳"指达那俄斯的女儿们，她们与自己的表兄结婚，在新婚之夜，奉父亲之命杀死了新郎，只有一位女儿将新郎放走。"阿伽门农的恶妻"指克吕泰墨斯特拉，参考《哀歌集》第二部第 395 行的注释。

4　斯库拉是西西里海域的六头长颈食人女妖。

5　老太阳神赫利俄斯的女儿，曾将尤利西斯的同伴变成猪。

6　和《爱的艺术》（*Ars Amatoria* 1.399-404）给出的建议一样，这里奥维德也提出要选择恰当的时机。

神谕并非永远都提供天启的答案，

　　神祠并非随时都接受进献。

当罗马的状况与我现在猜测的相仿，

　　没有痛苦紧锁人们的脸庞，

135　当奥古斯都的庭户——民众心中的神殿——

　　洋溢着（愿永远如此）快乐与平安，

愿众神在那时赐给你一个觐见的机会，

　　那时你会信，你的话不是白费。

如果她正忙大事，你就应推迟，别因

140　急于求成破坏了我的前程。

但我也并非让你等到她完全空闲，

　　她太忙，几乎没有打扮的时间。

即使元老院挤满了威严的议员，你也应

　　穿过商讨各种事情的人群。

145　轮到你直接面对朱诺的时候，牢记

　　你应该扮演的角色，不要偏离。

别辩护我的行为，忌讳的话题不可碰，

　　哀切的请求就是唯一的内容。

打开泪水的闸门，失魂地瘫倒在地，

150　向那双天神的足伸出手臂。

然后只求她让我远离残忍的蛮夷，

　　让我只忍受时运这一位仇敌。

我还想到许多，却乱作一团，我害怕，

　　就这些你颤抖的声音都难以表达。

155　我猜这么做不会伤害你，她会感觉

在她的威仪下，你如何谦恭畏怯。
如果你的话被啜泣打断，那也无妨，
　　眼泪经常有与话语相当的分量。
愿你的行动碰上一个幸运的日子、
160　　合适的时辰，兆象也大吉大利。
但出门之前，先在神圣的祭坛上点燃
　　乳香，向伟大的诸神酹酒祈愿。
在所有的神里，首先应敬拜奥古斯都，
　　还有他孝顺的子嗣和忠诚的伴侣。
165　但愿他们如平素一样仁慈地待你，
　　表情和蔼地看着你为我哭泣。

第二首（致科塔）[1]

我送给你的这声"平安"，科塔，我祷告，
　　不仅送到，你也真的收到。
因为你平安，我的折磨便减轻了许多，
　　大半的我就依然未陷入困厄。
5　当别人动摇，抛弃我的船，任风急浪高，
　　你却留下来，做残舟唯一的锚。
所以，我感谢你的忠诚，但也原谅

1　在这首诗里，奥维德借叨立克人之口，再次讲述了俄瑞斯忒斯和彼拉得的故事。
　　这也是《黑海书简》中写给科塔的第五首诗。

他们与时运一起转身逃亡。

虽然雷霆只劈中一人，惊吓的却甚众，

身边的目击者通常也会震恐。

如果一堵墙已显出即将垮塌的征兆，

担忧的人们自然要四散奔逃。

胆怯者中间有谁不害怕与病人接近，

唯恐从他那里传染了恶症？

我的某些朋友也因为极度的惊惧，

而不是由于憎恶，才离我而去。

他们不缺情义，也不缺尽义务的心意，

只是过于害怕诸神的怒气。

虽然他们看上去的确太谨小慎微，

但不至于被称为邪恶之辈。

毋宁说我的真诚为好友们找了借口，

刻意让他们无须为我蒙垢。

他们尽可满足于我的宽容，也尽可

拿我的证词说，自己的行为无错。

但你们几位是真正的好人，认为逆境中

不向我施以援手是卑鄙的举动。

所以，我对你们理所当然的感激

直到我身体化成灰那天才会死——

不对，我生命的终点也不是它的终结，

倘若后世记得我，仍然读我。

失血的身体应该交给悲伤的坟墓，

高筑的柴堆烧不灭名声和荣誉。

即使忒修斯和俄瑞斯忒斯的挚友都要死，

　　　　但两人的美德一直活到今日。

35　　你们也将经常被未来的子孙赞美，

　　　　荣名在我的诗歌里熠熠生辉。

连这里的扫罗马泰人、盖塔人也知道你们，

　　　　即使蛮族也认同这样的心灵。

最近，我正在向他们讲述你们的义举

40　　　（我已经学会盖塔语、萨尔马特语），

碰巧人群中站着一位老者，我的话

　　　　竟然引出了他下面这番回答：

"善良的外乡人，我们也熟悉友谊的名字，

　　　　虽然我们隔着希斯特和庞图斯。

45　　斯基泰有个地方——古人称它为叩立斯——

　　　　和盖塔的土地没有多远的距离。

我就在那儿出生——我不以故乡为耻——

　　　　福玻斯的妹妹[1]是当地崇拜的神祇。

神庙[2]今天都还在，有高大的柱子支撑，

50　　　经过四十级台阶才能入殿门。

传说那里有一座天降的女神雕塑，

　　　　你若不信，残留的底座是证据，

还有祭坛，它的石材本来是白色，

　　　　却因为牺牲的血变得斑驳。

1　　叩立克的狄安娜。

2　　斯特拉波《地理学》（*Geographica* 7.4.2）证实了这座神庙的存在。

55 是一位处女在那里执掌神圣的仪式，

　　　　论门第，斯基泰妇女都不能与她比。

按照先祖的规矩，祭品应该是异乡人，

　　　　由这位处女斩杀，在坛前殒命。

国王托阿斯在迈欧泰海岸尽人皆知[1]，

60 　　　　欧克辛周围谁也没更大的名气。

据说，他统治期间，某位伊菲革涅娅[2]

　　　　穿过清澈的空气，在这儿降下。

人们相信，狄安娜将她裹在云里，

　　　　乘轻风越过大海，送到此地。

65 作为合适的人选，她掌管神庙多年[3]，

　　　　执行残酷的祭礼，虽然不情愿。

某日，有一艘帆船载来了两位青年，

　　　　他们也踏上了我们这片海岸。

两人的年龄和情谊都相仿，俄瑞斯忒斯

70 　　　　和彼拉得，两个不朽的名字。

他们立刻被带到狄安娜血腥的祭坛前，

　　　　双手绑在身后，不能动弹。

希腊女祭司给俘虏喷洒净化的圣水，

　　　　好给他们的金发系上束带。

1　关于托阿斯，参考《哀歌集》第一部第九首第 27 行的注释。关于迈欧泰，参考《哀歌集》第三部第十二首第 2 行。

2　伊菲革涅娅参考《哀歌集》第四部第四首第 67 行的注释。

3　这个故事的叙述主要参考了欧里庇得斯悲剧《伊菲革涅娅在叨立斯》(Iphigenia in Tauris)。

75　当她准备着仪式，固定鬓边的头发，

　　　　找各种借口推迟注定的刑罚，

　　'原谅我'，她说，'年轻人，不是我生性凶残，

　　　　这个仪式比这个地方还野蛮，

　　这是部落的风俗。可你们来自哪里，

80　　　哪里是这艘不祥之舟的目的地？'

　　听他们回答故乡的名字，虔敬的少女

　　　　意识到他们在自己的城市居住，

　　便说：'让你们一人作为仪式的祭品，

　　　　另一人去他父亲的家报信。'

85　彼拉得决心死，命令俄瑞斯忒斯离开；

　　　　可他不同意，宁愿对方活下来：

　　他们一辈子只因此事发生过争执，

　　　　在其他时候，永远和谐一致。

　　当英俊的青年为了死，继续友情的拉锯，

90　　　她在蜡板上刻下了一封家书，

　　并且交给她的哥哥，没错，接过信的人

　　　　正是她哥哥——这就是人的命运！

　　一刻没耽搁，从神庙劫走狄安娜雕像，

　　　　他们悄悄乘船自海上逃亡。

95　这对年轻人的友谊是奇迹，虽然已久远，

　　　　仍是斯基泰广为流传的美谈。"

　　当他讲完这个人人都熟悉的故事，

　　　　听众都称赞两位朋友的情义。

　　显然，即使在这片最远离教化的海滨，

100　　　友谊的名字也感动野蛮的心。

　　　生在奥索尼亚的罗马，你们该如何做，

　　　　　若冥顽的盖塔人都钦慕这种品德？

　　　再说，你的灵魂从来都仁和，情操

　　　　　也高尚——那是你显赫出身的记号，

105　你的人品父族先祖沃雷苏[1]会认同，

　　　　　母族源头的努玛[2]也引以为荣，

　　　还有加到你生名上的科塔家族——倘若

　　　　　你不在世上，这一支就将灭绝。

　　　无愧于此等家世的你，请相信，帮助

110　　　遭难的朋友与这样的品格正相符！

第三首（致马克西姆斯）[3]

　　　如果你可以为放逐的朋友抽一点闲暇，

　　　　　马克西姆斯，法比亚家族的光华，

1　沃雷苏（Volesus）是萨宾族的瓦雷利亚家族（gens Valeria）的祖先，科塔的父族发源于这个家族。

2　科塔的母族是奥雷利亚家族（gens Aurelia），它通过过继，与卡尔普尔尼亚家族（gens Calpurnia）发生了关联，这个家族的祖先是罗马第二任国王努玛。

3　这首诗的核心信息并无新意，但表达方式在奥维德的放逐诗歌中独一无二。Colakis（1987）指出，奥维德再次扮演了 praeceptor amoris 的角色，但这次不是爱情的导师，而是爱神的导师，以老师身份要求学生为改变自己的境遇而努力。Evans（1976）也认为，诗中丘比特的形象是放逐诗歌中一个熟悉主题的富于想象力的变奏。Froesch（1967）将这首诗称为奥维德放逐诗歌中"最重要却最被忽视的作品之一"。

请听我讲述看到的场景，无论它是幽灵、

真实形体的影像，还是一个梦。

5　当时是晚上，月光从两扇窗扉间照进来，

带着它中旬惯有的明亮与洁白。

我正在安眠——暂驱烦忧的通用药方，

困倦的肢体铺展在整张床上[1]，

突然，拍打的翅翼将空气一阵搅动，

10　窗户微振，发出轻轻的吱嘎声。

我顿然受了惊吓，用左臂撑起身体，

颤抖的胸膛立刻遁去了睡意。

丘比特站在那里，全不似从前的表情，

手扶着枫木床柱，凄然发怔。

15　颈上没戴金项圈，头上没戴别针，

头发凌乱，不像昔日的齐整。

柔软的长发披垂，遮住了憔悴的面容，

就连羽毛在我看来也乱蓬蓬，

正如飞鸽的背上也常常狼藉一片，

20　因为太多的手曾抚摸流连。

我一认出他（我最熟悉的还能有谁？），

就毫无顾忌地用这样的话责备：

"小男孩，老师被放逐，就是受了你的骗，

我若不曾教过你，怎会这样惨？

1　Green（2005）提醒我们，奥维德在这里或许模仿了维吉尔的做法。在《埃涅
阿斯纪》（*Aeneid* 3.147ff）中，埃涅阿斯也讲述了月光下的一个梦，神告诉
他必须更换居住地，而这恰好也是奥维德放逐期间的执念。

25　你竟也到了这里，这个从没有和平、

　　　　野蛮的希斯特都被封冻的绝境？

你此行为了什么，难道来欣赏我的苦？

　　　　不知道因为它们你让我厌恶？

是你最开始给我念出我少时的诗作，

30　　　是你怂恿我让六五音步交错。

你阻止我追求迈奥尼亚[1]史诗的苍穹，

　　　　也不让我称颂伟大将领的战功。

你的弓和爱火可能伤害了我的天赋，

　　　　或许它很有限，却仍值得保护。

35　当我吟唱你和你母亲的强大王国，

　　　　便再无余力经营辉煌的巨作。

不止如此，我还用一首愚蠢的诗歌

　　　　教你《爱的艺术》，怕你太生涩。

结果我付出了惨痛的代价，不仅被放逐，

40　　　而且放逐到兵荒马乱的绝域。

可是，欧摩尔波斯没如此对待俄耳甫斯[2]，

　　　　奥林珀斯没如此对待玛绪阿斯[3]，

刻伊隆不曾遭阿喀琉斯如此的报答[4]，

1　荷马的故乡。

2　欧摩尔波斯的老师是俄耳甫斯（一说谷神刻瑞斯）。

3　奥林珀斯（Olympus）是佛里吉亚的著名笛手，老师是玛绪阿斯（Marsyas）。玛绪阿斯因为傲慢地向阿波罗挑战音乐技艺，比赛失败后被阿波罗活活剥了皮。

4　半人马刻伊隆（Chiron）是包括阿喀琉斯在内的众多希腊英雄的老师。

　　　　毕达哥拉斯也不曾伤于努玛 [1]。

45　不用再列举漫长岁月里的那些名字，

　　　　我是唯一被学生毁掉的老师。

　　顽徒，我给你提供武器，我教你技艺，

　　　　你就给老师献上这样的厚礼？

　　然而你知道，你也能对着良心发誓，

50　　　我从未破坏合法的婚姻关系。

　　这些诗的读者不是用发带束住青丝、

　　　　用长裙遮盖足背的贞洁女子。

　　说啊，我求你，我可曾唆使你欺骗人妻，

　　　　污染任何家族纯洁的子嗣？

55　但凡法律禁止有私密关系的女人，

　　　　我的书不都已严令她们别靠近？ [2]

　　可这一切有何用，如果非认定我的诗

　　　　是诲淫之作，被严厉的法律禁止？

　　但我还是祝愿你的箭能百发百中，

60　　　你的火炬也永远烈焰熊熊，

　　祝愿恺撒——你兄弟埃涅阿斯 [3] 的后裔——

　　　　统治帝国，控制所有的土地。

　　但你要让他平息对我的怒气，让他

　　　　许我到一个更宜居的地方受罚。”

1　传说毕达哥拉斯是努玛的老师，但西塞罗和李维等人都认为不可能，因为努玛
　　的生活时间约比毕达哥拉斯早一百年。

2　这一段文字重申了《哀歌集》第二部中的观点。

3　因为丘比特和埃涅阿斯都是维纳斯的儿子。

《黑海书简》

第三部

EX PONTO III

65 我恍惚记得对带翅的男孩 [1] 说了这番话，

  他好像用下面的言辞做了回答：

 "我以自己的武器——火炬和箭矢的名义，

  以母亲和恺撒神性的名义发誓，

我从你这里学到的一切都符合法律，

70 你的《艺术》里也没有罪名的证据。

但愿我也能这样为你的其他事辩护！

  你知道自己的灾难另有缘故。

无论它是什么——那痛苦永远不应重述——

  你都无法说，自己没犯错误。

75 虽然你可以用错误的假象掩盖罪名，

  那位法官 [2] 的愤怒却合理合情。

然而，为了见到你，为了在痛苦中安慰你，

  我的翅膀飞越了无垠的土地。

我最初俯瞰这里，是奉了母亲之命，

80 用我的飞箭射中美狄亚的心。

许多世纪之后我重访此地是为了你，

  我的朋友，我阵营里的战士。

所以，放下恐惧吧。恺撒的怒气会消散，

  温和的好风会来，如你所愿。

85 别害怕耽搁，我们期盼的时辰已近，

  凯旋之日，一切都洋溢着欢欣。

---

1 丘比特。

2 屋大维。

当皇子和利维娅皇后，当恺撒自己——祖国

　　和杰出统帅的父亲——热烈庆贺，

当罗马人民满怀感激，每一处祭坛

90　　都焚香致谢，京城缭绕着青烟，

当庄严的神殿向世界亲切地敞开大门，

　　我们的祷告就有可能变成真。"

然后，或者是他逝入了缥缈的空中，

　　或者是我的意识恢复了清明。

95　马克西姆斯，我若不信你认可这些话，

　　我就该相信黑天鹅[1]的传说不假。

可是白色的奶变不成黑色的沥青垢，

　　光洁的象牙也不会化作松节油。

你的出身与胸怀相称，你高贵的心

100　　拥有不逊于海格力斯的纯真。

懦弱的妒忌无法侵袭卓越的品质，

　　如蝰蛇，只能在地面爬行藏匿。

你崇高的灵魂甚至超越了你的门第，

　　你的血统并不比天性更优异。

105　让别人伤害不幸者，渴望世界怕自己，

　　挥舞他们浸了毒液的武器，

你的家族却习惯帮助哀告的可怜人，

　　愿你也把我视为其中的一份。

1　　古代欧洲人从未见过黑天鹅，所以用黑天鹅比喻不可能的事。

第四首（致卢费努斯）[1]

你的朋友纳索寄给你的这些文字
　　　　并非来自托密斯的空洞致意，
他托你，卢费努斯，宣传那首"凯旋诗"，
　　　　如果它已经传到你们手里。
5　它是不起眼的诗作，难媲美你们的礼品，
　　　　但无论优劣，我请你做它的赞助人。
强壮者自身有力量，无须玛卡翁[2]的帮助，
　　　　危险的病人才寻求医术的庇护。
伟大的诗人何必乞求读者的同情？
10　　　吹毛求疵的读者都被他法力囚禁。
我的天分早已被长久的痛苦磨钝——
　　　　甚或以前我也没什么天分——
我很虚弱，依靠你的善意才变强，
　　　　若你撤掉它，我的一切便丧亡。
15　虽然我所有的作品都仰赖你的厚爱，
　　　　那首诗却尤其要求你宽容对待。
其他诗人描写的凯旋是真实的经历——
　　　　忠实记录所见也绝非易事——
而我凭借的是急切耳朵抓取的传言，

1　关于卢费努斯，参考《黑海书简》第一部第三首标题的注释。两首诗都用了医
　　术的比喻。奥维德在这封信里为自己作的凯旋诗（《黑海书简》第二部第一首）
　　做了辩护，值得注意的是，这次他没有提到日耳曼尼库斯。

2　医神的儿子。

20   街谈巷议代替了我的双眼。

仿佛听见的事情与看见的场景竟能

       唤起相似的情感，相似的冲动！

我抱怨的并非我无缘目睹（你们却可以）

       白银黄金的光芒，紫袍的威仪，

25   而是那些千般容态的异族、山川

       与战役的模型本可以给我灵感，

还有蛮王的神情——他们心境的确证——

       多少也能够帮助我的作品。

人群的欢呼和热烈的赞美足以点燃——

30   无论才华高低——激情的火焰，

我本可从这样的喧嚷中汲取充沛的力量，

       如同号角让新兵斗志昂扬。

虽然我的胸膛比冰雪还寒冷，甚至

       超过了我所忍受的苦寒之地，

35   只要看见统帅屹立在象牙的战车上，

       我感官里的寒气就会一扫而光。

缺了这些东西，又没有可靠的消息，

       我当然只能寻求你们的善意。

被俘的敌酋，攻占的城镇，我都不知道，

40   我的手里几乎没任何材料。

对于如此的军国大事，市井的传闻、

       几位朋友的书信能描述几分？

所以读者啊，你们更应原谅我，如果

       发现诗里有错，或遗漏了什么。

再说，我的里拉琴总弹奏主人的哀歌，
45

  很难改弦，配合快乐的诗作。

时隔太久，吉祥的词已不肯响应，

  为任何事情高兴都如此陌生。

犹如久违的阳光让眼睛本能地闪避，

50 我的心在快乐面前也反应迟滞。

而且，所有的事情都是新鲜最可贵，

  迟到的致敬又有谁心怀感佩？

其他人争先恐后为壮观的凯旋献诗，

  他们的作品恐怕已流传多时。

55 读者既已止了渴，怎会再碰我的杯？

  先奉上的水正新鲜，我的却无味。

我并未拖延，也不是怠惰让我迟缓，

  只因我住在大海最遥远的岸边。

消息辗转到这里，我再仓促写完诗，

60 等它到你们手中，一年已流逝。

最先进入无人的玫瑰园，和姗姗来迟，

  采撷剩下的花朵，有太大的差异！

何必惊讶，如果园里的花已摘遍，

  再编织不出与统帅相称的花冠？

65 别误会，这些话绝非针对别的诗人，

  我的缪斯只不过在感慨自身。

但我和你们，诸位诗人，有共同的圣礼，

  若你们的歌队也有可怜人的一席，

共同的经历是我灵魂的宝藏，如今

321

70　　　　　虽远在此地，我仍珍惜你们。[1]
　　　所以，请你们好心推荐我的诗篇，
　　　　　我自己无法现身为它们美言。
　　　作者死后才赢得荣名，因为在世时
　　　　　总爱遭嫉妒阴邪的牙咬噬。
75　如果痛苦地活着也是一种死，大地
　　　　　不过是淹留处，除了缺坟墓，我已死。
　　　总之，即使我辛苦写的诗四面受批评，
　　　　　却无人能够责备我的忠诚。
　　　即使我没有力量，用心也值得称赞，
80　　　　我预言诸神也满意我的表现。
　　　这就是为何穷人也能受祭坛欢迎，
　　　　　羊羔做牺牲，与宰杀的公牛同等。[2]
　　　即使《埃涅阿斯纪》的伟大作者复生，
　　　　　也会感觉这主题如高山压顶，
85　柔弱的哀歌体怎能用左右不均的车轮[3]
　　　　　将凯旋仪式的巨大重量支撑？
　　　现在该用怎样的格律，我难下决断，
　　　　　眼看罗马又将从莱茵河凯旋。
　　　受天启的诗人做出的预言定会应验，
90　　　　旧月桂尚鲜，新月桂又将献神前。

1　参考《哀歌集》第五部第三首奥维德对诗人群体的请求。

2　这也是贺拉斯《颂诗集》第三部第二十三首表达的观点。

3　"左右不均的车轮"比喻哀歌双行体的长行和短行。

你读的不是我的话——我已放逐希斯特，

　　栖居河畔的是难驯的盖塔部落——

是神的声音，我的胸中进驻了一位神，

　　我的卜辞是受了神的指引。

95　你为何不赶紧准备凯旋的战车与仪式，

　　利维娅？战事已经不容你犹疑。

叛逆的日耳曼已经扔掉它诅咒的长枪，

　　很快你会说，我的征兆有分量。

相信吧，一切很快会成真。皇子[1]将再次

100　赢得荣耀，再次乘驷马驱驰。

快取出紫袍，披在胜利者的肩上，甚至

　　桂冠都能辨认出熟悉的额际；

也让黄金和宝石在盾牌和头盔上闪耀，

　　堆起战利品，比俘虏的头顶还高；

105　让哨楼和城墙环绕一座座象牙的城镇，

　　战场的模型几乎能以假乱真；

让肮脏莱茵河的头发在断裂的芦苇间披垂，

　　让它盛满被鲜血染红的流水。

被擒的敌酋已经在索要蛮族的饰物，

110　过于华丽、不该他们穿的衣服[2]，

　　还有你过去和未来常须准备的一切——

1　指提比略。

2　这个画面不乏喜剧色彩。

为了庆祝无敌皇子[1]的功业。
众神啊，既然是你们启示我预言将来，
　　就请赶快将它们变成现在。

第五首（致科塔）[2]

你问，眼前的这封信来自何方？这里，
　　希斯特与蔚蓝的海波融为一体。
地点既然已言明，作者应也难隐藏，
　　就是纳索，为自己的才华所伤。
5　他更愿当面向你问好，马克西姆斯，
　　却只能从蛮野的盖塔发函致意。
无愧于祖传口才的后生，我曾拜读过
　　座无虚席的法庭上你雄辩的演说。
虽然我急切的舌头反复诵念过许久，
10　　却有一个遗憾，数量还不够。
但我反复的阅读也算为它们加了倍，
　　越重温，越觉比最初更有滋味。
虽然它们从没有失掉半分的甘甜，
　　但吸引我的不是新奇，是雄健。

1　这段时间罗马北疆的军功多半应归于日耳曼尼库斯，此时可能已经有人提醒奥
　　维德那首凯旋诗在政治上不妥，所以这里他只提"无敌皇子的功业"。
2　这首诗和《哀歌集》第四部第二首都突出了想象的视觉，只不过这里想象的场
　　景不是凯旋仪式，而是朋友在法庭的演说。

15　那些人多幸运，能亲耳听到你的陈词，
　　　　亲身领略你言语的汪洋恣肆！
　　尽管送到我身边的这水也清冽可口，
　　　　但终归不如直接去山泉的源头。
　　压低枝条，亲手采摘果实的快乐，
20　　　也胜过品尝雕盘盛放的收获。
　　倘若我不曾犯错，我的诗不曾放逐我，
　　　　我读的篇章就能变你的悬河，
　　我曾忝列百人团的一员 [1]，本有希望
　　　　像平素那样，聆听你的演讲，
25　让一种更强烈的愉悦充塞我的胸膛，
　　　　当你的言辞吸引我点头称赏。
　　可既然命运非要我离开你们和祖国，
　　　　远赴未开化的盖塔人中间生活，
　　就请你经常寄给我（你可以如此）精心
30　　　创作的篇什，好让我与你更近。
　　仿效我的做法，除非你不屑于如此，
　　　　其实你更有资格让我仿效你。
　　我早已死去，马克西姆斯，但我仍努力
　　　　用诗才向你们证明我还没死。
35　请你报偿我，让我欣喜的双手能时常
　　　　收到你苦心经营的锦绣文章。
　　可是，年轻的朋友，你和我都喜欢诗歌，

1　关于百人团，参考《哀歌集》第二部第 94 行的注释。

告诉我，这爱好是否让你想起我？

当你向朋友朗诵你新近完成的作品，

40　　　或者如你的习惯，催促别人

朗诵，你是否搜寻我，是否常感觉缺了

　　　什么，虽然你忘了那究竟是什么？

过去我在的时候，你总谈论我，如今

　　　纳索的名字是否还不离你的唇？

45　至于我，就让我死于盖塔人凶残的毒箭

　　　——你看，我若发伪誓，报应在身边——

倘若我不是随时看见你，虽然远离你！

　　　心灵能漫游，我们真应该感激。

当我以这种方式潜入罗马城，经常

50　　　与你聊天，直聊到心神欢畅。

我很难形容那是怎样的快乐时光，

　　　那时辰在我眼里多么明亮！

你如果信我，我就如同被迎入了天界，

　　　怀疑自己与幸运的诸神同座。

55　当我重回到这里，抛下琼宇和众神，

　　　庞图斯的土地更如冥府般阴森。

若我竭力从此处逃跑，命运却阻挡，

　　　朋友，就请夺走我无益的希望！

第六首（致某位朋友）[1]

从欧克辛海岸，纳索寄来这一首短诗
　　　给他的朋友——他险些点出了名字！
倘若他不够谨慎的右手透露了你是谁，
　　　或许这份感恩会招来腹诽。
5　可为何别人都觉得安全，唯你一人
　　　要求我别在诗里以真名相称？
即使在盛怒之下，恺撒也无比仁慈[2]，
　　　你若不知，可以看我的例子。
倘若我被迫判决自己这样的过失，
10　　　也难从我的惩罚中减去毫厘。
他并未禁止任何人提到朋友，也不曾
　　　阻拦我给你或者你给我写信。
你也不会犯什么罪，如果你安慰伙伴，
　　　用温和的话语纾解他的苦难。
15　你为何无故恐惧，为何用这样的敬仰

1　这位朋友的身份不详。Benedum（1967）认为，他的恐惧反证了屋大维并非仁慈的君主，也让奥维德对屋大维的称赞多了讽刺的味道，但 Evans（1983）相信奥维德并非讽刺，因为《黑海书简》中的绝大部分书信都点明了收件人。我觉得 Bededum 的看法更合理，奥维德为了获得宽赦固然必须求助于屋大维，因而他的诗至少字面上并非讽刺，但我们已经反复领教过奥维德作为诗人的执拗和他在政治上的幼稚，所以他常常"情不自禁地"或者是"不知不觉地"捉弄他本该奉承的人。

2　Davisson（1993）特别指出，在这一行的拉丁文中，"仁慈"（clementia）一词是被"盛怒之下"（in media...ira）包围在中间的，从视觉形象上就否认了"仁慈"的真实性。

损害奥古斯都诸神的形象？[1]

我们常见到遭雷击的人幸存甚至

　　复原，然而朱庇特并未阻止。

虽然涅普顿摧毁了尤利西斯的船，

20　　琉科忒亚仍向落水者施援[2]。

相信我，天上的诸神会垂怜可怜的人，

　　不会永无休止地压迫他们。

没有哪位神比我们的元首更有节制，

　　因为他用正义来驾驭强力。

25　恺撒刚造了这位女神[3]的大理石殿宇，

　　很久前就让她在心的圣所安住。

朱庇特随意抛掷闪电，许多人受害，

　　但他们却无辜，不应如此对待。

多少人因为涅普顿葬身残忍的大海，

30　　可又有几位活该遭灭顶之灾？

当勇士在阵前纷纷殒命，即使马尔斯

　　自己来评价，选择也太没道理。[4]

可如果你愿意问我们，没人会否认，

　　自己所受的惩罚恰如其分。

35　而且，死于雷霆、波浪和战场的生命

1　Green（2005）指出，经常这样做的不是别人，正是奥维德。

2　琉科忒亚（Leucothea，字面意思是"白色女神"）即卡德摩斯的女儿伊诺（Ino），
　　她在海神涅普顿摧毁尤利西斯的船之后，用自己的面纱救了他。

3　指"正义"女神。

4　如果屋大维是神，那么他所做的也是如此，残暴而无理性。

没有日子能恢复他们的原形。

恺撒却恢复了许多人的地位，减轻了判决，

　　我祈祷他的赦免也能包括我。

可是你，当人民生活在如此的贤君统治下，

40　　　竟相信安慰放逐者值得害怕？

若布西里斯[1]或那位喜欢用铜牛烤死

　　犯人的国王[2]当政，你或可如此，

别用没来由的恐惧玷污仁爱的灵魂，

　　为何在平静的海里为暗礁忧心？

45　甚至我都觉得自己没有借口可原谅，

　　因为我缺乏写下你名字的胆量，

可是极度的恐慌终于夺走了理智，

　　所有的判断都让位于想象的祸事：

我害怕的是我的命数，不是恺撒的愤怒，

50　　签下自己的名字都叫我惊惧。

劝诫了这么久，请你迁就感激的诗人

　　在他的书卷里刻下珍爱的姓名。

如果你这样交情甚笃的老友都不能

　　出现在诗里，你我都会难为情。

55　不过，我不会让恐惧搅扰你的安眠，

　　不会让我的忠诚逆你的心愿，

除非你本人授权，我不会透露你身份，

1　关于布西里斯，参考《哀歌集》第三部第十一首第 39 行的注释。

2　指帕拉里斯，参考《哀歌集》第三部第十一首第 41 行的注释。

我的谢意永不会强加于人。

你公开表达与我的友谊本没有危险，

60 　　　但你若担心，就请你默默挂念。

第七首（**致朋友们**）[1]

我一再提出相同的要求，已穷尽言辞，

　　　无休却无用的祷告已让我羞耻。

你们恐怕早已经厌倦我单调的诗句，

　　　我的叮嘱你们也早已背熟。

5 我信里有什么讯息你们根本不用猜，

　　　虽然线绳还未解，封蜡还未开。[2]

所以这次我要变一变写作的方向，

　　　以免总是犯忌讳，逆流而上。

原谅我，朋友们，让你们承担我的美梦，

10 　　　这样的错误对于我已经告终。

我也不再拖累我的妻——她绝对忠诚

　　　待我，只是太胆怯，做事欠主动。

纳索，这一点你也要忍受，更糟的你也

1　这首诗相对于奥维德放逐诗歌的大部分作品而言，是反其道而行之，诗人几乎
　　否定了一切努力的效用，准备直面在黑海边终老的残酷现实。Evans（1976）
　　认为，从它我们可以看出奥维德将《黑海书简》前三部寄到罗马发表时的绝望
　　心态，就诗学辩护而言，这首诗也可视为奥维德的绝笔。

2　Galasso（1987）认为，奥维德在这里把朋友们比作了厌倦的情人。

330
EX PONTO III

忍受过，你对重负已没有感觉。

15　刚从同伴中拽出来，公牛会拒绝耕犁，

　　　不肯让坚硬的轭压住它的脖子。

我早已习惯命运冷酷的摧残，任何

　　　痛苦都不陌生，都已经历过。

我到了盖塔的地界，就让我死在这里，

20　　让命运逞凶，让结局符合开始！

拥抱希望是快乐的——但它永远都无用——

　　　你以为梦想什么，就总会发生。

接下来就是彻底抛弃获救的幻想，

　　　坚信自己已经永远地沦亡。

25　我们常见到某些伤越治越不可收拾，

　　　倒不如当初不去碰它，不去治。

突然被巨浪吞没，死得更痛快，胜过

　　　在汹涌的海里挣扎到最后一刻。

我为何想象自己能离开斯基泰的国度，

30　　到一片宁静祥和的土地居住？

为何要奢望获得某种更仁慈的待遇？

　　　我就是这样理解自己的命数？

看吧，我反而更受折磨，一遍遍描述

　　　此地，就一遍遍唤醒凄惨的放逐。

35　然而，我宁愿朋友们失去帮助的热情，

　　　也不愿他们以前的呼吁都落空。

你们不敢做的事的确是大事，朋友们，

　　　但若有人求，就有人愿意应允。

只要恺撒的怒火不禁止我如此，我就将

40   勇敢地迎接欧克辛海边的死亡。

第八首（致马克西姆斯）[1]

为了见证对你的惦念，我在思忖，

　　托密斯这里有什么值得相赠。

你当然配得上白银，还有灿灿的黄金，

　　可你更喜欢把这些送给别人。

5   再说这个地方本没有珍贵的矿物，

　　敌人极少给农民开采的工夫。

你长袍的镶边经常闪烁紫色的光泽[2]，

　　但萨尔马特海没有染衣的贝壳[3]。

这里的羊毛特别粗硬，托密斯的妇女

10　　也没学会帕拉斯的那门技术。

她们整日忙的是碾碎刻瑞斯的礼物[4]，

　　或者头顶着沉重的水罐来去。

这里的榆树没有披上一簇簇葡萄，

---

1   奥维德没说这首诗是写给科塔·马克西姆斯，还是法比乌斯·马克西姆斯，但从第 7 行的紫袍意象看，法比乌斯的可能性更大，因为他曾在公元前 11 年担任执政官，而科塔直到公元 20 年、奥维德死后两年才担任这一职位。

2   暗示马克西姆斯的尊贵地位。

3   古代西方的紫色染料常用贝壳。

4   即谷物。

也没有累累果实压弯了枝条。

15　只有阴郁的苦艾生长在荒凉的原野，

　　　　土地借它们来宣告自己的苦涩。[1]

　　所以，无论我如何努力，庞图斯这片

　　　　不祥的海岸都难遂我送礼的愿。

　　但我还是用箭囊寄去斯基泰的箭矢，

20　　　愿它们，我祈祷，染上你敌人的血迹。

　　这些就是此处的笔和书，马克西姆斯，

　　　　这就是我这里兴盛繁荣的诗！

　　这样的礼看起来太寒酸，让我羞耻，

　　　　但仍然请你珍惜我这份心意。

第九首（致布鲁图斯）[2]

　　你来信告诉我，布鲁图斯，有人批评

　　　　我的诗，说里面全是相同的内容，

　　无非请求让我去一个更近的放逐地，

　　　　或描绘周围如何密布着蛮敌。

1　　奥维德已反复描写过这样的图景。

2　　如果将《黑海书简》前三部视为一个整体，那么序诗和跋诗的收信人都是布鲁
　　图斯——奥维德在罗马的文学代表。Cunningham（1958）指出，这首诗为诗
　　歌缺点的辩护方式很有意思。奥维德宣称，他的放逐诗歌的确单调，但这种单
　　调恰好是这些诗的内容和形式的要求。另外，他为天才（ingenium）和技艺（ars）
　　设置了分工，第一稿主要是天才的产物，修改的时候技艺才以判断力的方式发
　　生作用。

5　那么多缺点，他独独揪住这个不放！

　　　　如果我的诗只有这个错，那太棒。

我自己早察觉这些诗篇的种种遗憾，

　　　　虽然敝帚自珍每个人都难免。

作者总赞美作品，古时的阿格里俄斯

10　　　或许就说过忒耳西特斯是美男子[1]。

但我的判断并没被这样的错误扭曲，

　　　　也不会一写出什么，就心生爱慕。

你会问，既然我知道自己有错，为何

　　　　继续犯，任凭作品被世人指责？

15　察觉和治疗疾病并非同一种方式，

　　　　人皆能察觉，治疗却需要技艺。

我经常想改某个词，最后却原封不动，

　　　　判断虽无差，我的能力却困窘。

修改常让我反胃——真相我何必向你

20　　　隐瞒——它意味着忍受漫长的苦役。

写作的艰辛伴随着愉悦，便不觉艰辛，

　　　　诗篇渐生长，温暖了作者的心。

而修改却比写作困难得多，其差别

　　　　如伟大的荷马之于阿利斯塔克[2]；

1　忒耳西特斯（Thersites）按照荷马的说法，是参加特洛伊战争的希腊人中最丑的一位，阿格里俄斯（Agrius）是他父亲。

2　阿利斯塔克（Aristarchus，公元前 217—公元前 145）是亚历山大图书馆馆长，文本批评的开创者，他以编辑荷马史诗的学术版本而闻名。在这个比较中，"修改"意味着"技艺"或批评功能，"写作"代表"天才"或原创能力。

25 　焦虑的寒意缓缓渗透，伤害了灵魂，

　　　　用缰绳遏止了骏马梦想的驰骋。

　可是，愿仁慈的神平息恺撒的怒气，

　　　　让我能埋骨于某片太平之地，

　因为我不止一次试图专注地工作，

30 　　　　厄运残忍的影像总来阻拦我，

　我便会觉得，自己在野蛮的盖塔人中间

　　　　写诗并费力修改，是不是疯癫？

　然而，我的作品最应当原谅的缺点

　　　　就是相同的想法不断重现。

35 　快乐时我的诗快乐，悲伤时我的诗悲伤，

　　　　时节不一样，作品自然也不一样。

　我应该写什么，除了这可怕土地的苦楚？

　　　　除了祈求我死在更文明的地域？

　虽然我重复许多遍，可是有谁真听见？

40 　　　　被人冷落的话语全部是徒然。

　再说，内容虽不变，每次的收信人却在变，

　　　　我一个声音是向许多人求援。[1]

　难道为了读者不觉得雷同，就只许

　　　　我单独向你，布鲁图斯，呼吁？

45 　得不偿失！博学者，原谅我这样的告白，

　　　　若能得平安，名声又何须介怀？

　而且，诗人为自己塑造的主题，总会按

1　这是一个很有效的辩驳。

自己的趣味替换出许多颜面。

我的缪斯最真实地反映了我的不幸，

50   她是讲信义、不可收买的证人。

我的目的和计划本不是写一部作品，

          而是给每位朋友寄去一封信，

事后才汇集起来，也不讲什么位次，

          以免你们觉得我刻意编辑。[1]

55 请宽容对待，它们追求的不是荣誉，

          而是功用，以及我应尽的义务。

---

1   这恐怕言不由衷，古代诗人的诗集非常看重作品的顺序，奥维德也是如此。
     Evans（1976）特别提醒我们，不要被奥维德的话欺骗，这三部诗集有一个清
     晰的对称结构，而且将它们放在一起发表，就改变了它们的私人书信性质，将
     它们变成了"公开信"。

《黑海书简》

第四部

EX PONTO IV

第一首（致庞佩乌斯）[1]

庞佩乌斯，请收下这首诗，它的作者
　　　就是承蒙你拯救生命的纳索。
如果你不反对我在此说出你的名字，
　　　你就又添了一条帮我的功绩；
5　如果你皱眉，我就承认自己犯了错，
　　　但我这错误的缘由却不可指责。
我的心无法抑制它对你深挚的感激，
　　　请别对我的忠诚大发脾气。
我曾多少次感觉自己无情无义，
10　　这些诗卷里竟无一处提到你！
多少次，当我想给另一位朋友写信，
　　　却不由自主在蜡板上填出你的名！
这样的笔误反而让我由衷地高兴，
　　　我的手几乎不愿去涂抹更正。

1　庞佩乌斯（Sextus Pompeius）是日耳曼尼库斯阵营的重要人物，公元 14 年担
　　任执政官。

15　　"让他看看，"我嚷道，"尽管他一定会抱怨！

　　　　　我真惭愧，没早些惹他不满。"

　　如果真有让心灵麻木的忘川水，请给我，

　　　　　但要我忘记你，它还是无可奈何。

　　我求你允许，别轻蔑地摒弃我的言辞，

20　　　　　也别把我的谢意看成过失。

　　你对我恩重如山，请接受这低调的致意，

　　　　　即使你不愿，我仍要表达感激。

　　对我的需要，你的善心从不曾拖延，

　　　　　你的钱柜总对我慷慨施援。

25　　我突然的变故丝毫没动摇你的仁慈，

　　　　　如今你仍在帮助我，将继续如此。

　　或许你会问，我为何对将来这样有信心？

　　　　　每个人都会保护自己的作品。

　　正如维纳斯是阿佩利斯的心血和光辉——

30　　　　　她正拧去浸湿秀发的海水 [1]，

　　善战雅典娜的象牙或黄金塑像守护在

　　　　　卫城外，见证了菲狄亚斯的风采；

　　卡拉米斯因为他雕刻的骏马而扬名，

　　　　　米隆则因为奶牛栩栩如生 [2]。

35　　我也是你的重要财产，塞克斯图斯，

1　参考《哀歌集》第二部第 528 行的注释。阿佩利斯的原文是 artificis Coi（科斯岛的艺术家）。

2　菲狄亚斯（Phidias）、卡拉米斯（Calamis）和米隆（Myron）都是公元 5 世纪古希腊著名的雕塑家。

人们说，我是你监护的作品和赠礼。

第二首（致塞维鲁斯）[1]

伟大国王的伟大称颂者，塞维鲁斯，

　　　这首诗来自蛮荒的盖塔土地。

我以前的书卷从未提到过你的名字，

　　　若你允许我说实话，我真觉羞耻。

5　然而，不用格律的信件从没有停止

　　　在你我之间往返，表达友谊。

我只是没有用诗歌来见证我的挚情，

　　　你自己擅长的东西，我何必相赠？

谁送蜜给蜜神，送酒给酒神，给阿尔喀诺俄斯

10　　　送水果，给特里普托勒摩斯送麦子[2]？

你有富饶的心灵，敬拜缪斯的人群中，

　　　没有谁的庄稼有你丰厚的收成。

寄诗给你就仿佛给森林添加叶子，

　　　所以我以前，塞维鲁斯，才迟疑。

15　但我的才华已不如当年得心应手，

1　塞维鲁斯（Cornelius Sevérus）和奥维德一样，都是梅萨里努斯父亲梅萨拉文学圈子的成员，以史诗创作闻名。

2　"蜜神"的原文是 Aristaeo（阿里斯泰俄斯，养蜂业的创始人），参考维吉尔《农事诗》（Georgics 4.317ff）。"酒"的原文是 vina Falerna（法勒年酒，罗马著名的葡萄酒）。阿尔喀诺俄斯（Alcinous）送给尤利西斯许多水果。关于特里普托勒摩斯，参考《哀歌集》第三部第八首第 2 行的注释。

只能在枯瘠的土地上苦拽犁头。

这是自然，正如淤泥堵塞了泉脉，

　　溪水停滞不前，难免受伤害，

厄运的淤泥也在我心里不断沉积，

20　　诗歌的清流已经奄奄一息。

倘若谁曾经把荷马打发到这片土地，

　　相信我，他也早与盖塔人无异。

原谅我告白，写诗时我也松开了缰绳，

　　几乎没有词由我的手指掌控。

25　那种滋育诗人之心灵的神圣冲动，

　　我以前常有，现在却消失无踪。

我拿起蜡板，我的缪斯却不进角色，

　　她的手不肯动，几乎要我胁迫。

我写诗没多少快乐，甚至全然无快乐，

30　　按格律连缀词语也不再愉悦，

或者因为我从中未收获任何果实，

　　甚至就是它给我招来了祸事，

或者因为在黑暗中踩着节奏起舞

　　和写诗却无读者同样无趣[1]。

35　听众能唤起激情，才华因赞美而增益，

　　荣名本身就是巨大的激励。

这里我能给谁朗读，除了黄发的柯拉里[2]，

1　　这个比较很有感染力。

2　　柯拉里（Coralli）是多瑙河下游的一个部落。

　　　　或者希斯特岸边的其他蛮夷？

　　可是我如何排遣孤独，用什么消磨

40　　　　痛苦的闲暇，偷走时日的每一刻？

　　因为我不喜欢喝酒，也讨厌狡诈的骰子，

　　　　有它们，沉默的时间常悄然遁逝，

　　我也无法——倘若残酷的战争允许，

　　　　我真愿意——享受耕种的乐趣，

45　　还剩下什么，除了缪斯，冰冷的慰藉？

　　　　可是这几位女神曾经辜负我。

　　然而你却更幸福地啜饮诗歌的圣泉，

　　　　珍爱这门技艺吧，它让你如愿。

　　感恩地守护缪斯的圣礼，也往我这里

50　　　　寄一些你最近倾力完成的好诗。

第三首（致一位无信义的朋友）[1]

　　该抗议还是沉默？指控该隐去名字，

　　　　还是广布你的名，让世界知悉？

　　我不用名字，以免斥责倒成为宣传，

　　　　以免你借我的诗歌扬名立万。

5　　只要龙骨还稳稳地支撑我的船，你就

1　　Green（2005）认为，虽然此人可能是《哀歌集》第一部第八首那位收信人，
　　也有可能奥维德并无确切所指，只是表达对所有形同陌路的故人的愤懑之情。

第一个愿意与我一起去周游。

如今，因为时运女神皱了眉，你转眼
　　已撤走，明知我需要你的救援。

你甚至会演戏，装作从来不曾认识我，
10　　听到我的名便问："谁是纳索？"

我就是他——虽然你不愿听到——孩提
　　时代的友谊让我们形影不离；

我就是他——第一个知道你严肃的想法，
　　第一个分享你轻松无拘的笑话；

15　我就是他——和你生活在同一屋檐下，
　　在你的眼中我是唯一的诗家；

我就是他——你现在都不知他是死是生，
　　无信的人，你甚至没兴趣打听。

倘若你从未珍视我，你以前就是伪装；
20　　如果你没装，那就是反复无常。

或者告诉我，你因何愤怒，因何改变。
　　若你没理由，我就有理由怨叹。

我有什么罪，竟让你变得面目全非？
　　难道我开始遭厄运也是一宗罪？

25　即使你不能给我事实和行动的帮助，
　　你至少也可寄给我三言两语。

我不敢相信，可有人告诉我，你不仅侮辱
　　落难的我，而且语言很恶毒。

343

你这是疯了吗？就不怕哪天时运背弃你[1]？

30　　　你若沉船，谁还会洒泪怜惜？

这位神用旋转的轮子宣告自己的善变，

　　　她游移的足永远踩着圆的边。

她比任何叶子、任何风都更不可靠，

　　　唯你的无信与无义堪与她比较。

35　人所拥有的一切都悬于一根丝线，

　　　昨日强盛，今日就坠入深渊。

谁不曾听闻克娄苏惊世的豪奢？他最终

　　　却沦为俘虏，靠敌人赏赐性命[2]；

刚才叙拉古城中还人人恐惧的君王

40　　　已难用卑贱的营生填饱肚肠[3]；

谁比"伟大的"庞培伟大？但他逃亡时，

　　　却被迫低贱地哀求门客的荫庇[4]，

曾让全世界向他宣誓效忠的强人

　　　却最急于抛弃昔日的身份；

45　马略因征服尤古达和金布里族而扬名，

1　关于时运的警告，参考《哀歌集》第五部第八首 7—20 行和《黑海书简》第二
　　部第三首 55—56 行。

2　关于克娄苏，参考《哀歌集》第三部第七首第 42 行的注释。

3　指叙拉古暴君狄俄尼索俄斯（Dionysius II，公元前 397—公元前 330）。他后
　　来被放逐到科林斯，以教书为生。

4　庞培（C. Pompeius）的称号是 Magnus（伟大的），他是古罗马最著名的将领之一，
　　在内战中与恺撒为敌。公元前 48 年帕尔萨洛斯（Pharsalus）战役失败后，他
　　向埃及国王托勒密十三世寻求庇护，却在途中被埃及使臣杀死，他们将庞培的
　　头献给恺撒，尸身则留在海岸上。参考普鲁塔克《庞培传》（Pomp. 77-9）。

他执政期间罗马曾一再大胜，

后来却倒在沼泽的淤泥里、芦苇深处，

如此的伟人，尸体却受尽凌辱[1]。

神灵的力量以戏弄人类的事务为乐，

50　　此刻无法确定地预示下一刻。

当初若有人对我说："你会去欧克辛海岸，

你会害怕被盖塔人的箭射穿。"

我会说："走开，喝光安提库拉的嚏根草[2]

汁液，清空你脑子，太莫名其妙。"

55　然而我忍受的就是这些，即使能抵抗

凡人的刀剑，如何躲天神的投枪？

你也该畏惧，也该相信，你说话的间隙，

看似喜悦的事会变得悲凄。

第四首（致庞佩乌斯）[3]

没有哪一天被南风与墨云彻底控制，

1　公元前 88 年，马略（C. Marius）在被苏拉赶出罗马后，在闵图尔奈（Minturnae）沼泽丧命，参考普鲁塔克《马略传》（*Mar.* 37-8）。此前，他曾因为征服努米底亚（Numidia）国王尤古达（Iugurtha），在公元前 104 年获得了凯旋资格；公元前 102—公元前 101 年又击败了条顿族和金布里族（Cimbri）的进攻。

2　嚏根草（elleborus）在西方被视为治疗疯病的药，安提库拉（Anticyra）出产最好的嚏根草。参考贺拉斯《闲谈集》（*Sermones* 2.3.82-83）。

3　这是一首典型"执政官赞美诗"（laudatio consulis），但和前面的凯旋诗一样，是基于想象的作品。

滂沱的大雨从此永远不停息；

没有哪一地绝对贫瘠，坚硬的荆棘丛

全没有可用的植物生长其中[1]；

5　厄运不会让任何事物悲惨到极致，

快乐总会在某处将痛苦压低。

看吧，我失去了家和故土，见不到亲人，

如沉船逃生，被赶到盖塔海滨，

然而我却找到了舒展眉头的理由，

10　也能暂时不理会我的忧愁。

因为当我独自在金黄的沙滩散步，

身后似乎传来翅膀的窸窣，

我回头没看见任何形体，只有耳朵

听到一个声音，它如此对我说：

15　"我的名字叫'消息'，给你带来了喜讯[2]，

我飞越了广阔的空间，才到此海滨。

你最亲密的朋友庞佩乌斯将担任

执政官，明年一定灿烂而喜庆[3]。"

女神用快乐的音讯填满了庞图斯的空气，

20　又改换方向，赶赴其他的土地。

可是新来的喜悦驱散了我的忧虑，

这片海岸也褪去了残忍的阴郁。

1　1—4 行有些像贺拉斯《颂诗集》第二部第九首的 1—8 行。

2　参考《黑海书简》第二部第一首第 19 行的注释。

3　庞佩乌斯公元 14 年任执政官，所以这首诗作于 13 年。

如此说，双面的雅努斯[1]，当你打开新年，

　　十二月被神圣的时节挤到一边[2]，

25　庞佩乌斯将披上至高职司的紫袍，

　　他的生涯不再缺任何荣耀。

我仿佛已看见人群涌入你家的中庭[3]，

　　推推搡搡，挤得密不透风；

你最先登上卡皮托山巅，敬拜神庙，

30　诸神都欣然应允你的祷告；

雪白的公牛向熟练的斧头伸出脖颈，

　　这是法勒里草场育出的牺牲。

虽然你会热切地祈求所有神襄助，

　　但最渴望朱庇特和恺撒的佑护。

35　元老院将会迎接你，循例出席的议员

　　将全神贯注倾听你的宣言。

当你雄辩的口才让所有听众倾倒，

　　就职日吉祥的祝语已经宣告，

你也向天神和恺撒献上应有的谢意——

40　恺撒尤其值得你无限的感激！——

然后整个元老院都会陪同你返回家，

1　雅努斯（Ianus）原是门神，后来成为开端之神，尤其是一年的开端，所以在新的尤利亚历法中，1月（Ianuarius）的名称就源自雅努斯。

2　"神圣的时节"指1月1日执政官就职之日。

3　27—42行的描绘符合古罗马执政官就职的各个环节：（1）聚集在执政官住所（27—28行）；（2）到卡皮托山的游行（29行）；（3）朱庇特神庙的祭献（30—34行）；（4）执政官在元老院的就职演说（35—37行）；（5）感恩祈祷（38—40行）；（6）回到执政官住所的游行（41—42行）。

民众的敬意你的家已难盛下。

我多么不幸，无法加入那欢庆的人群，

　　眼睛也不能享受那快乐的场景！

45　但我总可以在脑海中看见远方的你，

　　端详挚爱的执政官的样貌容止。

愿神保佑，我的名在某刻会潜入你心房，

　　你会问："那个可怜人现在怎样？"[1]

如果谁把你的这话捎给我，我会马上说，

50　　放逐生活已不再那么难过。

第五首（致庞佩乌斯）[2]

轻快的长短句，快进执政官博学的耳朵，

　　给尊贵的他捎去消息一则。

路途漫漫，你的脚不均匀，迈步不稳，

　　泥土也在厚厚的冬雪下藏身。

5　越过冰冷的色雷斯、云雾笼罩的海摩斯[3]，

　　再穿过伊奥尼亚海，大约第十日

1　这个细节表明庞佩乌斯对奥维德并不在意。

2　这是写给庞佩乌斯的又一首诗，这时庞佩乌斯已经就任。

3　奥维德描绘的路线与自己的放逐之路基本重合，但方向相反。海摩斯（Haemus）
　　是贴撒利亚的山。

或者稍早，你就可到达帝国的都城 [1]，

　　　虽然你此去并没有日夜兼程。

然后你径直去找庞佩乌斯的宅院，

10　　它正好在奥古斯都广场旁边 [2]。

如果有人非要问，你是谁，从哪里出发，

　　　你就随意编一个答案欺骗他。

虽然我觉得说真话并没有什么危险，

　　　杜撰的名字毕竟更让人心安。

15　当你来到门槛外，不可能毫无阻拦，

　　　你要觐见的毕竟是罗马的执政官。

他或者正忙于宣布谕令，处理案件 [3]，

　　　高坐于象牙椅上，分外威严；

或者在竖立的长矛边审核公众的账目 [4]，

20　　尽心守护强盛罗马的财富；

或者，若元老院议员聚集在尤利亚神庙 [5]，

　　　他正为与执政官相称的大事操劳；

或者正循例向奥古斯都和皇子问安，

1　"十日"并非指从托密斯到罗马所需的时间，而是从意大利南端的布林迪西（在伊奥尼亚海西岸）到罗马（走阿匹亚道）的时间。

2　奥古斯都广场于公元前 2 年落成，由屋大维修建。庞佩乌斯的宅院与这个广场的距离或许暗示两人的心理距离。

3　"处理案件"原文是 reget suos Quirites（管理罗马公民），这个说法和"象牙椅"（altus ebur，即 sella curulis，在古罗马只有执政官、司法长官等少数高级官员有权使用的一种饰有象牙的座椅）都有浓重的共和国政治传统的色彩。

4　这支长矛象征着罗马国家的财务收支，立在广场上的朱庇特神庙前，执政官审核罗马财务（国家税收、公共建设开支等）时就在它旁边。

5　尤利亚神庙（即 Curia Iulia）是罗马元老院开会的场所。

　　　　或者就陌生的事务征询意见；

25　他忙完这些，便属于日耳曼尼库斯，

　　　　除了神，他心里这位恺撒排第一。

　　但当他终于能抽身享受一刻空闲时，

　　　　会与你亲切握手，或许还问你，

　　我——你的父亲——现在是怎样的处境。

30　　　我希望你如此回答他的询问：

　　"他还活着，他常说活着是多亏了你，

　　　　虽然先蒙受仁慈的恺撒恩赐。

　　他总深情地讲述，自己逃难时，你怎样

　　　　设法让异域的道路安全通畅。

35　他的血没有温暖比斯托尼亚的利刃，

　　　　全是靠了你真诚细致的关心。

　　你还送给他许多生活所需的物资，

　　　　不愿他因放逐耗损自己的财力。

　　为了答谢你所有这些恩情，他发誓，

40　　　愿意永远像奴隶一样侍奉你。

　　即使高山上不再有大树撑起绿荫，

　　　　大海里不再有舟舰扬帆远行，

　　江河全部倒流回源头，他也绝不会

　　　　忘记你曾经给他的种种恩惠。"

45　说完这些，再请他保护好自己的礼物，

　　　　如此，你便完成了此行的任务。

第六首（致布鲁图斯）[1]

你读的这封信，布鲁图斯，来自你不愿
　　　纳索栖身的那片遥远海岸，
然而你所不愿的，悲惨的命运已发话。
　　　可惜啊，它比你的祷告更强大。
5　　我在斯基泰已度过一个奥林匹亚[2]，
　　　眼看下一个五年又已出发。
执拗的时运始终不退让，我的希望
　　　总被她阴险地使绊，恶意阻挡。
马克西姆斯，法比亚家族的荣耀，你[3]决定
10　　为我向奥古斯都这位神求情，
却突然故去，我责怪自己导致你死亡——
　　　虽然卑微的我没如此的分量。
我已经不敢把自己的平安托付任何人，
　　　获救的可能已和你[4]一起消陨。
15　奥古斯都已开始原谅我无心的过失[5]，
　　　可他抛下了世界和我的希冀，
但我勉力为新升天的神[6]作了一首诗，

1　这首诗突出的不是布鲁图斯的文学批评才能，而是他的法庭演说技巧。

2　即五年，参考《哀歌集》第四部第十首第 98 行的注释。

3　指法比乌斯——最愿意帮助奥维德也最有影响力的朋友。

4　仍指法比乌斯。

5　至少这是奥维德的感觉。

6　指屋大维，他几乎紧跟法比乌斯去世。

　　　　从远方寄给你朗诵，布鲁图斯。

　　愿这虔诚的举动能帮我，长久的折磨

20　　　　能终结，神圣的家族能熄灭怒火。

　　我敢以良心发誓，你也正如此祷告，

　　　　你的人品我确定无疑地知晓。

　　虽然你对我的友谊一直都那么真诚，

　　　　但在危难时你的爱不减反增。

25　谁若曾目睹你和我同样悲伤地啼哭，

　　　　一定会相信两人将一起放逐。

　　天性让你同情不幸者，它不曾给别人

　　　　比你，布鲁图斯，更柔软的心。

　　如果谁从未见识你威武的法庭论战，

30　　　　很难想象你的嘴让被告胆寒。

　　事实上，虽然这两点看似彼此冲突，

　　　　人却能对善者温存，对恶者冷酷。

　　当你决心为严厉的法律挺身而出，

　　　　你用的每个词语都仿佛浸过毒。

35　愿敌人都领教你手执兵器的勇猛凶悍，

　　　　都忍受你舌头射出的凌厉飞箭。

　　这些武器你都会无比精细地打磨，

　　　　所有人都不信这与你体质相合 [1]。

　　但你若看见谁被不公的时运欺凌，

1　　Green（2005）认为，这里奥维德友好地调侃对方腰围很宽，因为"精细"（tenuis）
　　的基本意思就是"苗条"。

40　　就没有女人比得上你的温情。

　　　我对这一点体会最深，因为大多数

　　　　熟识的人都声称与我是陌路。

　　　我不会记住他们，却永远不会忘记

　　　　你们急切纾缓我痛苦的情义。

45　　即使紧邻我的希斯特掉头西流，

　　　　从欧克辛海岸回到它的源头，

　　　即使图埃斯特人肉宴的时代重回，

　　　　太阳的马车向东方的大海倒飞[1]，

　　　你们这些哀悼我放逐的人里也不会

50　　　有谁指控，我忘记了他的恩惠。

第七首（致维斯塔利斯）[2]

　　　既然你被派往欧克辛海岸，维斯塔利斯，

　　　　到这天极下的土地执掌正义，

　　　你就能亲眼看见我置身怎样的地方，

　　　　证明我一向的怨诉并非说谎。

5　　　阿尔卑斯王族的后裔，青年才俊，

1　　参考《哀歌集》第二部第 392 行的注释。

2　　维斯塔利斯（Vestalis）是罗马帝国一个小行省柯提亚阿尔卑斯（Alpes Cotti-
　　ae）的国王 M. Iulius Cottius 的儿子，所以奥维德称他为"阿尔卑斯王族的后裔"。
　　他曾在罗马将军、公元 14 年司法官维泰里乌斯（P. Vitellius）的手下担任一等
　　百夫长（primus pilus），在夺回埃吉索斯的战役中表现英勇（参考《黑海书简》
　　第一部第八首第 13 行的注释）。此时他被指派担任庞图斯地区的行政长官。

有你的权威，我的话自然可信。

你肯定也目睹庞图斯海面如何封冻，

目睹酒如何变成一块坚冰；

目睹凶蛮的亚兹格农民如何驱赶

10   满载的篷车碾过希斯特河面[1]；

你也会目睹箭头铁钩下喷洒的毒药，

确保弓矢夺命的双重功效[2]。

可是，愿这片土地你只用眼睛观赏，

永远别在战斗中亲身品尝！

15   穿过密集的危险，你力争一等百夫长[3]，

最近，你无愧地实现了这个梦想。

虽然此军衔带给你许多益处，但称号

远不如卓越的勇敢能增添荣耀。

希斯特不会否认，你的右手曾经用

20   盖塔人的血将它的水流染红。

埃吉索斯不会否认，你参与了夺城

之战，让它意识到地势不足凭，

因为很难说位置或兵力哪个更重要，

这个城雄踞山巅，与云比高。

25   凶悍的敌人将它从锡托尼亚[4]抢走，

---

1   参考《哀歌集》第三部第十首 23—50 行。

2   参考《哀歌集》第三部第十首 63—64 行。

3   一等百夫长是职业士兵、军团将军的助手，大约可以指挥八百名士兵。

4   锡托尼亚（Sithonia）是马其顿境内的一个半岛。

然后将劫来的财富据为己有，

直到维泰里乌斯[1]缘溪而下，士兵们

纷纷登岸，随军旗猛攻盖塔人。

可是你这位多努斯国王最勇敢的子孙[2]

30　　　突然涌起了冲动，直扑敌人。

剑光闪烁，远远望见你没丝毫迟疑，

唯恐勇敢的行动竟被遮蔽，

你大步流星，冲向敌人的兵器和要塞，

冒着冬雹一样密集的石块。

35　无论黑压压飞向你的投枪，还是

浸透蛇血的飞矢，都不能阻挡你。

头盔扎满了带着各色羽毛的箭镞，

伤口几乎覆盖了盾牌的每一处。

身体也未能幸运地躲开一切攻击，

40　　　但创痛无力对抗荣耀的激励。

防守希腊船的埃阿斯据说也如此抵御

特洛伊的赫克托耳掷来的火炬[3]。

当你更靠近敌人，双方的手挨着手，

已能够拔剑，开始凶狠的缠斗，

45　很难描绘你在乱军中的英勇事迹，

1　维泰里乌斯是日耳曼尼库斯的好友。

2　多努斯（Donnus）是柯提亚阿尔卑斯最初的国王，起先与恺撒为敌，后与他合作，维斯塔利斯是他的孙子。

3　特洛伊战争中，希腊军队退回船上后，赫克托耳指挥特洛伊人发动火攻，被埃阿斯击退。事见《伊利亚特》（*Iliad* 15.674-746）。

消灭了多少人，都是谁，以何种方式。

但最终你胜了，踩着利剑留下的尸堆，

　　你脚下许多盖塔人已经成鬼。

后面奋战的士兵以一等百夫长为榜样，

50　　砍倒许多敌人，也受了许多伤。

但你的勇敢让其他同袍相形见绌，

　　像珀加索斯[1]远超骏马的速度。

埃吉索斯终于被攻下，我的颂诗

　　也将永远见证你非凡的勇气。

第八首（致苏利乌斯）[2]

博学多才的苏利乌斯，你的信终于

　　到了，虽然晚些，仍令我欢愉。

你说，如果真诚的友情用言辞能平复

　　天神的怒气，你愿意给我帮助。

5　虽然你还没做成什么，但我已欠你

　　这份心，施援的意愿也是恩义。

唯愿这热情能一直延续到将来，别让

1　珀加索斯（Pegasus），著名的飞马，梅杜萨和海神涅普顿之子，当珀尔修斯
　　砍下梅杜萨头颅时，以马形诞生。

2　苏利乌斯（R. Sullius Rufus）是奥维德继女的丈夫，此时在日耳曼尼库斯手下
　　担任财务官（quaestor）。从塔西佗《编年史》看，此人德行不好，公元24
　　年因为受贿被提比略流放，克劳狄当政期间，因为多次告密而显赫一时，尼禄
　　上台后被再次流放。

我的厄运把它渐渐地耗光！

姻亲的关系算是我们之间的纽带，

10 　　　我祈祷它永远坚固，不要断开。

因为你的妻子正好是我的继女，

　　　称我为丈夫的人称你为女婿。[1]

我多么可怜，如果你读到这两行便皱眉，

　　　与我的任何瓜葛都让你羞愧！

15 但你在这里找不到值得羞愧的地方，

　　　除了时运女神，她的眼太盲。

若你追溯我出身，我的家族是骑士，

　　　通过数不清的祖先直到最开始[2]；

若你想打听我的品德，除掉那不幸

20 　　　犯下的错误，我身上干干净净。

如果你希望说情能起到作用，你只要

　　　向本就崇拜的神[3]谦恭地求告。

你的神就是年轻的恺撒：取悦你的神！

　　　没有别的祭坛你会更熟稔。

25 它从不允许祭司的祷告不能应验，

　　　所以为了我的事，向这里求援！

即使它只送给我一丝最微弱的风，

1　这样形容两人的关系，很可能表明奥维德和苏利乌斯并不相识，后者应该是在
　　奥维德放逐期间与他继女结婚的。

2　奥维德总为自己的出身骄傲，如同贺拉斯总为自己摆脱了出身而骄傲。

3　"神"指日耳曼尼库斯，这是奥维德在诗中第一次嘱咐收信人向屋大维和利维
　　娅之外的人求情。

我危殆的船也能从浪底浮升。
到那时我将献上欢快燃烧的乳香，
30　　亲身证明神灵的伟大力量。
日耳曼尼库斯，我无法用大理石[1]为你
　　建神庙——放逐已耗掉我的家资，
让你的家族和富庶的城市为你筑造，
　　纳索的谢礼是诗歌——他的财宝。
35　我承认，用言语来交换赏赐平安的大恩，
　　我这微薄的礼物太不相称。
但谁若倾其所有，这便是丰盛的感激，
　　他的诚心也已经到达极致。
穷人从他的小罐里倒出乳香来献祭，
40　　和大盏盛放的一样讨神欢喜；
未断乳的羊羔和法利希牧场养大的牺牲
　　都将塔尔皮亚的祭坛[2]染红；
没什么礼物比诗人尽忠献上的诗歌
　　更适合感谢人类领袖的功德。
45　诗歌能够向世界传播对你的赞美，
　　不让你成就的荣名失去了光辉。
借助诗歌，卓越的品行可长存，避开
　　坟墓，被人铭记，到遥远的未来。
侵蚀一切的时间将吞噬钢铁和岩石，

1　原文"大理石"有 Pario（帕洛斯的）修饰，帕洛斯是著名的大理石产地。

2　"塔尔皮亚的祭坛"指卡皮托山上的朱庇特神庙的祭坛，关于塔尔皮亚，参考《黑海书简》第二部第一首第 57 行的注释。

50 没有什么能胜过时间的强力。

唯文字不惧岁月。[1] 通过文字你听闻

阿伽门农和他的朋友、敌人[2]。

若没有诗歌，谁知道忒拜和七位将领，

还有前前后后的那些事情[3]？

55 若这话不算亵渎，神也是诗歌塑造，

诗人的歌唱将他们送上云霄。

如此我们才了解混沌是怎样脱离

自然的基质，演变出各种形体；

觊觎天国的巨人族如何被云中的复仇者

60 用雷霆劈中，坠向斯堤克斯河[4]；

巴克斯征服印度人[5]，海格力斯攻取

俄卡利亚，各自赢得了荣誉[6]；

最近，你祖父[7]因德勋变成天界的星辰，

1　这句话的原文 Scripta ferunt annos 是拉丁语表达文字不朽的名句。

2　这些作品包括《伊利亚特》和众多仿写荷马史诗的作品以及关于阿伽门农家族
　　的各种剧作，如埃斯库罗斯的《俄瑞斯忒斯》三部曲（Oresteia）。

3　指以忒拜系列国王为题材的史诗和巨作，尤其是埃斯库罗斯的《七将攻忒拜》
　　和索福克勒斯的《俄狄浦斯王》《安提戈涅》等作品。

4　既指赫希俄德的《神谱》（Theogony 116ff, 629-721），也指奥维德自己创作
　　的《变形记》第一卷。"云中的复仇者"指朱庇特。

5　酒神在印度的经历见于公元前 1 世纪的史家狄奥多罗斯（Diodorus Siculus）的
　　《史纂》（Bibliotheca Historica 3.63, 4.3.1）。

6　俄卡利亚（Oechalia）国王欧鲁托斯（Eurytus）承诺谁在箭术比赛中获胜，就
　　能与女儿伊奥勒（Iole）结婚，海格力斯赢了比赛，国王却拒绝将女儿嫁给他。
　　他愤而攻取了俄卡利亚，抢走了伊奥勒。事见伪阿波罗多洛斯《神话汇编》
　　（Bibliotheca 2.7.7）。

7　屋大维。

诗歌也多少增添了他的神圣。

65 所以，若我的天赋还有丝毫生命，

　　　　它将完全在你的座前侍奉。

你既是诗人[1]，便不能鄙薄诗人的敬意，

　　　　诗歌在你眼中毕竟有价值。

若没有皇室召唤你追求更伟大的理想，

70　　　你早已成为缪斯的无上荣光。

然而，被诗人吟咏比做诗人更伟大，

　　　　但你却无法将诗歌全然抛下。

你有时征战，有时用格律指挥词语，

　　　　别人的事业于你只是闲趣。

75 正如阿波罗既擅长齐塔拉，也擅长弓箭，

　　　　两种弦都听从他神圣的手驱遣，

你也是学者和君主的技艺都无欠缺，

　　　　灵魂中完美融合了缪斯和朱庇特。

既然她还未强迫我离开飞马的空蹄

80　　　踩出的灵感之泉[2]，我就可希冀，

守护与你相同的圣礼，也追求与你

　　　　相同的技艺，能对我有所助益。

愿我最终能逃离这片穿兽皮的柯拉里[3]

　　　　和凶残的盖塔在四周肆虐的土地；

1　日耳曼尼库斯作为诗人最著名的作品是阿拉托斯（Aratus，公元前 315—公元前 240）诗作《物象》（Το Φαινομενα，拉丁译名 Phaenomena）的拉丁语译本。

2　关于飞马与缪斯圣泉，参考《哀歌集》第三部第七首第 15 行的注释。

3　多瑙河下游的部落。

85　若祖国向不幸的我关闭，愿我能迁往

　　　　一处离奥索尼亚[1]更近的地方，

　　从那里我能赞美你最近新添的勋泽，

　　　　及时地记述你取得的伟大功业。

　　苏利乌斯，请让我的祷告到达天听，

90　　　为几乎是岳父的我祈求神灵。

第九首（致格莱齐努斯）[2]

　　从他能而非他愿的地方——欧克辛海岸——

　　　　纳索向你，格莱齐努斯，问安。

　　愿神保佑，这封信到达的早晨，正值

　　　　十二只束薪斧[3]初次呈献于你。

5　　既然你这位执政官登上卡皮托的时候，

　　　　我不在罗马，不能随侍在左右，

　　就让我的信代表主人，在指定的日子，

　　　　履行一位朋友应尽的职司。

　　倘若我出生时有更好的命数，我的马车

10　　　也不曾在旅途中间轮断辕折，

1　意大利。

2　公元 16 年，格莱齐努斯担任替补执政官（consul suffectus，代替死亡或被罢免的执政官），他的弟弟弗拉库斯也当选公元 17 年的执政官。

3　指十二位侍从（lictores）为执政官开道时手持的法西斯（fasces）。奥维德希望对方在就职当天收到这封信。

我就不会用手和文字来为你庆祝，

　　而要当面用舌头承担这义务，

我不仅用言辞道喜，也会以吻相贺，

　　这不仅是你的荣耀，也是我的。

15　那一天，告诉你实话，我会无比自豪，

　　任何房子都装不下我的骄傲。

当你两侧围满了尊贵的元老院议员，

　　我这位骑士将奉命走在你前面 [1]。

虽然我渴望自己永远陪伴在近旁，

20　　但没有身边的位置，快乐也无伤。

我也不抱怨被民众挤得浑身酸疼，

　　此时人群的挤迫反让我高兴。

我会欣喜地扫视望不到首尾的队伍，

　　漫长的路线上身影密如云雾。

25　你会发现，琐碎的细节竟让我着迷，

　　我会端详你身上紫袍的纹理，

揣摩你的宝座 [2] 上那些图案的轮廓，

　　都是用努米底亚的象牙雕刻。

当他们领着你登上塔尔皮亚的峰顶 [3]，

30　　你命令宰杀受过祝福的牺牲，

1　按照惯例，在执政官的就职游行中，骑士（奥维德所在的阶层）代表在执政官前方骑马行进。

2　指执政官的象牙椅。

3　卡皮托山的朱庇特神庙所在地。

那时，高坐在圣殿中间的那位大神 [1]

　　也会听见我秘密地向他感恩。

我将用这颗心而非盘盏盛满乳香，

　　反复欢庆你赢得至高的荣光 [2]。

35　我本可与各位朋友一起在此做见证，

　　只要仁慈的命运允我回罗马城，

如今唯我的想象可以获取的愉悦，

　　那时我这双眼睛也能采撷。

天神却不这么想，或许他们很公平，

40　我否认惩罚的理由，怎会有回应？

但我还是要想象，只有它未被放逐，

　　我会打量你的紫袍和束薪斧。

我的心有时看见你处理民众的案件，

　　有时似乎在分享你私密的空闲；

45　相信你有时在长矛 [3] 下审核五年的财政，

　　忠诚而细致地检视每一份合同；

有时在元老院中间的讲坛上慷慨陈词，

　　论述该如何增进公众的福祉；

有时替各位恺撒下令，向天神谢恩，

50　或割开上等公牛雪白的脖颈。

当你为国家大事献完了祷词，但愿你

1　既指朱庇特，也指屋大维。

2　执政官是罗马共和国时代最高的官阶，从政的"荣耀之路"（cursus hono-
　　rum）的终点。在帝国时代，仍是除皇帝外名义上最高的职位。

3　关于长矛，参考《黑海书简》第四部第五首第 19 行的注释。

也祈求君上平复他对我的怒气！
但愿听到你的话，丰盛祭坛上的圣火
腾起明亮的火焰，仿佛在应和！
55　　那时，我也要停止抱怨，尽我所能，
在这里为你就任执政官欢庆。
还有另一件喜事，不亚于前面一件：
你弟弟也将登顶，接任执政官。
当你在年末结束任期，格莱齐努斯，
60　　他的职司又将在年初开始。
深厚的兄弟情谊一定让你们彼此
祝贺，互相为对方的尊位欣喜。
这样，你和他都等于两次出任执政官，
你们家将有双份的荣耀相连。
65　　虽然这荣耀很辉煌，战神的罗马也从未
目睹超越执政官的权力和职位，
然而，授予者的权威却让这荣耀翻倍，
礼物也拥有赠礼之人的尊贵。
所以，愿你和弗拉库斯能永享好运，
70　　继续获得奥古斯都的首肯。
当你忙完紧要的事务之余，我求你，
在你的祷词中也加上我的祷词，
如果风能够鼓起帆，请松开缆绳，这样
我的船才能从斯堤克斯河 [1] 起航。

1　　奥维德常将托密斯与冥府等同。

75 弗拉库斯[1]不久前还执掌这里，希斯特

　　　动荡的流域在他治理下尚宁和。

密西亚[2]部落受了他安抚，变得恭顺，

　　　他用剑吓退迷信弓箭的盖塔人，

他夺回了特罗弥斯[3]，战斗迅速而坚决，

80　　　蛮族敌人的鲜血染红了多瑙河。

问问他，此地的样貌如何，斯基泰的天气

　　　多恶劣，可怕的敌人有多远距离，

细长的飞箭是否真抹过蝰蛇的毒汁，

　　　活人是否依然被悲惨地献祭？

85 是我说谎，还是寒冷的大海真封冻，

　　　千顷的坚冰看起来绵延无穷？

他说完这些，你再问问我名声怎样，

　　　我怎样度过这些艰难的时光？

这里没有人憎厌我，也找不到理由，

90　　　我的心灵并未随命运改变。

你过去常赞我性情平和，现在仍如此；

　　　我脸上谦逊的表情也仿佛昔日。

在故乡如何，这里也如何，野蛮的敌人

　　　没能让残酷的暴力胜过文明[4]，

1　公元 12 年，弗拉库斯曾以军团将军的身份在多瑙河下游作战。

2　密西亚（Mysia）的位置相当于今天土耳其半岛的西北部。

3　特罗弥斯（Troemis）在今天的罗马尼亚境内，离托密斯不远。

4　奥维德和其他古罗马诗人一样，对"文明"罗马对"野蛮"民族的野蛮暴力熟视无睹。

95　这么多年来，格莱齐努斯，男女老少
　　　　都无法指责我的任何行为不公道。

所以，托密斯的人喜欢我，愿意帮助我，
　　　　这片土地能见证我无亏的品德。

他们希望我离开，是知道我的想法；
100　　　若按他们的意愿，则希望我留下。

你若不信我，这里保存有官方的卷宗，
　　　　公开称赞我，给我免税的殊荣。

虽然沦落人本不该自夸，但还有一点：
　　　　邻近的城市也授予我这项特权。

105　我的忠诚人们也知晓，虽在客居地，
　　　　我也没忘在家里建恺撒的神祠。

他旁边站着皇子和皇后——他的祭司，
　　　　他们不逊于最近升天的神祇 [1]。

为让神的家无缺憾，两位皇孙也在列，
110　　　分别站在祖母和父亲的一侧。

每当晨光从东方升起，我都会点燃
　　　　乳香，向这些神明祷告祭献。

如果你打听，整片庞图斯海岸地都可以
　　　　做证，说我的虔敬没有虚辞。

115　庞图斯的土地也知道，每逢神的生日，
　　　　我都会庆祝，在祭坛上备尽仪礼。

我这样的热情奉献异乡人同样熟知，

1　"最近升天的神祇"指屋大维。

如果谁从普罗庞提斯 [1] 一路到此。

庞图斯的左岸过去归你的弟弟掌管，

120　　　他或许也曾听闻此类传言。

我的慷慨虽受限于财力，但我总欣然

　　　为这样的义务耗费微薄的家产。

我远离罗马，并未向你们展示这些，

　　　默默尽自己的责任，已经是快乐。

125　但它们有一天终会传到恺撒 [2] 的耳朵里，

　　　对他而言，全世界本没有秘密。

你 [3] 至少知道这些，被召回天界的恺撒，

　　　因为你的眼可看到整个天下。

在天穹闪耀的众星之间，你能听到

130　　　我用忧虑的嘴唇念出的祷告。

我为你——升入天国的新神——创作的诗，

　　　寄往了罗马，或许也到了你那里！

我预言，这些祷告能扭转你的神意，

　　　因你无愧于"父亲"这仁慈的名字。

1　　指马尔马拉海。

2　　指提比略。

3　　指屋大维。

第十首（致阿尔比诺瓦努斯）[1]

这已是基梅里伊[2]海岸边的第六个夏天，

　　我仍在身裹兽皮的盖塔人中间。

亲爱的阿尔比诺瓦努斯，我的忍耐力

　　可有任何燧石和钢铁能相比？

5　水滴会凿空岩石，戒指久用会耗损，

　　弯曲的犁铧也会被泥土磨钝。

如此看，饕餮的时间能吞噬一切，除了我[3]，

　　连死亡都被我震慑，学会了耽搁。

尤利西斯是心灵忍受苦难的典范，

10　　他在无常的海上飘荡了十年。

但他并非十年都忍受命运的危险

　　与折磨，经常也有宁静与悠闲。[4]

难道与美丽的卡吕普索相拥六年，

1　从第一行可以判断，这首诗写于公元 14 年的夏天（奥维德大约在公元 9 年春
　天到达托密斯）。收信人阿尔比诺瓦努斯（Albinovanus Pedo）是日耳曼尼库
　斯麾下的军官，曾随他在北海作战，并写过一首以此为题材的史诗。这篇作品
　在奥维德的放逐诗歌中独树一帜：（1）它的重心不再是抱怨处境的艰难，而
　是突出自己的坚忍；（2）诗中有一大段理性甚至堪称"科学"的文字，解释
　黑海冬天为何会结冰；（3）奥维德虽然再次将自己与尤利西斯做比较，语气
　却充满了调侃。

2　基梅里伊（Cimmerii）是居住在第聂伯河沿岸的一个色雷斯部落。

3　在《哀歌集》第四部第六首中奥维德强调的是时间也不能冲淡痛苦，这里"我"
　如同那首诗仍是世界的特例，但"我"已不再臣服于时间。

4　在下面的对比中，奥维德故意扭曲了《奥德赛》的情节，片面叙述或解读其中
　的故事。

　　　　　　和海里的女神共枕也是磨难[1]？

15　埃俄洛斯款待他，赠风给他做礼物，

　　　　　　好鼓满船帆，在波上畅行无阻[2]。

　　倾听少女优美的歌唱算不上考验[3]，

　　　　　　没有苦味的莲花也不难下咽[4]。

　　倘若有人出售能忘记故国的药剂，

20　　　　　用一半的生命去换，我也不吝惜。

　　你也永远不能用食人族的城市来比拟

　　　　　　希斯特蜿蜒流过的蛮夷之地[5]。

　　论残忍，独眼巨人也胜不过皮亚切斯[6]，

　　　　　　我的多少梦魇都拜他所赐！

25　虽然斯库拉丑陋的小腹有凶兽狂吠[7]，

　　　　　　赫尼俄基人才是船上的厉鬼[8]。

1　　尤利西斯和卡吕普索（Calypso）一起度过了多少年，没人确切地知道。按照荷马的说法，这段旁人眼里的艳遇并没让尤利西斯沉迷，他总是急于离开女神，希望早日返家。参考《奥德赛》（*Odyssey* 4.555-60, 5.151-8）。

2　　风神埃俄洛斯的礼物固然出于好心，后来却引发了灾难，参考《奥德赛》（*Odyssey* 10.1-79）。

3　　指塞壬（Sirens）。她们的歌声并非享受，而是灾难，参考《奥德赛》（*Odyssey* 12.165-200）。

4　　在尤利西斯看来，让人遗忘过去的莲花绝非好东西，参考《奥德赛》（*Odyssey* 9.82-104）。

5　　食人族指莱斯特里恭部落（Laestrygones），参考《奥德赛》（*Odyssey* 10.80-132）。

6　　独眼巨人指波吕斐摩斯，参考《黑海书简》第二部第二首第113行的注释。皮亚切斯（Piacches）从上下文看，应该是斯基泰一个食人部落的首领。

7　　女妖斯库拉的小腹有狗吠叫，参考《奥德赛》（*Odyssey* 12.73-126）。

8　　赫尼俄基人（Heniochi）是居住在科尔基斯附近的海盗民族。

亚该亚人的剽悍让卡律布狄斯羞愧 [1]，

　　尽管她三次吸入又吐出海水，

虽然他们在欧克辛右岸随意游荡，

　　但也绝不许左岸摆脱恐慌。

这里的原野没有树，这里的箭浸了毒，

　　这里的海冬天是步行的通途，

不久前还需挥桨破浪的汹涌之处，

　　旅人已傲视舟楫，如履平陆。

从罗马来的人告知，你们几乎不信我。

　　多可怜，忍受难以置信的折磨！

但你必须信，我会告诉你，萨尔马特海

　　为何在严酷的冬天被坚冰覆盖。

离我最近的这些星辰形状如一辆

　　马车，它们的寒冷超出想象 [2]。

北风在这里发源，这里是它的家乡，

　　它从周围的海岸汲取力量。

而南风温暖的呼吸来自另一个天极，

　　它太远，很少拜访，来了也萎靡。

而且，这里的河流都汇入封闭的庞图斯 [3]，

　　海水因为河水减损了威力。

30　（行号）
35　（行号）
40　（行号）
45　（行号）

1　亚该亚人（Achaei）是斯基泰地区一个凶悍的民族。关于卡律布狄斯，参考《哀歌集》第五部第二首第 73 行的注释。

2　指大熊星座。

3　黑海只通过西南的狭窄水道（博斯普鲁斯海峡、马尔马拉海和达达尼尔海峡）与爱琴海连通，其他方向都被陆地封锁。

这些河 [1] 有莱库斯、萨加利斯、佩尼乌斯、

　　许帕尼斯、卡雷斯、多漩涡的哈吕斯 [2]、

性情暴烈的帕忒尼乌斯、裹挟大石

50　　　奔流的库纳普赛斯、湍急的图拉斯，

还有你，妇女军团熟知的忒尔墨冬 [3]

　　和帕西斯 [4]——当年曾吸引希腊群雄，

还有柏里斯忒纽斯 [5] 和清澈的杜拉斯佩斯，

　　和温柔宁静流淌的梅兰图斯，

55　还有那条分开两片大陆的界河，

　　在亚细亚、欧罗巴 [6] 之间蜿蜒流过，

还有无数其他河，为首的是多瑙河，

　　尼罗河啊，它不承认比你逊色 [7]。

源源汇入的淡水稀释了咸涩的波浪，

60　　　不许这海保持原来的力量。

它简直就像沉闷的池塘或凝滞的沼泽，

　　看不出蔚蓝，完全变换了颜色。

河流的淡水停在表层，它比海水轻，

1　下面列举的都是黑海周边流入黑海的河流，许多小河已经无从确定所指。

2　哈吕斯（Halys）是今天的吉希伊马河，是小亚细亚最长的河流，向北流入黑海。

3　忒尔墨冬（Thermodon）是传说中亚马逊女战士（Amazones）的领地。

4　帕西斯（Phasis）位于科尔基斯，当年追寻金羊毛的希腊群雄曾经到过这条河。

5　柏里斯忒纽斯（Borysthenius）即今天的第聂伯河。

6　欧罗巴（Europa）的原文是 Cadmique sororem（卡德摩斯的妹妹），参考《黑海书简》第一部第三首第 78 行的注释。

7　尼罗河长度为 6600 多公里，多瑙河只有 2800 多公里。

咸水混合了盐分，自然更沉。[1]

65　若有人问我，为何向裴多[2]讲述这些，

　　　　如此精确的描绘能收获什么，

我会回答："忧虑暂停了，时间消磨了，

　　　　这就是眼下的光阴给我的甜果。

我写这些的时候，远离了惯常的痛苦，

70　　　不再感觉自己与盖塔人为伍。"

可是你，我相信，既然用诗赞美忒修斯[3]，

　　　　必定不会辜负这崇高的主题，

并且会仿效你塑造的英雄。他当然不许

　　　　忠诚只做平安之时的伴侣[4]。

75　虽然他功业超卓，你在作品里的颂赞

　　　　也自有与之相称的高贵庄严，

但他的某种品质我们也能够模仿：

　　　　忠诚的人都和忒修斯一样。

你不用拔剑舞棒制伏凶残的敌人——

80　　　他们几乎让地峡无法通行[5]——

但须展示爱，只要情愿，此事容易办。

1　奥维德的解释完全符合科学原理。

2　裴多（Pedo）即阿尔比诺瓦努斯。

3　阿尔比诺瓦努斯可能正在写一首以忒修斯为主角的史诗。

4　"平安之时的伴侣"意味着会背叛逆境中的朋友。然而，忒修斯正是这样的人，
　他抛弃了为他背叛父亲、深爱他的阿里亚德涅。奥维德曾经四次叙述这段故事，
　尤其是《女杰书简》（*Heroides* 10）和《变形记》（*Metamorphoses* 8.172ff）。
　卡图卢斯也曾严厉谴责忒修斯（*Carmina* 64）的负心行为。

5　指忒修斯穿过科林斯地峡时杀死的多位拦路者。

难道不伤害纯洁的忠诚很难？

你总是坚定地和朋友一起，不要误会，

说出上面这番话，我并无怨怼。

第十一首（致加里欧）[1]

加里欧，倘若我的诗不曾提到你的名，

那将是我无法开脱的罪行，

因为我记得，当我被天神的长矛刺中，

你也曾经用眼泪抚慰我的伤。

5 　多希望除了失去放逐的朋友，再没有

别的任何打击需要你承受！

诸神却另有打算，他们残忍地夺走了

你贞洁的妻子，并不认为这是恶。

我最近才收到一封信，得知你的悲伤，

10 　读到你丧偶之痛，我泪湿脸庞。

但是我不敢自作聪明，去安慰智者，

向你重复熟悉的哲人心得，

我猜想，你应当早已摆脱痛苦，理性

若无用，流逝的时间也是医生。

15 　你的信到我这里，再等我的信回返，

1　加里欧（Iunius Gallio）是一位著名的修辞学家，是老塞涅卡的朋友。

越过万水千山，便已经一年。[1]
履行安慰的义务只应在特定的时段，
　　哀恸正盛，伤心者需要救援。
可当灵魂的伤口在漫长的日月里愈合，
　　时过境迁的劝说反而是折磨。
20
何况——愿我的信到达时预言成真！——
　　你可能已开始新的幸福婚姻。

第十二首（致图提卡努斯）[2]

朋友，你不曾出现在我的诗里，原因
　　在于，你的名字有特别的发音。
我本相信，这样的荣誉首先属于你——
　　如果我的诗与荣誉能连在一起。
5
可你的名字碰巧与音步的规则冲突，
　　没任何办法能将它嵌入格律[3]。
因为我耻于将你的名字断成两行诗，

1　如果此前奥维德其实是忘了给对方写信，这是一个很好的借口。

2　关于这位图提卡努斯，除了奥维德两首诗中提到的细节，我们一无所知。

3　图提卡努斯（Tuticanus）的名字如果标出长音，就是 Tūticānus，所以音节模式是"长—短—长—短"，而哀歌双行体除了两行行末的最后一个音节可长可短外，其余位置的基本构成只有"长—长"或者"长—短—短"这两种组合，所以图提卡努斯的名字永远无法嵌入哀歌体的格律中。

分占长行的结尾和短行的开始[1]；

如果我把"卡"这个长音强行缩短[2]，

如此称呼你同样令我羞惭；

你同样不能为了符合哀歌体的格律，

将名字开头的长"图"变成短"途"[3]；

或者把短促的第二个音节故意延迟，

在简单的"提"里无端制造难"题"[4]。

如果我敢用这些歪招篡改你的名，

别人就应嘲笑我品味不正。

因这个缘故，我才迟迟未表达谢意，

但我的情谊为你添加了利息。

我会用某个标记颂赞你，给你寄诗，

毕竟我俩几乎孩提时就相识，

在共同度过的漫长年月里，我们彼此

10

15

20

1　哀歌双行体长行结尾两个音节可以是"长—短"，短行开始两个音节可以是"长—
　　长"，也可以用"长—短—短"来替换，这样如果 Tūti 放到长行结尾，cānus
　　放到短行开头，可以符合格律，但必须以斩断他的名字为代价。

2　哀歌双行体短行结尾是"长—短—短"加上一个可长可短的音节，这样如果将
　　Tūticānus 的第三个音节变成短音，就是"长—短—短—短"的结尾，是符合
　　格律的。

3　如果将 Tūticānus 的第一个音节变成短音，则四个音节依次是"短—短—长—
　　短"，开头的两个"短—短"可以和前面某个长音组合，结尾的"长—短"可
　　以和后面某个短音组合。

4　如果将 Tūticānus 的第二个音节变成长音（即延迟），则四个音节依次是"长—
　　长—长—短"，则开始两个音节可以自己组合，结尾两个音节可以和后面某个
　　短音组合。

375

完全如兄弟与兄弟相互扶持 [1]。

你热情鼓励我，引导我，与我一路同行，

　　当我尝试用稚手操控缰绳。

25　我修改诗歌经常是遵从你的意见，

　　经常因你的提醒，我删去冗言，

你自己则跟随皮埃里亚女神 [2] 的启示，

　　创作无愧于荷马的《派阿齐亚纪》[3]。

从青春时代就开始的这份执着，这种

30　　默契，直到头白时仍未松动。

如此的往事若不能打动你，我就会怀疑，

　　你的那颗心封在坚铁或钻石里。

但即使这片土地不再有战争或严寒——

　　庞图斯对付我的两样手段，

35　即使北风变暖和，南风也变得凛冽，

　　即使我的命不再如此惨切 [4]，

你也不会冷酷地对待疲惫的伙伴。

　　别再添厄运，厄运也不会再添！

你只需——以诸神的名义，最值得信赖的那位 [5]

1　此话似乎言不由衷，从奥维德被放逐到此时已经六年，奥维德才第一次给对方
　　写信。

2　缪斯。

3　《派阿齐亚纪》（Phaeacid）围绕派阿齐亚（Phaeacia）地区展开，派阿齐亚
　　又名斯凯里亚，是尤利西斯遇见瑙西卡公主的地方。图提卡努斯的这首诗很可
　　能是以《奥德赛》的派阿齐亚诸卷（六至十二卷）为基础改写的史诗。

4　此时奥维德似乎已经确信，他永远不会得到皇室赦免。

5　提比略或者日耳曼尼库斯。

40　　翼护着你的荣誉不断增辉——

忠诚不渝地看护我这位放逐者，以免

　　　期盼的好风抛弃我的小船。

你问我有何愿望？我想死，若我还可以

　　　如此说，若已死的人还能够再死。

45　我不知什么可做，什么可求不可求，

　　　也不清楚利益该如何筹谋。

相信我，首先甩下不幸者的就是远见，

　　　当运气撤走，理性和判断也逃窜。

我求你仔细想想，哪方面能给我帮助，

50　　　在怎样的浅滩为我的梦想铺路。

第十三首（致加茹斯）[1]

加茹斯，人如其名，嘉如斯，我向你问安[2]，

　　　我的心目中最忠诚坚定的伙伴。

这封信的颜色和诗的结构提供了线索，

　　　你马上就知道它来自哪个角落，

5　我写得并不精妙，但至少也不平庸，

---

[1]　加茹斯（Carus）通常译成"卡卢斯"，但为了再现诗歌开头的一个双关（见第 1 行的注释），我选择了这个译法。

[2]　Carus 在拉丁文中既是人名，也有"亲爱的""宝贵的"意思，奥维德在这里就利用这个双关表达了对朋友的赞许。我在中文里用了一个不同的双关来表现这个效果：加茹斯——嘉如斯。

无论优劣，都显然有我的特征。

反过来也一样，即使扯掉诗作的署名，

　　我也当知道你是作品的主人，

不管放到多少本书里，我也会找到你，

10　　认出你，因为我熟悉你的印记。

我熟悉的笔力——与海格力斯相称也相当[1]，

　　暴露了谁在将这位英雄吟唱。

我的缪斯也能够凭她的肤色来分辨，

　　或许因为那些痣她才显眼。

15　丑陋的形貌让忒耳西特斯难以隐藏[2]，

　　正如英俊的尼柔斯总吸引目光[3]。

这些诗若缺陷太多，你也不应该惊诧，

　　我这位诗人几乎已融入盖塔。

唉！我已羞耻地用盖塔语写了一首诗，

20　　以罗马的格律编织蛮族的词。[4]

我已经赢得（祝贺我！）粗野盖塔人的欢心，

　　他们已把我看作一位诗人。

什么题材？你会称赞我，是恺撒的颂歌！

　　是神意帮助我完成了这篇新作。

25　我在诗中说，虽然奥古斯都的身躯

1　加茹斯可能在写以海格力斯为主角的史诗。

2　关于忒耳西特斯，参考《黑海书简》第三部第九首第 10 行的注释。

3　尼柔斯（Nireus）曾是海伦的追求者，特洛伊战争希腊将领中最英俊的一位，
　　参考《伊利亚特》（*Iliad* 2.673-4）。

4　这是令人惊讶的新信息，也体现了奥维德的语言天分。

属于尘世，灵魂已升入天居；

新君曾反复拒绝大位，不得已才执辔[1]

帝国，他的美德与父亲媲美；

你，利维娅，纯洁妇人的维斯塔[2]，无愧于

30 你的儿子，也无愧你的丈夫[3]；

两位年轻的皇子[4]是父亲的坚强柱石，

他们已经显示出精神的活力。

当我朗诵完这首非母语写成的诗，

手指停在书卷最后的位置，

35 所有人都点头称善，一边晃动他们

满满的箭囊，长时间低声议论，

其中一人说："既然你的诗赞美恺撒[5]，

恺撒就应当下令，让你回家。"

他虽如此说，可是加茹斯，如今我已然

40 在冰冷的天极下放逐了六个冬天。[6]

诗歌对我有何用？除了曾经伤害我，

如此悲惨的流亡就是它惹祸。

可是你，请顾念我们神圣的诗人同盟

1　提比略故意装作不肯继承帝位，参考塔西佗《编年史》（*Annales* 1.11-13）。

2　贞洁的维斯塔女神是家庭价值观的象征。

3　哪位儿子？哪位丈夫？利维娅怀孕三个月就与前任丈夫克劳迪乌斯离婚，与屋大维结婚，然后生下了大德鲁苏。

4　日耳曼尼库斯和小德鲁苏。

5　指提比略。

6　所以此诗作于公元14—15年之间的冬天。

还有你向来看重的友谊之名——

45　愿日耳曼尼库斯用罗马的锁链俘虏

敌人，激励你施展文字的天赋，

愿孩子们[1]茁壮成长，这也是诸神的心愿，

你对他们的教育[2]已获得盛赞！

请尽你所能，让我多少能享受平安，

50　我不会有平安，除非放逐地能更换。

第十四首（致图提卡努斯）[3]

这封信写给你——不久前我曾在诗中诉苦，

说你的名字不适合我的格律，

除了我身体到目前还算不错，在信里

你不会找到其他高兴的事。

5　但就连健康也让我厌恶，我最后的祷词

是离开这个鬼地方，随便去哪里。

我毫不在乎新的放逐地在世界的何方，

任何角落都胜过眼前的蛮荒。

1　应当指日耳曼尼库斯的孩子。

2　加茹斯此时是日耳曼尼库斯孩子的老师，这恐怕是奥维德给他写信的一个重要原因。

3　这首诗虽然写给图提卡努斯，但从第5行开始直到末尾，他都被彻底忘记了。

让我航行到西尔特斯，或卡律布狄斯[1]，

10 　　　只要摆脱这片绝域就可以。

甚至斯堤克斯河，若真有，我愿拿希斯特

　　　交换，即使更可怕的冥河也不错。

耕地恨杂草，燕子恨冬寒，都不如纳索

　　　恨这与凶悍盖塔人为邻的异国。

15 我的这些话已经惹恼托密斯的居民，

　　　我的诗让整个城市群情激愤。

难道我永远都只能用诗歌招来伤害，

　　　永远因口无遮拦的天才遭罪？

为何不干脆切掉手指，从此就搁笔？

20 　　　为何还疯狂追逐伤我的武器？

难道我又一次撞到原来的礁石，我的船

　　　在当初蒙难的水域又一次蒙难？

可是，托密斯的人们，我没犯罪，没过失，

　　　我喜欢你们，虽然憎恶这土地。

25 任何人都可以翻阅我辛苦写下的诗，

　　　里面没一个指责你们的词！ [2]

我抱怨的是严寒，是八方令人恐惧的侵袭，

　　　是敌人对我们城墙的猛烈攻击。

这些真实的指控针对的是地，不是人，

1　西尔特斯指北非海岸附近险滩密布的两个海湾（大西尔特斯和小西尔特斯，今
　　日的西德拉湾和卡贝斯湾）。卡律布狄斯位于西西里海域的墨西拿海峡。

2　这些话显然不符合事实，奥维德诗中有太多地方表达了对当地居民的轻蔑。从
　　奥维德引起公愤也可推知，当地不可能没有人懂得拉丁语（如奥维德所称）。

30   即使你们也对它颇多议论。

那位年老的田园诗人敢在诗里唱，

      阿斯克拉是永远应躲避的地方[1]，

这位作者就出生在这个乡村，可是

      他并未激起阿斯克拉的怒气。

35   谁比多谋的尤利西斯更眷恋故土？

      但他亲口说，那里的地势太崎岖[2]。

梅特罗多勒斯曾严厉抨击意大利的民风，

      而非土地，罗马也受到指控，

可这个国家平静地对待他不实的斥责，

40   狂野的舌头并没有伤害作者[3]。

一位恶毒的翻译[4]却煽起了民众的愤恨，

      为我的作品捏造了新的罪名。

多希望我能快乐，如此心纯洁无尘！

      我的嘴唇从未诋毁过一人。

45   而且，即使我有颗比沥青还黑的心，

      也不会诽谤对我这么好的你们。

托密斯的人们，我在逆境中所受的善待

---

1   "田园诗人"指古希腊诗人赫希俄德，他出生在阿斯克拉村，却在《工作与时日》（*Works and Days* 639-40）中称自己的家乡在任何季节都很糟糕。

2   这是尤利西斯向派阿齐亚人介绍伊塔卡时说的话，参考《奥德赛》（*Odyssey* 9.21-7）。

3   梅特罗多勒斯（Metrodorus of Scepsis）是公元前 1 世纪的哲学家、史家，按照普林尼《自然史》（*Naturalis Historia* 34.34）的说法，因为他对罗马的态度，希腊人送给他"罗马仇敌"的绰号。

4   这证明当地有人懂拉丁语。

告诉我，希腊血统多么富于爱。

就算在我的家乡苏尔摩，佩利尼族人

50 　　　对遭难的我也不会比你们更亲。

我最近领受的荣誉，即使谁未被放逐，

　　　安然无恙，你们也极少赠予：

在你们的海岸，目前只有我无须交税，

　　　按律享受此特权的人除外[1]。

55 我额头也曾戴上神圣的桂冠，我虽

　　　不情愿，民众却借此赞美。

所以，我喜欢这里就像拉托娜喜欢

　　　提洛岛，她流浪途中唯一的港湾[2]。

我眷恋托密斯，对我这样的一位逐客，

60 　　　直到今日它仍是忠诚的庇护所。

唉，只可惜诸神未赐给它和平的希冀，

　　　让它的土地远离冰冷的天极！

第十五首（致庞佩乌斯）[3]

如果现在世界上还有任何人记得我，

　　　或者问放逐的纳索过得如何，

1　　参考《黑海书简》第四部第九首 101—102 行。

2　　拉托娜怀着阿波罗和狄安娜时，嫉妒的朱诺禁止任何地方收留她，只有提洛岛
　　同意接纳她，最后她在这里诞下了这两位神。

3　　庞佩乌斯对奥维德的帮助非常大，所以奥维德的感激也特别真切。

告诉他，我未死感谢恺撒，平安则归因

　　塞克斯图斯——我眼中他仅次于神。

5　即使我数遍悲惨生活的所有时日，

　　也没有一刻不曾受他的恩义。

它们多得数不清，就像肥沃花园里

　　藏在坚硬果皮下的殷红石榴籽，

或像北非的麦穗，吕底亚悬挂的葡萄 [1]，

10　西锡安的橄榄 [2]，希伯拉出产的蜂巢。

我告白，你可以见证。盖章吧，各位公民！

　　无须法律的强制，我宣布就行 [3]。

请把我算作你家族产业的微薄部分，

　　无论多渺小，我都是其中一份。

15　正如西西里或马其顿的那些土地属于你，

　　还有奥古斯都广场边的宅邸，

还有你眼睛深爱的坎帕尼亚的庄园，

　　以及你继承或购买的其他财产，

我也属于你，因为有这份可怜的赠礼，

20　你不能宣称在庞图斯没任何东西。

可我宁愿你能有一片更宜居的农庄，

　　能在更好的地方置办家当！

既然此事掌握在神手中，请为我求情，

1　吕底亚（Lydia）的原文是 Tmolia terra（特莫罗斯的土地），特莫罗斯山（Tmolus）
　　周围的吕底亚地区以葡萄酒闻名。

2　西锡安（Sicyon）在科林斯以西 11 英里，以盛产橄榄著称。

3　奥维德仿效法律仪式，宣布自己成为对方的财产。

打动你一直忠心侍奉的神灵。

25 因为我实在难以判断，你究竟更能

开脱我犯下的错误，还是证明？

我并非怀疑才求告，但缘河而下之时，

划桨也可让顺流的船更迅疾。

总请求同样的事情，我既羞惭也惶恐，

30 你若觉厌倦，也在情理之中。

但我能做什么？欲望不知道为自己设限。

温柔的朋友，原谅我的弱点。

经常我想写别的，却还是滑进沼泽，

是我的信要求换地方，不是我。

35 但无论你的影响是否起作用，还是

命运强令我在冰冷天极下离世，

我都永远记得你，念叨你对我的情义，

这片土地将知道我属于你。

天穹之下的每个国度也都会听闻——

40 倘若我的诗传出盖塔的边境——

是你给了我安全，也守护我的安全，

我是你的，你有主人的所有权。

第十六首（致一位私敌）[1]

妒忌的家伙，为何攻击纳索的诗歌？

　　他已死[2]，末日对天才无可奈何。

人化成了灰，口碑更上升，至于我，

　　与活人并列时就已声名远播。

5　那时有马尔苏斯和健伟的拉比里乌斯[3]，

　　裴多写星座，马凯尔吟咏特洛伊[4]；

还有加茹斯，朱诺本可能被他触怒，

　　若海格力斯未成为她的女婿[5]；

塞维鲁斯，为罗马创作了王族的长诗[6]，

10　两位普里斯库斯[7]，还有技艺

1　这首诗如同《哀歌集》第四部第十首的中间部分，也是一部缩微的奥古斯都时期诗歌史，列举了当时重要的诗人，并确认了自己的地位。

2　放逐等于死亡。

3　马尔苏斯（Domitius Marsus）是维吉尔和提布卢斯的朋友，曾为提布卢斯撰写墓志铭，写过以亚马逊族为题材的史诗。拉比里乌斯（Rabirius）也是一位史诗诗人。

4　裴多，即《黑海书简》第四部第十首的阿尔比诺瓦努斯。马凯尔即《黑海书简》第二部第十首的收信人。

5　关于加茹斯和他的海格力斯长诗，参考《黑海书简》第四部第十三首。关于海格力斯和朱诺的关系，参考《哀歌集》第三部第五首第 42 行的注释。

6　塞维鲁斯即《黑海书简》第四部第二首的收信人。

7　两位普里斯库斯，其中一位可能是 Clutorius Priscus，据塔西佗说，他受提比略之命，为日耳曼尼库斯写过挽歌，后来擅自为还没有死去的小德鲁苏写挽歌，遭人告发，被元老院处决，参考《编年史》（Annales 3.49-51）。另一位所指不详。

精湛的努玛；还应提蒙塔努斯，擅长 [1]

哀歌和史诗，两种都赢得声望；

在汹涌大海上漂泊十年的尤利西斯

给珀涅罗珀回了信——萨比努斯 [2]

15 如此吩咐，因不幸夭亡，他被迫结束

《特洛曾》之旅和未完成的诗体历书；

那位天才丰沛、被戏称为"丰才"的诗人

领着安忒诺耳到高卢栖身 [3]；

卡梅里努斯描绘了赫克托耳死后的 [4]

20 特洛伊，裴丽斯成就了塔斯坎歌者 [5]；

那位记述远航的诗人给读者以幻觉，

仿佛诗句是海神们亲手所写 [6]；

还有吟唱利比亚与罗马战争的那位 [7]，

1　这位名叫努玛的诗人所指不详。蒙塔努斯（Iulius Montanus）被老塞涅卡称为"优秀诗人"。

2　萨比努斯（Sabinus），所指不详，根据奥维德此处的叙述，他写过书信体诗歌，以尤利西斯的名义给珀涅罗珀，还写过但未完成以特洛曾（忒修斯故乡）为题材的史诗和一部诗体历书（可能与奥维德的《岁时记》相似）。

3　"丰才"（Largus）所指不详，他可能写过一部史诗，讲述特洛伊著名贤人安忒诺耳（Antenor）在故国陷落后辗转来到意大利山南高卢的故事。安忒诺耳的原文是 Phrygium senem（佛里吉亚老者）。

4　卡梅里努斯（Camerinus）所指不详，他可能为《伊利亚特》写过续诗。

5　塔斯坎歌者（Tuscus）所指不详，Green（2005）认为，他可能是普洛佩提乌斯（*Elegiae* 2.22.2）提到的一位化名为 Demophoon 的诗人。Demophoon 是忒修斯的儿子，爱上了色雷斯公主裴丽斯（Phyllis）。

6　这位诗人所指不详。

7　所指不详。

马里乌斯[1]则精于每一种体裁；

25 西西里诗人选择了珀尔修斯，卢普斯[2]

讲述了海伦和丈夫返家的故事；

还有翻译《派阿齐亚纪》的诗人[3]，还有你，

品达里拉琴的高超演奏者，鲁弗斯[4]；

图拉尼乌斯[5]的作品踩着悲剧的高底靴，

30 梅里苏斯[6]却趿着喜剧的拖鞋；

瓦里乌斯和格拉库斯写国王的怒斥[7]，

普罗库卢斯却仿效卡利马科斯[8]；

帕赛尔将提图洛斯唤回昔日的牧场[9]，

格拉提乌斯为猎人提供箭囊[10]；

1　马里乌斯（Marius）所指不详。

2　"西西里诗人"和卢普斯（Lupus）都不知何指。

3　图提卡努斯，即《黑海书简》第四部第十二首的收信人。

4　鲁弗斯（Rufus），所指不详，应该是位抒情诗人。

5　图拉尼乌斯（Turranius），悲剧作家，所指不详。

6　梅里苏斯（C. Melissus）是罗马喜剧家，麦凯纳斯（C. Clinius Maecenas）文学圈成员。

7　瓦里乌斯（L. Varius Rufus）是维吉尔和贺拉斯的好友，古罗马著名的史诗诗人、悲剧作家。他的悲剧《图埃斯特》（Thyestes）据说不逊于古希腊经典悲剧。关于格拉库斯（Graccus），我们只知道他也写过一部《图埃斯特》。

8　普罗库卢斯（Proculus）所指不详，但既然他"仿效卡利马科斯"，可能是新诗派（neoterics）的成员。

9　帕赛尔（Passer）所指不详。提图洛斯（Tityrus）是维吉尔《牧歌》中牧人的名字。

10　格拉提乌斯（Grattius）创作了一首541行的诗 Cynegetica，内容是猎狗的训练和打猎的技巧，至今尚存。

35　　方塔努斯吟唱萨梯神追逐的仙女 ¹，

　　　　卡佩拉将嬉戏的词语关进长短句 ²。

　　那时有许多发表作品的诗人，名单

　　　　太长，全部列举会太耗时间；

　　还有一些年轻人，未公开自己的诗，

40　　　　所以我无权说出他们的名字。

　　可唯独对你，科塔 ³，我不敢略过你的名——

　　　　你，缪斯之光华，法庭之坚盾，

　　马克西姆斯，科塔的母族和梅萨拉的父族

　　　　给了你双重尊贵的血统和门户。

45　　是否可以这么说，我的诗也有盛名，

　　　　和这些伟大的诗人一样受欢迎。

　　所以，"妒忌"，别伤害逐出故国的我，

　　　　你也别扬我的骨灰，残忍的家伙！

　　我已失去了一切，只剩下这条性命，

50　　　　好给我痛苦的知觉，痛苦的途径。

　　把剑捅进已熄灭的肢体有什么快乐？

　　　　我全身已无一处供新伤施虐。

1　　方塔努斯（Fontanus）所指不详。

2　　卡佩拉（Capella），哀歌作者，所指不详。

3　　科塔，参考《哀歌集》第四部第五首标题的注释。

389

《伊比斯》

IBIS

到如今，我在世上已度过五十个寒暑 [1]，

　　写的每首诗都没有挑衅的企图，

纳索的几万行诗里，谁也读不到一个词，

　　上面沾着任何人的半点血迹，

5　若说我的书伤过谁，那就只有我自己，

　　当《艺术》将我这位作者推向死。

有一人（此事本身已经是很大的伤害）[2]

　　非不许我的善名长久存在。

无论他是谁（我仍会多少遮掩其名字），

10　　我都不得不破例拾起武器。

我虽已贬谪到凛冽北风的发源之处，

1　这首集古典时代诟詈诗大成的作品究竟以谁为靶子，我们已经无从知晓，但许
　　多研究者认为，他可能是奥古斯都的获释奴隶，一位名叫许基努斯（C. Iulius
　　Hyginus，公元前64—公元17）的亚历山大文法学家，他写过一部论神话的专著。
　　"伊比斯"（ibis）的标题来自亚历山大诗人卡利马科斯的同名诗作，这个词
　　原是一种鸟（朱鹭）的名字，卡利马科斯用它代指自己的一位私敌，奥维德仿
　　效了他的做法。整首诗充满了拐弯抹角的神话典故，如果它真是以许基努斯为
　　攻击对象，倒是合适的人选。从第一行推知，这首诗的创作时间至少早于《黑
　　海书简》，可能也比《哀歌集》中不少诗歌要早。在充分顾及格律和中文表现
　　力的前提下，译文尽可能地保留了原诗的"典故谜"。

2　"有一人"指此诗针对的那位。

他仍不让我在放逐地隐居，

残忍地撕开迫切需要静养的创伤，

　　　　肆意攻击我，把广场变成战场，

15　他也不肯让与我永守婚盟的爱妻

　　　　为丈夫生不如死的日子悲泣。

当我紧拽着自己那艘破败的沉船，

　　　　他却来抢夺劫后残存的木板，

本应该帮助我扑灭意外大火的友人，

20　　　　却在烈焰中贪婪搜刮战利品。

他竭力要让我流亡的老年缺衣少食，

　　　　他比我更该忍受这可怕的遭际！

神另有安排：我眼中至高无上的那位 [1]

　　　　确保我在旅途中不匮乏饥馁。

25　所以我永远都要献上他应得的感激——

　　　　无论何时——谢谢他如此仁慈。

让庞图斯听我的心声，或许同样这位神

　　　　会让更近的土地为我做证。

可是你，暴徒，却要践踏我，我已经倒地，

30　　　　不管多凄惨，我都不能放过你！

即使水不再与火为敌，太阳的金辉

　　　　与月亮的银辉已经携手联袂，

即使同一片天空同时吹东风和西风，

　　　　温和的南风从冰冷的北极出笼，

1　　指屋大维。

37 　即使春天和秋天，冬季和夏季已混合[1]，

　　　　黎明和黄昏在同一处升起沉落，

35 　即使那对兄弟在葬礼火焰上因敌意

　　　　而分开的烟雾萌生出新的情谊[2]，

39 　我也不可能放下武器，与你重温——

40 　　　　恶棍！——因你的罪而断裂的情分，

　　我的愤怒也不会随时间烟消云散，

　　　　天长地久，我的恨绝不会黯淡[3]，

　　只要我活着，我俩只能有一种和平，

　　　　那和平就是凶狼和弱羊的对阵。

45 　没错，我将用这首诗发动第一场战役，

　　　　虽然这格律通常不习惯攻击[4]。

　　就像士兵的长矛，在热血涌起之前，

　　　　首先刺向铺满黄沙的地面，

　　我也暂不将利铁的投枪瞄准你，也不会

50 　　　　立刻用长矛扎破你可憎的脑袋，

　　在这本书里我不提你的名字和恶行，

　　　　再忍耐一刻，隐藏你的身份。

　　如果以后你不知悔改，放肆的短长格

1　35—39 行的顺序根据上下文的语义做了调整。

2　指俄狄浦斯的两个儿子，事情的起因参考《哀歌集》第二部第 320 行的注释，
　这个情节参考《哀歌集》第五部第五首 33—36 行。

3　原诗 41—42 行缺失，译文为了完整，根据上下文杜撰了这两行。

4　哀歌体通常不用于讽刺。

就会杀向你，沾满吕坎贝的血[1]。

55　巴提亚迪斯[2]如何诅咒他的敌人，

　　我现在也如何诅咒你和拥趸。

和他一样，我的诗也覆满暗黑的细节[3]，

　　虽然我还不习惯如此写作。

人们会说我忘记了自己的趣味与风格，

60　　刻意模仿他的《伊比斯》的晦涩。

既然我还没有向众人透露你的名字，

　　就不妨暂时把你叫作伊比斯。

就像我的作品将笼罩着一层夜色，

　　也祈愿你的余生黑云如墨！

65　我会让人在你的生日和元旦朗读，

　　一字不漏地献上我的祝福。

大海和大地的众神，还有天界的众神——

　　你们和朱庇特的国度远胜凡尘——

我祈求你们，将所有的心思转向这里，

70　　给我的这番祷告注入神力！

还有你，土地，你，波涛翻涌的海洋，

1　短长格（iambus）是讽刺攻击的最合适体裁，古希腊诗人阿齐洛科斯（Archilo-chus，公元前 680—公元前 645）是短长格的创始人。吕坎贝（Lycambes）是聂奥布勒（Neobule）的父亲，他曾许诺把她嫁给阿齐洛科斯，后来毁约，传说吕坎贝因为受不了阿齐洛科斯一再写诗讽刺，上吊自杀。参考《帕拉丁选集》（*Anthologia Palatina* 7.69.3）。

2　"巴提亚迪斯"（Battiades）意为"巴托斯的后代"，指卡利马科斯。

3　"暗黑的细节"指晦涩生僻的典故，以卡利马科斯为代表的亚历山大诗派尤其强调学识对创作的重要性，所以喜欢曲折隐晦地用典。奥维德此诗也是这种风格。

你，高天，请接受我的祈望；

　　还有星辰，光芒辐散四方的太阳，

　　　　从不以同一种面容照临的月亮；

75　还有夜神[1]，你黑暗的形象令人畏惧，

　　　　还有你们[2]，编织命定的结局；

　　还有你，永恒的冥河，穿过幽森的谷底，

　　　　奔流的喧响让世人不寒而栗；

　　还有你们[3]，传说以盘绕的毒蛇为束发带，

80　　　总是守在不见天日的牢门外；

　　还有你们，神界的平民，牧神、林神、

　　　　家神、河神、仙女与各位半神[4]；

　　总之，从最古老的混沌到我们的世纪，

　　　　所有的新神旧神，助我一份力，

85　当我对这位无信者吟唱诅咒的诗歌，

　　　　当愤怒和仇恨扮演它们的角色。

　　请你们按各自的品次襄助我的心愿，

　　　　别让任何一部分无法应验。

　　无论求什么，都实现，让他觉得，这不是

1　夜神（Nox），古希腊罗马神话中最古老的神祇之一。

2　指命运三女神（Parcae）。

3　指复仇三女神（Eumenides）。

4　牧神（Fauni）、林神（Satyri）、家神（Lares）、河神（Flumina）、仙女（nymphae）
　　与各位半神（semidei）都是古希腊罗马神话中的次等神。

90　　　我的话，而是帕西淮女婿 [1] 的祷词。

　　愿我不曾求的惩罚，他也一并忍受，

　　　　愿他的痛苦越过我天赋的尽头！

　　也别让我的诅咒因使用化名而减轻

　　　　杀伤力，或少打动大神半分！

95　我诅咒伊比斯，心里知道他是谁，他也

　　　　清楚作恶的自己是罪有应得。

　　我这位祭司将立刻说出每一条诅咒，

　　　　见证圣礼的众神啊，请开尊口！

　　无论你是谁，请念诵哀伤阴郁的话，

100　　　请逼近伊比斯，泪水挂满脸颊；

　　伸出左脚 [2] 迎向他，放出不祥的兆象，

　　　　你们身上全裹着黑色的衣裳！

　　你 [3] 也一样，为何不肯戴哀悼的束发带？

　　　　看啊，你葬礼的祭坛已在等待。

105　游行已准备好：愿阴森的预言即刻成真！

　　　　快伸出脖子挨刀，献祭的牺牲！

　　让大地拒绝你蔬果，让江河拒绝你清水，

　　　　让所有的风拒绝向你的身边吹；

　　让你的太阳无光彩，让你的月亮无颜色，

110　　　让星辰全部从你的眼中隐没；

1　　"帕西淮女婿"指忒修斯，因为忒修斯曾娶过米诺斯和帕西淮的女儿阿里亚德涅。
　　关于"祷词"，参考《哀歌集》第二部第 383 行的注释。

2　　左边在古罗马文化中通常代表着不祥。

3　　指伊比斯。

让火不给你温暖，让空气不许你呼吸，

　　让陆地和大海的通道向你关闭；

让你在饥寒中流浪，在别人的门前踯躅，

　　用哆嗦的嘴唇讨来一丁点食物；

115　让你的身心俱疲，永远在抱怨病痛，

　　日以继夜，折磨总越来越重；

让你永远遭厄运，永远没有人同情，

　　男女老少都庆祝你的不幸；

除了泪还有憎恨，当你被苦难包围，

120　让人们相信，你的惩罚应加倍。

让你的痛苦无法唤起通常的好意，

　　徒然令人厌恶——多罕见的事！

让你有死的理由，却没有死的机会，

　　让强加的生命不能如愿自毁。

125　让你的灵魂等肢体受尽煎熬才离开，

　　让它先迫使你漫长地苦苦等待。

这些会发生。福玻斯[1]刚给我将来的预兆，

　　左边已飞来一只不祥的鸟。

我当然相信，我的祷告会打动上苍，

130　骗子，你毁灭的希望把我滋养。

在你无数次攻击的这条生命被那天——

　　我期盼已久的那天——带走之前，

这愤怒绝不会随时间流逝而消失，岁月

1　福玻斯（阿波罗）是预言之神。

荏苒，我的仇恨永不会减弱。

135　只要色雷斯还用弓、亚兹格[1]还用矛作战，

　　　只要希斯特仍寒冷，恒河仍温暖，

　　只要原野有柔软的牧草，山上有橡树，

　　　只要台伯河的水奔流如故，

　　我与你就一直交战，死亡也不能终止

140　　愤怒，鬼魂间也会用残酷的武器。

　　即使到那时，我已经化作缥缈的空气，

　　　失血的幽灵也会继续恨你，

　　我的鬼魂会记得你的罪，跟在你身边，

　　　我的骸骨也会攻击你的脸。

145　无论我是无奈地被漫长的年月消磨，

　　　还是亲手给自己痛快的解脱，

　　还是在浩瀚无垠的波浪中颠簸、沉浮，

　　　任远方的鱼享用我的肺腑，

　　还是让异国的飞鸟啄食我的肢体，

150　　还是让狼嘴沾满我的血迹，

　　还是有人愿屈尊将我葬于黄土里，

　　　或用卑微的柴堆焚灭尸体[2]，

　　无论怎样，我都会从冥河夺路而走，

　　　向你伸出冰手，为自己复仇。

155　不眠的夜里你会看见我，无声的黑暗中，

1　亚兹格是居住在多瑙河流域的萨尔马特部落。

2　具有反讽意味的是，奥维德诅咒对方的许多种死法中至少有几种用在了自己
　　身上。

我总会显形，惊破你的睡梦，

无论你做什么，我都会盘旋在脸际眼前，

我会哀号，让你无处得安闲，

凶狠的皮鞭会发声，盘绕着毒蛇的火炬

160　　永远熏着你负罪惊恐的面目，

不管生死，你将被这些复仇神纠缠，

你的生命只会比惩罚短暂。

你也享受不到葬礼和朋友的眼泪，

无人哀悼，就已被抛入门外，

165　　在众人的欢呼声中，刽子手把你拖走，

你的骨头将套上死刑犯的弯钩[1]，

连吞噬一切的火焰都从你这里逃遁，

公正的大地也吐出你可憎的尸身，

无情的秃鹫用爪喙扯拽你的肚肠，

170　　贪婪的野狗撕开你狡诈的心脏[2]，

你的残骸——虽然你骄傲于这样的礼遇——

将引诱贪婪的群狼展开角逐。

冥府中，你将被放逐到远离福原的苦地[3]，

与众多邪恶之徒居住在一起。

175　　西西弗在那里推动巨石，却注定徒然，

1　弯钩用于将死刑犯拖走。

2　这里对伊比斯尸体的想象，可参考卡图卢斯《歌集》第一百零八首。

3　"福原"（Elysiis campis）是地府中供有德之人居住的地方。

还有他，绑在飞旋的轮子边缘 [1]；

还有流亡的埃及王的儿媳，一群谋杀者，

她们肩头担的水不停地流泻 [2]；

坦塔罗斯抓不到手边的苹果，永远

180　　　口渴，却永远不乏丰沛的水源 [3]；

还有他 [4]，从头到脚绵延数百米，内脏

却是猛禽们每日应得的奖赏。

在这里，一位复仇女神会用鞭子

猛抽你，逼迫你坦白每一桩恶事；

185　另一位将你的断肢交给毒蛇摧残，

最后一位用火炙烤你的脸。

你有罪的鬼魂将遭受千种折磨，设计

惩罚是埃阿科斯 [5] 天才的手艺。

他会将古代犯人的酷刑转到你身上，

190　　　是你让旧日的恶徒暂得解放。

西西弗，你终于有了托付滚石的接班人，

迅疾的轮子找到了新的牺牲品，

1　　指伊克西翁（Ixion），他因为弑亲和亵渎神灵，被绑在一个永远旋转的火轮上。
　　参考《变形记》（*Metamorphoses* 4.460）。

2　　指达那俄斯的女儿们，参考《黑海书简》第三部第一首第 121 行的注释。

3　　坦塔罗斯（Tantalus）是朱庇特的儿子，曾经常受邀参加众神的宴会，后来因
　　为侮辱众神，被打入地府，忍受永远的折磨。他受到的诅咒是，水永远在他边
　　上，他却永远喝不到水。

4　　指提堤俄斯，参考《黑海书简》第一部第二首第 40 行的注释。

5　　埃阿科斯（Aeacus）生前以公正著称，死后在冥府任法官。

现在该他来徒劳地抓取枝条和流水，

　　　　他将啄不尽的内脏献给鸟喙 [1]。

195　再无死亡可终结这次死亡的折磨，

　　　　如此的惨刑不会有最后一刻。

我只随意提几件，就像从伊达山摘树叶，

　　　　或从利比亚的海面撷取水波。

因为我数不清希伯拉育了多少花朵，

200　　　奇里基亚 [2] 的藏红花一共多少棵，

或者当阴沉的冬天在北风翅膀下战栗，

　　　　多少冰雹覆满白色的阿托斯 [3]。

我也无法列举完你会经受的苦痛，

　　　　即使你给我更多嘴更多喉咙。

205　你厄运无尽！可怜人，太多太大的灾难，

　　　　甚至我都会忍不住泪流满面，

那样的泪水将给我无休无止的幸福，

　　　　那时我觉得更甜的不是笑，是哭。

你注定命运多舛——这是诸神的意愿——

210　　　诞生之时无一颗吉祥星出现。

没有维纳斯，也没有朱庇特闪耀，月亮

　　　　和太阳都未处在顺遂的方向 [4]，

1　即让伊比斯取代坦塔罗斯和提堤俄斯。

2　奇里基亚（Cilicia）地区位于今天的土耳其，以藏红花闻名，奇里基亚的原文
　　是 terra Cilissa（Cilissa 是 Cilicia 的形容词）

3　希腊卡尔齐迪克半岛的一座山。

4　在古罗马星相学中，维纳斯（金星）和朱庇特（木星）都代表吉祥。

明艳的迈娅为伟大的神王产下的墨丘利[1]

　　也不在可给你带来益处的位置，

215　残酷的马尔斯和那位挥舞镰刀的老人[2]

　　占绝对上风，昭示动荡的前程。

你降生之日，天空也布满丑陋的墨云，

　　故意让你只见到一片惨景。

此日因痛苦的阿利亚而被历书记载[3]，

220　它也诞下了伊比斯，公众的祸害。

从母亲不洁的子宫坠下，他肮脏的身体

　　刚刚碰到齐尼普斯[4]的土地，

暗夜的猫头鹰就已坐上对面的屋顶，

　　葬礼的嗓子唱出不祥的歌声。

225　复仇女神立刻用沼泽水为他沐浴，

　　斯堤克斯河直通向淤泥深处；

又将幽冥的蛇毒抹上他的胸膛，

　　三次用她们血腥的双手鼓掌。

她们给稚嫩的喉咙灌进母狗的乳汁，

1　迈娅（Maia）是阿特拉斯神（Atlas）的七个女儿之一，墨丘利的母亲。墨丘利（水星）也是吉祥之星。

2　"挥舞镰刀的老人"指萨图尔努斯（土星），因为他用镰刀阉割了自己的父亲乌拉诺斯（Uranus）。马尔斯（火星）和土星在古罗马星相学中都是不祥之星。在贺拉斯《颂诗集》（*Carmina* 2.17.22-23）中将木星和土星之间的交战描绘为好运与坏运的争斗。

3　伊比斯诞生在 7 月 16 日，公元前 390 年的此日，罗马军队在罗马城附近的阿利亚河（Allia）惨遭布伦努斯（Brennus）率领的高卢军队屠戮，随后罗马城陷落并被洗劫。所以罗马历书将这一天视为不吉利的日子。

4　齐尼普斯（Cinyps）是利比亚的一条河，借指利比亚。

　　　如此便完成婴孩的初次喂食，

他从奶妈那里吸收了疯野的天性，

　　　在整个广场用犬语狂吠不停。

她们从废弃的火葬堆抢来一条

　　　带锈迹的破布，就算他的襁褓；

235　　又拿燧石当作他的枕头，以免

　　　柔软的脑袋躺在赤裸的地面。

离开时她们还在他眼前和脸际挥舞

　　　用一些青翠枝条做成的火炬，

当婴儿碰到熏人的烟雾忍不住哭闹，

240　　三位女神中的一位如此宣告：

　　　"我们惹起的泪水将永远与你相随，

　　　永远不缺理由让它们下坠。"

她刚说完，克洛托[1]便决心让预言兑现，

　　　用可怕的手编织了暗黑的纱线。

245　为免去细述无穷灾祸的麻烦，她声称：

　　　"一位诗人将吟唱你的宿命。"

我就是那位诗人，你只需向我打听——

　　　唯愿我的话有诸神的法力支撑；

我的诗将获得事件的证明，经历每一件

250　　磨难，你都会发现我没有虚言。

为了让你的痛苦有古代的先例可循，

　　　愿你的灾厄绝不逊于特洛伊人；

1　　克洛托（Clotho），命运三女神之一，负责编织纱线。

愿你如海格力斯的传人、波亚斯的儿子[1]，

  腿上的毒蛇之伤一样难医治；

255 愿你的疼痛不亚于那人，他喝过鹿乳，

  刺伤和救助他的是同一位勇夫[2]；

还有他，从马背径直坠到阿莱昂的原野，

  英俊的外表差一点将他毁灭[3]。

愿你如阿闵托耳的儿子[4]，失去了视力，

260 拄着拐杖，颤巍巍走在黑暗里；

愿你所见不超过让女儿引路的那人，

  他的罪孽伤害了自己的双亲[5]；

或者如那位因擅长预言而扬名的老头，

  在他仲裁情色的争执之后[6]；

1　指菲罗克忒忒斯，参考《哀歌集》第五部第一首第62行的注释。因为他愿意给准备自焚的海格力斯点燃柴堆，赢得了后者的好感，得到了他的弓箭，所以这里称菲罗克忒忒斯为"海格力斯的传人"。

2　指泰勒普斯，参考《哀歌集》第一部第一首第100行的注释。

3　指柏勒洛丰，参考《哀歌集》第二部第398行的注释。柏勒洛丰战胜喀迈拉后，野心膨胀，企图骑着飞马升入天庭，朱庇特派了一只牛虻叮飞马，导致他被甩下，跌到阿莱昂（Aleion）的原野上。

4　指特洛伊人菲尼克斯（Phoenix），他在母亲怂恿下诱奸了父亲阿闵托耳（Amyntor）的小妾，被父亲诅咒，失去了视力。参考伪阿波罗多洛斯的《神话汇编》（Bibliotheca 3.13.8）。

5　指俄狄浦斯，他年轻时得知自己将杀父娶母的神谕，离开父母（其实是养父母），最终还是落得杀父娶母的下场，为了惩罚自己，他戳瞎了双眼。女儿指安提戈涅。

6　"老头"指著名的盲先知忒瑞西阿斯（Tiresias），因为他当过男性和女性，所以朱庇特和朱诺请他仲裁，男性和女性哪方从性行为中获得的快乐多，他说女性的快乐占九成，男性占一成，这个答案惹恼了朱诺，她把他变成了盲人，朱庇特为补偿他，给了他预言的能力。"预言"的原文是 Apollinea arte（阿波罗的技艺）。参考许基努斯《故事集》（Fabulae 75）。

　或者像那人，就是他为帕拉斯的船

　　　　派出鸽子，一路领着它向前 [1]；

　还有他，因为见财起贪心失去了双眼，

　　　　母亲把它们献祭于儿子的坟前 [2]；

　也像埃特纳的牧人，欧律摩斯的儿子

　　　　忒勒摩斯早预言他将来的祸事 [3]；

　像两位裴尼迪斯 [4]，被一人点燃又扑熄

　　　　光明；像塔穆利斯和得摩多科斯 [5]。

　愿某人割掉你的某部分，如萨图尔努斯

　　　　从下面割除了给他生命的东西 [6]。

1　指裴纽斯，参考《黑海书简》第一部第四首第 37 行的注释。

2　指波林涅斯托耳（Polymnestor），色雷斯国王，特洛伊国王普里阿摩斯的女婿。特洛伊战争期间，普里阿摩斯担心幼子波吕多洛斯（Polydorus）的安全，让他带了许多财宝去波林涅斯托耳那里避难。特洛伊陷落后，他为了将财宝据为己有，将波吕多洛斯推入大海。后来，波吕多洛斯的母亲赫库芭（Hecuba）为了复仇，挖下了他的眼睛，杀死了他的全部孩子（她自己的外孙）。"母亲"指赫库芭，"儿子"指波吕多洛斯。参考《埃涅阿斯纪》（Aeneid 10.519）。

3　"埃特纳的牧人"指独眼巨人波吕斐摩斯，先知忒勒摩斯（Telemus）曾警告过他，他将被一位名叫奥德修斯的人弄瞎剩下的一只眼睛。忒勒摩斯是欧律摩斯（Eurymus）的儿子。参考《奥德赛》（Odyssey 9.508）。

4　"两位裴尼迪斯"（Phinidae）指裴纽斯（Phineus）的两个儿子。裴纽斯的两个儿子都是前妻所生，在后妻的欺骗下，他弄瞎了他们的眼睛。参考许基努斯《故事集》（Fabulae 19）。

5　塔穆利斯（Thamyris）是色雷斯的歌手，他夸口自己的技艺赛过了缪斯，与她们比赛失败后，被她们弄瞎了眼睛。参考《伊利亚特》（Iliad 2.599）。得摩多科斯（Demodocus）是《奥德赛》中斯凯里亚岛上的一位盲诗人（Odyssey 8.64）。

6　"某部分"和"东西"都指男性生殖器。古希腊罗马神话中的第二代主神萨图尔努斯在反抗父亲乌拉诺斯的统治时，阉割了他。参考《神谱》（Theogony 179）。

275　愿汹涌浪涛中涅普顿对你比那人残暴，

　　　　他的兄弟和妻子都突然变成飞鸟 [1]；

　　还有多谋的英雄，他紧抓沉船的浮木，

　　　　幸亏塞墨勒的妹妹不忍他死去 [2]；

　　或者，那样的惩罚别只让一人领略，

280　　　你的内脏也该被几匹快马撕裂 [3]；

　　或者让你和那位耻于被赎回的罗马人

　　　　一样，忍受迦太基将领的酷刑 [4]。

　　不要让任何神给你提供保护，就像他，

　　　　朱庇特的祭坛也拒绝做他盾甲 [5]。

285　正如忒萨罗斯被扔下奥萨的山巅 [6]，

　　　　愿别人也将你从巉岩抛入深渊；

1　指特拉基斯（Trachis）国王刻宇克斯（Ceyx），他的兄弟是代达利翁（Daedalion），
　　妻子是哈尔库俄涅（Halcyone）。代达利翁在女儿死后欲投崖自尽，被阿波罗
　　变成了鹰，参考《变形记》（Metamorphoses 11.295-345）。刻宇克斯在海难
　　中身亡，哈尔库俄涅得知后也投海，神怜悯他们，把他们变成了翠鸟，参考《变
　　形记》（Metamorphoses 11.410-748）。

2　"多谋的英雄"指尤利西斯，"塞墨勒的妹妹"指伊诺，参考《黑海书简》第
　　三部第六首第 20 行。

3　指梅图斯，参考《哀歌集》第一部第三首第 75 行的注释。

4　指雷古鲁斯（M. Atilius Regulus，公元前 307—公元前 250），第一次布匿战争（罗
　　马与迦太基的战争）中的罗马将军，曾多次获胜，攻入北非，后于公元前 255
　　年战败被俘。迦太基人以他劝说罗马停战为条件，放他回罗马，他却在元老院
　　鼓动罗马继续战斗，并不顾劝阻，守约返回迦太基受死。参考贺拉斯《颂诗集》
　　第三部第五首。

5　指特洛伊国王普里阿摩斯。原文中的 Hercei（主格 Herceus）是朱庇特作为家
　　庭保护神的一个称号。

6　忒萨罗斯（Thessalus）是美狄亚和伊阿宋的儿子，根据一个神话版本，他被母
　　亲从悬崖上扔下，死里逃生，后来成了伊俄尔科斯的国王。

或者像在他之后做王的欧律洛科斯[1]，

　　愿你的四肢被贪婪的蛇啃噬；

或者从头顶灌进开水和蒸汽，让你

290　　　和米诺斯一样痛快淋漓地速死[2]。

让你做桀骜却难逃惩罚的普罗米修斯[3]，

　　动弹不得，用鲜血给飞鸟喂食；

或者如厄莱克提迪斯，被海格力斯打败

　　三次，尸体被抛入无垠的大海[4]；

295　或者如阿闵塔斯之子，他爱过的青年

　　因屈辱生恨，凶狠地将他刺穿[5]。

愿你和那人一样，因为毒酒而丧命——

1　欧律洛科斯（Eurylochus）所指不详，Ellis（1881）认为他是一位名叫 Ceno-
　　bates 的贴撒利亚国王，因为焚烧了谷神刻瑞斯的神庙，被谷神（或朱庇特）
　　派来的蛇咬死。"他"指上文的忒萨罗斯。

2　克里特国王米诺斯追逐代达罗斯到了西西里，他在西西里国王科卡洛斯（Co-
　　calus）的浴室里被几位公主烫死。

3　普罗米修斯（Prometheus）被绑在高加索山，每天被鹰啄肝。

4　厄莱克提迪斯（Erecthides）所指不详，从情节描述看他似乎是西西里的著名
　　拳击手厄里克斯（Eryx），他被海格力斯三次打败，最终被扔进大海。

5　"阿闵塔斯之子"指亚历山大大帝之父、马其顿国王菲利普（Philip II，公元
　　前 382—公元前 336）。"他爱过的青年"指保萨尼阿斯（Pausanias of Ores-
　　tis）。保萨尼阿斯是菲利普的卫兵，曾经与他相恋，后来国王爱上另一位叫保
　　萨尼阿斯的青年，原来这位保萨尼阿斯多次公开羞辱自己的情敌，国王卫队的
　　将军为了惩罚他，将他灌醉并羞奸。但菲利普一直不肯惩罚这位将军，保萨尼
　　阿斯于是在公主的婚礼上刺杀了国王。

长角的朱庇特据说是他的父亲[1]；

或者像被俘的阿凯俄斯一样悬在空中，

300　　　活活吊死，那条金河可做证[2]；

或者如与阿喀琉斯之子同名的那人，

竟被敌人扔出的屋瓦夺了魂[3]。

愿你的遗骸和皮洛士一样不得安眠，

被随意弃在安布拉奇亚的路边[4]。

305　让你如埃阿科斯的女后裔，被飞来的投枪

刺死——刻瑞斯不许将罪行隐藏[5]。

就像我刚才提到的那位国王的孙子，

愿你也被母亲用斑蝥汁毒死[6]；

或者让你的情妇因杀你而重塑形象，

1　"那人"指亚历山大大大帝（Alexander III, 公元前356—公元前323），他自称是埃及阿蒙神（Ammon）的儿子，在泛希腊时代，阿蒙神和朱庇特混同，被称为"长角的朱庇特"。一些古代著述称，亚历山大不是死于疟疾，而是被马其顿将军安提帕特尔（Antipater, 公元前397—公元前319）用毒酒谋杀。

2　阿凯俄斯（Achaeus）是吕底亚国王，因为横征暴敛被臣民推翻，判处绞刑，死时头朝下，对着据说河沙都是黄金的帕克托洛斯河（Pactolus）。参考波利比乌斯《历史》（Histories 8.22）。

3　指伊庇鲁斯（Epirus）国王皮洛士（Pyrrhus, 公元前319—公元前272），古罗马的强敌。他在进攻阿尔戈斯时，被一位妇女从房顶扔下的屋瓦击中，然后被一位马其顿士兵割下了头颅。阿喀琉斯的儿子也叫皮洛士。

4　这位皮洛士就是阿喀琉斯之子，他被俄瑞斯忒斯杀死，尸骨被抛在安布拉奇亚（Ambracia）。

5　"埃阿科斯的女后裔"指阿喀琉斯的孙女（即埃阿科斯的玄孙女）拉俄达弥娅（Laodamia），她在一次骚乱中逃到刻瑞斯神庙里，被一个叫米罗的人杀死，刻瑞斯降下瘟疫，并将凶手逼疯自杀。

6　指国王皮洛士的孙子，传说被母亲或祖母奥林匹亚斯（Olympias）毒死。

310　　　　就如她，向琉孔复了仇，美名传扬 [1]。

愿你将奉为珍宝的身体放到柴堆上，

　　　　这也是萨尔达纳帕卢斯的下场 [2]。

和企图亵渎阿蒙神庙的家伙 [3] 一样，

　　　　让南风卷起的黄沙淹没你脸庞；

315　　　　或者像大流士二世诱杀的那些同僚，

　　　　愿你也被下沉的热灰吞掉 [4]；

或者如那人，曾被逐出产橄榄的西锡安 [5]，

　　　　让寒冷和饥饿将你慢慢摧残；

或者像阿塔尔纳的国王，被缝进牛皮，

320　　　　可耻地运到得胜的主人那里 [6]。

愿你享受和那位佩莱人相同的死法，

1　琉孔（Leucon）是庞图斯国王斯巴达科斯（Spartacos）的弟弟，因为与嫂嫂通奸，并觊觎王位，杀死了兄长，后来被嫂嫂杀死。

2　萨尔达纳帕卢斯（Sardanapallus）是亚述国王，临死前建造了一个大柴堆，放上自己所有的珍宝，将妃嫔和太监装进箱子，和自己一起烧死。

3　指波斯国王冈比西斯二世（Cambyses II）派出的军队，他们企图征服西埃及和苏丹，却无法穿越沙漠，损失惨重，无功而返。阿蒙的原文是 Iovis Libyci（利比亚的朱庇特）。参考希罗多德《历史》（*Histories* 3.26）。

4　波斯国王大流士二世（Darius II）曾发誓不能用刀剑、毒药、饥饿或暴力杀死自己的同僚，便邀请他们赴宴，房间里有个滑动地板，他们被灌醉后，滑动门打开，他们都掉了进去，里面装满了滚烫的灰烬。

5　"那人"指尼科克勒斯（Nicocles），他于公元前 251 年谋杀了西锡安原来的国王，登上王位，但四个月后就被赶出城市，流亡异乡。

6　"阿塔尔纳的国王"指赫尔米亚斯（Hermias），他反叛波斯，被波斯将军赫克托耳击败俘虏，缝进牛皮袋，运到波斯国王那里。

在自己的婚房里被妻子的剑打发 [1]；

或者像拉里萨的阿琉亚斯，用伤口验明，

你以为忠诚的人并不忠诚 [2]。

325 像肆意凌虐皮萨的暴君米罗一般 [3]，

祝你也活着被推入地底的黄泉；

愿你如统治普莱西亚的阿迪曼图斯 [4]，

也被朱庇特发出的雷霆轰击；

或者像昔日阿玛斯特里斯的列奈乌斯，

330 被赤身遗弃在"阿喀琉斯之地" [5]。

正如欧律达玛斯被俘后，被拉里萨的车轮

三次拽过特拉苏洛斯的坟 [6]；

或者像他，尸体绕着注定陷落的城墙

巡行——他曾反复守卫的地方 [7]；

335 也像在阿克泰，希波墨涅斯女儿的情人

---

1 指贴撒利亚的佩莱（Pherae）国王亚历山大，他统治暴虐，于公元前 359 年被妻子忒贝（Thebe）杀死。

2 阿琉亚斯（Aleuas）是拉里萨（Larissa）国王，被自己的卫兵谋杀。

3 米罗（Milo）是皮萨（Pisa）国王，因为凶残，被臣民在脖子上绑了石头，沉入阿尔佩斯河淹死。

4 阿迪曼图斯（Adimantus）所指不详，Ellis 认为指吕卡翁。

5 列奈乌斯（Lenaeus）是赫拉克利亚（Heraclia）的国王，被庞图斯国王米特拉达梯六世（Mithridates VI）逐出阿玛斯特里斯，逃到一处叫作"阿喀琉斯场"的地方（传说阿喀琉斯曾追逐伊菲革涅娅至此），然后被杀。

6 欧律达玛斯（Eurydamas）曾杀死拉里萨的特拉苏洛斯（Thrasyllus），被俘后，特拉苏洛斯的弟弟将他绑在战车上，绕着哥哥的坟拖行。

7 指特洛伊第一勇士赫克托耳，参考《伊利亚特》（Iliad 24.16）。

被人拖行，当她以新方式受惩[1]；

当可憎的生命离开你的肢体，我也祝

　　复仇的马拖拽你龌龊的尸骨。

让尖利的岩石刺穿你脏腑，如同当年

340　　希腊人的脏腑挂在欧卑亚海岸[2]。

如那位残忍的强奸者死于雷电和海浪[3]，

　　也祝水与火联手，将你埋葬。

愿你像某人一样，被复仇女神逼疯，

　　全身只一处伤口，但全身都剧痛[4]；

345　也像统治罗多陂的得律阿斯之子，

　　对自己的一只脚残酷，一只脚仁慈[5]；

埃塔山的那人也如此，还有龙族的女婿[6]、

1　希波墨涅斯（Hippomenes）的女儿是利莫涅（Limone），当他发现她有私情，就杀死了她的情人，将她和一匹马锁在一个空荡荡的房间里，最后马耐不住饥饿，吃了她。关于希波墨涅斯和阿塔兰忒的著名故事，参考《哀歌集》第二部第399行的注释。

2　参考《哀歌集》第一部第一首第84行的注释。

3　指小埃阿斯（Aias），奥伊琉斯（Oileus）的儿子。小埃阿斯在特洛伊陷落后，强奸了在密涅瓦神庙避难的祭司卡珊德拉，犯了亵渎神灵的罪，作为惩罚，密涅瓦让他在返国途中遇到风暴，钉死在一块锋利的岩石上。

4　指玛绪阿斯，参考《黑海书简》第三部第三首第42行的注释。

5　得律阿斯（Dryas）的儿子是吕库古，参考《哀歌集》第五部第三首第39行的注释。根据许基努斯的《故事集》（Fabulae 132），他被酒神逼疯后，砍下了自己的一只脚。

6　"埃塔山的那人"指海格力斯，他曾被朱诺逼疯，杀死了自己的妻子和孩子。"龙族的女婿"指阿塔玛斯（Athamas），因为他娶了卡德摩斯的女儿伊诺，而卡德摩斯据说变成了龙。由于伊诺抚养了外甥酒神巴克斯，朱诺因愤恨将阿塔玛斯变疯，他杀死了一个儿子，妻子和另一个儿子被他赶下大海。

提萨梅诺斯的父亲、卡里洛的丈夫[1]。

愿你的妻子不比那位女人更贞洁——

350　　　堤丢斯都为这样的儿媳愧怍[2]；

还有洛克里斯的女人，用侍女伪装

死亡，与丈夫的弟弟步入洞房[3]；

求诸神保佑，你能有忠诚的妻子守护，

正如塔拉俄斯和廷达瑞的女婿[4]；

355　贝罗斯的孙女们胆敢谋害自己的堂兄[5]，

水永远不停地涌向她们的脖颈。

愿你的妹妹以渎神的方式忠诚于你，

1　提萨梅诺斯（Tisamenus）的父亲是俄瑞斯忒斯，被复仇女神逼疯。卡里洛（Calliroë）的丈夫是阿尔克迈翁（Alcmaeon），他率领当年攻打忒拜的七将后人再次攻打忒拜，但被受贿的母亲出卖，撤军后杀死了她，后被复仇女神逼疯，四处流亡。

2　堤丢斯（Tydeus）的儿媳是埃吉阿勒（Aegile），她的丈夫狄俄墨得斯从特洛伊战场回来，发现她和情夫科梅特斯（Cometes）生活在一起，而且不止这一位情夫。

3　Ellis 认为，"女人"指埃及王后阿耳西诺厄二世（Arsinoe II），据卡利马科斯所说，她是洛克里斯（在希腊中部）人，最先嫁给色雷斯国王利西马科斯（Lysimachus），他战死后她逃到马其顿，改嫁同父异母的哥哥克劳诺斯（Ptolemy Keraunos），她夺权的企图失败后，逃到埃及，与同胞哥哥、国王托勒密二世结婚。她在逃离以弗所时，让一位侍女换上自己的衣服，并让士兵守卫，自己则换上她的衣服，杀死她后和随从逃出了城。

4　塔拉俄斯（Talaus）的女婿是阿尔戈斯国王、著名先知安菲阿剌俄斯（Amphiaraus），安菲阿剌俄斯的妻子厄里费勒（Eriphyle）以贪财不忠闻名，她被一条项链收买，明知丈夫攻打忒拜必死无疑，仍胁迫他参战。廷达瑞（Tyndareus）的女婿是阿伽门农，他的妻子克吕泰墨斯特拉和情夫一起谋杀了他。

5　贝罗斯的孙女们即达那俄斯的女儿们，"堂兄"也是她们的丈夫。参考《黑海书简》第三部第一首第 121 行的注释。

爱火熊熊，如卡那刻和布波利丝 [1]。

你若有女儿，让她对父亲的依恋犹若

360　　　珀洛佩娅、穆拉和努克提墨涅 [2]；

让普特莱拉斯和尼索斯的女儿都能击败

她的孝心，对父亲生命的爱 [3]；

还有那位用车轮碾压父亲肢体的恶女 [4]，

该地因她的罪孽而臭名昭著。

365　愿你的死法和那些去皮萨的青年一样，

头颅和四肢高悬于城门的顶上；

或者像他，时常让可怜的求婚者喋血，

自己也染红地面，罪有应得 [5]；

1　　关于卡那刻，参考《哀歌集》第二部第 384 行的注释。布波利丝（Byblis）爱
　　上了自己的孪生哥哥考诺斯（Caunus），多次求爱被拒，发疯而死。参考《变
　　形记》（*Metamorphoses* 9.638-9）。

2　　图埃斯特在与阿特柔斯争夺权力的过程中，听神谕说如果与自己的女儿生下一
　　个儿子，他就能杀死阿特柔斯，于是强奸了女儿珀洛佩娅（Pelopea）。穆拉
　　（Myrrha）爱上了父亲喀倪剌斯（Cinyras），在他不知情的时候和他发生了
　　性关系，父亲得知真相后拔剑追杀她，她向神求救，神将她变成了一棵没药
　　树，她后来产下了美少年阿多尼斯。努克提墨涅（Nyctimene）被父亲厄波剖
　　斯（Epopeus）强奸或诱奸后，无颜在白日露面，密涅瓦怜悯她，将她变成了
　　猫头鹰。

3　　普特莱拉斯（Pterelas）是塔珀斯国王，在与忒拜军队交战时，女儿科迈拓
　　（Comaetho）爱上了敌军将领安菲特律翁（Amphitryon），于是剪下了父亲
　　的一绺金发（他不死的秘密）。塔珀斯战败后，安菲特律翁处死了她。"生命"
　　的原文 capiti 还有双关义，指头和头发。尼索斯的女儿指斯库拉（Scylla），
　　参考《哀歌集》第二部第 394 行的注释。

4　　"恶女"指古罗马最后一位国王塔克文的妻子图里娅（Tullia），她公然用马车
　　碾死了自己的父亲，事见李维《罗马史》（*Ab Urbe Condita* 1.48）。

5　　"他"指皮萨国王俄诺马俄斯，"皮萨的青年"即是"可怜的求婚者"，他们
　　被处死后，尸首悬挂在城头，参考《哀歌集》第二部第 386 行的注释。

或者如背叛残忍国王的车夫那样死，

370 　　　他给了米尔托翁海一个新名字[1]。

或者像他们，徒然追求捷足的少女，

　　　直到她因三个苹果放慢了速度[2]；

或者如那些进入黑暗居所的人们，

　　　与隐藏的奇兽邂逅，再没有归程[3]；

375 或者如那十二具尸体，被阿喀琉斯

　　　愤怒地抛上柴堆，垒在一起[4]；

或者像书里那些人，未破解暧昧的谜，

　　　被斯芬克斯百般折磨致死[5]；

像比斯托尼亚的人，死在密涅瓦神庙，

380 　　　因他们，女神的脸至今被遮罩[6]；

也像他们，用自己做饲料，鲜血浸透

　　　古时那位色雷斯国王的马厩[7]；

1　指这位国王的车夫米尔提罗斯（Myrtilus）。

2　指阿塔兰忒的求婚者，参考《哀歌集》第二部第 399 行的注释。

3　指进入克里特的迷宫，遭遇牛头怪米诺陶（Minotaurus）的人。

4　指阿喀琉斯为帕特洛克罗斯报仇而杀死的特洛伊人。阿喀琉斯的原文是 Aeacides（埃阿科斯的后裔）。

5　女妖斯芬克斯（Sphinx）的谜是："什么东西早上四条腿走路，中午两条腿走路，晚上三条腿走路？"未能给出答案的人都被她杀死，只有俄狄浦斯破解了这个谜。事见索福克勒斯的《俄狄浦斯王》（*Oedipus Tyrannos*）。

6　一些莱姆诺斯人被斯巴达人在密涅瓦神庙杀死。密涅瓦不忍看这个场景，扭过头去。据说她在庙中的神像一直保持这个姿势。

7　色雷斯国王狄俄墨得斯（Diomedes）用人肉喂马，参考《变形记》（*Metamorphoses* 9.195）。

如同那些人，忍受忒罗达马斯的猛狮[1]，

　　或者托阿斯女神的叨立克祭礼[2]；

385　如惊恐的杜里齐文水手，被饕餮的斯库拉

　　和对面的卡律布狄斯从船里截下[3]；

又像波吕斐摩斯吞进大肚的那些人[4]，

　　或者死于食人族[5]之手的冤魂；

也像他们，被迦太基将领在井里淹没，

390　水因掩盖罪证的尘土而变色[6]。

又如珀涅罗珀的十二位侍女和求婚者，

　　如武装求婚者、背叛主人的家伙[7]；

或如阿俄尼亚的异乡人征服的摔跤客，

　　一触地，精力立刻奇迹般复活[8]；

395　也像他们，被安泰俄斯的膂力制伏[9]，

1　忒罗达马斯（Therodamas）是利比亚国王，常用人喂狮子。

2　托阿斯是叨立克人的国王，当地崇拜狄安娜，用人牲献祭，参考许基努斯《故事集》（Fabulae 120）。

3　"杜里齐文水手"指与尤利西斯一起返家的希腊人。杜里齐文在伊塔卡附近。

4　西西里食人的独眼巨人，参考《奥德赛》（Odyssey 9.296）。

5　参考《黑海书简》第四部第十首第 22 行的注释。

6　"迦太基将领"指汉尼拔的父亲哈米迦尔（Hamilcar），他将阿凯拉（Acerra）的元老院议员淹死在井里，并用石头埋住。

7　珀涅罗珀的原文是 Icaridos（伊卡洛斯之女）。背叛主人的家伙指梅兰透斯（Melantheus），参考《奥德赛》（Odyssey 22.143）。

8　阿俄尼亚（Aonia）的异乡人指海格力斯，"摔跤客"指安泰俄斯（Antaeus），他是地母盖娅的儿子，所以一接触到地面，立刻变得力大无穷，海格力斯意识到这一点后，将他举在空中掐死。

9　指在摔跤比赛中败于安泰俄斯之手并被他杀死的人。

或惨遭莱姆诺斯女人的屠戮 [1]；

如久旱之后的先知，建议用野蛮的祭物，

自己却沦为牺牲，引来了大雨 [2]；

如安泰俄斯的兄弟，设立了残忍的先例，

400　　最终也血染祭坛，难逃一死 [3]；

也像他，人神共愤，不用青草来养育

可怕的马，用人的五脏六腑 [4]；

如涅索斯和得克萨美诺的女婿，死法

不同，但都因同一位复仇者倒下 [5]；

405　　如萨图尔努斯的曾孙，科洛尼丝的儿子 [6]

曾经看见他在自己的城市咽气；

1　莱姆诺斯（Lemnos）这个地方的女人鄙视维纳斯，维纳斯便让她们的丈夫极度厌恶她们。这些丈夫到别处带了新的伴侣回来后，和情人一起全部被妻子杀死。

2　在九年大旱后，先知忒拉西俄斯（Thrasius）告诉埃及国王布西里斯（Busiris），如果将异乡人作为人牲献祭给朱庇特，就能求来大雨，布西里斯发现他就是异乡人，下令先将他献祭。

3　"安泰俄斯的兄弟"就是布西里斯（因为两人都是海神涅普顿的孩子），他被海格力斯处死，也作为人牲献祭。

4　指狄俄墨得斯。

5　半人马涅索斯企图强奸海格力斯的妻子蒂雅妮拉，被杀。得克萨美诺（Dexamenus）的女婿指半人马欧律提翁（Eurytion），得克萨美诺因为害怕他的武力，答应将女儿蒂雅妮拉嫁给他，他前来迎亲时，被海格力斯杀死。"复仇者"指海格力斯。

6　"萨图尔努斯的曾孙"指 Periphetes（珀里斐忒斯），火神伏尔甘的儿子，跛脚独眼，手持铜棒，在雅典和特洛曾之间劫杀路人，后被忒修斯杀死。科洛尼丝（Coronis）的儿子指医神埃斯库拉庇乌斯，"自己的城市"指厄皮达洛斯（Epidarus）。

也像辛尼斯、斯喀戎和普罗克汝斯忒斯 [1]，

　　还有一半人、一半牛的双形妖异 [2]；

还有他，把守着地峡，扫视左右的海浪，

410　　将松树压至地面，又弹到天上 [3]；

又像科尔库昂，当他被忒修斯杀死，

　　观赏的刻瑞斯脸上洋溢着欣喜 [4]。

愿我的愤怒倾泻你头上的正义咒诅

　　都应验，还有其他难忍的痛苦：

415 如阿凯美尼得斯 [5]，被弃在西西里的埃特纳，

　　直到他看见特洛伊的船队到达；

你的遭遇甚至比换名的伊洛斯 [6] 更可哀，

　　甚至不如堵在桥头的乞丐；

愿你对刻瑞斯儿子 [7] 的爱永远是徒然，

420　　任你追逐，总远离你的财产。

1　辛尼斯（Sinnis）、斯喀戎（Scyron）和普罗克汝斯忒斯（Procrustes）都是忒修斯去雅典途中在科林斯地峡附近除掉的强盗。

2　指米诺陶。

3　"他"指皮图俄坎普特斯（Pityocamptes），古代作家普遍认为他和辛尼斯是同一个人，奥维德在《变形记》（*Metamorphoses* 7.440-2）中也是如此处理的。"地峡"指科林斯地峡。

4　科尔库昂（Cercyon）是埃琉西斯（Eleusis）的国王，擅长摔跤，凡在摔跤比赛中输给他的人都被残忍杀死。忒修斯在比赛中摔死了他。埃琉西斯是谷神刻瑞斯的圣城。

5　关于阿凯美尼得斯，参考《黑海书简》第二部第二首第 25 行的注释。

6　伊洛斯（Irus）原名阿尔奈俄斯（Arnaeus），是伊塔卡的著名乞丐，因为帮助珀涅罗珀的求婚者，被尤利西斯打死，参考《奥德赛》（*Odyssey* 18.1-7）。

7　指普鲁托斯（Plutus），财富之神，参考《神谱》（*Theogony* 969）。

就像沙滩，在潮水交替的涨落之间

　　变得过于松软，脚一踩就下陷，

愿你的财富也总是莫名其妙地消散，

　　从你紧握的手中溜走，流远。

425　愿你像那位父亲，女儿虽善于变化，

　　你却扑不灭饥饿，始终匮乏 [1]；

愿你不讨厌人肉的菜肴，只有此事

　　可以让你成为当代的堤丢斯 [2]；

愿你犯下一宗罪，吓退西方的太阳，

430　让骏马再次拉着它退回东方 [3]；

你会再一次摆上吕卡翁的邪恶晚宴，

　　想用伪装的食物将朱庇特欺骗 [4]；

也祝愿有人端上你来试探神的法力，

　　让你做坦塔罗斯和特柔斯的儿子 [5]；

1　"父亲"指厄鲁西克同（Erysichthon），"女儿"指梅斯特拉（Mestra）。厄鲁西克同因为砍伐了刻瑞斯的圣林，女神惩罚他永远感觉饥饿。女儿梅斯特拉将自己变成各种东西出售，给他换食物，父亲却永远不知饱足。参考《变形记》（*Metamorphoses* 8.847-74）。

2　梅拉尼坡斯（Melanippus）在忒拜战争中重伤了堤丢斯，堤丢斯愤而杀死了他，打开头颅，吃了他的脑髓。参考斯塔提乌斯《忒拜纪》（*Thebaid* 739ff）。

3　参考《哀歌集》第二部第 392 行的注释。

4　吕卡翁（Lycaon）为了验证朱庇特是否全知，将自己的儿子努克提莫斯（Nyctimus）烤熟给他吃，朱庇特恢复了努克提莫斯的生命，将吕卡翁和他的其他后代变成了狼。参考许基努斯《故事集》（*Fabulae* 176）。

5　坦塔罗斯将自己的儿子佩洛普斯切碎，煮给奥林匹斯诸神吃。各位神都没碰，只有谷神刻瑞斯心神恍惚，吃了肩膀。朱庇特令命运女神恢复了这个孩子的生命，缺失的肩膀用象牙重做。坦塔罗斯则在地府深处接受永远的惩罚。参考许基努斯《故事集》（*Fabulae* 83）。关于特柔斯的儿子，参考《哀歌集》第二部第 390 行的注释。

435 愿你如那个孩子，残肢远远散落于

　　　原野的各处，耽误父亲的路途 [1]；

　　愿你在佩里罗斯的铜器里模仿真牛，

　　　刑具的外形正配合你的嘶吼 [2]；

　　也像残暴的帕拉里斯，被割去舌头，

440　　关在帕坡斯的青铜里，闷声如牛 [3]。

　　倘若你希望重返青春年华，愿你像

　　　阿德墨托斯的老岳父 [4] 那般上当；

　　或者如那位骑马人，被沼泽的深坑吞掉，

　　　只要你的死不给你带来荣耀 [5]。

445 愿你的死法如那些牙齿变出的人，

1　指美狄亚的弟弟阿布绪托斯，参考《哀歌集》第三部第九首。

2　关于佩里罗斯，参考《哀歌集》第三部第十一首第 39 行的注释。

3　西西里僭主帕拉里斯用佩里罗斯的铜牛处死了很多人，据说他被推翻后，也在
　　铜牛中被烤死。帕坡斯（Paphos）是塞浦路斯的一个城市，塞浦路斯盛产铜，
　　古人称之为铜岛。

4　阿德墨托斯（Admetus）的老岳父指珀利阿斯（Pelias）。她的女儿求美狄亚用
　　魔法恢复他的青春，美狄亚活活烹死了他。参考许基努斯《故事集》（Fabulae
　　24）。

5　"那位骑马人"指罗马传说中的英雄库尔提乌斯（M. Curtius）。公元前 362 年
　　地震后，罗马广场出现了巨大的深坑，罗马人无论如何填都无用，神谕说只有
　　献上罗马最珍贵的东西坑才会消失。库尔提乌斯认为勇气是罗马最宝贵的资产，
　　于是骑马径直冲入深坑，深坑立刻合上了，这里后来成为罗马的地标 Lacus
　　Curtius。参考瓦罗《论拉丁语》（De Lingua Latina 5.148）和李维《罗马史》
　　（Ab Urbe Condita 7.6）。

是西顿的手在希腊播下的他们[1]；

让庇透斯外孙和梅杜萨弟弟的恐怖预言[2]

　　一条不缺在你的头上应验；

还有那本小书对那种鸟的种种诟詈——

450　　　它给自己注水来灌洗身体[3]。

愿你伤口的数目不亚于传说的那位神——

　　他的祭礼上不许任何刀现身[4]。

愿你也狂乱，被地母库柏勒夺取理智，

　　伴着笛声，割去无用的肢体[5]；

455　又如阿蒂斯，从男人变成非男非女，

　　愿你用柔荑摇晃刺耳的手鼓[6]；

愿你突然被变作神母钟爱的野兽，

1　"西顿的手"指卡德摩斯的手，因为卡德摩斯原来是腓尼基人，西顿是著名的腓尼基港口。卡德摩斯按照密涅瓦的指示，在土里种下了龙的牙齿，从中变出许多战士，互相厮杀后只剩五位，他和这些人一起建立了忒拜城。参考许基努斯《故事集》（*Fabulae* 178）。

2　庇透斯（Pittheus）的外孙指忒修斯。关于他的"恐怖预言"，参考《哀歌集》第二部第 383 行的注释。"梅杜萨弟弟"据古罗马注疏说是一位名叫希波纳克斯（Hipponax）的人，所指不详。

3　"那本小书"指亚历山大诗人卡利马科斯的《伊比斯》。"那种鸟"指朱鹭。

4　指古埃及神奥西里斯（Osiris），他被弟弟赛特（Sete）切成了十四块，妻子伊西斯只找回十三块，所以他无法继续活在阳间，后来成为冥界主宰。

5　"无用的肢体"指男性生殖器，地母库柏勒的追随者都是女人，祭司是阉割的男子，称为 Galli。

6　关于阿蒂斯（Attis），参考卡图卢斯《歌集》第六十三首。

就像捷足的少女和她的佳偶 [1]；

愿不只利莫涅一人受过那种惩罚 [2]，

460 　　　让你的内脏也体验马的尖牙。

或像残暴如那位国王的卡桑德里亚人 [3]，

　　　愿你也受伤，未死就坟堆压身；

或者如阿巴斯后裔，如库克诺斯之子 [4]，

　　　被关进箱子，径直扔进大海里；

465 或者让你做牺牲，斩杀向福玻斯献祭，

　　　悍敌也如此对待忒奥多托斯 [5]；

或者让阿布德拉在指定的日子处决你 [6]，

　　　愿你身上落满如雹的飞石。

或者，让你被朱庇特三叉的雷霆轰击，

1　指阿塔兰忒和弥拉尼翁（或希波墨涅斯）。他们因为得罪维纳斯，维纳斯挑动他们的欲望，让他们在地母库柏勒的神庙里性交，触怒了女神，双双被变成狮子。pecus 这里不指羊群，而指库柏勒的圣兽狮子。

2　关于利莫涅，参考本诗第 336 行的注释。

3　"那位国王"指利莫涅的父亲（希波墨涅斯，不是阿塔兰忒的丈夫）。"卡桑德里亚人"指卡桑德里亚（Cassandria）暴君阿波罗多洛斯（Apollodorus），因为人们痛恨他的残暴，抓住他后先活剥了他的皮，然后扔进沸水煮，还没有死就被埋进坟里。

4　阿巴斯（Abas）的后裔指珀尔修斯，珀尔修斯是阿巴斯的曾外孙，他生下来和母亲一起被装进箱子，扔到海里。参考许基努斯《故事集》（Fabulae 63）。库克诺斯（Cycnus）之子指特内斯（Tenes），他的继母诬告他强奸自己，父亲将他和妹妹一起装进箱子，投入海中，但和珀尔修斯一样，他们俩也没有死。

5　忒奥多托斯（Theodotus）自封为巴克特里亚（大夏）国王，但被帕提亚国王阿萨西斯（Arsaces）俘虏，并献祭给阿波罗。

6　阿布德拉（Abdera）是色雷斯的一个城邦。他们有一个风俗，在一年开始投票选出一人代表整个城邦受死。选中的人会被乱石砸死。

470 　　　　如德克西俄涅之父和卡帕纽斯[1]；

　　　如奥托诺厄的姐姐，也如迈娅的外甥[2]，

　　　　也如他[3]，本不该驾驭梦想的神骏；

　　　如埃俄洛斯残忍的儿子，也如那位[4]——

　　　　　他妹妹变成了大熊座，永不沾水。

475 　　　就像玛凯洛和丈夫一起死于雷火[5]，

　　　　我祈祷，你也被复仇的闪电消灭。

　　　如夭折的塔西俄斯[6]，也成为动物的佳肴，

　　　　它们守卫着属于拉托娜的提洛岛，

　　　　也撕碎了看见贞洁狄安娜沐浴的猎人[7]，

1　德克西俄涅（Dexione）之父指医神埃斯库拉庇乌斯，他因为擅自让希波吕托斯复活，被朱庇特用雷电劈死。卡帕纽斯的原文是 satus Hipponoo（希波诺俄斯的儿子），关于他的死，参考《哀歌集》第四部第三首第 64 行的注释。

2　奥托诺厄（Autonoe）的姐姐指塞墨勒，死于雷击，参考《哀歌集》第二部第 401 行的注释。迈娅的外甥指伊阿西翁，他是迈娅妹妹厄勒克特拉（Electra）的儿子，关于他的死，参考《哀歌集》第二部第 300 行的注释。

3　指帕厄同。

4　"埃俄洛斯残忍的儿子"指埃里斯（Elis）国王萨尔摩纽斯（Salmoneus），他要求臣民像敬拜朱庇特一样敬拜自己，还模仿雷霆的效果，后来遭到朱庇特雷击而死。参考许基努斯《故事集》（Fabulae 61）。因为大熊座是吕卡翁的女儿卡里斯托所变，所以"那位"应指吕卡翁的某个儿子。根据许基努斯《故事集》（Fabulae 176），他们父子都被朱庇特用雷电劈死。

5　玛凯洛（Macelo）和丈夫所指不详。

6　塔西俄斯（Thasius）被提洛岛的狗咬死，参考许基努斯《故事集》（Fabulae 247）。

7　"猎人"指阿克泰昂，参考《哀歌集》第二部第 106 行的注释。

480　　　　还有利诺斯，克罗托颇斯的外孙 [1]。

　　　　愿你被毒蛇咬伤，愿你的痛苦不亚于

　　　　　　俄阿格罗斯和卡利俄柏的媳妇 [2]，

　　　　许普斯皮勒的儿子 [3] 和首先怀疑有诡计、

　　　　　　用锋利长矛刺穿木马的祭司 [4]。

485　　愿你攀登高梯时和厄尔佩诺耳 [5] 一样

　　　　　　不小心，一样受制于酒的力量。

　　　　愿你像德鲁俄匹亚人，被粗鲁的提俄达玛斯

　　　　　　唤来助阵，也最终战败而死 [6]；

　　　　也像冷酷的卡库斯，死在自己的洞中 [7]，

490　　　因禁了牛羊，却难藏它们的叫声；

　　　　也像他，拿着浸了涅索斯毒液的礼物，

1　利诺斯（Linus）是克罗托颇斯（Crotopus）的外孙，母亲普萨玛忒（Psamathe）
　　生下他后，怕被克罗托颇斯杀死，就交给一群牧人抚养，但他却被牧人的狗撕
　　成了碎片。

2　指俄耳甫斯的妻子欧律狄刻（Eurydice），新婚之日被毒蛇咬死，俄耳甫斯的
　　父亲是色雷斯国王俄阿格罗斯，母亲是缪斯神卡利俄柏（Calliope）。参考维
　　吉尔《农事诗》（Georgics 4.457ff）。

3　许普斯皮勒（Hypsipyle）的儿子指奥菲尔忒斯（Opheltes），他还是婴儿时就
　　被毒蛇咬死。参考许基努斯《故事集》（Fabulae 74）。

4　"祭司"指特洛伊的拉奥孔（Laocoon）。因为他看穿了木马计，密涅瓦派海蛇
　　杀死了他和两个儿子。

5　关于厄尔佩诺耳，参考《哀歌集》第三部第四首第 20 行的注释。

6　德鲁俄匹亚（Dryopia）人是古希腊的一个部落。提俄达玛斯（Thiodamas）因
　　为拒绝给海拉斯食物，惹恼了他的好友海格力斯，海格力斯杀死了他的一些牲
　　口。提俄达玛斯召集德鲁俄匹亚人进攻他，结果战败。

7　卡库斯（Cacus）偷走了海格力斯的牛，藏在洞中，其中一头牛的叫声泄露了秘密，
　　结果海格力斯杀死了他。参考《埃涅阿斯纪》（Aeneid 8.217）。

用自己的血染红了欧卑亚水域[1]。

或愿你学那人，读苏格拉底论死亡的篇章，

从悬崖跳下，去地狱追寻天堂[2]；

495　或者如他，望见忒修斯撒谎的帆[3]，

或如那男孩，被推下伊利昂的塔尖[4]；

也像巴克斯的姨母，也是他童年的养育者[5]，

也像他，因为发明锯子而陨灭[6]；

或者如那位吕底亚少女，从高岩跳下，

500　只因对战神说了不敬的话[7]。

1　关于涅索斯，参考《哀歌集》第二部第405行的注释。"他"指利卡斯（Lichas），海格力斯的仆人，因为蒂雅妮拉嫉妒海格力斯有了新欢，派利卡斯将染有涅索斯毒血的衣服带给海格力斯，海格力斯中毒身死，临死前将利卡斯扔进了欧卑亚附近的大海。参考许基努斯《故事集》（Fabulae 36）。

2　指克里奥姆布罗托斯（Cleombrotus），他看了苏格拉底宣扬灵魂不死的书，兴奋地跳下悬崖，结果摔死了。卡利马科斯专门为他写了一首铭体诗（Antho-logia Palatina 7.471）。

3　"他"指雅典国王、忒修斯的父亲埃勾斯（Aegeus），忒修斯去克里特岛挑战米诺陶之前与父亲约定，如果平安回来船就挂白帆，但返航时他忘了换帆，埃勾斯以为他死了，跳海自尽，爱琴海因他得名。参考卡图卢斯《歌集》（Carmina 64.241-4）。

4　指赫克托耳的儿子、特洛伊王储阿斯蒂阿纳克斯（Astyanax），关于特洛伊战争后他的命运，有很多不同的版本，根据奥维德《变形记》（Metamorphoses 13.413ff），他被希腊人从城墙上扔下去。

5　"巴克斯的姨母"指伊诺，她被发疯的丈夫赶下大海，参考本诗第347行的注释。

6　"他"指巧匠代达罗斯的侄子，名叫佩尔迪克斯（Perdix）或塔洛斯（Talus），从小就有天分，发明了锯子，代达罗斯出于妒忌，将他从雅典的密涅瓦神庙顶上推了下去。参考奥维德《变形记》（Metamorphoses 13.413ff）。

7　"吕底亚少女"指吕底亚国王伊布科斯（Ibycus）的女儿伊勒克斯（Ilex），战神马尔斯追求她，她不为所动，由于受到狄安娜的保护，马尔斯无法得到她，于是杀死了她父亲，她悲痛过度，跳海而死。

愿你与同乡怀孕的母狮在祖先的土地上

　　邂逅，如帕莱科斯[1]那般灭亡；

愿你也像吕库古的儿子、树生的孩子[2]

　　和无畏的伊德蒙[3]一样被野猪咬死；

505　愿它即使断了气也能伤到你，就像

　　悬挂的野猪头正落在那人的头上[4]；

愿掉落的松果也夺去你的性命，正如

　　佛里吉亚库柏勒圣山的猎户[5]。

如果你的船停靠米诺斯的沙滩，我衷心

510　祈盼你被当作科尔库拉人[6]。

愿你遇屋顶坍塌，如阿琉亚斯的孩子，

　　当朱庇特之星保护了西摩尼得斯[7]；

或者如埃维诺斯、第伯里努斯，淹死

1　帕莱科斯（Phalaecus）所指不详。

2　"吕库古的儿子"指德鲁阿斯，参考《哀歌集》第五部第三首第 39 行的注释。
　　"树生的孩子"指阿多尼斯，参考本诗第 360 行的注释。

3　伊德蒙（Idmon）是阿波罗的儿子，参加了阿尔戈号的远征，途中被野猪咬死。
　　参考许基努斯《故事集》（*Fabulae* 14）。

4　一位名叫托阿斯（Thoas）的猎人打到一头野猪，本该将头和脚都献给狄安娜，
　　却留下了头，挂在头顶的树上，睡觉时猪头掉下来，盖住了他的脸，让他窒息
　　而死。

5　佛里吉亚是库柏勒崇拜的圣地，"圣山"指贝瑞昆托斯山（Berecynthus）。"猎
　　户"指阿图斯（Atys）和瑙克洛斯（Nauclus），他们睡觉时被掉落的松果砸死。

6　"米诺斯的沙滩"指克里特岛，科尔库拉（Corcyra）人曾经羞辱过克里特国王
　　米诺斯的尸骸，因此被当地人视为死敌，捉住就会被献祭给米诺斯的亡魂。

7　阿琉亚斯（Aleuas）的孩子指 Scopas（斯科帕斯），他因为不敬神遭到天谴，
　　被倒塌的房子砸死，而在他家做客的诗人西摩尼得斯（Simonides，公元前
　　556—公元前 468）却蒙神保佑，安然无恙。"朱庇特之星"指木星，是吉祥之星。

在湍急水流里，留给河一个名字[1]；

515　愿你如阿斯塔科斯之子[2]，人头从尸体上

斩断，正好适合喂野兽的肚肠；

或者如布罗特阿斯[3]，据说太渴盼死亡，

扑向点燃的柴堆，欣然火葬；

愿你关在笼子里，慢慢熬到死之时，

520　如那位史家[4]，著作于他有何益？

就像发明好斗的短长格的那位诗人[5]，

愿你也因无耻的舌头而亡身；

也像他，用瘸腿的格律攻击阿泰尼斯，

遭人憎恨，在饥饿中凄凉身死[6]；

525　也像传说中那位讽刺短诗的作者[7]，

1　埃维诺斯（Evenus）在追逐劫走女儿的伊达斯（Idas）时坠入河中淹死，后来河因他得名，他也成为一位河神。第伯里努斯（Tiberinus）也淹死在河里，后来那条河就叫台伯河（Tiberis）。

2　阿斯塔科斯（Astacus）之子指梅拉尼坡斯，参考本诗第 428 行的注释。

3　布罗特阿斯（Broteas）是一位猎人，因为拒绝敬拜猎神狄安娜，被女神逼疯，自焚而死。

4　"史家"指亚里士多德的侄外孙卡里斯提尼斯（Callisthenes，公元前 360—公元前 328），他曾著史赞美亚历山大大帝，后卷入刺杀他的阴谋，被酷刑折磨死。

5　"诗人"指阿齐洛科斯，参考本诗第 54 行的注释，他的死法不详。

6　"他"指古希腊短长格诗人希波纳克斯（Hipponax），以语言恶毒闻名，雅典雕塑家布帕洛斯（Bupalus）和阿泰尼斯（Athenis）都是他的靶子。"瘸腿的格律"指他发明的 limping iambics（又名 choliamibics 或 scazons），每行由五个短长格音步和一个长短格（或长长格）音步组成，节奏适合讽刺。

7　Riley（1881）认为，"作者"指公元前 6 世纪古希腊抒情诗人阿尔凯奥斯（Alcaeus），Ellis 则认为指公元前 5 世纪古希腊抒情诗人提谟克勒翁（Timocreon）。

由于违背誓言而遭到毁灭；

正如蛇咬伤了阿伽门农的俄瑞斯忒斯[1]，

也愿你因为有毒的攻击而死；

愿你的洞房之夜是一生的最后一夜，

530   欧波利斯和新娘就如此殒殁[2]。

如同传说中悲剧家吕科蒲戎[3]被箭矢

射中内脏，也愿你结局相似；

或者愿你被亲人撕成碎片，散落在

林间，就像忒拜城龙祖的后代[4]；

535   愿你被一头牛拖着越过蛮野的山头，

正如吕科斯颐指气使的配偶[5]；

也愿你割掉的舌头落在脚前，正如

那位惨遭姐夫强奸的少女[6]。

愿你如最终建立居雷奈的布莱苏斯[7]，

540   也在世界无数的地方流离。

---

1   俄瑞斯忒斯是阿伽门农之子，据说被毒蛇咬死。参考欧里庇得斯《俄瑞斯忒斯》（*Orestes* 1645）的注疏。

2   欧波利斯（Eupolis，公元前446—公元前411），古希腊喜剧家，这里的所指不详。

3   吕科蒲戎（Lycophron）据说写了六十四部（或四十六部）悲剧，这里的所指不详。

4   指忒拜国王彭透斯（Pentheus），关于他的死，参考欧里庇得斯悲剧《酒神狂女》（*Bacchae*）。"龙祖"指第一位忒拜国王卡德摩斯，因为他死后据说变成了龙。

5   吕科斯（Lycus）是忒拜国王，他的王后是狄耳刻（Dirce），她长期虐待王妃安提俄珀（Antiope），后者的两位孪生儿子为母亲报仇，将她绑在牛角上拖死。

6   "少女"指菲洛墨拉，参考《哀歌集》第二部第390行的注释。

7   布莱苏斯（Blaesus）是罗马人对居雷奈创建者巴托斯的称呼。他在建城之前，曾四处流浪多年。

愿勤劳的蜜蜂将毒针扎入你的眼睛，

　　就如同诗人阿凯乌斯的命运 [1]；

也愿你绑在坚硬的岩石上，如庇拉伯父 [2]，

　　忍受老鹰啄食你的脏腑；

545　或如哈尔帕古斯的儿子 [3]，让人想起

　　图埃斯特，宰杀后做父亲的美食 [4]。

他们说弥涅墨斯 [5] 死在残酷的剑下，

　　肢体被切成碎片，愿你学他；

或者像叙拉古的那位诗人 [6]，你也被扼住

550　喉咙，呼吸的通道被彻底堵住；

或者被剥皮，脏腑全袒露，就如那人——

　　他给佛里吉亚的河留了名 [7]。

1　古希腊文学史上有两位阿凯乌斯（Achaeus），都是悲剧诗人，分别生活在公元前 4 世纪和公元前 3 世纪，难以确定奥维德指哪一位，而且也没有任何关于他们死亡的记载。

2　庇拉（Pyrrha）的伯父指普罗米修斯，因为庇拉的父亲是他的弟弟厄毗米修斯（Epimetheus）。

3　哈尔帕古斯（Harpagus）被美地亚国王阿斯图阿格斯（Astyages，公元前585—公元前 550 年在位）派去杀死未来的波斯皇帝居鲁士，因为国王梦见自己的外孙（居鲁士是他的一个外孙）将毁灭自己的王国。哈尔帕古斯不忍下手，用一个死婴冒充居鲁士。居鲁士十岁时国王发现了真相，处死了哈尔帕古斯的儿子，并将他做成菜肴给这位父亲吃。参考希罗多德《历史》（Histories 1.117-9）。

4　关于图埃斯特，参考《哀歌集》第二部第 392 行的注释。

5　弥涅墨斯（Mimnermus）是公元前 7 世纪著名的哀歌体诗人。

6　古代注疏认为指公元前 3 世纪的著名田园诗人忒奥克里托斯（Theocritus），但关于他的死法没有任何记录。

7　指玛绪阿斯，参考《黑海书简》第三部第三首第 42 行的注释。玛绪阿斯也是佛里吉亚的一条河的名字。

愿你不幸看见化人为石的梅杜萨，

　　她独自消灭了刻甫斯的许多手下[1]。

555　愿你如格劳科斯，被波尼埃的马咬噬[2]，

　　也跳进大海，如另一位格劳科斯[3]；

又像与刚才这两位同名的人，愿你

　　也被克诺索斯的蜂蜜堵住呼吸[4]。

如阿尼托斯博学的被告，愿你也喝某物，

560　只不过他神色自若，你满面惊惧[5]。

如果你爱什么，愿你的结局和海蒙一样惨[6]；

　　愿你如玛卡柔斯，与妹妹纠缠[7]。

或者，当火焰蔽天，赫克托耳之子[8]从家园

　　高墙上看见的一切，愿你也看见。

1　刻甫斯（Cepheus）是埃塞俄比亚国王，珀尔修斯从海怪手里拯救了公主安德罗墨达，国王答应将公主许配给他，但国王的弟弟菲纽斯（Phineus）因为自己的儿子与公主有婚约在先，带领许多人前来阻挠，珀尔修斯用梅杜萨的头把他们全部变成了石头。

2　格劳科斯（Glaucus）是波尼埃（Potniae）人，西西弗的儿子，他鄙视爱神维纳斯，甚至不允许自己的马交配。女神让他的马发疯，将他撕成了碎片。

3　这位格劳科斯水性极好，参与了阿尔戈号的远航，在伊阿宋与第勒尼安人的海战中，他跳入了大海，传说他从此成为一位海神。参考阿忒纳乌斯（Athenaeus）的《宴饮丛谈》（*Deipnosophistae* 296-7）。

4　这位格劳科斯是克里特国王米诺斯的儿子，童年时玩球，不慎掉进了一个蜜罐，窒息而死，参考伪阿波罗多洛斯的《神话汇编》（*Bibliotheca* 3.3）。

5　"被告"指苏格拉底，他被雅典法庭判处饮毒酒的死刑。参考许基努斯《故事集》（*Fabulae* 136）。

6　关于海蒙，参考《哀歌集》第二部第402行的注释。

7　关于玛卡柔斯，参考《哀歌集》第二部第384行的注释。

8　"赫克托耳之子"指阿斯蒂阿纳克斯，参考本诗第496行的注释。

愿你以血赎罪，就像他，外祖父是父亲，

　　通过罪孽，姐姐成了他母亲[1]。

也愿你的骨头上扎着那样的投枪，

　　它让伊卡里俄斯的女婿死亡[2]。

就像在木马中，急于表达的喉咙被堵死[3]，

570　　也祝你声音的通道被拇指关闭。

或者如阿那克萨库[4]，愿你在臼中被研磨，

　　骨头代谷物发出碎裂的音乐。

愿你如普萨玛忒的父亲[5]，被福玻斯关入

　　地府最深处，因他对女儿太残酷。

575　愿那种瘟疫袭击你全家，克洛伊波斯

1　"他"指阿多尼斯，他的外祖父和父亲都是喀倪剌斯，姐姐和母亲都是穆拉，参考本诗第 360 行的注释。

2　伊卡里俄斯（Icarius）的女婿指尤利西斯，因为珀涅罗珀是伊卡里俄斯的女儿。根据许基努斯《故事集》（Fabulae 127），尤利西斯最后被他和喀耳刻的孩子忒勒戈诺斯杀死。

3　指安提库洛斯（Anticlus），他是藏身木马潜入特洛伊的希腊人中的一位。海伦怀疑木马中藏着人，故意模仿希腊将士妻子的声音喊他们的名字。当她模仿安提库洛斯的妻子时，他忍不住想回答，但被尤利西斯扼住喉咙噎死了。参考《奥德赛》（Odyssey 4.285-9）。

4　阿那克萨库（Anaxarchus，公元前 380—公元前 320），古希腊著名哲学家。他曾是亚历山大大帝的贵宾，但与萨拉米斯僭主尼可克瑞翁（Nicocreon）结有宿怨，亚历山大去世后，尼可克瑞翁把阿那克萨库装入皮囊，在石臼中捣死。参考第欧根尼《名哲言行录》（Lives and Opinions of Eminent Philosophers 50.9.58）。

5　普萨玛忒的父亲指克罗托颇斯，参考本诗第 480 行的注释。利诺斯死后，普萨玛忒怀孕的事暴露，克罗托颇斯不相信利诺斯是阿波罗的孩子，判处普萨玛忒死刑。

曾经征服它，帮可怜的阿尔戈斯[1]。

如埃特拉的孙子，注定毁于维纳斯的愤怒，

也愿你流放时被惊驰的马抛出[2]。

如那位觊觎财富的东道主杀死了养子[3]，

580　　也愿你因为贫穷被接待者杀死。

传说达玛西克同和六兄弟一起被屠[4]，

也祝你消失，连同整个家族；

如竖琴演奏者死在可怜的孩子之后[5]，

也愿你有憎恨生命的理由；

585　像佩洛普斯的妹妹[6]，变成僵硬的岩石，

1　阿波罗为了报复利诺斯和普萨玛忒之死，在阿尔戈斯降下"惩罚"（Ποινη），
　　"惩罚"会夺走母亲的孩子。克洛伊波斯（Coroebus）为了拯救全城的人，独
　　自来到德尔斐的阿波罗神庙，请求让自己代替全城受难。神谕命他永不返家，
　　带着一个三足鼎，在鼎掉落的地方建城。

2　埃特拉（Aethra）的孙子指希波吕托斯，因为她是忒修斯的母亲。关于希波吕
　　托斯的死，参考《哀歌集》第二部第 383 行的注释。之所以说"毁于维纳斯
　　的愤怒"，是因为希波吕托斯是处女神狄安娜的追随者，坚持独身，惹怒维纳
　　斯，她才挑动他的继母向他求爱，引发了后面的悲剧。

3　"东道主"指波林涅斯托耳，"养子"指波吕多洛斯，参考本诗第 268 行的注释。

4　达玛西克同（Damasicthon）是尼俄柏的七个儿子之一，关于他们的死，参考《哀
　　歌集》第五部第一首第 57 行的注释。

5　"竖琴演奏者"指安菲翁（Amphion），他是朱庇特和安提俄珀（Antiope）的
　　儿子，墨丘利曾教他音乐，赠他竖琴，他的音乐让石头自动筑成了忒拜城。他
　　后来与尼俄柏结婚。所有的孩子暴亡之后，他拔剑自杀了，参考《变形记》
　　（Metamorphoses 6.271）。

6　"佩洛普斯的妹妹"指尼俄柏。

或因舌头而被毁，就像巴托斯[1]。

如果你投掷铁饼，穿过空气，希望你

如俄埃巴洛斯的儿子[2]，被它砸死；

如果你挥舞手臂，劈波斩浪，愿每片

590　海域都比阿布多斯更危险[3]；

正如那位喜剧家，游泳时死在水中[4]，

愿斯堤克斯河的波浪盖过你头顶；

倘若你沉船后侥幸逃出狂风巨浪，

愿你如帕里努鲁斯[5]，登岸即死亡。

595　就像狄安娜的守护者对付那位悲剧家[6]，

也愿警觉的群狗将你撕开花；

1　巴托斯（Battus）是一位牧人，看见墨丘利偷走了阿波罗的牛。墨丘利让他发誓不透露这个秘密，但仍不放心，换了个化身，用重金诱惑他，巴托斯立刻说出了秘密，愤怒的墨丘利将他变成了石头。参考《变形记》（*Metamorphoses* 2.683-707）。

2　俄埃巴洛斯（Oebalus）的儿子指许阿钦托斯（Hyacinthus），参考许基努斯《故事集》（*Fabulae* 271）。

3　"你"指利安得，参考《哀歌集》第三部第十首第 42 行的注释。

4　关于"喜剧家"，历代注者主要有三种说法：欧波利斯、米南德（Menander，公元前 342—公元前 290）和泰伦斯（Publius Terentius Afer，公元前 195—公元前 159）。

5　关于帕里努鲁斯，参考《哀歌集》第五部第六首第 7 行的注释。

6　"狄安娜的守护者"指狗。"悲剧家"指欧里庇得斯（Euripides，公元前 480—公元前 406），传说他在狄安娜神庙前被私敌吕希玛科斯（Lysimachus）放狗咬死，参考许基努斯《故事集》（*Fabulae* 247）。

或者如西西里诗人，跳到巨人的脸上 [1]，

　　在埃特纳喷出无数火焰的地方。

愿斯特律蒙河的妇女视你为俄耳甫斯 [2]，

600　　用疯狂的指甲撕碎你的肢体。

像阿尔泰娅的儿子，被遥远的火焚毁 [3]，

　　也愿树枝的火吞噬你的柴堆；

像那位新婚的女人，被帕西斯的冠冕点燃，

　　连同她的父亲和整个宫殿 [4]；

605　毒血扩散，流遍海格力斯的四肢 [5]，

　　愿瘟疫般的毒液蚀尽你身体。

愿你被自己的后代用一种新武器

　　报复，如吕库古，彭提洛斯之子 [6]；

1　"西西里诗人"指古希腊哲学家、诗人恩培多克勒（Empedocles，约公元前 490—约公元前 430），人们传说他为了证明自己是神，跳进了埃特纳的火山口。之所以说"跳到巨人的脸上"，是因为根据古希腊神话，有巨人埋在埃特纳山下，参考《黑海书简》第二部第十首第 24 行的注释。

2　俄耳甫斯在两度失去妻子欧律狄刻后，失去了对任何女人的兴趣，后被色雷斯的女人撕成碎片，参考《变形记》（Metamorphoses 11.1-66）。

3　"阿尔泰娅的儿子"指墨勒阿革洛斯，参考《哀歌集》第一部第七首第 18 行的注释。

4　"新婚的女人"指科林斯公主克鲁莎（Creusa）或叫格劳刻（Glauce），"帕西斯的冠冕"指美狄亚赠给她的有毒的冠冕，因为帕西斯是美狄亚故乡科尔基斯的一条河。"父亲"指科林斯国王克瑞翁（Creon）。

5　毒血来自半人马涅索斯，参考《哀歌集》第二部第 405 行的注释。

6　吕库古（Lycurgus）所指不详，可能是传说中斯巴达的创建者，但他是否真实存在，学界颇多怀疑，更不知晓他的身世，"彭提洛斯（Pentelus）之子"的说法不知出处。这两行所叙述的事情也不详，通常的版本说吕库古是绝食而死。

愿你如米罗[1]，试图掰开橡树的裂口，

610 　　却再也无法拽回被夹住的手。

如伊卡里俄斯[2]，愿你也死于自己的礼物，

　　被醉酒的群氓用刀剑送上归途；

也如他孝顺的女儿[3]因悲恸所做的事，

　　愿你也拿绳捆紧自己的脖子。

615 就像他，愿你被母亲下令处死，门槛

　　用石头封紧，再不能享受一餐[4]；

愿你也像他一样，亵渎密涅瓦的神像，

　　他不肯追随奥利斯的轻率远航[5]；

或像瑙普里俄斯之子[6]，因虚假的指控

1　米罗（Milo）是一位大力士，一次他想从裂开的橡树中拔出楔子，橡树却突然合拢，夹紧了他的手，无论如何都没法抽出来，最后他被野兽咬死。

2　伊卡里俄斯因为善待酒神，酒神送给他一些酒。伊卡里俄斯把酒分给牧人，牧人喝醉后以为他下了毒，于是将他杀死。参考许基努斯《故事集》（*Fabulae* 130）。

3　"女儿"指厄里戈涅（Erigone）在父亲坟头自缢身亡。

4　"他"指斯巴达国王保萨尼阿斯（Pausanias），他被诬告通敌，关进密涅瓦神庙里，被石头封死，他母亲扔了第一块石头。参考修昔底德《伯罗奔尼撒战争史》（*History of the Peloponnesian War* 1.134）。

5　"他"指尤利西斯，他和狄俄墨得斯偷走了守护特洛伊的密涅瓦神像，参考《埃涅阿斯纪》（*Aeneid* 2.164ff）。"轻率远航"指阿伽门农率领的希腊舰队从奥利斯港（Aulis）出发，准备出征特洛伊，因为他杀了狄安娜圣林中的一头鹿，女神惩罚他，所有的船无法离岸，参考《哀歌集》第四部第四首第67行的注释。尤利西斯此时没有加入希腊军队。

6　瑙普里俄斯（Nauplius）之子指帕拉墨得斯（Palamedes）。特洛伊战争前，尤利西斯不想参战，故意装疯，但被前来找他的帕拉墨得斯识破，从此怀恨在心。战争结束后，尤利西斯在帕拉墨得斯的帐篷里放上黄金和伪造的普里阿摩斯的信，指控他是叛徒。帕拉墨得斯被石刑处死。

620　　　被处死，无辜的事实毫无作用。

就像埃塔隆[1]，被祭司在伊西斯神庙杀死，

　　　因此事他们永不能参加圣礼。

就像他，藏在黑暗中准备杀梅兰透斯，

　　　却被母亲的灯泄露了秘密[2]，

625　也愿你的内脏被飞来的投枪刺穿，

　　　愿你的同盟也如此带给你灾难。

愿你也度过佛里吉亚懦夫[3]的一夜，

　　　他为阿喀琉斯的战马而订约。

愿你的睡眠不比瑞索斯[4]和同伴安谧，

630　无论在路途中还是他被杀之时；

还有和鲁图里亚人纳姆内提斯[5]一起

　　　被骁勇的尼索斯[6]和同伴消灭的猛士。

1　据说一位名叫埃塔隆（Aethalon）的异乡人在伊西斯神庙被祭司的投枪杀死。

2　"他"指尤利西斯，Ellis 怀疑奥维德在这里记错了《奥德赛》中的情节，为尤利西斯洗脚的不是"母亲"（parens），而是"奶妈"（nutrix）。"泄露秘密"是因为她借着灯光从他脚上的疤痕认出了主人。梅兰透斯（Melantheus）是尤利西斯的羊倌，因为与求婚者勾结，被尤利西斯残忍屠杀。

3　"佛里吉亚懦夫"指多隆，参考《哀歌集》第三部第四首第 28 行的注释。

4　瑞索斯（Rhesus）是色雷斯国王，在特洛伊战争中帮助特洛伊人，在尤利西斯和狄俄墨得斯的夜袭中被杀。参考《伊利亚特》第十卷。

5　纳姆内提斯（Ramnetes）属于鲁图里亚（Rutulia）人——特洛伊人主要敌人，事见《埃涅阿斯纪》（Aeneid 9.324ff）。

6　关于尼索斯，参考《哀歌集》第一部第五首第 24 行的注释。

　　　　如克里尼阿斯的儿子[1]，被烈焰包围，愿你

　　　　　　也带着半焚的身体进斯堤克斯。

635　也如雷穆斯[2]，胆敢跃过刚建好的城墙，

　　　　　　愿你也死于乡民掷来的长枪。

　　　　最后我祝愿，你在这片土地上活到死，

　　　　　　周围是萨尔马特和盖塔的飞矢。

　　　　这些只是我草就之书里暂时的薄礼，

640　　　　以免你埋怨我已经把你忘记。

　　　　我承认太少，但你若要求，神会给更多，

　　　　　　愿他们垂爱，让祷告源源不绝。

　　　　你还会读到新作，而且有你的大名，

　　　　　　采用的格律[3]也适合无情的战争。

1　　克里尼阿斯（Clinias）的儿子指雅典著名将领阿尔喀比亚德（Alcibiades，公元
　　前 450—公元前 404），在伯罗奔尼撒战争中多次改变阵营，后被斯巴达人
　　放火围攻，他虽冲出火海，却被乱箭射死。参考普鲁塔克的传记（Alcibiades
　　39）。

2　　关于雷穆斯（Remus），参考《哀歌集》第四部第三首第 8 行的注释。

3　　指短长格。

拉丁语原诗

TRISTIVM LIBER I

《哀歌集》

第一部

I

Parve (nec invideo) sine me, liber, ibis in Vrbem:

   ei mihi, quo[1] domino non licet ire tuo!

Vade, sed incultus, qualem decet exulis esse:

   infelix habitum temporis huius habe.

5 Nec te purpureo velent vaccinia fuco:

   non est conveniens luctibus ille color:

nec titulus minio, nec cedro charta notetur,

   candida nec nigra cornua fronte geras.

Felices ornent haec instrumenta libellos:

10   fortunae memorem te decet esse meae.

Nec fragili geminae poliantur pumice frontes,

   hirsutus sparsis ut videare comis.

Neve liturarum pudeat.Qui viderit illas,

   de lacrimis factas sentiet[2] esse meis.

---

1   quo=quod=cum

2   sentiet=sentiat

15   Vade, liber, verbisque meis loca grata saluta:

      contingam certe quo licet illa pede.

  Siquis, ut in populo, nostri non inmemor illi[1],

      siquis, qui, quid agam, forte requirat, erit:

  vivere me dices, salvum tamen esse negabis:

20   id quoque, quod vivam, munus habere dei.

  Atque ita tu tacitus (quaerenti plura legendum[2])

      ne, quae non opus est, forte loquare, cave.

  Protinus admonitus repetet mea crimina lector,

      et peragar populi publicus ore reus.

25   Tu cave defendas, quamvis mordebere dictis:

      causa patrocinio non bona maior[3] erit.

  Invenies aliquem, qui me suspiret ademptum,

      carmina nec siccis perlegat ista genis,

  et tacitus secum, ne quis malus audiat, optet,

30   sit mea lenito Caesare poena levis:

  nos quoque, quisquis erit, ne sit miser ille, precamur,

      placatos miseris qui volet esse deos;

  quaeque volet, rata sint, ablataque principis ira

      sedibus in patriis det mihi posse mori.

35   Vt peragas mandata, liber, culpabere forsan

      ingeniique minor laude ferere mei.

---

1   illi=illo

2   legendum=legendus

3   maior=peior

Iudicis officium est ut res, ita tempora rerum

    quaerere: quaesito tempore tutus eris.

Carmina proveniunt animo deducta sereno:

40   nubila sunt subitis pectora nostra malis.

Carmina secessum scribentis et otia quaerunt:

    me mare, me venti, me fera iactat hiems.

Carminibus metus omnis obest[1]: ego perditus ensem

    haesurum iugulo iam puto iamque meo.

45 Haec quoque quod facio, iudex mirabitur aequus,

    scriptaque cum venia qualiacumque leget.

Da mihi Maeoniden et tot circumice casus,

    ingenium tantis excidet omne malis.

Denique securus famae, liber, ire memento,

50   nec tibi sit lecto displicuisse pudor.

Non ita se praebet nobis Fortuna secundam

    ut tibi sit ratio laudis habenda tuae.

Donec eram sospes, tituli tangebar amore,

    quaerendique mihi nominis ardor erat.

55 Carmina nunc si non studiumque, quod obfuit, odi,

    sit satis.Ingenio sic fuga parta meo.

Tu tamen i pro me, tu, cui licet, aspice Romam:

    di facerent, possem nunc meus esse liber.

Nec te, quod venias magnam peregrinus in Vrbem,

---

1   obest=abest

60 ignotum populo posse venire puta.

Vt titulo careas, ipso noscere colore:

dissimulare velis, te liquet esse meum.

Clam tamen intrato, ne te mea carmina laedant:

non sunt ut quondam plena favoris erant.

65 Siquis erit, qui te, quia sis meus, esse legendum

non putet, e gremio reiciatque suo,

'inspice' dic 'titulum: non sum praeceptor amoris;

quas meruit, poenas iam dedit illud opus.'

Forsitan expectes, an in alta Palatia missum

70 scandere te iubeam Caesareamque domum.

Ignoscant augusta mihi loca dique locorum.

Venit in hoc illa fulmen ab arce caput.

Esse quidem memini mitissima sedibus illis

Numina; sed timeo qui nocuere deos.

75 Terretur minimo pennae stridore columba,

unguibus, accipiter, saucia facta tuis.

Nec procul a stabulis audet discedere, siqua

excussa est avidi dentibus agna lupi.

Vitaret caelum Phaëthon, si viveret, et quos

80 optarat stulte, tangere nollet equos.

Me quoque, quae sensi, fateor Iovis arma timere:

me reor infesto, cum tonat, igne peti.

Quicumque Argolica de classe Capherea fugit,

semper ab Euboicis vela retorquet[1] aquis.

85　Et mea cumba semel vasta percussa procella

illum, quo laesa est, horret adire locum.

Ergo cave, liber, et timida circumspice mente,

ut satis a media sit tibi plebe legi.

Dum petit infirmis nimium sublimia pennis

90　Icarus, aequoreis nomina fecit aquis[2].

Difficile est tamen hinc remis utaris an aura,

dicere.Consilium resque locusque dabunt.

Si poteris vacuo tradi, si cuncta videbis

mitia, si vires fregerit ira suas:

95　siquis erit, qui te dubitantem et adire timentem

tradat, et ante tamen pauca loquatur, adi.

Luce bona dominoque tuo felicior ipse

pervenias illuc et mala nostra leves.

Namque ea vel nemo, vel qui mihi vulnera fecit

100　solus Achilleo tollere more potest.

Tantum ne noceas, dum vis prodesse, videto.

nam spes est animi nostra timore minor:

quaeque quiescebat, ne mota resaeviat ira,

et poenae tu sis altera causa, cave.

105　Cum tamen in nostrum fueris penetrale receptus,

1　retorquet= retorsit

2　Icarus, aequoreis nomina fecit aquis=Icarus, aequoreas nomine fecit aquas=Icarias: aequo-
reis nomina fecit aquis

contigerisque tuam, scrinia curva, domum:

aspicies illic positos ex ordine fratres,

  quos studium cunctos evigilavit idem.

Cetera turba palam titulos ostendet apertos,

110 et sua detecta nomina fronte geret;

tres procul obscura latitantes parte videbis:

  sic quoque, quod nemo nescit, amare docent.

Hos tu vel fugias, vel, si satis oris habebis,

  Oedipodas facito Telegonosque voces.

115 Deque tribus, moneo, si qua est tibi cura parentis,

  ne quemquam, quamvis ipse docebit, ames.

Sunt quoque mutatae, ter quinque volumina, formae,

  nuper ab exequiis carmina rapta meis.

His mando dicas, inter mutata referri

120 fortunae vultum corpora posse meae.

Namque ea dissimilis subito est effecta priori,

  flendaque nunc, aliquo tempore laeta fuit.

Plura quidem mandare tibi, si quaeris, habebam:

  sed vereor tardae causa fuisse viae[1].

125 Et si quae subeunt, tecum, liber, omnia ferres,

  sarcina laturo magna futurus eras.

Longa via est, propera: nobis habitabitur orbis

  ultimus, a terra terra remota mea.

---

1   viae=morae

II

Di maris et caeli (quid enim nisi vota supersunt?)

    solvere quassatae parcite membra ratis,

neve, precor, magni subscribite Caesaris irae:

    saepe premente deo fert deus alter opem.

5   Mulciber in Troiam, pro Troia stabat Apollo:

    aequa Venus Teucris, Pallas iniqua fuit.

Oderat Aenean propior Saturnia Turno.

    Ille tamen Veneris numine tutus erat.

Saepe ferox cautum petiit Neptunus Vlixem:

10   eripuit patruo saepe Minerva suo.

Et nobis aliquod, quamvis distamus ab illis,

    quis vetat irato numen adesse deo?

Verba miser frustra non proficientia perdo.

    Ipsa graves spargunt ora loquentis aquae,

15   terribilisque Notus iactat mea dicta, precesque

    ad quos mittuntur, non sinit ire deos.

Ergo idem venti, ne causa laedar in una,

    velaque nescio quo votaque nostra ferunt.

Me miserum, quanti montes volvuntur aquarum!

20   Iam iam tacturos sidera summa putes.

Quantae diducto subsidunt aequore valles!

    Iam iam tacturas Tartara nigra putes.

Quocumque aspicio, nihil est, nisi pontus et aër,

fluctibus hic tumidus, nubibus ille minax.

25 Inter utrumque fremunt immani murmure venti.

Nescit, cui domino pareat, unda maris.

Nam modo purpureo vires capit Eurus ab ortu,

nunc Zephyrus sero vespere missus adest,

nunc sicca gelidus Boreas bacchatur ab Arcto,

30 nunc Notus adversa proelia fronte gerit.

Rector in incerto est nec quid fugiatve petatve

invenit: ambiguis ars stupet ipsa malis.

Scilicet occidimus, nec spes est ulla salutis,

dumque loquor, vultus obruit unda meos.

35 Opprimet hanc animam fluctus, frustraque precanti

ore necaturas accipiemus aquas.

At pia nil aliud quam me dolet exule coniunx:

hoc unum nostri scitque gemitque mali.

Nescit in immenso iactari corpora ponto,

40 nescit agi ventis, nescit adesse necem.

O bene, quod non sum mecum conscendere passus,

ne mihi mors misero bis patienda foret!

At nunc ut peream, quoniam caret illa periclo,

dimidia certe parte superstes ero.

45 Ei mihi, quam celeri micuerunt nubila flamma!

quantus ab aetherio personat axe fragor!

Nec levius tabulae laterum feriuntur ab undis,

quam grave ballistae moenia pulsat onus.

Qui venit hic fluctus, fluctus supereminet omnes:

50   posterior nono est undecimoque prior.

Nec letum timeo: genus est miserabile leti.

      Demite naufragium, mors mihi munus erit.

Est aliquid, fatove[1] suo ferrove cadentem

      in solita[2] moriens ponere corpus humo,

55 et mandare suis aliqua[3], et sperare sepulcrum

      et non aequoreis piscibus esse cibum.

Fingite me dignum tali nece, non ego solus

      hic vehor.Inmeritos cur mea poena trahit?

Pro superi viridesque dei, quibus aequora curae,

60   utraque iam vestras sistite turba minas:

quamque dedit vitam mitissima Caesaris ira,

      hanc sinite infelix in loca iussa feram.

Si quam commerui poenam me pendere vultis,

      culpa mea est ipso iudice morte minor.

65 Mittere me Stygias si iam voluisset in undas

      Caesar, in hoc vestra non eguisset ope.

Est illi nostri non invidiosa cruoris

      copia; quodque dedit, cum volet, ipse feret.

Vos modo, quos certe nullo, puto, crimine laesi,

70   contenti nostris iam, precor, este malis.

---

1   fatove=ferrove

2   solita=solida

3   aliqua=aliquid

Nec tamen, ut cuncti miserum servare velitis,

    quod periit, salvum iam caput esse potest.

Vt mare considat ventisque ferentibus utar,

    ut mihi parcatis, non minus exul ero.

75 Non ego divitias avidus sine fine parandi

    latum mutandis mercibus aequor aro:

nec peto, quas quondam petii studiosus, Athenas,

    oppida non Asiae, non loca visa prius,

non ut Alexandri claram delatus in urbem

80   delicias videam, Nile iocose, tuas.

Quod faciles[1] opto ventos (quis credere possit[2])?

    Sarmatis est tellus, quam mea vela petunt.

Obligor, ut tangam laevi fera litora Ponti;

    quodque sit a patria tam[3] fuga tarda, queror.

85 Nescio quo videam positos ut in orbe Tomitas,

    exilem facio per mea vota viam.

Seu me diligitis, tantos compescite fluctus,

    pronaque sint nostrae numina vestra rati;

seu magis odistis, iussae me advertite terrae:

90   supplicii pars est in regione mei[4].

---

1   faciles=facile est

2   possit=posset

3   tam=yam

4   mei=mori

Ferte (quid hic facio?) rapidi mea carbasa[1] venti:

　　Ausonios fines cur mea vela volunt?

Noluit hoc Caesar.Quid, quem fugat ille, tenetis?

　　Aspiciat vultus Pontica terra meos.

95　Et iubet et merui; nec, quae damnaverit ille,

　　crimina defendi fasque piumque puto.

Si tamen acta deos numquam mortalia fallunt,

　　a culpa facinus scitis abesse mea.

Immo ita, si scitis, si me meus abstulit error,

100　stultaque mens nobis, non scelerata fuit,

quod licet et minimis, domui si favimus illi,

　　si satis Augusti publica iussa mihi,

hoc duce si dixi felicia saecula, proque

　　Caesare tura pius Caesaribusque dedi,

105　si fuit hic animus nobis, ita parcite divi:

　　si minus, alta cadens obruat unda caput.

Fallor, an incipiunt gravidae vanescere nubes,

　　victaque mutati frangitur ira maris?

Non casu, vos sed sub condicione vocati,

110　fallere quos non est, hanc mihi fertis opem.

1　　carbasa=corpora

III

Cum subit illius tristissima noctis imago,
  quae mihi supremum tempus in Vrbe fuit,
cum repeto noctem, qua tot mihi cara reliqui,
  labitur ex oculis nunc quoque gutta meis.
5 Iam prope lux aderat, qua[1] me discedere Caesar
  finibus extremae iusserat Ausoniae.
Nec spatium nec mens fuerat satis apta parandi:
  torpuerant longa pectora nostra mora.
Non mihi servorum, comitis non cura legendi,
10 non aptae profugo vestis opisve fuit.
Non aliter stupui, quam qui Iovis ignibus ictus
  vivit et est vitae nescius ipse suae.
Vt tamen hanc animi nubem dolor ipse removit,
  et tandem sensus convaluere mei,
15 adloquor extremum maestos abiturus amicos,
  qui modo de multis unus et alter erant.
Vxor amans flentem flens acrius ipsa tenebat,
  imbre per indignas usque cadente genas.
Nata procul Libycis aberat diversa sub oris,
20 nec poterat fati certior esse mei.
Quocumque aspiceres, luctus gemitusque sonabant,

1　　qua=qua cum

formaque non taciti funeris intus erat.

Femina virque meo, pueri quoque funere maerent,

    inque domo lacrimas angulus omnis habet.

25 Si licet exemplis in parvo[1] grandibus uti,

    haec facies Troiae, cum caperetur, erat.

Iamque quiescebant voces hominumque canumque

    Lunaque nocturnos alta regebat equos.

Hanc ego suspiciens et ab hac[2] Capitolia cernens,

30   quae nostro frustra iuncta fuere Lari,

'Numina vicinis habitantia sedibus,' inquam,

    'iamque oculis numquam templa videnda meis,

dique relinquendi, quos Vrbs habet alta Quirini,

    este salutati tempus in omne mihi,

35 et quamquam sero clipeum post vulnera sumo,

    attamen hanc odiis exonerate fugam,

caelestique viro, quis me deceperit error,

    dicite, pro culpa ne scelus esse putet.

Vt quod vos scitis, poenae quoque sentiat auctor,

40   placato possum non miser esse deo.'

Hac prece adoravi superos ego: pluribus uxor,

    singultu medios impediente sonos.

Illa etiam ante Lares[3] passis adstrata capillis

---

1   parvo=parvis

2   ab hac=ad hanc

3   Lares=aras

contigit extinctos[1] ore tremente focos,

45   multaque in aversos effudit verba Penates

pro deplorato non valitura viro.

Iamque morae spatium nox praecipitata negabat,

versaque ab axe suo Parrhasis Arctos erat.

Quid facerem? blando patriae retinebar amore:

50   ultima sed iussae nox erat illa fugae.

A! quotiens aliquo dixi properante 'quid urges?

vel quo festinas ire, vel unde, vide.'

A! quotiens certam me sum mentitus habere

horam, propositae quae foret apta viae.

55   Ter limen tetigi, ter sum revocatus, et ipse

indulgens animo pes mihi tardus erat.

Saepe 'vale' dicto rursus sum multa locutus,

et quasi discedens oscula summa dedi.

Saepe eadem mandata dedi meque ipse fefelli,

60   respiciens oculis pignora cara meis.

Denique 'quid propero? Scythia est, quo mittimur,' inquam,

'Roma relinquenda est, utraque iusta mora est.

Vxor in aeternum vivo mihi viva negatur,

et domus et fidae dulcia membra domus,

65   quosque ego dilexi fraterno more sodales,

o mihi Thesea pectora iuncta fide!

---

1   extinctos=aeternos

Dum licet, amplectar: numquam fortasse licebit

amplius; in lucro est quae datur hora mihi.'

Nec mora, sermonis verba inperfecta relinquo,

70　complectens animo proxima quaeque meo.

Dum loquor et flemus, caelo nitidissimus alto,

stella gravis nobis, Lucifer ortus erat.

Dividor haud aliter, quam si mea membra relinquam,

et pars abrumpi corpore visa suo est.

75　Sic doluit Mettus[1] tum cum in contraria versos

ultores habuit proditionis equos.

Tum vero exoritur clamor gemitusque meorum,

et feriunt maestae pectora nuda manus.

Tum vero coniunx umeris abeuntis inhaerens

80　miscuit haec lacrimis tristia verba suis:

'Non potes avelli: simul hinc, simul ibimus:' inquit,

'te sequar et coniunx exulis exul ero.

Et mihi facta via est, et me capit ultima tellus:

accedam profugae sarcina parva rati.

85　Te iubet e patria discedere Caesaris ira,

me pietas. Pietas haec mihi Caesar erit.'

Talia temptabat, sicut temptaverat ante,

vixque dedit victas utilitate manus.

Egredior, sive illud erat sine funere ferri,

1　Mettus=Priamus

90   squalidus inmissis hirta per ora comis.

Illa dolore amens tenebris narratur obortis

    semianimis media procubuisse domo:

utque resurrexit foedatis pulvere turpi

    crinibus et gelida membra levavit humo,

95   se modo, desertos modo complorasse Penates,

    nomen et erepti saepe vocasse viri,

nec gemuisse minus, quam si nataeve meumve[1]

    vidisset structos corpus habere rogos,

et voluisse mali moriendo ponere sensum,

100   respectuque tamen non potuisse mei.

Vivat, et absentem, quoniam sic fata tulerunt,

    vivat ut[2], auxilio sublevet usque suo.

IV

Tingitur Oceano custos Erymanthidos Vrsae,

    aequoreasque suo sidere turbat aquas.

Nos tamen Ionium non nostra findimus aequor

    sponte, sed audaces cogimur esse metu.

5   Me miserum! quantis nigrescunt aequora ventis,

---

1   nataeve meumve=nataeque meumque=nataeque virique

2   ut=et

erutaque ex imis fervet harena fretis.

Monte nec inferior prorae puppique recurvae

insilit et pictos verberat unda deos.

Pinea texta sonant pulsu[1], stridore rudentes,

10   adgemit et nostris ipsa carina malis.

Navita confessus gelidum pallore timorem,

iam sequitur victus, non regit arte ratem.

Vtque parum validus non proficientia rector

cervicis rigidae frena remittit equo,

15   sic non quo voluit, sed quo rapit impetus undae,

aurigam video vela dedisse rati.

Quod nisi mutatas emiserit Aeolus auras,

in loca iam nobis non adeunda ferar.

Nam procul Illyriis laeva de parte relictis

20   interdicta mihi cernitur Italia.

Desinat in vetitas quaeso contendere terras,

et mecum magno pareat aura deo.

Dum loquor et cupio pariter timeoque[2] repelli,

increpuit quantis viribus unda latus!

25   Parcite caerulei vos saltem numina ponti,

infestumque mihi sit satis esse Iovem.

Vos animam saevae fessam subducite morti,

---

1   pulsu=pulsi

2   cupio pariter timeoque=timeo pariter cupioque=timeo cupio nimiumque

si modo, qui periit, non periisse potest.

V

O mihi post nullos umquam[1] memorande sodales,
    et cui praecipue sors mea visa sua est;
attonitum qui me, memini, carissime, primus
    ausus es adloquio sustinuisse tuo,
5   qui mihi consilium vivendi mite dedisti,
    cum foret in misero pectore mortis amor.
Scis bene, cui dicam, positis pro nomine signis,
    officium nec te fallit, amice, meum[2].
Haec mihi semper erunt imis infixa medullis,
10 perpetuusque animae debitor huius ero:
spiritus in vacuas prius hic evanidus auras
    ibit, et in tepido deseret ossa rogo,
quam subeant animo meritorum oblivia nostro,
    et longa pietas excidat ista die.
15 Di tibi sint faciles, et opis[3] nullius egentem
    fortunam praestent dissimilemque meae.
Si tamen haec navis vento ferretur amico,

---

1   nullos umquam=ullos numquam

2   meum=tuum

3   et opis=tibi di=sisui

ignoraretur forsitan ista fides.

Thesea Pirithous non tam sensisset amicum,

  20 si non infernas vivus adisset aquas.

Vt foret exemplum veri Phoceus amoris,

fecerunt Furiae, tristis Oresta, tuae.

Si non Euryalus Rutulos cecidisset in hostes,

Hyrtacidae Nisi gloria nulla foret.

25 Scilicet ut fulvum spectatur in ignibus aurum,

tempore sic duro est inspicienda fides.

Dum iuvat et vultu ridet Fortuna sereno,

indelibatas cuncta sequuntur opes:

at simul intonuit, fugiunt, nec noscitur ulli,

30 agminibus comitum qui modo cinctus erat.

Atque haec, exemplis quondam collecta priorum,

nunc mihi sunt propriis cognita vera malis.

Vix duo tresve mihi de tot superestis amici:

cetera Fortunae, non mea turba fuit.

35 Quo magis, o pauci, rebus succurrite lassis[1],

et date naufragio litora tuta meo;

neve metu falso nimium trepidate, timentes

hac offendatur ne pietate deus.

Saepe fidem adversis etiam laudavit in armis,

40 inque suis amat hanc Caesar, in hoste probat.

---

1 lassis=laesis

Causa mea est melior, qui non contraria fovi

    arma, sed hanc merui simplicitate fugam.

Invigiles igitur nostris pro casibus, oro

    deminui siqua numinis ira potest.

45   Scire meos casus siquis desiderat omnes,

    plus, quam quod fieri res sinit, ille petit.

Tot mala sum passus, quot in aethere sidera lucent

    parvaque quot siccus corpora pulvis habet:

multaque credibili tulimus maiora ratamque,

50   quamvis acciderint, non habitura fidem.

Pars etiam quaedam mecum moriatur oportet,

    meque velim possit dissimulante tegi.

Si vox infragilis, pectus mihi firmius aere[1],

    pluraque cum linguis pluribus ora forent:

55   non tamen idcirco complecterer omnia verbis,

    materia vires exsuperante meas.

Pro duce Neritio docti mala nostra poetae

    scribite: Neritio nam mala plura tuli.

Ille brevi spatio multis erravit in annis

60   inter Dulichias Iliacasque domos:

nos freta sideribus totis distantia mensos

    detulit[2] in Geticos Caesaris ira sinus.

---

1   aere=heret=esset

2   detulit=sors tulit

Ille habuit fidamque manum sociosque fideles:

    me profugum comites deseruere mei.

65   Ille suam laetus patriam victorque petebat:

    a patria fugi victus et exul ego.

Nec mihi Dulichium domus est Ithaceve Sameve[1],

    poena quibus non est grandis abesse locis:

sed quae de septem totum circumspicit orbem

70   montibus, imperii Roma deumque locus.

Illi corpus erat durum patiensque laborum

    invalidae vires ingenuaeque mihi.

Ille erat adsidue saevis agitatus in armis:

    adsuetus studiis mollibus ipse fui.

75   Me deus oppressit, nullo mala nostra levante:

    bellatrix illi diva ferebat opem.

Cumque minor Iove sit tumidis qui regnat in undis,

    illum Neptuni, me Iovis ira premit.

Adde, quod illius pars maxima ficta laborum

80   ponitur in nostris fabula nulla malis.

Denique quaesitos tetigit tamen ille Penates,

    quaeque diu petiit, contigit arva tamen:

at mihi perpetuo patria tellure carendum est,

    ni fuerit laesi mollior ira dei.

---

1   Sameve=Samosve

VI

Nec tantum Clario[1] Lyde dilecta poetae,

  nec tantum Coo Bittis[2] amata suo est,

pectoribus quantum tu nostris, uxor, inhaeres,

  digna minus misero, non meliore viro.

5 Te mea supposita veluti trabe fulta ruina est:

  siquid adhuc ego sum, muneris omne tui est.

Tu facis, ut spolium non sim, nec nuder ab illis,

  naufragii tabulas qui petiere mei.

Vtque rapax stimulante fame cupidusque cruoris

10 incustoditum captat ovile lupus,

aut ut edax vultur corpus circumspicit ecquod

  sub nulla positum cernere possit humo,

sic mea nescio quis, rebus male fidus acerbis

  in bona venturus, si paterere, fuit.

15 Hunc tua per fortis virtus summovit amicos,

  nulla quibus reddi gratia digna potest.

Ergo quam misero, tam vero teste probaris,

  hic aliquod pondus si modo testis habet.

Nec probitate tua prior est aut Hectoris uxor,

20 aut comes extincto Laodamia viro.

---

1   Clario=Coo

2   Bittis=battis

Tu si Maeonium vatem sortita fuisses,

    Penelopes esset fama secunda tuae:

33 prima locum sanctas heroidas inter haberes,

    prima bonis animi conspicerere tui.

23 Sive tibi hoc debes, nullo[1] pia facta magistro,

    cumque nova mores sunt tibi luce dati,

25 femina seu princeps omnes tibi culta per annos

    te docet exemplum coniugis esse bonae,

adsimilemque sui longa adsuetudine fecit,

    grandia si parvis adsimilare licet.

Ei mihi, non magnas quod habent mea carmina vires,

30   nostraque sunt meritis ora minora tuis!

Siquid et in nobis vivi fuit ante vigoris,

    exstinctum longis excidit omne malis!

35 Quantumcumque tamen praeconia nostra valebunt,

    carminibus vives tempus in omne meis.

VII

Siquis habes nostri similes in imagine vultus,

    deme meis hederas, Bacchica serta, comis.

Ista decent laetos felicia signa poetas:

---

1   nullo=nuli

temporibus non est apta corona meis.

5   Hoc tibi dissimula, senti tamen, optime, dici,

        in digito qui me fersque refersque tuo,

effigiemque meam fulvo complexus in auro

        cara relegati, quae potes, ora vides.

Quae quotiens spectas, subeat tibi dicere forsan

10   'quam procul a nobis Naso sodalis abest!'

Grata tua est pietas, sed carmina maior imago

        sunt mea, quae mando qualiacumque legas,

carmina mutatas hominum dicentia formas,

        infelix domini quod fuga rupit opus.

15   Haec ego discedens, sicut bene multa meorum,

        ipse mea posui maestus in igne manu.

Vtque cremasse suum fertur sub stipite natum

        Thestias et melior matre fuisse soror,

sic ego non meritos mecum peritura libellos

20   imposui rapidis viscera nostra rogis:

vel quod eram Musas, ut crimina nostra, perosus,

        vel quod adhuc crescens et rude carmen erat.

Quae quoniam non sunt penitus sublata, sed extant

        (pluribus exemplis scripta fuisse reor),

25   nunc precor ut vivant et non ignava legentum[1]

        otia delectent admoneantque mei.

---

1   legentum=legentem

Nec tamen illa legi poterunt patienter ab ullo,

    nesciet his summam siquis abesse manum.

Ablatum mediis opus est incudibus illud,

30   defuit et coeptis ultima lima meis.

Et veniam pro laude peto, laudatus abunde,

    non fastiditus si tibi, lector, ero.

Hos quoque sex versus, in prima[1] fronte libelli

    si praeponendos esse putabis, habe:

35   'Orba parente suo quicumque volumina tangis,

    his saltem vestra detur in Vrbe locus.

Quoque magis faveas, non haec sunt edita ab ipso,

    sed quasi de domini funere rapta sui.

Quicquid in his igitur vitii rude carmen habebit,

40   emendaturus, si licuisset, erat[2].'

VIII

In caput alta suum labentur ab aequore retro

    flumina, conversis Solque recurret equis:

terra feret stellas, caelum findetur aratro,

    unda dabit flammas, et dabit ignis aquas:

---

1   prima=primi

2   erat=eram

omnia naturae praepostera legibus ibunt,

    parsque suum mundi nulla tenebit iter:

omnia iam fient, fieri quae posse negabam[1],

    et nihil est, de quo non sit habenda fides.

Haec ego vaticinor, quia sum deceptus ab illo,

10   laturum misero quem mihi rebar opem.

Tantane te, fallax, cepere oblivia nostri,

    adflictumque fuit tantus adire timor,

ut neque respiceres nec solarere iacentem,

    dure, neque exequias prosequerere meas?

15 Illud amicitiae sanctum et venerabile nomen

    re tibi pro vili sub pedibusque iacet?

Quid fuit, ingenti prostratum mole sodalem

    visere et adloquii parte levare tui[2],

inque meos si non lacrimam demittere casus,

20   pauca tamen ficto verba dolore loqui[3],

idque quod ignoti, 'actum male'[4] dicere saltem,

    et vocem populi publicaque ora sequi?

denique lugubres vultus numquamque videndos

    cernere supremo dum licuitque die,

25 dicendumque semel toto non amplius aevo

---

1   negabam=negabat=negabant=negabit

2   adloquii tui=adloquiis tuis=adloquii sui

3   loqui=pati

4   actum male=factum male=faciunt, vel=faciunt, vale

accipere et parili reddere voce 'vale'?

At fecere alii nullo mihi foedere iuncti,

et lacrimas animi signa dedere sui.

Quid, nisi convictu causisque valentibus essem

30   temporis et longi iunctus amore tibi?

Quid, nisi tot lusus et tot mea seria nosses,

tot nossem lusus seriaque ipse tua?

Quid, si dumtaxat Romae mihi cognitus esses,

adscitus totiens in genus omne loci?

35 Cunctane in aerios abierunt irrita ventos?

Cunctane Lethaeis mersa feruntur aquis?

Non ego te genitum placida reor Vrbe Quirini,

urbe, meo quae iam non adeunda pedi[1],

sed scopulis, Ponti quos haec habet ora sinistri,

40   inque feris Scythiae Sarmaticisque iugis:

et tua sunt silicis circum praecordia venae,

et rigidum ferri semina pectus habet,

quaeque tibi quondam tenero ducenda palato

plena dedit nutrix ubera, tigris erat:

45 aut mala nostra minus quam nunc aliena putares,

duritiaeque mihi non agerere reus.

Sed quoniam accedit fatalibus hoc quoque damnis,

ut careant numeris tempora prima suis,

---

1   pedi=pede

effice, peccati ne sim memor huius, et illo

50   officium laudem, quo queror, ore tuum.

IX

Detur inoffenso vitae tibi tangere metam,
    qui legis hoc nobis non inimicus opus:
Atque utinam pro te possint mea vota valere,
    quae pro me duros non tetigere deos!
5   Donec eris sospes[1], multos numerabis amicos:
    tempora si fuerint nubila, solus eris.
Aspicis, ut veniant ad candida tecta columbae,
    accipiat nullas sordida turris aves.
Horrea formicae tendunt ad inania numquam:
10   nullus ad amissas ibit amicus opes.
Vtque comes radios per solis euntibus umbra est,
    cum latet hic pressus nubibus, illa fugit,
mobile sic sequitur Fortunae lumina vulgus:
    quae simul inducta nube teguntur, abit.
15 Haec precor ut semper possint tibi falsa videri:
    sunt tamen eventu vera fatenda meo.
Dum stetimus, turbae quantum satis esset, habebat

---

1   sospes=felix

nota quidem, sed non ambitiosa domus.

At simul impulsa est, omnes timuere ruinam,

20 cautaque communi terga dedere fugae.

Saeva neque admiror metuunt si fulmina, quorum

ignibus adflari proxima quaeque solent.

Sed tamen in duris remanentem rebus amicum

quamlibet[1] inviso Caesar in hoste probat,

25 nec solet irasci (neque enim moderatior alter)

cum quis in adversis, siquid amavit, amat.

De comite Argolici[2] postquam cognovit Orestae,

narratur Pyladen ipse probasse Thoas.

Quae fuit Actoridae cum magno semper Achille,

30 laudari solita est Hectoris ore fides.

Quod pius ad manes Theseus comes iret amico,

Tartareum dicunt condoluisse deum.

Euryali Nisique fide tibi, Turne, relata

credibile est lacrimis immaduisse genas.

35 Est etiam in miseris pietas, et in hoste probatur.

Ei mihi, quam paucos haec mea dicta movent!

Is status, haec rerum nunc est fortuna mearum,

debeat ut lacrimis nullus adesse modus.

At mea sunt, proprio quamvis maestissima casu,

1　quamlibet=qualibet=quolibet

2　Argolici=Argolico

40   pectora processu facta serena tuo.

Hoc ego venturum iam tum, carissime, vidi,

      ferret adhuc istam[1] cum minor aura ratem.

Sive aliquod morum seu vitae labe carentis

      est pretium, nemo pluris emendus erat:

45   sive per ingenuas aliquis caput extulit artes,

      quaelibet eloquio fit bona causa tuo.

His ego commotus dixi tibi protinus ipsi

      'scaena manet dotes grandis, amice, tuas.'

Haec mihi non ovium fibrae tonitrusve sinistri,

50   linguave servatae pennave dixit avis:

augurium ratio est et coniectura futuri:

      hac divinavi notitiamque tuli.

Quae quoniam vera est, tota tibi mente mihique

      gratulor, ingenium non latuisse tuum.

55   At nostrum tenebris utinam latuisset in imis!

      expediit studio lumen abesse meo.

Vtque tibi prosunt artes, facunde, severae,

      dissimiles illis sic nocuere mihi.

Vita tamen tibi nota mea est, scis artibus illis

60   auctoris mores abstinuisse sui:

scis vetus hoc iuveni lusum mihi carmen, et istos,

      ut non laudandos, sic tamen esse iocos.

---

1   istam=ista

Ergo ut defendi nullo mea posse colore,

    sic excusari crimina posse puto.

65 Qua potes, excusa, nec amici desere causam:

    qua bene coepisti, sic bene semper eas.

X

Est mihi sitque, precor, flavae tutela Minervae,

    navis et a picta casside nomen habet.

Sive opus est velis, minimam bene currit ad auram

    sive opus est remo, remige carpit iter.

5 Nec comites volucri contenta est vincere cursu,

    occupat egressas quamlibet ante[1] rates,

et pariter fluctus ferit[2] atque silentia[3] longe

    aequora, nec saevis victa fatiscit aquis.

Illa, Corinthiacis primum mihi cognita Cenchreis,

10   fida manet trepidae duxque comesque fugae,

perque tot eventus et iniquis concita ventis

    aequora Palladio numine tuta fuit.

Nunc quoque tuta, precor, vasti secet ostia Ponti,

    quasque petit, Getici litoris intret aquas.

---

1   quamlibet ante=qualibet arte

2   ferit=fert

3   silentia=assilientia

15 Quae simul Aeoliae mare me deduxit in Helles,

et longum tenui limite fecit iter,

fleximus in laevum cursus, et ab Hectoris urbe

venimus ad portus, Imbria terra, tuos.

Inde, levi vento Zerynthia litora nacta,

20 Threïciam tetigit fessa carina Samon.

Saltus ab hac contra brevis est Tempyra petenti:

hac dominum tenus est illa secuta suum.

Nam mihi Bistonios placuit pede carpere campos:

Hellespontiacas illa relegit[1] aquas,

25 Dardaniamque petit, auctoris nomen habentem,

et te, ruricola, Lampsace tuta, deo,

quodque per angustas vectae male virginis undas

Seston Abydena separat urbe fretum,

inque Propontiacis haerentem Cyzicon oris,

30 Cyzicon, Haemoniae nobile gentis opus,

quaeque tenent Ponti Byzantia litora fauces:

hic locus est gemini ianua vasta maris.

Haec, precor, evincat, propulsaque fortibus Austris

transeat instabilis strenua Cyaneas

35 Thyniacosque sinus, et ab his per Apollinis urbem

alta[2] sub Anchiali moenia tendat iter.

---

1   relegit=reliquit

2   alta=apta=alta=vecta

Inde Mesembriacos portus et Odeson et arces

    praetereat dictas nomine, Bacche, tuo,

et quos Alcathoi memorant e moenibus ortos

40   sedibus his profugos constituisse Larem.

A quibus adveniat Miletida sospes ad urbem,

    offensi quo me detulit ira dei.

Haec si contigerint, meritae cadet agna Minervae:

    non facit ad nostras hostia maior opes.

45 Vos quoque, Tyndaridae, quos haec colit insula, fratres,

    mite, precor, duplici numen adeste[1] viae.

Altera namque parat Symplegadas ire per artas,

    scindere Bistonias altera puppis aquas.

Vos facite ut ventos, loca cum diversa petamus,

50   illa suos habeat, nec minus illa suos.

XI

Littera quaecumque est toto tibi lecta libello,

    est mihi sollicitae tempore facta viae.

Aut haec me, gelido tremerem cum mense Decembri,

    scribentem mediis Hadria vidit aquis:

5 aut, postquam bimarem cursu superavimus Isthmon,

---

1   adeste=adesse

alteraque est nostrae sumpta carina fugae,

quod facerem versus inter fera murmura ponti,

Cycladas Aegaeas obstipuisse puto.

Ipse ego nunc[1] miror tantis animique marisque

10   fluctibus ingenium non cecidisse meum.

Seu stupor huic studio sive est insania nomen,

omnis ab hac cura cura levata[2] mea est.

Saepe ego nimbosis dubius iactabar ab Haedis,

saepe minax Steropes sidere pontus erat,

15   fuscabatque diem custos Atlantidos Vrsae,

aut Hyadas seris hauserat Auster aquis:

saepe maris pars intus erat; tamen ipse trementi

carmina ducebam qualiacumque manu.

Nunc quoque contenti stridunt Aquilone rudentes,

20   inque modum cumuli concava surgit aqua.

Ipse gubernator tollens ad sidera palmas

exposcit votis, inmemor artis, opem.

Quocumque aspexi, nihil est nisi mortis imago,

quam dubia timeo mente timensque precor.

25   Attigero portum, portu terrebor ab ipso:

plus habet infesta terra timoris aqua.

Nam simul insidiis hominum pelagique laboro,

---

1   ipse ego nunc=ego nunc etenim

2   cura levata=mens relevata

et faciunt geminos ensis et unda metus.

ille meo vereor ne speret sanguine praedam,

30   haec titulum nostrae mortis habere velit.

Barbara pars laeva est avidaeque adsueta rapinae[1],

quam cruor et caedes bellaque semper habent,

cumque sit hibernis agitatum fluctibus aequor,

pectora sunt ipso turbidiora mari.

35 Quo magis his debes ignoscere, candide lector,

si spe sunt, ut sunt, inferiora tua.

Non haec in nostris, ut quondam, scripsimus[2] hortis,

nec, consuete, meum, lectule, corpus habes.

Iactor in indomito brumali luce profundo

40   ipsaque caeruleis charta feritur aquis.

Improba pugnat hiems indignaturque quod ausim

scribere se rigidas incutiente minas.

Vincat hiems hominem! sed eodem tempore, quaeso,

ipse modum statuam carminis, illa sui.

---

1   adsueta rapinae=ad ethera penne

2   scripsimus=scribimus

TRISTIVM LIBER II

《哀歌集》

第二部

Quid mihi vobiscum est, infelix cura, libelli,

    ingenio perii qui miser ipse meo?

Cur modo damnatas repeto, mea crimina, Musas?

    an semel est poenam commeruisse parum?

5   Carmina fecerunt, ut me cognoscere vellet

    omine non fausto femina virque meo:

carmina fecerunt, ut me moresque notaret

    iam pridem emissa[1] Caesar ab Arte mea.

Deme mihi studium, vitae quoque crimina demes;

10   acceptum refero versibus esse nocens.

Hoc pretium curae vigilatorumque laborum

    cepimus: ingenio est poena reperta meo.

Si saperem, doctas odissem iure sorores,

    numina cultori perniciosa suo.

15 At nunc (tanta meo comes est insania morbo)

    saxa malum refero rursus ad icta[2] pedem:

---

1   pridem emissa=demi iussa=demum visa

2   icta=ista

scilicet et victus repetit gladiator harenam,

    et redit in tumidas naufraga puppis aquas.

Forsitan ut quondam Teuthrantia regna tenenti,

20   sic mihi res eadem vulnus opemque ferat,

Musaque, quam movit, motam quoque leniat iram:

    exorant magnos carmina saepe deos.

Ipse quoque Ausonias Caesar matresque nurusque

    carmina turrigerae dicere iussit Opi:

25   iusserat et Phoebo dici, quo tempore ludos

    fecit, quos aetas aspicit una semel.

His precor exemplis tua nunc, mitissime Caesar,

    fiat ab ingenio mollior ira meo.

Illa quidem iusta est, nec me meruisse negabo:

30   non adeo nostro fugit ab ore pudor.

sed nisi peccassem, quid tu concedere posses?

    materiam veniae sors tibi nostra dedit.

Si, quotiens peccant homines, sua fulmina mittat

    Iuppiter, exiguo tempore inermis erit;

35   nunc ubi detonuit strepituque exterruit orbem,

    purum discussis aëra reddit aquis.

Iure igitur genitorque deum rectorque vocatur,

    iure capax mundus nil Iove maius habet.

Tu quoque, cum patriae rector dicare paterque,

40   utere more dei nomen habentis idem.

Idque facis, nec te quisquam moderatius umquam

imperii potuit frena tenere sui.

Tu veniam parti superatae saepe dedisti,

    non concessurus quam tibi victor erat.

45   Divitiis etiam multos et honoribus auctos

    vidi, qui tulerant in caput arma tuum;

quaeque dies bellum, belli tibi sustulit iram,

    parsque simul templis utraque dona tulit;

utque tuus gaudet miles, quod vicerit hostem,

50   sic victum cur se gaudeat, hostis habet.

Causa mea est melior, qui nec contraria dicor

    arma nec hostiles esse secutus opes.

Per mare, per terram, per tertia numina iuro,

    per te praesentem conspicuumque deum,

55   hunc animum favisse tibi, vir maxime, meque,

    qua sola potui, mente fuisse tuum.

Optavi, peteres caelestia sidera tarde,

    parsque fui turbae parva precantis idem,

et pia tura dedi pro te, cumque omnibus unus

60   ipse quoque adiuvi publica vota meis.

Quid referam libros, illos quoque, crimina nostra,

    mille locis plenos nominis esse tui?

Inspice maius opus, quod adhuc sine fine tenetur[1],

    in non credendos corpora versa modos:

---

1   tenetur=reliqui

65 invenies vestri praeconia nominis illic,

　　invenies animi pignora certa mei.

Non tua carminibus maior fit gloria, nec quo,

　　ut maior fiat, crescere possit, habet.

Fama Iovi superest: tamen hunc sua facta referri

70 　　et se materiam carminis esse iuvat,

cumque Gigantei memorantur proelia belli,

　　credibile est laetum laudibus esse suis.

Te celebrant alii, quanto decet ore, tuasque

　　ingenio laudes uberiore canunt: ·

75 sed tamen, ut fuso taurorum sanguine centum,

　　sic capitur minimo turis honore deus.

Ah! ferus et nobis[1] crudeliter omnibus hostis,

　　delicias legit qui tibi cumque meas,

carmina de nostris cum te venerantia libris

80 　　iudicio[2] possint candidiore legi.

Esse sed irato quis te mihi posset amicus?

　　vix tunc ipse mihi non inimicus eram.

Cum coepit quassata domus subsidere, partes

　　in proclinatas omne recumbit onus,

85 cunctaque fortuna rimam faciente dehiscunt,

　　ipsa[3] suo quondam pondere tracta ruunt.

1　nobis=nimium

2　iudicio=indicio

3　ipsa=inque=ipse quodam

Ergo hominum quaesitum odium mihi carmine, quosque

debuit, est vultus turba secuta tuos.

At, memini, vitamque meam moresque probabas

90   illo, quem dederas, praetereuntis equo:

quod si non prodest et honesti gratia nulla

redditur, at nullum crimen adeptus eram[1].

Nec male commissa est nobis fortuna reorum

lisque[2] decem deciens inspicienda viris.

95   Res quoque privatas statui sine crimine iudex,

deque mea fassa est pars quoque victa fide.

Me miserum! potui, si non extrema nocerent,

iudicio tutus non semel esse tuo.

Vltima me perdunt, imoque sub aequore mergit

100   incolumem totiens una procella ratem.

Nec mihi pars nocuit de gurgite parva, sed omnes

pressere hoc fluctus oceanusque caput.

Cur aliquid vidi?Cur noxia lumina feci?

Cur imprudenti cognita culpa mihi?

105   Inscius Actaeon vidit sine veste Dianam:

praeda fuit canibus non minus ille suis.

Scilicet in superis etiam fortuna luenda est,

nec veniam laeso numine casus habet.

---

1   eram=erit

2   lisque=usque

Illa nostra die, qua me malus abstulit error,

110   parva quidem periit, sed sine labe domus:

sic quoque parva tamen, patrio dicatur ut aevo

    clara nec ullius nobilitate minor,

et neque divitiis nec paupertate notanda,

    unde fit in neutrum conspiciendus eques.

115 Sit[1] quoque nostra domus vel censu parva vel ortu[2],

    ingenio certe non latet illa meo:

quo videar quamvis nimium iuveniliter usus,

    grande tamen toto nomen ab orbe fero;

turbaque doctorum Nasonem novit et audet

120   non fastiditis adnumerare viris.

Corruit haec igitur Musis accepta, sub uno

    sed non exiguo crimine lapsa domus:

atque ea sic lapsa est, ut surgere, si modo laesi

    ematuruerit Caesaris ira, queat.

125 Cuius in eventu poenae clementia tanta est,

    venerit ut nostro lenior illa metu.

Vita data est, citraque necem tua constitit ira,

    o princeps parce viribus use tuis!

Insuper accedunt, te non adimente, paternae,

130   tamquam vita parum muneris esset, opes.

---

1   Sit=si=sic

2   ortu=astu

Nec mea decreto damnasti facta senatus,

    nec mea selecto iudice iussa fuga est.

Tristibus invectus verbis (ita principe dignum)

    ultus es offensas, ut decet, ipse tuas.

135 Adde quod edictum, quamvis immite minaxque,

    attamen in poenae nomine lene fuit:

quippe relegatus, non exul, dicor in illo,

    parcaque fortunae sunt ibi verba meae.

Nulla quidem sano gravior mentisque potenti

140   poena est, quam tanto displicuisse viro:

sed solet interdum fieri placabile numen:

    nube solet pulsa candidus ire dies.

Vidi ego pampineis oneratam vitibus ulmum,

    quae fuerat saevo fulmine tacta Iovis.

145 Ipse licet sperare vetes, sperabimus usque[1];

    hoc unum fieri te prohibente potest.

Spes mihi magna subit, cum te, mitissime princeps,

    spes mihi, respicio cum mea facta, cadit.

Ac veluti ventis agitantibus aequora non est

150   aequalis rabies continuusque furor,

sed modo subsidunt intermissique silescunt,

    vimque putes illos deposuisse suam:

sic abeunt redeuntque mei variantque timores,

---

1   usque=utque=atque

et spem placandi dantque negantque tui.

155 Per superos igitur, qui dent tibi longa dabuntque

tempora, Romanum si modo nomen amant;

per patriam, quae te tuta et secura parente est,

cuius, ut in populo, pars ego nuper eram;

sic tibi, quem semper factis animoque mereris,

160 reddatur gratae debitus Vrbis amor;

Livia sic tecum sociales compleat annos,

quae, nisi te, nullo coniuge digna fuit,

quae si non esset, caelebs te vita deceret,

nullaque, cui posses esse maritus, erat;

165 sospite sic te sit[1] natus quoque sospes, et olim

imperium regat hoc cum seniore senex;

ut faciuntque tui, sidus iuvenale, nepotes,

per tua perque sui facta parentis eant;

sic adsueta tuis semper Victoria castris

170 nunc quoque se praestet notaque signa petat,

Ausoniumque ducem solitis circumvolet alis,

ponat et in nitida laurea serta coma,

per quem bella geris, cuius nunc corpore pugnas,

auspicium cui das grande deosque tuos,

175 dimidioque tui praesens dum respicis[2] Vrbem,

---

1   sic te sit=si tecum=sit tecum

2   dum respicis=et es respicis=es et aspicis

dimidio procul es saevaque bella geris;

hic tibi sic redeat superato victor ab hoste,

 inque coronatis fulgeat altus equis:

parce, precor, fulmenque tuum, fera tela, reconde,

₁₈₀ heu nimium misero cognita tela mihi!

Parce, pater patriae, nec nominis immemor huius

 olim placandi spem mihi tolle tui.

Non precor ut redeam, quamvis maiora petitis

 credibile est magnos saepe dedisse deos:

₁₈₅ mitius exilium si das propiusque roganti,

 pars erit ex poena magna levata mea.

Vltima perpetior medios eiectus in hostes,

 nec quisquam patria longius exul abest.

Solus ad egressus missus septemplicis Histri

₁₉₀ Parrhasiae gelido virginis axe premor.

Ciziges et Colchi Matereaque[1] turba Getaeque

 Danuvii mediis vix prohibentur aquis;

cumque alii causa tibi sint graviore fugati,

 ulterior nulli, quam mihi, terra data est.

₁₉₅ Longius hac nihil est, nisi tantum frigus et hostes,

 et maris adstricto quae coit unda gelu.

Hactenus Euxini pars est Romana sinistri:

 proxima Bastarnae Sauromataeque tenent.

---

1 Matereaque=metereaque=Tereteaque

Haec est Ausonio sub iure novissima vixque

200   haeret in imperii margine terra tui,

unde precor supplex ut nos in tuta releges,

     ne sit cum patria pax quoque adempta mihi,

neu timeam gentes, quas non bene summovet Hister,

     neve tuus possim civis ab hoste capi.

205   Fas prohibet Latio quemquam de sanguine natum

     Caesaribus salvis barbara vincla pati.

Perdiderint cum me duo crimina, carmen et error,

     alterius facti culpa silenda mihi:

nam non sum tanti, renovem ut tua vulnera, Caesar,

210   quem nimio plus est indoluisse semel.

Altera pars superest, qua turpi carmine lecto[1]

     arguor obsceni doctor adulterii.

Fas ergo est aliqua caelestia pectora falli,

     et sunt notitia multa minora tua;

215   utque deos caelumque simul sublime tuenti

     non vacat exiguis rebus adesse Iovi,

de te pendentem sic dum circumspicis orbem,

     effugiunt curas inferiora tuas.

Scilicet imperii princeps statione relicta

220   imparibus legeres carmina facta modis?

Non ea te moles Romani nominis urget,

---

1   lecto=factus

inque tuis umeris tam leve fertur onus,

    lusibus ut possis advertere numen ineptis,

        excutiasque oculis otia nostra tuis.

225   Nunc tibi Pannonia est, nunc Illyris ora domanda,

        Raetica nunc praebent Thraciaque arma metum,

nunc petit Armenius pacem, nunc porrigit arcus

        Parthus eques timida captaque signa manu,

nunc te prole tua iuvenem Germania sentit,

230   bellaque pro magno Caesare Caesar obit.

Denique, ut in tanto, quantum non extitit umquam,

        corpore pars nulla est, quae labet, imperii,

Vrbs quoque te et legum lassat tutela tuarum

        et morum, similes quos cupis esse tuis.

235   Nec[1] tibi contingunt, quae gentibus otia praestas,

        bellaque cum vitiis inrequieta geris.

Mirer in hoc igitur tantarum pondere rerum

        te numquam nostros evoluisse iocos?

At si, quod mallem, vacuum tibi forte[2] fuisset,

240   nullum legisses crimen in Arte mea.

Illa quidem fateor frontis non esse severae

        scripta, nec a tanto principe digna legi:

non tamen idcirco legum contraria iussis

---

1   Nec=non

2   tibi forte=fortasse

sunt ea Romanas erudiuntque nurus.

245 Neve, quibus scribam, possis dubitare, libellus[1],

quattuor hos versus e tribus unus habet:

'Este procul, vittae tenues, insigne pudoris,

quaeque tegis medios instita longa pedes!

Nil nisi legitimum concessaque furta canemus,

250 inque meo nullum carmine crimen erit.'

Ecquid ab hac omnes rigide summovimus Arte,

quas stola contingi vittaque sumpta vetat?

'At matrona potest alienis artibus uti,

quoque[2] trahat, quamvis non doceatur, habet.'

255 Nil igitur matrona legat, quia carmine ab omni

ad delinquendum doctior esse potest.

Quodcumque attigerit, siqua est studiosa sinistri,

ad vitium mores instruet inde suos.

Sumpserit Annales (nihil est hirsutius illis)

260 facta sit unde parens Ilia, nempe leget.

Sumpserit 'Aeneadum genetrix' ubi prima, requiret,

Aeneadum genetrix unde sit alma Venus.

Persequar inferius, modo si licet ordine ferri,

posse nocere animis carminis omne genus.

265 Non tamen idcirco crimen liber omnis habebit:

---

1   libellus=libellos

2   quoque=quodque

nil prodest, quod non laedere possit idem.

Igne quid utilius? siquis tamen urere tecta

comparat, audaces instruit igne manus.

Eripit interdum, modo dat medicina salutem,

270   quaeque iuvet, monstrat, quaeque sit herba nocens.

Et latro et cautus praecingitur ense viator

ille sed insidias, hic sibi portat opem.

Discitur innocuas ut agat facundia causas:

protegit haec sontes, immeritosque premit.

275 Sic igitur carmen, recta si mente legatur,

constabit nulli posse nocere meum.

'At quaedam vitio' quicumque hoc concipit, errat,

et nimium scriptis arrogat ille meis.

Vt tamen hoc fatear, ludi quoque semina praebent

280 nequitiae: tolli tota theatra iube:

Peccandi causam multis quam[1] saepe dederunt,

Martia cum durum sternit harena solum.

Tollatur Circus! non tuta licentia Circi est:

hic sedet ignoto iuncta puella viro.

285 Cum quaedam spatientur in hoc[2], ut amator eodem[3]

conveniat, quare porticus ulla patet?

Quis locus est templis augustior? haec quoque vitet,

---

1   multis quam=multi quam=quam multis

2   hoc=hac

3   eodem=eadem

in culpam siqua est ingeniosa suam.

Cum steterit Iovis aede, Iovis succurret in aede

290   quam multas matres fecerit ille deus.

Proxima adoranti Iunonia templa subibit,

    paelicibus multis hanc doluisse deam.

Pallade conspecta, natum de crimine virgo

    sustulerit quare, quaeret, Ericthonium.

295   Venerit in magni templum, tua munera, Martis,

    stat Venus Vltori iuncta, vir[1] ante fores.

Isidis aede sedens, cur hanc Saturnia, quaeret,

    egerit Ionio Bosphorioque mari?

In Venere Anchises, in Luna Latmius heros,

300   in Cerere Iasion, qui referatur, erit.

Omnia perversas possunt corrumpere mentes;

    stant tamen illa suis omnia tuta locis.

305   Quaecumque inrupit, qua non sinit ire sacerdos,

    protinus huic[2] dempti criminis ipsa rea est.

303   Et procul a scripta solis meretricibus Arte

    summovet ingenuas pagina prima manus.

307   Nec tamen est facinus versus evolvere mollis,

    multa licet castae non facienda legant.

Saepe supercilii nudas matrona severi

---

1   vir=viro

2   huic=haec

310　et Veneris stantis ad genus omne videt.

Corpora Vestales oculi meretricia cernunt,

nec domino poenae res ea causa fuit.

At cur in nostra nimia est lascivia Musa,

curve meus cuiquam suadet amare liber?

315　Nil nisi peccatum manifestaque culpa fatenda est:

paenitet ingenii iudiciique mei.

Cur non Argolicis potius quae concidit armis

vexata est iterum carmine Troia meo?

Cur tacui Thebas et vulnera mutua fratrum,

320　et septem portas sub duce quamque suo?

Nec mihi materiam bellatrix Roma negabat,

et pius est patriae facta referre labor.

Denique cum meritis impleveris omnia, Caesar,

pars mihi de multis una canenda fuit,

325　utque trahunt oculos radiantia lumina solis,

traxissent animum sic tua facta meum.

Arguor inmerito: tenuis mihi campus aratur:

illud erat magnae fertilitatis opus.

Non ideo debet pelago se credere, siqua

330　audet in exiguo ludere cumba lacu.

Forsan (et hoc dubitem) numeris levioribus aptus

sim satis, in parvos sufficiamque modos:

at si me iubeas domitos Iovis igne Gigantas

dicere, conantem debilitabit onus.

335 Divitis ingenii est immania Caesaris acta

condere, materia ne superetur opus.

Et tamen ausus eram; sed detrectare videbar,

quodque nefas, damno viribus esse tuis.

Ad leve rursus opus, iuvenilia carmina, veni,

340 et falso movi pectus amore meum.

Non equidem vellem, sed me mea fata trahebant,

inque meas poenas ingeniosus eram.

Ei mihi quo didici? cur me docuere parentes

litteraque est oculos ulla morata meos?

345 Haec tibi me invisum lascivia fecit, ob Artes,

quas ratus es vetitos sollicitare toros.

Sed neque me nuptae didicerunt furta magistro,

quodque parum novit, nemo docere potest.

Sic ego delicias et mollia carmina feci,

350 strinxerit ut nomen fabula nulla meum.

Nec quisquam est adeo media de plebe maritus,

ut dubius vitio sit pater ille meo.

Crede mihi, distant mores a carmine nostri

(vita verecunda est, Musa iocosa mea)

355 magnaque pars mendax operum est et ficta meorum:

plus sibi permisit compositore suo.

Nec liber indicium est animi, sed honesta voluntas[1]:

---

1   voluntas=voluptas

plurima mulcendis auribus apta feret[1].

Accius esset atrox, conviva Terentius esset,

360   essent pugnaces qui fera bella canunt.

Denique composui teneros non solus amores:

composito poenas solus amore dedi.

Quid, nisi cum multo Venerem confundere vino

praecepit lyrici Teïa Musa senis?

365   Lesbia quid docuit Sappho, nisi amare, puellas?

tuta tamen Sappho, tutus et ille fuit.

Nec tibi, Battiade, nocuit, quod saepe legenti

delicias versu fassus es ipse tuas.

Fabula iucundi nulla est sine amore Menandri,

370   et solet hic pueris virginibusque legi.

Ilias ipsa quid est aliud nisi adultera, de qua

inter amatorem pugna virumque fuit?

Quid prius est illi flamma Briseidos, utque

fecerit iratos rapta puella duces?

375   Aut quid Odyssea est nisi femina propter amorem,

dum vir abest, multis una petita viris[2]?

Quis nisi Maeonides Venerem Martemque ligatos

narrat, in obsceno corpora prensa toro?

Vnde nisi indicio magni sciremus Homeri

---

1   feret=fores=ferens=feres

2   viris=procis

380   hospitis igne duas incaluisse deas?

Omne genus scripti gravitate tragoedia vincit:

haec quoque materiam semper amoris habet.

Numquid[1] in Hippolyto nisi caeca est flamma novercae?

nobilis est Canace fratris amore sui.

385   Quid? non Tantalides, agitante Cupidine currus,

Pisaeam Phrygiis vexit eburnus equis?

Tingueret ut ferrum natorum sanguine mater,

concitus a laeso fecit amore dolor.

Fecit amor subitas volucres cum paelice regem,

390   quaeque suum luget nunc quoque mater Ityn.

Si non Aëropen frater sceleratus amasset,

aversos Solis non legeremus equos.

Impia nec tragicos tetigisset Scylla cothurnos,

ni patrium crinem desecuisset amor.

395   Qui legis Electran et egentem mentis Oresten[2],

Aegisthi crimen Tyndaridosque legis.

Nam quid de tetrico referam domitore Chimaerae,

quem leto fallax hospita paene dedit?

Quid loquar Hermionen, quid te, Schoeneïa virgo,

400   teque, Mycenaeo Phoebas amata duci?

Quid Danaën Danaësque nurum matremque Lyaei

---

1   Numquid=namquid

2   Oresten=orestem

Haemonaque et noctes cui coiere duae?

Quid Peliae generum, quid Thesea, quique[1] Pelasgum

Iliacam tetigit de rate primus humum?

405 Huc Iole Pyrrhique parens, huc Herculis uxor,

huc accedat Hylas Iliacusque puer.

Tempore deficiar, tragicos si persequar ignes,

vixque meus capiet nomina nuda liber.

Est et in obscenos commixta[2] tragoedia risus,

410 multaque praeteriti verba pudoris habet.

Nec nocet auctori, mollem qui fecit Achillem,

infregisse suis fortia facta modis.

Iunxit Aristides Milesia crimina secum,

pulsus Aristides nec tamen urbe sua est.

415 Nec qui descripsit corrumpi semina matrum,

Eubius, impurae conditor historiae,

nec qui composuit nuper Sybaritica, fugit,

nec quae concubitus non tacuere suos.

Suntque ea doctorum monumentis mixta[3] virorum,

420 muneribusque ducum publica facta patent.

Neve peregrinis tantum defendar ab armis,

et Romanus habet multa iocosa liber.

Vtque suo Martem cecinit gravis Ennius ore,

---

1   quique=quidve

2   commixta=deflexa

3   mixta=saxa=texta

Ennius ingenio maximus, arte rudis:

425 explicat ut causas rapidi Lucretius ignis,

casurumque triplex vaticinatur opus:

sic sua lascivo cantata est saepe Catullo

femina, cui falsum Lesbia nomen erat;

nec contentus ea, multos vulgavit amores,

430 in quibus ipse suum fassus adulterium est.

Par fuit exigui similisque licentia Calvi,

detexit variis qui sua furta[1] modis.

Quid referam Ticidae, quid Memmi carmen, apud quos

rebus adest nomen nominibusque pudor?

435 Cinna quoque his comes est, Cinnaque procacior Anser,

et leve Cornifici parque Catonis opus,

et quorum libris modo dissimulata Perillae[2]

nomine, nunc legitur, dicta, Metelle, tuo,

is quoque, Phasiacas Argon qui duxit in undas,

440 non potuit Veneris furta tacere suae.

Nec minus Hortensi, nec sunt minus improba Servi

carmina. quis dubitet nomina tanta sequi?

Vertit Aristiden Sisenna, nec obfuit illi,

historiae turpis inseruisse iocos.

445 Non fuit opprobrio celebrasse Lycorida Gallo,

---

1   furta=facta

2   Perillae=per illos

sed linguam nimio non tenuisse mero.

Credere iuranti durum putat esse Tibullus,

    sic etiam de se quod neget illa viro:

fallere custodes idem[1] docuisse fatetur,

450   seque sua miserum nunc ait arte premi.

Saepe, velut gemmam dominae signumve probaret,

    per causam meminit se tetigisse manum,

utque refert, digitis saepe est nutuque locutus,

    et tacitam mensae duxit in orbe notam

455 et quibus e sucis abeat de corpore livor,

    impresso fieri qui solet ore, docet:

denique ab incauto nimium petit ille marito,

    se quoque uti servet, peccet ut illa minus.

Scit, cui latretur, cum solus obambulet, ipsas[2]

460 cur[3] totiens clausas excreet ante fores,

multaque dat furti talis praecepta docetque

    qua nuptae possint fallere ab arte viros.

Non fuit hoc illi fraudi, legiturque Tibullus

    et placet, et iam te principe notus erat.

465 Invenies eadem blandi praecepta Properti:

    destrictus minima nec tamen ille nota est.

His ego successi, quoniam praestantia candor

---

1   custodes idem=custodem tandem=custodem demum

2   ipsas=ipse

3   cur=qui

nomina vivorum dissimulare iubet.

Non timui, fateor, ne, qua tot iere carinae,

470   naufraga servatis omnibus una foret.

Sunt aliis scriptae, quibus alea luditur, artes

(hoc est ad nostros non leve crimen avos)

quid valeant tali, quo possis plurima iactu

figere[1], damnosos effugiasque canes,

475   tessera quos habeat numeros, distante vocato

mittere quo deceat, quo dare missa modo,

discolor ut recto grassetur limite miles,

cum medius gemino calculus hoste perit,

ut dare bella[2] sequens[3] sciat et revocare priorem,

480   nec tuto fugiens incomitatus eat;

parva sit ut ternis[4] instructa tabella lapillis,

in qua vicisse est continuasse suos;

quique alii lusus (neque enim nunc persequar omnes)

perdere, rem caram, tempora nostra solent.

485   Ecce canit formas alius iactusque pilarum,

hic artem nandi praecipit, ille trochi,

composita est aliis fucandi cura coloris;

hic epulis leges hospitioque dedit

---

1   figere=fingere

2   dare bella=bellare=mare/mage/male velle

3   sequens=sequi

4   sit ut ternis=sed uternis/internis/interius

alter humum, de qua fingantur pocula, monstrat,

490   quaeque, docet, liquido testa sit apta mero.

Talia luduntur fumoso mense Decembri,

       quae damno nulli composuisse fuit.

His ego deceptus non tristia carmina feci,

       sed tristis nostros poena secuta iocos.

495   Denique nec video tot de scribentibus unum,

       quem sua perdiderit Musa; repertus ego.

Quid, si scripsissem mimos obscena iocantes,

       qui semper vetiti[1] crimen amoris habent:

in quibus assidue cultus procedit adulter,

500   verbaque dat stulto callida nupta viro?

Nubilis hoc virgo matronaque virque puerque

       spectat, et ex magna parte senatus adest.

Nec satis incestis temerari vocibus aures;

       adsuescunt oculi multa pudenda pati:

505   cumque fefellit amans aliqua novitate maritum

       plauditur et magno palma favore datur;

quoque[2] minus prodest, scaena[3] est lucrosa poetae,

       tantaque non parvo crimina praetor emit.

Inspice ludorum sumptus, Auguste, tuorum:

510   empta tibi magno talia multa leges.

---

1   vetiti=victi=iunctum

2   quoque=quodque

3   scaena=poena

Haec tu spectasti spectandaque saepe dedisti

(maiestas adeo comis ubique tua est)

luminibusque tuis, totus quibus utitur orbis,

scaenica vidisti lentus adulteria.

515 Scribere si fas est imitantes turpia mimos,

materiae minor est debita poena meae.

An genus hoc scripti faciunt sua pulpita tutum,

quodque licet, mimis scaena licere dedit?

Et mea sunt populo saltata poemata saepe,

520 saepe oculos etiam detinuere tuos.

Scilicet in domibus vestris[1] ut prisca virorum

artificis fulgent corpora picta manu,

sic quae concubitus varios Venerisque figuras

exprimat, est aliquo parva tabella loco:

525 Vtque sedet vultu fassus Telamonius iram,

inque oculis facinus barbara mater habet,

sic madidos siccat digitis Venus uda capillos,

et modo maternis tecta videtur aquis.

Bella sonant alii telis instructa cruentis,

530 parsque tui generis, pars tua facta canunt.

Invida me spatio natura coercuit arto,

ingenio vires exiguasque dedit.

Et tamen ille tuae felix Aeneidos auctor

---

1   vestris=nostris

contulit in Tyrios arma virumque toros,

535 nec legitur pars ulla magis de corpore toto,

quam non legitimo foedere iunctus amor.

Phyllidis hic idem teneraeque Amaryllidis ignes

bucolicis iuvenis luserat ante modis.

Nos quoque iam pridem scripto peccavimus isto:

540 supplicium patitur non nova culpa novum;

carminaque edideram, cum te delicta notantem

praeterii totiens rite citatus[1] eques.

Ergo quae iuvenis mihi non nocitura putavi

scripta parum prudens, nunc nocuere seni.

545 Sera redundavit veteris vindicta libelli,

distat et a meriti tempore poena sui.

Ne tamen omne meum credas opus esse remissum,

saepe dedi nostrae grandia vela rati.

Sex ego Fastorum scripsi totidemque libellos,

550 cumque suo finem mense volumen habet,

idque tuo nuper scriptum sub nomine, Caesar,

et tibi sacratum sors mea rupit opus;

et dedimus tragicis sceptrum regale tyrannis,

quaeque gravis debet verba cothurnus habet;

555 dictaque sunt nobis, quamvis manus ultima coeptis

defuit, in facies corpora versa novas.

---

1   rite citatus=inreprehensus=inrequietus

Atque utinam revoces animum paulisper ab ira,
  et vacuo iubeas hinc tibi pauca legi,
pauca, quibus prima surgens ab origine mundi
560 in tua deduxi tempora, Caesar, opus:
Aspicies, quantum dederis mihi pectoris ipse,
  quoque favore animi teque tuosque canam.
Non ego mordaci destrinxi carmine quemquam,
  nec meus ullius crimina versus habet.
565 Candidus a salibus suffusis felle refugi:
  nulla venenato littera tincta ioco est.
Inter tot populi, tot scriptis, milia nostri,
  quem mea Calliope laeserit, unus ego.
Non igitur nostris ullum gaudere Quiritem
570 auguror, at multos indoluisse malis;
nec mihi credibile est, quemquam insultasse iacenti
  gratia candori si qua relata meo est.
His, precor, atque aliis possint tua numina flecti,
  o pater, o patriae cura salusque tuae!
575 Non ut in Ausoniam redeam, nisi forsitan olim,
  cum longo poenae tempore victus eris,
tutius exilium pauloque quietius oro,
  ut par delicto sit mea poena suo.

TRISTIVM LIBER III

《哀歌集》
第三部

I

'Missus in hanc venio timide liber exulis Vrbem:
  da placidam fesso, lector amice, manum;
neve reformida, ne sim tibi forte pudori:
  nullus in hac charta versus amare docet.
5 Haec domini fortuna mei est, ut debeat illam
  infelix nullis dissimulare iocis.
Id quoque, quod viridi quondam male lusit in aevo,
  heu nimium sero damnat et odit opus.
Inspice quid portem: nihil hic nisi triste videbis,
10 carmine temporibus conveniente suis.
Clauda quod alterno subsidunt carmina versu,
  vel pedis hoc ratio, vel via longa facit;
quod neque sum cedro flavus[1] nec pumice levis,
  erubui domino cultior esse meo;
15 littera suffusas quod habet maculosa lituras,

---

1   flavus=fulvus

laesit opus lacrimis ipse poeta suum.

Siqua videbuntur casu non dicta Latine,

in qua scribebat, barbara terra fuit.

Dicite, lectores, si non grave, qua sit eundum,

20   quasque petam sedes hospes in Vrbe liber.'

Haec ubi sum furtim lingua titubante locutus,

qui mihi monstraret, vix fuit unus, iter.

'Di tibi dent, nostro quod non tribuere poetae,

molliter in patria vivere posse tua!

25   Duc age! namque sequar, quamvis terraque marique

longinquo referam lassus ab orbe pedem.'

Paruit, et ducens 'haec sunt fora Caesaris,' inquit,

'haec est a sacris quae via nomen habet,

hic locus est Vestae, qui Pallada servat et ignem,

30   haec fuit antiqui regia parva Numae.'

Inde petens dextram 'porta est' ait 'ista Palati,

hic Stator, hoc primum condita Roma loco est.'

Singula dum miror, video fulgentibus armis

conspicuos postes tectaque digna deo,

35   et 'Iovis haec' dixi 'domus est?' quod ut esse putarem,

augurium menti querna corona dabat.

Cuius ut accepi dominum, 'non fallimur,' inquam,

'et magni verum est hanc Iovis esse domum.

Cur tamen opposita[1] velatur ianua lauro,

40   cingit et augustas arbor opaca fores[2]?

Num quia perpetuos meruit domus ista triumphos,

      an quia Leucadio semper amata deo est?

Ipsane quod festa est, an quod facit omnia festa?

      quam tribuit terris, pacis an ista nota est?

45   Vtque viret semper laurus nec fronde caduca

      carpitur, aeternum sic habet illa decus?

Causa superpositae scripto est testata coronae:

      servatos civis indicat huius ope.

Adice servatis unum, pater optime, civem,

50   qui procul extremo pulsus in orbe iacet,

in quo poenarum, quas se meruisse fatetur,

      non facinus causam, sed suus error habet.

Me miserum! vereorque locum vereorque potentem,

      et quatitur trepido littera nostra metu.

55   Aspicis exsangui chartam pallere colore?

      Aspicis alternos intremuisse pedes?

Quandocumque, precor, nostro placere parenti

      isdem et sub dominis aspiciare domus!'

Inde tenore pari gradibus sublimia celsis

60   ducor ad intonsi candida templa dei,

---

1   opposita=apposita

2   fores=comas

signa peregrinis ubi sunt alterna columnis,

Belides et stricto barbarus ense pater,

quaeque viri docto veteres cepere novique

pectore, lecturis inspicienda patent.

65   Quaerebam fratres, exceptis scilicet illis,

quos suus optaret non genuisse pater.

Quaerentem frustra custos me sedibus illis

praepositus sancto iussit abire loco.

Altera templa peto, vicino iuncta theatro:

70   haec quoque erant pedibus non adeunda meis.

Nec me, quae doctis patuerunt prima libellis,

atria Libertas tangere passa sua est.

In genus auctoris miseri fortuna redundat,

et patimur nati, quam tulit ipse, fugam.

75   Forsitan et nobis olim minus asper et illi

evictus longo tempore Caesar erit.

Di, precor, atque adeo (neque enim mihi turba roganda est)

Caesar, ades voto, maxime dive, meo!

Interea, quoniam statio mihi publica clausa est,

80   privato liceat delituisse loco!

Vos quoque, si fas est, confusa pudore repulsae

sumite plebeiae carmina nostra manus!

II

Ergo erat in fatis Scythiam quoque visere nostris,
    quaeque Lycaonio terra sub axe iacet:
nec vos, Pierides, nec stirps Letoïa, vestro
    docta sacerdoti turba tulistis opem.
5 Nec mihi, quod lusi vero[1] sine crimine, prodest,
    quodque magis vita Musa iocata[2] mea est:
plurima sed pelago terraque pericula passum
    ustus ab adsiduo frigore Pontus habet.
Quique fugax rerum securaque in otia natus,
10   mollis et inpatiens ante laboris eram,
ultima nunc patior, nec me mare portubus orbum
    perdere, diversae nec potuere viae;
suffecitque[3] malis animus; nam corpus ab illo
    accepit vires vixque ferenda tulit.
15 Dum tamen et terris dubius iactabar et undis,
    fallebat curas aegraque corda labor:
ut via finita est et opus requievit eundi,
    et poenae tellus est mihi tacta meae,
nil nisi flere libet, nec nostro parcior imber
20   lumine, de verna quam nive manat aqua.

---

1   vero=vestro

2   iocata=iocosa

3   suffecitque=sufficit atque

Roma domusque subit desideriumque locorum,

    quicquid et amissa restat in Vrbe mei.

Ei mihi, quo[1] totiens nostri pulsata sepulcri

    ianua, sed nullo tempore aperta fuit?

25 Cur ego tot gladios fugi totiensque minata

    obruit infelix nulla procella caput?

Di, quos experior nimium constanter iniquos,

    participes irae quos deus unus habet,

exstimulate, precor, cessantia fata meique

30   interitus clausas esse vetate fores!

III

Haec mea si casu miraris epistula quare

    alterius digitis scripta sit, aeger eram,

aeger in extremis ignoti partibus orbis,

    incertusque meae paene salutis eram.

5 Quem mihi nunc animum dira regione iacenti

    inter Sauromatas esse Getasque putes?

Nec caelum patior, nec aquis adsuevimus istis,

    terraque nescio quo non placet ipsa modo.

Non domus apta satis, non hic cibus utilis aegro,

---

1   quo=quod

10   nullus, Apollinea qui levet arte malum,

    non qui soletur, non qui labentia tarde

      tempora narrando fallat, amicus adest.

    Lassus in extremis iaceo populisque locisque,

      et subit adfecto nunc mihi, quicquid abest.

15   Omnia cum subeant, vincis tamen omnia, coniunx,

      et plus in nostro pectore parte tenes.

    Te loquor absentem, te vox mea nominat unam;

      nulla venit sine te nox mihi, nulla dies.

    Quin etiam sic me dicunt aliena locutum,

20   ut foret amenti nomen in ore tuum.

    Sit iam deficiens suppressaque lingua palato

      vix instillato restituenda mero,

    nuntiet huc aliquis dominam venisse, resurgam,

      spesque tui nobis causa vigoris erit.

25   Ergo ego sum dubius vitae, tu forsitan istic

      iucundum nostri nescia tempus agis?

    Non agis, adfirmo: liquet hoc, carissima, nobis,

      tempus agi sine me non nisi triste tibi.

    Si tamen inplevit mea sors, quos debuit, annos,

30   et mihi vivendi tam cito finis adest,

    quantum erat, o magni, morituro parcere, divi,

      ut saltem patria contumularer humo?

    Vel poena in tempus mortis dilata fuisset,

      vel praecepisset mors properata fugam.

Integer hanc potui nuper bene reddere lucem;

    exul ut occiderem, nunc mihi vita data est.

Iam procul ignotis igitur moriemur in oris,

    et fient ipso tristia fata loco;

nec mea consueto languescent corpora lecto,

    depositum nec me qui fleat, ullus erit;

nec dominae lacrimis in nostra cadentibus ora

    accedent animae tempora parva meae;

nec mandata dabo, nec cum clamore supremo

    labentes oculos condet amica manus;

sed sine funeribus caput hoc, sine honore sepulcri

    indeploratum barbara terra teget.

Ecquid, ubi audieris, tota turbabere mente,

    et feries pavida pectora fida manu?

Ecquid, in has frustra tendens tua brachia partes,

    clamabis miseri nomen inane viri?

Parce tamen lacerare genas, nec scinde capillos:

    non tibi nunc primum, lux mea, raptus ero.

Cum patriam amisi, tunc me periisse putato:

    et prior et gravior mors fuit illa mihi.

Nunc, si forte potes (sed non potes, optima coniunx)

    finitis gaude tot mihi morte malis.

Quod potes, extenua forti mala corde ferendo,

    ad quae iam pridem non rude pectus habes.

Atque utinam pereant animae cum corpore nostrae,

60 effugiatque avidos pars mihi nulla rogos.

Nam si morte carens vacua volat altus in aura

spiritus, et Samii sunt rata dicta senis,

inter Sarmaticas Romana vagabitur umbras,

perque feros manes hospita semper erit.

65 Ossa tamen facito parva referantur in urna:

sic ego non etiam mortuus exul ero.

Non vetat hoc quisquam: fratrem Thebana peremptum

supposuit tumulo rege vetante soror.

Atque ea cum foliis et amomi pulvere misce,

70 inque suburbano condita pone solo;

quosque legat versus oculo properante viator,

grandibus in tumuli marmore caede notis:

HIC.EGO.QVI.IACEO.TENERORVM.LVSOR.AMORVM.

INGENIO.PERUII.NASO.POETA.MEO

75 AT.TIBI.QVI.TRANSIS.NE.SIT.GRAVE.QVISQVIS.AMASTI

DICERE.NASONIS.MOLLITER.OSSA.CVBENT

Hoc satis in titulo est: etenim maiora libelli

et diuturna magis sunt monimenta mihi,

quos ego confido, quamvis nocuere, daturos

80 nomen et auctori tempora longa suo.

Tu tamen extincto feralia munera semper

deque tuis lacrimis umida serta dato.

Quamvis in cinerem corpus mutaverit ignis

sentiet officium maesta favilla pium.

85 Scribere plura libet, sed vox mihi fessa loquendo

dictandi vires siccaque lingua negat.

Accipe supremo dictum mihi forsitan ore,

quod, tibi qui mittit, non habet ipse, 'vale'.

IV

O mihi care quidem semper, sed tempore duro

cognite, res postquam procubuere meae:

usibus edocto si quicquam credis amico,

vive tibi et longe nomina magna fuge.

5 Vive tibi, quantumque potes praelustria vita:

saevum praelustri fulmen ab igne venit.

Nam quamquam soli possunt prodesse potentes,

num prosit[1] potius, siquis obesse potest.

Effugit hibernas demissa antemna procellas,

10 lataque plus parvis vela timoris habent.

Aspicis ut summa cortex levis innatet unda,

cum grave nexa simul retia mergat onus.

Haec ego si monitor monitus prius ipse fuissem,

in qua debebam forsitan Vrbe forem.

15 Dum mecum vixi, dum me levis aura ferebat,

---

1   prosit=prodest=prosint

haec mea per placidas cumba cucurrit aquas.

Qui cadit in plano (vix hoc tamen evenit ipsum)

sic cadit, ut tacta surgere possit humo.

At miser Elpenor tecto delapsus ab alto

20   occurrit regi debilis umbra suo.

Qui fuit, ut tutas agitaret Daedalus alas,

Icarus immensas nomine signet aquas?

Nempe quod hic alte, demissius ille volabat:

nam pennas ambo non habuere suas.

25   Crede mihi, bene qui latuit bene vixit, et intra

fortunam debet quisque manere suam.

Non foret Eumedes orbus, si filius eius

stultus Achilleos non adamasset equos:

nec natum in flamma vidisset, in arbore natas,

30   cepisset genitor si Phaëthonta Merops.

Tu quoque formida nimium sublimia semper,

propositique, precor, contrahe vela tui.

Nam pede inoffenso spatium decurrere vitae

dignus es et fato candidiore frui.

35   Quae pro te ut voveam, miti pietate mereris

haesuraque mihi tempus in omne fide.

Vidi ego te tali vultu mea fata gementem,

qualem credibile est ore fuisse meo.

Nostra tuas vidi lacrimas super ora cadentes,

40   tempore quas uno fidaque verba bibi.

Nunc quoque summotum studio defendis amico[1],

    et mala vix ulla parte levanda levas.

Vive sine invidia, mollesque inglorius annos

    exige, amicitias et tibi iunge pares,

45   Nasonisque tui, quod adhuc non exulat unum,

    nomen ama: Scythicus cetera Pontus habet.

IVB

Proxima sideribus tellus Erymanthidos Vrsae

    me tenet, adstricto terra perusta gelu.

Bosphoros et Tanais superant Scythiaeque paludes

50   vixque satis noti nomina pauca loci.

Vlterius nihil est nisi non habitabile frigus.

    Heu quam vicina est ultima terra mihi!

At longe patria est, longe carissima coniunx,

    quicquid et haec nobis post duo dulce fuit.

55   Sic tamen haec adsunt, ut quae contingere non est

    corpore, sint animo cuncta videnda meo.

Ante oculos errant domus, Vrbsque et[2] forma locorum,

    acceduntque suis singula facta locis.

---

1   amico=amicum

2   Vrbsque et=urbs et

Coniugis ante oculos, sicut praesentis, imago[1];

60   illa meos casus ingravat, illa levat:

ingravat hoc, quod abest; levat hoc, quod praestat amorem

    inpositumque sibi firma tuetur onus.

Vos quoque pectoribus nostris haeretis, amici,

    dicere quos cupio nomine quemque suo.

65 Sed timor officium cautus compescit, et ipsos

    in nostro poni carmine nolle puto.

Ante volebatis, gratique erat instar honoris,

    versibus in nostris nomina vestra legi.

Quod quoniam est anceps, intra mea pectora quemque

70   adloquar, et nulli causa timoris ero.

Nec meus indicio latitantes versus amicos

    protrahet[2]; occulte siquis amabit, amet.

Scite tamen, quamvis longa[3] regione remotus

    absim, vos animo semper adesse meo.

75 et qua quisque potest, aliqua mala nostra levate,

    fidam proiecto neve negate manum.

Prospera sic maneat vobis fortuna, nec umquam

    contacti simili sorte rogetis idem.

---

1   imago=imago est

2   protrahet=protrahit

3   longa=longe

V

Vsus amicitiae tecum mihi parvus, ut illam
    non aegre posses dissimulare, fuit,
nec[1] me complexus vinclis propioribus esses
    nave mea vento, forsan, eunte suo.
5 Vt cecidi cunctique metu fugere ruinae[2],
    versaque amicitiae terga dedere meae,
ausus es igne Iovis percussum tangere corpus
    et deploratae limen adire domus:
idque recens praestas nec longo cognitus usu,
10   quod veterum misero vix duo tresve mihi.
Vidi ego confusos vultus visosque notavi,
    osque madens fletu pallidiusque meo:
et lacrimas cernens in singula verba cadentes
    ore meo lacrimas, auribus illa bibi;
15 brachiaque accepi presso[3] pendentia collo,
    et singultatis oscula mixta sonis.
Sum quoque, care, tuis defensus viribus absens
    (scis carum veri nominis esse loco),
multaque praeterea manifestaque[4] signa favoris

---

1   nec=ni

2   ruinae=ruinam

3   presso=maesto

4   manifestaque=manifesta=manifesti

20 pectoribus teneo non abitura meis.

　　Di tibi posse tuos tribuant defendere semper,

　　　　quos in materia prosperiore iuves.

　　Si tamen interea, quid in his ego perditus oris

　　　　(quod te credibile est quaerere) quaeris, agam:

25 spe trahor exigua, quam tu mihi demere noli,

　　　　tristia leniri numina posse dei.

　　Seu temere expecto, sive id contingere fas est,

　　　　tu mihi, quod cupio, fas, precor, esse proba,

　　quaeque tibi est linguae facundia, confer in illud,

30 　　ut doceas votum posse valere meum.

　　Quo quisque est maior, magis est placabilis irae,

　　　　et faciles motus mens generosa capit.

　　Corpora magnanimo satis est prostrasse leoni,

　　　　pugna suum finem, cum iacet hostis, habet:

35 at lupus et turpes instant morientibus ursi,

　　　　et quaecumque minor nobilitate fera est.

　　Maius apud Troiam forti quid habemus Achille?

　　　　Dardanii lacrimas non tulit ille senis.

　　Quae ducis Emathii fuerit clementia, Porus

40 　　Dareique docent funeris exequiae.

　　Neve hominum referam flexas ad mitius iras,

　　　　Iunonis gener est qui prius hostis erat.

　　Denique non possum nullam sperare salutem,

　　　　cum poenae non sit causa cruenta meae.

Non mihi quaerenti pessumdare cuncta petitum

    Caesareum caput est, quod caput orbis erat:

non aliquid dixi velandave[1] lingua locuta est,

    lapsave sunt nimio verba profana mero:

inscia quod crimen viderunt lumina, plector,

50   peccatumque oculos est habuisse meum.

Non equidem totam possum defendere culpam:

    sed partem nostri criminis error habet.

Spes igitur superest, ut molliat ipse, futurum[2]

    mutati poenam condicione loci.

55 Hos[3] utinam nitidi Solis praenuntius ortus

    afferat admisso Lucifer albus equo!

VI

Foedus amicitiae nec vis, carissime, nostrae,

    nec, si forte velis, dissimulare potes.

Donec enim licuit, nec te mihi carior alter,

    nec tibi me tota iunctior urbe fuit;

5 isque erat usque adeo populo testatus, ut esset

    paene magis quam tu quamque ego notus, amor:

---

1   dixi velandave=dixi velataque/violataque/violentaque=dixive, elatave

2   ut molliat ipse, futurum=facturum ut molliat ipse

3   Hos=hoc

quique est in caris animi tibi candor amicis

    cognitus est illi, quem colis ipse, viro.

Nil ita celabas, ut non ego conscius essem,

10   pectoribusque dabas multa tegenda meis:

cuique ego narrabam secreti quicquid habebam,

    excepto quod me perdidit, unus eras.

Id quoque si scisses, salvo fruerere sodali,

    consilioque forem sospes, amice, tuo.

15   Sed mea me in poenam nimirum Parca trahebat[1],

    omne bonae claudens[2] utilitatis iter,

sive malum potui tamen hoc vitare cavendo,

    seu ratio fatum vincere nulla valet,

tu tamen, o nobis usu iunctissime longo,

20   pars desiderii maxima paene mei,

sis memor, et siquas fecit tibi gratia vires,

    illas pro nobis experiare, rogo,

numinis ut laesi fiat mansuetior ira,

    mutatoque minor sit mea poena loco.

25   Idque ita, si nullum scelus est in pectore nostro,

    principiumque mei criminis error habet.

Nec leve nec tutum, quo sint mea, dicere, casu

    lumina funesti conscia facta mali:

---

1   Parca trahebat=fata trahebant

2   claudens=claudent=claudunt

mensque reformidat, veluti sua vulnera, tempus

30   illud, et admonitu fit novus ipse dolor[1]:

et quaecumque adeo possunt afferre pudorem,

    illa tegi caeca condita nocte decet.

Nil igitur referam nisi me peccasse, sed illo

    praemia peccato nulla petita mihi,

35   stultitiamque meum crimen debere vocari,

    nomina si facto reddere vera velis.

Quae si non ita sunt, alium, quo longius absim,

    quaere, suburbana haec sit mihi terra, locum[2].

VII

Vade salutatum, subito perarata, Perillam,

    littera, sermonis fida ministra mei.

Aut illam invenies dulci cum matre sedentem,

    aut inter libros Pieridasque suas.

5   Quidquid aget, cum te scierit venisse, relinquet,

    nec mora, quid venias quidve, requiret, agam.

Vivere me dices, sed sic, ut vivere nolim,

    nec mala tam longa nostra levata mora:

---

1   dolor=pudor

2   locum=locus

et tamen ad Musas, quamvis nocuere, reverti,

10   aptaque in alternos cogere verba pedes.

'Tu quoque' dic 'studiis communibus ecquid inhaeres,

      doctaque non patrio carmina more canis?

Nam tibi cum facie mores natura pudicos

      et raras dotes ingeniumque dedit.

15   Hoc ego Pegasidas deduxi primus ad undas,

      ne male fecundae vena periret aquae;

primus id aspexi teneris in virginis annis,

      utque pater natae duxque comesque fui.

Ergo si remanent ignes tibi pectoris idem,

20   sola tuum vates Lesbia vincet opus.

Sed vereor, ne te mea nunc fortuna retardet,

      postque meos casus sit tibi pectus iners.

Dum licuit, tua saepe mihi, tibi nostra legebam;

      saepe tuis iudex, saepe magister eram:

25   aut ego praebebam factis modo versibus aures,

      aut, ubi cessaras, causa ruboris eram.

Forsitan exemplo, quia me laesere libelli,

      tu quoque sis poenae facta[1] ruina meae.

Pone, Perilla, metum; tantummodo femina nulla

30   neve vir a scriptis discat amare tuis.

Ergo desidiae remove, doctissima, causas,

---

1   facta=fata

inque bonas artes et tua sacra redi.

Ista decens facies longis vitiabitur annis,

    rugaque in antiqua fronte senilis erit,

35   inicietque manum formae damnosa senectus,

    quae strepitus[1] passu non faciente venit.

Cumque aliquis dicet "fuit haec formosa" dolebis,

    et speculum mendax esse querere tuum.

Sunt tibi opes modicae, cum sis dignissima magnis:

40   finge sed inmensis censibus esse pares,

nempe addit cuicumque[2] libet Fortuna rapitque,

    Irus et est subito, qui modo Croesus erat.

Singula ne referam, nil non mortale tenemus

    pectoris exceptis ingeniique bonis.

45   En ego, cum caream patria vobisque domoque,

    raptaque sint, adimi quae potuere mihi,

ingenio tamen ipse meo comitorque fruorque:

    Caesar in hoc potuit iuris habere nihil.

Quilibet hanc saevo vitam mihi finiat ense,

50   me tamen extincto fama superstes erit,

dumque suis victrix septem de montibus orbem

    prospiciet domitum Martia Roma, legar.

Tu quoque, quam studii maneat felicior usus,

---

1   strepitus=strepitum

2   addit cuicumque=dat id quodcumque

effuge venturos, qua potes usque, rogos!'

VIII

Nunc ego Triptolemi cuperem consistere curru,

    misit in ignotam quo rude semen humum;

nunc ego Medeae vellem frenare dracones,

    quos habuit fugiens arce, Corinthe, tua;

5   nunc ego iactandas optarem sumere pennas,

    sive tuas, Perseu, Daedale, sive tuas:

ut tenera nostris cedente volatibus aura

    aspicerem patriae dulce repente solum,

desertaeque domus vultum, memoresque sodales,

10   caraque praecipue coniugis ora meae.

Stulte, quid haec frustra votis puerilibus optas,

    quae non ulla tibi[1] fertque feretque dies?

Si semel optandum est, Augusti numen adora,

    et, quem sensisti, rite precare deum.

15   Ille tibi pennasque potest currusque volucres

    tradere: det reditum, protinus ales eris.

Si precer hoc (neque enim possum maiora rogare)

    ne mea sint, timeo, vota modesta parum.

---

1   tibi=tulit

Forsitan hoc olim, cum iam satiaverit iram,

20 tum quoque sollicita mente rogandus erit.

Quod nimis interea est instar mihi muneris ampli,

ex his me iubeat quolibet ire locis.

Nec caelum nec aquae faciunt nec terra nec aurae;

ei mihi, perpetuus corpora languor habet!

25 Seu vitiant artus aegrae contagia mentis,

sive mei causa est in regione mali,

ut tetigi Pontum, vexant insomnia, vixque

ossa tegit macies nec iuvat ora cibus;

quique per autumnum percussis frigore primo

30 est color in foliis, quae nova laesit hiems,

is mea membra tenet, nec viribus adlevor ullis,

et numquam queruli causa doloris abest.

Nec melius valeo, quam corpore, mente, sed aegra est

utraque pars aeque binaque damna fero.

35 Haeret et ante oculos veluti spectabile corpus

adstat fortunae forma tegenda meae:

cumque locum moresque hominum cultusque sonumque

cernimus, et, qui sim qui fuerimque, subit,

tantus amor necis est, querar ut cum Caesaris ira,

40 quod non offensas vindicet ense suas.

At, quoniam semel est odio civiliter usus,

mutato levior sit fuga nostra loco.

IX

Hic quoque sunt igitur Graiae (quis crederet?) urbes
    inter inhumanae nomina barbariae?
Huc quoque Mileto missi venere coloni,
    inque Getis Graias constituere domos?
5 Sed vetus huic nomen, positaque antiquius urbe,
    constat ab Absyrti caede fuisse loco.
Nam rate, quae cura pugnacis facta Minervae
    per non temptatas prima cucurrit aquas,
impia desertum fugiens Medea parentem
10   dicitur his remos applicuisse vadis.
Quem procul ut vidit tumulo speculator ab alto,
    'hospes,' ait 'nosco, Colchide, vela, venit.'
Dum trepidant Minyae, dum solvitur aggere funis,
    dum sequitur celeres ancora tracta manus,
15 conscia percussit meritorum pectora Colchis
    ausa atque ausura multa nefanda manu;
et, quamquam superest ingens audacia menti,
    pallor in attonitae virginis ore fuit.
Ergo ubi prospexit venientia vela 'tenemur',
20   et 'pater est aliqua fraude morandus' ait.
Dum quid agat quaerit, dum versat in omnia vultus,
    ad fratrem casu lumina flexa tulit.
Cuius ut oblata est praesentia, 'vicimus' inquit:

'hic mihi morte sua causa salutis erit.'
25   Protinus ignari nec quicquam tale timentis
      innocuum rigido perforat ense latus,
atque ita divellit divulsaque membra per agros
      dissipat in multis invenienda locis.
Neu pater ignoret, scopulo proponit in alto
30   pallentesque manus sanguineumque caput,
ut genitor luctuque novo tardetur et, artus
      dum legat extinctos, triste retardet[1] iter.
Inde Tomis[2] dictus locus hic, quia fertur in illo
      membra soror fratris consecuisse sui.

X

Siquis adhuc istic meminit Nasonis adempti,
      et superest sine me nomen in Vrbe meum.
Suppositum stellis numquam tangentibus aequor
      me sciat in media vivere barbaria.
5   Sauromatae cingunt, fera gens, Bessique Getaeque,
      quam non ingenio nomina digna meo!
Dum tamen aura tepet, medio defendimur Histro:

---

1   retardet=moretur

2   Tomis=tomus=thomus=tomos

ille suis liquidus[1] bella repellit aquis.

At cum tristis hiems squalentia protulit ora,

10   terraque marmoreo est candida facta gelu,

dum prohibet[2] et Boreas et nix habitare sub Arcto,

tum patet has gentes axe tremente premi.

Nix iacet, et iactam ne[3] sol pluviaeque resolvant[4],

indurat Boreas perpetuamque facit.

15   Ergo ubi delicuit nondum prior, altera venit,

et solet in multis bima manere locis.

Tantaque commoti vis est Aquilonis, ut altas

aequet humo turres tectaque rapta ferat.

Pellibus et sutis arcent mala frigora bracis,

20   oraque de toto corpore sola patent.

Saepe sonant moti glacie pendente capilli,

et nitet inducto candida barba gelu;

nudaque consistunt, formam servantia testae,

vina, nec hausta meri, sed data frusta bibunt.

25   Quid loquar, ut vincti concrescant frigore rivi,

deque lacu fragiles effodiantur aquae?

Ipse, papyrifero qui non angustior amne

miscetur vasto multa per ora freto,

---

1   liquidus=liquidis

2   prohibet=patet et

3   ne=nec

4   resolvant=resolvunt

caeruleos ventis latices durantibus, Hister

30   congelat et tectis in mare serpit aquis;

quaque rates ierant, pedibus nunc itur, et undas

    frigore concretas ungula pulsat equi;

perque novos pontes, subter labentibus undis,

    ducunt Sarmatici barbara plaustra boves.

35   Vix equidem credar, sed, cum sint praemia falsi

    nulla, ratam debet testis habere fidem.

Vidimus ingentem glacie consistere pontum,

    lubricaque inmotas testa premebat aquas.

Nec vidisse sat est; durum calcavimus aequor,

40   undaque non udo sub pede summa fuit.

Si tibi tale fretum quondam, Leandre, fuisset,

    non foret angustae mors tua crimen aquae.

Tum neque se pandi possunt delphines in auras

    tollere; conantes dura coërcet hiems.

45   Et quamvis Boreas iactatis insonet alis,

    fluctus in obsesso gurgite nullus erit;

inclusaeque gelu stabunt in marmore puppes,

    nec poterit rigidas findere remus aquas.

Vidimus in glacie pisces haerere ligatos,

50   et pars ex illis tunc quoque viva fuit.

Sive igitur nimii Boreae vis saeva marinas,

    sive redundatas flumine cogit aquas,

protinus aequato siccis Aquilonibus Histro

531

invehitur celeri barbarus hostis equo;

55 hostis equo pollens longeque volante sagitta

vicinam late depopulatur humum.

Diffugiunt alii, nullisque tuentibus agros

incustoditae diripiuntur opes,

ruris opes parvae, pecus et stridentia plaustra,

60 et quas divitias incola pauper habet.

Pars agitur vinctis post tergum capta lacertis,

respiciens frustra rura Laremque suum;

pars cadit hamatis misere confixa sagittis:

nam volucri ferro tinctile virus inest.

65 Quae nequeunt secum ferre aut abducere, perdunt,

et cremat insontes hostica flamma casas.

Tum quoque, cum pax est, trepidant formidine belli,

nec quisquam presso vomere sulcat humum.

Aut videt aut metuit locus hic, quem non videt, hostem;

70 cessat iners rigido terra relicta situ.

Non hic pampinea dulcis latet uva sub umbra,

nec cumulant altos fervida musta lacus.

Poma negat regio, nec haberet Acontius in quo

scriberet hic dominae verba legenda suae.

75 Aspiceres[1] nudos sine fronde, sine arbore, campos:

heu loca felici non adeunda viro!

---

1   Aspiceres=aspiceret

Ergo tam late pateat cum maximus orbis,

    haec est in poenam terra reperta meam.

XI

Quisquis es, insultes qui casibus, improbe, nostris,

    meque reum dempto fine cruentus agas,

natus es e scopulis, es pastus lacte ferino,

    et dicam silices pectus habere tuum.

5   Quis gradus ulterior, quo se tua porrigat ira,

    restat? quidve meis cernis abesse malis?

Barbara me tellus et inhospita litora Ponti

    cumque suo Borea Maenalis Vrsa videt.

Nulla mihi cum gente fera commercia linguae:

10   omnia solliciti sunt loca plena metus.

Vtque fugax avidis cervus deprensus ab ursis,

    cinctaque montanis ut pavet agna lupis,

sic ego belligeris a gentibus undique saeptus

    terreor, hoste meum paene premente latus.

15   Vtque sit exiguum poenae, quod coniuge cara,

    quod patria careo pignoribusque meis:

ut mala nulla feram nisi nudam Caesaris iram,

    nuda parum nobis Caesaris ira mali est?

et tamen est aliquis, qui vulnera cruda retractet,

solvat et in mores ora diserta meos.

In causa facili cuivis licet esse disertum[1],

  et minimae vires frangere quassa valent.

Subruere est arces et stantia moenia virtus:

  quilibet ignavi praecipitata premunt.

25 Non sum ego quod[2] fueram: quid inanem proteris umbram?

  quid cinerem saxis bustaque nostra petis?

Hector erat tunc cum bello certabat; at idem

  vinctus ad Haemonios non erat Hector equos.

Me quoque, quem noras olim, non esse memento:

30 ex illo superant haec simulacra viro.

Quid simulacra, ferox, dictis incessis amaris?

  parce, precor, manes sollicitare meos.

Omnia vera puta mea crimina, nil sit in illis,

  quod magis errorem quam scelus esse putes,

35 pendimus en profugi (satia tua pectora) poenas

  exilioque graves exiliique loco.

Carnifici fortuna potest mea flenda videri:

  et tamen est uno iudice mersa parum.

Saevior es tristi Busiride, saevior illo,

40 qui falsum lento torruit igne bovem,

quique bovem Siculo fertur donasse tyranno,

---

1 disertum=diserto

2 quod=qui

et dictis artes conciliasse suas:

'Munere in hoc, rex, est usus, sed imagine maior,

    nec sola est operis forma probanda mei.

45   Aspicis a dextra latus hoc adapertile tauri?

    Hac[1] tibi, quem perdes, coniciendus erit.

Protinus inclusum lentis carbonibus ure:

    mugiet, et veri vox erit illa bovis.

Pro quibus inventis, ut munus munere penses,

50   da, precor, ingenio praemia digna meo.'

Dixerat; at Phalaris 'poenae mirande repertor,

    ipse tuum praesens imbue' dixit 'opus'.

Nec mora, monstratis crudeliter ignibus ustus

    exhibuit geminos ore gemente sonos.

55   Quid mihi cum Siculis inter Scythiamque Getasque?

    ad te, quisquis is es, nostra querela redit.

Vtque sitim nostro possis explere cruore,

    quantaque vis, avido gaudia corde feras,

tot mala sum fugiens tellure, tot aequore passus,

60   te quoque ut auditis posse dolere putem.

Crede mihi, si sit nobis collatus Vlixes,

    Neptuni[2] levior quam Iovis ira fuit?

Ergo quicumque es, rescindere crimina noli,

---

1   hac=hic

2   Neptuni=neptunique

deque gravi duras vulnere tolle manus;

65 utque meae famam tenuent oblivia culpae,

    facta cicatricem ducere nostra sine;

humanaeque memor sortis, quae tollit eosdem

    et premit, incertas ipse verere vices.

Et quoniam, fieri quod numquam posse putavi,

70   est tibi de rebus maxima cura meis,

non est quod timeas: fortuna miserrima nostra est,

    omne trahit secum Caesaris ira malum.

Quod magis ut liqueat, neve hoc ego fingere credar,

    ipse velim poenas experiare meas.

XII

Frigora iam Zephyri minuunt, annoque peracto

    longior antiquis visa Maeotis hiems,

inpositamque sibi qui non bene pertulit Hellen,

    tempora nocturnis aequa diurna facit.

5 Iam violam puerique legunt hilaresque puellae,

    rustica quae nullo nata serente venit;

prataque pubescunt variorum flore colorum,

    indocilique loquax gutture vernat avis;

utque malae matris crimen deponat, hirundo

10   sub trabibus cunas tectaque parva facit;

herbaque, quae latuit Cerealibus obruta sulcis,

    exserit e tepida molle cacumen humo;

quoque loco est vitis, de palmite gemma movetur:

    nam procul a Getico litore vitis abest;

15   quoque loco est arbor, turgescit in arbore ramus:

    nam procul a Geticis finibus arbor abest.

Otia nunc istic, iunctisque ex ordine ludis[1]

    cedunt verbosi garrula bella fori.

Vsus equi nunc est, levibus nunc luditur armis,

20   nunc pila, nunc celeri volvitur orbe trochus;

nunc ubi perfusa est oleo labente iuventus,

    defessos artus Virgine tinguit aqua.

Scaena viget studiisque favor distantibus ardet,

    proque tribus resonant terna theatra foris.

25   O quater et quotiens[2] non est numerare, beatum,

    non interdicta cui licet Vrbe frui!

At mihi sentitur nix verno sole soluta,

    quaeque lacu durae non fodiuntur aquae:

nec mare concrescit glacie, nec, ut ante, per Histrum

30   stridula Sauromates plaustra bubulcus agit.

Incipient[3] aliquae tamen huc adnare carinae,

    hospitaque in Ponti litore puppis erit.

---

1   ludis=lusus=usus

2   quotiens=quantum et=quantum o=quater et

3   Incipient=incipiunt

Sedulus occurram nautae, dictaque salute,

  quid veniat, quaeram, quisve quibusve locis.

35 Ille quidem mirum ni de regione propinqua

  non nisi vicinas tutus ararit[1] aquas.

Fas quoque ab ore freti longaeque Propontidos undis

  huc aliquem certo vela dedisse Noto.

Rarus ab Italia tantum mare navita transit,

40 litora rarus in haec portubus orba venit.

Sive tamen Graeca scierit, sive ille Latina

  voce loqui (certe gratior huius erit),

quisquis is est, memori rumorem voce referre

  et fieri famae parsque gradusque potest.

45 Is, precor, auditos possit narrare triumphos

  Caesaris et Latio reddita vota Iovi,

teque, rebellatrix, tandem, Germania, magni

  triste caput pedibus supposuisse ducis.

Haec mihi qui referet, quae non vidisse dolebo,

50 ille meae domui protinus hospes erit.

Ei mihi, iamne domus Scythico Nasonis in orbe est?

  iamque tuum mihi das pro Lare, Ponte, locum?

Di facite ut Caesar non hic penetrale domumque,

  hospitium poenae sed velit esse meae.

---

1   ararit=arabit=araret

XIII

Ecce supervacuus (quid enim fuit utile gigni?)
    ad sua Natalis tempora noster adest.
Dure, quid ad miseros veniebas exulis annos?
    debueras illis inposuisse modum.
5   Si tibi cura mei, vel si pudor ullus inesset,
    non ultra patriam me sequerere meam,
quoque loco primum tibi sum male cognitus infans,
    illo temptasses ultimus esse mihi,
iamque relinquenda, quod idem fecere sodales,
10   tu quoque dixisses tristis in Vrbe 'vale'.
Quid tibi cum Ponto? num te quoque Caesaris ira
    extremam gelidi misit in orbis humum?
Scilicet expectas solitum tibi moris honorem,
    pendeat ex umeris vestis ut alba meis,
15   fumida cingatur florentibus ara coronis,
    micaque sollemni turis in igne sonet,
libaque dem proprie genitale notantia tempus,
    concipiamque bonas ore favente preces.
Non ita sum positus, nec sunt ea tempora nobis,
20   adventu possim laetus ut esse tuo.
Funeris ara mihi, ferali cincta cupressu[1],

---

1   cupressu=cupresso

convenit et structis flamma parata rogis.

Nec dare tura libet nil exorantia divos,

    in tantis subeunt nec bona verba malis.

25 Si tamen est aliquid nobis hac luce petendum,

    in loca ne redeas amplius ista, precor,

dum me terrarum pars paene novissima, Pontus,

    Euxinus falso nomine dictus, habet.

XIV

Cultor et antistes doctorum sancte virorum,

    quid facis, ingenio semper amice meo?

Ecquid, ut incolumem quondam celebrare solebas,

    nunc quoque, ne videar totus abesse, caves?

5 Conficis[1] exceptis ecquid mea carmina solis

    Artibus, artifici quae nocuere suo?

Immo ita fac, quaeso, vatum studiose novorum,

    quaque potes, retine corpus in Vrbe meum.

Est fuga dicta mihi, non est fuga dicta libellis,

10   qui domini poenam non meruere sui.

Saepe per externas[2] profugus pater exulat oras,

---

1   Conficis=suscipis

2   externas=extremas

Vrbe tamen natis exulis esse licet.

Palladis exemplo de me sine matre creata

    carmina sunt; stirps haec progeniesque mea est.

15   Hanc tibi commendo, quae quo magis orba parente est,

    hoc tibi tutori sarcina maior erit.

Tres mihi sunt nati contagia nostra secuti:

    cetera fac curae sit tibi turba palam.

Sunt quoque mutatae, ter quinque volumina, formae,

20   carmina de domini funere rapta sui.

Illud opus potuit, si non prius ipse perissem,

    certius a summa nomen habere manu:

nunc incorrectum populi pervenit in ora,

    in populi quicquam si tamen ore meum est.

25   Hoc quoque nescio quid nostris appone libellis,

    diverso missum quod tibi ab orbe venit.

Quod quicumque leget (si quis leget) aestimet ante,

    compositum quo sit tempore quoque loco.

Aequus erit scriptis, quorum cognoverit esse

30   exilium tempus barbariamque locum:

inque tot adversis carmen mirabitur ullum

    ducere me tristi sustinuisse manu.

Ingenium fregere meum mala, cuius et ante

    fons infecundus parvaque vena fuit.

35   Sed quaecumque fuit, nullo exercente refugit,

    et longo periit arida facta situ.

Non hic librorum, per quos inviter alarque,

    copia: pro libris arcus et arma sonant.

Nullus in hac terra, recitem si carmina, cuius

    intellecturis auribus utar, adest.

Nec quo secedam locus est; custodia muri

    summovet infestos clausaque porta Getas.

Saepe aliquod quaero verbum nomenque locumque,

    nec quisquam est a quo certior esse queam.

Dicere saepe aliquid conanti (turpe fateri!)

    verba mihi desunt dedidicique loqui.

Threïcio Scythicoque fere[1] circumsonor ore,

    et videor Geticis scribere posse modis.

Crede mihi, timeo ne Sintia mixta Latinis

    inque meis scriptis Pontica verba legas.

Qualemcumque igitur venia dignare libellum,

    sortis et excusa condicione meae.

---

1   fere=fero

TRISTIVM LIBER IV

《哀歌集》

第四部

I

Siqua meis fuerint, ut erunt, vitiosa libellis,

    excusata suo tempore, lector, habe.

Exul eram, requiesque mihi, non fama petita est,

    mens intenta suis ne foret usque malis.

5   Hoc est cur cantet vinctus quoque compede fossor,

    indocili numero cum grave mollit opus.

Cantat et innitens limosae pronus harenae,

    adverso tardam qui trahit amne ratem

quique refert pariter lentos ad pectora remos,

10   in numerum pulsa[1] brachia iactat aqua.

Fessus ubi incubuit baculo saxove resedit

    pastor, harundineo carmine mulcet oves.

Cantantis pariter, pariter data pensa trahentis,

    fallitur ancillae decipiturque labor.

15   Fertur et abducta Lyrneside tristis Achilles

---

1   pulsa=pulsat=iactat

Haemonia curas attenuasse lyra.

Cum traheret silvas Orpheus et dura canendo

    saxa, bis amissa coniuge maestus erat.

Me quoque Musa levat Ponti loca iussa petentem:

20   sola comes nostrae perstitit illa fugae;

sola nec insidias, nec Sinti[1] militis ensem,

    nec mare nec ventos barbariamque timet.

Scit quoque, cum perii, quis me deceperit error,

    et culpam in facto, non scelus, esse meo,

25   scilicet hoc ipso nunc aequa, quod obfuit ante,

    cum mecum iuncti criminis acta rea est.

Non equidem vellem, quoniam nocitura fuerunt,

    Pieridum sacris inposuisse manum.

Sed nunc quid faciam? vis me tenet ipsa sacrorum,

30   et carmen demens carmine laesus amo.

Sic nova Dulichio lotos gustata palato

    illo, quo nocuit, grata sapore fuit.

Sentit amans sua damna fere, tamen haeret in illis,

    materiam culpae persequiturque suae.

35   Nos quoque delectant, quamvis nocuere, libelli,

    quodque mihi telum vulnera fecit, amo.

Forsitan hoc studium possit furor esse videri,

    sed quiddam furor hic utilitatis habet.

---

1   nec Sinti=Sinti nec=inter nec

Semper in obtutu mentem vetat esse malorum,

40   praesentis casus immemoremque facit.

Vtque suum Bacche non sentit saucia vulnus,

      dum stupet Idaeis exululata iugis[1],

sic ubi mota calent viridi mea pectora thyrso,

      altior humano spiritus ille malo est.

45   Ille nec exilium, Scythici nec litora ponti,

      ille nec iratos sentit habere deos.

Vtque soporiferae biberem si pocula Lethes,

      temporis adversi sic mihi sensus abest.

Iure deas igitur veneror mala nostra levantes,

50   sollicitae[2] comites ex Helicone fugae,

et partim pelago, partim vestigia terra

      vel rate dignatas vel pede nostra sequi.

Sint, precor, hae saltem faciles mihi! namque deorum

      cetera cum magno Caesare turba facit,

55   meque tot adversis cumulant[3], quot litus harenas,

      quotque fretum pisces, ovaque piscis habet.

Vere prius flores, aestu numerabis aristas,

      poma per autumnum frigoribusque nives,

quam mala, quae toto patior iactatus in orbe,

---

1   iugis=modis

2   sollicitae=sollicitas

3   cumulant=cumulat

60 dum miser Euxini litora laeva[1] peto.

Nec tamen, ut veni, levior fortuna malorum est:

huc quoque sunt nostras fata secuta vias.

Hic quoque cognosco natalis stamina nostri,

stamina de nigro vellere facta mihi.

65 Vtque neque insidias capitisque pericula narrem,

vera quidem, veri[2] sed graviora fide:

vivere quam miserum est inter Bessosque Getasque

illum, qui populi semper in ore fuit!

Quam miserum est, porta vitam muroque tueri,

70 vixque sui tutum viribus esse loci!

Aspera militiae iuvenis certamina fugi,

nec nisi lusura movimus arma manu;

nunc senior gladioque latus scutoque sinistram,

canitiem galeae subicioque meam.

75 Nam dedit e specula custos ubi signa tumultus,

induimus trepida protinus arma manu.

Hostis habens arcus imbutaque tela venenis[3],

saevus anhelanti moenia lustrat equo;

utque rapax pecudem, quae se non texit ovili,

80 per sata, per silvas fertque trahitque lupus:

---

1   laeva=saeva

2   veri=vera=vidi

3   venenis=veneno

sic, siquem nondum portarum saepe[1] receptum

    barbarus in campis repperit hostis, habet:

aut sequitur captus coniectaque vincula collo

    accipit, aut telo virus habente perit.

85   Hic ego sollicitae iaceo novus incola sedis:

    heu nimium fati tempora longa[2] mei!

Et tamen ad numeros antiquaque sacra reverti

    sustinet in tantis hospita Musa malis.

Sed neque cui recitem quisquam est mea carmina, nec qui

90   auribus accipiat verba Latina suis.

Ipse mihi (quid enim faciam?) scriboque legoque,

    tutaque iudicio littera nostra meo est.

Saepe tamen dixi 'cui nunc haec cura laborat?

    an mea Sauromatae scripta Getaeque legent?'

95   Saepe etiam lacrimae me sunt scribente profusae,

    umidaque est fletu littera facta meo,

corque vetusta meum, tamquam nova, vulnera novit,

    inque sinum maestae labitur imber aquae.

Cum, vice mutata, qui sim fuerimque, recordor,

100   et, tulerit quo me casus et unde, subit,

saepe manus demens, studiis irata sibique,

    misit in arsuros carmina nostra rogos.

---

1   saepe=sede

2   longa=lenta

Atque ita[1], de multis quoniam non multa supersunt,

cum venia facito, quisquis es, ista legas.

105 Tu quoque non melius, quam sunt mea tempora, carmen,

interdicta mihi, consule, Roma, boni.

II

Iam fera Caesaribus Germania, totus ut orbis,

victa potest flexo succubuisse genu,

altaque velentur fortasse Palatia sertis,

turaque in igne sonent inficiantque diem,

5 candidaque adducta collum percussa securi

victima purpureo sanguine pulset humum,

donaque amicorum templis promissa deorum

reddere victores Caesar uterque parent,

et qui Caesareo iuvenes sub nomine crescunt,

10 perpetuo terras ut domus illa regat,

cumque bonis nuribus pro sospite Livia nato

munera det meritis, saepe datura, deis,

et pariter matres et quae sine crimine castos

perpetua servant virginitate focos;

15 plebs pia cumque pia laetetur plebe senatus,

---

1   ita=ea

parvaque cuius eram pars ego nuper, eques.

Nos procul expulsos communia gaudia fallunt,

famaque tam longe non nisi parva venit.

Ergo omnis populus poterit spectare triumphos,

20   cumque ducum titulis oppida capta leget,

vinclaque captiva reges cervice gerentes

ante coronatos ire videbit equos,

et cernet vultus aliis pro tempore versos,

terribiles aliis inmemoresque sui.

25   Quorum pars causas et res et nomina quaeret,

pars referet, quamvis noverit illa parum.

'Hic, qui Sidonio fulget sublimis in ostro,

dux fuerat belli, proximus ille duci.

Hic, qui nunc in humo lumen miserabile fixit,

30   non isto vultu, cum tulit arma, fuit.

Ille ferox et adhuc oculis hostilibus ardens

hortator pugnae consiliumque fuit.

Perfidus hic nostros inclusit fraude locorum,

squalida promissis qui tegit ora comis.

35   Illo, qui sequitur, dicunt mactata ministro

saepe recusanti corpora capta deo.

Hic lacus, hi montes, haec tot castella, tot amnes

plena ferae caedis, plena cruoris erant.

Drusus in his meruit quondam cognomina terris.

40   Quae bona progenies, digna parente, tulit.

Cornibus hic fractis viridi male tectus ab ulva

    decolor ipse suo sanguine Rhenus erat.

Crinibus en etiam fertur Germania passis,

    et ducis invicti sub pede maesta sedet,

45   collaque Romanae praebens animosa securi

    vincula fert illa, qua tulit arma, manu.'

Hos super in curru, Caesar, victore veheris

    purpureus populi rite per ora tui,

quaque ibis, manibus circumplaudere tuorum,

50   undique iactato flore tegente vias.

Tempora Phoebea lauro cingetur 'io' que

    miles 'io' magna voce 'triumphe' canet.

Ipse sono plausuque simul fremituque calentes[1]

    quadriiugos cernes saepe resistere equos.

55   Inde petes arcem, delubra faventia votis,

    et dabitur merito laurea vota Iovi.

Haec ego summotus, qua possum, mente videbo:

    erepti nobis ius habet illa loci:

illa per inmensas spatiatur libera terras,

60   in caelum celeri pervenit illa fuga[2];

illa meos oculos mediam deducit in Vrbem,

    immunes tanti nec sinit esse boni;

---

1   calentes=canente

2   fuga=via

invenietque animus, qua currus spectet eburnos;

    sic certe in patria per breve tempus ero.

65 Vera tamen capiet populus spectacula felix,

    laetaque erit praesens cum duce turba suo.

At mihi fingendo tantum longeque remotis

    auribus hic fructus percipiendus erit,

aque procul Latio diversum missus in orbem

70   qui narret cupido, vix erit, ista mihi.

Is quoque iam serum referet veteremque triumphum:

    quo tamen audiero tempore, laetus ero.

Illa dies veniet, mea qua lugubria ponam,

    causaque privata publica maior erit.

III

Magna minorque ferae, quarum regis altera Graias,

    altera Sidonias, utraque sicca, rates,

omnia cum summo positae videatis in axe,

    et maris occiduas non subeatis aquas,

5 aetheriamque suis cingens amplexibus arcem

    vester ab intacta circulus extet humo,

aspicite illa, precor, quae non bene moenia quondam

    dicitur Iliades transiluisse Remus,

inque meam nitidos dominam convertite vultus,

10   sitque memor nostri necne, referte mihi.

Ei mihi, cur nimium quae sunt manifesta, requiro.

cur iacet[1] ambiguo spes mea mixta metu?

Crede quod est et vis, ac desine tuta vereri,

deque fide certa sit tibi certa fides.

15   Quodque polo fixae nequeunt tibi dicere flammae,

non mentitura tu tibi voce refer:

esse tui memorem, de qua tibi maxima cura est,

quodque potest, secum nomen habere tuum.

Vultibus illa tuis tamquam praesentis inhaeret[2],

20   teque remota procul, si modo vivit, amat.

Ecquid, ubi incubuit iusto mens aegra dolori,

lenis ab admonito pectore somnus abit?

Tunc subeunt curae, dum te lectus locusque

tangit et oblitam non sinit esse mei,

25   et veniunt aestus, et nox inmensa videtur,

fessaque iactati corporis ossa dolent?

Non equidem dubito, quin haec et cetera fiant,

detque tuus maesti signa doloris amor,

nec cruciere minus, quam cum Thebana cruentum

30   Hectora Thessalico vidit ab axe rapi.

Quid tamen ipse precer dubito, nec dicere possum,

---

1   iacet=latet=labat

2   inhaeret=praesentibus haeret

affectum quem te mentis habere velim.

Tristis es? indignor quod sim tibi causa doloris:

non es? at[1] amisso coniuge digna fores.

35 Tu vero tua damna dole, mitissima coniunx,

tempus et a nostris exige triste malis,

fleque meos casus: est quaedam flere voluptas;

expletur lacrimis egeriturque dolor.

Atque utinam lugenda tibi non vita, sed esset

40 mors mea, morte fores sola relicta mea.

Spiritus hic per te patrias exisset in auras,

sparsissent lacrimae pectora nostra piae,

supremoque die notum spectantia caelum

texissent digiti lumina nostra tui,

45 et cinis in tumulo positus iacuisset avito,

tactaque nascenti corpus haberet humus;

denique, ut et vixi, sine crimine mortuus essem.

Nunc mea supplicio vita pudenda suo est.

Me miserum, si tu, cum diceris exulis uxor,

50 avertis vultus et subit ora rubor!

Me miserum, si turpe putas mihi nupta videri!

me miserum, si te iam pudet esse meam!

Tempus ubi est illud, quo te iactare solebas

coniuge, nec nomen dissimulare viri?

---

1   at=ut

Tempus ubi est, quo te[1] (nisi non vis illa referri)

et dici, memini, iuvit et esse meam?

Vtque probae dignum est, omni tibi dote placebam:

addebat veris multa faventis amor.

Nec, quem praeferres (ita res tibi magna videbar)

60   quemque tuum malles esse, vir alter erat.

Nunc quoque ne pudeat, quod sis mihi nupta, tuusque

non debet dolor hinc, debet abesse pudor.

Cum cecidit Capaneus subito temerarius ictu,

num legis Evadnen erubuisse viro?

65   Nec quia rex mundi compescuit ignibus ignes,

ipse suis Phaëthon infitiandus erat.

Nec Semele Cadmo facta est aliena parenti,

quod precibus periit ambitiosa suis.

Nec tibi, quod saevis ego sum Iovis ignibus ictus,

70   purpureus molli fiat in ore pudor.

Sed magis in curam nostri consurge tuendi,

exemplumque mihi coniugis esto bonae,

materiamque tuis tristem virtutibus imple:

ardua per praeceps gloria vadit iter.

75   Hectora quis nosset, si felix Troia fuisset?

publica virtuti per mala facta via est.

Ars tua, Tiphy, vacet, si non sit in aequore fluctus:

---

1   ubi est, quo te=illud quo te=illud quo te=illud nisi non vis=illud quo ni/non fugis

si valeant homines, ars tua, Phoebe, vacet.

Quae latet inque bonis cessat non cognita rebus,

80   apparet virtus arguiturque malis.

Dat tibi nostra locum tituli fortuna, caputque

      conspicuum pietas qua tua tollat, habet.

Vtere temporibus, quorum nunc munere facta est[1]

      et patet in laudes area magna tuas.

IV

O qui, nominibus cum sis generosus avorum,

      exsuperas morum nobilitate genus,

cuius inest animo patrii candoris imago,

      non careat numeris[2] candor ut iste suis:

5   cuius in ingenio est patriae facundia linguae,

      qua prior in Latio non fuit ulla foro:

quod minime volui, positis pro nomine signis

      dictus es: ignoscas laudibus ipse tuis.

Nil ego peccavi; tua te bona cognita produnt.

10   Si, quod es, appares, culpa soluta mea est.

Nec tamen officium nostro tibi carmine factum

---

1   facta est=icta est=freta es

2   numeris=nervis

principe tam iusto posse nocere puto.

Ipse pater patriae (quid enim est civilius illo?)

    sustinet in nostro carmine saepe legi,

15   nec prohibere potest, quia res est publica Caesar,

    et de communi pars quoque nostra bono est.

Iuppiter ingeniis praebet sua numina vatum,

    seque celebrari quolibet ore sinit.

Causa tua exemplo superorum tuta deorum est,

20   quorum hic aspicitur, creditur ille deus.

Vt non debuerim, tamen hoc ego crimen habebo:

    non fuit arbitrii littera nostra tui.

Nec nova, quod tecum loquor, est iniuria nostra,

    incolumis cum quo saepe locutus eram.

25   Quo vereare minus ne sim tibi crimen amicus,

    invidiam, siqua est, auctor habere potest.

Nam tuus est primis cultus mihi semper ab annis

    (hoc certe noli dissimulare) pater,

ingeniumque meum (potes hoc meminisse) probabat

30   plus etiam quam me iudice dignus eram;

deque meis illo referebat versibus ore,

    in quo pars magnae nobilitatis erat.

Non igitur tibi nunc, quod me domus ista recepit,

    sed prius auctori sunt data[1] verba tuo.

---

1   prius auctori sunt data=sunt auctori non tua

Nec[1] data sunt, mihi crede, tamen, sed in omnibus actis,

ultima si demas, vita tuenda mea est.

Hanc quoque, qua perii, culpam scelus esse negabis,

si tanti series sit tibi nota mali.

Aut timor aut error nobis, prius obfuit error.

40   a[2]! sine me fati non meminisse mei;

neve retractando nondum coëuntia rumpam[3]

vulnera: vix illis proderit ipsa quies.

Ergo ut iure damus poenas, sic afuit omne

peccato facinus consiliumque meo;

45   idque deus sentit; pro quo nec lumen ademptum,

nec mihi detractas possidet alter opes.

Forsitan hanc ipsam, vivam modo, finiet olim,

tempore cum fuerit lenior ira, fugam.

Nunc precor hinc alio iubeat discedere, si non

50   nostra verecundo vota pudore carent.

Mitius exilium pauloque propinquius opto,

quique sit a saevo longius hoste locus;

quantaque in Augusto clementia, si quis ab illo

hoc peteret pro me, forsitan ille daret.

55   Frigida me cohibent Euxini litora Ponti:

dictus ab antiquis Axenus ille fuit.

---

1   Nec=non

2   a=at

3   rumpam=rumpe=rupem

Nam neque iactantur moderatis aequora ventis,

nec placidos portus hospita navis adit.

Sunt circa gentes, quae praedam sanguine quaerunt;

60   nec minus infida terra timetur aqua.

Illi, quos audis hominum gaudere cruore,

paene sub eiusdem sideris axe iacent.

Nec procul a nobis locus est, ubi Taurica dira

caede pharetratae spargitur ara deae.

65   Haec prius, ut memorant, non invidiosa nefandis

nec cupienda bonis regna Thoantis erant.

Hic pro supposita virgo Pelopeïa cerva

sacra deae coluit qualiacumque suae.

Quo postquam, dubium pius an sceleratus, Orestes

70   exactus Furiis venerat ipse suis,

et comes exemplum veri Phoceus amoris,

qui duo corporibus, mentibus unus erant,

protinus evincti[1] tristem ducuntur ad aram,

quae stabat geminas ante cruenta fores.

75   nec tamen hunc sua mors, nec mors sua terruit illum;

alter ob alterius funera maestus erat.

Et iam constiterat stricto mucrone sacerdos,

cinxerat et Graias barbara vitta comas,

cum vice sermonis fratrem cognovit, et illi

---

1   evincti=evicti

80　　pro nece complexus Iphigenia dedit.

　　Laeta deae signum crudelia sacra perosae

　　　　transtulit ex illis in meliora locis.

　　Haec igitur regio, magni paene ultima mundi,

　　　　quam fugere homines dique, propinqua mihi est:

85　　aque[1] mea terra[2] prope sunt funebria sacra,

　　　　si modo Nasoni barbara terra sua est.

　　O utinam venti, quibus est ablatus Orestes,

　　　　placato referant et mea vela deo!

V

　　O mihi dilectos inter pars prima sodales,

　　　　unica fortunis ara reperta meis,

　　cuius ab adloquiis anima haec moribunda revixit,

　　　　ut vigil infusa Pallade flamma solet;

5　　qui veritus non es portus aperire fideles

　　　　fulmine percussae confugiumque rati;

　　cuius eram censu non me sensurus egentem,

　　　　si Caesar patrias eripuisset opes.

　　Temporis oblitum dum me rapit impetus huius,

1　　aque=atque

2　　mea terra=meam terram

10   excidit heu nomen quam mihi paene tuum!

Tu tamen agnoscis, tactusque cupidine laudis

    'ille ego sum' cuperes dicere posse palam.

Certe ego, si sineres, titulum tibi reddere vellem,

    et raram famae conciliare fidem.

15   Ne noceam grato vereor tibi carmine, neve

    intempestivus nominis obstet honor.

Quod licet et^1 tutum est, intra tua pectora gaude

    meque tui memorem teque fuisse pium.

Vtque facis, remis ad opem luctare ferendam,

20   dum veniat placido mollior aura deo;

et tutare caput nulli servabile, si non

    qui mersit Stygia sublevet illud aqua;

teque, quod est rarum, praesta constanter ad omne

    indeclinatae munus amicitiae.

25   Sic tua processus habeat fortuna perennes,

    sic ope non egeas ipse iuvesque tuos;

sic aequet tua nupta virum probitate perenni,

    incidat et vestro rara^2 querela toro;

diligat et semper socius te sanguinis illo,

30   quo pius affectu Castora frater amat;

sic iuvenis similisque tibi sit natus, et illum

---

1   et=hoc

2   rara=nulla

moribus agnoscat quilibet esse tuum;

sic faciat socerum taeda te nata iugali,

nec tardum iuveni det tibi nomen avi.

VI

Tempore ruricolae patiens fit taurus aratri,

praebet et incurvo colla premenda iugo;

tempore paret equus lentis animosus habenis,

et placido duros accipit ore lupos;

5   tempore Poenorum compescitur ira leonum,

nec feritas animo, quae fuit ante, manet;

quaeque sui monitis[1] obtemperat Inda magistri

belua, servitium tempore victa subit.

Tempus ut extensis tumeat facit uva racemis,

10   vixque merum capiant grana quod intus habent:

tempus et in canas semen producit aristas,

et ne sint tristi poma sapore cavet[2].

Hoc tenuat dentem terras renovantis[3] aratri,

hoc rigidas silices, hoc adamanta terit;

15   hoc etiam saevas paulatim mitigat iras,

---

1   monitis=iussis

2   cavet=facit

3   renovantis=semoventis=scindentis=patientis

hoc minuit luctus maestaque corda levat.

Cuncta potest igitur tacito pede lapsa vetustas

    praeterquam curas attenuare meas.

Vt patria careo, bis frugibus area trita est,

20   dissiluit nudo pressa bis uva pede.

Nec quaesita tamen spatio patientia longo est,

    mensque mali sensum nostra recentis habet.

Scilicet et veteres fugiunt iuga saeva iuvenci,

    et domitus freno saepe repugnat equus.

25   Tristior est etiam praesens aerumna priore:

    ut sit enim sibi par, crevit et aucta mora est.

Nec tam nota mihi, quam sunt, mala nostra fuerunt;

    nunc[1] magis hoc, quo sunt cognitiora, gravant.

Est quoque non nihilum[2] vires afferre recentes,

30   nec praeconsumptum temporis esse malis.

Fortior in fulva novus est luctator harena,

    quam cui sunt tarda brachia fessa mora.

Integer est melior nitidis gladiator in armis,

    quam cui tela suo sanguine tincta rubent.

35   Fert bene praecipites navis modo facta procellas:

    quamlibet exiguo solvitur imbre vetus.

Nos quoque vix ferimus, tulimus patientius ante:

---

1   nunc=sed

2   nihilum=minimum

quae[1] mala sunt longa multiplicata die.

Credite, deficio, nostrisque, a corpore quantum

40 auguror, accedent tempora parva malis.

Nam neque sunt vires, nec qui color esse solebat:

 vix habeo tenuem, quae tegat ossa, cutem.

Corpore sed mens est aegro magis aegra, malique

 in circumspectu stat sine fine sui.

45 Vrbis abest facies, absunt, mea cura, sodales,

 et, qua nulla mihi carior, uxor abest.

Vulgus adest Scythicum bracataque turba Getarum.

 Sic me[2] quae video non videoque movent[3].

Vna tamen spes est quae me soletur in istis,

50 haec fore morte mea non diuturna mala.

VII

Bis me sol adiit gelidae post frigora brumae,

 bisque suum tacto Pisce peregit iter.

Tempore tam longo cur non tua dextera versus

 quamlibet in paucos officiosa fuit?

5 Cur tua cessavit pietas scribentibus illis,

---

1 quae=quam

2 me=mala

3 movent=nocent

exiguus nobis cum quibus usus erat?

Cur, quotiens[1] alicui chartae sua vincula dempsi,

    illam speravi nomen habere tuum?

Di faciant ut saepe tua sit epistula dextra

10   scripta, sed e multis reddita nulla mihi.

Quod precor, esse liquet: credam prius ora Medusae

    Gorgonis anguineis[2] cincta fuisse comis,

esse canes utero sub virginis, esse Chimaeram,

    a truce quae flammis separet angue leam,

15 quadrupedesque hominis[3] cum pectore pectora iunctos,

    tergeminumque virum tergeminumque canem,

Sphingaque et Harpyias serpentipedesque Gigantas,

    centimanumque Gyen semibovemque virum.

Haec ego cuncta prius, quam te, carissime, credam

20   mutatum curam deposuisse mei.

Innumeri montes inter me teque viaeque

    fluminaque et campi nec freta pauca iacent.

Mille potest causis, a te quae littera saepe

    missa sit, in nostras rara venire manus:

25 mille tamen causas scribendo vince frequenter,

    excusem ne te semper, amice, mihi.

---

1   quotiens=totiens

2   anguineis=anguinis

3   hominis=homines=hominum

VIII

Iam mea cycneas imitantur tempora plumas,

    inficit et nigras alba senecta comas.

Iam subeunt anni fragiles et inertior aetas,

    iamque parum firmo me mihi ferre grave est.

5 Nunc erat, ut posito deberem fine laborum

    vivere cor[1] nullo sollicitante metu,

quaeque meae semper placuerunt otia menti

    carpere et in studiis molliter esse meis,

et parvam celebrare domum veteresque Penates

10   et quae nunc domino rura paterna carent,

inque sinu dominae carisque sodalibus inque

    securus patria consenuisse mea.

Haec mea sic quondam peragi speraverat aetas:

    hos ego sic annos ponere dignus eram.

15 Non ita dis visum est, qui me terraque marique

    actum[2] Sarmaticis exposuere locis.

In cava ducuntur quassae navalia puppes,

    ne temere in mediis dissoluantur aquis.

Ne cadat et multas palmas inhonestet adeptus[3],

20   languidus in pratis gramina carpit equus.

---

1   cor=cum=me

2   actum=iactum

3   adeptus=ademptus=adeptas

Miles ubi emeritis non est satis utilis annis,

    ponit ad antiquos, quae tulit, arma Lares.

Sic igitur, tarda vires minuente senecta,

    me quoque donari iam rude tempus erat.

25   Tempus erat nec me peregrinum ducere caelum,

    nec siccam Getico fonte levare sitim,

sed modo, quos habui, vacuos secedere in hortos,

    nunc hominum visu rursus et Vrbe frui.

Sic animo quondam non divinante futura

30   optabam placide vivere posse senex.

Fata repugnarunt, quae, cum mihi tempora prima

    mollia praebuerint, posteriora gravant.

Iamque decem lustris omni sine labe peractis,

    parte premor vitae deteriore meae;

35   nec procul a metis, quas paene tenere videbar,

    curriculo gravis est facta ruina meo.

Ergo illum demens in me saevire coëgi,

    mitius inmensus quo nihil orbis habet?

ipsaque delictis victa est clementia nostris,

40   nec tamen errori vita negata meo est?

vita procul patria peragenda sub axe Boreo,

    qua maris Euxini terra sinistra iacet.

Hoc mihi si Delphi[1] Dodonaque diceret ipsa,

---

1   Delphi=delphis=delphos

esse videretur vanus uterque locus.

45 Nil adeo validum est, adamas licet alliget illud,

ut maneat rapido firmius igne Iovis;

nil ita sublime est supraque pericula tendit

non sit ut inferius suppositumque deo.

Nam quamquam vitio pars est contracta malorum,

50 plus tamen exitii numinis ira dedit.

At vos admoniti nostris quoque casibus este,

aequantem superos emeruisse virum.

IX

Si licet et pateris, nomen facinusque tacebo,

et tua Lethaeis acta dabuntur aquis,

nostraque vincetur lacrimis clementia[1] seris,

fac modo te pateat paenituisse tui;

5 fac modo te damnes cupiasque eradere vitae

tempora, si possis, Tisiphonaea tuae.

Sin minus, et flagrant odio tua pectora nostri[2],

induet infelix arma coacta dolor.

Sim licet extremum, sicut sum, missus in orbem,

---

1   clementia=dementia

2   nostri=nostro

10   nostra suas isto[1] porriget ira manus.

Omnia, si nescis, Caesar mihi iura reliquit,

et sola est patria poena carere mea.

Et patriam, modo sit sospes, speramus ab illo:

saepe Iovis telo quercus adusta viret.

15   Denique vindictae si sit mihi nulla facultas,

Pierides vires et sua tela dabunt.

Quod Scythicis habitem longe summotus in oris,

siccaque sint oculis proxima signa meis,

nostra per inmensas ibunt praeconia gentes,

20   quodque querar notum qua patet orbis erit.

Ibit ad occasum quicquid dicemus ob ortu,

testis et Hesperiae vocis Eous erit.

Trans ego tellurem, trans altas audiar undas,

et gemitus vox est magna futura mei.

25   Nec tua te sontem tantummodo saecula norint:

perpetuae crimen posteritatis eris.

Iam feror in pugnas et nondum cornua sumpsi,

nec mihi sumendi causa sit ulla velim.

Circus adhuc cessat; spargit iam torvus[2] harenam

30   taurus et infesto iam pede pulsat humum.

Hoc quoque, quam volui, plus est: cane, Musa, recessus,

---

1   isto=istic=istinc=istuc

2   torvus=tamen

dum licet huic nomen dissimulare suum.

X

Ille ego qui fuerim, tenerorum lusor amorum,

    quem legis, ut noris, accipe posteritas.

Sulmo mihi patria est, gelidis uberrimus undis,

    milia qui novies distat ab Vrbe decem.

5 Editus hic ego sum, nec non, ut tempora noris,

    cum cecidit fato consul uterque pari:

Si quid id est, usque a proavis[1] vetus ordinis heres,

    non modo fortunae munere factus eques.

Nec stirps prima fui; genito sum fratre creatus,

10   qui tribus ante quater mensibus ortus erat.

Lucifer amborum natalibus affuit idem:

    una celebrata est per duo liba dies.

Haec est armiferae[2] festis de quinque Minervae,

    quae fieri pugna prima cruenta solet.

15 Protinus excolimur teneri, curaque parentis

    imus ad insignes Vrbis ab arte viros.

Frater ad eloquium viridi tendebat ab aevo,

---

1   Si quid id est, usque a proavis=si quid/quis et a proavis usque est

2   armiferae=armigerae

fortia verbosi natus ad arma fori;

at mihi iam puero caelestia sacra placebant,

20   inque suum furtim Musa trahebat opus.

Saepe pater dixit 'studium quid inutile temptas?

Maeonides nullas ipse reliquit opes.'

Motus eram dictis, totoque Helicone relicto

scribere temptabam[1] verba soluta modis.

25   Sponte sua carmen numeros veniebat ad aptos,

et quod temptabam scribere[2] versus erat.

Interea tacito passu labentibus annis

liberior fratri sumpta mihique toga est,

induiturque umeris[3] cum lato purpura clavo,

30   et studium nobis, quod fuit ante, manet.

Iamque decem vitae frater geminaverat annos,

cum perit, et coepi parte carere mei.

Cepimus et tenerae primos aetatis honores,

eque[4] viris quondam pars tribus una fui.

35   Curia restabat: clavi mensura coacta est;

maius erat nostris viribus illud onus.

Nec patiens corpus, nec mens fuit apta labori,

sollicitaeque fugax ambitionis eram,

---

1   temptabam=conabar

2   scribere=dicere

3   umeris=humeris=humeros

4   eque=hecque=deque

et petere Aoniae suadebant tuta sorores

40 otia, iudicio semper amata meo.

Temporis illius colui fovique poetas,

  quotque aderant vates, rebar adesse deos.

Saepe suas volucres legit mihi grandior aevo,

  quaeque necet[1] serpens, quae iuvet[2] herba, Macer.

45 Saepe suos solitus recitare Propertius ignes

  iure sodalicii, quo[3] mihi iunctus erat.

Ponticus heroo, Bassus quoque clarus iambis

  dulcia convictus membra fuere mei.

Et tenuit nostras numerosus Horatius aures,

50 dum ferit Ausonia carmina culta lyra.

Vergilium vidi tantum, nec avara Tibullo

  tempus amicitiae fata dedere meae.

Successor fuit hic tibi, Galle, Propertius illi;

  quartus ab his serie temporis ipse fui.

55 Vtque ego maiores, sic me coluere minores,

  notaque non tarde facta Thalia mea est.

Carmina cum primum populo iuvenilia legi,

  barba resecta mihi bisve semelve fuit.

Moverat ingenium totam cantata per Vrbem

60 nomine non vero dicta Corinna mihi.

---

1 necet=nocens=nocet

2 iuvet=iuvat

3 quo=qui

Multa quidem scripsi, sed, quae vitiosa putavi,

    emendaturis ignibus ipse dedi.

Tunc quoque, cum fugerem, quaedam placitura cremavi

    iratus studio carminibusque meis.

65 Molle Cupidineis nec inexpugnabile telis

    cor mihi, quodque levis causa moveret, erat.

Cum tamen hic essem minimoque accenderer igni,

    nomine sub nostro fabula nulla fuit.

Paene mihi puero nec digna nec utilis uxor

70   est data, quae tempus perbreve nupta fuit.

Illi successit, quamvis sine crimine coniunx,

    non tamen in nostro firma futura toro.

Vltima, quae mecum seros permansit in annos,

    sustinuit coniunx exulis esse viri.

75 Filia me mea bis prima fecunda iuventa,

    sed non ex uno coniuge, fecit avum.

Et iam complerat genitor sua fata novemque

    addiderat lustris altera lustra novem.

Non aliter flevi, quam me fleturus adempto[1]

80   ille fuit; matri[2] proxima iusta tuli.

Felices ambo tempestiveque sepulti,

    ante diem poenae quod periere meae!

---

1   adempto=ademptum

2   matri=matrix

Me quoque felicem, quod non viventibus illis

    sum miser, et de me quod doluere nihil!

85   Si tamen extinctis aliquid nisi nomina restat[1],

    et gracilis structos effugit umbra rogos:

fama, parentales, si vos mea contigit, umbrae,

    et sunt in Stygio crimina nostra foro,

scite, precor, causam (nec vos mihi fallere fas est)

90   errorem iussae, non scelus, esse fugae.

Manibus hoc satis est: ad vos, studiosa, revertor,

    pectora, qui vitae quaeritis acta meae.

Iam mihi canities pulsis melioribus annis

    venerat, antiquas miscueratque comas,

95   postque meos ortus Pisaea vinctus oliva

    abstulerat deciens praemia victor equus[2],

cum maris Euxini positos ad laeva Tomitas

    quaerere me laesi principis ira iubet.

Causa meae cunctis nimium quoque nota ruinae

100   indicio non est testificanda meo.

Quid referam comitumque nefas famulosque nocentes?

    ipsa[3] multa tuli non leviora fuga.

Indignata malis mens est succumbere seque

    praestitit invictam viribus usa suis;

---

1   restat=restant

2   equus=eques

3   ipsa=ipseque

105 oblitusque mei ductaeque per otia vitae

    insolita cepi temporis arma manu.

Totque tuli terra casus pelagoque quot inter

    occultum stellae conspicuumque polum.

Tacta mihi tandem longis erroribus acto

110   iuncta pharetratis Sarmatis ora Getis.

Hic ego, finitimis quamvis circumsoner armis,

    tristia, quo possum, carmine fata levo.

Quod quamvis nemo est, cuius referatur ad aures,

    sic tamen absumo decipioque diem.

115 Ergo quod vivo durisque laboribus obsto,

    nec me sollicitae taedia lucis habent,

gratia, Musa, tibi: nam tu solacia praebes,

    tu curae requies, tu medicina venis.

Tu dux et comes es, tu nos abducis ab Histro,

120   in medioque mihi das Helicone locum;

tu mihi, quod rarum est, vivo sublime dedisti

    nomen, ab exequiis quod dare fama solet.

Nec, qui detrectat praesentia, Livor iniquo

    ullum de nostris dente momordit opus.

125 Nam tulerint magnos cum saecula nostra poetas,

    non fuit ingenio fama maligna meo,

cumque ego praeponam multos mihi, non minor illis

    dicor et in toto plurimus orbe legor.

Si quid habent igitur vatum praesagia veri,

130 protinus ut moriar, non ero, terra, tuus.

  Sive favore tuli, sive hanc ego carmine famam,

   iure tibi grates, candide lector, ago.

TRISTIVM LIBER V

《哀歌集》

第五部

I

Hunc quoque de Getico, nostri studiose, libellum

    litore praemissis quattuor adde meis.

Hic quoque talis erit, qualis fortuna poetae:

    invenies toto carmine dulce nihil.

5 Flebilis ut noster status est, ita flebile carmen,

    materiae scripto conveniente suae.

Integer et[1] laetus laeta et iuvenalia lusi:

    illa tamen nunc me composuisse piget.

Vt cecidi, subiti perago praeconia casus,

10   sumque argumenti conditor ipse mei.

Vtque iacens ripa deflere Caystrius ales

    dicitur ore suam deficiente necem,

sic ego, Sarmaticas longe proiectus in oras,

    efficio tacitum ne mihi funus eat.

15 Delicias siquis lascivaque carmina quaerit,

---

1   Integer et=donec eram

praemoneo, non est[1] scripta quod ista legat.

Aptior huic Gallus blandique Propertius oris,

aptior, ingenium come, Tibullus erit.

Atque utinam numero non[2] nos essemus in isto!

20   Ei mihi, cur umquam Musa iocata[3] mea est?

Sed dedimus poenas, Scythicique in finibus Histri

ille pharetrati lusor Amoris abest.

Quod superest, numeros[4] ad publica carmina flexi,

et memores iussi nominis esse sui[5].

25   Si tamen ex vobis aliquis, tam multa requiret

unde dolenda canam: multa dolenda tuli.

Non haec ingenio, non haec componimus arte:

materia est propriis ingeniosa malis.

Et quota fortunae pars est in carmine nostrae?

30   felix, qui patitur quae numerare potest!

Quot frutices silvae, quot flavas Thybris harenas,

mollia quot Martis gramina campus habet,

tot mala pertulimus, quorum medicina quiesque

nulla nisi in studio est Pieridumque mora.

35   'Quis tibi, Naso, modus lacrimosi carminis?' inquis:

---

1   non est=nostra=numquam

2   non=ne

3   iocata=locuta

4   numeros=animos=socios

5   sui=mei

idem, fortunae qui modus huius erit.

Quod querar, illa mihi pleno de fonte ministrat,

   nec mea sunt, fati verba sed ista mei.

At mihi si cara patriam cum coniuge reddas,

40   sint vultus hilares, simque quod ante fui.

Lenior invicti si sit mihi Caesaris ira,

   carmina laetitiae iam tibi plena dabo.

Nec tamen ut lusit, rursus mea littera ludet:

   sit semel illa ioco luxuriata meo.

45 Quod probet ipse, canam, poenae modo parte levata

   barbariam rigidos effugiamque Getas.

Interea nostri quid agant, nisi triste, libelli?

   tibia funeribus convenit ista meis.

'At poteras' inquis 'melius mala ferre silendo,

50   et tacitus casus dissimulare tuos'.

Exigis ut nulli gemitus tormenta sequantur,

   acceptoque gravi vulnere flere vetas?

Ipse Perilleo Phalaris permisit in aere

   edere mugitus et bovis ore queri.

55 Cum Priami lacrimis offensus non sit Achilles,

   tu fletus inhibes, durior hoste, meos?

Cum faceret Nioben orbam Latonia proles,

   non tamen et[1] siccas iussit habere genas.

---

1   et=hanc

Est aliquid, fatale malum per verba levare:

60   hoc querulam Procnen Halcyonenque facit.

Hoc erat, in gelido quare Poeantius antro

        voce fatigaret Lemnia saxa sua.

Strangulat inclusus dolor atque exaestuat[1] intus,

        cogitur et vires multiplicare suas.

65   Da veniam potius, vel totos tolle libellos,

        si, mihi quod prodest, hoc[2] tibi, lector, obest.

Sed neque obesse potest ulli, nec scripta fuerunt

        nostra nisi auctori perniciosa suo.

'At mala sunt.' fateor: quis te mala sumere cogit?

70   aut quis deceptum ponere sumpta vetat?

Ipse nec emendo[3], sed ut hic deducta legantur;

        non sunt illa suo barbariora loco.

Nec me Roma suis debet conferre poetis:

        inter Sauromatas ingeniosus eram.

75   Denique nulla mihi captatur gloria, quaeque

        ingeniis stimulos subdere fama solet.

Nolumus assiduis animum tabescere curis,

        quae tamen inrumpunt, quoque vetantur, eunt.

Cur scribam, docui: cur mittam, quaeritis, isto[4]?

---

1   atque exaestuat=cor aestuat

2   hoc=sit=sic=si

3   nec emendo=hoc mando

4   isto=istos

80 vobiscum cupio quolibet esse modo.

II

Ecquid ubi e Ponto nova venit epistula, palles,

  et tibi sollicita solvitur illa manu?

Pone metum, valeo; corpusque, quod ante laborum

  inpatiens nobis invalidumque fuit,

5 sufficit atque ipso vexatum induruit usu.

  An magis infirmo non vacat esse mihi?

Mens tamen aegra iacet, nec tempore robora sumpsit,

  affectusque animi, qui fuit ante, manet.

Quaeque mora spatioque suo coitura putavi

10 vulnera non aliter quam modo facta dolent.

Scilicet exiguis prodest annosa vetustas;

  grandibus accedunt tempore damna malis.

Paene decem totis aluit Poeantius annis

  pestiferum tumido vulnus ab angue datum.

15 Telephus aeterna consumptus tabe perisset,

  si non, quae nocuit, dextra tulisset opem.

Et mea, si facinus nullum commisimus, opto,

  vulnera qui fecit, facta levare velit,

contentusque mei iam tandem parte doloris

20 exiguum pleno de mare demat aquae.

Detrahat ut multum, multum restabit acerbi[1],

parsque meae poenae totius instar erit.

Litora quot conchas, quot amoena rosaria[2] flores,

quotve soporiferum grana papaver habet,

25 silva feras quot alit, quot piscibus unda natatur,

quot tenerum pennis aëra pulsat avis,

tot premor adversis: quae si comprendere coner,

Icariae numerum dicere coner aquae.

Vtque viae casus, ut amara pericula ponti,

30 ut taceam strictas in mea fata manus,

barbara me tellus orbisque novissima magni

sustinet et saevo cinctus ab hoste locus.

Hinc ego traicerer[3] (neque enim mea culpa cruenta est)

esset, quae debet, si tibi cura mei.

35 Ille deus, bene quo Romana potentia nixa est,

saepe suo victor lenis in hoste fuit.

Quid dubitas et tuta times? accede rogaque:

Caesare nil ingens mitius orbis habet.

Me miserum! quid agam, si proxima quaeque relinquunt?

40 subtrahis effracto tu quoque colla iugo?

Quo ferar? unde petam lassis solacia rebus?

ancora iam nostram non tenet ulla ratem.

---

1   acerbi=acervi

2   rosaria=hostia=postia

3   traicerer=traicerem=transigerer

Viderit[1] ipse: sacram, quamvis invisus, ad aram

confugiam; nullas summovet ara manus.

45 Adloquor en absens absentia numina supplex,

si fas est homini cum Iove posse loqui.

Arbiter imperii, quo certum est sospite cunctos

Ausoniae curam gentis habere deos,

o decus, o patriae per te florentis imago,

50 o vir non ipso, quem regis, orbe minor

sic habites terras et te desideret aether,

(sic ad pacta tibi sidera tardus eas)

parce, precor, minimamque tuo de fulmine partem

deme! satis poenae, quod superabit, erit.

55 Ira quidem moderata tua est, vitamque dedisti,

nec mihi ius civis nec mihi nomen abest,

nec mea concessa est aliis fortuna, nec exul

edicti verbis nominor ipse tui,

omnia quae timui, quoniam meruisse videbar[2];

60 sed tua peccato lenior ira meo est.

Arva relegatum iussisti visere Ponti,

et Scythicum profuga scindere puppe fretum.

Iussus ad Euxini deformia litora veni

aequoris (haec gelido terra sub axe iacet)

---

1   viderit=videris

2   videbar=videbam

65 nec me tam cruciat numquam sine frigore caelum,

glaebaque canenti semper obusta gelu,

nesciaque est vocis quod barbara lingua Latinae,

Graecaque quod Getico victa[1] loquela sono est,

quam quod finitimo cinctus premor undique Marte[2],

70 vixque brevis tutos[3] murus ab hoste facit.

Pax tamen interdum est, pacis fiducia numquam.

Sic hic nunc patitur, nunc timet arma locus.

Hinc ego dum muter, vel me Zanclaea Charybdis

devoret atque suis ad Styga mittat aquis,

75 vel rapidae flammis urar patienter in Aetnae,

vel freta Leucadio mittar in alta modo[4].

Quod petimus, poena est: neque enim miser esse recuso,

sed precor ut possim tutius esse miser.

III

Illa dies haec est, qua te celebrare poetae,

si modo non fallunt tempora, Bacche, solent,

festaque odoratis innectunt tempora sertis,

---

1   victa=vincta=iuncta

2   finitimo...Marte=finitima...morte

3   tutos=tutum

4   Leucadio...modo=leucadio...deo=Leucadii...dei

et dicunt laudes ad tua vina tuas.

5 Inter quos, memini, dum me mea fata sinebant,

  non invisa tibi pars ego saepe fui,

quem nunc suppositum stellis Cynosuridos Vrsae

  iuncta tenet crudis Sarmatis ora Getis.

Quique prius mollem vacuamque laboribus egi

10 in studiis vitam Pieridumque choro,

nunc procul a patria Geticis circumsonor armis,

  multa prius pelago multaque passus humo.

Sive mihi casus sive hoc dedit ira deorum,

  nubila nascenti seu mihi Parca fuit,

15 tu tamen e sacris hederae[1] cultoribus unum

  numine debueras sustinuisse tuo.

An dominae fati quicquid cecinere sorores,

  omne sub arbitrio desinit esse dei?

Ipse quoque aetherias meritis invectus es arces,

20 quo non exiguo facta labore via est.

Nec patria est habitata tibi, sed adusque nivosum

  Strymona venisti Marticolamque Geten,

Persidaque et lato spatiantem flumine Gangen,

  et quascumque bibit decolor Indus aquas.

25 Scilicet hanc legem nentes fatalia Parcae

  stamina bis genito bis cecinere tibi.

---

1 hederae=me de

Me quoque, si fas est exemplis ire deorum,

    ferrea sors vitae difficilisque premit.

Illo nec levius cecidi, quem magna locutum

30   reppulit a Thebis Iuppiter igne suo.

Vt tamen audisti percussum fulmine vatem,

    admonitu matris condoluisse potes,

et potes aspiciens circum tua sacra poetas

    'nescioquis nostri' dicere 'cultor abest'.

35 Fer, bone Liber, opem: sic altera[1] degravet ulmum

    vitis et incluso plena sit uva mero,

sic tibi cum Bacchis Satyrorum gnava iuventus

    adsit, et attonito non taceare sono,

ossa bipenniferi sic sint male pressa Lycurgi,

40   impia nec poena Pentheos umbra vacet[2],

sic micet aeternum vicinaque sidera vincat

    coniugis in caelo clara corona tuae:

huc ades et casus releves, pulcherrime, nostros,

    unum de numero me memor esse tuo.

45 Sunt dis inter se commercia: flectere tempta

    Caesareum numen numine, Bacche, tuo.

Vos quoque, consortes studii, pia turba, poëtae,

    haec eadem sumpto quisque rogate mero.

---

1   altera=altam

2   vacet=caret

Atque aliquis vestrum, Nasonis nomine dicto,

50   opponat[1] lacrimis pocula mixta suis,

admonitusque mei, cum circumspexerit omnes,

dicat 'ubi est nostri pars modo Naso chori?'

Idque ita, si vestrum merui candore favorem,

nullaque iudicio littera laesa meo est,

55 si, veterum digne venerer cum scripta virorum,

proxima non illis esse minora reor.

Sic igitur dextro faciatis Apolline carmen:

quod licet, inter vos nomen habete meum.

IV

Litore ab Euxino Nasonis epistula veni

lassaque facta mari, lassaque facta via,

qui mihi flens dixit 'tu, cui licet, aspice Romam.

Heu quanto melior sors tua sorte mea est!'

5 Flens quoque me scripsit, nec qua signabar, ad os est

ante, sed ad madidas gemma relata genas.

Tristitiae causam siquis cognoscere quaerit,

ostendi solem postulat ille sibi,

nec frondem in silvis, nec aperto mollia prato

---

1   opponat=apponat

10   gramina, nec pleno flumine cernit aquam[1];

quid Priamus doleat, mirabitur, Hectore rapto,

quidve Philoctetes ictus ab angue gemat.

Di facerent utinam talis status esset in illo,

ut non tristitiae causa dolenda foret!

15   Fert tamen, ut debet, casus patienter amaros,

more nec indomiti frena recusat equi.

Nec fore perpetuam sperat sibi numinis iram,

conscius in culpa non scelus esse sua.

Saepe refert, sit quanta dei clementia, cuius

20   se quoque in exemplis adnumerare solet:

nam, quod opes teneat patrias, quod nomina civis,

denique quod vivat, munus habere dei.

Te tamen (o, si quid credis mihi, carior illi

omnibus) in toto pectore semper habet;

25   teque Menoetiaden, te, qui comitatus Oresten,

te vocat Aegiden Euryalumque suum.

Nec patriam magis ille suam desiderat et quae

plurima cum patria sentit abesse sibi,

quam vultus oculosque tuos, o dulcior illo

30   melle, quod in ceris Attica ponit apis.

Saepe etiam maerens tempus reminiscitur illud,

quod non praeventum morte fuisse dolet;

---

1   aquam=aquas

cumque alii fugerent subitae contagia cladis,

    nec vellent ictae limen adire domus,

35   te sibi cum paucis meminit mansisse fidelem,

    si paucos aliquis tresve duosve vocat.

Quamvis attonitus, sensit tamen omnia, nec te

    se minus adversis indoluisse suis.

Verba solet vultumque tuum gemitusque referre,

40   et te flente suos emaduisse sinus:

quam sibi praestiteris, qua consolatus amicum

    sis ope, solandus cum simul ipse fores.

Pro quibus adfirmat fore se memoremque piumque,

    sive diem videat sive tegatur humo,

45   per caput ipse suum solitus iurare tuumque,

    quod scio non illi vilius esse suo.

Plena tot ac tantis referetur gratia factis,

    nec sinet ille tuos litus arare boves.

Fac modo, constanter profugum tueare: quod ille,

50   qui bene te novit, non rogat, ipsa rogo.

V

Annuus adsuetum dominae natalis honorem

    exigit: ite manus ad pia sacra meae.

Sic quondam festum Laërtius egerit heros

forsan in extremo coniugis orbe diem.

5 Lingua favens adsit, nostrorum oblita malorum,

quae, puto, dedidicit iam bona verba loqui:

quaeque semel toto vestis mihi sumitur anno,

sumatur fatis discolor alba meis;

araque gramineo viridis de caespite fiat,

10 et velet tepidos nexa corona focos.

Da mihi tura, puer, pingues facientia flammas,

quodque pio fusum stridat in igne merum.

Optime natalis! quamvis procul absumus, opto

candidus huc venias dissimilisque meo,

15 si quod et instabat dominae miserabile vulnus,

sit perfuncta meis tempus in omne malis;

quaeque gravi nuper plus quam quassata procella est,

quod superest, tutum per mare navis eat.

Illa domo nataque sua patriaque fruatur

20 (erepta haec uni sit satis esse mihi)

quatenus et non est in caro coniuge felix,

pars vitae tristi cetera nube vacet.

Vivat, ametque virum, quoniam sic cogitur, absens,

consumatque annos, sed diuturna, suos.

25 Adicerem et nostros, sed ne contagia fati

corrumpant timeo, quos agit ipsa, mei.

Nil homini certum est: fieri quis posse putaret,

ut facerem in mediis haec ego sacra Getis?

Aspice ut aura tamen fumos e ture coortos

30   in partes Italas et loca dextra ferat.

Sensus inest igitur nebulis, quas exigit ignis:

     consilio fugiunt aethera, Ponte[1], tuum.

Consilio, commune sacrum cum fiat in ara

     fratribus, alterna qui periere manu,

35   ipsa sibi discors, tamquam mandetur ab illis,

     scinditur in partes atra favilla duas.

Hoc, memini, quondam fieri non posse loquebar,

     et me Battiades iudice falsus erat:

omnia nunc credo, cum tu non stultus ab Arcto

40   terga, vapor, dederis Ausoniamque petas.

Haec ergo lux est, quae si non orta fuisset,

     nulla fuit misero festa videnda mihi.

Edidit haec mores illis heroisin[2] aequos,

     quis erat Eëtion Icariusque pater.

45   Nata pudicitia est ista[3] probitasque, fidesque,

     at non sunt ista gaudia nata die[4],

sed labor et curae fortunaque moribus impar,

     iustaque de viduo paene querela toro.

Scilicet adversis probitas exercita rebus

---

1   consilio aethera Ponte=consilium cetera pene

2   heroisin=heroibus

3   ista=moris=virtus

4   die=fide

50   tristi materiam tempore laudis habet.

    Si nihil infesti durus vidisset Vlixes,

        Penelope felix, sed sine laude foret.

    Victor Echionias si vir penetrasset in arces,

        forsitan Evadnen vix sua nosset humus.

55   Cum Pelia genitae tot sint, cur nobilis una est?

        nempe fuit misero nupta quod una viro.

    Effice ut Iliacas tangat prior alter harenas,

        Laodamia nihil cur referatur erit.

    Et tua, quod malles[1], pietas ignota maneret,

60   implerent venti si mea vela sui.

    Di tamen et Caesar dis accessure, sed olim,

        aequarint Pylios cum tua fata dies,

    non mihi, qui poenam fateor meruisse, sed illi

        parcite, quae nullo digna dolore dolet.

VI

Tu quoque, nostrarum quondam fiducia rerum,

    qui mihi confugium, qui mihi portus eras,

tu quoque suscepti curam dimittis amici,

    officiique pium tam cito ponis onus?

---

1   malles=mallem

Sarcina sum, fateor, quam si non[1] tempore nostro[2]

    depositurus eras, non subeunda fuit.

Fluctibus in mediis navem, Palinure, relinquis?

    Ne fuge, neve tua sit minor arte fides!

Numquid Achilleos inter fera proelia fidi

10   deseruit levitas Automedontis equos?

Quem semel excepit, numquam Podalirius aegro

    promissam medicae non tulit artis opem.

Turpius eicitur, quam non admittitur hospes

    quae patuit, dextrae firma sit ara meae.

15 Nil nisi me solum primo tutatus es, at nunc

    me pariter serva iudiciumque tuum,

si modo non aliqua est in me nova culpa, tuamque

    mutarunt subito crimina nostra fidem.

Spiritus hic, Scythica quem non bene ducimus aura,

20   quod cupio, membris exeat ante meis,

quam tua delicto stringantur pectora nostro,

    et videar merito vilior esse tibi.

Non adeo toti fatis urgemur iniquis,

    ut mea sit longis mens quoque mota malis.

25 Finge tamen motam, quotiens Agamemnone natum

    dixisse in Pyladen improba verba putas?

---

1   quam si non=quamvis sine

2   nostro=duro

Nec procul a vero est quin vel[1] pulsarit amicum:

    mansit in officiis non minus ille suis.

Hoc est cum miseris solum commune beatis,

30   ambobus tribui quod solet obsequium:

ceditur et caecis et quos praetexta verendos

    virgaque cum verbis imperiosa facit.

Si mihi non parcis, fortunae parcere debes:

    non habet in nobis ullius ira locum.

35   Elige nostrorum minimum minimumque malorum[2],

    isto, quo reris[3], grandius illud erit.

Quam multa madidae celantur harundine fossae,

    florida quam multas Hybla tuetur apes,

quam multae gracili terrena sub horrea ferre

40   limite formicae grana reperta solent,

tam me circumstat[4] densorum turba malorum.

    Crede mihi, vero est nostra querela minor.

His qui contentus non est, in litus harenas,

    in segetem spicas, in mare fundat aquas.

45   Intempestivos igitur compesce tumores[5],

    vela nec in medio desere nostra mari.

---

1   quin vel=quod non=quin et

2   malorum=laborum

3   isto, quo reris=illo quo quereris

4   circumstat=circumdant=circumstant

5   tumores=timores

VII

Quam legis, ex illa tibi venit epistula terra,

    latus ubi aequoreis additur Hister aquis.

Si tibi contingit cum dulci vita salute,

    candida fortunae pars manet una meae.

5   Scilicet, ut semper, quid agam, carissime, quaeris,

    quamvis hoc vel me scire tacente potes.

Sum miser; haec brevis est nostrorum summa malorum,

    quisquis et offenso Caesare vivit, erit.

Turba Tomitanae quae sit regionis et inter

10   quos habitem mores, discere cura tibi est?

Mixta sit haec quamvis inter Graecosque Getasque,

    a male pacatis plus trahit ora Getis.

Sarmaticae maior Geticaeque frequentia gentis

    per medias in equis itque reditque vias.

15   In quibus est nemo, qui non coryton et arcum

    telaque vipereo lurida felle gerat.

Vox fera, trux vultus, verissima Martis[1] imago,

    non coma, non ulla barba resecta manu.

Dextera non segnis fixo dare vulnera cultro,

20   quem iunctum lateri barbarus omnis habet.

---

1   Martis=mortis

Vivit in his heu nunc, lusorum[1] oblitus amorum,

    hos videt, hos vates audit, amice, tuus:

atque utinam vivat non et[2] moriatur in illis,

    absit ab invisis ut tamen umbra locis.

25   Carmina quod pleno saltari nostra theatro,

    versibus et plaudi scribis, amice, meis,

nil equidem feci (tu scis hoc ipse) theatris,

    Musa nec in plausus ambitiosa mea est.

Non tamen ingratum est, quodcumque oblivia nostri

30   impedit et profugi nomen in ora refert.

Quamvis interdum, quae me laesisse recordor,

    carmina devoveo Pieridasque meas,

cum bene devovi, nequeo tamen esse sine illis,

    vulneribusque meis tela cruenta sequor,

35   quaeque modo Euboicis lacerata est fluctibus, audet

    Graia Capherea[3] currere puppis aqua[4].

Nec tamen, ut lauder vigilo curamque futuri

    nominis, utilius quod latuisset, ago.

Detineo studiis animum falloque dolores,

40   experior curis et dare verba meis.

Quid potius faciam desertis solus in oris,

---

1   nunc, lusorum=nullus eorum=his nullus tenerorum

2   non et=et non

3   Capherea=capharea aqua

4   aqua=aquam

quamve malis aliam quaerere coner[1] opem?

Sive locum specto, locus est inamabilis, et quo

    esse nihil toto tristius orbe potest,

45 sive homines, vix sunt homines hoc nomine digni,

    quamque lupi, saevae plus feritatis habent.

Non metuunt leges, sed cedit viribus aequum,

    victaque pugnaci iura sub ense iacent.

Pellibus et laxis arcent mala frigora bracis,

50   oraque sunt longis horrida tecta comis.

In paucis extant Graecae vestigia linguae,

    haec quoque iam Getico barbara facta sono.

Vnus in hoc nemo est populo[2], qui forte Latine

    quamlibet e medio reddere verba queat.

55 Ille ego Romanus vates (ignoscite, Musae!)

    Sarmatico cogor plurima more loqui.

Et pudet et fateor, iam desuetudine longa

    vix subeunt ipsi verba Latina mihi.

Nec dubito quin sint et in hoc non pauca libello

60   barbara: non hominis culpa, sed ista loci.

Ne tamen Ausoniae perdam commercia linguae,

    et fiat patrio vox mea muta sono,

Ipse loquor mecum desuetaque verba retracto,

---

1   coner=cogar

2   nemo est populo=populo vix est

et studii repeto signa sinistra mei.

65   Sic animum tempusque traho sensumque[1] reduco

    a contemplatu summoveoque mali.

Carminibus quaero miserarum oblivia rerum:

    praemia si studio consequar ista, sat est.

VIII

Non adeo cecidi, quamvis abiectus, ut infra

    te quoque sim, inferius quo nihil esse potest.

Quae tibi res animos in me facit, improbe? curve

    casibus insultas, quos potes ipse pati?

5   Nec mala te reddunt mitem placidumque iacenti

    nostra, quibus possint inlacrimare ferae;

Nec metuis dubio Fortunae stantis in orbe

    numen et exosae verba superba deae.

Exiget[2] at dignas[3] ultrix Rhamnusia poenas:

10   inposito calcas quid[4] mea fata pede?

---

1   sensumque=me sicque=mecumque

2   Exiget=exigis=exigit

3   dignas=dignes

4   quid=qui

Vidi ego naufragium qui risit[1] in aequore[2] mergi,

　　et 'numquam' dixi 'iustior unda fuit'.

Vilia qui quondam miseris alimenta negarat,

　　nunc mendicato pascitur ipse cibo.

15　Passibus ambiguis Fortuna volubilis errat

　　et manet in nullo certa tenaxque loco,

sed modo laeta nitet[3], vultus modo sumit acerbos,

　　et tantum constans in levitate sua est.

Nos quoque floruimus, sed flos erat ille caducus,

20　　flammaque de stipula nostra brevisque fuit.

Neve tamen tota capias fera gaudia mente,

　　non est placandi spes mihi nulla dei,

vel quia peccavi citra scelus, utque pudore

　　non caret, invidia sic mea culpa caret,

25　vel quia nil ingens ad finem solis ab ortu

　　illo, cui paret, mitius orbis habet.

Scilicet ut non est per vim superabilis ulli,

　　molle cor ad timidas sic habet ille preces,

exemploque deum, quibus accessurus et ipse est,

30　　cum poenae venia plura roganda[4] dabit[5].

1　naufragium qui risit=naufragiumque viros

2　aequore=aequora

3　nitet=manet=venit

4　roganda=regenda

5　dabit=petam

Si numeres anno soles et nubila toto,

    invenies nitidum saepius isse diem.

Ergo ne nimium nostra laetere ruina,

    restitui quondam me quoque posse puta:

35   posse puta fieri lenito principe, vultus

    ut videas media tristis in Vrbe meos,

utque ego te videam causa graviore fugatum,

    haec sunt a primis proxima vota meis.

IX

O tua si sineres in nostris nomina poni

    carminibus, positus quam mihi saepe fores!

Te canerem solum, meriti memor, inque libellis

    crevisset sine te pagina nulla meis.

5   Quid tibi deberem, tota sciretur in Vrbe,

    exul in amissa si tamen Vrbe legor.

Te praesens mitem nosset, te serior aetas,

    scripta vetustatem si modo nostra ferent,

nec tibi cessaret doctus bene dicere lector:

10   hic te servato vate maneret honor.

Caesaris est primum munus, quod ducimus auras;

    gratia post magnos est tibi habenda deos.

Ille dedit vitam; tu, quam dedit ille, tueris,

et facis accepto munere posse frui.

15   Cumque perhorruerit[1] casus pars maxima nostros,

      pars etiam credi praetimuisse velit,

naufragiumque meum tumulo spectarit[2] ab alto,

      nec dederit nanti per freta saeva manum,

seminecem Stygia revocasti solus ab unda.

20   Hoc quoque, quod memores possumus esse, tuum est.

Di tibi se tribuant cum Caesare semper amicos:

      non potuit votum plenius esse meum.

Haec meus argutis, si tu paterere, libellis

      poneret in multa luce videnda labor;

25 nunc quoque se, quamvis est[3] iussa quiescere, quin te

      nominet invitum, vix mea Musa tenet.

Vtque canem pavidae nactum vestigia cervae

      luctantem frustra copula dura tenet,

utque fores nondum reserati carceris acer

30   nunc pede, nunc ipsa fronte lacessit equus,

sic mea lege data vincta atque inclusa Thalia[4]

      per titulum vetiti nominis ire cupit.

Ne tamen officio memoris laedaris amici,

      parebo iussis (parce timere) tuis.

---

1   perhorruerit=perhorreret

2   spectarit=spectaret=spectant

3   quamvis est=iam quamvis est

4   Thalia=voluntas

35   At non parerem, si non meminisse putarer[1].

hoc quod non prohibet vox tua, gratus ero.

Dumque—quod o breve sit!—lumen vitale videbo,

serviet officio spiritus iste[2] tuo.

X

Vt sumus in Ponto, ter frigore constitit Hister,

facta est Euxini dura ter unda maris.

At mihi iam videor patria procul esse tot annis,

Dardana quot Graio Troia sub hoste fuit.

5   Stare putes, adeo procedunt tempora tarde,

et peragit lentis passibus annus iter.

Nec mihi solstitium quicquam de noctibus aufert,

efficit angustos nec mihi bruma dies.

Scilicet in nobis rerum natura novata est,

10   cumque meis curis omnia longa facit.

An peragunt solitos communia tempora motus,

stantque[3] magis vitae tempora dura meae,

quem tenet Euxini mendax cognomine litus[4],

---

1   putarer=putares

2   iste=ipse

3   stantque=suntque

4   litus=tellus=tempus=pontus

et Scythici vere terra sinistra freti.

15 Innumerae circa gentes fera bella minantur,

quae sibi non rapto[1] vivere turpe putant;

nil extra tutum est: tumulus defenditur ipse

moenibus exiguis ingenioque loci.

Cum minime credas, ut avis[2], densissimus hostis

20 advolat, et praedam vix bene visus agit.

Saepe intra muros clausis venientia portis

per medias legimus noxia tela vias.

Est igitur rarus, rus qui colere audeat, isque

hac arat infelix, hac tenet arma manu.

25 Sub galea pastor iunctis pice cantat avenis,

proque lupo pavidae bella verentur oves.

Vix ope castelli defendimur, et tamen intus

mixta facit Graecis barbara turba metum.

Quippe simul nobis habitat discrimine nullo

30 barbarus et tecti plus quoque parte tenet.

Quos[3] ut non timeas, possis odisse videndo

pellibus et longa pectora tecta coma.

Hos quoque, qui geniti Graia creduntur ab urbe,

pro patrio cultu Persica braca tegit.

35 Exercent illi sociae commercia linguae:

---

1   rapto=raptu

2   avis=aves

3   Quos=quorum

per gestum res est significanda mihi.

Barbarus hic ego sum, qui non intellegor ulli,

et rident stolidi verba Latina Getae;

meque palam de me tuto male saepe loquuntur,

40   forsitan obiciunt exiliumque mihi.

Vtque fit, in me aliquid[1] ficti, dicentibus illis

abnuerim quotiens adnuerimque, putant.

Adde quod iniustum[2] rigido ius dicitur ense,

dantur et in medio vulnera saepe foro.

45   O duram Lachesin, quae tam grave sidus habenti

fila dedit vitae non breviora meae!

Quod patriae vultu vestroque caremus, amici,

atque hic in Scythicis gentibus esse queror:

utraque poena gravis, merui tamen Vrbe carere,

50   non merui tali forsitan esse loco.

Quid loquor, ah, demens? ipsam quoque perdere vitam,

Caesaris offenso numine, dignus eram!

XI

Quod te nescioquis per iurgia dixerit esse

---

1   aliquid=siquidem=si quid

2   iniustum=et iustum

exulis uxorem, littera questa tua est.

Indolui, non tam mea quod fortuna male audit,

    qui iam consuevi fortiter esse miser,

5   quam quod cui minime vellem, sum causa pudoris,

    teque reor nostris erubuisse malis.

Perfer et obdura; multo graviora tulisti,

    eripuit cum me principis ira tibi.

Fallitur iste tamen, quo iudice nominor exul:

10   mollior est culpam poena secuta meam.

Maxima poena mihi est ipsum offendisse, priusque

    venisset mallem funeris hora mihi.

Quassa tamen nostra est, non mersa[1] nec obruta navis,

    utque caret portu, sic tamen extat aquis.

15 Nec vitam nec opes nec ius mihi civis ademit,

    qui merui vitio perdere cuncta meo,

sed quia peccato facinus non adfuit illi,

    nil nisi me patriis iussit abesse focis,

utque aliis, quorum numerum comprendere non est,

20 Caesareum numen sic mihi mite fuit.

Ipse relegati, non exulis utitur in me

    nomine: tuta suo iudice causa mea est.

Iure igitur laudes, Caesar, pro parte virili

    carmina nostra tuas qualiacumque canunt:

---

1   mersa=fracta

iure deos, ut adhuc caeli tibi limina claudant,

teque velint sine se, comprecor, esse deum.

Optat idem populus; sed, ut in mare flumina vastum,

sic solet exiguae currere rivus aquae.

At tu fortunam, cuius vocor exul ab ore,

30 nomine mendaci parce gravare meam.

XII

Scribis, ut oblectem studio lacrimabile tempus,

ne pereant turpi pectora nostra situ.

Difficile est quod, amice, mones, quia carmina laetum

sunt opus, et pacem mentis habere volunt.

5 Nostra per adversas agitur fortuna procellas,

sorte nec ulla mea tristior esse potest.

Exigis ut Priamus natorum a funere ludat[1],

et Niobe festos ducat ut orba choros.

Luctibus an studio videor debere teneri,

10 solus in extremos iussus abire Getas?

Des licet invalido pectus mihi robore fultum,

fama refert Anyti quale fuisse reo[2],

---

1   ludat=plaudat

2   reo=rei=senis

fracta cadet tantae sapientia mole ruinae:

    plus valet humanis viribus ira dei.

15 Ille senex, dictus sapiens ab Apolline, nullum

    scribere in hoc casu sustinuisset opus.

Vt veniant patriae, veniant oblivia vestri[1],

    omnis ut amissi sensus abesse queat,

at timor officio fungi vetat, esse[2] quietum:

20   cinctus ab innumero me vetat hoste locus.

Adde quod ingenium longa rubigine laesum

    torpet et est multo, quam fuit ante, minus.

Fertilis, assiduo si non renovetur[3] aratro,

    nil nisi cum spinis gramen habebit ager.

25 Tempore qui longo steterit, male currit[4] et inter

    carceribus missos ultimus ibit equus.

Vertitur in teneram cariem rimisque dehiscit,

    siqua diu solitis cumba vacarit[5] aquis.

Me quoque despero[6], fuerim cum parvus et ante,

30   illi, qui fueram, posse redire parem.

Contudit ingenium patientia longa malorum,

---

1   vestri=nostri

2   esse=ipse

3   renovetur=removetur=renovatur

4   currit=curret

5   vacarit=vacabit=vacavit

6   despero=despera

et pars antiqui nulla vigoris adest.

Siqua[1] tamen nobis, ut nunc quoque, sumpta tabella est,

    inque suos volui cogere verba pedes,

35 carmina nulla mihi veniunt[2] aut qualia cernis

    digna sui domini tempore, digna loco.

Denique non parvas animo dat gloria vires,

    et fecunda facit pectora laudis amor.

Nominis et famae quondam fulgore trahebar,

40   dum tulit antemnas aura secunda meas.

Non adeo est bene nunc ut sit mihi gloria curae:

    si liceat, nulli cognitus esse velim.

An quia cesserunt primo bene carmina, suades

    scribere, successus ut sequar ipse meos?

45 Pace, novem, vestra liceat dixisse, sorores:

    vos estis nostrae maxima causa fugae.

Vtque dedit iustas tauri fabricator aëni,

    sic ego do poenas Artibus ipse meis.

Nil mihi debebat cum versibus amplius esse,

50   cum fugerem merito naufragus omne fretum.

At, puto, si demens studium fatale retemptem,

    hic mihi praebebit carminis arma locus.

Non liber hic ullus, non qui mihi commodet aurem,

---

1   Siqua=saepe

2   carmina nulla mihi veniunt=carmina sunt mihi scripta aut nulla=carmina scripta mihi sunt
nulla

verbaque significent quid mea, norit, adest.

55 Omnia barbariae loca sunt vocisque ferinae,

  omniaque hostilis[1] plena timore soni.

Ipse mihi videor iam dedidicisse Latine:

  nam didici Getice Sarmaticeque loqui.

Nec tamen, ut verum fatear tibi, nostra teneri

60 a componendo carmine Musa potest.

Scribimus et scriptos absumimus igne libellos:

  exitus est studii parva favilla mei.

Nec possum et cupio non nullos ducere versus:

  ponitur idcirco noster in igne labor,

65 nec nisi pars casu flammis erepta dolove

  ad vos ingenii pervenit ulla mei.

Sic utinam, quae nil metuentem tale magistrum

  perdidit, in cineres Ars mea versa foret!

XIII

Hanc tuus e Getico mittit tibi Naso salutem,

  mittere si quisquam, quo caret ipse, potest.

Aeger enim traxi contagia corpore mentis,

  libera tormento pars mihi ne qua vacet.

---

1 hostilis=possint=possunt

5   Perque dies multos lateris cruciatibus uror;

        saeva quod immodico[1] frigore laesit hiems.

    Si tamen ipse vales, aliqua nos parte valemus:

        quippe mea est umeris fulta ruina tuis.

    Quid[2], mihi cum dederis ingentia pignora, cumque

10   per numeros omnes hoc tueare caput,

    quod tua me raro solatur epistula, peccas,

        remque piam praestas, sed[3] mihi verba negas?

    Hoc, precor, emenda: quod si correxeris unum,

        nullus in egregio corpore naevus erit.

15   Pluribus accusem, fieri nisi possit, ut ad me

        littera non veniat, missa sit illa tamen.

    Di faciant, ut sit temeraria nostra querela,

        teque putem falso non meminisse mei.

    Quod precor, esse liquet: neque enim mutabile robur

20   credere me fas est pectoris esse tui.

    Cana prius gelido desint absinthia Ponto,

        et careat dulci Trinacris Hybla thymo,

    inmemorem quam te quisquam convincat amici.

        non ita sunt fati stamina nigra mei.

25   Tu tamen, ut possis falsae quoque pellere culpae

        crimina, quod non es, ne videare, cave.

---

1   saeva quod immodico=sed quod non modico=sic me non modico

2   Quid=qui

3   sed=si

Vtque solebamus consumere longa loquendo

    tempora, sermoni[1] deficiente die,

sic ferat ac referat tacitas nunc littera voces,

30   et peragant linguae charta manusque vices.

Quod fore ne nimium videar diffidere sitque

    versibus hoc paucis admonuisse satis,

accipe quo semper finitur epistula verbo,

    (atque meis distent ut tua fata!) 'vale'.

XIV

Quanta tibi dederim nostris monumenta libellis,

    o mihi me coniunx carior, ipsa vides.

Detrahat auctori multum fortuna licebit,

    tu tamen ingenio clara ferere meo;

5 dumque legar, mecum pariter tua fama legetur,

    nec potes in maestos omnis abire rogos;

cumque viri casu possis miseranda videri,

    invenies aliquas, quae, quod es, esse velint,

quae te, nostrorum cum sis in parte malorum,

10 felicem dicant invideantque tibi.

Non ego divitias dando tibi plura dedissem:

---

1   sermoni=sermone

nil feret ad manes divitis umbra sui[1].

Perpetui fructum donavi nominis idque,

    quo dare nil potui munere maius, habes.

15 Adde quod, ut[2] rerum sola es tutela mearum,

    ad te non parvi venit honoris onus,

quod numquam vox est de te mea muta tuique

    indiciis debes esse superba viri.

Quae ne quis possit temeraria dicere, persta,

20   et pariter serva meque piamque fidem.

Nam tua, dum stetimus, turpi sine crimine mansit,

    et tantum[3] probitas inreprehensa fuit.

Area de[4] nostra nunc est tibi facta ruina;

    conspicuum virtus hic tua ponat opus.

25 Esse bonam facile est, ubi, quod vetet esse, remotum est,

    et nihil officio nupta quod obstet habet.

Cum deus intonuit, non se subducere nimbo,

    id demum est pietas, id socialis amor.

Rara quidem virtus, quam non Fortuna gubernet,

30   quae maneat stabili, cum fugit illa, pede.

Siqua tamen pretium sibi virtus[5] ipsa petitum,

---

1   sui=suos

2   ut=et

3   tantum=tanta

4   Area de=par/per eadem

5   virtus=merces

inque parum laetis ardua rebus adest,

ut tempus numeres, per saecula nulla tacetur,

ut loca, mirantur qua patet orbis iter.

35 Aspicis ut longo teneat laudabilis aevo

nomen inextinctum Penelopaea fides?

Cernis ut Admeti cantetur et Hectoris uxor

ausaque in accensos Iphias ire rogos?

Vt vivat fama coniunx Phylaceia, cuius

40 Iliacam celeri vir pede pressit humum?

Morte nihil opus est pro me, sed amore fideque:

non ex difficili fama petenda tibi est.

Nec te credideris, quia non facis, ista moneri:

vela damus, quamvis remige puppis eat.

45 Qui monet ut facias, quod iam facis, ille monendo

laudat et hortatu comprobat acta suo.

EX PONTO I

《黑海书简》

第一部

I (Bruto)

Naso Tomitanae iam non novus incola terrae
    hoc tibi de Getico litore mittit opus.
Si vacat, hospitio peregrinos, Brute, libellos
    excipe dumque aliquo, quolibet abde modo[1].
5 Publica non audent intra[2] monimenta venire,
    ne suus hoc illis clauserit auctor iter.
A, quotiens dixi: 'Certe nil turpe docetis:
    ite, patet castis versibus ille locus!'
Non tamen accedunt, sed, ut aspicis ipse, latere
10   sub lare privato tutius esse putant.
Quaeris ubi hos possis nullo componere laeso?
    Qua steterant Artes, pars vacat illa tibi.
Quid[3] veniant novitate roges fortasse sub ipsa.
    Accipe quodcumque est, dummodo non sit amor.

---

1   modo=loco
2   intra=inter
3   quid=qui

15 Invenies, quamvis non est miserabilis index,
        non minus hoc illo triste quod ante dedi.
    Rebus idem titulo differt, et epistula cui sit
        non occultato nomine missa docet.
    Nec vos hoc vultis, sed nec prohibere potestis
20   Musaque ad invitos officiosa venit.
    Quicquid id est, adiunge meis; nihil inpedit ortos
        exule servatis legibus Vrbe frui.
    Quod metuas non est: Antoni scripta leguntur,
        doctus et in promptu scrinia Brutus habet.
25 Nec me nominibus furiosus confero tantis:
        saeva deos contra non tamen arma tuli.
    Denique Caesareo, quod non desiderat ipse,
        non caret e nostris ullus honore liber.
    Si dubitas de me, laudes admitte deorum
30   et carmen dempto nomine sume meum.
    Adiuvat in bello pacatae ramus olivae:
        proderit auctorem pacis habere nihil?
    Cum foret Aeneae cervix subiecta parenti,
        dicitur ipsa viro flamma dedisse viam:
35 fert liber Aeneaden, et non iter omne patebit?
        At patriae pater hic, ipsius ille fuit.
    Ecquis ita est audax ut limine cogat abire
        iactantem Pharia tinnula sistra manu?
    Ante deum Matrem cornu tibicen adunco

617
EX PONTO I

cum canit, exiguae quis stipis aera negat?

Scimus ab imperio fieri nil tale Dianae:

unde tamen vivat vaticinator habet.

Ipsa movent animos superorum numina nostros,

turpe nec est tali credulitate capi.

45 En, ego pro sistro Phrygiique foramine buxi

gentis Iuleae nomina sancta fero.

Vaticinor moneoque: locum date sacra ferenti.

Non mihi, sed magno poscitur ille deo.

Nec, quia vel merui vel sensi principis iram,

50 a nobis ipsum[1] nolle putate coli.

Vidi ego linigerae[2] numen violasse fatentem

Isidis Isiacos ante sedere focos.

Alter ob huic similem privatus lumine culpam,

clamabat media se meruisse via.

55 Talia caelestes fieri praeconia gaudent,

ut sua quid valeant numina teste probent.

Saepe levant poenas ereptaque lumina reddunt,

cum bene peccati paenituisse vident.

Paenitet, o! si quid miserorum creditur ulli,

60 paenitet et facto torqueor ipse meo.

Cumque sit exilium, magis est mihi culpa dolori;

---

1   ipsum=illum

2   linigerae=lanigerae

estque pati poenam quam meruisse minus.

Vt mihi di faveant, quibus est manifestior ipse,

poena potest demi, culpa perennis erit.

65 Mors faciet certe ne sim, cum venerit, exul:

ne[1] non peccarim mors quoque non faciet.

Non igitur mirum, si mens mea tabida facta

de nive manantis more liquescit aquae.

Estur ut occulta vitiata teredine navis,

70 aequorei scopulos ut cavat unda salis,

roditur ut scabra positum rubigine ferrum

conditus ut tineae carpitur ore liber,

sic mea perpetuos curarum pectora morsus,

fine quibus nullo conficiantur, habent.

75 Nec prius hi mentem stimuli quam vita relinquet:

quique dolet, citius quam dolor ipse, cadet.

Hoc mihi si superi, quorum sumus omnia, credent[2]

forsitan exigua dignus habebor ope,

inque locum Scythico vacuum mutabor ab arcu.

80 Plus isto, duri, si precer, oris ero.

---

1   ne=nec=ut

2   credent=credant

II (Maximo)

Maxime, qui tanti mensuram nominis inples,
    et geminas animi nobilitate genus:
qui nasci ut posses, quamvis cecidere trecenti,
    non omnis Fabios abstulit una dies:
5   forsitan haec a quo mittatur epistula quaeras,
    quisque loquar tecum certior esse velis.
Ei mihi! quid faciam? Vereor ne nomine lecto
    durus et aversa cetera mente legas.
Videris[1]! Audebo tibi me scripsisse fateri
10   < . . . .>
qui, cum me poena dignum graviore fuisse
    confiteor, possum uix graviora pati.
Hostibus in mediis interque pericula versor,
    tamquam cum patria pax sit adempta mihi:
15   qui, mortis saevo geminent ut vulnere causas,
    omnia vipereo spicula felle linunt.
His eques instructus perterrita moenia lustrat
    more lupi clausas circumeuntis oves:
at[2] semel intentus nervo levis arcus equino
20   vincula semper habens inresoluta manet.

---

1   Videris=viderit

2   at=et

Tecta rigent fixis veluti velata[1] sagittis

    portaque vix firma submovet arma sera.

Adde loci faciem nec fronde nec arbore tecti[2],

    et quod iners hiemi continuatur hiems.

25 Hic me pugnantem cum frigore cumque sagittis

    cumque meo fato quarta fatigat hiems.

Fine carent lacrimae, nisi cum stupor obstitit illis:

    et similis morti pectora torpor habet.

Felicem Nioben, quamvis tot funera uidit,

30 quae posuit sensum saxea facta mali[3]:

Vos quoque felices, quarum clamantia fratrem

    cortice velavit populus ora nouo.

Ille ego sum lignum qui non admittar in ullum:

    ille ego sum frustra qui lapis esse velim.

35 Ipsa Medusa oculis veniat licet obvia nostris,

    amittet vires ipsa Medusa suas.

Vivimus ut numquam sensu careamus amaro,

    et gravior longa fit mea poena mora.

Sic inconsumptum Tityi semperque renascens

40 non perit, ut possit saepe perire, iecur.

At, puto, cum requies medicinaque publica curae

    somnus adest, solitis nox venit orba malis.

---

1   velata=vallata

2   tecti=laeti

3   mali=malis

Somnia me terrent veros imitantia casus

et vigilant sensus in mea damna mei.

45 Aut ego Sarmaticas videor vitare sagittas,

aut dare captivas ad fera vincla manus.

Aut, ubi decipior melioris imagine somni,

aspicio patriae tecta relicta meae.

Et modo vobiscum, quos sum veneratus, amici,

50 et modo cum cara coniuge multa loquor.

Sic ubi percepta est brevis et non vera voluptas,

peior ab admonitu fit status iste boni.

Sive dies igitur caput hoc miserabile cernit,

sive pruinosi Noctis aguntur equi,

55 sic mea perpetuis liquefiunt[1] pectora curis,

ignibus admotis ut nova cera solet.

Saepe precor mortem, mortem quoque deprecor idem,

ne mea Sarmaticum contegat ossa solum.

Cum subit, Augusti quae sit clementia, credo

60 mollia naufragiis litora posse dari.

Cum video quam sint mea fata tenacia, frangor,

spesque levis magno victa timore cadit,

nec tamen ulterius quicquam speroue precorve,

quam male mutato posse carere loco.

65 Aut hoc aut nihil est pro me temptare modeste

---

1   liquefiunt=liquescunt

gratia quod salvo vestra pudore queat.

Suscipe, Romanae facundia, Maxime, linguae,

difficilis causae mite patrocinium.

Est mala, confiteor, sed te bona fiet agente,

70   lenia pro misera fac modo verba fuga.

Nescit enim Caesar, quamvis deus omnia norit,

ultimus hic qua sit condicione locus.

Magna tenent illud numen molimina rerum:

haec est caelesti pectore cura minor.

75   Nec vacat in qua sint positi regione Tomitae,

quaerere, finitimo vix loca nota Getae:

aut quid Sauromatae faciant, quid Iazyges acres

cultaque Oresteae Taurica terra deae:

quaeque aliae gentes, ubi frigore constitit Hister,

80   dura meant celeri terga per amnis equo.

Maxima pars hominum nec te, pulcherrima, curat,

Roma, nec Ausonii militis arma timet.

Dant illis animos arcus plenaeque pharetrae

quamque libet longis cursibus aptus equus,

85   quodque sitim didicere diu tolerare famemque,

quodque sequens nullas hostis habebit aquas.

Ira viri mitis non me misisset in istam,

si satis haec illi nota fuisset humus.

Nec me nec quemquam Romanum gaudet ab hoste,

meque minus, vitam cui dabat[1] ipse, capi.

Noluit, ut[2] poterat, minimo me perdere nutu.

Nil opus est ullis in mea fata Getis.

Sed neque cur morerer quicquam mihi comperit actum,

et minus infestus quam fuit esse potest.

Tunc quoque nil fecit, nisi quod facere ipse coegi:

paene etiam merito parcior ira meo est.

Di faciant igitur, quorum iustissimus ipse est,

alma nihil maius Caesare terra ferat.

Vtque diu[3] sub eo, sic sit sub Caesare terra[4],

perque manus huius tradita gentis eat.

At tu tam placido quam nos quoque sensimus illum,

iudice pro lacrimis ora resolve meis.

Non petito[5] ut bene sit, sed uti male tutius utque

exilium saevo distet ab hoste meum:

quamque dedere mihi praesentia numina vitam,

non adimat stricto squalidus ense Getes:

denique, si moriar, subeam pacatius arvum,

ossa nec a Scythica nostra premantur humo,

nec male compositos, ut scilicet exule dignum,

---

1 dabat=dedit=dabit

2 ut=at

3 diu=fuit

4 sit sub Caesare terra=sit publica sarcina terra

5 petito=petis=pete

110 Bistonii cineres ungula pulset equi:

et ne, si superest aliquis post funera sensus,

terreat et manes Sarmatis umbra meos.

Caesaris haec animum poterant audita movere,

Maxime, movissent si tamen ante tuum.

115 Vox, precor, Augustas pro me tua molliat aures,

auxilio trepidis quae solet esse reis,

adsuetaque tibi doctae dulcedine linguae

aequandi superis pectora flecte viri.

Non tibi Theromedon crudusque rogabitur Atreus,

120 quique suis homines pabula fecit equis:

sed piger ad poenas princeps, ad praemia velox,

quique dolet, quotiens cogitur, esse ferox:

qui vicit semper, victis ut parcere posset,

clausit et aeterna civica bella sera:

125 multa metu poenae, poena qui pauca coercet,

et iacit invita fulmina rara manu.

Ergo tam placidas orator missus ad aures,

ut propior patriae sit fuga nostra roga.

Ille ego sum qui te colui, quem festa solebat

130 inter convivas mensa videre tuos:

ille ego qui duxi vestros Hymenaeon ad ignes,

et cecini fausto carmina digna toro:

cuius te solitum memini laudare libellos,

exceptis domino qui nocuere suo:

625
EX PONTO I

135 cui tua nonnumquam miranti scripta legebas:

    ille ego de vestra cui data nupta domo est.

Hanc probat et primo dilectam semper ab aevo

    est inter comites Marcia censa suas,

inque suis habuit matertera Caesaris ante:

140   quarum iudicio si quam probata, proba est.

Ipsa sua melior fama laudantibus istis,

    Claudia divina non eguisset ope.

Nos quoque praeteritos sine labe peregimus annos:

    proxima pars vitae transilienda meae.

145 Sed de me ut sileam[1], coniunx mea sarcina vestra est:

    non potes hanc salva dissimulare fide.

Confugit haec ad vos, vestras amplectitur aras

    (iure venit cultos ad sibi quisque deos)

flensque rogat, precibus lenito Caesare vestris,

150   busta sui fiant ut propiora viri.

III (Rufino)

Hanc tibi Naso tuus mittit, Rufine, salutem:

    qui miser est, ulli si suus esse potest.

Reddita confusae nuper solacia menti

---

1   sileam=taceam

auxilium nostris spemque tulere malis.

5   Vtque Machaoniis Poeantius artibus heros

lenito medicam vulnere sensit opem,

sic ego mente iacens et acerbo saucius ictu

admonitu coepi fortior esse tuo:

et iam deficiens sic ad tua verba revixi,

10   ut solet infuso vena redire mero.

Non tamen exhibuit tantas facundia vires,

ut mea sint dictis pectora sana tuis.

Vt multum demas nostrae de gurgite curae,

non minus exhausto quod superabit erit.

15   Tempore ducetur longo fortasse cicatrix:

horrent admotas vulnera cruda manus.

Non est in medico semper relevetur ut aeger:

interdum docta plus valet arte malum.

Cernis ut e molli sanguis pulmone remissus

20   ad Stygias certo limite ducat aquas.

Adferat ipse licet sacras Epidaurius herbas,

sanabit nulla vulnera cordis ope.

Tollere nodosam nescit medicina podagram,

nec formidatis auxiliatur aquis.

25   Cura quoque interdum nulla medicabilis arte:

aut, ut sit, longa est extenuanda mora.

Cum bene firmarunt animum praecepta iacentem

sumptaque sunt nobis pectoris arma tui,

rursus amor patriae ratione valentior omni,

30   quod tua fecerunt scripta retexit opus.

Siue pium vis hoc, seu vis muliebre vocari,

        confiteor misero molle cor esse mihi.

Non dubia est Ithaci prudentia, sed tamen optat

        fumum de patriis posse videre focis.

35 Nescio qua natale solum dulcedine cunctos

        ducit et inmemores non sinit esse sui.

Quid melius Roma? Scythico quid frigore peius?

        Huc tamen ex ista[1] barbarus urbe fugit.

Cum bene sit clausae cauea Pandione natae,

40   nititur in silvas illa redire suas.

Adsuetos tauri saltus, adsueta leones

        (nec feritas illos inpedit) antra petunt.

Tu tamen exilii morsus e pectore nostro

        fomentis speras cedere posse tuis.

45 Effice vos ipsi ne tam mihi sitis amandi,

        talibus ut levius sit caruisse malum.

At, puto, qua genitus fueram tellure carenti

        in tamen humano contigit esse loco.

Orbis in extremi iaceo desertus harenis,

50   fert ubi perpetuas obruta terra nives.

---

1   ista=illa

Non ager hic pomum, non dulces educat uvas[1],

    non salices ripa, robora monte virent.

Neve fretum laudes terra magis, aequora semper

    ventorum rabie solibus orba tument.

55 Quocumque aspicias[2], campi cultore carentes

    Vastaque, quae nemo vindicat, arva iacent.

Hostis adest dextra laevaque a parte timendus,

    vicinoque metu terret utrumque latus.

Altera Bistonias pars est sensura sarisas,

60   altera Sarmatica spicula missa manu.

I nunc et veterum nobis exempla virorum,

    qui forti casum mente tulere refer,

et grave magnanimi robur mirare Rutili

    non usi reditus condicione dati.

65 Zmyrna virum tenuit, non Pontus et hostica tellus,

    paene minus nullo Zmyrna petenda loco.

Non doluit patria Cynicus procul esse Sinopeus,

    legit enim sedes, Attica terra, tuas.

Arma Neoclides qui Persica contudit armis,

70   Argolica primam sensit in urbe fugam.

Pulsus Aristides patria Lacedaemona fugit,

    inter quas dubium, quae prior esset, erat.

---

1   uvas=herbas

2   aspicias=aspicies

Caede puer facta Patroclus Opunta reliquit,

    Thessalicamque adiit hospes Achillis humum.

75   Exul ab Haemonia Pirenida cessit ad undam,

    quo duce trabs Colcha sacra cucurrit aqua.

Liquit Agenorides Sidonia moenia Cadmus,

    poneret ut muros in meliore loco.

Venit ad Adrastum Tydeus Calydone fugatus,

80   et Teucrum Veneri grata recepit humus.

Quid referam veteres Romanae gentis, apud quos

    exulibus tellus ultima Tibur erat?

Persequar ut cunctos, nulli datus omnibus aevis

    tam procul a patria est horridiorve locus.

85   Quo magis ignoscat sapientia vestra dolenti:

    quae facit ex dictis, non ita multa, tuis.

Nec tamen infitior, si possint nostra coire

    vulnera, praeceptis posse coire tuis.

Sed vereor, ne me frustra servare labores,

90   nec iuver admota perditus aeger ope,

nec loquor hoc quia sit maior prudentia nobis,

    sed sum quam medico notior ipse mihi.

Vt tamen hoc ita sit, munus tua grande voluntas

    ad me pervenit consuliturque boni.

IV (Vxori)

Iam mihi deterior canis aspergitur aetas,
    iamque meos vultus ruga senilis arat:
iam vigor et quasso languent in corpore vires,
    nec iuveni lusus qui placuere iuvant.
5   Nec, si me subito videas, agnoscere possis,
    aetatis facta est tanta ruina meae.
Confiteor facere hoc annos, sed et altera causa est,
    anxietas animi continuusque labor.
Nam mea per longos si quis mala digerat annos,
10   crede mihi, Pylio Nestore maior ero.
Cernis ut in duris (et quid bove firmius?) arvis
    fortia taurorum corpora frangat opus.
Quae numquam vacuo solita est cessare novali,
    fructibus adsiduis lassa senescit humus.
15   Occidet, ad circi si quis certamina semper
    non intermissis cursibus ibit equus.
Firma sit illa licet, solvetur in aequore navis,
    quae numquam liquidis sicca carebit aquis.
Me quoque debilitat series inmensa malorum[1],
20   ante meum tempus cogit et esse senem.
Otia corpus alunt, animus quoque pascitur illis:

---

1   malorum=laborum

inmodicus contra carpit utrumque labor.

Aspice, in has partis quod venerit Aesone natus,

quam laudem a sera posteritate ferat.

25 At labor illius nostro leviorque minorque est,

si modo non verum nomina magna premunt.

Ille est in Pontum Pelia mittente profectus,

qui vix Thessaliae fine timendus erat.

Caesaris ira mihi nocuit, quem solis ab ortu

30 solis ad occasus utraque terra tremit.

Iunctior Haemonia est Ponto, quam Roma Sinistro[1],

et brevius, quam nos, ille peregit iter.

Ille habuit comites primos telluris Achivae:

at nostram cuncti destituere fugam.

35 Nos fragili ligno vastum sulcavimus aequor:

quae tulit Aesoniden, densa[2] carina fuit.

Nec mihi Tiphys erat rector nec Agenore natus

quas fugerem docuit quas sequererque vias.

Illum tutata est cum Pallade regia Iuno:

40 defendere meum numina nulla caput.

Illum furtiuae iuvere Cupidinis artes;

quas a me vellem non didicisset amor.

Ille domum rediit, nos his moriemur in arvis,

---

1   Sinistro=sit histro

2   densa=sacra=firma

perstiterit laesi si gravis ira dei.

45   Durius est igitur nostrum, fidissima coniunx,

illo quod subiit Aesone natus opus[1].

Te quoque, quam iuvenem discedens Vrbe reliqui,

credibile est nostris insenuisse malis.

O! ego di faciant talem te cernere possim[2],

50   caraque mutatis oscula ferre comis,

amplectique meis corpus non pingue lacertis,

et 'Gracile hoc fecit' dicere 'cura mei',

et narrare meos flenti flens ipse labores,

sperato numquam conloquioque frui,

55   turaque Caesaribus cum coniuge Caesare digna,

dis veris, memori debita ferre manu!

Memnonis hanc utinam, lenito principe, mater

quam primum roseo provocet ore diem!

V (Cottae)

Ille tuos quondam non ultimus inter amicos,

ut sua verba legas, Maxime, Naso rogat.

in quibus ingenium desiste requirere nostrum,

---

1   opus=onus

2   possim=possem

nescius exilii ne videare mei.

5 Cernis ut ignavum corrumpant otia corpus,

ut capiant vitium[1], ni moveantur, aquae.

Et mihi si quis erat ducendi carminis usus,

deficit estque minor factus inerte situ.

Haec quoque quae legitis, si quid mihi, Maxime, credis,

10 scribimus invita vixque coacta manu.

Non libet in talis animum contendere curas,

nec venit ad duros Musa vocata Getas.

Vt tamen ipse vides, luctor deducere versum:

sed non fit fato mollior ille meo.

15 Cum relego, scripsisse pudet, quia plurima cerno

me quoque, qui feci, iudice digna lini.

Nec tamen emendo; labor hic quam scribere maior,

mensque pati durum sustinet aegra nihil.

Scilicet incipiam lima mordacius uti,

20 et sub iudicium singula verba vocem?

Torquet enim fortuna parum, nisi Nilus[2] in Hebrum

confluat et frondes Alpibus addat Atho[3]?

Parcendum est animo miserabile vulnus habenti.

Subducunt oneri colla perusta boves.

25 At, puto, fructus adest, iustissima causa laborum,

---

1   capiant vitium=capeant vitio

2   Nilus=Lixus

3   Atho=athos

et sata cum multo fenore reddit ager?

Tempus ad hoc nobis, repetas licet omnia, nullum

    profuit (atque utinam non nocuisset!) opus.

Cur igitur scribam miraris. Miror et ipse,

30   et tecum quaero saepe quid inde petam.

An populus vere sanos negat esse poetas,

    sumque fides huius maxima vocis ego,

qui, sterili totiens cum sim deceptus ab arvo,

    damnosa persto condere semen humo?

35 Scilicet est cupidus studiorum quisque suorum,

    tempus et adsueta ponere in arte iuvat.

Saucius eiurat pugnam gladiator et idem

    inmemor antiqui vulneris arma capit.

Nil sibi cum pelagi dicit fore naufragus undis,

40   et ducit remos qua modo navit aqua.

Sic ego constanter studium non utile servo,

    et repeto, nollem quas coluisse, deas.

Quid potius faciam? Non sum qui segnia ducam

    otia: mors nobis tempus habetur iners.

45 Nec iuvat in lucem nimio marcescere vino,

    nec tenet incertas alea blanda manus.

Cum dedimus somno quas corpus postulat horas,

    quo ponam vigilans tempora longa modo?

Moris an oblitus patrii contendere discam

50   Sarmaticos arcus et trahar arte loci?

Hoc quoque me studium prohibent adsumere vires,

    mensque magis gracili corpore nostra valet.

Cum bene quaesieris quid agam, magis utile nil est

    artibus his quae nil utilitatis habent.

55 Consequor ex illis casus oblivia nostri:

    hanc messem satis est si mea reddit humus.

Gloria vos acuat; vos, ut recitata probentur

    carmina, Pieriis invigilate choris.

Quod venit ex facili satis est componere nobis,

60   et nimis intenti causa laboris abest.

Cur ego sollicita poliam mea carmina cura?

    An verear ne non adprobet illa Getes?

Forsitan audacter faciam, sed glorior Histrum

    ingenio nullum maius habere meo.

65 Hoc ubi vivendum est, satis est, si consequor arvo,

    inter inhumanos esse poeta Getas.

Quo mihi diversum fama contendere in orbem?

    Quem fortuna dedit, Roma sit ille locus.

Hoc mea contenta est infelix Musa theatro:

70   hoc merui, magni sic voluere dei

nec reor hinc istuc nostris iter esse libellis,

    quo Boreas penna deficiente venit.

Dividimur caelo quaeque est procul urbe Quirini,

    aspicit hirsutos comminus ursa Getas.

75 Per tantum terrae, tot aquas vix credere possum

indicium studii transiluisse mei.

Finge legi, quodque est mirabile, finge placere:
  auctorem certe res iuvat ista nihil.

Quid tibi, si calidae, prosit, laudere Syenae,
80 aut ubi Taprobanen Indica tingit aqua?

Altius ire libet? Si te distantia longe
  Pleiadum laudent signa, quid inde feras?

Sed neque pervenio scriptis mediocribus istuc,
  famaque cum domino fugit ab Vrbe suo.

85 Vosque, quibus perii, tunc cum mea fama sepulta est,
  nunc quoque de nostra morte tacere reor.

VI (Graecino)

Ecquid, ut audisti—nam te diversa tenebat
  terra—meos casus, cor tibi triste fuit?

Dissimules metuasque licet, Graecine, fateri,
  si bene te novi, triste fuisse liquet.

5 Non cadit in mores feritas inamabilis istos,
  nec minus a studiis dissidet illa tuis.

Artibus ingenuis, quarum tibi maxima cura est,
  pectora mollescunt asperitasque fugit.

Nec quisquam meliore fide complectitur illas,
10 qua sinit officium militiaeque labor.

Certe ego cum primum potui sentire quid essem

    (nam fuit attonito[1] mens mea nulla diu),

hoc quoque fortunam[2] sensi quod amicus abesses,

    qui mihi praesidium grande futurus eras.

15 Tecum tunc aberant aegrae solacia mentis,

    magnaque pars animi consiliique mei.

At nunc, quod superest, fer opem, precor, eminus unam,

    adloquioque iuva pectora nostra tuo,

quae, non mendaci si quicquam credis amico,

20   stulta magis dici quam scelerata decet.

Nec breve nec tutum peccati quae sit origo

    scribere: tractari vulnera nostra timent.

Qualicumque modo mihi sunt[3] ea facta, rogare

    desine; non agites, si qua coire velis.

25 Quidquid id est, ut non facinus, sic culpa vocanda est:

    omnis an in magnos culpa deos scelus est?

Spes igitur menti poenae, Graecine, levandae

    non est ex toto nulla relicta meae.

Haec dea, cum fugerent sceleratas numina terras,

30   in dis invisa sola remansit humo.

Haec facit ut vivat fossor quoque compede vinctus,

    liberaque a ferro crura futura putet.

---

1   attonito=attoniti

2   fortunam=fortunae

3   sunt=sint

Haec facit ut, videat cum terras undique nullas,

    naufragus in mediis brachia iactet aquis.

35   Saepe aliquem sollers medicorum cura reliquit,

    nec spes huic vena deficiente cadit.

Carcere dicuntur clausi sperare salutem,

    atque aliquis pendens in cruce vota facit.

Haec dea quam multos laqueo sua colla ligantis

40   non est proposita passa perire nece!

Me quoque conantem gladio finire dolorem

    arguit iniecta continuitque manu,

'quid' que 'facis? lacrimis opus est, non sanguine,' dixit,

    'saepe per has flecti principis ira solet.'

45   Quamvis est igitur meritis indebita nostris,

    magna tamen spes est in bonitate dei.

Qui ne difficilis mihi sit, Graecine, precare,

    confer et in votum tu quoque verba meum.

Inque Tomitana iaceam tumulatus harena,

50   si te non nobis ista vovere liquet.

Nam prius incipient turris vitare columbae,

    antra ferae, pecudes gramina, mergus aquas,

quam male se praestet ueteri Graecinus amico.

    Non ita sunt fatis omnia versa meis.

VII (Messalino)

Littera pro verbis tibi, Messaline, salutem
    quam legis a saevis attulit usque Getis.
Indicat auctorem locus? An nisi nomine lecto,
    haec me Nasonem scribere verba latet?
5 Ecquis in extremo positus iacet orbe tuorum,
    me tamen excepto, qui precor esse tuus?
Di procul a cunctis qui te venerantur amantque,
    huius notitiam gentis habere[1] velint.
Nos satis est inter glaciem Scythicasque sagittas
10   vivere, si vita est mortis habenda genus.
Nos premat aut bello tellus aut frigore caelum,
    truxque Getes armis, grandine pugnet[2] hiems:
nos habeat regio nec pomo feta nec uvis,
    et cuius nullum cesset ab hoste latus.
15 Cetera sit sospes cultorum turba tuorum,
    in quibus, ut populo, pars ego parva fui.
Me miserum, si tu verbis offenderis istis
    nosque negas ulla parte fuisse tuos!
Idque sit ut uerum, mentito ignoscere debes.
20   Nil demit laudi gloria nostra tuae.

---

1   habere=abesse

2   pugnet=pulset

Quis se Caesaribus notus non fingit amicum?

    Da veniam fasso, tu mihi Caesar eras[1].

Nec tamen inrumpo quo non licet ire satisque est

    atria si nobis non patuisse negas.

25 Vtque tibi fuerit mecum nihil amplius, uno

    nempe salutaris, quam prius ore, minus[2].

Nec tuus est genitor nos infitiatus amicos,

    hortator studii causaque faxque mei:

cui nos et lacrimas, supremum in funere munus,

30   et dedimus medio scripta canenda foro.

Adde quod est frater, tanto tibi iunctus amore,

    quantus in Atridis Tyndaridisque fuit:

is me nec comitem nec dedignatus amicum est:

    si tamen haec illi non nocitura putas.

35 Si minus, hac quoque me mendacem parte fatebor:

    clausa mihi potius tota sit ista domus.

Sed neque claudenda est et nulla potentia vires

    praestandi ne quid peccet amicus habet.

Et tamen ut cuperem culpam quoque posse negari,

40   sic facinus nemo nescit abesse mihi.

Quod nisi delicti pars excusabilis esset,

    parva relegari poena futura fuit.

---

1   eras=eris

2   minus=minis

Ipse sed hoc vidit, qui pervidet omnia, Caesar,

    stultitiam dici crimina posse mea:

45   quaque ego permisi quaque est res passa, pepercit,

    usus et est modice fulminis igne sui.

Nec vitam nec opes nec ademit posse reverti,

    si sua per vestras victa sit ira preces.

At graviter cecidi. Quid enim mirabile, si quis

50   a Iove percussus non leve vulnus habet?

Ipse suas etiam[1] vires inhiberet Achilles,

    missa gravis ictus Pelias hasta dabat.

Iudicium nobis igitur cum vindicis adsit,

    non est cur tua me ianua nosse neget.

55   Culta quidem, fateor, citra quam debuit, illa est:

    sed fuit in fatis hoc quoque, credo, meis.

Nec tamen officium sensit domus altera nostrum

    hic illic vestro sub lare semper eram.

Quaeque tua est pietas, ut te non excolat ipsum,

60   ius aliquod tecum fratris amicus habet.

Quid quod, ut emeritis referenda est gratia semper,

    sic est fortunae promeruisse tuae?

Quod si permittis nobis suadere quid optes,

    ut des quam reddas plura precare deos.

65   Idque facis, quantumque licet meminisse, solebas

---

1   etiam=quamvis

officii causa[1] pluribus esse dati[2].

Quo libet in numero me, Messaline, repone,

    sim modo pars vestrae non aliena domus:

et mala Nasonem, quoniam meruisse videtur,

70   si non ferre doles, at meruisse dole.

VIII (Severo)

A tibi dilecto missam Nasone salutem

    accipe, pars animae magna, Severe, meae.

Neve roga quid agam. Si persequar omnia, flebis;

    summa satis nostri si[3] tibi nota mali.

5   Viuimus adsiduis expertes pacis in armis,

    dura pharetrato bella movente Geta.

Deque tot expulsis sum miles in exule solus:

    tuta—nec invideo—cetera turba latet.

Quoque magis nostros uenia dignere libellos,

10   haec in procinctu carmina facta leges.

Stat vetus urbs, ripae vicina binominis Histri,

    moenibus et positu vix adeunda loci.

Caspius Aegisos, de se si credimus ipsis,

---

1   causa=causam=causae

2   dati=dari=datis

3   si=sit

condidit et proprio nomine dixit opus.

15 Hanc ferus Odrysiis inopino Marte peremptis,

cepit et in regem sustulit arma Getes.

Ille memor magni generis virtute quod auget,

protinus innumero milite cinctus adest.

nec prius abscessit merita quam caede nocentum

20 audaces animos contuderat[1] populi.

At tibi, rex aevo, detur, fortissime nostro,

semper honorata sceptra tenere manu,

teque, quod et praestat (quid enim tibi plenius optem?)

Martia cum magno Caesare Roma probet.

25 Sed memor unde abii, queror, o iucunde sodalis,

accedant[2] nostris saeva quod arma malis.

Vt careo vobis, Stygias[3] detrusus in oras,

quattuor autumnos Pleias orta facit.

Nec tu credideris urbanae commoda vitae

30 quaerere Nasonem: quaerit et illa tamen.

Nam modo vos animo, dulces, reminiscor, amici,

nunc mihi cum cara coniuge nata subit:

aque domo rursus pulchrae loca vertor ad Vrbis,

cunctaque mens oculis pervidet illa suis.

35 Nunc fora, nunc aedes, nunc marmore tecta theatra,

---

1   contuderat=contuderit

2   accedant=accedunt

3   Stygias=scythicas

nunc subit aequata porticus omnis humo,

gramina nunc Campi pulchros spectantis in hortos,

stagnaque et euripi Virgineusque liquor.

At, puto, sic Vrbis misero est erepta voluptas,

40   quolibet ut saltem rure frui liceat?

Non meus amissos animus desiderat agros,

ruraque Paeligno conspicienda solo,

nec quos piniferis positos in collibus hortos

spectat Flaminiae Clodia iuncta viae.

45   Quos ego nescio cui colui, quibus ipse solebam

ad sata fontanas, nec pudet, addere aquas:

sunt ubi[1], si vivunt, nostra quoque consita quaedam,

sed non et nostra poma legenda manu.

Pro quibus amissis utinam contingere possit

50   hic saltem profugo glaeba colenda mihi!

Ipse ego pendentis, liceat modo, rupe capellas,

ipse velim baculo pascere nixus oves;

ipse ego, ne solitis insistant pectora curis,

ducam ruricolas sub iuga curua boves;

55   et discam Getici quae norunt verba iuvenci,

adsuetas illis adiciamque minas.

Ipse manu capulum pressi moderatus aratri

experiar mota spargere semen humo.

---

1   ubi=ibi

Nec dubitem longis purgare ligonibus herbas,

60   et dare iam sitiens quas bibat hortus aquas.

Vnde sed hoc nobis minimum quos inter et hostem

    discrimen murus clausaque porta facit?

At tibi nascenti, quod toto pectore laetor,

    nerunt fatales fortia fila deae.

65 Te modo Campus habet, densa modo porticus umbra,

    nunc in quo ponis tempora rara forum:

Vmbria nunc revocat nec non Albana petentem

    Appia ferventi ducit in arva rota.

Forsitan hic optes ut iustam subprimat iram

70   Caesar et hospitium sit tua villa meum.

A! nimium est quod, amice, petis, moderatius opta,

    et voti quaeso contrahe vela tui.

Terra velim propior nullique obnoxia bello

    detur: erit[1] nostris pars bona dempta malis.

IX (Cottae)

Quae mihi de rapto tua[2] venit epistula Celso,

    protinus est lacrimis umida facta meis;

---

1   erit=erat

2   tua=nunc

quodque nefas dictu fieri nec posse putavi,

    invitis oculis littera lecta tua est.

5 Nec quicquam ad nostras pervenit acerbius aures,

    ut sumus in Ponto, perueniatque precor.

Ante meos oculos tamquam praesentis imago

    haeret et extinctum uiuere fingit amor.

Saepe refert animus lusus gravitate carentes,

10   seria cum liquida saepe peracta fide.

Nulla tamen subeunt mihi tempora densius illis,

    quae vellem vitae summa fuisse meae,

cum domus ingenti subito mea lapsa ruina

    concidit in domini procubuitque caput.

15 Adfuit ille mihi, cum me pars magna reliquit,

    Maxime, Fortunae nec fuit ipse comes.

Illum ego non aliter flentem mea funera[1] vidi

    ponendus quam si frater in igne foret.

Haesit in amplexu consolatusque iacentem est,

20   cumque meis lacrimis miscuit usque suas.

O quotiens vitae custos invisus amarae

    continuit promptas in mea fata manus!

O quotiens dixit: 'Placabilis ira deorum est:

    vive nec ignosci tu tibi posse nega!'

25 Vox tamen illa fuit celeberrima: 'Respice quantum

---

1   funera=vulnera

debeat auxilium Maximus esse tibi.

Maximus incumbet, quaque est pietate, rogabit,

ne sit ad extremum Caesaris ira tenax;

cumque suis fratris vires adhibebit et omnem,

30   quo levius doleas, experietur opem.'

Haec mihi verba malae minuerunt taedia vitae.

Quae tu ne fuerint, Maxime, vana cave.

Huc quoque venturum mihi se iurare solebat

non nisi te longae ius sibi dante viae.

35 Nam tua non alio coluit penetralia ritu,

terrarum dominos quam colis ipse deos.

Crede mihi, multos habeas cum dignus amicos,

non fuit e multis quolibet ille minor,

si modo non census nec clarum nomen avorum

40   sed probitas magnos ingeniumque facit.

Iure igitur lacrimas Celso libamus adempto,

cum fugerem, uiuo quas dedit ille mihi:

carmina iure damus raros testantia mores,

ut tua venturi nomina, Celse, legant.

45 Hoc est quod possum[1] Geticis tibi mittere ab arvis:

hoc solum est istic quod licet esse meum.

Funera non potui comitare nec ungere corpus,

atque tuis toto dividor orbe rogis.

---

1   possum=possim

Qui potuit, quem tu pro numine vivus habebas,

50   praestitit officium Maximus omne tibi.

Ille tibi exequias et magni funus honoris

        fecit et in gelidos vertit[1] amoma sinus,

diluit et lacrimis maerens unguenta profusis

        ossaque vicina condita texit humo.

55 Qui quoniam extinctis quae debet praestat amicis,

        et nos extinctis adnumerare potest.

X (Flacco)

Naso suo profugus mittit tibi, Flacce, salutem,

        mittere rem si quis qua caret ipse potest.

Longus enim curis vitiatum corpus amaris

        non patitur vires languor habere suas.

5   Nec dolor ullus adest nec febribus uror anhelis,

        et peragit soliti vena tenoris iter.

Os hebes est positaeque movent fastidia mensae,

        et queror, invisi cum venit hora cibi.

Quod mare, quod tellus adpone, quod educat aer,

10   nil ibi quod nobis esuriatur erit.

Nectar et ambrosiam, latices epulasque deorum,

---

1   vertit=versit

det mihi formosa gnava[1] Iuventa manu:

non tamen exacuet torpens sapor ille palatum,

　　stabit et in stomacho pondus inerte diu.

15　Haec ego non ausim, cum sint verissima, cuivis

　　scribere, delicias ne mala nostra vocet.

Scilicet is status est, ea rerum forma mearum,

　　deliciis etiam possit ut esse locus.

Delicias illi precor has contingere, si quis

20　　ne mihi sit levior Caesaris ira timet.

Is quoque, qui gracili cibus est in corpore, somnus,

　　non alit officio corpus inane suo.

Sed vigilo vigilantque mei sine fine dolores,

　　quorum materiam dat locus ipse mihi.

25　Vix igitur possis visos agnoscere vultus,

　　quoque ierit quaeras qui fuit ante color.

Paruus in exiles sucus mihi pervenit artus,

　　membraque sunt cera pallidiora nova.

Non haec inmodico contraxi damna Lyaeo:

30　　scis mihi quam solae paene bibantur aquae.

Non epulis oneror, quarum si tangar amore,

　　est tamen in Geticis copia nulla locis.

Nec vires adimit Veneris damnosa voluptas

　　non solet in maestos illa venire toros.

1　gnava=grata=nava

35 Vnda locusque nocent et causa valentior istis,

anxietas animi, quae mihi semper adest.

Haec nisi tu pariter simili cum fratre levares,

vix mens tristitiae nostra tulisset onus.

Vos estis fracto tellus non dura phaselo

40 quamque negant multi uos mihi fertis opem.

Ferte, precor, semper, quia semper egebimus illa,

Caesaris offensum dum mihi numen erit.

Qui meritam nobis minuat, non finiat iram,

suppliciter vestros quisque rogate deos.

EX PONTO II

《黑海书简》

第二部

I (Germanico)

Huc quoque Caesarei pervenit fama triumphi,
    languida quo fessi vix venit aura Noti.
Nil fore dulce mihi Scythica regione putavi:
    iam minus hic odio est, quam fuit ante, locus.
5 Tandem aliquid pulsa curarum nube serenum
    vidi fortunae verba dedique meae.
Nolit ut ulla[1] mihi contingere gaudia Caesar,
    velle potest cuivis haec tamen una dari.
Di quoque, ut a cunctis hilari pietate colantur,
10   tristitiam poni per sua festa iubent.
Denique, quod certus furor est audere fateri,
    hac ego laetitia, si vetet ipse, fruar.
Iuppiter utilibus quotiens iuvat imbribus agros,
    mixta tenax segeti crescere lappa solet.
15 Nos quoque frugiferum sentimus inutilis herba

---

1   Nolit ut ulla=noluit illa

numen et invita saepe iuvamur ope.

Gaudia Caesareae mentis pro parte virili

 sunt mea: privati nil habet illa domus.

Gratia, Fama, tibi per quam spectata triumphi

20 incluso mediis est mihi pompa Getis.

Indice te didici nuper visenda coisse

 innumeras gentes ad ducis ora sui:

quaeque capit vastis inmensum moenibus orbem,

 hospitiis Romam vix habuisse locum.

25 Tu mihi narrasti, cum multis lucibus ante

 fuderit adsiduas nubilus auster aquas,

numine caelesti solem fulsisse serenum,

 cum populi vultu conveniente die,

atque ita victorem cum magnae vocis honore

30 bellica laudatis dona dedisse viris,

claraque sumpturum pictas insignia vestes

 tura prius sanctis inposuisse focis,

Iustitiamque sui caste[1] placasse parentis,

 illo quae[2] templum pectore semper habet,

35 quaque ierit, felix adiectum plausibus omen,

 saxaque roratis erubuisse rosis;

protinus argento versos imitantia muros

---

1 caste=castae=castos=iustos

2 quae=quo

barbara cum pictis[1] oppida lata viris,

fluminaque et montes et in altis proelia[2] silvis,

40   armaque cum telis in strue mixta sua,

deque tropaeorum quod sol incenderet[3] auro

      aurea Romani tecta fuisse fori,

totque tulisse duces captivos[4] addita collis

      vincula paene hostis quot satis esse fuit.

45 Maxima pars horum vitam veniamque tulerunt,

      in quibus et belli summa caputque Bato.

Cur ego posse negem minui mihi numinis iram,

      cum videam mitis hostibus esse deos?

Pertulit hic idem nobis, Germanice, rumor,

50   oppida sub titulo nominis isse[5] tui.

Atque ea te contra nec muri mole nec armis

      nec satis ingenio tuta fuisse loci.

Di tibi dent annos! A te nam cetera sumes,

      sint modo virtuti tempora longa tuae.

55 Quod precor, eveniet: sunt quaedam[6] oracula vatum:

      nam deus optanti prospera signa dedit.

---

1   pictis=victis

2   proelia=proflua=pascua

3   incenderet=incenderat=incendent

4   captivos=captivis

5   isse=esse

6   quaedam=quiddam

Te quoque victorem Tarpeias scandere in arces

    laeta coronatis Roma videbit equis;

maturosque pater nati spectabit honores,

60   gaudia percipiens quae dedit ipse suis.

Iam nunc haec a me, iuvenum belloque togaque

    maxime, dicta tibi vaticinante nota.

Hunc quoque carminibus referam fortasse triumphum,

    sufficiet nostris si modo vita malis,

65   inbuero Scythicas si non prius ipse sagittas,

    abstuleritque ferox hoc caput ense Getes.

Quae si me salvo dabitur tua laurea templis,

    omina bis dices vera fuisse mea.

II (Messalino)

Ille domus vestrae primis venerator ab annis,

    pulsus ad Euxini Naso Sinistra freti,

mittit ab indomitis hanc, Messaline, salutem,

    quam solitus praesens est tibi ferre, Getis.

5   Ei mihi, si[1] lecto vultus tibi nomine non est

    qui fuit et dubitas cetera perlegere!

Perlege nec mecum pariter mea verba relega:

---

1   si=si quid

Vrbe licet vestra versibus esse meis.

Non ego concepi, si Pelion Ossa tulisset,

10   clara mea tangi sidera posse manu,

nec nos Enceladi dementia castra secuti

        in rerum dominos movimus arma deos,

nec, quod Tydidae temeraria dextera fecit,

        numina sunt telis ulla petita meis.

15 Est mea culpa gravis, sed quae me perdere solum

        ausa sit et nullum maius adorta nefas.

Nil nisi non sapiens possum timidusque vocari:

        haec duo sunt animi nomina vera mei.

Esse quidem fateor meritam post Caesaris iram

20   difficilem precibus te quoque iure meis;

quaeque tua est pietas in totum nomen Iuli,

        te laedi, cum quis laeditur inde, putas.

Sed licet arma feras et vulnera saeva mineris,

        non tamen efficies ut timeare mihi.

25 Puppis Achaemeniden Graium Troiana recepit

        profuit et Myso Pelias hasta duci.

Confugit interdum templi violator ad aram,

        nec petere offensi numinis horret opem.

Dixerit hoc aliquis tutum non esse. Fatemur.

30   Sed non per placidas it mea navis aquas.

Tuta petant alii: fortuna miserrima tuta est:

nam timor eventu[1] deterioris abest.

Qui rapitur spumante salo, sua brachia tendens

porrigit ad spinas duraque saxa manus,

35   accipitremque timens[2] pennis trepidantibus ales

audet ad humanos fessa venire sinus,

nec se vicino dubitat committere tecto,

quae fugit infestos territa cerva canes.

Da, precor, accessum lacrimis, mitissime, nostris,

40   nec rigidam timidis vocibus obde forem,

verbaque nostra favens Romana ad numina perfer,

non tibi Tarpeio culta Tonante minus,

mandatique mei legatus suscipe causam:

nulla meo quamvis nomine causa bona est.

45   Iam prope depositus, certe iam frigidus aeger,

servatus per te, si modo servor, ero.

Nunc tua pro lassis nitatur gratia rebus,

principis aeterni quam tibi praestat amor.

Nunc tibi et eloquii nitor ille domesticus adsit,

50   quo poteras trepidis utilis esse reis.

Viuit enim in vobis facundi lingua parentis,

et res heredem repperit illa suum.

Hanc ego, non ut me defendere temptet, adoro:

---

1   eventu=eventus

2   accipitremque timens=accipitremque metuens

non est confessi causa tuenda rei.

55   Num tamen excuses erroris origine factum,

an nihil expediat tale movere, vide.

Vulneris id genus est quod, cum sanabile non sit

non contrectari tutius esse puto.

Lingua, sile! Non est ultra narrabile quicquam.

60   Posse velim cineres obruere ipse meos.

Sic igitur, quasi me nullus deceperit error,

verba fac, ut vita, quam dedit ipse, fruar;

cumque serenus erit vultusque remiserit illos,

qui secum terras imperiumque movent,

65   exiguam ne me praedam sinat esse Getarum,

detque solum miserae mite, precare, fugae.

Tempus adest aptum precibus. Valet ille videtque

quas fecit vires, Roma, valere tuas.

Incolumis[1] coniunx sua puluinaria servat;

70   promovet Ausonium filius imperium;

praeterit ipse suos animo Germanicus annos,

nec vigor est Drusi nobilitate minor.

Adde nurus[2] neptesque pias natosque nepotum

ceteraque Augustae membra valere domus;

75   adde triumphatos modo Paeonas, adde quietis

---

1   Incolumis=incolumi

2   nurus=nurum

subdita montanae brachia Dalmatiae.

Nec dedignata est abiectis Illyris armis

    Caesareum famulo vertice ferre pedem.

Ipse super currum placido spectabilis ore

80   tempora Phoebea virgine nexa tulit.

Quem pia vobiscum proles comitavit euntem,

    digna parente suo nominibusque datis,

fratribus adsimilis[1] quos proxima templa tenentis

    Divus ab excelsa Iulius aede videt.

85 His Messalinus quibus omnia cedere debent

    primum laetitiae non negat esse locum.

Quicquid ab his superest venit in certamen amoris:

    hac hominum nulli parte secundus erit.

Hanc colet ante diem qua, quae[2] decreta merenti,

90   venit honoratis laurea digna comis.

Felices quibus o[3] licuit spectare triumphos

    et ducis ore deos aequiperante frui!

At mihi Sauromatae pro Caesaris ore videndi

    terraque pacis inops undaque vincta[4] gelu.

95 Si tamen haec audis et vox mea pervenit istuc[5],

---

1   adsimilis=adsimiles

2   qua, quae=qua, quam=quamquam=quamque

3   o=hos

4   vincta=iuncta

5   istuc=illuc

sit tua mutando gratia blanda loco.

Hoc pater ille tuus primo mihi cultus ab aevo,

    si quid habet sensus umbra diserta, petit.

Hoc petit et frater, quamvis fortasse veretur

100   servandi noceat ne tibi cura mei.

Tota domus rogat hoc nec tu potes ipse negare

    et nos in turbae parte fuisse tuae.

Ingenii certe quo nos male sensimus usos,

    Artibus exceptis saepe probator eras.

105 Nec mea, si tantum peccata novissima demas,

    esse potest domui vita pudenda tuae.

Sic igitur vestrae vigeant penetralia gentis,

    curaque sit superis Caesaribusque tui:

mite, sed iratum merito mihi numen adora,

110   eximar[1] ut Scythici de feritate loci.

Difficile est, fateor, sed tendit in ardua virtus,

    et talis meriti gratia maior erit.

Nec tamen Aetnaeus vasto Polyphemus in antro

    accipiet voces Antiphatesve tuas:

115 sed placidus facilisque parens veniaeque paratus,

    et qui fulmineo saepe sine igne tonat.

Qui cum triste aliquid statuit, fit tristis et ipse,

    cuique fere poenam sumere poena sua est.

---

1   eximar=eximaat

Victa tamen vitio est huius clementia nostro,

120   venit et ad vires ira coacta suas.

Qui quoniam patria toto sumus orbe remoti,

    nec licet ante ipsos procubuisse deos,

quos colis ad superos haec fer mandata sacerdos,

    adde sed et proprias ad mea verba preces.

125 Sic tamen haec tempta, si non nocitura putabis.

    Ignosces. Timeo naufragus omne fretum.

III (Cottae)

Maxime, qui claris nomen virtutibus aequas,

    nec sinis ingenium nobilitate premi,

culte mihi (quid enim status hic a funere differt?)

    supremum vitae tempus adusque meae,

5   rem facis adflictum non aversatus amicum,

    qua non est aevo rarior ulla tuo.

Turpe quidem dictu, sed, si modo vera fatemur,

    vulgus amicitias utilitate probat.

Cura quid expediat prius est quam quid sit honestum,

10   et cum fortuna statque caditque fides.

Nec facile invenias[1] multis in milibus unum,

---

1   invenias=invenies

uirtutem pretium qui putet esse sui.

Ipse decor recte facti, si praemia desint,

    non movet et gratis paenitet esse probum.

15   Nil[1] nisi quod prodest carum est, et detrahe menti

    spem fructus auidae, nemo petendus erit.

At reditus iam quisque suos amat et sibi quid sit

    utile sollicitis subputat articulis.

Illud amicitiae quondam uenerabile nomen[2]

20   prostat et in quaestu pro meretrice sedet.

Quo magis admiror non ut torrentibus undis,

    communis uitii te quoque labe trahi.

Diligitur nemo, nisi cui Fortuna secunda est:

    Quae simul intonuit, proxima quaeque fugat.

25   En ego non paucis quondam munitus amicis,

    dum flavit velis aura secunda meis,

ut fera nimboso tumuerunt aequora vento,

    in mediis lacera nave relinquor aquis;

cumque alii nolint etiam me nosse videri,

30   vix duo proiecto tresue tulistis opem.

Quorum tu princeps. Neque enim comes esse, sed auctor,

    nec petere exemplum, sed dare dignus eras.

---

1   Nil=et

2   nomen=numen

Te nihil exactos[1] nisi nos[2] peccasse fatentem,

    sponte sua probitas officiumque iuvat.

35   Iudice te mercede caret per seque petenda est

    externis virtus incomitata bonis.

Turpe putas abigi[3], quia sit miserandus, amicum,

    quodque sit infelix, desinere esse tuum.

Mitius est lasso digitum subponere mento,

40   mergere quam liquidis ora natandis aquis.

Cerne quid Aeacides post mortem praestet amico:

    instar et hanc vitam mortis habere puta.

Pirithoum Theseus Stygias comitavit ad undas:

    a Stygia quantum mors mea distat aqua?

45   Adfuit insano iuvenis Phoceus Orestae:

    et mea non minimum culpa furoris habet.

Tu quoque magnorum laudes admitte virorum,

    ut[4] facis, et lapso quam potes adfer opem.

Si bene te noui, si, qui prius esse solebas,

50   nunc quoque es atque animi non cecidere tui,

quo Fortuna magis saevit, magis ipse resistis,

    utque decet, ne te vicerit illa caves,

et, bene uti pugnes, bene pugnans efficit hostis.

---

1   exactos=ex acto

2   nos=non=vos

3   abigi=abici

4   ut=utque

Sic eadem prodest causa nocetque mihi.

55 Scilicet indignum, iuvenis carissime, ducis

  te fieri comitem stantis in orbe deae.

Firmus es et, quoniam non sunt ea, qualia velles,

  vela regis quassae qualiacumque ratis.

Quaeque ita concussa est ut iam casura putetur,

60 restat adhuc umeris fulta ruina tuis.

Ira quidem primo fuerat tua iusta nec ipso

  lenior offensus qui mihi iure fuit.

Quique dolor pectus tetigisset Caesaris alti,

  illum iurabas protinus esse tuum.

65 Vt tamen audita est nostrae tibi cladis origo,

  diceris erratis ingemuisse meis.

Tum tua me primum solari littera coepit

  et laesum flecti spem dare posse deum.

Movit amicitiae tum te constantia longae,

70 ante tuos ortus quae mihi coepta fuit

et quod eras aliis factus, mihi natus amicus,

  quodque tibi in cunis oscula prima dedi.

Quod cum vestra domus teneris mihi semper ab annis

  culta sit, esse vetus me tibi cogit[1] onus.

75 Me tuus ille pater, Latiae facundia linguae,

  quae non inferior nobilitate fuit,

---

1 me tibi cogit=nunc tibi cogor

primus ut auderem committere carmina famae

    inpulit: ingenii dux fuit ille mei.

Nec quo sit primum nobis a tempore cultus

80   contendo fratrem posse referre tuum.

Te tamen ante omnis ita sum complexus ut unus

    quolibet in casu gratia nostra fores.

Vltima me tecum vidit maestisque cadentes

    excepit lacrimas Aethalis Ilva[1] genis:

85   cum tibi quaerenti num verus nuntius esset,

    adtulerat culpae quem mala fama meae,

inter confessum dubie dubieque negantem

    haerebam pavidas dante timore notas,

exemploque nivis quam mollit aquaticus Auster,

90   gutta per attonitas ibat oborta genas.

Haec igitur referens et quod mea crimina primi

    erroris venia posse latere vides,

respicis antiquum lassis in rebus amicum,

    fomentisque iuvas vulnera nostra tuis.

95   Pro quibus, optandi si nobis copia fiat,

    tam bene promerito commoda mille precor[2].

Sed si sola mihi dentur tua vota, precabor

    ut tibi sit salvo Caesare salva parens.

---

1   Aethalis Ilva=aeithalis silva

2   precor=precer

Haec ego, cum faceres altaria pinguia ture,

100   te solitum memini prima rogare deos.

IV (Attico)

Accipe conloquium gelido Nasonis ab Histro,

    Attice iudicio non dubitande meo.

Ecquid adhuc remanes memor infelicis amici,

    deserit an partis languida cura suas?

5   Non ita di mihi sunt tristes ut credere possim

    fasque putem iam te non meminisse mei.

Ante oculos nostros posita est tua semper imago,

    et videor vultus mente videre tuos.

Seria multa mihi tecum conlata recordor,

10   nec data iucundis tempora pauca iocis.

Saepe citae longis visae sermonibus horae,

    saepe fuit brevior quam mea verba dies.

Saepe tuas venit factum modo carmen ad auris

    et nova iudicio subdita Musa tuo est.

15   Quod tu laudaras, populo placuisse putabam.

    Hoc pretium curae dulce regentis[1] erat.

Vtque meus lima rasus liber esset amici,

---

1   regentis=recentis=monentis

non semel admonitu facta litura tuo est.

Nos fora viderunt pariter, nos porticus omnis,

20   nos via, nos iunctis curva theatra locis.

Denique tantus amor nobis, carissime, semper

quantus in Aeacide Actorideque fuit.

Non ego, si biberes securae pocula Lethes,

excidere haec credam pectore posse tuo.

25 Longa dies citius brumali sidere, noxque

tardior hiberna solstitialis erit,

nec Babylon aestum nec frigora Pontus habebit,

caltaque Paestanas vincet odore rosas,

quam tibi nostrarum veniant oblivia rerum.

30   Non ita pars fati candida nulla mei est.

Ne tamen haec dici possit fiducia mendax

stultaque credulitas nostra fuisse, cave,

constantique fide veterem tutare sodalem,

qua licet et quantum non onerosus ero.

V (Salano)

Condita disparibus numeris ego Naso Salano

praeposita misi verba salute meo.

Quae rata sit cupio rebusque ut comprobet omen,

te precor a salvo possit, amice, legi.

Candor, in hoc aevo res intermortua paene,

    exigit ut faciam talia vota tuus.

Nam fuerim quamvis modico tibi iunctus ab usu,

    diceris exiliis indoluisse meis;

missaque ab Euxino legeres cum carmina Ponto,

10   illa tuus iuvit qualiacumque favor;

optastique brevem salvi[1] mihi Caesaris iram,

    quod tamen optari, si sciat, ipse sinat.

Moribus ista tuis tam mitia vota dedisti,

    nec minus idcirco sunt ea grata mihi,

15   quoque magis moveare malis, doctissime, nostris,

    credibile est fieri condicione loci.

Vix hac invenies totum, mihi crede, per orbem,

    quae minus Augusta pace fruatur humus.

Tu tamen hic structos inter fera proelia versus

20   et legis et lectos ore favente probas,

ingenioque meo, vena quod paupere manat,

    plaudis et e rivo flumina magna facis.

Grata quidem sunt haec animo suffragia nostro,

    vix sibi cum miseros posse placere putes[2].

25 Dum tamen in rebus temptamus carmina parvis,

    materiae gracili sufficit ingenium.

---

1   salvi=solvi=fieri

2   putes=putas=putat

Nuper, ut huc magni pervenit fama triumphi,

    ausus sum tantae sumere molis opus.

Obruit audentem rerum gravitasque nitorque,

30   nec potui coepti pondera ferre mei.

Illic quam laudes erit officiosa voluntas:

    cetera materia debilitata iacent,

Qui si forte liber vestras pervenit ad aures,

    tutelam, mando, sentiat ille tuam.

35 Hoc tibi facturo, vel si non ipse rogarem,

    accedat cumulus gratia nostra levis.

Non ego laudandus, sed sunt tua pectora lacte

    et non calcata candidiora nive:

mirarisque alios, cum sis mirabilis ipse,

40   nec lateant artes eloquiumque tuum.

Te iuvenum princeps, cui dat Germania nomen,

    participem studii Caesar habere solet.

Tu comes antiquus, tu primis iunctus ab annis

    ingenio mores aequiperante places.

45 Te dicente prius studii fuit impetus illi:

    teque habet elicias qui sua verba tuis.

Cum tu desisti mortaliaque ora quierunt

    tectaque non longa conticuere mora,

surgit Iuleo iuvenis cognomine dignus,

50   qualis ab Eois Lucifer ortus aquis.

Dumque silens adstat, status est vultusque diserti,

spemque decens doctae vocis amictus[1] habet.

Mox, ubi pulsa mora est atque os caeleste solutum,

hoc superos iures more solere loqui,

55 atque 'Haec est' dicas 'facundia principe digna':

eloquio tantum nobilitatis inest.

Huic tu cum placeas et vertice sidera tangas,

scripta tamen profugi vatis habenda putas.

Scilicet ingeniis aliqua est concordia iunctis,

60 et servat studii foedera quisque sui:

rusticus agricolam, miles fera bella gerentem,

rectorem dubiae nauita puppis amat.

Tu quoque Pieridum studio, studiose, teneris,

ingenioque faves, ingeniose, meo.

65 Distat opus nostrum, sed fontibus exit ab isdem:

artis et ingenuae cultor uterque sumus.

Thyrsus enim vobis[2], gestata[3] est laurea nobis,

sed tamen ambobus debet inesse calor:

utque meis numeris tua dat facundia nervos,

70 sic venit a nobis in tua verba nitor.

Iure igitur studio confinia carmina vestro

et commilitii sacra tuenda putas.

Pro quibus ut maneat de quo censeris amicus,

---

1   amictus=amicus

2   enim vobis=abest a te=ubi est a te

3   gestata=gustata

comprecor ad vitae tempora summa tuae,

75   succedatque suis[1] orbis moderator[2] habenis:

quod mecum populi vota precantur idem.

VI (Graecino)

Carmine Graecinum, qui praesens voce solebat,

    tristis ab Euxinis Naso salutat aquis.

Exulis haec uox est: praebet mihi littera linguam

    et, si non liceat scribere, mutus ero.

5   Corripis, ut debes, stulti peccata sodalis,

    et mala me meritis ferre minora doces[3].

Vera facis, sed sera meae conuicia culpae:

    aspera confesso verba remitte reo.

Cum poteram recto transire Ceraunia velo,

10   ut fera uitarem saxa monendus eram.

Nunc mihi naufragio quid prodest discere[4] facto,

    qua mea debuerit currere cumba via?

Brachia da lasso potius prendenda natanti,

    nec pigeat mento subposuisse manum.

---

1   suis=tuis

2   moderator=moderatus

3   doces=doles

4   discere=dicere

15 Idque facis faciasque precor: sic mater et uxor,
    sic tibi sint fratres totaque salva domus:
    quodque soles animo semper, quod voce precari,
    omnia Caesaribus sic tua facta probes.
    Turpe erit in miseris veteri tibi rebus amico
20   auxilium nulla parte tulisse tuum:
    turpe referre pedem nec passu stare tenaci
    turpe laborantem deseruisse ratem:
    turpe sequi casum et Fortunae accedere[1] amicum,
    et, nisi sit felix, esse negare suum.
25 Non ita vixerunt Strophio atque Agamemnone nati,
    non haec Aegidae Pirithoique fides:
    Quos prior est mirata, sequens mirabitur aetas,
    in quorum plausus tota theatra sonant.
    Tu quoque per durum servato tempus amico
30   dignus es in tantis nomen habere viris.
    Dignus es, et, quoniam laudem pietate mereris,
    non erit officii gratia surda tui.
    Crede mihi, nostrum si non mortale futurum est
    carmen, in ore frequens posteritatis eris.
35 Fac modo permaneas lasso, Graecine, fidelis,
    duret et in longas impetus iste moras.
    Quae tu cum praestes, remo tamen utor in aura,

---

1   accedere=cedere

nec nocet admisso subdere calcar equo.

VII (Attico)

Esse salutatum vult te mea littera primum

    a male pacatis, Attice, missa Getis,

proxima subsequitur quid agas audire voluntas[1],

    et si, quicquid[2] agis, sit tibi cura mei.

5   Nec dubito quin sit, sed me timor ipse malorum

    saepe supervacuos cogit habere metus.

Da veniam, quaeso, nimioque ignosce timori.

    Tranquillas etiam naufragus horret aquas.

Qui semel est laesus fallaci piscis ab hamo,

10   omnibus unca cibis aera subesse putat.

saepe canem longe visum fugit agna lupumque

    credit et ipsa suam nescia vitat opem.

Membra reformidant mollem quoque saucia tactum,

    vanaque sollicitis incitat[3] umbra metum.

15   Sic ego Fortunae telis confixus iniquis

    pectore concipio nil nisi triste meo.

Iam mihi fata liquet coeptos servantia cursus

---

1   voluntas=voluptas

2   si, quicquid=si quid=iam si quid=nunc quidquid

3   incitat=incutit=inmutat=concitat

per sibi consuetas semper itura vias:

observare deos ne quid mihi cedat amice,

20 verbaque Fortunae vix puto posse dari.

Est illi curae me perdere, quaeque solebat

  esse levis, constans et bene certa nocet.

Crede mihi, si sum veri tibi cognitus oris

  (nec planis[1] nostris casibus esse puter[2]),

25 Cinyphiae segetis citius numerabis aristas,

  altaque quam multis floreat Hybla thymis,

et quot aves motis nitantur in aere pennis,

  quotque natent pisces aequore, certus eris,

quam tibi nostrorum statuatur summa laborum,

30 quos ego sum terra, quos ego passus aqua.

Nulla Getis toto gens est truculentior orbe:

  sed tamen hi nostris ingemuere malis.

Quae tibi si memori coner perscribere versu,

  Ilias est fati longa futura mei.

35 Non igitur verear[3] quo[4] te rear esse verendum,

  cuius amor nobis pignora mille dedit,

sed quia res timida est omnis miser et quia longo est

  tempore laetitiae ianua clausa meae.

---

1 planis=planus

2 puter=potes=potest=solet

3 verear=vereor

4 quo=qua=quia=quod

Iam dolor in morem venit meus, utque caducis

40   percussu crebro saxa cauantur aquis,

sic ego continuo Fortunae vulneror ictu,

        vixque habet in nobis iam nova plaga locum.

Nec magis adsiduo vomer tenuatur ab usu,

        nec magis est curuis Appia trita rotis,

45 pectora quam mea sunt serie calcata[1] malorum,

        et nihil inveni quod mihi ferret opem.

Artibus ingenuis quaesita est gloria multis:

        infelix perii dotibus ipse meis.

Vita prior vitio caret et sine labe peracta est:

50   auxilii misero nil tulit illa mihi.

Culpa gravis precibus donatur saepe suorum:

        omnis pro nobis gratia muta fuit.

Adiuvat in duris aliquos[2] praesentia rebus:

        obruit hoc absens vasta procella caput.

55 Quis[3] non horruerit tacitam[4] quoque Caesaris iram?

        Addita sunt poenis aspera verba meis.

Fit fuga temporibus levior: proiectus in aequor

        Arcturum subii Pleiadumque minas.

Saepe solent hiemem placidam sentire carinae:

---

1   calcata=caecata

2   aliquos=aliquo

3   quis=quae=quem

4   tacitam=faciti

60   non Ithacae puppi saevior unda fuit.

Recta fides comitum poterat mala nostra levare:

    ditata est spoliis perfida turba meis.

Mitius exilium faciunt loca: tristior ista

    terra sub ambobus non iacet ulla polis.

65   Est aliquid patriis vicinum finibus esse:

    ultima me tellus, ultimus orbis habet.

Praestat et exulibus pacem tua laurea, Caesar:

    Pontica finitimo terra sub hoste iacet.

Tempus in agrorum cultu consumere dulce est:

70   non patitur verti barbarus hostis humum.

Temperie caeli corpusque animusque iuvatur:

    frigore perpetuo Sarmatis ora riget.

Est in aqua dulci non invidiosa voluptas:

    aequoreo bibitur cum sale mixta palus.

75   Omnia deficiunt. Animus tamen omnia vincit:

    ille etiam vires corpus habere facit.

Sustineas ut onus, nitendum vertice pleno est,

    aut, flecti neruos si patiere, cades.

Spes quoque posse mora mitescere principis iram,

80   vivere ne nolim deficiamque cavet.

Nec vos parva datis pauci solacia nobis,

    quorum spectata est per mala nostra fides.

Coepta tene, quaeso, neque in aequore desere navem,

    meque simul serva iudiciumque tuum.

VIII (Cottae)

Redditus est nobis Caesar cum Caesare nuper,

    quos mihi misisti, Maxime Cotta, deos;

utque tuum munus numerum quem debet haberet,

    est ibi Caesaribus Liuia iuncta suis.

5   Argentum felix omnique beatius auro,

    quod, fuerit pretium cum rude, numen habet.

Non mihi divitias dando maiora dedisses,

    caelitibus missis nostra sub ora tribus.

Est aliquid spectare deos et adesse putare,

10   et quasi cum vero numine posse loqui.

Quantum[1] ad te, redii, nec me tenet ultima tellus,

    utque prius, media sospes in Vrbe moror.

Caesareos video vultus, velut ante videbam:

    vix huius voti spes fuit ulla mihi.

15   Vtque salutabam numen caeleste, saluto.

    Quod reduci tribuas, nil, puto, maius habes.

Quid nostris oculis nisi sola Palatia desunt?

    Qui locus ablato Caesare vilis erit.

Hunc ego cum spectem, videor mihi cernere Romam;

20   nam patriae faciem sustinet ille suae.

Fallor an irati mihi sunt in imagine vultus,

---

1   Quantum=quanta=quando

torvaque nescio quid forma minantis habet?

Parce, vir inmenso maior virtutibus orbe,

    iustaque vindictae supprime frena tuae.

25 Parce, precor[1], saecli decus indelebile[2] nostri,

    terrarum dominum quem sua cura facit.

Per patriae numen, quae te tibi carior ipso est,

    per numquam surdos in tua vota deos,

perque tori sociam, quae par tibi sola reperta est,

30   et cui maiestas non onerosa tua est,

perque tibi similem virtutis imagine natum,

    moribus adgnosci qui tuus esse potest,

perque tuos vel auo dignos vel patre nepotes

    qui veniunt magno per tua iussa gradu,

35 parte leva minima nostras et contrahe poenas,

    daque, procul Scythico qui sit ab hoste, locum.

Et tua, si fas est, a Caesare proxime Caesar,

    numina sint precibus non inimica meis.

Sic fera quam primum pavido Germania vultu

40   ante triumphantis serva feratur equos:

sic pater in Pylios, Cumaeos mater in annos

    vivant et possis filius esse diu.

Tu quoque, conveniens ingenti nupta marito,

---

1   precor=puer

2   indelebile=admirabile=venerabile

accipe non dura supplicis aure preces.

45 Sic tibi vir sospes, sic sint cum prole nepotes,

cumque bonis nuribus quod peperere nurus.

Sic quem dira tibi rapuit Germania Drusum,

pars fuerit partus sola caduca tui.

Sic tibi mature fraterni funeris ultor

50 purpureus niveis filius instet equis.

Adnuite o! timidis, mitissima numina, votis.

Praesentis aliquid prosit habere deos.

Caesaris adventu tuta[1] gladiator harena

exit et auxilium non leve vultus habet.

55 Nos quoque vestra iuvat[2] quod, qua licet, ora videmus:

intrata est superis quod domus una tribus.

Felices illi qui non simulacra, sed ipsos,

quique deum coram corpora vera vident.

Quod quoniam nobis invidit inutile fatum,

60 quos dedit ars vultus effigiemque colo.

Sic homines novere deos, quos arduus aether

occulit, et colitur pro Iove forma Iovis.

Denique, quae mecum est et erit sine fine, cavete

ne sit in inviso vestra figura loco.

65 Nam caput e nostra citius cervice recedet,

---

1   tuta=tota=tuto

2   iuvat=iuvet

et patiar fossis lumen abire genis,

quam caream raptis, o publica numina, vobis:

vos eritis nostrae portus et ara fugae.

Vos ego complectar, Geticis si cingar ab armis,

70   utque meas aquilas, sic mea signa sequar.

Aut ego me fallo nimioque cupidine ludor,

aut spes exilii commodioris adest.

Nam minus et minus est facies in imagine tristis,

visaque sunt dictis adnuere ora meis.

75 Vera precor fiant timidae praesagia mentis,

iustaque, quamvis est, sit minor ira dei.

IX (Cotyi Regi)

Regia progenies, cui nobilitatis origo

nomen in Eumolpi pervenit usque, Coty,

Fama loquax vestras si iam pervenit ad aures,

me tibi finitimi parte iacere soli,

5 supplicis exaudi, iuvenum mitissime, vocem,

quamque potes, profugo (nam potes) adfer opem.

Me fortuna tibi (de qua quod non queror[1], hoc est)

tradidit, hoc uno non inimica mihi.

---

1   queror=querar

Excipe naufragium non duro litore nostrum,

10 ne fuerit terra tutior unda tua.

Regia, crede mihi, res est succurrere lapsis,

  convenit et, tanto quantus es ipse, viro.

Fortunam decet hoc istam: quae maxima cum sit,

  esse potest animo vix tamen aequa tuo.

15 Conspicitur numquam meliore potentia causa,

  quam quotiens vanas non sinit esse preces.

Hoc nitor iste tui generis desiderat, hoc est

  a superis ortae nobilitatis opus.

Hoc tibi et Eumolpus, generis clarissimus auctor,

20 et prior Eumolpo suadet Erichthonius.

Hoc tecum commune deo[1] est quod uterque rogati

  supplicibus vestris ferre soletis opem.

Numquid[2] erit quare solito dignemur honore

  numina, si demas velle iuvare deos?

25 Iuppiter oranti surdas si praebeat auris,

  victima pro templo cur cadat icta Iovis?

Si pacem nullam pontus mihi praestet eunti

  inrita Neptuno cur ego tura feram?

Vana laborantis si fallat arva coloni,

30 accipiat gravidae cur suis exta Ceres?

---

1 deo=deis=dei

2 numquid=namquid

Nec dabit intonso iugulum caper hostia Baccho,

musta sub adducto si pede nulla fluent.

Caesar ut imperii moderetur frena precamur,

tam bene quod patriae consulit ille suae.

35 Vtilitas igitur magnos hominesque deosque

efficit auxiliis quoque favente suis.

Tu quoque fac prosis[1] intra tua castra iacenti,

o Coty, progenies digna parente tuo.

Conveniens homini est hominem servare voluptas

40 et melius nulla quaeritur arte favor.

Quis non Antiphaten Laestrygona devovet aut quis

munifici mores improbat Alcinoi?

Non tibi Cassandreus pater est gentisve[2] Pheraeae

quive repertorem torruit arte sua:

45 sed quam Marte ferox et vinci nescius armis,

tam numquam facta pace cruoris amans.

Adde quod ingenuas didicisse fideliter artes

emollit mores nec sinit esse feros.

Nec regum quisquam magis est instructus ab illis,

50 mitibus aut studiis tempora plura dedit.

Carmina testantur quae, si tua nomina demas,

Threicium iuvenem composuisse negem.

---

1   prosis=profugus

2   gentisve=genitorve

Neve sub hoc tractu vates foret unicus Orpheus,

    Bistonis ingenio terra superba tuo est.

55 Vtque tibi est animus, cum res ita postulat, arma

    sumere et hostili tingere caede manum,

atque ut es excusso iaculum torquere lacerto

    collaque velocis flectere doctus equi,

tempora sic data sunt studiis ubi iusta paternis,

60   atque suis humeris[1] forte quievit opus,

ne tua marcescant per inertis otia somnos,

    lucida Pieria tendis in astra via.

Haec quoque res aliquid tecum mihi foederis adfert.

    Eiusdem sacri cultor uterque sumus.

65 Ad vatem vates orantia brachia tendo,

    terra sit exiliis ut tua fida meis.

Non ego caede nocens in Ponti litora veni,

    mixtave sunt nostra dira venena manu:

nec mea subiecta convicta est gemma tabella

70   mendacem linis inposuisse notam.

Nec quicquam, quod lege vetor committere, feci

    est tamen his gravior noxa fatenda mihi.

Neve roges, quae sit, stultam conscripsimus[2] Artem:

    Innocuas nobis haec vetat esse manus.

---

1   humeris=numeris

2   conscripsimus=quae/quam scripsimus

75 Ecquid praeterea peccarim quaerere noli,

    ut lateat[1] sola culpa sub Arte mea.

Quicquid id est, habuit moderatam vindicis iram,

    qui nisi natalem nil mihi dempsit humum.

Hac quoniam careo, tua nunc vicinia praestet,

80   inviso possim tutus ut esse loco.

X (Macro)

Ecquid ab impressae cognoscis imagine cerae

    haec tibi Nasonem scribere verba, Macer?

auctorisque sui si non est anulus index,

    cognitane est nostra littera facta manu?

5 An tibi notitiam mora temporis eripit horum,

    nec repetunt oculi signa vetusta tui?

Sis licet oblitus pariter gemmaeque manusque,

    exciderit tantum ne tibi cura mei.

Quam tu vel longi debes convictibus aevi,

10   vel mea quod coniunx non aliena tibi est,

vel studiis quibus es quam nos sapientius usus,

    utque decet, nulla factus es Arte nocens.

Tu canis aeterno quicquid restabat Homero,

---

1   lateat=pateat

ne careant summa Troica bella manu.

15 Naso parum prudens Artem dum tradit amandi,

doctrinae pretium triste magister habet.

Sunt tamen inter se communia sacra poetis,

diversum quamuis quisque sequamur[1] iter:

quorum te memorem, quamquam procul absumus, esse

20 suspicor et casus velle levare meos.

Te duce magnificas Asiae perspeximus urbes:

Trinacris est oculis te duce visa[2] meis.

Vidimus Aetnaea caelum splendescere flamma,

subpositus monti quam vomit ore gigans,

25 Hennaeosque lacus et olentia[3] stagna Palici,

quamque suis Cyanen miscet Anapus aquis.

Nec procul hinc nympha est quae, dum fugit Elidis amnem,

tecta sub aequorea nunc quoque currit aqua.

Hic mihi labentis pars anni magna peracta est.

30 Eheu! quam dispar est locus ille Getis!

Et quota pars haec sunt rerum quas vidimus ambo,

te mihi iucundas efficiente vias,

seu rate caeruleas picta sulcavimus undas,

esseda nos agili sive tulere rota!

35 Saepe brevis nobis vicibus via visa loquendi,

---

1   sequamur=queramur=sequatur

2   visa=nota

3   olentia=olentis

pluraque, si numeres, verba fuere gradu,

Saepe dies sermone minor fuit, inque loquendum

   tarda per aestivos defuit hora dies.

Est aliquid casus pariter timuisse marinos,

40   iunctaque ad aequoreos vota tulisse deos,

et modo res egisse simul, modo rursus ab illis,

   quorum non pudeat, posse referre iocos.

Haec tibi cum subeant, absim[1] licet, omnibus annis

   ante tuos oculos, ut modo visus, ero.

45 Ipse quidem certe cum sim sub cardine mundi,

   qui semper liquidis altior extat aquis,

te tamen intueor, quo solo pectore possum,

   et tecum gelido saepe sub axe loquor.

Hic es et ignoras et ades celeberrimus absens,

50   inque Getas media iussus ab Vrbe venis.

Redde vicem et, quoniam regio felicior ista est,

   istic me memori pectore semper habe.

XI (Rufo)

Hoc tibi, Rufe, brevi properatum tempore mittit

   Naso, parum faustae conditor Artis, opus,

---

1   absim=ipsum=his sim

ut, quamquam longe toto sumus orbe remoti,

    scire tamen possis nos meminisse tui.

5   Nominis ante mei venient oblivia nobis,

    pectore quam pietas sit tua pulsa meo:

et prius hanc animam vacuas reddemus in auras,

    quam fiat meriti gratia vana tui.

Grande voco lacrimas meritum quibus ora rigabas

10   cum mea concreto sicca dolore forent:

grande voco meritum maestae solacia mentis,

    cum pariter nobis illa tibique dares.

Sponte quidem per seque mea est laudabilis uxor,

    admonitu melior fit tamen illa tuo.

15   Namque, quod Hermionae Castor fuit, Hector Iuli,

    hoc ego te laetor coniugis esse meae.

Quae, ne dissimilis tibi sit probitate, laborat

    seque tui vita sanguinis esse probat.

Ergo, quod fuerat stimulis factura sine ullis,

20   plenius auctorem te quoque nancta facit.

Acer et ad palmae per se cursurus honores,

    si tamen horteris, fortius ibit equus.

Adde quod absentis cura mandata fideli

    perficis et nullum ferre gravaris onus.

25   O, referant grates, quoniam non possumus ipsi,

    di tibi, qui referent, si pia facta vident;

sufficiatque diu corpus quoque moribus istis,

maxima Fundani gloria, Rufe, soli!

EX PONTO III

《黑海书简》
第三部

I (Vxori)

Aequor Iasonio pulsatum remige primum,

    quaeque nec hoste fero nec nive, terra, cares,

ecquod erit tempus quo vos ego Naso relinquam

    in minus hostili iussus abesse loco?

5   An mihi barbaria vivendum semper in ista,

    inque Tomitana condar oportet humo?

Pace tua, si pax ulla est tua, Pontica tellus,

    finitimus rapido quam terit hostis equo,

pace tua dixisse uelim: 'Tu pessima duro

10   pars es in exilio, tu mala nostra gravas.

Tu neque ver sentis cinctum florente corona,

    tu neque messorum corpora nuda vides,

nec tibi pampineas autumnus porrigit uvas:

    cuncta sed inmodicum tempora frigus habent[1].

---

1   habent=habet

15 Tu glacie freta vincta tenes[1], et in aequore piscis
        inclusus tecta saepe natavit aqua.
    Nec tibi sunt fontes, laticis nisi paene marini,
        qui potus dubium sistat alatne sitim.
    Rara, neque haec felix, in apertis eminet arvis
20   arbor et in terra est altera forma maris.
    Non avis obloquitur, nisi silvis si qua remota[2]
        aequoreas rauco gutture potat aquas.
    Tristia per vacuos horrent absinthia campos,
        conveniensque suo messis amara loco.
25 Adde metus et quod murus pulsatur ab hoste,
        tinctaque mortifera tabe sagitta madet,
    quod procul haec regio est et ab omni devia cursu,
        nec pede quo quisquam nec rate tutus eat.
    Non igitur mirum finem quaerentibus horum
30   altera si nobis usque rogatur humus.
    Te magis est mirum non hoc evincere, coniunx,
        inque meis lacrimas posse tenere malis.
    Quid facias quaeris? Quaeras hoc scilicet ipsum,
        invenies, vere si reperire voles.
35 Velle parum est: cupias, ut re potiaris, oportet,
        et faciat somnos haec tibi cura breves.

---

1   tenes=vides

2   remota=remotis

Velle reor multos: quis enim mihi tam sit iniquus,

    optet ut exilium pace carere meum?

Pectore te toto cunctisque incumbere nervis

40   et niti pro me nocte dieque decet.

Vtque iuvent alii, tu debes vincere amicos,

    uxor et ad partis prima venire tuas.

Magna tibi inposita est nostris persona libellis:

    coniugis exemplum diceris esse bonae.

45 Hanc cave degeneres, ut sint praeconia nostra

    vera; vide Famae quod tuearis opus.

Vt nihil ipse querar, tacito me Fama queretur.

    Quae debet, fuerit ni tibi cura mei.

Exposuit memet populo Fortuna videndum,

50   et plus notitiae, quam fuit ante, dedit.

Notior est factus Capaneus a fulminis ictu:

    notus humo mersis Amphiaraus equis.

Si minus errasset, notus minus esset Vlixes:

    magna Philoctetae vulnere fama suo est.

55 Si locus est aliquis tanta inter nomina parvis,

    nos quoque conspicuos nostra ruina facit.

Nec te nesciri patitur mea pagina, qua non

    inferius Coa Bittide nomen habes.

Quicquid ages igitur, scena spectabere magna,

60 et pia non paucis[1] testibus uxor eris.

Crede mihi, quotiens laudaris carmine nostro,

    qui legit has laudes, an mereare rogat.

Vtque favere reor plures virtutibus istis,

    sic tua non paucae carpere facta volent.

65 Quarum tu praesta ne livor dicere possit

    'Haec est pro miseri lenta salute viri.'

Cumque ego deficiam nec possim ducere currum,

    fac tu sustineas debile sola iugum.

Ad medicum specto venis fugientibus aeger:

70   ultima pars animae dum mihi restat, ades;

quodque ego praestarem, si te magis ipse valerem,

    id mihi, cum valeas fortius ipsa, refer.

Exigit hoc socialis amor foedusque maritum:

    Moribus hoc, coniunx, exigis ipsa tuis.

75 Hoc domui debes de qua censeris, ut illam

    non magis officiis quam probitate colas.

Cuncta licet facias, nisi eris laudabilis uxor,

    non poterit credi Marcia culta tibi.

Nec sumus indigni nec, si vis vera fateri,

80   debetur meritis gratia nulla meis.

Redditur illa quidem grandi cum fenore nobis,

    nec te, si cupiat, laedere rumor habet.

---

1   paucis=parvis

sed tamen hoc factis adiunge prioribus unum,

    pro nostris ut sis ambitiosa malis.

85 Vt minus infesta iaceam regione labora,

    clauda nec officii pars erit ulla tui.

Magna peto, sed non tamen invidiosa roganti:

    utque ea non teneas, tuta repulsa tua est.

Nec mihi suscense[1], totiens si carmine nostro,

90   quod facis ut facias, teque imitere, rogo.

Fortibus adsuevit tubicen prodesse, suoque

    dux bene pugnantis incitat ore viros.

Nota tua est probitas testataque tempus in omne;

    sit virtus etiam non probitate minor.

95 Nec tibi Amazonia est pro me sumenda securis,

    aut excisa levi pelta gerenda manu.

Numen adorandum est, non ut mihi fiat amicum,

    sed sit ut iratum quam fuit ante minus.

Gratia si nulla est, lacrimae tibi gratia fient.

100   Hac potes aut nulla parte movere deos.

Quae tibi ne desint, bene per mala nostra cavetur:

    meque viro flendi copia dives adest;

utque meae res sunt, omni, puto, tempore flebis.

    Has fortuna tibi nostra ministrat[2] opes.

---

1   suscense=succense

2   ministrat=ministret

105 Si mea mors redimenda tua, quod abominor, esset,
    Admeti coniunx quam sequereris erat.

Aemula Penelopes fieres, si fraude pudica
    instantis velles fallere nupta procos.

Si comes extincti manes sequerere mariti,
110   esset dux facti Laudamia tui.

Iphias ante oculos tibi erat ponenda volenti
    corpus in accensos mittere forte rogos.

Morte nihil opus est, nihil Icariotide tela.
    Caesaris est coniunx ore precanda tuo,

115 quae praestat virtute sua, ne prisca vetustas
    laude pudicitiae saecula nostra premat:

quae Veneris formam, mores Iunonis habendo
    sola est caelesti digna reperta toro.

Quid trepidas et adire times? Non inpia Progne
120   filiave Aeetae voce movenda tua est,

nec nurus Aegypti, nec saeva Agamemnonis uxor,
    Scyllaque quae Siculas inguine terret aquas,

Telegoniue parens vertendis nata figuris,
    nexaque nodosas angue Medusa comas,

125 femina sed princeps, in qua Fortuna videre
    se probat et caecae crimina falsa tulit:

qua nihil in terris ad finem solis ab ortu
    clarius excepto Caesare mundus habet.

Eligito tempus captatum saepe rogandi,

130   exeat adversa ne tua navis aqua.

Non semper sacras reddunt oracula sortis,

    ipsaque non omni tempore fana patent.

Cum status Vrbis erit qualem nunc auguror esse,

    et nullus populi contrahet ora dolor,

135 cum domus Augusti Capitoli more colenda,

    laeta, quod est et sit, plenaque pacis erit,

tum tibi di faciant adeundi copia fiat,

    profectura aliquid tum tua verba putes.

Si quid aget maius, differ tua coepta caveque

140   spem festinando praecipitare meam.

Nec rursus iubeo dum sit vacuissima quaeras:

    corporis ad curam vix vacat illa sui.

Omnia curia cum patribus fuerit stipata verendis,

    per rerum turbam tu quoque oportet eas.

145 Cum tibi contigerit vultum Iunonis adire,

    fac sis personae quam tueare memor.

Nec factum defende meum: mala causa silenda est.

    Nil nisi sollicitae sint tua verba preces.

Tum lacrimis demenda mora est submissaque terra[1]

150   ad non mortalis brachia tende pedes.

Tum pete nil aliud saevo nisi ab hoste recedam

    hostem Fortunam sit satis esse mihi.

---

1   terra=terrae

Plura quidem subeunt, sed sunt turbata[1] timore;

    haec quoque vix poteris voce tremente loqui.

155 Suspicor hoc damno fore non tibi: sentiet illa

    te maiestatem pertimuisse suam.

Nec tua si fletu scindentur uerba, nocebit:

    interdum lacrimae pondera vocis habent.

Lux etiam coeptis facito bona talibus adsit

160   horaque conveniens auspiciumque favens,

sed prius inposito sanctis altaribus igni

    tura fer ad magnos vinaque pura deos,

e quibus ante omnes Augustum numen adora

    progeniemque piam participemque tori.

165 Sint utinam mites solito tibi more tuasque

    non duris lacrimas vultibus aspiciant.

II (Cottae)

Quam legis a nobis missam tibi, Cotta, salutem,

    missa sit ut vere perveniatque precor.

Namque meis sospes multum cruciatibus aufers,

    utque[2] sit in[3] nobis pars bona salva facis.

---

1   sunt turbata=conturbata

2   utque=atque

3   sit in=sit ut=ut sit

Cumque labent aliqui iactataque vela relinquant,

    tu lacerae remanes ancora sola rati.

Grata tua est igitur pietas, ignoscimus illis

    qui cum Fortuna terga dedere fugae.

Cum feriant unum, non unum fulmina terrent,

10   iunctaque percusso turba pavere solet:

Cumque dedit paries venturae signa ruinae,

    sollicito vacuus fit locus ille metu.

Quis non e timidis aegri contagia vitat

    vicinum metuens ne trahat inde malum?

15 Me quoque amicorum nimio terrore metuque,

    non odio quidam destituere mei.

Non illis pietas, non officiosa voluntas

    defuit: adversos extimuere deos.

Vtque magis cauti possunt timidique videri,

20   sic adpellari non meruere mali.

Aut meus excusat caros ita candor amicos,

    utque habeant de me crimina nulla, favet.

Sint hi contenti venia signentque[1] licebit

    purgari factum me quoque teste suum.

25 Pars estis pauci melior, qui rebus in artis

    ferre mihi nullam turpe putastis opem.

Tunc igitur meriti morietur gratia vestri,

---

1   signentque=iactentque=sientque=fugiantque

cum cinis absumpto corpore factus ero.

Fallor et illa meae superabit tempora vitae,

30   si tamen a memori posteritate legar.

Corpora debentur maestis exsanguia bustis:

    effugiunt structos nomen honorque rogos.

Occidit et Theseus et qui comitavit Orestem:

    sed tamen in laudes vivit uterque suas.

35 Vos etiam seri laudabunt saepe nepotes,

    claraque erit scriptis gloria vestra meis.

Hic quoque Sauromatae iam vos novere Getaeque,

    et tales animos barbara turba probat.

Cumque ego de vestra nuper probitate referrem

40   (nam didici Getice Sarmaticeque loqui),

forte senex quidam, coetu cum staret in illo,

    reddidit ad nostros talia verba sonos:

'Nos quoque amicitiae nomen, bone, novimus, hospes,

    quos procul a vobis Pontus et Hister habet.

45 Est locus in Scythia, Tauros dixere priores

    qui Getica longe non ita distat humo.

Hac ego sum terra (patriae nec paenitet) ortus:

    Consortem Phoebi gens colit illa deam.

Templa manent hodie vastis innixa columnis,

50   perque quater denos itur in illa gradus.

Fama refert illic signum caeleste fuisse:

    quoque minus dubites, stat basis orba dea:

araque, quae fuerat natura candida saxi,

    decolor adfuso sanguine tincta rubet.

55 Femina sacra facit taedae non nota iugali,

    quae superat Scythicas nobilitate nurus.

Sacrifici genus est, sic instituere parentes,

    advena virgineo caesus ut ense cadat.

Regna Thoas habuit Maeotide clarus in ora,

60   nec fuit Euxinis notior alter aquis.

Sceptra tenente illo liquidas fecisse per auras

    nescio quam dicunt Iphigenian iter.

Quam levibus ventis sub nube per aequora[1] vectam

    creditur his Phoebe deposuisse locis.

65 Praefuerat templo multos ea rite per annos,

    invita peragens tristia sacra manu:

cum duo velifera iuvenes venere carina

    presseruntque suo litora nostra pede.

Par fuit his aetas et amor, quorum alter Orestes,

70   alter erat Pylades: nomina fama tenet.

Protinus inmitem Triviae ducuntur ad aram.

    Evincti geminas ad sua terga manus.

Spargit aqua captos lustrali Graia sacerdos,

    ambiat ut fuluas infula longa comas.

75 Dumque parat sacrum, dum velat tempora vittis,

---

1   aequora=aethera=aera

dum tardae causas invenit ipsa morae,

"Non ego crudelis, iuvenes, ignoscite, dixit,

    sacra suo facio barbariora loco.

Ritus is est gentis. Qua vos tamen urbe venitis?

80   Quodve parum fausta puppe petistis iter?"

Dixit et audito patriae pia nomine virgo

    consortes urbis comperit esse suae.

"Alter ut e vobis, inquit, cadat hostia sacris,

    ad patrias sedes nuntius alter eat."

85 Ire iubet Pylades carum periturus Orestem;

    hic negat inque vices pugnat uterque mori.

Extitit hoc unum quo non convenerit illis:

    cetera par[1] concors et sine lite fuit.

Dum peragunt iuvenes pulchri certamen amoris,

90   ad fratrem scriptas exarat illa notas.

Ad fratrem mandata dabat, cuique illa dabantur

    (humanos casus aspice) frater erat.

Nec mora, de templo rapiunt simulacra Dianae,

    clamque per inmensas puppe feruntur aquas.

95 Mirus amor iuvenum; quamvis abiere tot anni,

    in Scythia magnum nunc quoque nomen habent.'

Fabula narrata est postquam vulgaris ab illo,

    laudarunt omnes facta piamque fidem.

---

1   par=pars

Scilicet hac etiam, qua nulla ferocior ora est,

100   nomen amicitiae barbara corda movet.

Quid facere Ausonia geniti debetis in urbe,

   cum tangant duros[1] talia facta Getas?

Adde quod est animus semper tibi mitis et altae

   indicium more nobilitatis habent,

105   quos Volesus patrii cognoscat nominis auctor,

   quos Numa maternus non neget esse suos,

adiectique probent genetiva ad nomina[2] Cottae,

   si tu non esses, interitura domus.

Digne vir hac serie, lasso[3] succurrere amico

110   conveniens istis moribus esse puta.

III (Maximo)

Si vacat exiguum profugo dare tempus amico,

   o sidus Fabiae, Maxime, gentis, ades,

dum tibi quae vidi refero, seu corporis umbra

   seu veri species seu fuit ille sopor.

5   Nox erat et bifores intrabat luna fenestras,

   mense fere medio quanta nitere solet.

---

1   duros=diros

2   nomina=agnomina

3   lasso=lapso

Publica me requies curarum somnus habebat,

    fusaque erant toto languida membra toro,

cum subito pennis agitatus inhorruit aer,

10   et gemuit parvo mota fenestra sono.

Territus in cubitum relevo mea membra sinistrum,

    pulsus et e trepido pectore somnus abit.

Stabat Amor, vultu non quo prius esse solebat,

    fulcra tenens laeva tristis acerna manu,

15 nec torquem collo, neque habens crinale capillo,

    nec bene dispositas comptus, ut ante, comas.

Horrida pendebant molles super ora capilli,

    et visa est oculis horrida penna meis,

qualis in aeriae tergo solet esse columbae,

20   tractatam multae quam tetigere manus.

Hunc simul agnovi, neque enim mihi notior alter,

    talibus adfata est libera lingua sonis:

'O puer, exilii decepto causa magistro,

    quem fuit utilius non docuisse mihi,

25 huc quoque venisti, pax est ubi tempore nullo,

    et coit adstrictis barbarus Hister aquis?

Quae tibi causa viae, nisi uti mala nostra videres?

    Quae sunt, si nescis, invidiosa tibi.

Tu mihi dictasti iuvenalia carmina primus:

30   adposui senis te duce quinque pedes.

Nec me Maeonio consurgere carmine nec me

dicere magnorum passus es acta ducum.

Forsitan exiguas, aliquas tamen, arcus et ignes[1]

 ingenii vires comminuere mei.

35 Namque ego dum canto tua regna tuaeque parentis,

 in nullum mea mens grande vacavit opus.

Nec satis hoc fuerat: stulto[2] quoque carmine feci,

 Artibus ut posses non rudis esse meis.

Pro quibus exilium misero est mihi reddita merces,

40 id quoque in extremis et sine pace locis.

At non Chionides Eumolpus in Orphea talis,

 in Phryga nec Satyrum talis Olympus erat,

praemia nec Chiron ab Achille talia cepit,

 Pythagoraeque ferunt non nocuisse Numam.

45 Nomina neu referam longum collecta per aevum,

 discipulo perii solus ab ipse meo.

Dum damus arma tibi, dum te, lascive, docemus,

 haec te discipulo dona magister habet.

Scis tamen et liquido iuratus dicere possis,

50 non me legitimos sollicitasse toros.

Scripsimus haec illis quarum nec vitta pudicos

 contingit crines nec stola longa pedes.

Dic, precor, ecquando didicisti fallere nuptas,

---

1 ignes=ignis

2 stulto=stultus

et facere incertum per mea iussa genus?

55 An sit ab his omnis rigide submota libellis,

quam lex furtivos arcet habere viros?

Quid tamen hoc prodest, vetiti si lege severa

credor adulterii composuisse notas?

At tu, sic habeas ferientes cuncta sagittas,

60 sic numquam rapido lampades igne vacent,

sic regat imperium terrasque coerceat omnis

Caesar, ab Aenea est qui tibi fratre tuus[1],

effice sit nobis non inplacabilis ira,

meque loco plecti commodiore velit.'

65 Haec ego visus eram puero dixisse volucri,

hos visus nobis ille dedisse sonos:

'Per mea tela, faces, et per mea tela, sagittas,

per matrem iuro Caesareumque caput ,

nil nisi concessum nos te didicisse magistro,

70 Artibus et nullum crimen inesse tuis.

Vtque hoc, sic utinam defendere cetera possem[2]!

Scis aliud, quod te laeserit, esse, magis.

Quidquid id est (neque enim debet dolor ipse referri,

nec potes a culpa dicere abesse tua)

75 tu licet erroris sub imagine crimen obumbres,

---

1   tuus=nepos

2   possem=posses

non gravior merito iudicis[1] ira fuit.

Vt tamen aspicerem consolarerque iacentem,

　　lapsa per inmensas est mea penna vias.

Haec loca tum primum vidi cum matre rogante

80　　Phasias est telis fixa puella meis.

Quae nunc cur iterum post saecula longa revisam,

　　tu facis, o castris miles amice meis.

Pone metus igitur: mitescet Caesaris ira,

　　et veniet votis mollior aura tuis.

85 Neve moram timeas, tempus quod quaerimus instat,

　　cunctaque laetitiae plena triumphus habet.

Dum domus et nati, dum mater Liuia gaudet,

　　dum gaudes, patriae magne ducisque pater,

dum sibi gratatur populus totamque per Vrbem

90　　omnis odoratis ignibus ara calet,

dum faciles aditus praebet venerabile templum[2],

　　sperandum est nostras posse valere preces.

Dixit et aut ille est tenues dilapsus in auras,

　　coeperunt sensus aut vigilare mei.

95 Si dubitem faveas quin his, o Maxime, dictis,

　　Memnonio cygnos esse colore putem.

Sed neque mutatur[3] nigra pice lacteus umor,

1　　iudicis=vindicis

2　　templum=tempus=numen

3　　mutatur=fuscatur

nec quod erat candens fit terebinthus ebur.

Conveniens animo genus est tibi; nobile namque

100   pectus et Herculeae simplicitatis habes.

Livor, iners vitium, mores non exit in altos,

     utque latens ima vipera serpit humo.

Mens tua sublimis supra genus eminet ipsum,

     grandius ingenio nec tibi nomen inest.

105 Ergo alii noceant miseris optentque timeri,

     tinctaque mordaci spicula felle gerant;

at tua supplicibus domus est adsueta iuvandis,

     in quorum numero me, precor, esse velis.

IV (Rufino)

Haec tibi non vanam portantia verba salutem

     Naso Tomitana mittit ab urbe tuus,

utque suo faveas mandat, Rufine, Triumpho,

     in vestras venit si tamen ille manus.

5 Est opus exiguum vestrisque paratibus inpar:

     quale tamen cumque est, ut tueare, rogo.

Firma valent per se nullumque Machaona quaerunt.

     Ad medicam dubius confugit aeger opem.

Non opus est magnis placido lectore poetis:

10 　　quemlibet[1] invitum difficilemque tenent.

　　Nos, quibus ingenium longi minuere labores,

　　　　aut etiam nullum forsitan ante fuit,

　　viribus infirmi vestro candore valemus:

　　　　quod[2] mihi si demas, omnia rapta putem.

15 　Cunctaque cum mea sint propenso nixa favore,

　　　　praecipuum veniae ius habet ille liber.

　　Spectatum vates alii scripsere triumphum:

　　　　est aliquid memori visa notare manu.

　　Nos ea vix avidam vulgo captata per aurem

20 　　　scripsimus atque oculi fama fuere mei.

　　Scilicet adfectus similis aut impetus idem

　　　　rebus ab auditis conspicuisque venit!

　　Nec nitor argenti quem vos vidistis et auri

　　　　quod mihi defuerit purpuraque illa queror:

25 　sed loca, sed gentes formatae mille figuris

　　　　nutrissent carmen proeliaque ipsa meum,

　　et regum vultus, certissima pignora mentis[3],

　　　　iuvissent aliqua forsitan illud opus.

　　Plausibus ex ipsis populi laetoque favore

30 　　　ingenium quodvis incaluisse potest:

　　tamque ego sumpsissem tali clamore vigorem,

1　　quemlibet=quamlibet

2　　quod=quem

3　　mentis=gentis

quam rudis audita miles ad arma tuba.

Pectora sint nobis nivibus glacieque licebit

    atque hoc quem patior frigidiora loco,

35   illa ducis facies in curru stantis eburno

    excuteret frigus sensibus omne meis.

His ego defectus dubiisque auctoribus usus

    ad vestri venio iure favoris opem.

Nec mihi nota ducum nec sunt mihi nota locorum

40   nomina: materiam non habuere manus.

Pars quota de tantis rebus, quam fama referre

    aut aliquis nobis scribere posset, erat?

Quo magis, o lector, debes ignoscere, si quid

    erratum est illic praeteritumve mihi.

45   Adde quod adsidue domini meditata querelas

    ad laetum carmen vix mea versa lyra est.

Vix bona post tanto quaerenti verba subibant,

    et gaudere aliquid res mihi visa nova est.

Vtque reformidant insuetum lumina solem,

50   sic ad laetitiam mens mea segnis erat.

Est quoque cunctarum novitas carissima[1] rerum,

    gratiaque officio, quod mora tardat, abest.

Cetera certatim de magno scripta triumpho

    iam pridem populi suspicor ore legi.

---

1   carissima=calidissima

55 Illa bibit sitiens lector, mea pocula plenus:

    illa recens pota est, nostra tepebit aqua.

Non ego cessavi nec fecit inertia serum.

    Vltima me vasti sustinet ora freti.

Dum venit huc rumor properataque carmina fiunt

60   factaque eunt ad vos, annus abisse potest.

Nec minimum refert intacta rosaria primus,

    an sera carpas paene relicta manu.

Quid mirum lectis exhausto floribus horto,

    si duce non facta est digna corona suo[1]?

65 Deprecor hoc: vatum contra sua carmina ne quis

    dicta putet! pro se Musa locuta mea est.

Sunt mihi vobiscum communia sacra, poetae,

    in vestro miseris si licet esse choro.

Magnaque pars animae mecum vixistis, amici:

70   hac ego vos absens nunc quoque parte colo.

Sint igitur vestro mea commendata favore

    carmina, non possum pro quibus ipse loqui.

Scripta placent a morte fere, quia laedere vivos

    livor et iniusto carpere dente solet.

75 Si genus est mortis male vivere, terra moratur

    et desunt fatis sola sepulcra meis.

Denique opus curae culpetur ut undique nostrae,

---

1   suo=tuo

officium nemo qui reprehendat erit.

Vt desint vires, tamen est laudanda voluntas:

80   hac ego contentos auguror esse deos.

Haec facit ut veniat pauper quoque gratus ad aras,

    et placeat caeso non minus agna bove.

Res quoque tanta fuit quantae subsistere summo

    Aeneidos vati grande fuisset onus.

85 Ferre etiam molles elegi tam vasta triumphi

    pondera disparibus non potuere rotis.

Quo pede nunc utar dubia est sententia nobis:

    alter enim de te, Rhene, triumphus adest.

Inrita motorum[1] non sunt praesagia vatum:

90   danda Iovi laurus, dum prior illa viret.

Nec mea verba legis, qui sum submotus ad Histrum,

    non bene pacatis flumina pota Getis:

ista dei vox est: deus est in pectore nostro,

    haec duce praedico vaticinorque deo.

95 Quid cessas currum pompamque parare triumphis,

    Livia? Dant nullas iam tibi bella moras.

Perfida damnatas Germania proicit hastas.

    Iam pondus dices omen habere meum.

Crede, brevique fides aderit. Geminabit honorem

100   filius, et iunctis, ut prius, ibit equis.

---

1   motorum=votorum

Prome quod inicias umeris victoribus ostrum:

    ipsa potest solitum nosse corona caput.

Scuta sed et galeae gemmis radientur et auro,

    stentque super vinctos[1] trunca tropaea viros:

105 oppida turritis cingantur eburnea muris,

    fictaque res vero more putetur agi.

Squalidus inmissos fracta sub harundine crines

    Rhenus et infectas sanguine portet aquas.

Barbara iam capti poscunt insignia reges

110 textaque fortuna divitiora sua,

et quae praeterea virtus invicta tuorum

    saepc parata tibi, saepe paranda facit.

et quae praeterea virtus invicta tuorum

    saepe parata tibi saepe paranda facit.

115 Di, quorum monitu sumus eventura locuti,

    verba, precor, celeri nostra probate fide.

V (Cottae)

Quam legis unde tibi mittatur epistula, quaeris?

    Hinc ubi caeruleis iungitur Hister aquis.

Vt regio dicta est, succurrere debet et auctor,

---

1   vinctos=victos=iunctos

laesus ab ingenio Naso poeta suo.

5 Qui tibi quam mallet praesens adferre salutem,

mittit ab hirsutis, Maxime Cotta, Getis.

Legimus, o iuvenis patrii non degener oris,

dicta tibi pleno verba diserta foro.

Quae quamquam lingua mihi sunt properante per horas

10 lecta satis multas, pauca fuisse queror.

Plura sed haec feci relegendo saepe nec umquam

non mihi quam primo grata fuere magis.

Cumque nihil[1] totiens lecta[2] e dulcedine perdant,

viribus illa suis, non novitate, placent.

15 Felices quibus haec ipso cognoscere in actu

et tam facundo contigit ore frui!

Nam, quamquam sapor est adlata dulcis in unda,

gratius ex ipso fonte bibuntur aquae.

Et magis adducto pomum decerpere ramo

20 quam de caelata sumere lance iuvat.

At nisi peccassem, nisi me mea Musa fugasset

quod legi tua vox exhibuisset opus,

utque fui solitus, sedissem forsitan unus

de centum iudex in tua verba viris,

25 maior et inplesset praecordia nostra voluptas,

---

1 nihil=sua

2 lecta=nihil

cum traherer dictis adnueremque tuis.

Quem quoniam fatum patria vobisque[1] relictis

    inter inhumanos maluit esse Getas,

quod licet, ut videar tecum magis esse legendo[2],

30   saepe, precor, studii pignora mitte tui,

exemploque meo, nisi dedignaris id ipsum,

    utere, quod nobis rectius ipse dares.

Namque ego, qui perii iam pridem, Maxime, vobis,

    ingenio nitor non periisse meo.

35 Redde vicem, nec rara tui monimenta laboris

    accipiant nostrae grata futura manus.

Dic tamen, o iuvenis studiorum plene meorum,

    ecquid ab his ipsis admoneare mei.

Ecquid, ubi aut recitas factum modo carmen amicis

40   aut, quod saepe soles, exigis ut recitent,

quaeror, ut[3] interdum tua mens, oblita quid absit,

    nescioquid certe sentit abesse sui,

utque loqui multum de me praesente solebas,

    nunc quoque Nasonis nomen in ore tuo est?

45 Ipse quidem Getico peream violatus ab arcu

    (et sit periuri quam prope poena, vides)

te nisi momentis video paene omnibus absens.

---

1   patria vobisque=patria nobisque=nobis patriaque

2   legendo=legenda=loquendo

3   ut=et

Gratia quod menti quolibet ire licet.

Hac ubi perveni nulli cernendus in Vrbem,

50 saepe loquor tecum, saepe loquente fruor.

Tum mihi difficile est quam sit bene dicere quamque

  candida iudiciis illa sit hora meis.

Tum me, si qua fides, caelesti sede receptum

  cum fortunatis suspicor esse deis.

55 Rursus ubi huc redii, caelum superosque relinquo,

  a Styge nec longe Pontica distat humus.

Vnde ego si fato nitor prohibente reverti,

  spem sine profectu, Maxime, tolle mihi.

VI (Ad Amicum Celato Nomine)

Naso suo (posuit nomen quam paene!) sodali

  mittit ab Euxinis hoc breve carmen aquis.

At si cauta parum scripsisset dextra quis esses,

  forsitan officio parta querela foret.

5 Cur tamen, hoc aliis tutum credentibus, unus,

  adpellent ne te carmina nostra rogas?

Quanta sit in media clementia Caesaris ira,

  si nescis, ex me certior esse potes.

Huic ego quam patior nil possem demere poenae,

10 si iudex meriti cogerer esse mei.

Non vetat ille sui quemquam meminisse sodalis,

    nec prohibet tibi me scribere teque mihi.

Nec scelus admittas, si consoleris amicum,

    mollibus et verbis aspera fata leves.

15   Cur, dum tuta times, facis ut reverentia talis

    fiat in Augustos invidiosa deos?

Fulminis adflatos interdum vivere telis

    vidimus et refici non prohibente Iove,

nec, quia Neptunus navem lacerarat Vlixis,

20   Leucothee nanti ferre negavit opem.

Crede mihi, miseris caelestia numina parcunt,

    nec semper laesos et sine fine premunt.

Principe nec nostro deus est moderatior ullus

    iustitia vires temperat ille suas.

25   Nuper eam Caesar facto de marmore templo,

    iam pridem posuit mentis in aede suae.

Iuppiter in multos temeraria fulmina torquet,

    qui poenam culpa non meruere pati.

Obruerit cum tot saevis deus aequoris undis,

30   ex illis mergi pars quota digna fuit?

Cum pereant acie fortissima quaeque, vel ipso

    iudice delectus[1] Martis iniquus erit.

At si forte velis in nos inquirere, nemo est

---

1   delectus=dilectus

qui se quod patitur commeruisse neget.

35 Adde quod extinctos vel aqua vel Marte vel igni

nulla potest iterum restituisse dies.

Restituit multos aut poenae parte levavit

Caesar et in multis me precor esse velit.

At tu, cum tali populus sub principe simus,

40 adloquio profugi credis inesse metum?

Forsitan haec domino Busiride iure timeres,

aut solito clausos urere in aere viros.

Desine mitem animum vano infamare timore.

Saeva qvid in placidis saxa vereris aquis?

45 Ipse ego, quod primo scripsi sine nomine vobis,

vix excusari posse mihi videor.

Sed pauor attonito rationis ademerat usum,

cesserat omne novis consiliumqve malis,

fortunamque meam metuens, non vindicis iram,

50 terrebar titulo nominis ipse mei.

Hactenus admonitus memori concede poetae[1]

ponat ut in chartis nomina cara suis.

Turpe erit ambobus, longo mihi proximus usu

si nulla libri parte legere mei.

55 Ne tamen iste metus somnos tibi rumpere possit,

non ultra quam vis officiosus ero,

---

1   poetae=sodali

teque tegam qui sis, nisi cum permiseris ipse.

   Cogetur nemo munus habere meum.

Tu modo, quem poteras vel aperte tutus amare,

60   si res est anceps ista, latenter ama.

VII (Ad Amicos)

Verba mihi desunt eadem tam saepe roganti.

   Iamque pudet vanas fine carere preces.

Taedia consimili fieri de carmine vobis,

   quidque petam, cunctos edidicisse reor.

5 Nostraque quid portet iam nostis epistula, quamvis

   charta[1] sit a vinclis non labefacta suis[2].

Ergo mutetur scripti sententia nostri,

   ne totiens contra, quam rapit amnis, eam.

Quod bene de vobis speravi, ignoscite, amici:

10   talia peccandi iam mihi finis erit.

Nec gravis uxori dicar, quae scilicet in me

   quam proba tam timida est experiensque parum.

Hoc quoque, Naso, feres, etenim peiora tulisti.

   Iam tibi sentiri sarcina nulla potest.

---

1   charta=cera

2   suis=meis

15   Ductus ab armento taurus detrectet[1] aratrum,

     subtrahat[2] et duro colla novella iugo.

Nos, quibus adsuerit fatum crudeliter uti,

     ad mala iam pridem non sumus ulla rudes.

Venimus in Geticos fines: moriamur[3] in illis,

20   Parcaque ad extremum qua mea coepit eat.

Spem iuvat amplecti, quae non iuvat inrita semper:

     et, fieri cupias si qua, futura putes.

Proximus huic gradus est bene desperare salutem,

     seque semel vera scire perisse fide.

25   Curando fieri quaedam maiora videmus

     vulnera, quae melius non tetigisse fuit.

Mitius ille perit, subita qui mergitur unda,

     quam sua qui tumidis brachia iactat[4] aquis.

Cur ego concepi Scythicis me posse carere

30   finibus et terra prosperiore frui?

Cur aliquid de me speravi lenius umquam?

     An fortuna mihi sic mea nota fuit?

Torqueor en gravius repetitaque forma locorum

     exilium renovat triste recensque facit.

35   Est tamen utilius studium cessasse meorum,

---

1   detrectet=detrectat

2   subtrahat=subtrahit

3   moriamur=moriemur

4   iactat=lassat=pulsat

quam, quas admorint, non valuisse preces.

Magna quidem res est, quam[1] non audetis, amici:

sed si quis peteret, qui dare vellet, erat.

Dummodo non nobis[2] hoc Caesaris ira negarit,

40 fortiter Euxinis inmoriemur aquis.

VIII (Maximo)

Quae tibi quaerebam memorem testantia curam

  dona Tomitanus mittere posset ager.

Dignus es argento, fulvo quoque dignior auro,

  sed te, cum donas, ista iuvare solent.

5 Nec tamen haec loca sunt ullo pretiosa metallo:

  hostis ab agricola vix sinit illa fodi.

Purpura saepe tuos fulgens praetexit amictus,

  sed non Sarmatico tingitur illa mari.

Vellera dura ferunt pecudes et Palladis uti

10 arte Tomitanae non didicere nurus.

Femina pro lana Cerealia munera frangit,

  subpositoque gravem vertice portat aquam.

Non hic pampineis amicitur vitibus ulmus,

---

1 quam=sed

2 nobis=vobis

nulla premunt ramos pondere poma suos[1].

15 Tristia deformes pariunt absinthia campi,

    terraque de fructu quam sit amara docet.

Nil igitur tota Ponti regione Sinistri,

    quod mea sedulitas mittere posset, erat.

Clausa tamen misi Scythica tibi tela pharetra:

20   hoste, precor, fiant illa cruenta tuo.

Hos habet haec calamos, hos haec habet ora libellos.

    Haec viget in nostris, Maxime, Musa locis!

Quae quamquam misisse pudet, quia parva videntur,

    tu tamen haec, quaeso, consule missa boni.

IX (Bruto)

Quod sit in his eadem sententia, Brute, libellis,

    carmina nescio quem carpere nostra refers:

nil nisi me terra fruar ut propiore rogare,

    et quam sim denso cinctus ab hoste loqui.

5 O! quam de multis vitium reprehenditur unum!

    Hoc peccat solum si mea Musa, bene est.

Ipse ego librorum video delicta meorum,

    cum sua plus iusto carmina quisque probet.

---

1   suos=suo

Auctor opus laudat: sic forsitan Agrius olim

10   Thersiten facie dixerit esse bona.

Iudicium tamen hic nostrum non decipit error,

    nec quicquid genui protinus illud amo.

Cur igitur, si me video delinquere, peccem,

    et patiar scripto crimen inesse rogas?

15 Non eadem ratio est sentire et demere morbos.

    Sensus inest cunctis, tollitur arte malum.

Saepe aliquod verbum cupiens mutare reliqui,

    iudicium vires destituuntque meum.

Saepe piget (quid enim dubitem tibi vera fateri?)

20   corrigere et longi ferre laboris onus.

Scribentem iuvat ipse labor[1] minuitque laborem,

    cumque suo crescens pectore fervet opus.

Corrigere ut[2] res est tanto magis ardua quanto

    magnus Aristarcho maior Homerus erat,

25 sic animum lento curarum frigore laedit

    et[3] cupidi cursus frena retentat equi.

Atque ita di mites minuant mihi Caesaris iram,

    ossaque pacata nostra tegantur humo,

ut mihi conanti nonnumquam intendere curas

30   fortunae species obstat acerba meae,

---

1   labor=favor

2   ut=et=at

3   et=ut

vixque mihi videor faciam qui[1] carmina sanus,

    inque feris curem corrigere illa Getis.

Nil tamen e scriptis magis excusabile nostris,

    quam sensus cunctis paene quod unus inest.

35 Laeta fere laetus cecini, cano tristia tristis:

    conveniens operi tempus utrumque suo est.

Quid nisi de vitio scribam regionis amarae,

    utque loco moriar commodiore precer?

Cum totiens eadem dicam, vix audior ulli

40   verbaque profectu dissimulata carent.

Et tamen haec eadem cum sint, non scripsimus[2] isdem

    unaque per plures uox mea temptat opem.

An, ne bis sensum lector reperiret eundem,

    unus amicorum, Brute, rogandus eras[3]?

45 Non fuit hoc tanti, confesso ignoscite, docti:

    Vilior est operis fama salute mea.

Denique materiam quam[4] quis sibi finxerit ipse,

    arbitrio variat multa poeta suo.

Musa mea est index nimium quoque vera malorum,

50   atque incorrupti pondera testis habet.

Nec liber ut fieret, sed uti sua cuique daretur

---

1   qui=quod=cum

2   scripsimus=scribimus=scribitur

3   eras=erat

4   quam=cum

littera, propositum curaque nostra fuit.

Postmodo conlectas utcumque sine ordine iunxi:

hoc opus electum ne mihi forte putes.

55 Da veniam scriptis, quorum non gloria nobis

causa, sed utilitas officiumque fuit.

EX PONTO IV

《黑海书简》

第四部

I (Pompeio)

Accipe, Pompei, deductum carmen ab illo
    debitor est vitae qui tibi, Sexte, suae.
Qui seu non prohibes a me tua nomina poni,
    accedet meritis haec quoque summa tuis:
5   siue trahis uultus, equidem peccasse fatebor,
    delicti tamen est causa probanda mei.
Non potuit mea mens quin esset grata teneri.
    Sit precor officio non gravis ira pio.
O, quotiens ego sum libris mihi visus ab[1] istis
10   inpius, in nullo quod legerere loco!
O, quotiens, alii vellem cum scribere, nomen
    rettulit in ceras inscia dextra tuum!
Ipse mihi placuit mendis in talibus error
    et uix invita facta litura manu est.
15   'Viderit ad summam' dixi 'licet ipse queratur!

---

1   ab=in

A! pudet offensam non meruisse prius.'

Da mihi, si quid ea est, hebetantem pectora Lethen,

    oblitus potero non tamen esse tui.

Idque sinas, oro, nec fastidita repellas

20   verba nec officio crimen inesse putes,

et levis haec meritis referatur gratia tantis:

    si minus, invito te quoque gratus ero.

Numquam pigra fuit nostris tua gratia rebus,

    nec mihi munificas arca negavit opes.

25   Nunc quoque nil subitis clementia territa fatis

    auxilium vitae fertque[1] feretque meae.

Vnde, rogas forsan, fiducia tanta futuri

    sit mihi? Quod fecit, quisque tuetur opus.

Vt Venus artificis labor est et gloria Coi,

30   aequoreo madidas quae premit imbre comas:

arcis ut Actaeae vel eburna vel aerea custos

    bellica Phidiaca stat dea facta manu:

vindicat ut Calamis laudem, quos fecit, equorum:

    ut similis verae vacca Myronis opus:

35   sic ego sum rerum non ultima, Sexte, tuarum

    tutelaeque feror munus opusque tuae.

---

1   fertque=feretque=refertque=referta

II (Severo)

Quod legis, o vates magnorum maxime regum,
    venit ab intonsis usque, Severe, Getis:
cuius adhuc nomen nostros tacuisse libellos,
    si modo permittis dicere vera, pudet.
5 Orba tamen numeris cessavit epistula numquam
    ire per alternas officiosa vices.
Carmina sola tibi memorem testantia curam
    non data sunt. Quid enim, quae facis ipse, darem?
Quis mel Aristaeo, quis Baccho vina Falerna,
10   Triptolemo fruges, poma det Alcinoo?
Fertile pectus habes interque Helicona colentes
    uberius nulli provenit ista seges.
Mittere ad hunc carmen frondes erat addere silvis.
    Haec mihi cunctandi causa, Severe, fuit.
15 Nec tamen ingenium nobis respondet ut ante,
    sed siccum sterili vomere litus aro.
Scilicet ut limus venas excaecat[1] in undis,
    laesaque subpresso fonte resistit aqua,
pectora sic mea sunt limo vitiata malorum,
20   et carmen vena pauperiore fluit.
Si quis in hac ipsum terra posuisset Homerum,

---

1   venas excaecat=cum venas cecat

esset, crede mihi, factus et ille Getes.

Da veniam fasso, studiis quoque frena remisi,

    ducitur et digitis littera rara meis.

25 Inpetus ille sacer qui vatum pectora nutrit,

    qui prius in nobis esse solebat, abest.

Vix venit ad partes, vix sumptae Musa tabellae

    inponit pigras paene coacta manus.

Parvaque, ne dicam scribendi nulla voluptas

30   est mihi nec numeris nectere verba iuvat.

Sive quod hinc fructus adeo non cepimus ullos,

    principium nostri res sit ut ista mali:

sive quod in tenebris numerosos ponere gestus[1],

    quodque legas nulli scribere carmen, idem est.

35 Excitat auditor studium laudataque virtus

    crescit et inmensum gloria calcar habet.

Hic mea cui recitem nisi flavis scripta Corallis,

    quasque alias gentes barbarus Hister habet?

Sed quid solus agam quaque infelicia perdam

40   otia materia subripiamque diem?

Nam quia nec vinum nec me tenet alea fallax,

    per quae clam tacitum tempus abire solet,

nec me, quod cuperem, si per fera bella liceret,

    oblectat cultu terra novata suo,

---

1   gestus=gressu

⁴⁵ quid nisi Pierides, solacia frigida, restant,

non bene de nobis quae meruere deae?

At tu, cui bibitur felicius Aonius fons,

utiliter studium quod tibi cedit ama,

sacraque Musarum merito cole, quodque legamus,

⁵⁰ huc aliquod curae mitte recentis opus.

III (Ad Ingratum)

Conquerar an taceam? Ponam sine nomine crimen,

an notum qui sis omnibus esse velim?

Nomine non utar, ne commendere querela,

quaeraturque tibi carmine fama meo.

⁵ Dum mea puppis erat valida fundata carina,

qui mecum velles currere primus eras.

Nunc, quia contraxit vultum Fortuna, recedis,

auxilio postquam scis opus esse tuo.

Dissimulas etiam nec me vis nosse videri,

¹⁰ quisque sit, audito nomine, Naso, rogas.

Ille ego sum, quamquam non vis audire, vetusta

paene puer puero iunctus amicitia:

ille ego qui primus tua seria nosse solebam

et tibi iucundis primus adesse iocis:

¹⁵ ille ego convictor densoque domesticus usu,

ille ego iudiciis unica Musa tuis.

Ille ego sum qui nunc an vivam, perfide, nescis,

cura tibi de quo quaerere nulla fuit.

Sive fui numquam carus, simulasse fateris:

20   seu non fingebas, inveniere levis.

Aut age, dic aliquam quae te mutaverit iram:

nam nisi iusta tua est, iusta querela mea est.

Quod te nunc crimen similem[1] vetat esse priori?

An crimen, coepi quod miser esse, vocas?

25   Si mihi rebus opem nullam factisque ferebas,

venisset verbis charta notata tribus.

Vix equidem credo, sed et insultare iacenti

te mihi nec verbis parcere fama refert.

Quid facis, a! demens? Cur, si Fortuna recedat[2],

30   naufragio lacrimas eripis ipse tuo?

Haec dea non stabili quam sit levis orbe fatetur,

quae summum dubio sub pede semper habet.

Quolibet est folio, quavis incertior aura:

par illi levitas, improbe, sola tua est.

35   Omnia sunt hominum tenui pendentia filo,

et subito casu quae valuere ruunt.

Divitis audita est cui non opulentia Croesi?

---

1   Quod te nunc crimen similem=quae te consimilem res nunc/non

2   recedat=recedit

Nempe tamen vitam captus ab hoste tulit.

Ille Syracosia modo formidatus in urbe

40   vix humili duram reppulit arte famem.

Quid fuerat Magno maius? Tamen ille rogavit

submissa fugiens voce clientis opem,

cuique viro totus terrarum paruit orbis,

Indigus effectus omnibus ipse magis.

45   Ille Iugurthino clarus Cimbroque triumpho,

quo victrix totiens consule Roma fuit,

in caeno Marius iacuit cannaque palustri

pertulit et tanto multa pudenda viro.

Ludit in humanis divina potentia rebus,

50   et certam praesens vix feret[1] hora fidem.

'Litus ad Euxinum' si quis mihi diceret 'ibis

et metues arcu ne feriare Getae,'

'I, bibe' dixissem 'purgantes pectora sucos,

quicquid et in tota nascitur Anticyra.'

55   Sum tamen haec passus nec, si mortalia possem,

et summi poteram tela cavere dei.

Tu quoque fac timeas, et quae tibi laeta videntur,

dum loqueris, fieri tristia posse puta.

---

1   feret=habet

IV (Pompeio)

Nulla dies adeo est australibus umida nimbis,

    non intermissis ut fluat imber aquis.

Nec sterilis locus ullus ita est, ut non sit in illo

    mixta fere duris utilis herba rubis.

5   Nil adeo fortuna gravis miserabile fecit,

    ut minuant nulla gaudia parte malum.

Ecce domo patriaque carens oculisque meorum,

    naufragus in Getici litoris actus aquas,

qua tamen inueni vultum diffundere causa

10   possim[1] fortunae nec meminisse meae.

Nam mihi cum fulva solus[2] spatiarer harena,

    visa est a tergo penna dedisse sonum.

Respicio nec erat corpus quod cernere possem,

    verba tamen sunt haec aure recepta mea:

15   'En ego laetarum venio tibi nuntia rerum

    Fama per inmensas aere lapsa vias.

Consule Pompeio, quo non tibi carior alter,

    candidus et felix proximus annus erit!'

Dixit et, ut laeto Pontum rumore replevit,

20   ad gentes alias hinc dea vertit iter.

---

1   possim=possem

2   solus=tristis

At mihi dilapsis inter nova gaudia curis

    excidit asperitas huius iniqua loci.

Ergo ubi, Iane biceps, longum reseraveris annum

    pulsus et a sacro mense December erit,

25 purpura Pompeium summi velabit honoris,

    ne titulis quicquam debeat ille suis.

Cernere iam videor rumpi paene atria turba,

    et populum laedi deficiente loco,

templaque Tarpeiae primum tibi sedis adiri,

30   et fieri faciles in tua vota deos.

Colla boves niveos certae praebere securi,

    quos aluit campis herba Falisca suis:

cumque deos omnes, tum quos[1] inpensius, aequos

    esse tibi cupias, cum Iove Caesar erunt.

35 Curia te excipiet patresque e more vocati

    intendent aures ad tua verba suas.

Hos ubi facundo tua uox hilaraverit ore,

    utque solet, tulerit prospera verba dies,

egeris et meritas superis cum Caesare grates

40   (qui causam, facias cur ita saepe, dabit),

inde domum repetes toto comitante senatu,

    officium populi vix capiente domo.

Me miserum, turba quod non ego cernar in illa,

---

1   quos=hos

nec poterunt istis lumina nostra frui!

45   Quod licet[1], absentem qua possum mente videbo:

        aspiciet vultus consulis illa sui.

Di faciant aliquo subeat tibi tempore nostrum

        nomen et 'Heu!' dicas 'quid miser ille facit?'

Haec tua pertulerit si quis mihi verba, fatebor

50   protinus exilium mollius esse meum.

V (Pompeio)

Ite, leves elegi, doctas ad consulis aures,

        verbaque honorato ferte legenda viro.

Longa via est nec vos pedibus proceditis aequis,

        tectaque brumali sub nive terra latet.

5   Cum gelidam Thracen et opertum nubibus Haemum

        et maris Ionii transieritis aquas,

luce minus decima dominam venietis in Vrbem,

        ut festinatum non faciatis iter.

Protinus inde domus vobis Pompeia petatur:

10   non est Augusto iunctior ulla foro.

Si quis, ut in populo, qui sitis et unde requiret,

        nomina decepta quaelibet aure ferat.

---

1   Quod licet=qualibet=quamlibet

Vt sit enim tutum, sicut reor esse, fateri,

    vera, minus certe ficta timoris habent.

15   Copia nec vobis nullo prohibente videndi

    consulis, ut limen contigeritis, erit.

Aut reget ille suos dicendo iura Quirites,

    conspicuum signis cum premet altus ebur:

aut populi reditus positam componet ad hastam,

20   et minui magnae non sinet urbis opes:

aut, ubi erunt patres in Iulia templa vocati,

    de tanto dignis consule rebus aget:

aut feret Augusto solitam natoque salutem,

    deque parum noto consulet officio.

25   Tempus et his vacuum Caesar Germanicus omne

    auferet: a magnis hunc colit ille deis.

Cum tamen a turba rerum requieverit harum,

    ad vos mansuetas porriget ille manus,

quidque parens ego vester agam fortasse requiret.

30   Talia vos illi reddere verba volo:

'Vivit adhuc vitamque tibi debere fatetur,

    quam prius a miti Caesare munus habet.

Te sibi, cum fugeret, memori solet ore referre

    barbariae tutas exhibuisse vias:

35   sanguine Bistonium quod non tepefecerit ensem,

    effectum cura pectoris esse tui:

Addita praeterea vitae quoque multa tuendae

munera, ne proprias attenuaret opes.

Pro quibus ut meritis referatur gratia, iurat

40   se fore mancipii tempus in omne tui[1].

Nam prius umbrosa carituros arbore montes,

     et freta velivolas non habitura rates,

fluminaque in fontes cursu reditura supino,

     gratia quam meriti possit abire tui.'

45 Haec ubi dixeritis, servet sua dona rogate.

     Sic fuerit vestrae causa peracta viae.

VI (Bruto)

Quam legis, ex illis tibi venit epistula, Brute,

     Nasonem nolles in quibus esse locis.

Sed tu quod nolles, voluit miserabile fatum.

     Ei mihi! plus illud quam tua vota valet.

5 In Scythia nobis quinquennis olympias acta est:

     iam tempus lustri transit in alterius.

Perstat enim Fortuna tenax votisque malignum

     opponit nostris insidiosa[2] pedem.

Certus eras pro me, Fabiae laus, Maxime, gentis,

---

1   mancipii...tui=mancipium tuum

2   insidiosa=invidiosa

10 numen ad Augustum supplice voce loqui.

  Occidis ante preces causamque ego, Maxime, mortis

   (nec fuero tanti!) me reor esse tuae.

  Iam timeo nostram cuiquam mandare salutem:

   ipsum morte tua concidit auxilium.

15 Coeperat Augustus deceptae ignoscere culpae:

   spem nostram terras deseruitque simul.

  Quale tamen potui, de caelite, Brute, recenti

   vestra procul positus carmen in ora dedi.

  Quae prosit pietas utinam mihi sitque malorum

20   iam modus et sacrae mitior ira domus.

  Te quoque idem liquido possum iurare precari,

   o mihi non dubia cognite Brute nota.

  Nam cum praestiteris verum mihi semper amorem,

   hic tamen adverso tempore crevit amor.

25 Quique tuas pariter lacrimas nostrasque videret

   passuros poenam crederet esse duos.

  Lenem te miseris genuit natura nec ulli

   mitius ingenium quam tibi, Brute, dedit:

  ut, qui quid valeas ignoret Marte forensi,

30   posse tuo peragi vix putet ore reos.

  Scilicet eiusdem est, quamvis pugnare videntur,

   supplicibus facilem, sontibus esse trucem.

  Cum tibi suscepta est legis vindicta severae,

verba velut tinctum[1] singula virus habent.

35 Hostibus eveniat quam sis violentus in armis

sentire et linguae tela subire tuae.

Quae tibi tam tenui cura limantur, ut omnes

istius ingenium corporis esse negent.

At si quem laedi fortuna cernis iniqua,

40 mollior est animo femina nulla tuo.

Hoc ego praecipue sensi, cum magna meorum

notitiam pars est infitiata mei.

Inmemor illorum, vestri non inmemor umquam,

qui mala solliciti nostra levatis ero.

45 Et prius hic nimium nobis conterminus Hister

in caput Euxino de mare vertet iter,

utque Thyesteae redeant si tempora mensae,

Solis ad Eoas currus agetur aquas,

quam quisquam vestrum qui me doluistis ademptum,

50 arguat ingratum non meminisse sui.

VII (Vestali)

Missus es Euxinas quoniam, Vestalis, ad undas,

ut positis reddas iura sub axe locis,

---

1   tinctum=tinctu

aspicis en praesens quali iaceamus in arvo,

    nec me testis eris falsa solere queri.

5   Accedet voci per te non inrita nostrae,

    Alpinis iuvenis regibus orte, fides.

Ipse vides certe glacie concrescere Pontum,

    ipse vides rigido stantia vina gelu;

ipse vides onerata ferox ut ducat Iazyx

10   per medias Histri plaustra bubulcus aquas.

Aspicis et mitti sub adunco toxica ferro,

    et telum causas mortis habere duas.

Atque utinam pars haec tantum spectata fuisset,

    non etiam proprio cognita Marte tibi!

15 Tendisti[1] ad primum per densa pericula pilum,

    contigit ex merito qui tibi nuper honor.

Sit licet hic titulus plenus[2] tibi fructibus, ingens

    ipsa tamen virtus ordine maior erit.

Non negat hoc Hister, cuius tua dextera quondam

20   puniceam Getico sanguine fecit aquam.

Non negat Aegisos, quae te subeunte recepta

    sensit in ingenio nil opis esse loci.

Nam, dubium positu melius defensa manune,

    urbs erat in summo nubibus aequa iugo.

---

1   Tendisti=tenditur=tenditis

2   plenus=plenis

Sithonio regi ferus interceperat illam

    hostis et ereptas victor habebat opes,

donec fluminea devecta Vitellius unda

    intulit exposito milite signa Getis.

At tibi, progenies alti fortissima Donni,

30   venit in adversos impetus ire viros.

Nec mora, conspicuus longe fulgentibus armis,

    fortia ne possint facta latere caves,

ingentique gradu contra ferrumque locumque

    saxaque brumali grandine plura subis.

35 Nec te missa super iaculorum turba moratur,

    nec quae vipereo tela cruore madent.

Spicula cum pictis haerent in casside pennis,

    parsque fere scuti vulnere nulla vacat.

Nec corpus cunctos feliciter effugit ictus:

40   sed minor est acri laudis amore dolor.

Talis apud Troiam Danais pro navibus Aiax

    dicitur Hectoreas sustinuisse faces.

Vt propius ventum est admotaque dextera dextrae,

    resque fero potuit comminus ense geri,

45 dicere difficile est quid Mars tuus egerit illic,

    quotque neci dederis quosque quibusque modis.

Ense tuo factos calcabas victor acervos,

    inpositoque Getes sub pede multus erat.

Pugnat ad exemplum primi minor ordine pili,

multaque fert miles vulnera, multa facit.

Sed tantum virtus alios tua praeterit omnes,

ante citos quantum Pegasus ibat[1] equos.

Vincitur Aegisos testataque tempus in omne,

sunt tua, Vestalis, carmine facta meo.

VIII (Sullio)

Littera sera quidem, studiis exculte Sulli,

huc tua pervenit, sed mihi grata tamen,

qua pia si possit superos lenire rogando

gratia, laturum te mihi dicis opem.

5   Vt iam nil praestes, animi sum factus amici

debitor et meritum velle iuvare voco.

Inpetus iste tuus longum modo duret in aevum,

neve malis pietas sit tua lassa meis.

Ius aliquod faciunt adfinia vincula nobis,

10   quae semper maneant inlabefacta precor.

Nam tibi quae coniunx, eadem mihi filia paene est,

et quae te generum, me vocat illa virum.

Ei mihi, si lectis vultum tu versibus istis

ducis et adfinem te pudet esse meum!

---

1   ibat=ibit

15　At nihil hic dignum poteris reperire pudore

　　　praeter Fortunam, quae mihi caeca fuit.

　　Seu genus excutias, equites ab origine prima

　　　usque per innumeros inveniemur avos:

　　sive velis qui sint mores inquirere nostri,

20　　errorem misero detrahe, labe carent.

　　Tu modo si quid agi sperabis posse precando,

　　　quos colis exora supplice voce deos.

　　Di tibi sint[1] Caesar iuvenis: tua numina placa.

　　　hac certe nulla est notior ara tibi.

25　Non sinit illa sui vanas antistitis umquam

　　　esse preces: nostris hinc pete rebus opem.

　　Quamlibet exigua si nos ea iuverit aura,

　　　obruta de mediis cumba resurget aquis.

　　Tunc ego tura feram rapidis sollemnia flammis,

30　　et valeant quantum numina testis ero.

　　Nec tibi de Pario statuam, Germanice, templum

　　　marmore: carpsit opes illa ruina meas.

　　Templa domus facient vobis urbesque beatae.

　　　Naso suis opibus, carmine gratus erit.

35　Parva quidem fateor pro magnis munera reddi,

　　　cum pro concessa verba salute damus.

　　Sed qui quam potuit dat maxima, gratus abunde est,

1　　sint=sunt

et finem pietas contigit illa suum.

Nec quae de parva pauper dis libat acerra,

40   tura minus grandi quam data lance valent.

Agnaque tam lactens quam gramine pasta Falisco

victima Tarpeios inficit icta focos.

Nec tamen officio vatum per carmina facto

principibus res est aptior ulla viris.

45 Carmina vestrarum peragunt praeconia laudum,

neve sit actorum fama caduca cavent.

Carmine fit vivax virtus expersque sepulcri

notitiam serae posteritatis habet.

Tabida consumit ferrum lapidemque vetustas,

50   nullaque res maius tempore robur habet.

Scripta ferunt annos: scriptis Agamemnona nosti,

et quisquis contra vel simul arma tulit.

Quis Thebas septemque duces sine carmine nosset

et quicquid post haec, quicquid et ante fuit?

55 Di quoque carminibus, si fas est dicere, fiunt,

tantaque maiestas ore canentis eget.

Sic Chaos ex illa naturae mole prioris

digestum partes scimus habere suas:

sic adfectantes caelestia regna Gigantes

60   ad Styga nimbifero vindicis igne datos:

sic victor laudem superatis Liber ab Indis,

Alcides capta traxit ab Oechalia.

et modo, Caesar, avum, quem virtus addidit astris,

    sacrarunt aliqua carmina parte tuum.

65 Si quid adhuc igitur vivi, Germanice, nostro

    restat in ingenio, serviet omne tibi.

Non potes officium uatis contemnere vates:

    iudicio pretium res habet ista tuo.

Quod nisi te nomen tantum ad maiora vocasset,

70   gloria Pieridum summa futurus eras.

Sed dare materiam nobis quam carmina maius:

    nec tamen ex toto deserere illa potes.

Nam modo bella geris, numeris modo verba coerces,

    quodque aliis opus est, hoc tibi lusus erit.

75 Vtque nec ad citharam nec ad arcum segnis Apollo est,

    sed venit ad sacras nervus uterque manus,

sic tibi nec docti desunt nec principis artes,

    mixta sed est animo cum Iove Musa tuo.

Quae quoniam nec nos unda submovit ab illa

80   ungula Gorgonei quam cava fecit equi,

prosit opemque ferat communia sacra tueri,

    atque isdem studiis inposuisse manum:

litora pellitis nimium subiecta Corallis

    ut tandem saevos effugiamque Getas:

85 clausaque si misero patria est, ut ponar in ullo[1],

---

1   ullo=illo

qui minus Ausonia distat[1] ab urbe, loco,

 unde tuas possim laudes celebrare recentes

  magnaque quam minima facta referre mora.

 Tangat ut hoc votum caelestia, care Suilli,

90 numina, pro socero paene precare tuo.

IX (Graecino)

Vnde licet, non unde iuvat, Graecine, salutem

  mittit ab Euxinis hanc tibi Naso vadis,

missaque, di faciant, auroram occurrat ad illam,

  bis senos fascis quae tibi prima dabit:

5 ut, quoniam sine me tanges Capitolia consul

  et fiam turbae pars ego nulla tuae,

in domini subeat partis et praestet amici

  officium iusso littera nostra die.

Atque, ego si fatis genitus melioribus essem

10 et mea sincero curreret axe rota,

quo nunc nostra manus per scriptum fungitur, esset

  lingua salutandi munere functa tui,

gratatusque darem cum dulcibus oscula verbis,

  nec minus ille meus quam tuus esset honor.

---

1 distat=distet

Illa, confiteor, sic essem luce superbus,

    ut caperet fastus vix domus ulla meos:

dumque latus sancti cingit tibi turba senatus,

    consulis ante pedes ire iuberer eques;

et, quamquam cuperem semper tibi proximus esse,

20   gauderem lateris non habuisse locum

nec querulus, turba quamvis eliderer, essem:

    sed foret a populo tum mihi dulce premi.

Prospicerem gaudens quantus foret agminis ordo,

    densaque quam longum turba teneret iter.

25 Quoque magis noris quam me vulgaria tangant,

    spectarem qualis purpura te tegeret.

Signa quoque in sella nossem formata curuli

    et totum Numidi sculptile dentis opus.

At cum Tarpeias esses deductus in arces,

30   dum caderet iussu victima sacra tuo,

me quoque secreto grates sibi magnus agentem

    audisset media qui sedet aede deus.

Turaque mente magis plena quam lance dedissem,

    ter quater imperii laetus honore tui.

35 Hic ego praesentes inter numerarer amicos,

    mitia ius Vrbis si modo fata darent,

quaeque mihi sola capitur nunc mente voluptas,

    tunc oculis etiam percipienda foret.

Non ita caelitibus visum est, et forsitan aequis.

40   Nam quid me poenae causa negata iuvet?

     Mente tamen, quae sola loco non exulat, utar,

        praetextam fasces aspiciamque tuos.

     Haec modo te populo reddentem iura videbit,

        et se secretis[1] finget adesse tuis,

45   nunc longi reditus hastae subponere lustri

        credet et exacta cuncta locare fide:

     nunc facere in medio facundum verba senatu,

        publica quaerentem quid petat utilitas:

     nunc pro Caesaribus superis decernere grates,

50   albave opimorum colla ferire boum.

     Atque utinam, cum iam fueris potiora precatus,

        ut mihi placetur principis ira roges!

     Surgat ad hanc vocem plena pius ignis ab ara,

        detque bonum voto lucidus omen apex.

55   Interea, qua parte licet, ne cuncta queramur,

        hic quoque te festum consule tempus agam.

     Altera laetitiae est nec cedens causa priori,

        successor tanti frater honoris erit.

     Nam tibi finitum summo, Graecine, Decembri

60   imperium Iani suscipit ille die,

    quaeque est in vobis pietas, alterna feretis

       gaudia, tu fratris fascibus, ille tuis.

---

1   secretis=secreto

Sic tu bis fueris consul, bis consul et ille,

    inque domo binus conspicietur honor.

65   Qui quamquam est ingens et nullum Martia summo

    altius imperium consule Roma videt,

multiplicat tamen hunc gravitas auctoris honorem,

    et maiestatem res data dantis habet.

Iudiciis igitur liceat Flaccoque tibique

70   talibus Augusti tempus in omne frui.

Quod[1] tamen ab rerum cura propiore vacabit,

    vota, precor, votis addite vestra meis,

et si quem dabit aura sinum, iactate rudentis,

    exeat e Stygiis ut mea navis aquis.

75   Praefuit his, Graecine, locis modo Flaccus et illo

    ripa ferox Histri sub duce tuta fuit.

Hic tenuit Mysas gentis in pace fideli,

    hic arcu fisos terruit ense Getas.

Hic raptam Troesmin celeri virtute recepit,

80   infecitque fero sanguine Danuvium.

Quaere loci faciem Scythicique incommoda caeli,

    et quam vicino terrear hoste roga:

sintne litae tenues serpentis felle sagittae,

    fiat an humanum victima dira caput:

85   mentiar, an coeat duratus frigore Pontus,

---

1   Quod=cum=ut

et teneat glacies iugera multa freti.

Haec ubi narrarit, quae sit mea fama require,

    quoque modo peragam tempora dura roga.

Non sumus hic odio nec scilicet esse meremur,

90   nec cum fortuna mens quoque versa mea est.

Illa quies animi quam tu laudare solebas,

    ille vetus solito perstat in ore pudor.

Sic ego sum longe, sic hic, ubi barbarus hostis,

    ut fera plus valeant legibus arma facit,

95 rem queat ut nullam tot iam, Graecine, per annos

    femina de nobis virve puerve queri.

Hoc facit ut misero faueant adsintque Tomitae:

    haec quoniam tellus testificanda mihi est.

Illi me, quia velle vident, discedere malunt:

100 respectu cupiunt hic tamen esse sui.

Nec mihi credideris: extant decreta, quibus nos

    laudat et inmunes publica cera facit.

Conveniens miseris et quamquam gloria non sit[1],

    proxima dant nobis oppida munus idem.

105 Nec pietas ignota mea est: videt hospita terra

    in nostra sacrum Caesaris esse domo.

Stant pariter natusque pius coniunxque sacerdos,

    numina iam facto non leviora deo.

---

1   sit=est

Neu desit pars ulla domus, stat uterque nepotum,

110   hic aviae lateri proximus, ille patris.

His ego do totiens cum ture precantia verba,

    Eoo quotiens surgit ab orbe dies.

Tota, licet quaeras, hoc me non fingere dicet

    officii testis Pontica terra mei.

115   Pontica me tellus, quantis hac possumus ara[1],

    natalem ludis scit celebrare dei.

Nec minus hospitibus pietas est cognita talis,

    Misit in has si quos longa Propontis aquas.

Is quoque quo Laevus[2] fuerat sub praeside Pontus

120   audierit frater forsitan ista tuus.

Fortuna est inpar animo talique libenter

    exiguas carpo munere pauper opes.

Nec vestris damus haec oculis, procul Vrbe remoti:

    contenti tacita sed pietate sumus.

125   Et tamen haec tangent aliquando Caesaris aures.

    Nil illi toto quod fit in orbe latet.

Tu certe scis haec[3], superis adscite, videsque,

    Caesar, ut est oculis subdita terra tuis.

Tu nostras audis inter convexa locatus

130   sidera, sollicito quas damus ore, preces.

---

1   ara=ora

2   Laevus=laetus

3   haec=hoc

Perveniant istuc et carmina forsitan illa,

    quae de te misi caelite facta novo!

Auguror his igitur flecti tua numina, nec tu

    nmerito nomen mite Parentis habes.

X (Albinovano)

Haec mihi Cimmerio bis tertia ducitur aestas

    litore pellitos inter agenda Getas.

Ecquos tu silices, ecquod, carissime, ferrum

    duritiae confers, Albinovane, meae?

5   Gutta cavat lapidem, consumitur anulus usu,

    atteritur[1] pressa vomer aduncus humo.

Tempus edax igitur praeter nos omnia perdet

    cessat duritia mors quoque victa mea.

Exemplum est animi nimium patientis Vlixes,

10   iactatus dubio per duo lustra mari:

tempora solliciti sed non tamen omnia fati

    pertulit et placidae saepe fuere morae.

An grave sex annis pulchram fovisse Calypson

    aequoreaeque fuit concubuisse deae?

15   Excipit Hippotades qui dat pro munere ventos,

---

1   atteritur=et teritur

curvet ut inpulsos utilis aura sinus.

Nec bene cantantis labor est audire puellas:

   nec degustanti lotos amara fuit.

Hos ego, qui patriae faciant oblivia, sucos

20   parte meae vitae, si modo dentur, emam.

Nec tu contuleris urbem Laestrygonos umquam

   gentibus obliqua quas obit Hister aqua.

Nec vincet Cyclops saevum feritate Piacchen:

   qui quota terroris pars solet esse mei?

25 Scylla feris trunco quod latret ab inguine monstris,

   Heniochae nautis plus nocuere rates.

Nec potes infestis conferre Charybdin Achaeis,

   ter licet epotum ter vomat illa fretum.

Qui quamquam dextra regione licentius errant,

30   securum latus hoc non tamen esse sinunt.

Hic agri infrondes, hic spicula tincta venenis,

   hic freta vel pediti pervia reddit hiems,

ut, qua remus iter pulsis modo fecerat undis,

   siccus contempta nave viator eat.

35 Qui veniunt istinc vix vos ea credere dicunt.

   Quam miser est qui fert asperiora fide!

Crede tamen, nec te causas nescire sinemus,

   horrida Sarmaticum cur mare duret hiems.

Proxima sunt nobis plaustri praebentia formam

40   et quae praecipuum sidera frigus habent.

755

Hinc oritur Boreas oraeque domesticus huic est

    et sumit vires a propiore loco.

At Notus, aduerso tepidum qui spirat ab axe,

    est procul et rarus languidiorque venit.

45 Adde quod hic clauso miscentur flumina Ponto,

    vimque fretum multo perdit ab amne suam.

Huc Lycus, huc Sagaris Peniusque Hypanisque Calesque

    influit et crebro vertice tortus Halys,

Partheniusque rapax et voluens saxa Cynapses

50   labitur et nullo tardior amne Tyras,

et tu, femineae Thermodon cognite turmae,

    et quondam Graiis Phasi petite viris,

cumque Borysthenio liquidissimus amne Dyraspes

    et tacite peragens lene Melanthus iter,

55 quique duas terras, Asiam Cadmique sororem,

    separat et cursus inter utramque facit,

innumerique alii, quos inter maximus omnis

    cedere Danuvius se tibi, Nile, negat.

Copia tot laticum, quas auget, adulterat undas,

60   nec patitur vires aequor habere suas.

Quin etiam stagno similis pigraeque paludi,

    caeruleus vix est diluiturque color.

Innatat unda freto dulcis, leviorque marina est

    quae proprium mixto de sale pondus habet.

65 Si roget haec aliquis cur sint narrata Pedoni,

quidue loqui certis iuuerit ista modis,

'Detinui, dicam, curas tempusque fefelli.

Hunc fructum praesens attulit hora mihi.

Abfuimus solito, dum scribimus ista, dolore,

70   in mediis nec nos sensimus esse Getis.'

At tu, non dubito, cum Thesea carmine laudes,

materiae titulos quin tueare tuae,

quemque refers, imitere virum. Vetat ille profecto

tranquilli comitem temporis esse fidem.

75   Qui quamquam est factis ingens et conditur a te

vir tanto quanto debuit ore cani,

est tamen ex illo nobis imitabile quiddam,

inque fide Theseus quilibet esse potest.

Non tibi sunt hostes ferro clauaque domandi,

80   per quos vix ulli peruius Isthmos erat:

sed praestandus amor, res non operosa volenti.

Quis labor est puram non temerasse fidem?

Haec tibi, qui praestas[1] indeclinatus amico,

non est quod lingua icta querente putes.

---

1   praestas=perstas

XI (Gallioni)

Gallio, crimen erit vix excusabile nobis,
  carmine te nomen non habuisse meo.
Tu quoque enim, memini, caelesti cuspide facta
  fovisti lacrimis vulnera nostra tuis.
5 Atque utinam rapti iactura laesus amici
  sensisses ultra, quod quererere, nihil!
Non ita dis placuit, qui te spoliare pudica
  coniuge crudeles non habuere nefas.
Nuntia nam luctus mihi nuper epistula venit,
10 lectaque cum lacrimis sunt tua damna meis.
Sed neque solari prudentem stultior ausim,
  verbaque doctorum nota referre tibi:
finitumque tuum, si non ratione, dolorem
  ipsa iam pridem suspicor esse mora.
15 Dum tua pervenit, dum littera nostra recurrens
  tot maria ac terras permeat, annus abit.
Temporis officium est solacia dicere certi,
  dum dolor in cursu est et petit aeger opem.
At cum longa dies sedavit vulnera mentis,
20 intempestiue qui movet[1] illa novat.
Adde quod (atque utinam verum mihi venerit omen!)

---

1   movet=monet

coniugio felix iam potes esse novo.

XII (Tuticano)

Quo minus in nostris ponaris, amice, libellis,

    nominis efficitur condicione tui.

Aut ego non alium prius hoc dignarer honore:

    est aliquis nostrum si modo carmen honor.

5   Lex pedis officio fortunaque nominis obstat,

    quaque meos adeas, est via nulla, modos.

Nam pudet in geminos ita nomen scindere versus,

    desinat ut prior hoc incipiatque minor.

et pudeat, si te, qua syllaba parte moratur,

10   artius adpellem Tuticanumque vocem.

Nec[1] potes in versum Tuticani more venire,

    fiat ut e longa syllaba prima brevis:

aut ut ducatur[2] quae nunc correptius exit,

    et sit porrecta longa secunda mora.

15   His ego si vitiis ausim corrumpere nomen,

    ridear et merito pectus habere neger.

Haec mihi causa fuit dilati muneris huius,

---

1   Nec=et=non

2   ut ducatur=producatur

quod meus adiecto fenore reddet[1] amor,

teque canam quacumque nota, tibi carmina mittam,

20   paene mihi puero cognite paene puer,

perque tot annorum seriem quot habemus uterque,

non mihi quam fratri frater amate minus.

Tu bonus hortator, tu duxque comesque fuisti,

cum regerem tenera frena novella manu.

25 Saepe ego correxi sub te censore libellos,

saepe tibi admonitu facta litura meo est,

dignam Maeoniis Phaeacida condere chartis

cum te Pieriae perdocuere deae.

Hic tenor, haec viridi concordia coepta iuventa

30   venit ad albentis inlabefacta comas.

Quae nisi te moveant, duro tibi pectora ferro

esse vel invicto clausa adamante putem.

Sed prius huic desint et bellum et frigora terrae,

invisus nobis quae duo Pontus habet,

35 et tepidus Boreas et sit praefrigidus Auster,

et possit fatum mollius esse meum

quam tua sint lasso[2] praecordia dura sodali.

Hic cumulus nostris absit abestque malis.

Tu modo per superos, quorum certissimus ille est,

---

1   reddet=reddit

2   lasso=lapso

quo tuus adsidue principe crevit honor,

 effice constanti profugum pietate tuendo,

  ne sperata meam deserat aura ratem.

 Quid mandem quaeris? Peream, nisi dicere vix est,

  si mode, qui periit, ille perire potest.

45 Nec quid agam invenio nec quid nolimue velimve,

  nec satis utilitas est mihi nota mea.

 Crede mihi, miseros prudentia prima relinquit,

  et sensus cum re consiliumque fugit.

 Ipse, precor, quaeras qua sim tibi parte iuvandus,

50   quoque viam facias ad mea vota vado.

XIII (Caro)

O mihi non dubios inter memorande sodales,

  qui quod es, id vere, Care, vocaris, ave!

 Vnde salutaris, color hic tibi protinus index

  et structura mei carminis esse potest,

5 non quia mirifica est, sed quod non publica certe est:

  qualis enim cumque est, non latet esse meam.

 Ipse quoque, ut titulum chartae de fronte revellas,

  quod sit opus videor dicere posse tuum.

 Quamlibet in multis positus noscere libellis,

10   perque observatas inveniere notas.

Prodent auctorem vires quas Hercule dignas

    novimus atque illi, quem canis ipse[1], pares.

Et mea Musa potest, proprio deprensa colore,

    insignis vitiis forsitan esse suis.

15   Tam mala Thersiten prohibebat forma latere,

    quam pulchra Nireus conspiciendus erat.

Nec te mirari, si sint vitiosa, decebit

    carmina quae faciam paene poeta Getes.

A! pudet et Getico scripsi sermone libellum,

20   structaque sunt nostris barbara verba modis:

et placui (gratare mihi) coepique poetae

    inter inhumanos nomen habere Getas.

Materiam quaeris? Laudes: de Caesare dixi!

    Adiuta est novitas numine nostra dei.

25   Nam patris Augusti docui mortale fuisse

    corpus, in aetherias numen abisse domos:

esse parem virtute patri qui frena rogatus

    saepe recusati ceperit imperii:

esse pudicarum te Vestam, Livia, matrum,

30   ambiguum nato dignior anne viro:

esse duos iuvenes, firma adiumenta parentis,

    qui dederint animi pignora certa sui.

Haec ubi non patria perlegi scripta Camena,

---

1   ipse=esse

venit et ad digitos ultima charta meos,

35 et caput et plenas omnes movere pharetras,

et longum Getico murmur in ore fuit.

Atque aliquis 'Scribas haec cum de Caesare' dixit

'Caesaris imperio restituendus eras.'

Ille quidem dixit, sed me iam, Care, nivali

40 sexta relegatum bruma sub axe videt.

Carmina nil prosunt, nocuerunt carmina quondam

primaque tam miserae causa fuere fugae.

At tu, per studii communia foedera sacri,

per non vile tibi nomen amicitiae

45 (sic capto Latiis Germanicus hoste catenis

materiam vestris adferat ingeniis:

sic valeant pueri, votum commune deorum,

quos laus formandos est tibi magna datos),

quanta potes, praebe nostrae momenta[1] saluti,

50 quae nisi mutato nulla futura loco est.

XIV (Tuticano)

Haec tibi mittuntur, quem sum modo carmine questus

non aptum numeris nomen habere meis,

---

1   momenta=monimenta

in quibus, excepto quod adhuc utcumque valemus,

    nil te praeterea quod iuvet invenies.

5   Ipsa quoque est invisa salus suntque ultima vota

    quolibet ex istis scilicet ire locis.

Nulla mihi cura est terra quo mittar[1] ab ista,

    hac quia, quam video, gratior omnis erit.

In medias Syrtes, mediam mea vela Charybdin

10   mittite, praesenti dum careamus humo.

Styx quoque, si quid ea est, bene commutabitur Histro,

    si quid et inferius quam Styga mundus habet.

Gramina cultus ager, frigus minus odit hirundo,

    proxima Marticolis quam loca Naso Getis.

15   Talia suscensent[2] propter mihi verba Tomitae

    iraque carminibus publica mota meis.

Ergo ego cessabo numquam per carmina laedi,

    plectar et incauto semper ab ingenio?

Ergo ego, ne scribam, digitos incidere cunctor,

20   telaque adhuc demens quae nocuere sequor?

Ad veteres scopulos iterum devertor[3] et illas,

    in quibus offendit naufraga puppis, aquas?

Sed nihil admisi, nulla est mea culpa, Tomitae,

    quos ego, cum loca sim vestra perosus, amo.

---

1   mittar=muter

2   suscensent=succensent

3   devertor=devertar

Quilibet excutiat nostri monimenta laboris:

littera de vobis est mea questa nihil.

Frigus et incursus omni de parte timendos

et quod pulsetur murus ab hoste queror.

In loca, non homines verissima crimina dixi.

30   Culpatis uestrum vos quoque saepe solum.

Esset perpetuo sua quam uitabilis Ascra,

ausa est agricolae Musa docere senis:

et fuerat genitus terra, qui scripsit, in illa,

intumuit vati tamen Ascra suo.

35   Quis patriam sollerte magis dilexit Vlixe?

Hoc tamen asperitas indice docta[1] loci est.

Non loca, sed mores scriptis vexavit amaris

Scepsius Ausonios actaque Roma rea est:

falsa tamen passa est aequa convicia mente,

40   obfuit auctori nec fera lingua suo.

At malus interpres populi mihi concitat iram

inque nouum crimen carmina nostra vocat.

Tam felix utinam quam pectore candidus essem!

Extat adhuc nemo saucius ore meo.

45   Adde quod, Illyrica si iam pice nigrior essem,

non mordenda mihi turba fidelis erat.

Molliter a vobis mea sors excepta, Tomitae,

---

1   docta=dicta

tam mites Graios indicat esse viros.

Gens mea Paeligni regioque domestica Sulmo

50 non potuit nostris lenior esse malis.

Quem vix incolumi cuiquam salvoque daretis,

  is datus a vobis est mihi nuper honor.

Solus adhuc ego sum vestris inmunis in oris,

  exceptis, si qui munera legis habent.

55 Tempora sacrata mea sunt velata corona,

  publicus invito quam favor inposuit.

Quam grata est igitur Latonae Delia tellus,

  erranti tutum quae dedit una locum,

tam mihi cara Tomis, patria quae sede fugatis

60 tempus ad hoc nobis hospita fida manet.

Di modo fecissent, placidae spem posset habere

  pacis et a gelido longius axe foret.

XV (Pompeio)

Si quis adhuc usquam nostri non inmemor extat,

  quidve relegatus Naso requirit agam:

Caesaribus vitam, Sexto debere salutem

  me sciat. A superis hic mihi primus erit.

5 Tempora nam miserae complectar ut omnia vitae,

  a meritis eius pars mihi nulla vacat.

Quae numero tot sunt quot in horto fertilis arui

    punica sub lento cortice grana rubent,

Africa quot segetes, quot Tmolia terra racemos,

10   quot Sicyon bacas, quot parit Hybla favos.

Confiteor: testere licet. Signate, Quirites!

    Nil opus est legum viribus, ipse loquor.

Inter opes et me, parvam rem, pone paternas:

    pars ego sum census quantulacumque tui.

15   Quam tua Trinacria est regnataque terra Philippo,

    quam domus Augusto continuata foro,

quam tua, rus oculis domini, Campania, gratum,

    quaeque relicta tibi, Sexte, vel empta tenes:

tam tuus en ego sum, cuius te munere tristi

20   non potes in Ponto dicere habere nihil.

Atque utinam possis et detur amicius arvum,

    remque tuam ponas in meliore loco!

Quod quoniam in dis est, tempta lenire precando

    numina perpetua quae pietate colis.

25   Erroris nam tu vix est discernere nostri

    sis argumentum maius an auxilium.

Nec dubitans oro, sed flumine saepe secundo

    augetur remis cursus euntis aquae.

Et pudet et metuo semperque eademque precari,

30   ne subeant animo taedia iusta tuo.

Verum quid faciam? Res inmoderata cupido est.

Da veniam vitio, mitis amice, meo.

Scribere saepe aliud cupiens delabor eodem:

ipsa locum per se littera nostra rogat.

35 Seu tamen effectus habitura est gratia, seu me

dura iubet gelido Parca sub axe mori:

semper inoblita repetam tua munera mente,

et mea me tellus audiet esse tuum.

Audiet et caelo posita est quaecumque sub ullo

40 (transit nostra feros si modo Musa Getas)

teque meae causam servatoremque salutis,

meque tuum libra norit et aere minus.

XVI (Ad Invidum)

Invide, quid laceras Nasonis carmina rapti?

Non solet ingeniis summa nocere dies,

famaque post cineres maior venit et mihi nomen

tum quoque, cum vivis adnumerarer, erat,

5 cumque foret Marsus magnique Rabirius oris

Iliacusque Macer sidereusque Pedo;

et qui Iunonem laesisset in Hercule, Carus,

Iunonis si iam non gener ille foret;

quique dedit Latio carmen regale, Severus,

10 et cum subtili Priscus uterque Numa;

quique vel inparibus numeris, Montane, vel aequis

    sufficis et gemino carmine nomen habes;

et qui Penelopae rescribere iussit Vlixem

    errantem saevo per duo lustra mari;

15   quique suam Troezena inperfectumque dierum

    deseruit celeri morte Sabinus opus;

ingeniique sui dictus cognomine Largus,

    Gallica qui Phrygium duxit in arva senem;

quique canit domito Camerinus ab Hectore Troiam;

20   quique sua nomen Phyllide Tuscus habet;

veliuolique maris vates, cui credere posses

    carmina caeruleos composuisse deos;

quique acies Libycas Romanaque proelia dixit;

    et scriptor Marius dexter in omne genus;

25   Trinacriusque suae Perseidos auctor et auctor

    Tantalidae reducis Tyndaridosque Lupus;

et qui Maeoniam Phaeacida vertit, et, une[1]

    Pindaricae fidicen, tu quoque, Rufe, lyrae;

Musaque Turrani tragicis innixa coturnis;

30   et tua cum socco Musa, Melisse, levi[2];

cum Varius Graccusque darent fera dicta tyrannis,

    Callimachi Proculus molle teneret iter,

---

1   une=uni=una

2   levi=levis

Tityron antiquas Passerque exciret ad herbas

    aptaque venanti Grattius arma daret;

35 Naidas a satyris caneret Fontanus amatas,

    clauderet inparibus verba Capella modis;

cumque forent alii, quorum mihi cuncta referre

    nomina longa mora est, carmina vulgus habet;

essent et iuvenes, quorum quod inedita cura[1] est,

40   adpellandorum nil mihi iuris adest.

Te tamen in turba non ausim, Cotta, silere,

    Pieridum lumen praesidiumque fori,

maternos Cottas cui Messalasque paternos,

    Maxime, nobilitas ingeminata dedit.

45 Dicere si fas est, claro mea nomine Musa

    atque, inter tantos quae legeretur, erat.

Ergo submotum patria proscindere, Livor,

    desine neu cineres sparge, cruente, meos.

Omnia perdidimus, tantummodo vita relicta est,

50   praebeat ut sensum materiamque mali.

Quid iuvat extinctos ferrum demittere[2] in artus?

    Non habet in nobis iam nova plaga locum.

---

1   cura=causa

2   demittere=dimittere

IBIS

《伊比斯》

Tempus ad hoc, lustris bis iam mihi quinque peractis,

    omne fuit Musae carmen inerme meae;

nullaque, quae possit, scriptis tot milibus, extat

    littera Nasonis sanguinolenta legi;

5   nec quemquam nostri, nisi me, laesere libelli,

    artificis periit cum caput Arte sua.

Vnus, et hoc ipsum est iniuria magna, perennem

    candoris titulum non sinit esse mei.

Quisquis is est, nam nomen adhuc utcumque tacebo[1],

10 cogit inassuetas sumere tela manus.

Ille relegatum gelidos aquilonis ad ortus

    non sinit exilio delituisse meo,

vulneraque inmitis requiem quaerentia vexat,

    iactat et in toto nomina nostra[2] foro,

15 perpetuoque mihi sociatam foedere lecti

    non patitur vivi[3] funera flere viri;

---

1   tacebo=latebit

2   nomina nostra=verba canina=verba carina

3   vivi=miseri

cumque ego quassa meae complectar membra carinae,

  naufragii tabulas pugnat habere mei,

et, qui debuerat subitas extinguere flammas,

20 Hic praedam medio raptor ab igne petit.

Nititur, ut profugae desint alimenta senectae.

  Heu! quanto est nostris dignior ipse malis!

Di melius, quorum longe mihi maximus ille est,

  qui nostras inopes noluit esse vias.

25 Huic igitur meritas grates, ubicumque licebit,

  pro tam mansueto pectore semper agam.

Audiat hoc Pontus. Faciet quoque forsitan idem,

  terra sit ut propior testificanda mihi.

At tibi, calcasti qui me, violente, iacentem,

30 qua[1] licet ei misero, debitus hostis ero.

Desinet esse prius contrarius ignibus umor,

  iunctaque cum luna lumina solis erunt,

parsque eadem caeli zephyros emittet et euros,

  et tepidus gelido flabit ab axe notus,

37 et ver autumno, brumae miscebitur aestas,

  atque eadem regio vesper et ortus erit,

35 et nova fraterno veniet concordia fumo,

  quem vetus accensa separat ira pyra,

39 quam mihi sit tecum positis, quae sumpsimus, armis

---

1   qua=quo=quod

gratia, commissis, improbe, rupta tuis.

     < . . . .

     . . . . >

43   Pax erit haec nobis, donec mihi[1] vita manebit,

     cum pecore infirmo quae solet esse lupis.

45   Prima quidem coepto committam proelia versu,

     non soleant quamvis hoc pede bella geri.

Vtque petit primo plenum flaventis harenae

     nondum calfacti militis hasta solum,

sic ego te nondum ferro iaculabor acuto,

50   protinus invisum nec petet hasta caput,

et neque nomen in hoc nec dicam facta libello,

     teque brevi, qui sis, dissimulare sinam.

Postmodo, si perges, in te mihi liber iambus

     tincta Lycambeo sanguine tela dabit.

55   Nunc quo Battiades inimicum devovet Ibin,

     hoc ego devoveo teque tuosque modo.

Vtque ille, historiis involvam carmina caecis,

     non soleam quamvis hoc genus ipse sequi.

Illius ambages imitatus in Ibide dicar

60   oblitus moris iudiciique mei.

Et quoniam, qui sis, nondum quaerentibus edo,

     Ibidis interea tu quoque nomen habe.

---

1   donec mihi=semper dum

Vtque mei versus aliquantum noctis habebunt,

    sic vitae series tota sit atra tuae.

65   Haec tibi natali facito[1] Ianique kalendis

    non mentituro quilibet ore legat.

Di maris et terrae, quique his meliora tenetis

    inter diversos cum Iove regna polos,

huc, precor, huc vestras omnes advertite mentes,

70   et sinite optatis pondus inesse meis:

ipsaque tu tellus, ipsum cum fluctibus aequor,

    ipse meas aether accipe summe preces,

sideraque et radiis circumdata solis imago,

    lunaque, quae numquam quo prius orbe micas,

75   noxque tenebrarum specie reverenda tuarum,

    quaeque ratum triplici pollice netis[2] opus,

quique per infernas horrendo murmure valles

    inperiuratae laberis amnis aquae,

quasque ferunt torto vittatis angue capillis

80   carceris obscuras ante sedere fores,

vos quoque, plebs superum, Fauni Satyrique Laresque

    fluminaque et nymphae semideumque genus,

denique ab antiquo divi veteresque novique

    in nostrum cuncti tempus adeste chao[3],

---

1   facito=festo

2   netis=nectit=nectis

3   chao=chaos=chori=thori

85   carmina dum capiti male fido dira canentur[1],

     et peragent partes ira dolorque suas.

Adnuite optatis omnes ex ordine nostris,

     et sit pars voti nulla caduca mei.

Quaeque precor, fiant: ut non mea dicta, sed illa

90   Pasiphaës generi verba fuisse putet.

Quasque ego transiero poenas, patiatur et illas:

     plenius ingenio sit miser ille meo.

Neve minus noceant fictum execrantia nomen

     vota, minus magnos commoveantve deos,

95   illum ego devoveo, quem mens intellegit, Ibin,

     qui se scit factis has meruisse preces.

Nulla mora est in me: peragam rata vota sacerdos.

     Quisquis ades sacris, ore favete, meis.

Quisquis ades sacris, lugubria dicite verba,

100   et fletu madidis Ibin adite genis:

ominibusque[2] malis pedibusque occurrite laevis,

     et nigrae vestes corpora vestra tegant.

Tu quoque, quid dubitas ferales sumere vittas?

     iam stat, ut ipse vides, funeris ara tui.

105   Pompa parata tibi est: votis mora tristibus absit:

     da iugulum cultris hostia dira, meis.

---

1   canentur=canuntur

2   ominibusque=nominibusque

Terra tibi fruges, amnis tibi deneget undas,

    deneget afflatus ventus et aura suos.

Nec tibi sol calidus[1], nec sit tibi lucida Phoebe,

110   destituant oculos sidera clara tuos.

Nec se Vulcanus nec se tibi praebeat aër,

    nec tibi det tellus nec tibi pontus iter.

Exul inops erres alienaque limina lustres,

    exiguumque petas ore tremente cibum.

115 Nec corpus querulo nec mens vacet aegra dolore,

    noxque die gravior sit tibi, nocte dies.

Sisque miser semper, nec sis miserabilis ulli:

    gaudeat adversis femina virque tuis.

Accedat[2] lacrimis odium, dignusque putere

120 qui, mala cum tuleris plurima, plura feras.

Sitque, quod est rarum, solito defecta[3] favore

    Fortunae facies invidiosa tuae.

Causaque non desit, desit tibi copia mortis:

    optatam fugiat vita coacta necem.

125 Luctatusque diu cruciatos spiritus artus

    deserat, et longa torqueat ante mora.

Evenient. Dedit ipse mihi modo signa futuri

    Phoebus, et a laeva maesta volavit avis.

---

1   calidus=clarus

2   Accedat=accipias

3   defecta=deserta

Certe ego, quae voveo, superos motura putabo
130   speque tuae mortis, perfide[1], semper alar.

Et prius hanc animam, nimium tibi saepe[2] petitam,
    auferet illa dies, quae mihi sera[3] venit,

quam dolor hic umquam spatio evanescere possit,
    leniat aut odium tempus et hora meum.

135 Pugnabunt arcu dum Thraces, Iazyges hasta,
    dum tepidus Ganges, frigidus Hister erit,

robora dum montes, dum mollia pabula[4] campi,
    dum Tiberis liquidas Tuscus habebit aquas,

tecum bella geram; nec mors mihi finiet iras,
140   saeva sed in manes manibus arma dabit.

Tum quoque, cum fuero vacuas dilapsus in auras,
    exsanguis[5] mores oderit umbra tuos.

Tum quoque factorum veniam memor umbra tuorum,
    insequar et vultus ossea forma tuos.

145 Sive ego, quod nolim, longis consumptus ab annis,
    sive manu facta morte solutus ero,

sive per inmensas iactabor naufragus undas,

---

1   perfide=pessime

2   saepe=saeve

3   sera=tarda

4   mollia pabula=pabula mollia=mitia pabula

5   exsanguis=exanimis

nostraque longinquus viscera[1] piscis edet,

sive peregrinae carpent mea membra volucres,

150   sive meo tinguent sanguine rostra lupi,

sive aliquis dignatus erit subponere terrae

et dare plebeio corpus inane rogo,

quidquid ero, Stygiis erumpere nitar ab oris,

et tendam gelidas ultor in ora manus.

155   Me vigilans cernes, tacitis ego noctis in[2] umbris

excutiam somnos visus adesse tuos.

Denique quidquid ages, ante os oculosque volabo

et querar, et nulla sede quietus eris.

Verbera saeva[3] dabunt sonitum nexaeque colubrae:

160   conscia fumabunt semper ad ora faces.

His vivus furiis agitabere, mortuus isdem:

et brevior poena vita futura tua est.

Nec tibi continget funus lacrimaeque tuorum;

indeploratum proicere caput,

165   carnificisque manu populo plaudente traheris,

infixusque tuis ossibus uncus erit.

Ipsae te fugient, quae carpunt omnia, flammae:

respuet invisum iusta cadaver humus

Vnguibus et rostro crudus trahet ilia vultur,

---

1   viscera=corpora

2   noctis in=conditus

3   saeva=torta=torva

170　et scindent avidi perfida corda canes.

Deque tuo fiet (licet hac sis laude superbus)

insatiabilibus corpore rixa lupis.

In loca ab Elysiis diversa fugabere campis,

quasque tenet sedes noxia[1] turba, coles.

175　Sisyphus est illic saxum volvensque petensque,

quique agitur rapidae vinctus ab orbe rotae,

181　iugeribusque novem summus qui distat ab imo,

visceraque assiduae debita praebet avi.

177　Quaeque gerunt umeris perituras Belides undas,

exulis Aegypti, turba cruenta, nurus.

Poma pater Pelopis praesentia quaerit[2], et idem

180　semper eget liquidis, semper abundat aquis.

183　Hic tibi de Furiis scindet latus una flagello,

ut sceleris numeros confiteare tui,

185　altera Tartareis sectos dabit anguibus artus,

tertia fumantes incoquet igne genas.

Noxia mille modis lacerabitur umbra, tuasque

Aeacus in poenas ingeniosus erit.

In te transcribet veterum tormenta reorum[3]:

190　sontibus[4] antiquis causa quietis eris.

1　noxia=impia

2　quaerit=captat

3　reorum=virorum

4　sontibus=manibus=omnibus

Sisyphe, cui tradas[1] revolubile pondus, habebis:

    versabunt celeres nunc nova membra rotae.

Hic et erit, ramos frustra qui captet et undas:

    hic inconsumpto viscere pascet aves.

195   Nec mortis poenas mors altera finiet huius,

    horaque erit tantis ultima nulla malis.

Inde ego pauca canam, frondes ut siquis ab Ida

    aut summam Libyco de mare carpat aquam.

Nam neque, quot flores Sicula nascantur in Hybla,

200   quotve ferat, dicam, terra Cilissa crocos,

nec, cum tristis hiems Aquilonis inhorruit alis,

    quam multa fiat grandine canus Athos.

Nec mala voce mea poterunt tua cuncta referri,

    ora licet tribuas multiplicata mihi.

205   Tot tibi vae misero venient talesque ruinae,

    ut cogi in lacrimas me quoque posse putem.

Illae me lacrimae facient sine fine beatum:

    dulcior hic risu tunc mihi fletus erit.

Natus es infelix, ita di voluere, nec ulla

210   commoda nascenti stella levisve fuit.

Non Venus affulsit, non illa Iuppiter hora,

    lunaque non apto solque fuere loco.

Nec satis utiliter positos tibi praebuit ignes

---

1   tradas=credas

quem peperit magno lucida Maia Iovi.

215   Te fera nec quicquam placidum spondentia Martis

sidera presserunt falciferique senis.

Lux quoque natalis, ne quid nisi triste videres,

turpis et inductis nubibus atra fuit.

Haec est, in fastis cui dat gravis Allia nomen;

220   quaeque dies Ibin, publica damna tulit.

Qui simul impura matris prolapsus ab alvo

Cinyphiam foedo corpore pressit humum,

sedit in adverso nocturnus culmine bubo,

funereoque graves edidit ore sonos.

225   Protinus Eumenides lavere palustribus undis[1].

Qua cava de Stygiis fluxerat unda vadis,

pectoraque unxerunt Erebeae felle colubrae,

terque cruentatas increpuere manus,

gutturaque imbuerunt infantia lacte canino:

230   hic primus pueri venit in ora cibus.

Perbibit inde suae rabiem nutricis alumnus,

latrat et in toto verba canina foro.

Membraque vinxerunt tinctis ferrugine pannis,

a male deserto quos rapuere rogo,

235   et, ne non fultum nuda tellure iaceret,

molle super silices inposuere caput.

---

1   palustribus undis=paludibus udis

Iamque recessurae viridi de stipite factas

    admorunt oculos usque sub ora faces.

Flebat, ut est fumis infans contactus amaris:

240   de tribus est cum sic una locuta soror:

'Tempus in inmensum lacrimas tibi movimus istas,

    quae semper causa sufficiente cadent.'

Dixerat: at Clotho iussit promissa valere,

    nevit et infesta stamina pulla manu,

245   et, ne longa suo praesagia diceret ore,

    'Fata canet vates qui tua,' dixit, 'erit.'

Ille ego sum vates: ex me tua vulnera disces,

    dent modo di vires in mea verba suas;

carminibusque meis accedent pondera rerum,

250   quae rata per luctus experiere tuos.

Neve sine exemplis aevi cruciere prioris,

    sint tua Troianis non leviora malis.

Quantaque clavigeri Poeantius Herculis heres,

    tanta venenato vulnera crure geras.

255   Nec levius doleas quam qui bibit ubera cervae

    armatique tulit vulnus, inermis opem,

quique ab equo praeceps in Aleïa decidit arva,

    exitio facies cui sua paene fuit.

Id quod Amyntorides videas, trepidumque ministro

260   praetemptes baculo luminis orbus iter.

Nec plus aspicias quam quem sua filia rexit,

expertus scelus est cuius uterque parens;

qualis erat, postquam est iudex de lite iocosa

sumptus, Apollinea clarus in arte senex,

265 qualis et ille fuit, quo praecipiente columba

est data Palladiae praevia duxque rati,

quique oculis caruit, per quos male viderat aurum,

inferias nato quos dedit orba parens;

pastor ut Aetnaeus, cui casus ante futuros

270 Telemus[1] Eurymides vaticinatus erat;

ut duo Phinidae, quibus idem lumen ademit

qui dedit; ut Thamyrae Demodocique caput.

Sic aliquis tua membra secet, Saturnus ut illas

subsecuit partes, unde creatus erat.

275 Nec tibi sit melior tumidis Neptunus in undis,

quam cui sunt subitae frater et uxor aves,

sollertique viro, lacerae quem fracta tenentem

membra ratis Semeles est miserata soror.

Vel tua, ne poenae genus hoc cognoverit unus,

280 viscera diversis scissa ferantur equis.

Vel, quae qui redimi Romano turpe putavit,

a duce Puniceo pertulit, ipse feras.

Nec tibi subsidio praesens sit numen, ut illi,

---

1   Telemus=Thelemus=Telenus=Telephus

cui nihil Hercei[1] profuit ara Iovis.

285 Vtque dedit saltus a summa Thessalus Ossa,

tu quoque saxoso praecipitere iugo.

Aut velut Eurylochi, qui sceptrum cepit ab illo,

sint artus avidis anguibus esca tui.

Vel tua maturet, sicut Minoïa fata,

290 per caput infusae fervidus umor aquae.

Vtque parum mitis, sed non impune, Prometheus,

aërias volucres sanguine[2] fixus alas[3].

Aut, ut Erecthides[4] magno ter ab Hercule victus[5],

caesus in inmensum proiciare fretum.

295 Aut, ut Amyntiaden, turpi dilectus amore

oderit, et saevo vulneret[6] ense puer.

Nec tibi fida magis misceri pocula possint,

quam qui cornigero de Iove natus erat.

More vel intereas capti suspensus Achaei,

300 qui miser aurifera teste pependit aqua.

Aut, ut Achilliden cognato nomine clarum,

opprimat hostili tegula iacta manu.

---

1 Hercei=ethei=etherei=rethei=Rhoetei

2 sanguine=corpore

3 fixus alas=pasce tuo=pascit aves

4 Erecthides=ethreclides=ececratides=echecratides

5 victus=quintus

6 vulneret=verberet

Nec tua quam Pyrrhi felicius ossa quiescant,

    sparsa per Ambracias quae iacuere vias.

305 Nataque ut Aeacidae iaculis moriaris adactis:

    non licet hoc Cereri dissimulare sacrum[1].

Vtque nepos dicti nostro modo carmine regis,

    Cantharidum sucos dante parente[2] bibas.

Aut pia te caeso dicatur adultera, sicut

310   qua cecidit Leucon vindice, dicta pia est.

Inque pyram tecum carissima corpora mittas,

    quem finem vitae Sardanapallus habet.

Vtque Iovis Libyci templum violare parantes,

    acta noto vultus condat harena tuos.

315 Vtque necatorum Darei fraude secundi,

    sic tua subsidens[3] devoret ora[4] cinis.

Aut, ut olivifera quondam Sicyone profecto,

    sit frigus mortis causa famesque tuae.

Aut, ut Atarnites, insutus pelle iuvenci

320   turpiter ad dominum praeda ferare tuum.

Inque tuo thalamo ritu iugulere Pheraei,

    qui datus est leto coniugis ense suae.

Quosque putas fidos, ut Larisaeus Aleuas,

---

1   sacrum=nefas

2   dante parente=matre parante

3   subsidens=succindens=succedens

4   ora=ossa

vulnere non fidos experiare tuo.

325 Vtque Milo, sub quo cruciata est Pisa tyranno,

vivus in occultas praecipiteris aquas.

Quaeque in Adimantum Phyllesia regna tenentem

a Iove venerunt, te quoque tela petant.

Aut ut Amastriacis quondam Lenaeus ab oris,

330 nudus Achillea destituaris humo.

Vtque vel Eurydamas ter circum busta Thrasylli

est Larisaeis raptus ab hoste rotis,

vel qui, quae fuerat tutatus moenia saepe

corpore lustravit non diuturna suo,

335 utque novum passa genus Hippomeneïde poenae

tractus in Actaea fertur adulter humo,

sic, ubi vita tuos invisa reliquerit artus,

ultores rapiant turpe cadaver equi.

Viscera sic aliquis scopulus tua figat, ut olim

340 fixa sub Euboico Graia fuere sinu.

Vtque ferox periit et fulmine et aequore raptor,

sic te mersuras adiuvet ignis aquas.

Mens quoque sic furiis vecors agitetur, ut illi

unum qui toto corpore vulnus habet,

345 utque Dryantiadae Rhodopeïa regna tenenti,

in gemino dispar cui pede cultus erat;

ut fuit Oetaeo[1] quondam generoque draconum

    Tisamenique patri Calliroësque viro.

Nec tibi contingat matrona pudicior illa,

350   qua potuit Tydeus erubuisse nuru,

quaeque sui Venerem iunxit cum fratre mariti

    Locris in ancillae dissimulata nece.

Tam quoque, di faciant, possis gaudere fideli

    coniuge, quam Talai Tyndareique gener,

355   quaeque parare suis letum[2] patruelibus ausae

    Belides assidua colla premuntur aqua

Byblidos et Canaces, sicut facit, ardeat igne,

    nec nisi per crimen sit tibi fida soror.

Filia si fuerit, sit quod Pelopea Thyestae,

360   Myrrha suo patri, Nyctimeneque suo.

Neve magis pia sit capitique parentis amica[3],

    quam sua vel Pterelae, vel tibi, Nise, fuit,

infamemque locum sceleris quae nomine fecit,

    pressit et inductis membra paterna rotis.

365   Vt iuvenes pereas, quorum fastigia vultus[4]

    membraque[5] Pisaeae sustinuere foris,

---

1   Oetaeo=acteo

2   suis letum=necem miseris

3   Neve magis pia sit capitique parentis amica=filia neve magis capiti sit fida parentis

4   quorum fastigia vultus=quorum vestigia vultus=proiecta cadavera quorum

5   membraque=brachia=oraque=quorum

ut qui perfusam miserorum saepe[1] procorum

　　ipse suo melius sanguine tinxit humum;

proditor ut saevi periit auriga tyranni

370　　qui nova Myrtoae nomina fecit aquae,

ut qui velocem frustra petiere puellam

　　dum facta[2] est pomis tardior illa tribus,

ut qui tecta novi formam celantia monstri

　　intrarunt caecae non redeunda domus,

375　　ut quorum Aeacides misit violentus in altum[3]

　　corpora cum senis altera sena rogum,

ut quos, obscuri victos ambagibus oris

　　legimus infandae Sphinga dedisse neci,

ut qui Bistoniae templo cecidere Minervae,

380　　propter quos acies[4] nunc quoque tecta[5] deae est,

ut qui Threïcii quondam praesepia regis

　　fecerunt dapibus sanguinolenta suis,

Therodamanteos ut qui sensere leones·

　　quique Thoanteae Taurica sacra deae,

385　　ut quos Scylla vorax[6] Scyllaeque adversa Charybdis

1　　saepe=caede

2　　facta=capta

3　　altum=altis=artis

4　　acies=facies

5　　tecta=torta

6　　vorax=rapax

Dulichiae pavidos eripuere rati,

ut quos demisit vastam Polyphemus in alvum,

ut Laestrygonias qui subiere manus,

ut quos dux Poenus mersit putealibus undis,

390   et iacto canas pulvere fecit aquas;

sex bis ut Icaridos famulae periere procique,

inque caput domini qui dabat arma procis;

ut iacet Aonio luctator ab hospite fusus

qui, mirum, victor, cum cecidisset, erat,

395   ut quos Antaei fortes pressere lacerti

quosque ferae morti Lemnia turba dedit,

ut qui post longum, sacri monstrator iniqui,

elicuit pluvias victima caesus aquas;

frater ut Antaei[1], quo sanguine debuit, aras

400   tinxit, et exemplis occidit ipse suis;

ut qui terribiles pro gramen habentibus herbis

impius humano viscere pavit equos,

ut duo diversis sub eodem vindice caesi

vulneribus, Nessus Dexamenique gener,

405   ut pronepos, Saturne, tuus, quem reddere vitam

urbe Coronides vidit ab ipse sua,

ut Sinis et Sciron et cum Polypemone natus

quique homo parte sui, parte iuvencus erat,

---

1   Antaei=Ancaei=ancei

quique trabes pressas ab humo mittebat in auras

410   aequoris aspiciens huius et huius aquas,

quaeque Ceres laeto vidit pereuntia vultu

corpora Thesea Cercyonea manu.

Haec tibi, quem meritis precibus[1] mea devovet ira,

evenient aut his non leviora malis.

415   Qualis Achaemenidis, Sicula desertus in Aetna[2]

Troica cum vidit vela venire, fuit,

qualis erat nec non fortuna binominis Iri,

quique tenent pontem, spe tibi maior[3] erit.

Filius et Cereris frustra tibi semper ametur

420   destituatque tuas usque petitus opes.

Vtque per alternos unda labente recursus

subtrahitur presso mollis harena pedi,

sic tua nescio qua semper fortuna liquescat,

lapsaque per medias effluat usque manus.

425   Vtque pater solitae varias mutare figuras,

plenus inextincta conficiare[4] fame.

Nec dapis humanae tibi sint fastidia, quaque

parte potes, Tydeus temporis huius eris.

Atque aliquid facies, a vespere Solis ad ortus

---

1   meritis precibus=meritis iustis

2   Aetna=ora

3   maior=maphor=talis

4   conficiare=destituare

430　　cur externati rursus agantur equi.

Foeda Lycaoniae repetes[1] convivia mensae

　　temptabisque cibi fallere fraude Iovem.

Teque aliquis posito temptet vim numinis opto:

　　Tantalides tu sis, tu Teleique puer.

435　Et tua sic latos spargantur membra per agros,

　　tamquam quae patrias detinuere vias.

Aere Perilleo veros imitere iuvencos

　　ad formam tauri conveniente sono.

Vtque ferox Phalaris, lingua prius ense resecta,

440　more bovis Paphio clausus in aere gemas.

Dumque redire voles aevi melioris in annos,

　　ut vetus Admeti decipiare socer.

Aut eques in medii mergare voragine[2] caeni,

　　dummodo sint fati[3] nomina nulla tui.

445　Atque utinam pereas, veluti de dentibus orti

　　Sidonia iactis Graia per arva manu.

Et quae Pitthides fecit de fratre Medusae

　　eveniant capiti vota sinistra tuo,

et quibus exiguo volucris devota libello est,

450　corpora proiecta[4] quae sua purgat aqua.

1　repetes=repetens=repetent=repetas=referens

2　voragine=voramine

3　fati=facti

4　proiecta=coniecta

Vulnera totque feras, quot dicitur ille tulisse

cuius ab inferiis culter abesse solet.

Attonitusque seces, ut quos Cybeleïa mater

incitat, ad Phrygios vilia membra modos.

455 Deque viro fias nec femina nec vir, ut Attis,

et quatias molli tympana rauca manu.

Inque pecus subito Magnae vertare Parentis,

victor ut est celeri victaque versa pede.

Solaque Limone poenam ne senserit illam,

460 et tua dente fero viscera carpat equus.

Aut ut Cassandreus, domino non mitior illo,

saucius ingesta contumuleris humo.

Aut ut Abantiades, aut ut Cycneïus heros,

clausus in aequoreas praecipiteris aquas.

465 Victima vel Phoebo sacras macteris ad aras,

quam tulit a saevo Theodotus hoste necem.

Aut te devoveat certis Abdera diebus,

saxaque devotum grandine plura petant.

Aut Iovis infesti telo feriare trisulco,

470 ut satus Hipponoo, Dexionesque pater,

ut soror Autonoes, ut cui matertera Maia,

ut temere optatos qui male rexit equos,

ut ferus Aeolides, ut sanguine natus eodem,

quo genita est liquidis quae caret Arctos aquis.

475 Vt Macelo¹ rapidis icta est cum coniuge flammis,

    sic, precor, aetherii vindicis igne cadas.

Praedaque sis illis, quibus est Latonia Delos

    ante diem rapto non adeunda Thaso,

quique verecundae speculantem labra Dianae,

480   quique Crotopiaden diripuere Linum.

Neve venenato levius feriaris ab angue,

    quam senis Oeagri Calliopesque nurus,

quam puer Hypsipyles, quam qui cava primus acuta

    cuspide suspecti robora fixit equi.

485 Neve gradus adeas Elpenore cautius altos,

    vimque feras vini quo tulit ille modo.

Tamque cadas domitus, quam quisquis ad arma vocantem

    iuvit inhumanum Thiodamanta Dryops,

quam ferus ipse suo periit mactatus in antro

490   proditus inclusae Cacus ab ore bovis,

quam qui dona tulit Nesseo tincta veneno,

    Euboicasque suo sanguine tinxit² aquas.

Vel de praecipiti venias in Tartara saxo,

    ut qui Socraticum de nece legit opus,

495 ut qui Theseae fallacia vela carinae

    vidit, ut Iliaca missus ab arce puer,

---

1   Macelo=Macedo

2   sanguine tinxit=nomine fecit

ut teneri nutrix eadem matertera Bacchi,

　　ut cui causa necis serra reperta fuit,

Lydia se scopulis ut virgo misit ab altis,

500　　dixerat invicto quae mala verba deo.

Feta tibi occurrat patrio popularis in arvo

　　sitque Phalaeceae causa leaena necis.

Quique Lycurgiden letavit et arbore natum

　　Idmonaque audacem, te quoque rumpat aper.

505　Isque vel exanimis faciat tibi vulnus, ut illi,

　　ora super fixi quem cecidere suis.

Sive idem, simili pinus quem morte peremit,

　　Phryx ac venator sis Berecyntiades.

Si tua contigerit Minoas puppis harenas[1],

510　　te Corcyraeum Cressia turba[2] putet.

Lapsuramque domum subeas, ut sanguis Aleuae,

　　stella Leoprepidae cum fuit aequa Iovis.

Vtque vel Evenus, torrenti flumine mersus

　　nomina des rapidae, vel Tiberinus, aquae.

515　Astacidaeque[3] modo decisa[4] cadavere[5] trunco,

　　digna feris, hominis sit caput esca tuum.

1　harenas=ad undas

2　turba=regia

3　Astacidaeque=astacidaeve=tacideque=ytacideque=hirtacideque

4　decisa=defixa

5　cadavere=cadavera

Quodque ferunt Brotean fecisse cupidine mortis,

    des tua succensae membra cremanda pyrae.

Inclususque necem cavea patiaris, ut ille

520   non profecturae conditor historiae.

Vtque repertori nocuit pugnacis iambi,

    sic sit in exitium lingua proterva tuum.

Vtque parum stabili qui carmine laesit Athenin,

    invisus pereas deficiente cibo.

525 Vtque lyrae vates fertur periisse severae,

    causa sit exitii dextera laesa tui.

Vtque Agamemnonio vulnus dedit anguis Orestae,

    tu quoque de morsu virus habente cadas.

Sit tibi coniugii nox prima novissima vitae:

530   Eupolis hoc periit et nova nupta modo.

Vtque coturnatum periisse Lycophrona narrant,

    haereat in fibris fixa sagitta tuis.

Aut lacer in silva manibus spargare tuorum,

    sparsus ut est Thebis angue creatus avo.

535 Perque feros montes tauro rapiente traharis,

    ut tracta est coniunx imperiosa Lyci.

Quodque suae passa est paelex invita[1] sororis,

    excidat ante pedes[2] lingua resecta tuos.

---

1   invita=invisa

2   pedes=oculos

Conditor ut tardae, laesus cognomine, Myrrhae,

540 urbis in innumeris inveniare locis.

Inque tuis opifex, vati quod fecit Achaeo,

noxia luminibus pecula condat apis

Fixus et in duris carparis viscera saxis,

ut cui Pyrrha sui filia fratris erat.

545 Vt puer Harpagides referas exempla Thyestae

inque tui caesus viscera patris eas.

Trunca geras saevo mutilatis partibus ense,

qualia Mimnermi[1] membra fuisse ferunt.

Vtve Syracosio praestricta fauce poetae,

550 sic animae laqueo sit via clausa tuae.

Nudave derepta pateant tua viscera pelle,

ut Phrygium cuius nomina flumen habet.

Saxificae videas infelix ora Medusae,

Cephenum multos quae dedit una neci.

555 Potniadum morsus subeas, ut Glaucus, equarum,

inque maris salias, Glaucus ut alter, aquas.

Vtque duobus idem dictis modo nomen habenti,

praefocent animae Cnosia mella viam.

Sollicitoque bibas, Anyti doctissimus olim

560 imperturbato quod bibit ore reus.

Nec tibi, siquid amas, felicius Haemone cedat,

---

1   Mimnermi=Mamertae

utque sua Macareus, sic potiare tua.

Vel videas quod iam cum flammae cuncta tenerent

　　Hectoreus patria vidit ab arce[1] puer.

565　Sanguine probra luas, ut avo genitore creatus,

　　per facinus soror est cui sua facta parens.

Ossibus inque tuis teli genus haereat illud,

　　traditur Icarii quo cecidisse gener.

Vtque loquax in equo est elisum guttur acerno,

570　　sic tibi claudatur pollice vocis iter.

Aut, ut Anaxarchus, pila minuaris in alta,

　　ictaque pro solitis frugibus ossa sonent.

Vtque patrem Psamathes, condat te Phoebus in ima

　　Tartara, quod natae fecerat ille suae.

575　Inque tuos ea pestis eat quam dextra Coroebi

　　vicit, opem miseris Argolisinque tulit.

Vtque nepos Aethrae Veneris moriturus ob iram,

　　exul ab attonitis excutiaris equis.

Propter opes magnas ut perdidit hospes alumnum,

580　　perdat ob exiguas te tuus hospes opes.

Vtque ferunt caesos sex cum Damasicthone fratres,

　　intereat tecum sic genus omne tuum.

Addidit ut fidicen miseris sua funera natis,

　　sic tibi sint vitae taedia iusta tuae.

1　　arce=urbe

585 Vtve soror Pelopis, saxo dureris oborto[1],

ut laesus lingua Battus ab ipse sua.

Aëra si misso vacuum[2] iaculabere disco,

quo puer Oebalides, ictus ab orbe cadas.

Siqua per alternos pulsabitur[3] unda lacertos,

590 omnis Abydena sit tibi peior aqua.

Comicus ut liquidis periit, dum nabat, in undis,

et tua sic Stygius strangulet ora liquor.

Aut, ubi ventosum superaris naufragus aequor,

contacta pereas, ut Palinurus, humo.

595 Vtque coturnatum vatem tutela Dianae,

dilaniet[4] vigilum te quoque turba canum.

Aut, ut Trinacrius, salias super ora gigantis,

plurima qua flammas Sicanis Aetna vomit[5].

Diripiantque tuos insanis unguibus artus

600 Strymoniae matres, Orpheos esse ratae.

Natus ut Althaeae flammis absentibus arsit,

sic tuus ardescat stipitis igne rogus.

Vt nova Phasiaca comprensa est nupta corona,

utque pater nuptae, cumque parente domus,

---

1   oborto=aborto=ab ovo

2   vacuum=liquidum

3   pulsabitur=iactabitur

4   dilaniet=dilaceret

5   vomit=movet

605 ut cruor Herculeos abiit diffusus in artus,

corpora pestiferum sic tua virus edat.

Qua sua Penteliden proles est ulta Lycurgum,

haec maneat teli te quoque plaga novi.

Vtque Milo, robur diducere fissile temptes,

610 nec possis captas inde referre manus.

Muneribusque tuis laedaris, ut Icarus, in quem

intulit armatas ebria turba manus.

Quodque dolore necis patriae pia filia fecit,

vincula per laquei fac tibi guttur eat.

615 Obstructoque famem patiaris limine tecti[1],

ut legem poenae cui dedit ipsa parens.

Illius exemplo violes simulacra Minervae,

Aulidis a portu qui leve vertit iter.

Naupliadaeve modo poenas pro crimine falso[2]

620 morte luas, nec te non meruisse iuvet.

Aethalon ut vita spoliavit in Isidis hospes,

quem memor a sacris nunc quoque pellit Ion,

utque Melanthea tenebris a caede latentem

prodidit officio luminis ipsa parens,

625 sic tua coniectis fodiantur viscera[3] telis,

sic precor auxiliis impediare tuis.

---

1   tecti=templi

2   falso=ficto

3   viscera=corpora=pectora

Qualis equos pacto, quos fortis agebat Achilles,

    acta Phrygi timido, nox tibi talis eat.

Nec tu quam Rhesus somno meliore quiescas,

630   quam comites Rhesi tum necis, ante viae,

quam quos cum Rutulo morti Ramnete dederunt

    impiger Hyrtacides Hyrtacidaeque comes.

Cliniadaeve modo circumdatus ignibus atris

    membra feras Stygiae semicremata neci.

635   Vtque Remo muros auso transire recentes

    noxia sint capiti rustica tela tuo.

Denique Sarmaticas inter Geticasque sagittas

    his precor ut vivas et moriare locis.

Haec tibi tantisper subito sint missa libello,

640   inmemores ne nos esse querare tui:

pauca quidem, fateor; sed di dent plura rogatis

    multiplicentque suo vota favore mea.

Postmodo plura leges et nomen habentia verum,

    et pede quo debent acria bella geri.

研究综述

奥维德版本简史

　　奥维德的作品在他生前的古罗马就已经成为经典，文法学家经常引用他的诗，尤其是《变形记》，作为权威材料。他的诗集最初以卷子本的形式流传，后来逐渐被册子本取代。所有的卷子本都已失传，册子本也只有《黑海书简》（Ex Ponto）的 G 版本尚存。在西罗马帝国灭亡之后的几个世纪，奥维德和其他古典作家一样也暂时被淡忘了。到了 8 世纪末期，在查理曼帝国统治下，古典文化出现了短期的兴盛，奥维德的作品也有了新的官方抄本。文法学家对拼写和语法做了系统的校对和整理，清除了许多错误，但也带来了一些新的错误，尤其是在涉及希腊语的词汇方面。总体而言，9、10 世纪流传下来的奥维德抄本仍然不多，表明当时对他的兴趣仍然不大，然而后世对奥维德作品的知识却主要依赖这些抄本。12—13 世纪，奥维德在欧洲文化中的地位迅速上升，这两百年甚至被 Ludwig Traube 称为"奥维德时代"。奥维德所有幸存的作品都被搜集和转抄，出现了叫作 scriptoria 的汇编文集，一些伪作也混入其中，如 Nux、Philomela、De Somnio 和 De Humoribus 等。教育机构的增多扩大了拉丁阅读材料的需求，奥维德开始进入课堂，将其作品编为学生可用的"教材"在相当程度上改变了它们的样貌。文艺复兴时期的意大利人文主义者出于对古典文化的热爱，较为系统地整理了他们所能找到的奥维德抄本。在威尼斯与东罗马帝国的交往中，奥维德的一些作品被 Maximus Planudes 译成希腊文，源于希腊语的词语在中世纪传抄和整理过程中出现的错误也得到纠正。

1471 年，两个奥维德全集（包含部分伪作）的版本分别在罗马和博洛尼亚出版，这就是奥维德作品的初版（editiones principes）。随后出现的比较有影响的早期印本还有 Jacobus Rubeus（1474）和 Stephanus Corallus（1477）。印本的出现使得奥维德作品广为传播，但商业动机和成本压力让出版商无暇顾及文本的准确性与可靠性，一些学者渐渐意识到问题的严重性，开始了严谨的校勘工作，成就最大的早期校勘者是 16 世纪的 A. Naugerius，他在两个初版的基础上，参考如今已佚失的一些手稿，全面校对了奥维德的文本，为后来的校勘者确立了一个高标准。成就更大的是 17 世纪的 Nicholaus Heinsius，他搜集了四百五十八种抄本，仔细比对分析，解决了奥维德文本的很多疑难。

19 世纪德国学者 R. Merkel 推出的学术版（critical edition）奥维德则标志着一个新时代的到来，他遵循了 Karl Lachmann 提出的原则：文本批评的基础不是印本，而是未被窜入的抄本。19 世纪值得一提的奥维德全集版本是 Riese 的 *Ovidii Opera*（1871—1874）。德国古典学所确立的严谨的校勘程序（尤其是 Lachmann 的抄本谱系研究方法）推动了奥维德版本的标准化，但奥维德的古代抄本之多（仅《变形记》就有四百多种版本）仍是对学者们的巨大挑战。方法的进步和资料的丰富（受益于摄影技术和全球合作）并不能保证今日学者的校勘水平一定会超过前人。

国外研究简述

对奥维德作品的评注始于古典时代。现存最早的注释是伪托

Lactantius Placidus 的一个集子，它的主要功能是解释《变形记》涉及的神话故事。9 世纪《爱的艺术》的一个包含威尔士语的注本标志着奥维德重新进入人们的视野。中世纪的奥维德研究主要体现在各个抄本的前言里，这些前言叫作 accessus，遵循着固定的模式，会依次谈及作者生平、作品名称、作者意图、作品内容、作品功用和所属哲学派别。将奥维德的异教作品道德化是基督教统治下的中世纪评注者的基本倾向，现存最早的例子是 Arnulf of Orléans 的 *Allegoriae super Ovidii Metamorphosin*（约 1175），最著名的此类著作则是 14 世纪早期的法国匿名长诗 *Ovide Moralisé* 和 Pierre Bersuire 的诗作 *Ovidius Moralizatus*（1362）。

文艺复兴时期的人文主义者热衷于逐行甚至逐词为古代经典作品作注。15 世纪晚期的 Domizio Calderini 为《伊比斯》作了注。和中世纪注者只关注道德教训不同，Calderini 的重心是通过参考不同的文献来解释文本中的难懂之处。比他稍晚的 Angelo Poliziano 则在 *Miscellanea*（1489）等著作中开创了后来语文学阐释的传统，Poliziano 还为奥维德的《岁时记》等诗作了注。这一时期最受欢迎的评注是 Raphael Regius 的《变形记》注本（1493）。16 世纪的《变形记》注者主要以补充 Regius 的注释为主要任务。17 世纪的 Heinsius 在他编辑的奥维德作品中加入了非常丰富的注释，但这些注释旨在讨论文本的各种版本问题，并非为了阐释其意义。在阐释奥维德作品的寓意方面，Georgius Sabinus 的 *Fabularum Ovidii Interpretatio*（1554）是突出代表，其基本观点是奥维德与基督教道德教训之间没有根本冲突。

19 世纪是古典学的兴盛期，然而由于和贺拉斯、维吉尔等人相比，奥维德作品的阐释难以纳入当时主流的文化思想和意识形态，所以受到了相对的冷落。1898 年 Arthur Palmer 出版了《女杰书简》的评注，

Moriz Haupt 贡献了《变形记》前七卷的导读（1853），Otto Horn 最终完成了他的工作。到了 20 世纪，欧洲大陆学派的百科全书式研究倾向对奥维德研究也产生了影响，典型的例子是 Bömer 的规模惊人的《变形记》评注，厚达七卷，历时十七年（1969—1986）。和前人的倾向不同，这部评注更关注作品细节如词语的解释，极少对作品的意义发表观点。近几十年来，奥维德的作品重新引起了广泛关注，评注的重心也普遍从词语转到了作品本身的文学阐释，这些阐释也明显受到了 20 世纪后半期各种批评流派的影响。McKeown 的四卷本《女杰书简》评注充分讨论了奥维德的语言、风格和主题。Pléiade 出版社 2000 年推出的《变形记》附加了 Luigi Galasso 长达八百余页的评注。

　　20 世纪下半叶以来，学者们运用各种方法，对奥维德的作品进行了全方位的研究。下面对各类研究做一番综述和评价。

　　1. 源头研究：主要研究奥维德作品与古希腊和泛希腊文学的关系，以及它们与古罗马前辈作家的关系。奥维德是古罗马文学黄金时代的最后一位诗人，他已经站在白银时代的门槛上。白银时代的标志就是古罗马文学自身的经典化，罗马作家心目中的典范从希腊人变成了罗马人。奥维德身处这个进程中，他一方面仍然像维吉尔、贺拉斯等人一样以希腊人为师，另一方面已经把维吉尔等罗马本土作家视为自己立志超越的经典作家。超越的方式之一是征服古希腊罗马传统中的各种诗歌体裁和对应的题材、技法。在此过程中，他与古希腊文学、泛希腊文学和罗马本土文学都发生了复杂的互动。这方面，Hinds 的 *Allusion and Intertext: Dynamics of Appropriation in Roman Poetry*（1998）是一部极具理论深度的著作，它虽然并非专论奥维德，却揭示了古罗马诗歌化用前代作家的基本模式。Forbes-Irving（1990）的 *Metamorphosis in Greek Myths* 讨论了《变形记》与希腊神话的联系。Lafaye（1904）

在 *Les Métamorphoses d'Ovide et leurs modèles grecs* 中追溯了《变形记》故事的希腊原型。Boyd（1997）的 *Ovid's Literary Loves: Influence and Innovation in the Amores* 考察了奥维德《情诗集》对泛希腊哀歌的借用与翻新。Cameron（1995）的 *Callimachus and his Critics* 审视了泛希腊诗人卡利马科斯在古罗马诗歌中的影响，奥维德是其中的重要内容。Knox（1986）的 *Ovid's Metamorphoses and the Traditions of Augustan Poetry* 尤其聚焦在《变形记》与卡利马科斯的渊源上。Tarrant（2006）和 Lightfoot（2009）都认为，在奥古斯都时期，卡利马科斯已经不再是卡图卢斯时期大众心目中的晦涩诗人，而早已成为众多诗人效法的对象，在这种情形下，奥维德与他相似的主要不是技法，而是气质和写作的大策略。Gee（2000）的 *Ovid, Aratus, and Augustus* 以《岁时记》和泛希腊时期天文学的关系为主要研究对象。在前辈和稍早的罗马诗人中，奥维德主要学习并试图超越的是以卡图卢斯为代表的新诗派、以提布卢斯与普洛佩提乌斯为代表的哀歌作家和以维吉尔为代表的史诗作家。关于奥维德和卡图卢斯的关系，Lyne（1980）的 *The Latin Love Poets from Catullus to Horace* 是一部力作，Ferguson（1960）的论文 "Catullus and Ovid" 也值得一读。Maltby（1999）的 *Tibullus and the Language of Latin Elegy* 和 Wyke（1987）的 *Written women: Propertius' scripta puella* 分别讨论了提布卢斯和普洛佩提乌斯对包括奥维德在内的后续罗马哀歌诗人的影响。Lamacchia（1960）的 *Ovidio interprete di Virgilio* 全面考察了奥维德对维吉尔的引用、借用和化用，在 Thomas（2001）的 *Virgil and the Augustan Reception* 以及 Ziolkowski 和 Putnam（2007）的 *The Virgilian Tradition* 中，奥维德与维吉尔的关系也是重要内容。总体来说，西方学术界对奥维德与古希腊、泛希腊和古罗马三大诗歌传统的关系的研究已经较为充分，但奥维德与古希腊戏剧还有哲学的关系仍然关注得不够。

2.影响研究：主要研究奥维德作品对后世的影响以及奥维德元素在后世文学中的演变。这一研究大体上可以分为古罗马、中世纪和近现代三个大的时期。奥维德的作品在古罗马引发了激烈的争议，所有人都承认他的天才，但老塞涅卡、昆体良等人指责他不知节制，过分痴迷于技巧，语言风格过于精致，但相对维吉尔等人，奥维德的风格更易于模仿，他的修辞性、视觉性、游戏性、反讽性也更适合帝制时代的罗马现实，因而对白银时代乃至帝国末期的文学产生了普遍的影响，小塞涅卡、斯塔提乌斯、卢坎、克劳迪安等重要诗人都在不同程度上吸收了他的风格。Williams 的 *Change and Decline: Roman Literature in the Early Empire*（1978）是考察这一变化的经典著作。但他所持的相对传统的观点也受到了一些学者的质疑。Galinsky（1989）在 "Was Ovid a Silver Latin poet?" 中对奥维德做了更正面的评价。中世纪是奥维德作品得以流传至今的关键时期。按照 Traube（1911）的划分，8、9 世纪是维吉尔时期，10、11 世纪是贺拉斯时期，12、13 世纪则是奥维德时期。Hexter（2009）认为，奥维德对中世纪影响最大的是三个角色：流放者、神话编纂者和情人。奥维德被视为古希腊罗马神话和爱情知识的权威，基督教传统一直试图将他的作品道德化，但他却始终无法完全融入官方的体系，这反而增加了他对许多诗人的吸引力。讨论中世纪《变形记》接受情况的重要著作是 Barkan（1986）的 *The Gods Made Flesh: Metamorphosis and the Pursuit of Paganism*，聚焦《情诗集》的是 Stapleton（1996）的 *Harmful Eloquence: Ovid's Amores from Antiquity to Shakespeare*，关注《爱的艺术》和《爱的疗治》的有 Allen（1992）的 *The Art of Love: Amatory Fiction from Ovid to the Romance of the Rose*。但到目前为止，还没有全面考察奥维德与中世纪文学之关系的著作。自文艺复兴以来，奥维德对欧美文学传统的塑造作用更为明显，任何单独的专著都难以描绘其基本形态。Baldwin（1944）的两卷本 *William Shakspere's Small Latine and Lesse Greeke* 细致描绘了文艺复兴时期奥维德在古典教育中的地位，Martindale（1990）的 *Shakespeare and the Uses of Antiquity: An Introductory Essay* 则分析了莎士比亚对奥维德的借用。Martindale（1986）的 *John Milton and the Transformation of Ancient Epic* 讨论了另一位大诗人弥尔顿与奥维德的关系，他主编的 *Ovid Renewed: Ovidian Influences on Literature and Art from the Middle Ages to the Twentieth Century*（1988）也聚焦于奥维德对后世文学（包括艺术）的影响。Clark（1994）的 *Amorous Rites: Elizabethan Erotic Narrative Verse* 追踪了文艺复兴小史诗中的奥维德痕迹。Brown（1999）的 *The Metamorphoses of Ovid: Chaucer to Ted Hughes* 和 Lyne（2001）的 *Ovid's Changing Worlds: English Metamorphoses 1567—1632* 较全面地覆盖了奥维德在英国文学中的翻译与接受。Wilkinson（1955）的 *Ovid Recalled* 和 Giamatti（1984）的 *Exile and Change in Renaissance Literature* 则把视野扩展到了整个欧洲文学。从他们的研究可以看出，文艺复兴时期意大利、法国、英国、西班牙等各国主要作家都受惠于奥维德颇多，这一趋势在随后的几个世纪依然延续。奥维德是曼德尔施塔姆、泰德·休斯、布罗茨基等著名诗人的重要灵感来源，T.S. 艾略特、乔伊斯等人同样在作品中唤醒了奥维德的幽灵。上面提及的 Brown 的专著中，十至十二章提供了很多个案。Ziolkowski（1993）在 *Virgil and the Moderns* 中也多次讨论了奥维德与当代文学的关联。总体而言，奥维德对英国文学的影响研究得最详尽，其他主要欧洲国家也较充分，但奥维德对美国文学和东方的日本文学与其他国别文学的影响仍是值得开掘的话题。

3. 主题研究：主要研究奥维德作品中的皇权、帝国、爱情、性别身份、伦理秩序等主题。奥维德处于罗马社会的复杂变化期，一方面共和国传统已经成为过去，人们必须适应新近建立的帝制。另一方面，帝制也逐渐撕下屋大维早期的开明面具，露出独裁的真相，引出公元 1 世纪近百年的高压统治。奥维德既不享有卡图卢斯那样的精神独立，也不像维吉尔、贺拉斯那样获得皇帝或权臣的赏识，处境艰难。因而他对罗马社会的反应远比前辈诗人复杂，这也使得他的作品成了 20 世纪各种批评流派的宝藏。在性别研究方面，*Helios* 期刊 1990 年曾推出一期以女性主义以及类似方法解读奥维德的专刊。Kennedy（1993）的 *The Arts of Love: Five Studies in the Discourse of Roman Love Elegy* 讨论的是罗马爱情哀歌的整体，但也与奥维德作品的性别主题有很大关系。Keith（1994）的论文 "Corpus eroticum: Elegiac Poetics and Elegiac Puellae in Ovid's Amores" 和 Greene（1997）的 *The Erotics of Domination: Male Desire and the Mistress in Latin Love Poetry* 与奥维德相关的章节也值得一读。Fantham（1983）的 *Sexual Comedy in Ovid's Fasti: Sources and Motivation* 专门分析《岁时记》中的性别问题，Segal（1998）的 *Ovid's Metamorphic Bodies: Art, Gender, and Violence in the Metamorphoses* 则聚焦于《变形记》。神话是奥维德作品的另一个核心主题。Porte（1985）的 *L'Étiologie religieuse dans les Fastes d'Ovide* 主要关注《岁时记》中的神话问题，Fabre-Serris（1995）的 *Mythe et poésie dans les Métamorphoses d'Ovide. Fonctions et significations de la mythologie dans la Rome augustéenne* 分析了《变形记》中的神话对于奥古斯都时期罗马的意义。Schubert（1992）的德语专著 *Die Mythologie in den nichtmythologischen Dichtungen Ovids* 则不限于奥维德的一部作品。Feeney（1991）的 *The Gods in Epic* 有相当篇幅涉及奥维德，而且

视角新颖，富于启发性。奥维德早期作品都以爱情和情爱为主题。就《情诗集》而言，研究最深入的首推 McKeown（1987—1998）的多卷本评注，Barsby（1973）对该诗集第一卷和 Booth（1991）对第二卷的解读也很到位，以《爱的艺术》为分析对象的则有 Hollis（1973）的 *The Ars Amatoria and Remedia Amoris* 和 Gibson（2007）的 *Excess and Restraint: Propertius, Horace, and Ovid's Ars Amatoria*，《爱的疗治》研究者较少，但有 Henderson（1979）的评注。Labate（1984）的意大利语专著 *L'arte di farsi amare: modelli culturali e progetto didascalico nell'elegia ovidiana* 是对奥维德爱情哀歌的整体分析。由于《变形记》是奥维德最重要的作品，变形也成了学者们极为关注的一个主题。这方面的代表作是 Hinds（1987）的 *The Metamorphosis of Persephone: Ovid and the Self-Conscious Muse* 和 Wheeler（1999）的 *A Discourse of Wonders. Audience and Performance in Ovid's Metamorphoses*，另外还有 Tissol（1997）的 *The Face of Nature: Wit, Narrative, and Cosmic Origins in Ovid's Metamorphoses*。对奥维德作品政治意蕴的讨论主要集中在他的《岁时记》上，以 Fränkel（1945）为代表的传统观点曾认为这部作品不过是以诗体形式呈现的罗马历法。Johnson（1979）的论文 "The desolation of the Fasti" 开始了学界重估这部长诗的历程。McKeown（1984）在论文 "Fabula proposito nulla tegenda meo. Ovid's Fasti and Augustan Politics" 中提出，《岁时记》没有政治意图，但他的看法遭到了普遍质疑。Feeney（1992）在论文 "Si licet et fas est: Ovid's Fasti and the Problem of Free Speech under the Principate" 中反驳说，作品的标题本身就暗示了奥古斯都时期言论自由的收紧。Hinds（1992）更在 "Arma in Ovid's Fasti: Part 1: Genre and Mannerism" 中揭示了奥维德如何微妙地破坏了屋大维通过神话和偶像符号建立的权威。

Newlands（1995）的 *Playing with Time: Ovid and the Fasti* 和 Barchiesi（1997）的 *The Poet and the Prince: Ovid and Augustan Discourse* 认为，《岁时记》对神话的戏谑处理和奥维德的游戏态度是对屋大维建立统一文化秩序的抵制。Herbert-Brown（1994）的观点与此相反，她在 *Ovid and the Fasti: A Historical Study* 中试图证明，《岁时记》是一部赞美屋大维的作品。奥维德流放时期的作品同样反映了他的政治立场，Nagle（1980）的 *The Poetics of Exile: Program and Polemic in the Tristia and Epistulae ex Ponto of Ovid* 是分析奥维德晚期诗歌政治维度的力作。

4. 审美研究：主要研究奥维德作品的艺术特色和艺术成就。视觉性是奥维德诗歌的重要特征，也是后世欧洲绘画作品大量取材于奥维德的一个原因。Rosati（1983）的 *Narciso e Pigmalione. Illusione e Spettacolo nelle Metamorfosi di Ovidio* 是讨论《变形记》视觉性的力作，Solodow（1988）在 *The World of Ovid's Metamorphoses* 的第六章也分析了这个方面。在一些学者看来，"变形"不只是奥维德热衷的一个主题，它也概括了奥维德在艺术上的一种倾向，Ahl（1985）的 *Metaformations: Soundplay and Wordplay in Ovid and Other Classical Poets* 就讨论了"变形"在奥维德语言和风格中的体现。叙事学的兴起改变了小说研究的样貌，对于《变形记》这样的长篇诗体叙事作品，这一理论也同样适用。学者们在《变形记》中发现了令人眩晕的复杂叙事技巧。Keith（1992）的 *The Play of Fictions: Studies in Ovid's Metamorphoses Book 2* 中有详细的讨论，Rosati（1981）的论文"Il racconto dentro il racconto: funzioni metanarrative nelle 'Metamorfosi' di Ovidio"具有开创意义，Nagle（1988）的论文"Two miniature carmina perpetua in the Metamorphoses: Calliope and Orpheus"和 Barchiesi（1989）的论文"Voci e istanze narrative nelle Metamorfosi di Ovidio"也有代表性。《女

杰书简》的虚拟书信体形式在古典时代就吸引了众多读者和模仿者，学界对其艺术效果分析颇多。Altman（1983）的 *Epistolarity: Approaches to a Form* 和 MacArthur（1992）的 *Extravagant Narratives: Closure and Dynamics in the Epistolary Form* 是这个方向上的两部重要理论著作。体裁问题是奥维德研究的一个重点。许多学者都注意到《岁时记》和《变形记》中史诗元素和哀歌元素的对峙或融合。Heize（1919）泾渭分明的观点（即《岁时记》偏向哀歌，《变形记》偏向史诗）受到了后来学者的广泛质疑。Hinds 在 1987 年关于《变形记》的专著和 1992 年关于《岁时记》的长文中，通过细致的分析令人信服地证明，在两部作品中，奥维德都有意冲破体裁的束缚，让不同元素彼此对抗。关于奥维德其他作品的体裁问题，代表性的作品有 Conte（1994）讨论《爱的疗治》的章节 "Love without Elegy"，Jacobson（1974）讨论《女杰书简》的 *Ovid's Heroides*，Williams（1994） 的 *Banished Voices: Readings in Ovid's Exile Poetry*，以及 Luck（1961）的 "Notes on the language and text of Ovid's Tristia" 等。

5. 文化研究：主要研究奥维德及其作品所置身的古罗马乃至整个古典时代的文化语境。近四十年来，女性主义、后殖民主义、心理分析、新历史主义等方法逐渐风行，与传统的文本分析互为补充，研究呈现跨学科和多元化的趋势。除了传统的文本校勘、审美分析、影响研究之外，不少学者开始将黄金时代的古罗马诗歌作品视为罗马共和国晚期和帝国初期政治、经济、文化诸因素发生作用的场所，深入分析文学与文化之间相互渗透、相互借用的关系。讨论古罗马性别伦理和性别身份建构的重要著作有 Williams（1999）的 *Roman Homosexuality: Ideologies of Masculinity in Classical Antiquity*、Gleason（1995） 的 *Making Men: Sophists and Self-Presentation in Ancient Rome* 和 Hallet（1997）主编

的 *Roman Sexualities*，它们的共同特点是吸收了女性主义和性别研究理论的观点，认为性别身份是一种文化建构，在这方面不再像某些前代学人那么"天真"。理解罗马神话和宗教是理解《变形记》和《岁时记》的一把钥匙，这方面 Gardner（1993）的 *Roman Myths* 和 Beard 等人（1998）编辑的 *Religions of Rome* 是必读之作。关于文学和文化氛围，Galinsky（1996）的 *Augustan Culture: An Interpretive Introduction* 从宏观角度讨论了奥古斯都时期的文化特征，指出流动性和游戏性是普遍特点，奥维德的作品并未背离文化的主流。Porter（2006）的 *Classical Pasts: The Classical Traditions of Greece and Rome* 分析了古罗马的古典主义倾向，Rawson（1985）的 *Intellectual Life in the Late Roman Republic* 对于我们理解奥维德所处的文化语境也有帮助，Wallace-Hadrill（1997）的论文 "Mutatio morum: The Idea of a Cultural Revolution" 让我们意识到古罗马社会中知识与权力的关系。雄辩术是古罗马教育的核心部分，奥维德的作品中也充分体现了雄辩术的特征，Bonner（1949）的 *Roman Declamation* 是这方面的专著，Higham（1958）的 "Rhetoric in Ovid" 则是一篇精练的研究文章。在历史方面，Syme 的 *History in Ovid*（1978）和 *The Augustan Aristocracy*（1986）覆盖了奥维德作品涉及的历史事件，描绘了当时的历史氛围，Wiseman（1971）的 *New Men in the Roman Senate* 也让我们从一个侧面理解了古罗马政治的运作。奥古斯都时期，职业文人开始形成一个社会阶层，权贵的赞助制和商业化的文学流通形式互为补充，形成了不同的读者群，对文学创作产生了深刻影响。Quinn（1982）讨论这一时期文学读者的长文 "The Poet and His Audience in the Augustan Age" 很有价值，Harris（1989）的专著 *Ancient Literacy* 则考察了整个古典时期的文学读者问题。专门分析贵族的文学赞助制的成果有 Gold（1982）的 *Literary and*

Artistic Patronage in Ancient Rome 和 White（1993）的 *Promised Verse: Poets in the Society of Augustan Rome* 等。文学赞助制与塑造主流意识形态的努力有密切关联，专门考察奥古斯都时期诗歌与意识形态关系的代表作是 Powell（1992）的 *Roman Poetry and Propaganda in the Age of Augustus*，Habinek（1997）编辑的论文集 *The Roman Cultural Revolution* 也有启发性。

国内译介简述

奥维德虽然是古罗马的大诗人，但在中国的译介和研究起步较晚，成果也很不充分。1932 年，戴望舒以 Henri Bornecque 的法译本为基础，将奥维德的《爱经》（*Ars Amatoria*，通常直译为《爱的艺术》）译成散文体的汉语。这是第一部翻作汉语的奥维德诗集，其历史价值是不言而喻的。在译序中，戴望舒称沃维提乌斯（即奥维德）的诗"浓艳瑰丽，开香奁诗之宗派，加都路思（即卡图卢斯）之后，一人而已"，认为奥维德在风格上继承了卡图卢斯，无疑是有见地的，但随意将文化语境极其不同的奥维德作品和中国的香奁诗并提，则有些不伦不类。戴的译文流畅可读，注释不算丰富，但提供了基本的文化信息。这个译本的主要遗憾有二，一是从法语转译，可靠度打了折扣，二是用散文体翻译，诗味不浓，其实以戴望舒的诗才，应当走得更远。

1958 年杨周翰的《变形记》（*Metamorphoses*）依据洛布拉英双语版翻译了奥维德公认的代表作长诗，是一个重大突破。该书的译序内容丰富，值得一读。杨周翰首先介绍了奥维德的生平和作品，接下来分析了《变形记》的艺术成就。他称赞奥维德串联故事的技巧，认为偶尔虽有牵强生硬之处，总体上在当时是一种创举。奥维德对待传统故事的崭新态度和他的叙事技巧也为古老的题材注入了新的生命。他特别提到，奥维德对待神的态度和前人不同，把他们拉下了神坛，塑造成当时罗马统治阶级的形象。此外，奥维德还突出了许多故事的悲剧性，增强感染力，也善于运用各种修辞技巧。接下来杨周翰介绍了奥维德对后世的影响。这些内容大体都成立，但从今天的眼光看，比较常识化，也带有那个时代的思想烙印，毕竟五十多年来国外的奥维德研究已经取得重大进展。在序言最后他声明这本书并非完整的译本，而只有原书五分之三的内容，这么做的理由是"有的故事性质相同，因而未选；有的故事太短，作者只顺笔提到，如果译出，注解恐怕就要超过译文的篇幅；另一些比较冗长、堆砌、充满典故的故事也都删减了"。这些现象的确存在，但从尊重经典作品完整性的角度说，如此选择似乎不妥。杨周翰的译文古雅典重，可读性强，但有几个缺憾，一是选择了散文体，原诗的语言特色损失较大，二是注释太少，每页只有一两个，而且只涉及专有名词，没有深层分析，三是措辞受到了洛布双语版中英语译文的影响。

1992 年出版的《女杰书简》（Heroides）是国内出版的第三部奥维德诗集。译者南星熟谙西方文学，20 世纪 30 年代就已经是成名诗人，译文采用诗体，极具文采，读起来有元曲的味道。遗憾之处在于，语感与今日读者已有相当距离，另外在格律和措辞方面归化过度，损失了原作的异国风味。

2001 年飞白出版的《古罗马诗选》选译了八页《爱的艺术》，选译了十二页《变形记》，选译了两页《爱的药方》（Remedia Amoris）。飞白的译文采用诗体，有一定格律，艺术性较强，但篇幅较受拘束，无法呈现出原作的整体风貌。

在奥维德的研究方面，王焕生先生《古罗马文学史》中的二十多页讨论是迄今为止最重要的成果。在这一章里，王焕生先生全面介绍了奥维德早期、中期和晚期的作品，特别是对国内读者普遍感觉陌生的《岁时记》和奥维德流放时期的作品有详细的剖析。该书对奥维德作品的背景、传统渊源、主题、艺术技巧的探讨都体现出作者深厚的西方古典文学素养，持论也开明公允，充满启发性。除此以外，国内的奥维德研究成果极为稀缺，至今仅有十篇期刊论文，全部集中在《变形记》这一部作品上，而且多数都是比较研究，聚焦于奥维德作品本身的只有四篇，发表在外国文学类重要期刊上的只有三篇。这与奥维德的历史地位极不相称。

从上面的学术史梳理可以看出，中国的奥维德研究几乎还未起步，国外的奥维德研究已经有两千年历史，系统的研究也有四百年左右，最近半个世纪更蔚为大观，这里所选取的专著和论文主要还是英美学术界的，古典学研究重镇德国的著作涉及较少，如果再加上法国、意大利等古典研究强国的成果，完全可以用浩如烟海来形容。两相对照，推进奥维德研究在中国已刻不容缓。

参考文献

奥维德作品版本与注本

Alton, E. H., D. E. W. Wormell, and E. Courtney, eds. *P. Ovidii Nasonis Fastorum Libri Sex*. Leipzig: Teubner, 1985.

Anderson, W. S., ed. *Ovid's Metamorphoses Books 1-5*. Norman: U of Oklahoma P, 1997.

---, ed. *P. Ovidii Nasonis Metamorphoses*. Leipzig: Teubner, 1982.

Andre, Jacques, ed. *Ovide: Contre Ibis*. Paris: Les Belles Lettres, 1963.

---, ed. *Ovide: Tristes*. Paris: Les Belles Lettres, 1968.

Bailey, Cyril, ed. *P. Ovidi Nasonis Fastorum Liber III*. Oxford: Clarendon, 1921.

Barsby, J. A., ed. *Ovid's Amores Book One*. Oxford: Clarendon, 1973.

Bömer, Franz, ed. P. Ovidius Naso. *Die Fasten*, 2 vols. Heidelberg: Winter, 1957-58.

---, ed. *P. Ovidius Naso Metamorphosen*, 7 vols. Heidelberg: Winter, 1969-1986.

Booth, Joan, ed. *Ovid: The Second Book of Amores*. Warminster: Aris and Phillips, 1991.

Dorree, Henricus, ed. *Ovid. Epistulae Heroidum*. Berlin: De Gruyter, 1971.

Ellis, Robinson, ed. *Ovid. Ibis*. Oxford: Oxford UP, 1881.

Frazer, J. G., ed. & trans. *Ovid, Fasti*. Cambridge, Mass.: Harvard UP, 1931.

Gaertner J. F., ed. & trans. *Epistulae ex Ponto, Book 1*. Oxford: Oxford UP, 2005.

Hall, J. B., ed. *P. Ovidi Nasonis Tristia*. Leipzig: De Gruyter, 1995.

Haupt, Moritz, R. Ehwald, O. Korn, and H. J. Muller, eds. *P. Ovidius Naso: Metamorphosen, corrected and with bibliographical supplement by M. von Albrecht*, 2 vols, 5th ed. Zurich: Weidmann, 1966.

Helzle, Martin, ed. *Publii Ovidii Nasonis Epistularum ex Ponto Liber IV: A Commentary on Poems 1 to 7 and 16*. Hildesheim: Georg Olms, 1989.

Hollis, A. S., ed. *Ovid: Ars Amatoria, Book I*. Oxford: Oxford UP, 1977.

---. ed. *Ovid: Metamorphoses Book VIII*. Oxford: Oxford UP, 1970.

Kenney, E. J., ed. *P. Ovidi Nasonis Amores, Medicamina Faciei Femineae, Ars Amatoria, Remedia Amoris*, 2d ed. Oxford: Oxford UP, 1995.

La Penna, Antonio, ed. *Publi Ovidi Nasonis Ibis*. Florence: La Nuova Italia, 1957.

Le Bonniec, Henri, ed. *P. Ovidius Naso Fastorum Liber Primus*. Paris: P.U.F., 1961.

---, ed. *P. Ovidius Naso Fastorum Liber Secundus*. Paris: P.U.F., 1969.

Lee, A. G., ed. *P. Ovidi Nasonis Metamorphoseon Liber I*. Cambridge: Cambridge UP,

1953.

Lenz, F. W., ed. *P. Ovidi Nasonis Remedia Amoris, Medicamina Faciei*. Turin: Paravia, 1965.

Luck, Georg. *P. Ovidius Naso: Tristia, vol. 1, Text und Übersetzung*. Heidelberg: Winter, 1967.

---. *P. Ovidius Naso: Tristia, vol. 2, Kommentar*. Heidelberg: Winter, 1977.

Magnus, Hugo, ed. *P. Ovidi Nasonis Metamorphoseon libri xv. Lactanti Placidi qui dicitur Narrationes Fabularum Ovidianarum*. Berlin: Weidmann, 1914.

McKeown, J. C., ed. *Ovid: Amores. Text, Prolegomena and Commentary*, 4 vols. Liverpool: UP of Liverpool, 1987.

Merkel, Rudolf, ed. *P. Ovidii Nasonis Fastorum Libri Sex*. Berlin: Sumptibus G. Reimeri, 1841.

Miller, F. J., ed. & trans. *Ovid, Metamorphoses*. Cambridge, Mass.: Harvard UP, 1916.

Moore-Blunt, J. J., ed. *A Commentary on Ovid Metamorphoses*, 2 vols. Uithoorn: Gieben, 1977.

Munari, Franco, ed. *P. Ovidi Nasonis Amores*, 4th ed. Florence: La Nuova Italia, 1964.

Owen, S. G., ed. *P. Ovidi Nasonis Tristium Libri Quinque, Ibis, Ex Ponto Libri Quattuor, Halieutica, Fragmenta*. Oxford: Oxford UP, 1922.

Palmer, Arthur, ed. *P. Ovidi Nasonis Heroides*, 2d ed. Oxford: Clarendon, 1898.

Richmond, J. A., ed. *The Halieutica Ascribed to Ovid*. London: Athlone Press, 1962.

---, ed. *P. Ovidi Nasonis Ex Ponto libri quattuor*. Leipzig: Teubner, 1990.

Robinson, Matthew, ed. *A Commentary on Ovid's Fasti, Book 2*. Oxford: Oxford UP, 2011.

Schilling, Robert, ed. *Ovide: Les Fastes*, 2d ed. 2 vols. Paris: Les Belles Lettres, 1992-1993.

Showerman, G., ed. & trans. *Ovid, Heroides and Amores*. Cambridge, Mass.: Harvard UP, 1914.

Wheeler, A. L., ed. & trans. *Ovid, Tristia and Ex Ponto*. Cambridge, Mass.: Harvard UP, 1924.

国外重要专著、论文集和译本

Adams, J. N. *The Latin Sexual Vocabulary*. Baltimore: JHU Press, 1982.

Ahl, Frederick. *Metaformations: Soundplay and Wordplay in Ovid and Other Classical Poets*. Ithaca: Cornell UP, 1985.

Allen, P. L. *The Art of Love : Amatory Fiction from Ovid to the Romance of the Rose*. Philadelphia: U of Pennsylvania P, 1992.

Allen, W. S. *Accent and Rhythm. Prosodic Features of Latin and Greek: A Study in*

Theory and Reconstruction. Cambridge: Cambridge UP, 1973.

Arnold, T. J., trans. *Ovid's Tristia, Book 1: A Literal Translation*. London: James Cornish & Sons, 1884.

Barchiesi, Alessandro. *The Poet and the Prince: Ovid and Augustan Discourse*. Berkeley: U of California P, 1997.

---, ed. *Ovid*. Oxford: Clarendon, 1978.

Bonner, S. F. *Roman Declamation in the Late Republic and Early Empire*. Liverpool: UP of Liverpool, 1949.

Boyd, B. W., ed. *Brill's Companion to Ovid*. Leiden: Brill, 2002.

---. *Ovid's Literary Loves: Influence and Innovation in the Amores*. Ann Arbor: U of Michigan P, 1997.

Boyle, A. J. *Ovid and the Monuments: A Poet's Rome*. Bendigo: Aureal, 2003.

Boyle, A. J. and R. D. Woodard, trans. *Ovid: Fasti*. London: Penguin, 2004.

Brown, S. A. *The Metamorphosis of Ovid: From Chaucer to Ted Hughes*. London: Macmillan, 1999.

Cairns, Francis. *Generic Composition in Greek and Roman Poetry*. Edinburgh: Michigan Classical Press, 1972.

Carter, Sarah. *Ovidian Myth and Sexual Deviance in Early Modern English Literature*. New York: Macmillan, 2011.

Chance, Jane. *Medieval Mythography*, 2 vols. Gainesville: U of Minnesota P, 1994-2000.

Claassen, J. M. *Displaced Persons: The Literature of Exile from Cicero to Boethius*. Madison: Gerald Duckworth & Co, 1999.

---. *Ovid Revisited: The Poet in Exile*. London: A&C Black, 2013.

Conte, G. B. *The Rhetoric of Imitation: Genre and Poetic Memory in Virgil and Other Latin Poets*. Trans. & ed. C. Segal. Ithaca: Cornell UP, 1986.

Coulson, F. T. and B. Roy. *Incipitarium Ovidianum: A Finding Guide for Texts in Latin Related to the Study of Ovid in the Middle Ages and Renaissance*. Turnhout: Brepols Pub, 2000.

Dalzell, Alexander. *The Criticism of Didactic Poetry: Essays on Lucretius, Virgil, and Ovid*. Toronto: U of Toronto P, 1996.

Davis, P. J. *Ovid and Augustus: A Political Reading of Ovid's Erotic Poems*. London: Bloomsbury Academic, 2006.

De Armas, F. A., ed. *Ovid in the Age of Cervantes*. Toronto: U of Toronto P, 2010.

Dronke, Peter. *Medieval Latin and the Rise of European Love-Lyric*, 2d ed. Oxford: Oxford UP, 1968.

Due, O. S. *Changing Forms: Studies in the Metamorphoses of Ovid*. Copenhagen: Museum Tusculanum Press, 1974.

Duemmler, E. and L. Traube, eds. *Poetae Latini Aevi Carolini. Monumenta Germaniae Historica: Poetarum Latinorum Medii Aevi 1-3*. Berlin: Wiedmann, 1881-1896.

Enterline, Lynn. *The Rhetoric of the Body from Ovid to Shakespeare*. Cambridge: Cambridge UP, 2004.

Evans, H. B. *Publica Carmina: Ovid's Books from Exile*. Lincoln: U of Nebraska P, 1983.

Feeney, D. C. *The Gods in Epic: Poets and Critics of the Classical Tradition*. Oxford: Clarendon, 1991.

---. *Literature and Religion at Rome: Cultures, Contexts, and Beliefs*. Cambridge: Cambridge UP, 1998.

Feldherr, Andrew. *Playing Gods: Ovid's Metamorphoses and the Politics of Fiction*. Princeton: Princeton UP, 2010.

Fox, Cora. *Ovid and the Politics of Emotion in Elizabethan England*. New York: Macmillan, 2009.

Fränkel, Hermann. *Ovid: A Poet Between Two Worlds*. Berkeley: U of California P, 1945.

Froesch, H. H. *Ovids Epistulae ex Ponto I-III als Gedichtsammlung*. Diss. Bonn, 1967.

Fulkerson, Laurel. *The Ovidian Heroine as Author: Reading, Writing, and Community in the Heroides*. Cambridge: Cambridge UP, 2005.

Galinsky, G. K. *Ovid's Metamorphoses: An Introduction to the Basic Aspects*. Berkeley: U of California P, 1975.

Gee, Emma. *Ovid, Aratus and Augustus: Astronomy in Ovid's Fasti*. Cambridge: Cambridge UP, 2000.

Godman, Peter. *Poetry of the Carolingian Renaissance*. Norman: Duckworth, 1985.

Green, Peter, trans. *Ovid: The Erotic Poems*. London: Penguin, 2004.

---. trans. *Ovid: The Poems of Exile*. Berkeley: U of California P, 2005.

Habinek, T. N. *The Politics of Latin Literature: Writing, Identity, and Empire in Ancient Rome*. Princeton: Princeton UP, 1998.

Hall, J. B. *The Epic Successors of Virgil: A Study in the Dynamics of a Tradition*. Cambridge: Cambridge UP, 1993.

Hardie, Philip, ed. *The Cambridge Companion to Ovid*. Cambridge: Cambridge UP, 2002.

---. *Ovid's Poetics of Illusion*. Cambridge: Cambridge UP, 2002.

Herbert-Brown, Geraldine. *Ovid and the Fasti: An Historical Study*. Oxford: Oxford UP, 1994.

Hill, D. E., ed. *Ovid: Metamorphoses XIII-XV*. Warminster: Aris & Phillips, 2000.

Hinds, S. E. *The Metamorphosis of Persephone: Ovid and the Self-conscious Muse*. Cambridge: Cambridge UP, 1987.

---. *Allusion and Intertext. Dynamics of Appropriation in Roman Poetry*. Cambridge: Cambridge UP, 1998.

Jacobson, Howard. *Ovid's Heroides*. Princeton: Princeton UP, 1974.

Johnson, Patricia. *Ovid Before Exile: Art and Punishment in the Metamorphoses*. Madison: U of Wisconsin P, 2008.

Keith, A. M. *The Play of Fictions: Studies in Ovid's Metamorphoses Book 2*. Ann Arbor: U of Michigan P, 1992.

Kilgour, Maggie. *Milton and the Metamorphosis of Ovid*. Oxford: Oxford UP, 2012.

King, R. J. *Desiring Rome: Male Subjectivity and Reading Ovid's Fasti*. Columbus: Ohio State UP, 2006.

Knox, P. E., ed. *A Companion to Ovid*. Oxford: Blackwell, 2009.

---, ed. *Ovid Heroides: Select Epistles*. Cambridge: Cambridge UP, 1995.

---. *Ovid's Metamorphoses and the Traditions of Augustan Poetry*. Cambridge: Cambridge UP, 1986.

Lafaye, Georges. *Les metamorphoses d'Ovide et leurs modeles grecs*. Hildesheim: Georg Olms, 1971.

Martelli, F. K. A. *Ovid's Revisions: The Editor as Author*. Cambridge: Cambridge UP, 2013.

McGowan, M. M. *Ovid in Exile: Power and Poetic Redress in the Tristia and Epistulae ex Ponto*. Leiden: Brill, 2009.

Melville, A. D., trans. *Ovid: Sorrows of an Exile*. Oxford: Oxford UP, 1992.

Miller, J. F. and C. E. Newlands, eds. *A Handbook to the Reception of Ovid*. Oxford: Blackwell, 2014.

Murgatroyd, Paul. *Mythical and Legendary Narrative in Ovid's Fasti*. Leiden: Brill, 2005.

Myerowitz, Molly. *Ovid's Games of Love*. Detroit: Wayne State UP, 1985.

Myers, K. S. *Ovid's Causes: Cosmogony and Aetiology in the Metamorphoses*. Ann Arbor: U of Michigan P, 1994.

Nagle, B. R. *The Poetics of Exile: Program and Polemic in the Tristia and Epistulae ex Ponto of Ovid*. Brussels: Latomus, 1980.

Newlands, C. E. *Playing with Time: Ovid and the Fasti*. Ithaca: Cornell UP, 1995.

O'Hara, J. J. *Inconsistency in Roman Epic*. Cambridge: Cambridge UP, 2006.

Otis, Brooks. *Ovid as an Epic Poet*. Cambridge: Cambridge UP, 1970.

Parker, H. C. *Greek Gods in Italy in Ovid's Fasti*. Lewiston: E. Mellen Press, 1997.

Pasco-Pranger, Molly. *Founding the year: Ovid's Fasti and the Poetics of the Roman Calendar*. Leiden: Brill, 2006.

Pavlock, Barbara. *The Image of the Poet in Ovid's Metamorphoses*. Madison: The U of Wisconsin P, 2009.

Platnauer, Maurice. *Latin Elegiac Verse: A Study of the Metrical Usages of Tibullus, Propertius & Ovid*. Cambridge: Cambridge UP, 1951.

Porte, Danielle. *L'Etiologie religieuse dans les Fastes d'Ovide*. Paris: Les Belles Lettres, 1985.

Quint, David. *Epic and Empire: Politics and Generic Form from Virgil to Milton*. Princeton: Princeton UP, 1993.

Rand, E. K. *Ovid and His Influence*. New York: Cooper Square Publishers, 1963.

Reid, L. A. *Ovidian Bibliofictions and the Tudor Book: Metamorphosing Classical Heroines in Late Medieval and Renaissance England*. Surrey: Ashgate, 2014.

Riley, H. T., trans. *The Fasti, Tristia, Pontic Epistles, Ibis, and Halieuticon of Ovid*. London: George Bell & Sons, 1881.

Rimell, Victoria. *Ovid's Lovers: Desire, Difference and the Poetic Imagination*. Cambridge: Cambridge UP, 2006.

Segal, Charles. *Landscape in Ovid's Metamorphoses: A Study in the Transformation of a Literary Symbol*. Wiesbaden: F. Steiner Verlag, 1969.

Sharrock, Alison. *Seduction and Repetition in Ovid's Ars Amatoria 2*. Oxford: Clarendon, 1994.

Slavitt, D. R., trans. *Ovid's Poetry of Exile*. Baltimore: JHU Press, 1990.

Solodow, J. B. *The World of Ovid's Metamorphoses*. Chapel Hill: U of North Carolina P, 1988.

Spentzou, Efrossini. *Readers and Writers in Ovid's Heroides: Transgressions of Genre and Gender*. Oxford: Oxford UP, 2003.

Syme, Ronald. *History in Ovid*. Oxford: Oxford UP, 1978.

Taylor, A. B., ed. *Shakespeare's Ovid: The Metamorphoses in the Plays and Poems*. Cambridge: Cambridge UP, 2000.

Tissol, Garth. *The Face of Nature: Wit, Narrative, and Cosmic Origins in Ovid's Metamorphoses*. Princeton: Princeton UP, 1997.

---, ed. *Ovid: Epistulae ex Ponto, Book I*. Cambridge: Cambridge UP, 2014.

Van Tress, Heather. *Poetic Memory: Allusion in The Poetry of Callimachus and the Metamorphoses of Ovid*. Leiden: Brill, 2004.

Viarre, Simone. *L'image et la pensee dans les 'Metamorphoses' d'Ovide*. Paris: P.U.F., 1964.

Videau-Delibes, Anne. *Les Tristes d'Ovide et l'élégie romaine: une poétique de la rupture*. Paris: Klincksieck, 1991.

Washietl, J. A. *De similitudinibus imaginibusque Ovidianis*. Vienna: Gerold, 1883.

Wheeler, A. L., trans. *Ovid: Tristia, Ex Ponto*. Cambridge, Mass.: Harvard UP, 1939.

Wheeler, Stephen. *A Discourse of Wonders: Audience and Performance in Ovid's Metamorphoses*. Philadelphia: U of Pennsylvania P, 1999.

---. *Narrative Dynamics in Ovid's Metamorphoses*. Tubingen: Gunter Narr Verlag, 2000.

Wilkinson, L. P. *Golden Latin Artistry*. Cambridge: Cambridge UP, 1963.

---. *Ovid Recalled*. Cambridge: Cambridge UP, 1955.

Williams, G. D. *Banished Voices: Readings in Ovid's Exile Poetry*. Cambridge: Cambridge UP, 1994.

Williams, G. W. *Change and Decline: Roman Literature in the Early Empire*. Berkeley: U of California P, 1978.

---. *Tradition and Originality in Roman Poetry*. Oxford: Clarendon, 1968.

奥维德放逐诗歌研究论文

Akrigg, Mark. "An Intrusive Gloss in Ovid 'Ex Ponto' 4.13." *Phoenix*. 40.3 (1986) : 322.

---. "A Palaeographical Corruption in Ovid, Ex Ponto 4.6." *The Classical Quarterly, New Series*. 40.1 (1990): 283-4.

Alexander, W. H. "The Culpa of Ovid." *The Classical Journal*. 53.7 (1958): 319-25.

Avery, M. W. "Ovid's 'Apologia.'" *The Classical Journal*. 32.2 (1936): 92-102.

Bailey, D. R. S. "Notes on Ovid's Poems from Exile." *The Classical Quarterly, New Series*. 32.2 (1982): 390-8.

Bate, M. S. "Tempestuous Poetry: Storms in Ovid's Metamorphoses, Heroides and Tristia." *Mnemosyne*. 57.3 (2004): 295-310.

Batty, R. M. "On Getic and Sarmatian Shores: Ovid's Account of the Danube Lands." *Historia: Zeitschrift für Alte Geschichte*. 43.1 (1994): 88-111.

Beck, Roger. "Ovid, Augustus, and a Nut Tree." *Phoenix*. 19.2 (1965): 146-52.

Bretzigheimer, Gerlinde. "Exul ludens: zur Rolle von relegans und relegatus in Ovids Tristien." *Gymnasium*. 98 (1991): 39-76.

Butrica, J. L. "Taking Enemies for Chains: Ovid 'Ex Ponto' 4.13.45 Again." *Phoenix*. 43.3 (1989): 258-9.

Claassen, J. M. "Exile, Death and Immortality: Voices from the Grave." *Latomus*. 55 (1996): 571-90.

---. "Meter and Emotion in Ovid's Exilic Poetry." *The Classical World*. 82.5 (1989): 351-65.

---. "Ovid's Poetic Pontus." *Papers of the Leeds International Latin Seminar*. 6 (1990): 65-94.

Colakis, Marianthe. "Ovid as Praeceptor Amoris in Epistulae ex Ponto 3.1." *The Classical Journal*. 82.3 (1987): 210-5.

Cunningham, M. P. "Ovid's Poetics." *The Classical Journal*. 53.6 (1958): 253-9.

Davis, P. J. "The Colonial Subject in Ovid's Exile Poetry." *The American Journal of Philology*. 123.2 (2002): 257-73.

Davisson, M. H. T. "Magna tibi imposita est nostris persona libellis: Playwright and Actor in Ovid's Epistulae ex Ponto 3.1." *The Classical Journal*. 79 (1984): 324-39.

---. "Omnia Naturae Praepostera Legibus Ibunt: Adunata in Ovid's Exile Poems." *The Classical Journal*. 76.2 (1980- 1981): 124-8.

---. "Parents and Children in Ovid's Poems from Exile." *The Classical World*. 78.2 (1984): 111-4.

---. "Quid moror exemplis?: Mythological Exempla in Ovid's Pre-exilic Poems and the

参考文献

Elegies from Exile." *Phoenix*. 47 (1993): 213-37.

---. "'Tristia' 5.13 and Ovid's Use of Epistolary Form and Content." *The Classical Journal*. 80.3 (1985): 238-46.

Diggle, James. "Notes on Ovid's Tristia, Books I-II." *The Classical Quarterly, New Series*. 30.2 (1980): 401-19.

Dix, T. K. "Ovid Strikes Out: Tristia 3.1 and the First Public Libraries at Rome." *AugAge*. 8 (1988): 27-35.

Evans, H. B. "Ovid's Apology for Ex Ponto 1-3." *Hermes*. 104.1 (1976): 103-12.

---. "Winter and Warfare in Ovid's Tomis: ('Tristia' 3.10.)" *The Classical Journal*. 70.3 (1975): 1-9.

Fairweather, Janet. "Ovid's Autobiographical Poem, Tristia 4.10." *Classical Quarterly*. 37 (1987): 181-96.

Fishwick, Duncan. "Ovid and Divus Augustus." *Classical Philology*. 86 (1991): 36-41.

Fowler, W. W. "Note on Ovid, Tristia III. 6. 8 (Augustus et Iuppiter)." *The Classical Review*. 29.2 (1915): 46-7.

Gahan, J. J. "Ovid: The Poet in Winter." *The Classical Journal*. 73.3 (1978): 198-202.

---. "Seneca, Ovid, and Exile." *The Classical World*. 78.3 (1985): 145-7.

Gehman, H. S. "Ovid's Experience with Languages at Tomi." *The Classical Journal*. 11.1 (1915): 50-5.

Gibson, Bruce. "Ovid on Reading: Reading Ovid. Reception in Ovid Tristia II." *The Journal of Roman Studies*. 89(1999): 19-37.

Hall, J. B. "More Notes on Ovid's Tristia." *Euphrosyne*. 18 (1990): 85-98.

Hallett, J. P. "Centering from the Periphery in the Augustan Roman World: Ovid's Autobiography in Tristia 4.10 and Cornelius Nepo's Biography of Atticus." *Arethusa*. 36.3 (2003): 345-59.

Hauben, Friedrich. "Adnuo and Abnuo in Ovid Tristia 5.10.41-42." *The American Journal of Philology*. 96.1 (1975): 61-3.

Hinds, S. E. "Booking the Return Trip: Ovid and Tristia 1." *Proceedings of the Cambridge Philological Society*. 31 (1985): 13-32.

Hokanson, Katya. "'Barbarus hic ego sum': Pushkin and Ovid on the Pontic Shore." *Pushkin Review*. 8-9 (2005-06): 61-75.

Holzberg, Niklas. "Playing with His Life: Ovid's 'Autobiographical' References." *Lampas*. 30 (1997): 4-19.

Houston, David. "Another Look at the Poetics of Exile: Pushkin's Reception of Ovid, 1821-24." *Pushkin Review*. 10 (2007): 61-75.

Housman, A. E. "The Ibis of Ovid." *Journal of Philology*. 34(1920): 222-38.

Huskey, Samuel J. "Ovid's (Mis)Guided Tour of Rome: Some Purposeful Omissions in 'Tr.' 3.1." *The Classical Journal*. 102.1 (2006): 17-39.

Ingleheart, Jennifer. "Ovid, 'Tristia' 1.2: High Drama on the High Seas." *Greece &*

Rome, Second Series. 53.1 (2006): 73-91.

Jacobson, Howard. "Ovid 'Tr.' 2.534." Mnemosyne, Fourth Series. 43.3/4 (1990): 452-3.

Johnson, P. J. "Ovid's Livia in Exile." The Classical World. 90 (1997): 403-20.

Kenney, E. J. "The Poetry of Ovid's Exile." Proceedings of the Cambridge Philological Society. 11 (1965): 37-49.

Little, D. A. "Ovid's Last Poems: Cry of Pain from Exile or Literary Frolic in Rome?" Prudentia. 22 (1990): 23-39.

Luck, G. "Notes on the Language and Text of Ovid's Tristia." Harvard Studies in Classical Philology. 65 (1958): 243-61.

Maguinness, W. S. "Bimillennial Reflections on Ovid." Greece & Rome, Second Series. 5.1 (1958): 2-12.

---. "Ovid, Tristia, iv. 4. 7-10." The Classical Review, New Series. 12.2 (1962): 113-4.

Martin, R. "Virgile et la 'Scythie' (Géorgiques, III, 349–383)." REL. 44 (1966): 286-304.

McGowan, Matthew. "Ovid and Poliziano in Exile." International Journal of the Classical Tradition. 12.1 (2005): 25–45.

Millar, Fergus. "Ovid and the Domus Augusta: Rome Seen from Tomoi." The Journal of Roman Studies. 83 (1993): 1-17.

Miller, J. F. Rev. of Publica Carmina: Ovid's Books from Exile by Harry B. Evans. Classical Philology. 82.4 (1987): 367-71.

Montiglio, Silvia. "'Perfer et Obdura: Multo Graviora Tulisti' (Tr. 5.11.7): Ovid's Rejection of Ulysses' Endurance." The Classical Quarterly, New Series. 58.1 (2008): 196-205.

Newlands, C. E. "The Role of the Book in Tristia 3.1." Ramus. 26 (1997): 57-79.

Nisbet, R. G. M. "'Great and Lesser Bear' (Ovid, Tristia 4. 3)." The Journal of Roman Studies. 72 (1982): 49-56.

Oliensis, Ellen. "Return to Sender: The Rhetoric of Nomina in Ovid's Tristia." Ramus. 26 (1997): 172-93.

Owen, S. G. "On Some Passages of Ovid's Tristia." The Classical Quarterly. 8.1 (1914): 21-32.

---. "Ovid, Tristia. I. 5, 25." The Classical Review. 2.6 (1888): 180-1.

Paradiso, Anna. "Textual Notes on Ovid 'Pont.' 4.4.27-32." Mnemosyne, Fourth Series. 60.2 (2007): 294-6.

Pavlock, Barbara. Rev. of Ovid Revisited: The Poet in Exile by Jo-Marie Claassen. International Journal of the Classical Tradition. 17.3 (2010): 467-72.

Postgate, J. P. "Notes on Ovid's Tristia and Ex Ponto." The Classical Quarterly. 10.4 (1916): 190-1.

Ritchie, A. L. "Notes on Ovid's Tristia." The Classical Quarterly, New Series. 45.2 (1995): 512-6.

Rosenmeyer, P. A. "Ovid's Heroides and Tristia: Voices from Exile." Ramus 26 (1997): 29-56.

Salmon, E. T. "Ovid, Tristia i, II. 15." *The Classical Review*. 49.4 (1935): 128.

Scott, Kenneth. "Another of Ovid's Errors." *The Classical Journal*. 26.4 (1931): 293-6.

Starbryla, Stanislaw. "In Defence of the Autonomy of the Poetic World (Some Remarks on Ovid's 'Tristia' II)." *Hermes*. 122.4 (1994): 469-78.

Stevens, Benjamin. "Per gestum res est significanda mihi: Ovid and Language in Exile." *Classical Philology*. 104.2 (2009): 162-83.

Traill, D. A. "Ovid, Tristia 2. 8, 296, and 507: Happier Solutions." *Hermes*. 120.4 (1992): 504-7.

Trappes-Lomax, John. "Ovid Tristia 2. 549: How Many Books of Fasti Did Ovid Write?" *The Classical Quarterly*. 56.2 (2006): 631-3.

Vázquez, J. G. "En torno a la retractatio de un pasaje virgiliano en Tristia 1.2." *Latomus*. 52 (1993): 75-83.

Wiedemann, Thomas. "The Political Background to Ovid's Tristia 2." *The Classical Quarterly, New Series*. 25.2 (1975): 264-71.

Williams, G. D. "Conversing after Sunset: A Callimachean Echo in Ovid's Exile Poetry." *The Classical Quarterly, New Series*. 41.1 (1991): 169-177.

---. "Writing in the Mother-Tongue: Hermione and Helen in Heroides 8 (A Tomitan Approach)." *Ramus*. 26 (1997): 113-37.

译者简介

李永毅 1975 年生，重庆大学外国语学院教授，语言认知及语言应用研究基地拉丁语言文学研究所所长，第七届鲁迅文学奖文学翻译奖和第七届重庆文学奖文学翻译奖得主，教育部新世纪优秀人才项目和中美富布莱特访问学者项目入选者，国家社科基金重大项目"拉丁语诗歌通史（多卷本）"首席专家，美国古典研究会和英国古典协会会员。出版有《贺拉斯诗全集：拉中对照详注本》《卡图卢斯歌集：拉中对照译注本》等拉丁语、英语和法语译著二十部，《卡图卢斯研究》《贺拉斯诗艺研究》等专著五部，在《外国文学评论》等刊物发表论文七十余篇。本书是 2015 年教育部人文社科基金项目"奥维德晚期诗歌翻译与研究"的最终成果。

作者简介

奥维德（Publius Ovidius Naso，公元前 43—公元 17）是古罗马文学黄金时代的最后一位大诗人，与维吉尔、贺拉斯、卢克莱修和卡图卢斯同为古罗马诗歌的杰出代表，两千年来始终是西方文学正典的核心部分。他的《变形记》既是古希腊罗马神话的宝库，也为后世诗人如何摆脱荷马、维吉尔等人的重负展示了结构、技法、策略的多种可能性；《岁时记》是古罗马历法文化的诗意阐释；《情诗集》《爱的艺术》等作品集古罗马爱情哀歌之大成，是文艺复兴以来众多爱情诗人效法的对象；《女杰书简》对欧美书信体虚构文学影响巨大；《黑海书简》《哀歌集》等作品则成为后世流放文学的原型。奥维德的精致措辞受到古典主义者和新古典主义者的推崇，他的游戏性、颠覆性又受到现代主义者和后现代主义者的热捧。论对欧美文学实际影响的广度、深度和持久度，奥维德是无与伦比的。

（京）新登字083号

图书在版编目（CIP）数据

哀歌集·黑海书简·伊比斯：拉丁语、汉语/（古罗马）奥维
德著；李永毅译. —北京：中国青年出版社，2019.1
ISBN 978-7-5153-5430-9

Ⅰ.①哀… Ⅱ.①奥… ②李… Ⅲ.①古典诗歌—诗集—古罗
马—拉丁语、汉语 Ⅳ.①I546.22

中国版本图书馆CIP数据核字（2018）第285446号

责任编辑：杜海燕
书籍设计：瞿中华

出版发行：中国青年出版社
社址：北京东四十二条21号
邮政编码：100708
网址：www.cyp.com.cn
编辑部电话：（010）57350503
门市部电话：（010）57350370
印刷：北京盛通印刷股份有限公司
经销：新华书店
开本：700×1000 1/16
印张：54.25
字数：640千字
版次：2018年12月北京第1版
印次：2019年7月北京第2次印刷
定价：145.00元